문화사회학

문화사회학

박선웅 · 최종렬 · 김은하 · 최샛별 기획
한국문화사회학회 지음

살림

머리말

 이 책은 한국문화사회학회에서 활동 중인 연구자들이 각자의 전공 주
제에 대해 학부생을 대상으로 쓴 문화사회학 교재이다. 문화사회학은 최
근에 하나의 정규 강좌로서 자리 잡은 사회학의 분과 학문이다. 신생 분
과 학문으로서 다른 분과 학문에 비해 많은 관심을 받지만, 문화사회학은
여전히 낯설다. 21세기 소위 '문화의 시대'를 맞이하여 문화 관련 서적이
봇물처럼 쏟아져 나왔음에도 불구하고, 문화사회학에 대한 전반적인 윤
곽을 파악하기 어려운 실정이다. 이 책은 이러한 문제의식에서 출발하였
으며, 오랜 기간 한국문화사회학회의 숙원 사업이기도 하였다.

 이 책이 나오기까지 많은 시간이 걸렸는데, 그 이유 중 하나는 근본적
으로 '문화사회학이란 무엇인가 혹은 무엇이어야 하는가'에 대한 합의가
쉽지 않기 때문이다. 지금도 이 문제는 여전히 논쟁 중이다. 아마도 가장
덜 논쟁적인 정의는 문화사회학이란 사회학의 주요 관심 대상인 사회적

자아, 사회적 관계, 사회 제도, 사회 구조와 문화 간의 상호작용을 다루는 학문이라는 것이다. 예를 들어, 성, 세대, 계급, 지역, 민족, 인종 등으로 구분되는 사회적 행위자의 정체성은 문화적인 구성물이기도 하면서 다른 한편으로 행위자가 집합적으로 자신의 문화를 형성해나가기도 한다. 어느 TV 오락 프로그램의 한 코너에서 보듯이, 서울 사람은 끝말을 올린다는 언어적 문화가 서울 사람을 구분 짓는다고 여겨, 지방에서 상경한 젊은이는 서울 사람이 되기 위해 사투리를 섞은 채 끝말을 우스꽝스럽게 올리기도 한다. 여성성과 남성성에 대한 문화적 규정은 남녀 관계 및 그와 관련된 제도에 영향을 미칠 것이며, 남녀 역할 및 다양한 제도의 변화가 성에 대한 인식을 변화시키기도 할 것이다.

이처럼 문화사회학은 특정 문화가 정체성, 사회적 관계, 사회 제도 및 구조 등의 질서와 변동에 미치는 영향을 살펴볼 뿐만 아니라 역으로 사회를 구성하는 요소들이 어떻게 특정 문화의 형성과 유지, 변화에 영향을 주는지를 조명한다. 이 책의 독자는 19개의 다양한 주제를 통해서 문화와 사회 간 상호작용의 다양한 측면을 이해할 수 있을 것으로 기대한다.

이 책의 구성과 주요 내용을 간략히 소개하면 다음과 같다. 제1부는 근대성/탈근대성의 맥락에서 어떻게 문화사회학의 토대가 만들어졌는가를 논의한다. 근대성과 관련하여 마르크스는 이데올로기 개념을 통해 지배 계급의 지배 방식에, 베버는 자본주의 발달에 영향을 준 종교적 요소에, 그리고 뒤르케임은 사회적 결속에 필요한 문화를 생성하고 유지시키는 방식에 관심을 가졌다. 이들은 각각 지배, 사회 제도의 혁신과 발전, 사회 통합을 문화와 관련하여 이해하려고 하였다(1장). 2장에서는 문화를 사회학의 중심 주제로 부상시킨 '문화적 전환'을 살펴본다. 먼저 탈근대 사회에서 문화의 자율성이 증대되어가는 과정을 설명하고, 그로 인해 발생한 두 가지 유형의 문화적 전환을 소개한다. 하나는 사회적 행위 그 자체를 의미 있는 텍스트로 보는 '텍스트적 전환'이며, 이를 통해 사회적 행위에 담긴 의미의 파악이 중시되게 된다. 다른 하나는 텍스트 분석을 통해 확인된 의미를 행위자가 어떻게 사용하여 행위를 구성하는가를 탐구하는 '공연적 전환'이다.

제2부는 예술, 대중문화와 미디어에 관한 논의를 전개한다. 예술사회학을 다룬 3장은 예술 작품의 미학적 가치보다는 예술로 매개되는 다양한 사회적 요인과 예술의 사회적 영향력 등을 탐구한다. 예술이 빠르게 산업화되면서 예술 작품은 생산, 유통, 소비되는 하나의 상품으로 움직이며, 그 과정에서 예술 조직과 제도, 예술가라 불리지 않지만 예술계에 종사하는 행위자가 중요해진다. 비슷한 맥락에서, 4장은 문화 상품으로서 대중문화의 특성을 스타 시스템과 팬덤의 차원에서 살펴본다. 독자는 3장과 4장을 통해 문화산업의 관점을 이해할 수 있다.

미디어는 문화가 유통되고 소비되는 주요 채널이며, 미디어 자체가 점차 하나의 문화 현상으로 자리매김하고 있다. 따라서 5장에서는 미디어 발달로 인한 문화생활의 변화와 향후 미디어가 문화에 미칠 영향을 다룬다. 신문의 등장은 근대적 독서 문화를 창출하였을 뿐만 아니라 하버마스가 말하는 공론장과 같은 정치적인 여론 형성의 장을 만들었다. 그러나 역설적으로 미디어의 산업화는 공론장의 쇠퇴와 문화의 다양성을 약화시키는 결과를 초래했다. 6장은 사이버 공간에서 형성되는 새로운 자아와 사회적 관계의 특징을 파악하고, 사이버 문화의 아방가르드적 속성을 살펴본다.

제3부는 그동안 주류 사회학의 관심에서 주변화되었거나 배제되었던 일상생활의 문화 현상에 주목한다. 7장은 일상생활에서의 사회적 상호작용을 연극에 비유함으로써 사회적 행위자를 무대에서 연기하는 배우로 바라본다. 마치 배우가 자신의 옷매무새, 분장, 말투, 걸음걸이 등을 매번

점검하며 연기에 임하는 것처럼, 사회적 행위자는 남(관객)을 의식하며 '인상 관리'를 한다.

8장은 근대성의 세계관에서 배제된 일상생활의 구성 요소들, 예컨대 정신과 육체의 이분법에서 배제된 몸, 이성중심주의에서 배제된 감정, 본질 대 외양의 이분법에 의해 간과된 외양, 그리고 인간중심주의에 의해 무시된 자연, 공간, 오브제 등을 조명한다. 이와 같은 일상적 요소들의 복원은 공동체 내에서 여러 유형의 '함께함'을 가능하게 하며, 그것에 대한 보다 기본적인 벡터로 '함께 느낌'을 강조한다.

9장에서는 공간사회학의 의미와 연구 대상으로서 다양한 유형의 공간을 소개한다. 여기서는 공간이 어떻게 사회적으로 생성, 유지, 소멸되며, 사회적 행위자에 의해 어떻게 체험되는가를 살핀다. 또한 공간이 다양한 미디어에 의해 어떻게 재현되는지를 들여다보고, 역으로 재현된 공간이 다시 실제 공간을 구성하는 복합적 차원을 탐구한다. 10장은 최근의 '스펙 쌓기'와 같은 자기계발 현상을 자기 알기, 자기 통제, 자기 배려, 자기(재)창조 등 네 차원으로 구성하고, 프랭클린 플래너의 실천에 대한 분석을 통해 자기계발 문화의 다차원성을 비판적으로 풀어나간다.

제4부는 계급, 세대, 젠더와 관련된 문화를 다룬다. 11장은 부르디외의 계급 문화 연구를 소개하고, 문화적 소비 취향이 개인의 타고난 성향이 아니라 계급에 기초하여 사회적으로 구성됨을 보여준다. 여기서는 문화가 일종의 '자본'으로서, 계급 대물림의 기제로 작용함을 살펴본다. 12장에서는 청소년 세대의 하위문화에 주목한다. 청소년 하위문화는 지배 문화와의 관계 속에서 '일탈' 혹은 저항적 실천으로 간주되어왔으며, 최근에는 사이버 공간에서의 팬덤 현상처럼 하위문화 내부의 유동성과 창의적 활동에 초점이 모인다. 젠더 정체성을 다룬 13장에서는 몸에 대한 기존의 사회학적 접근을 검토하는 데서 출발한다. 몸이 생물학적 실체로서만 아

니라 사회적 관계나 행위와 연관되면서 여성의 주체 형성에 근원적 토대가 됨을 알 수 있다. 따라서 몸은 정체성, 섹슈얼리티와 성별 분업 등 젠더 관계의 총체적인 재현 공간이다.

제5부는 담론과 정치 및 경제를 문화와 교차시킨다. 14장은 우리가 사용하는 언어가 단순히 의사소통 수단만이 아니라 사회 현실을 정의하고 구성하는 힘을 발휘한다는 점을 보여준다. 일상에서 자연스럽고 당연하게 여겨지는 언어와 재현 모두가 실제로는 의도되고 조작된 것이라는 인식은 문화를 보다 비판적이고 적극적으로 해독 혹은 해체해야 한다는 실천적 당위성의 문제를 제기한다. 15장에서는 문화가 정치 과정에서 수행하는 다양한 역할을 폭넓게 개관한다. 정치는 권력의 문제와 밀접한 관련을 맺으며, 지배와 종속 그리고 저항은 근본적인 정치 현상에 해당된다. 이러한 기본적 이해를 바탕으로 일상생활, 계급, 국가, 그리고 제국주의 맥락에서 정치와 문화와의 관계를 고찰한다. 16장에서는 선물 교환에 대한 문화사회학적 분석을 시도한다. 선물 교환은 상거래에서 일어나는 등가 교환의 논리가 아닌 호혜성의 원리에 의해 이루어진다. 선물의 호혜성은 무사무욕과 자기이해, 자발성과 의무가 뒤얽힌 복잡한 메커니즘에 따라 추동된다. 여기서는 선물의 호혜성 논리가 어떻게 사이버 공간의 경제 활동 및 반시장적 운동에서 모두 활용되며, 사후 장기 기증의 경우에도 적용되는지를 살펴본다.

제6부는 민족주의, 문화의 세계화와 다문화 현상을 주제로 다룬다. 17장에서는 국제 관계의 맥락에서 '소프트파워' 개념을 중심으로 문화와 권력의 관계를 살펴보고, 그것이 어떻게 한미 관계에 작동하였는가를 이해한다. 아울러 문화의 정치경제학이라는 차원에서 문화가 어떻게 주체를 생산하며, 이 과정이 지배와 어떻게 연결되는지를 논의한다. 18장은 문화적 세계화가 어떻게 우리 일상생활 및 정체성 형성과 연관되는지를 고찰

한다. 문화적 세계화는 충돌, 수렴, 혼종 등을 발생시키며, 권력, 이해관계, 정체성, 유희 등을 동반한 복잡하고 다차원적인 현상임을 보여준다. 아울러 세계화는 국제이주를 가속화시키며 다문화주의 정책과 같은 새로운 사회통합 방안을 요구한다. 19장에서는 인종, 시민권, 문화적 다양성, 종족적 소수자, 사회통합, 다문화주의, 공화주의 등 관련 개념을 다루면서, 일찍이 이주 현상을 경험한 이민 선진국들이 시도한 이주민 통합 방식을 살펴보고 전 지구적으로 확산된 다문화주의의 내용과 한계에 대해 검토한다. 이를 통해 최근 이주노동자와 결혼이주 여성의 대량 유입을 계기로 한국 사회가 직면하게 된 다문화 상황에 대한 이해를 높이고자 한다.

　이 책을 집필하면서 우리 저자들은 학부 2-3학년을 위한 교재임을 감안하여 다음과 같은 점에 신경을 썼다. 첫째, 각 주제에 대한 이론적 논의를 되도록 줄이고 우리 사회의 경험적 사례를 최대한 활용하여 학생들의 이해를 돕도록 하였다. (문화이론의 기본 내용이 궁금한 학생들은 문화사회학회에서 번역한 『문화이론』을 읽기 바란다.) 둘째, 학부생의 자기주도 학습이 가능하도록 학습 목표와 핵심 키워드를 통해 각 장의 주제를 미리 안내하였으며, 반드시 알아야 할 학술 용어에 대해서는 글상자를 이용하여 쉽게 설명하였다. 셋째, 참고문헌의 경우 외국 문헌보다는 실제로 학생이 찾아볼 수 있는 국내 문헌을 주로 소개하였다. 끝으로, 학생의 사고를 심화시키기 위하여 해당 주제의 핵심 논지를 담은 읽기 자료를 제공하고 탐색적 질문을 덧붙였다.

　이 책의 구상에서부터 출간까지 3년이란 적지 않은 시간이 걸렸다. 예상보다 상당히 지연되었음에도 불구하고 묵묵히 기다려준 살림출판사에 감사를 전하고 싶다. 그리고 좋은 교재를 만들고자 관련 주제와 형식을 함께 조사하고 토론하며 애써준 동료 최종렬, 김은하, 최샛별 교수에게 교재개발팀장으로서 감사드린다. 교재로서 형식의 통일과 내용의 적정 수준을 유지하기 위해 몇 차례에 걸쳐 수정을 요구했음에도 불구하고 흔쾌히 응해준 15인의 동지에게도 고마움을 전하고 싶다. 개인적으로, 고등학교 『사회·문화』 집필 경험을 대학교재 개발에 접목하고 싶었기에 아쉬움이 많이 남는다. 그럼에도 불구하고, 이 책을 통해 문화사회학적 사고, 감수성과 윤리가 생성되고 발전하기를 조심스럽게 기대해본다.

2012년 1월
저자 모두를 대신하여
교재개발팀장 박선웅

제1부
근대와 탈근대

제 1 강

고전사회학에서의 근대성과 문화

박선웅

전통 사회에서 근대 사회로 이행하는 과정에서 탄생한 사회학은 근대성의 출현, 특징, 그리고 문제를 규명하려고 하였다. 이러한 노력에서 문화는 고전사회학자들의 중심적인 주제 중 하나였다. 마르크스는 이데올로기가 자본주의의 구조적 모순을 의식하지 못하게 하는 특성에 관심을 가졌다. 그는 문화를 허위의식인 이데올로기적 측면에서 접근함으로써 인간의 사고와 가치 형성을 사회적·물질적 실천의 산물로 보았다. 베버는 서구 자본주의의 부흥에 기여한 개신교의 역사적·문화적 역할에 초점을 맞추었다. 그는 삶, 고통, 죽음 등에 관한 종교적 해답과 의미가 인간의 행위를 동기화하며 사회의 제도적 유형을 특정화하는 측면을 보여주었다. 뒤르케임은 끊임없는 분업화로 인해 불안정한 근대 사회의 결속 문제에 관심을 가졌으며, 공동체의 결속을 창출하고 유지하는 데 필요한 집합의식을 강조하고 집합의식의 구조와 재생산 과정을 탐구하였다. 이 장에서는 근대성의 출현과 그에 따른 문제를 이해하고 설명하기 위해서 왜 고전사회학자들이 '문화'에 대한 관심을 갖게 되었는지, 그들의 문화 연구 특성과 그것이 남긴 이론적 유산이 무엇인지를 살펴본다.

키워드

근대성, 자본주의, 토대, 상부구조, 이데올로기, 상대적 자율성, 현세적 금욕주의, 전철수, 분류체계, 자의성, 의례

1. 다시 '고전' 사회학으로

약 10년 전인 2000년대 초반까지 한국의 거의 모든 대학에서 '문화사회학'이란 이름의 강좌가 개설되지 않았다. 그만큼 사회학에서 문화사회학은 생소한 분과였다. 몇몇 사회학과의 교육 과정 책자에는 '지식사회학', '종교사회학' 혹은 '예술사회학' 등이 소개되어 있었으나 거의 빛을 보지 못했다. 그러나 '문화'에 대한 이론적·경험적 관심은 이미 1990년대 초반부터 증폭되어왔다. 그 배경으로 다양한 요인이 복합적으로 작용하고 있었다. 그중 몇 가지를 언급하면 첫째, 공산주의의 맹주였던 소련이 붕괴된 이후 사회주의 이상이 크게 흔들렸으며, 많은 수의 진보 학자는 마르크스의 정치경제학 분석을 성찰하고 그람시와 같은 서구 마르크스주의의 문화 연구에 대해 관심을 갖기 시작하였다. 둘째, 프랑스 68혁명 이후 싹트기 시작한 포스트모더니즘의 흐름이 본격적으로 소개되어 문화권력과 문화정치학에 대한 관심을 증폭시켰다. 셋째, 서태지로 표상되는 '신세대'의 등장이다. 주지하다시피, 이들은 20여 년간 계속된 고도의 경제발전 이후에 비교적 물질적 풍요 속에서 자란 세대라서 문화적 소비 욕구가 강한 편이고, 실제 청소년으로서는 최초로 대중문화의 소비 주체로 범주화되기도 하였다. 넷째, 컴퓨터의 광범위한 보급과 정보통신 기술의 급속한 발달은 대중의 문화 생산, 유통과 소비를 촉진시켰다.

이와 같은 지성사적·사회적 배경하에서 '문화의 시대'가 활짝 열린 것이다. 새로운 시대의 열림 혹은 낯선 변화는 그것을 설명하고 이해해야 하는 사회학에 언제나 도전일 수밖에 없다. 문화현상의 사회적 의미는 무엇일까? 사회학에서 문화는 어떤 이론적 위상을 차지해야 되는가? 사회학은 문화를 어떻게 탐구할 것인가? 이러한 질문에 대해 사회학자마다 동일한 대답을 해주리라 기대하기는 어렵다. 사실, 문화사회학자들 사이에서도 무엇이 문화사회학이고 어떻게 문화사회학을 할 것인가에 대해 의견이 분분하고, 때로는 치열한 논쟁이 벌어지기도 한다.

이와 같은 상황에서 사회학 이론과 방법론, 그리고 경험적 연구의 기초를 다졌던 고전사회학자를 다시 살펴볼 필요가 있겠다. 한 세기 이상 여전히 '고전'으로 추앙받고 있다면, 단지 창시자로서의 위치 때문만은 아닐 것이다. 고전사회학자는 오랜 시간이 지난 이후에도 여전히 우리가 안고 있는 이론적·실천적 문제에 대한 근본적인 통찰력을 제시해주면서 길잡이 역할을 하기 때문이다. 마르크스, 베버, 뒤르케임은 각각 독특한 방식으로 사회학의 규준을 세웠던 살아 있는 전통인 셈이다. 이 글에서는 세 고전사회학자가 근대성을 규명하면서 문화를 어떻게 사회학적으로 접근했는지를 살펴보고, 그들의 이론적 유산과 한계를 평가하고자 한다. 이를 통해 문화사회학의 세 가지 전통을 음미할 수 있을 것이다.

2. 마르크스: 이데올로기로서의 문화

근대성에 대한 마르크스의 문제의식

찰리 채플린이 감독하고 직접 주연을 맡은 영화 〈모던 타임즈〉(1936)는 제목이 말해주듯 '근대성'의 한 단면을 보여주고 있다. 컨베이어벨트 공장에서 일하는 노동자로 나오는 찰리는 하루 종일 나사를 조이는 일을 반복적으로 한다. 장시간 동안의 단순 반복 노동은 찰리를 강박관념에 빠지게 하고, 결국 찰리는 나사 모양처럼 보이는 것은 무엇이든지 조이려 한다. 작업량과 속도를 극대화하기 위해 공장 노동자는 화장실 가는 것조차 감시당하고, 식사 시간을 줄이기 위해 자동 식사 기계가 개발되기도 한다. 이처럼 이 영화는 자본주의의 기계화된 노동과 비인간화된 노동 통제를 고발하고 있다.

마르크스가 목도한 근대성의 모습이란 〈모던 타임즈〉처럼 자본에 의한 노동의 착취와 통제, 그리고 그에 따른 노동자의 비참한 생활 등이었다. 마르크스에게 근대성이란 곧 자본주의와 관련된 현상을 의미했으며, 특히 어떠한 걸림돌도 분쇄해버리는 자본의 축적 과정과 그 과정에서 심화되어가는 노동자의 소외 현상으로 집약된다. 즉, 자본주의 사회의 특징은 자본의 증식이 노동의 착취와 소외에 기초하고 있다는 것이다.

노동의 소외는 자본주의가 발달하기 이전의 소외되

영화 〈모던 타임즈〉의 한 장면.

지 않은 노동을 상상해보면 쉽게 이해될 수 있다. 예를 들어 가구를 생산하는 장인을 생각해보자. 장인은 가구를 생산하기 전에 가구의 전체 윤곽과 세부 모양을 디자인했을 것이며, 생산 공정을 스스로 계획하고 통제했을 것이다. 가구의 처분 역시 장인에게 달려 있었을 것이다. 무엇보다도 가구 자체에 자신의 제작 기술, 철학과 혼이 투영되었을 것이며, 장인에게 가구는 자신의 분신처럼 느껴졌을 것이다. 장인은 가구를 통해 자신의 존재감과 존재 가치를 확인할 수 있었을 것이다.

그러나 자본주의 사회에서 가구 공장의 노동자는 마치 기계의 한 부속품처럼 반복적인 작업을 통해 동일한 가구를 대량 생산한다. 그는 가구의 디자인이나 작업 과정에 주체적으로 참여할 수 없을 뿐만 아니라 생산 과정 자체를 자율적으로 관리하지 못한다. 오히려 그의 노동은 통제와 감시의 대상이다. 가구는 노동자가 모르는 타인에게 판매될 상품일 뿐, 더 이상 그의 분신이 아니며 노동자의 삶과 무관하게 존재한다. 그렇기 때문에 노동자에게 가구 생산 노동은 아무런 정신적 보람을 주지 않은 채 단지 육체적 피로를 가져다줄 뿐이다.

마르크스는 이처럼 노동자가 자기 노동의 대상, 생산 과정, 그리고 자기 자신으로부터 소외당한다고 하였다. 자본주의 사회에서 생산품만이 상품이 되는 것은 아니다. 마르크스는 노동력을 시장에 판매하는 노동자 역시 하나의 상품으로 전락한다고 했다. 노동자가 더 많은 상품을 생산하면 할수록 그의 노동 가치는 더욱 하락하게 된다. 그렇다면 왜 자본주의 사회에서 노동자는 소외되고 착취당할 수밖에 없는가? 이 질문이 마르크스가 파헤치고자 한 근대성에 관한 핵심적 문제의식이었다.

유물론적 전제와 이데올로기

소외 문제를 설명하기 위한 노력 끝에, 마르크스는 자본주의적 생산 양식의 내적 작동 방식에 대한 분석을 내놓으면서 '고전'의 반열에 올랐다. 여기서는 경제학적 분석의 밑그림이 되었던 인간과 사회에 대한 그의 유물론적 전제를 살펴보겠다.

우선, 마르크스는 인간이 동물과 달리 자신의 물질적 욕구를 충족시키기 위하여 생산 수단을 만들어 자연을 변형시킨다고 하였다. 물론 인간은 즉각적인 물질적 욕구만을 충족시키기 위해서만 노동을 하는 것은 아니다. 다른 동물과 달리 물리적 욕구로부터 자유로울 때에도 생산을 하고 또 그럴 때에만 진정한 생산 활동으로 간주된다. 그가 말하고자 하는 바는 의식이나 관념에 의해 표상된 추상적인 모습으로서의 인간이 아니라 일정한 방식으로 생산 활동을 하는 인간이다. 마르크스의 유물론적 전제는 인간이 무엇을 생산하고, 어떻게 생산하며 그 과정에서 어떤 사회적 관계를 맺는가에서 출발한다.

마르크스의 유물론적 전제는 '토대'와 '상부구조'라는 이분법적 비유를 통한 사회학적 관점으로 발전한다. 토대란 생산력과 생산 관계로 이루어져 있다. 생산력은 지식, 기술, 노동력, 자본 등을 말하며, 생산력이 발전할수록 분업화된 생산 관계가 발달하게 된다. 생산 관계의 형태는 물질적 생산력의 일정한 발전 단계에 상응하며, 생산 수단의 사적 소유 여부에 따라 착취와 소외를 수반하는 사회적 관계를 형성한다. 예를 들어, 원시공동체 사회 이후부터 노예제 사회, 봉건주의, 자본주의에서는 각각 노예, 토지, 자본이 주요 생산 수단이었으며, 그것의 소유 여부에 따라 자유민과 노예, 봉건 영주와 농노, 자본가와 노동자 간의 사회적 관계가 형성되어왔다. 이 사회적 관계에서 전자는 후자를 지배하고 착취하며, 양자 간의 대립과 모순은 사회변동의 씨앗이 된다.

모든 사회적 관계가 생산 관계로만 이루어진다거나 그것으로 환원된다는 것은 아니다. 마르크스가 강조하는 바는 생산 관계가 경제 외적인 다양한 사회적 관계의 성격을 근본적으로 규정한다는 것이다. 생산 관계의 총합이 실질적인 경제 구조를 구성하며, 그것은 상부구조가 발원하는 실질적 토대를 이룬다. 상부구조는 국가, 법, 종교, 학교, 이데올로기, 지식 등 경제 외적인 모든 영역을 포괄한다. 상부구조는 토대에 종속되고 기능적이다. 즉, 비경제 영역은 경제 논리에 의해 구속되고 구조화되며, 토대를 활성화하고 토대 내에 존재하는 대립과 모순을 완화하거나 통제하는 역할을 수행한다.

토대에 의한 상부구조의 구속성은 마르크스가 관념론을 매우 간결하면서도 정면으로 비판하는 테제에서 잘 나타난다. 그 당시 독일의 대표적인 관념론자인 헤겔을 겨냥하면서, 마르크스는 의식이 존재를 규정하는 것이 아니라 존재가 의식을 결정한다고 주장하였다. 이 말은 인간의 사유와 신념, 가치 등의 문화적 요소들이 경제적 조건으로부터 독자적이거나 자율적이지 않다는 것이다. 오히려 문화는 사회의 물질적 조건에 의해 형성되고 그것을 반영한다는 것이다.

두 편의 시를 비교해보자. 하나는 박노해의 '시다의 꿈'이다. 이 시는 미싱공의 고단한 노동 생활을 문학적으로 형상화하고 있다. 박노해는 섬유, 화학, 건설, 금속, 운수 노동자로 일해왔으며, 대표적 노동문학가로서 노동 현장의 체험을 통해 노동자 삶의 애환과 아픔을 노래한 것이다. 다른 하나는 윌리엄 워즈워스의 '수선화'이다. 이 시는 수선화의 아름다움을 바라보며 느낀 감정의 흐름과 변화들을 소박하고 진솔하게 그려내고 있다. 워즈워스는 변호사의 아들로 태어났으며, 케임브리지 대학을 졸업하였다. 그는 자연과의 교감 등 서정적인 작품으로 유명한 영국의 대표적인 낭만파

시다의 꿈
긴 공장의 밤
시린 어깨 위로
피로가 한파처럼 몰려온다
드르륵 득득
미싱을 타고, 꿈결 같은 미싱을 타고
두 알의 타이밍으로 철야를 버티는
시다의 언 손으로 장밋빛 꿈을 잘라
이룰 수 없는 헛된 꿈을 잘라
피 흘리는 가죽본을 미싱대에 올린다
(중략)
시다의 꿈으로
찬바람 지는 공단거리를
허청이며 내달리는
왜소한 시다의 몸짓
파리한 이마 위으로
새벽별 빛나다

수선화
산골짜기 언덕 위 높은 하늘에
떠도는 구름처럼 이내 혼자서
지향 없이 떠돌다 보았어라,
한 무리 모여 있는 황금수선화.
호숫가 수목이 우거진 그늘
미풍에 나부끼며 춤을 추었소.
(중략)
헛된 생각에 깊이 잠기어
내 침상 위에 외로이 누웠을 때
고독의 축복인 마음에 눈에
홀연 번뜩이는 수선화.
그때 내 가슴은 즐거움에 넘치고
마음은 황금수선화와 함께 춤추었어라.

시인이었다. 마르크스의 관점에서 볼 때, 박노해가 노동자의 삶에 대한 시를 쓰고, 워즈워스가 순수시에 몰두한 것은 우연이 아니라 각자가 처한 사회적·물질적 조건에 의해 시적 관심과 상상력이 형성된 결과이다.

마르크스는 생산 관계에 의해 형성된 사회적 관계를 계급으로 규정하였다. 그는 근대 자본주의 사회에서의 계급 구조를 주요 생산 수단으로서의 자본을 소유하였는가에 따라 크게 자본가 계급과 노동자 계급으로 양분된 것으로 파악하였다. 마르크스가 유물론적 관점에서 의식의 존재 구속성을 주장하였다는 점에서 볼 때, 각 계급은 자신의 물적 조건에 의해 그리고 그것에 상응하는 계급의식을 가질 것으로 예상할 수 있다. 마치 박노해와 워즈워스처럼 말이다.

그러나 노동자 계급이 자신의 물적 조건에 의해 자동적으로 계급의식을 발전시키지는 않는다. 왜 그럴까? 마르크스는 이를 '이데올로기' 개념으로 설명하였다. 마르크스에게 이데올로기란 한마디로 허위의식을 뜻한다. 그는 이데올로기의 허위성을 종종 '환상', '유령', '망상', '요괴'라고 표현하기도 하였다. 만약 열심히 일해서 돈을 모아 누구든 자본가가 될 수 있다고 생각하거나 자본주의 사회는 개인의 자유와 기회의 평등에 기반한다고 믿는다면, 혹은 역사는 점진적으로 보편적 이념을 구현하는 과정이라고 사유한다면, 그것은 마르크스의 유물론과 달리 사회, 역사, 자본주의의 본질을 꿰뚫어보지 못하는 이데올로기에 해당된다. 마르크스는 '외양' 대 '실재' 혹은 '현상' 대 '본질'을 구분하였는데, 이를 각각 이데올로기와 과학에 병치시켰다. 실재와 본질을 인식하는 것이 곧 과학이라면, 외양과 현상만을 바라보게 되는 것은 이데올로기 때문이다.

마르크스는 유물론자답게 이데올로기가 발생하는 이유를 물적 토대의 모순적 특성에서 찾았다. 그에 따르면, 인간은 토대의 모순을 실천적으로 해결하지 못할 때, 그 모순을 의식 안에 투영하여 왜곡된 해결을 얻으려고 한다. 곤경에 처하거나 현재와 미래가 불안정하여 몹시 답답함을 느끼는 사람이 점을 보러 가는 것과 같다. 비슷한 맥락에서, 마르크스는 종교를 인민의 아편이라고 하였다. 토대의 모순은 근본적으로 물적 조건을 변혁함으로써 해결될 수 있는데도, 의식적 해결에 의지하도록 한다면 그것은 현실로부터 도피시키는 아편과도 같다는 뜻이다. 결국 이데올로기는 경제적 모순을 필연적으로 부정하고 은폐하며, 그럼으로써 지배 계급의 이해관계에 이바지한다.

마르크스가 보기에, 종교뿐만 아니라 상부구조에 위치한 문화 전반이 사실상 지배 계급의 세계관과 이해관계를 반영하는 이데올로기로 작동한다. 물질적인 생산 수단을 소유하고 통제하는 지배 계급은 동시에 정신적인 생산 수단을 통제하고 있기 때문이다. 토대와 상부구조의 맥락에서 볼 때, 한 사회의 지배적인 사상은 지배적인 물질적 이해관계의 문화적 표현일 뿐이다. 달리 말하면, 지배 계급은 문화적 지배 세력이 되며, 그들의 문화가 곧 지배적인 문화로서 보편성과 우월성을 인정받게 된다. 반면, 정신적 생산 수단을 소유하지 못한 피지배 계급은 지배 문화를 수용하고 그것에 종속될 수밖에 없다. 그렇기 때문에, 노동자는 자신의 계급 정체성과 계급의식을 자각하지 못하고, 자본가와 자신의 세계관과 이해관계가 일치한다는 허위의식을 품게 된다.

문화 연구를 위한 마르크스의 유산

마르크스는 자본주의를 근대성을 규정하는 중추적 제도이자 기제로 여기고 자본주의의 작동 원리와 내적 모순을 밝히려고 하였다. 이를 위해 그는 토대-상부구조론을 제안함으로써 사회학적 물질론의 초석을 이루었다. 마르크스의 사회학적 물질론은 문화 연구에 적어도 세 가지 주목할 만한 기여를 하였다. 첫째, 인간의 의식을 삶의 물적 조건의 산물로서 설명하는 것이다. 그리고 인간의 의식과 의식의 산물을 총체적으로 문화라고 볼 때, 마르크스주의 관점에서는 분석의 초점을 문화의 물적 토대에 맞춘다. 예컨대, 어떤 사람의 이념적 성향은 그의 계급적 위치에 기인한다고 본다. 부르주아 문화의 특성에 대한 파악도 역시 그 계급의 이해관계 맥락에서 접근한다. 둘째, 문화의 생산, 유통, 그리고 변동 등을 계급 관계에서 파악한다는 점이다. 즉, 어떤 문화가 중심 문화로 부상하는가 혹은 주변 문화로 전락하는가 하는 것은 물질적 힘을 가진 세력에 의해 좌우된다는 것이다. 셋째, 위와 연관하여 이데올로기 개념을 꼽을 수 있다. 마르크스가 보기에 문화는 언제나 특정 계급의 특수주의적 이익을 은폐하고 보편주의적 이익으로 위장하는 이데올로기로 작동한다. 한마디로 계급 중립적인 문화란 없으며, 때로는 명시적으로 더 많은 경우엔 은밀히 특정 계급의 이익을 위해 봉사한다.

이와 같은 공헌에도 불구하고 마르크스의 유물론은 문화의 상대적 자율성 문제를 소홀히 다루었다. 마르크스는 사회의 핵심이자 본질이 토대이지 상부구조가 아니라고 보았기 때문에, 문화의 내적 구조와 변동에 대해 어떠한 이론적·경험적 분석을 시도하지 않았다. 그는 문화가 그 자체의 역사를 갖지 않는다고 하였는데, 이는 문화의 상대적 자율성을 철저히 부인하는 주장이다. 따라서 마르크스의 유물론적 접근은 문화적 요소들에 영향을 미치는 문화 외적 요인을 밝혀주긴 하였으나 문화 내적 요인과 문화의 영향력─이데올로기를 제외하고─에 대해서 유용한 시사점을 제공하지 못하는 한계를 노정하였다.

3. 베버: 전철수로서의 문화

근대성에 대한 베버의 문제의식

근대 사회에 대한 베버의 사회학적 연구는 그 기저에 사회적 행위론이 있다. 그는 사회적 행위의 유형을 목적합리적 행위, 가치합리적 행위, 정서적 행위, 전통적 행위 등 4가지 이념형으로 제안하였다. 목적합리적 행위란 주어진 목적을 성취하기 위해 가장 효율적인 수단을 고려하는 행위이며, 가치합리적 행위는 내면의 양심이나 도덕적 명령에 따른 행위이다. 정서적 행위는 목적과 수단을 합리적으로 따져보기보다는 행위자의 감정에 따라 행동하는 것을 말한다. 전통적 행위란 행위의 효율성이나 가치 기준 등을 사전에 배제하고 관습에 따라 이루어지는 행위이다. '일상적으로 해왔던 방식대로' 하는 행위가 이에 해당된다.

전통 사회에서는 가치합리적 행위, 정서적 행위, 전통적 행위가 지배적
인 양식으로 나타나는 반면, 근대 사회는 목적합리적 행위가 주류를 형
성하고 있음을 알 수 있다. 서구 근대성에 관한 베버의 문제의식은 바로
목적합리성(혹은 합리화)이 핵심적으로 부상하게 되는 요인을 밝히는 데
있었다.

사실, 행위의 유형은 제도의 유형하고도 밀접히 연관되어 있다. 베버
는 그의 행위론에 입각하여 권위 유형론을 발전시켰다. 그는 권위를 전통
적 권위, 카리스마적 권위, 그리고 합리적 권위로 구분하였다. 전통적 권위
는 예전부터 존재해온 질서와 권력의 신성성에 대한 믿음에 기초하고 있
으며, 소규모 농촌 공동체에서 연장자에게 권위를 부여하는 장로제가 여
기에 해당된다. 카리스마적 권위는 지도자의 초월적이고 비범한 능력에 대
한 믿음에 기반하며, 기존 체제에 강한 반기를 들었으나 아직 제도화되지
않은 불안정한 지배 체제이다. 예컨대 인류 역사상 혁명을 주도했던 지도
자가 이 경우에 해당된다. 끝으로 합리적 권위는 권력의 수행과 승계 방
식, 그리고 상하 관계 등이 비인격적 규범과 규칙에 기초한 권위를 말하

며, 관료제가 대표적이라고 할 수 있다. 행위와 권위 유형을 연계시켜 보면, 전통적 권위와 카리스마적 권위하에서는 전통적 행위, 가치합리적 행위, 정서적 행위 등이 혼합되어 나타나며, 합리적 권위에서는 효율성을 추구하는 목적합리적 행위가 지배적으로 나타난다.

사회적 행위, 사회적 관계, 더 나아가서는 다양한 사회 제도 등 모든 측면에서 목적합리성이 동양에서보다 서양에서 먼저 발달하게 된 배경은 무엇인가? 이 질문에 대한 해답을 찾기 위해 베버는 목적합리성이 가장 발달된 자본주의 체제의 종교적 뿌리를 파헤치기 시작하였다.

베버의 종교사회학

마르크스가 자본주의가 초래하는 모순과 갈등의 원인을 밝히는 데 주력했다면, 베버는 오히려 자본주의의 발달에 영향을 미치는 요소를 찾아내고자 하였다. 베버는 우선 개신교도 지역에서 많은 자본가들이 살고 있다는 사실을 확인하고, 개신교와 근대 자본주의 정신과의 연관성을 살펴보고자 하였다.

근대 자본주의 정신이란 노동을 수단이 아닌 목적으로 받아들이며, 경제적 성공과 부의 축적을 개인적 미덕의 지표로 간주하는 것이다. 일반적으로 노동과 부는 좋은 삶을 위한 수단이지 목적 그 자체로 생각지 않을 수 있다. 그러나 근대 자본주의의 본질적 특성 중 하나는 노동에 대한 도덕적 헌신을 삶의 가치로서 수용한다는 것이다. 또한 베버가 말한 근대 자본주의 정신은 업무에서뿐만 아니라 생활 전반에 걸쳐 합리성과 효율성을 추구하고, 미래를 위해 현재의 욕구를 절제하는 금욕주의적 실천을 강조한다.

마르크스의 관점에서 볼 때, 자본가는 기업의 생존을 위해 끊임없이 이윤을 추구하고, 노동자는 장시간 착취당하고 있다. 반면 베버는 자본주의 사회의 특징으로서 이윤 추구와 노동 등 경제 활동의 도덕적 차원을 조명하였다. 마르크스와 달리, 베버는 자본주의 발흥에 필요한 물질적 조건들, 예컨대 제조 기술의 발달, 도시 인구의 증가, 자본가 계급의 정치력 신장, 시장 발달, 회계 체계의 발달 등이 존재하더라도 그것들로부터 상부구조에 해당되는 친자본주의적 가치와 신념이 필연적으로 발생하는 것은 아니라고 보았다. 자본주의 정신의 인과적 조건은 생산 조건에 있었던 것이 아니라 그와는 별개의 개신교 윤리에 있었던 것이다. 이처럼 베버는 종교적 경제 윤리의 상대적 자율성을 강조하였다.

경제 윤리의 상대적 자율성

"[경제 윤리]라는 용어는 …… 신학적 규범 체계들의 윤리론에 초점을 맞추고 있지 않다. [이] 용어는 종교의 심리적이고 실용적인 맥락에 기초한 실제적 행위 충동을 지칭한다. …… 하나의 경제 윤리가 한 경제조직 형태의 단순한 '함수'는 아니다. 그리고 그 역도 마찬가지로 경제 윤리들이 일관되게 경제조직 형태를 결정짓는 것도 아니다. 종교에 의해서만 결정되는 경제 윤리는 있을 수 없다. 종교적인 혹은 기타의 '내면적인' 요인들에 의해 결정되는 '세계에 대한 인간의 태도'라는 점에서 경제 윤리는 물론 고도의 자율성을 갖는다. …… 종교가 가지는 특수성이 종교의 특징을 담지하는 계층의 사회적 상황으로 표현할 수 있는 단순한 '함수'라거나 혹은 그 계층의 '이데올로기'의 표현이라거나 혹은 그 계층의 물질적, 관념적 이익 상황의 '반영'이라는 주장을 하려는 것은 아니다. 오히려 이러한 주장들이 취하는 입장은 기본적 오류를 담고 있다고 본다. 경제적, 정치적으로 결정되는 사회적 영향력이 지극히 예리하게 종교 윤리에 작용하는 특수한 경우가 있다. 하지만 종교 윤리는 일차적으로는 종교적인 원천에서, 특히 종교적 계시와 약속의 내용에 의해서 특징을 부여받는다." (막스 베버, 임영일·차명수·이상률 엮고 옮김, 『막스 베버 선집』, 까치, 1991)

베버가 강조한 개신교 윤리의 특징 중의 하나는 소명 의식이다. 그것은 사람들이 자신의 직업을 신의 부름을 받은 천직으로 여기는 것이다. 루터는 소명 의식을 통해 세속적 지위에 부여된 역할을 철저히 수행함으로써 신에게 헌신적인 봉사를 하도록 요구하였다. 베버는 소명 의식에 의해 세속적인 일상의 노동이 종교적 의무로 전환되었음을 강조하였다. 하지만 루터의 소명 의식은 전통적으로 규정된 책무에 순응할 것을 장려했기 때문에, 합리화를 위해 일상을 혁신해야 하는 자본주의적 정신에까지 이르지 못했다.

베버에 따르면, 소명 의식을 갖고 세속으로 들어가 적극적으로 일상을 변혁하는 태도는 칼뱅의 예정설에 의해 배양되었다. 예정설에 의하면, 신은 구원받을 사람과 그렇지 못한 사람을 미리 예정하며, 인간은 자신의 구원 여부를 알 수 없다. 그렇다면 적어도 두 가지 문제가 발생할 수 있다. 하나는 어차피 구원 여부를 알 수 없기에 종교적 교리에 충실한 실천을 해도 구원받지 못할 수 있다. 그렇기 때문에 종교적 삶 자체가 무의미해질 수 있다. 다른 하나는 구원 여부에 대한 종교적 불안과 심리적 고립감이 깊어질 수밖에 없다는 것이다.

이에 대한 대응으로서 칼뱅의 장로교도는 자신들이 하나님의 선택을 받았다고 절대적으로 믿으며, 구원에 대한 자기 확신을 위해 강력한 세속적 활동을 전개하도록 요구되었다. 이들은 자신의 행위에서 끊임없이 은총 상태를 스스로 점검하고, 세속적 생활의 전부를 합리적으로 계획하고 실천해야 했다. 전반적으로 세속적 직업에 대한 소명 의식과 아울러 근검, 절약, 금욕주의가 요구되었다. 노동은 금욕적인 미덕의 실천이고, 직업에서의 합리적이고 규율에 적합한 행위는 은총의 징표로 간주되었다. 예컨대, 시간 낭비는 신의 영광을 위해 노동할 시간을 잃어버린 죄악으로 간주되었다.

이처럼 베버는 개신교의 경제 윤리와 자본주의 정신은 선택적 친화성이 있음을 보여주었다. 그는 궁극적으로 둘 사이의 상관성을 검토하는 데 그치는 것이 아니라 서구의 자본주의 경로에 개신교가 결정적 역할을 했음을 인과적으로 설명하고 싶었다. 이를 위해 베버는 유대교, 불교, 힌두교, 유교 등 세계 종교, 특히 구원의 목적과 방식에 대한 세계 종교의 차이에 초점을 맞춰 비교 연구를 시도하였다. 연구 결과, 베버는 개신교만이 그가 말한 '현세적 금욕주의' 특성을 갖고 있음을 확인하였다. 현세적 금욕주의란 위에서 언급한 바와 같이 신의 은총을 얻기 위해 신의 계시와 규율에 따라 '지금 이 세상에서' 극도의 절제된 생활을 수행하고, 세상과 맞닿아 끊임없이 변혁을 시도하는 것이다. 하지만 다른 종교는 '지금 이 세상'이 아닌 '사후 저 세상'에서의 구원을 약속하거나 혹은 금욕적 방식이 아닌 주술과 같은 신비적 방식에 의해 구원의 문제를 해결한다. 다시 말해서, 다른 세계 종교는 세상 속으로 들어가 세상을 변혁하는 것이 아니라 세상에 적응하거나 세상을 멀리하라는 실천 강령을 제시한다. 비록 중국이 중세에는 서구보다 기술적으로 앞서 있었지만 중국의 종교는 서구의 합리성과 자본주의를 출현시키지 못했던 것이다.

세계 종교에 대한 비교 연구를 통해 베버는 현세적 금욕주의가 개신교만이 가진 독특한 특성이었으며 그것에 의해 서구에서 자본주의가 발흥할 수 있었음을 확신할 수 있었다. 이로써 베버는 유명한 '전철수' 테제를 제시하였다. 베버는 인간의 행위를 직접적으로 좌우하는 것은 관념이 아니라, 물질적 그리고 관념적 이해관심이라고 하였다. 그러나 관념에 의해 형성된 세계상은 마치 철로의 전철수처럼 인간 행위가 이해관심의 역학에 따라 추구하는 궤도를 매우 자주 결정해왔다는 것이다. 특히 구원의 목적과 구원의 방식은 모두 세계상에 의존한다. 구원의 문제에 대한 세계 종교들의 해답은 전혀 상이하며, 결국 각각의 관념에 의해 형성된 세계상에 따라 사회는 다양한 사회변동을 경험하며 독특한 문화와 역사를 지니게 된다. 베버의 종교사회학은 사회 변동의 방향을 결정짓는 문화의 역할에 대한 통찰력을 제공해준다.

문화 연구를 위한 베버의 유산

베버의 저작을 전체적으로 조망해보면, 그가 자본주의 부상을 복합적이고 다차원적으로 설명하고 있음을 알 수 있다. 베버는 종교적 동기뿐만 아니라 경제적·조직적 요인의 중요성도 역설하고 있으며, 이러한 접근 방식을 통해 물질론이나 관념론 중 어느 한쪽으로 편향된 설명을 반박하였다. 특히 마르크스를 겨냥하여 물질론적 환원론을 거부하였다. 그런 점에서 볼 때, 베버는 분명 문화의 상대적 자율성을 인정하고 있다.

문화의 상대적 자율성이 갖는 이론적 중요성은 문화 연구의 차원에서 아무리 강조해도 지나치지 않는다. 문화의 상대적 자율성을 인정하지 않는 마르크스가 안내하는 문화 연구는 위에서 언급했듯이 문화 외적인 물적 환경에 중점을 둔다. 그만큼 문화 자체에 대한 분석이 빈약할 수밖에 없다. 반면, 베버는 문화 영역에 고유한 '의미의 문제'를 전면으로 내세웠다. 그의 분석 대상이었던 종교의 경제 윤리에 대해서, 그가 마르크스였다면 경제 윤리가 어떻게 이데올로기로 작용하여 지배 계급의 이익에 도움을 주는가 혹은 경제 윤리가 어떻게 경제적 요인에 의해 형성되는가를 규명하려고 하였을 것이다. 분석의 비중을 경제 윤리 자체보다는 그것에 영향을 주는 사회·경제적 '토대'에 더 둘 수밖에 없다. 하지만 베버는 행위에 의미와 동기를 부여하는 경제 윤리에 대한 풍부한 해석을 제공해준다. 콘텍스트(문화 외적 환경)보다는 텍스트(문화)의 의미 분석에 더 비중을 둔 것이다.

베버의 '전철수' 테제 역시 주목할 만한 이론적 유산 중의 하나이다. 그는 물질론과 관념론 중 어느 한쪽에 치우치지 않았으면서도 사회 변동에서 문화의 역할에 대해서는 특별한 중요성을 부여하였다. 자본주의와 같은 사회 제도의 출현과 발전에는 그 제도에 부합하는 문화적 동력이 요구된다. 해방 이후 도입된 민주주의 제도가 오랜 기간의 시련을 겪고 1987년 6월 항쟁부터 공고해질 수 있었던 것은 우리 사회의 문화적 토양이 민주주의가 뿌리를 내릴 수 있을 만큼 자양분을 가지게 되었기 때문이다. 이처럼 베버의 문화사회학은 특정 제도의 출현, 특정한 방식의 발전 내지 불안정 및 붕괴 등을 종교와 같은 심층 의미들과 연관시켜 살펴볼 수 있도록 한다.

그러나 불행히도 베버의 문화사회학은 근대 사회의 출현을 설명하는데 활용되었을 뿐이다. 실제 근대 사회의 구조와 동학, 사회적 관계와 행위를 설명하고 이해하는 데 베버는 더 이상 문화사회학에 기대지 않았다. 그 이유는 근대성의 진전을 탈주술화 혹은 합리화의 과정으로 보았기 때문이다. 탈주술화 과정이란 한마디로 효율성을 강조하는 목적합리적 행위가 일상생활에서 대세가 되어가는 과정을 말한다. 자본주의의 태동에는 개신교의 종교적 윤리가 강력한 원동력으로 작용하였다. 그러나 일단 자본주의가 성립된 이후 종교적 윤리는 퇴색되고 자본주의는 하나의 기계처럼 작동한다고 베버는 보았다. 그는 정신이 사라진 자본주의를 '쇠우리'에 비유하였다. 의미를 해석하고 그것의 사회적 중요성을 설명하는 문화사회학은 쇠우리에선 설 자리를 잃어버린 셈이다. 그러나 근대 사회에서 의미가 완전히 상실되지 않았을 뿐만 아니라 종종 제도적 위기 시나 제도적 개혁을 시도할 때 가치합리적 행위가 활성화됨을 감안한다면, 베버의 문화사회학은 여전히 유효하다고 본다.

4. 뒤르케임: 분류체계와 의례

근대성에 대한 뒤르케임의 문제의식

뒤르케임의 첫 번째 사회학적 탐구 대상은 사회분업이었다. 위에서 논의하였듯이, 마르크스는 자본주의적 분업 체계를 근대성의 핵심 주제로 잡았고, 베버도 자본주의의 태동과 성장 동력에 주된 관심이 있었다. 뒤르케임 역시 이전의 전통 사회에 비해 빠른 속도로 진행되는 사회분업을 근대적 현상으로 보았다는 점에서 예외는 아니었다. 하지만 그가 사회분업을 바라보는 관점이나 사회분업에 의해 파생되는 사회 문제를 고찰하는 방식은 마르크스나 베버와 달랐다.

우선, 뒤르케임은 전통과 근대를 구분하는 사회적 특성의 차이를 사회적 연대의 유형에서 발견하였다. 전통 사회의 연대 유형은 '기계적 연대'로서, 그것은 사회 구성원들이 공유하는 가치와 규범에 기초하고 있다. 즉, 전통 사회의 질서는 공유된 문화-실제적으로는 기독교나 유교와 같은 종교-에 의해 가능했다. 그런데 근대 사회로 이행하면서 인구 이동의 증가, 분업의 발달, 일의 전문화 등은 문화적 공유보다는 이질성과 다양성을 촉진하였다. 한 사회의 공동체 구성원들, 특히 도시 시민들은 종교적으로나 문화적으로 다양한 배경과 경제적 이해관계를 가진 사람들이었다. 바로 여기에 뒤르케임의 문제의식이 있었다. 새롭게 출현하는 근대 사회에서 이들을 결속시킬 수 있는 끈은 무엇일까? 전통 사회에 질서를 부여한 기계적 연대가 여전히 유효할 수 있을까? 아니면 근대 사회는 끊임없이 무질서할 수밖에 없는 운명인가?

뒤르케임은 기계적 연대가 지속적으로 유효할 것이라 기대하지 않았을 뿐만 아니라 그렇다고 근대 사회가 무질서와 해체의 길을 걸을 것이라고도 생각지 않았다. 그는 이질성이 특징적인 근대 사회에 질서를 부여하는 새로운 연대가 출현할 것이라고 내다보았으며, 그것을 '유기적 연대'라 불렀다. 유기적 연대란 분업의 기능적 연관 관계에 의해 맺어진 결속이다. 예를 들어, 축구팀에서 축구 선수는 서로 종교와 가치관이 다를 수 있으나 각자의 주어진 위치와 역할에 의해 팀워크가 생성된다.

그런데 유기적 연대는 적어도 두 가지 측면에서 불안정성을 내포하고 있다. 첫째, 분업화와 사회변동의 속도가 빠르게 진행될수록 새로운 일과 직업에 필요한 가치와 규범이 정착되지 않아 아노미 현상을 초래할 수 있다. 이는 마치 산업사회에서 정보사회로 이행하는 과정에서 정보 윤리의 부재로 각종 사이버 범죄가 범람하는 것과도 같다. 전통 사회에서 근대 사회로 전환되는 과정에서 뒤르케임은 전자의 가치와 규범이 후자에 적합하지 않으며 동시에 후자를 위한 가치와 규범이 결핍된 점을 발견하였다.

둘째, 유기적 연대는 업무의 기능적 관계나 경제적 이해관계에 달려 있기 때문에 변화하기 쉬우며 일시적이며 불안정하다. 예컨대, 기업이 빠르게 변화하는 기술 및 사회 환경에 보다 신속하게 대응하기 위하여 수직적 조직 형태인 관료제를 유연하고 수평적인 조직 형태인 TFT(Task Force Team)제로 전환한다면, 기업 조직 내의 유기적 연대는 TFT의 생성과 소멸에 따라 변화할 수밖에 없다.

근대성의 특징으로 지적한 유기적 연대는 이처럼 불안정하며 깨지기 쉬운 연대이다. 프랑스 대혁명 이래 계속된 극심한 혼란과 무질서에 시달렸던 뒤르케임은 보다 안정적이며 지속적인 연대를 희망하였다. 근대성에 대한 뒤르케임의 문제의식은 바로 여기에 있다. 근대 사회에서도 전통 사회의 기계적 연대처럼 쉽게 변하지 않으며 견고한 연대가 가능할까?

뒤르케임의 종교사회학: 성과 속

위의 문제를 해결하기 위하여 뒤르케임은 원시종교를 연구하였으며, 그의 연구 성과는 이후 문화사회학과 문화인류학 등에 깊고 광범위한 영향을 주었다. 뒤르케임이 원시종교에 관심을 가진 이유는 여러 가지가 있겠으나, 그중에서도 연대의 원형인 기계적 연대의 종교적 기원을 밝히고 싶었기 때문이다.

원시종교에 대한 뒤르케임의 테제들 가운데 핵심적인 통찰은 모든 종교적 신념의 공통된 특징이 사물, 사람, 관념을 포함하여 세계를 성(聖)과 속(俗)의 두 부류로 구분한다는 것이다. 그는 세상에 대한 성과 속의 구분이 종교적 신념의 근저에 보편적으로 깔려 있는 본질이며, 신앙, 신화, 교리, 전설 등의 종교적 사상은 성스러운 것들의 본질, 미덕과 효력을 표현하는 표상체계이거나 혹은 성스러운 것들 간의 관계와 속된 것과의 관계를 규정하는 표상체계라고 보았다.

그런데 뒤르케임은 성스러움이 대상 그 자체의 속성 때문이 아님을 강조하였다. 어느 것도 본질적으로 성스러운 것은 없으며, 모든 것이 성스러울 수 있다. 예수와 같은 인격화된 신뿐만 아니라 바위, 나무, 샘물, 조약돌 등도 성스러울 수 있다는 것이다. 성은 오직 속과의 관계 속에서 규정된다. 뒤르케임은 성을 속으로부터 격리되고 금지된 것으로 정의하였다. 성과 속은 이질적이며 상호배제적일 뿐만 아니라 적대적이기도 하다. 뒤르케임은 성이 결코 속과 섞이거나 접촉될 수 없으며, 만약 그렇게 된다면 성스러운 것을 모독하거나 성스러움을 잃어버릴 위험에 빠진다고 하였다.

뒤르케임은 종교의 가장 원시적 형태인 토테미즘을 분석하면서, 토테미즘의 성스러운 표상들―토템 문장, 토템, 토템 씨족의 구성원 등―을 속으로부터의 격리와 금지의 원리에 의해 설명하였다. 예를 들어, 여자나 성인식을 하지 않은 청년과 같이 속된 사람은 성스러운 토템 문장을 만지는 것이 금지되었으며 토템을 결코 먹을 수도 죽일 수도 없었다. 성과 속을 철저하게 분리한 것은 후자가 전자를 오염시킨다고 믿었기 때문이다.

성과 속의 이분법적 도식은 원시 사회뿐만 아니라 현대 사회의 상징적 구조와 과정, 그리고 사회적 현상과의 관련성을 탐구할 수 있도록 해준다. 뒤르케임의 기본적 관심은 원시종교의 연구를 통해서 종교적 사고와 실천에 관한 이론을 세우고, 그것을 통해 세속적 사회 속에서 상징주의의 역할과 중요성에 대한 통찰을 얻고자 하는 데 있다.

첫 번째 통찰은, 마치 종교적 표상 체계가 본질적으로 성과 속으로 구성되는 것처럼, 상징체계는 본질적으로 이항대립으로 조직된다는 것이다. 문화는 수많은 상징들과 기호들이 이항대립으로 구성된 상징체계이며, 이항 분류는 대상의 본성과는 관계없이 단지 자의적일 뿐이다. 가부장적 사회에서 흔히 남성은 합리적이고 이성적인 반면에 여성은 비합리적이고 감정적이라고 믿었다. 이처럼 남성은 여성과의 대비를 통해 의미 부여되었고, 지금 시점에서 볼 때 그러한 남성성과 여성성은 성의 본질적 차이에 기인한 것이 아닌 매우 자의적인 구분임을 알 수 있다.

상징적 구성의 자의성 원리는 문화 외적 영역들의 조직 원리들과 구별되고 그것으로부터 독립되어 작동한다는 의미에서 문화의 상대적 자율성에 대한 이론적 기틀을 제공한다. 이미 언급하였듯이, 문화의 상대적 자율성을 확보하지 못한다면, 문화 연구는 아무리 문화의 중요성을 강조한다 하더라도 유물론적 환원론이나 반영론으로 빠져 문화 분석의 빈곤을 초래한다. 자의성의 원리에 기초해서 볼 때, 상징과 기호의 의미 파악은 이제 그것들의 준거 대상이 갖는 물질성을 고려하기보다는 다른 상징과 기호와의 관계를 통해서 이루어져야 하며, 그만큼 문화 구성요소들 간의 내적 관계에 대한 분석이 확장되고 심화된다.

둘째, 뒤르케임의 이분도식은 단순히 인지적일 뿐만 아니라 감정적으로나 도덕적으로 충전된 상징적 분류이다. 우리는 어떤 사물이나 사람을 인지하면서 동시에 인식 대상에 대한 감정을 품고 때로는 도덕적 판단을 하는 경향이 있다. 물론 감성적 반응과 도덕적 판단을 단순히 이항대립으로 분류하기에는 복잡하고 미묘할 때도 있다. 그러나 인간의 감성 구조와 가치체계는 기본적으로 아름다움과 추함, 깨끗함과 더러움, 유쾌와 불쾌, 사랑과 증오, 기쁨과 슬픔, 좋음과 나쁨 등 수많은 일련의 이항대립으로 구성되어 있다. 그렇기 때문에 상징적 이항대립은 포용과 배제, 허용과 금지, 찬미와 비난의 경계선을 그으며, 인간의 행위, 사회적 상호작용과 사회제도에 영향을 미친다. 성스러움을 구성하는 상징, 의미, 실천은 사회적으로 승인되며 추구되지만, 속된 것은 거부와 혐오감을 불러일으키며 도덕적으로 규제되고 배척된다.

원시종교에 대한 뒤르케임의 연구에서 또 다른 중심적 주제는 종교적 실천인 의례이다. 뒤르케임은 의례를 부정적 의례, 긍정적 의례와 속죄 의례로 분류하였다. 부정적 의례는 성과 속의 분리를 강조하는데, 속에 의한 성의 오염을 방지함으로써 성의 지위를 유지시킨다. 부정적 의례의 예로는 금욕적 의식, 정화의식, 입회의식 등이 있다. 부정적 의식들은 적극적으로 어떤 행동을 할 것을 명령하지 않고 어떤 방식으로 행동하는 것을 금지하기 때문에 터부의 형태와 밀접히 관련되어 있다. 부정적 의례는 긍정적 의례를 준비하는 예비적 절차일 경우가 많다.

파푸아뉴기니 원주민의 축제.

긍정적 의례는 신도와 숭배 대상의 간격을 좁히며 관계를 회복시켜주는 종교적인 실천들을 말하며, 제물을 통한 신과의 교제를 도모하는 희생의식, 토템 동물의 다양한 형태를 흉내 내는 모방의식, 신화나 상징적 사건 등을 재현하는 기념의식 등이 이에 속한다. 속죄의례란 씨족 성원의 죽음, 흉작, 가뭄, 전염병의 만연 등 슬프거나 불행한 일을 당했을 때 행해지는 의례이다.

의례는 단순히 신앙을 밖으로 표현하는 것에 불과한 것이 아니라 신앙이 형성되고 주기적으로 강화되는 방법들이란 점을 뒤르케임은 강조하였다. 호주 원주민들이 괴성을 지르고 격렬히 몸을 흔들며 집합적 열광 상태에 이르는 의례의 과정에서, 뒤르케임은 호주 원주민들이 자기초월적이며 탈일상적인 세계로 진입하는 체험을 통해 거룩함과 성스러움의 관념, 즉 종교적 관념을 갖게 됨을 주목하였다. 또한 뒤르케임은 주기적인 의례 행사를 통해 공통된 신념, 공통된 전통, 위대한 선조들에 대한 추억, 집합적 이상 등이 재생된다고 하였다. 즉, 의례는 이항대립적 상징체계가 창출되고 재생산되는 하나의 메커니즘인 것이다.

의례 연구의 근저에는 집합 의식이 어떻게 생산되고 재생산되는가 하는 문제뿐만 아니라 뒤르케임의 지속적인 관심사였던 사회적 연대에 대한 문제의식이 있다. 의례의 문화적 중요성이 상징의 생산과 재생산에 있다면, 그것의 사회적 중요성은 성스러운 상징을 공유하는 사회성원 간의 연대를 유지하고 강화하는 데 있다. 뒤르케임은 재상봉, 집회나 모임을 정규적인 종교적 예식들과 본질적으로 다르지 않다고 보았다. 예수 생애의 중요한 날들을 예배하는 기독교인들의 회합이나 출애굽과 십계명 선포 등을 기념하는 유대인들의 회합과 새로운 법률 공표나 국가적 중대사를 경축하는 시민들의 모임 사이에는 근본적으로 차이가 없다는 것이다. 원시사회에서나 현대 사회에서, 혹은 종교적이든 세속화된 형태이든 의례의 본질적 기능은 사람들이 한 자리에 모여서 서로가 공유하지만 일상생활에서는 크게 느끼지 않는 가치들을 강도 높게 체험하게 하고, 그것을 통해 서로의 정체감과 유대감을 돈독히 하는 데 있다. 의례는 사회성원들로 하여금 성과 속을 명확히 구분시키고, 성에 대한 경외와 속에 대한 거부와 분노를 집합적으로 느끼게 하면서 공동체적 유대감을 강화하는 기제인 것이다.

문화 연구를 위한 뒤르케임의 유산

뒤르케임의 원시종교 연구는 문화의 상대적 자율성, 문화의 생산과 재생산, 그리고 문화의 사회적 기능 등 문화사회학의 중요한 주제를 다루었다. 특히 다른 고전사회학자들과 비교해볼 때, 뒤르케임의 가장 커다란 공헌은 문화의 상대적 자율성에 대한 이론적 발판을 마련해주었다는 점이다. 베버도 문화의 상대적 자율성을 강조하기는 하였지만 어떻게 그것이 가능한지에 대해서는 이론적으로 고찰하지 않았다. 뒤르케임은 한 걸음 더 나아가, 성과 속의 이항대립과 자의성 원리를 주장함으로써 문화가 문화 외적 영역들과 구별되는 조직 원리를 가지고 독립적으로 작동하고 있음을 보여주었다. 뒤르케임은 차이와 유사성의 논리에 따라 기호체계의 구조를 탐색하는 기호학과 구조주의 문화 연구에 이론적 길잡이가 되었다.

뒤르케임의 이항분류 도식은 인지적 분류체계일 뿐만 아니라 감정적으로 그리고 도덕적으로 충전된 분류체계라는 점에서 문화 연구를 사회학적 지평으로 끌어들였다. 상징적 이항대립은 포용과 배제, 허용과 금지, 찬양과 멸시의 경계선을 그으며, 인간의 행위와 집단의 정체성, 그리고 제도적 역학에 영향을 준다. 성스러운 가치를 추구하는 행위, 집단과 제도는 유지되고 보호되며, 그렇지 않은 행위, 집단과 제도는 거부된다.

문화사회학에 대한 뒤르케임의 또 다른 이론적 공헌은 의례의 중요성을 발견한 것이다. 의례는 이항대립적 상징체계를 창출하고 재활성화할 뿐만 아니라 성에 대해서는 경외감을, 속에 대해서는 분노를 집합적으로 체험케 함으로써 공동체적 유대감을 강화한다. 예컨대, 대통령 취임식과 같은 공식적이며 제도화된 의례는 사회의 지배적인 가치를 확인하고 지배자를 그 가치의 수호자이자 구현자로 재현한다. 이처럼 국가 의례는 사회통합을 강화하는 계기가 된다.

이와 같은 기여에도 불구하고, 뒤르케임의 문화사회학은 기능주의 관점에 충실한 나머지 문화의 갈등과 문화에 의해 야기되는 갈등 등을 심층적으로 고찰하지 않았다. 원시 사회와 달리 문화적으로 다원화된 현대 사회에서는 집단 간 문화 충돌이 종종 발생하며, 국가적 공식 의례에서조차도 공동체적 유대감이 아닌 문화 갈등이 표면화되는 경우가 있다. 또한 마르크스의 관점에서 볼 때, 이항분류 체계가 지배의 메커니즘으로 작동하는 한, 그 자체가 정치적 투쟁과 갈등의 대상이자 산물인 것이다. 따라서 뒤르케임의 문화사회학은 좀 더 비판적인 시각에서 문화현상을 고찰해야 할 과제를 남겼다.

혼례의 문화적 모순과 상품화

전통 사회에서 결혼의 의미는 일차적으로 남아의 출산과 양육을 통한 가계의 계승과 발전에 있었다. 전통 사회에서 근대 사회로 이행하면서, 결혼의 의미는 낭만적 사랑의 구현으로 바뀌었다. 즉, 결혼의 의미는 가정을 통한 자아실현과 정서적 안정 등 개인의 행복을 추구하는 데 있다. 현재 우리 사회에서는 전통적 결혼관과 근대적 결혼관이 혼재해 있으며, 후자로 이행하는 경향을 보이고 있다. 젊은 세대는 주로 근대적 결혼관을 갖고 있는 반면, 부모 세대에게서는 젊은 세대보다 강한 전통적 결혼관을 발견할 수 있다. 현재 우리나라에서 행해지는 혼례는 전통과 근대의 상충적인 의미 틀로 짜여 있다. 혼례 절차를 보면, 전통식과 근대식이 서로 혼합된 모자이크 형태를 띠고 있다. 약혼식, 함들이, 폐백, 이바지 등은 전통식 혼례의 현대적 변용이며, 예식장 결혼식과 신혼여행은 개화기 이후에 일본 문화와 서구 문화가 유입되면서 정착된 것이다. 혼례의 형식뿐만 아니라 내용면에서도 가부장적 가족주의, 낭만적 사랑과 개인주의의 의미들이 서로 어우러져 엮여 있다.

서로 대립적인 가치들이 동일한 의례 속에 스며들어가 있을 때, 그 의례의 효과는 무엇일까? 가문 중심적 결혼관과 부부 중심적 결혼관이 오랜 관행으로 봉합된 현재의 혼례가 갖는 의례적 효과는 이중적이며 애매하다. 혼례가 우선적으로 두 남녀의 결합을 '축복'하는 행사인 만큼 외형적으로 가족 구성원의 일체감과 화합에 기여하는 측면을 발견할 수 있다. 하지만 다른 한편으로 혼례는 결혼에 대한 전통적인 의미와 근대적인 의미로부터 파생되는 기대와 행동의 불일치로 인한 가족의 긴장과 갈등을 내연시킨다.

상이한 결혼의 문화적 의미가 보다 직접적으로 가족 갈등을 유발시키게 되는 계기는 '혼례의 상품화'로 인해 발생된다. 자본주의의 보편적 경향인 상품화 과정은 혼례 영역을 예외로 두지 않았으며, 각종 결혼 관련 업종들이 상호 밀접한 네트워크를 형성하며 거대산업으로 성장해왔다. 결혼 산업은 혼례의 형식과 의미를 상품화시키고 궁극적으로 결혼 당사자를 결혼 시장에서 교환되는 상품으로 객체화시킨다. 자본주의 상품화 논리에 함몰된 양가 부모나 혼인 당사자들은 혼수의 양과 질, 예식장의 크기와 내부 시설, 신혼 여행지 등으로 그들의 사회적 지위, 사랑, 가문의 위세를 표현하고 재단하려 한다. 결국 혼례품의 과소비 현상과 혼수 문제가 야기되는 것이고, 그것으로 말미암아 가족 갈등이 일어나기 십상이다. (박선웅, "혼례의 문화적 모순과 상품화", 「가족과 문화」 11 (1), 1999, 79-101쪽에서 발췌)

1. 우리 사회에서 혼례처럼 갈등을 유발하는 의례의 사례를 찾아보고, 어떤 가치가 대립되고 있는지 파악해보자.

2. 우리 사회에서 대부분의 사회 구성원이 공유하는 가치를 집합적으로 체험하는 의례의 사례를 찾아보고, 그것의 의례 효과를 혼례와 비교하여 생각해보자.

3. 문화의 상대적 자율성이란 관점에서 상품화의 논리와 혼례 간의 상호작용을 생각해보자.

───────── 읽 을 거 리 ─────────

김광기, 『뒤르켐과 베버: 사회는 무엇으로 사는가?』, 김영사, 2007.

막스 베버, 박성수 옮김, 『프로테스탄티즘의 윤리와 자본주의 정신』, 문예출판사, 1988.

막스 베버, 임영일·차명수·이상률 엮고 옮김, 『막스 베버 선집』, 까치, 1991.

막스 베버, 전성우 옮김, 『'탈주술화' 과정과 근대: 학문, 종교, 정치』, 나남, 2002.

막스 베버, 진영석 옮김, 『야훼의 예언자들』, 백산출판사, 2004.

박선웅, "뒤르켕주의 문화사회학: 분류체계와 의례", 『한국사회학』 32(4), 1998, 905-931쪽.

앤터니 기든스, 이종인 옮김, 『뒤르켐』, 시공사, 2000.

에밀 뒤르케임, 노치준 외 옮김, 『종교생활의 원초적 형태』, 민영사, 1992.

칼 마르크스·프리드리히 엥겔스, 김대웅 옮김, 『독일 이데올로기 I』, 두레, 1989.

제 2 강

탈근대와 사회학의
문화적 전환

최종렬

자연과학을 모델로 하였던 사회학이 문화적 전환을 이루어 사회적 삶의 의미를 탐구하는 방향으로 변화하고 있다. 이러한 변화는 전통의 형이상학 질서가 현대의 공리주의 질서로 대전환하는 과정에서 야기된 의미의 문제를 탐구한 고전사회학의 기획을 오늘에 맞게 되살리는 것이다. 이 장에서는 먼저 사회학이 문화적 전환을 이루어야 할 이유가 인간의 실존적 조건을 악화시키는 탈근대적 사회변동에 있음을 배운다. 다음으로 방법론적으로 텍스트적 전환과 공연적 전환이라는 두 가지 사회학의 문화적 전환의 의미를 탐구한다. 구체적으로, 문화사회학이 위기 시기의 대규모 사회적 행위뿐만 아니라 일상생활의 작은 상호작용 의례도 해석하고 설명할 수 있음을 두 가지 문화사회학 연구 범례를 통해 학습한다. 마지막으로 진리 추구와 당위 추구로 포괄되지 않는 문제적 상황을 헤쳐 나가는 데 도움이 되는 의미화 실천으로서 문화사회학의 모습을 그려본다.

┌ 키워드 ┐

의미의 문제, 문화적 전환, 실존적 조건, 탈분화, 공적 상징체계, 텍스트적 전환, 두꺼운 기술, 공연적 전환, 문화화용론, 문제적 상황

1. 탈근대와 의미의 문제

사회학은 전통의 형이상학 질서가 현대의 공리주의 질서로 대전환되는 과정에서 야기된 의미의 문제를 해결하기 위해 출현하였다. 구원이라는 삶의 궁극적 지향을 제공해주었던 종교가 과학혁명에 의해 패퇴당하고, 과학혁명의 사회적 실현인 시장사회가 전면화하기 시작하자 사회적 삶은 공리에 대한 계산으로만 이루어지는 것처럼 보였다. 하지만 모두가 자신의 이해관계를 극대화하기 위해 투쟁하는 시장 상황은 역설적으로 공리를 넘어선 삶의 의미가 무엇인지 묻도록 만들었고, 사회학은 이에 대답하고자 하였다. 마르크스의 상품화, 뒤르케임의 아노미, 베버의 탈주술화는 모두 근대성이 야기한 의미의 문제를 중심에 두고 있다.

하지만 그 후 오랫동안 사회학은 의미의 문제를 인문학에 넘겨주고 자연과학을 흉내 내느라 바빴다. 현대 세계가 마치 모든 부분들이 수학의 운동법칙을 따라 작동하는 거대 기계와 같이 질서정연하게 통합되어 있다고 전제하고, 이를 객관적이고 가치중립적인 형식언어를 통해 설명·예측·통제하려 하였다. 이 과정에서 양적으로 계량화하기 어려운 의미의 문제는 사회학의 지평에서 쫓겨났다. 사회적 행위는 가처분소득과 일반시장가격에 의해 설정된 한도 내에서 시장에서 자신의 효용과 만족을 극대화하는 합리적 행위로 축소되었다. 사회학은 사람들이 살아가면서 처한 의미의 문제에 주목하지 않았고, 소수 사회학자들의 경력 쌓기의 과학장으로 좁아들었다.

이와 달리 비판사회학 같은 비주류 사회학은 고통에 처한 사람들이 겪는 경제적 불평등에 주목하였지만, 보다 근원적인 의미의 문제를 깊이 다루지 않았다. 비판사회학은 불평등 사회구조를 변혁시킬 목적으로 사회세계를 이상적 상태로 도덕화하고, 이를 실현할 주체를 불평등 사회구조에 의해 가장 고통받는 자들, 그중에서 가장 고도로 조직화된 집단에서 찾았다. 이 과정에서 사회운동으로 조직화되지 못한 사람들의 고통에 눈 감았을 뿐 아니라, 도덕적 당위로 포착할 수 없는 삶의 의미의 문제를 빠트렸다. 사회적 행위는 당위를 실천하는 행위로 과잉규범화되었고, 문화는 불평등 사회체계의 재생산에 기여하는가 아니면 이를 변혁시키는가 하는 기능의 문제로 축소되었다. 사회학은 사회운동에 종속되고, 사회학자는 사회운동가에 비해 도덕적 실천이 떨어지는 존재로 폄하되었다.

사회학의 문화적 전환은 이렇게 누락되었던 의미의 문제를 다시 사회학의 중심으로 되돌려놓자고 요구한다. 이러한 요구는 무엇보다도 인간의 실존적 조건에서 비롯된다. 인간의 실존적 조건이란, 인간의 행위가 DNA와 같은 내부 힘이나 사회구조와 같은 외부 강제에 의해 '완전히 결정되어 있는' 상태가 아니라는 것을 말한다. 이러한 애매성은 인간의 행위를 구체적으로 안내할 외재적 정보 원천을 필요로 하는데, 그것이 바로 문화이다. 문화는 누구에게나 가용한 공적 상징체계로서, 인간은 사물, 사건, 인물 등을 개개의 그 자체로 인지하지 않고 반드시 특정의 상징체계 안에서 그것이 다른 요소들과 맺는 관계 속에서 인지하고, 느끼고, 가치판단을 한다. 예컨대, 월드컵 축구경기를 볼 때 우리는 축구 그 자체를 따로 인지하는 것이 아니라 민족주의라는 상징체계 안에서 그것이 다른 요소들과 맺는 관계 속에서 보고, 느끼고, 가치판단을 한다. 이러한 관계맺음에 의해 구성된 상징적 질서는 근본적 차원에서 자의적이지만, 그럼에도 인간의 사회적 행위를 구체적으로 안내한다는 점에서 실재적이다. 문화인류학자들이 '소위' 원시문화를 탐구하면서 잘 보여주었듯이, 어떤 상징체계를 가지고 얼마나 능수능란하게 자신의 사회적 행위를 유의미하게 구성하느냐에 따라 인간의 삶은 천차만별이다.

그렇다면 지금까지 사회학은 왜 이러한 인간의 실존적 조건에 거의 주목하지 않았는가? 근대의 사회변동을 전통적 공동체의 해체와 원자적 개인의 출현이라는 '사회구조적 차원'으로만 보아, 초월적 존재와 연결되어 있던 인간을 그로부터 단절시켜 영원성을 추구하지 못하도록 만든 엄청난 '문화적 사건'이라는 점을 제대로 이해하지 못하였기 때문이다. 이는 실존적 요구가 현대의 합리화된 사회에서 사라지거나 축소될 것이라는 암묵적 가정과 맥을 같이한다. 사회학은 과학을 모델로 하여 종교의 미망을 걷어내고 합리적 사회체계를 구축하고자 하는 계몽주의의 꿈을 충실히 따랐다. 19세기 열역학 모델을 따라 사회성이 갈수록 조절적·정상적·일상적으로 변화해갈 것이라 믿었고, 그래서 인간의 실존적 요구가 줄어들 것이라 본 것이다. 최고로 합리적인 수단을 찾아 주어진 목적을 성취하고, 이를 다시 수단 삼아 새로운 목적을 성취하는 수단−목적 합리성의 연쇄는 비합리적 전통을 해체하고 완전히 합리적인 공리주의 질서를 구축하는 것처럼 보였다. 도덕을 특화한 비판사회학 역시 사회세계가 질서 있게 반복·지속되는 유형을 보여준다고 가정하기는 마찬가지였다. 비록 그 세계가 인간이 만든 불평등한 구조이며 그래서 인간의 실천으로 더

합리적인 해방된 세계를 만들 수 있다고 가정하는 것을 제외하고는.

하지만 이러한 근대 사회학의 꿈은 모두 국민국가의 틀 안에서 상상되었다. 초월적 존재와 갑자기 단절된 현대인은 주어진 현세에서 단 한 번 생을 살다 사라져갈 무상한 존재로 전락하였다. 현대인은 구체적 대상이 아닌 뭔가를 선험적으로 상실한 자다. 하지만 엄밀히 말해 이러한 '상실 자체'가 불안을 야기하는 것은 아니다. 상실, 즉 초월적 존재로부터의 단절이 '불완전하다'는 점이 현대인을 불안하도록 만드는 근본 원인이다. 이러한 불안을 해결해줄 존재로 출현한 것이 '국민국가'이다. 국민국가는 전통의 세계가 미신과 비합리성의 세계에 빠져 있다고 비판하고 이에 대한 대안으로 합리적인 근대국가를 제시하였다. 하지만 합리적인 근대국가는 사실 전통과 단절하기는커녕 새롭게 전통을 창조한 민족주의에 의지하고 있었다. 이는 물론 상상의 공동체를 구축하기 위한 것이다. 국민국가는 민족주의를 통해 원자적 개인을 국민으로 전화시켜, 현세 속에서 불멸성을 추구하도록 만들었다. 개인의 삶은 스러지더라도, 국민국가는 무한성장을 통해 불멸해야 한다! 이처럼 국민국가는 종교 대신에 삶의 궁극적 지향을 제공하여 개체의 죽음과 관련한 의미의 문제를 국민국가의 불멸로 해결하려 했다. 이론상으로는, 천부인권! 근대의 성스러운 대상은 인간 그 자체이며, 이는 하늘이 준 권리이다. 하지만 현실에서는 국부인권! 국가에 의해 법적으로 인정받는 국민만이 인간으로서의 권리를 누릴 수 있다. 대신 모든 국민국가는 예외 없이 마치 종교적 헌신과 같은 열정적인 헌신을 국민에게 요구하였고, 자국의 영토 내에 있는 모든 국민들을 하나의 동일한 국민문화 속에 통합시키려 하였다.

이론상으로 근대의 인간은 신분집단, 혈연집단, 젠더집단, 지역집단, 종교집단 등 온갖 집단으로부터 해방된 원자적 개인이지만, 이 개인에게 인권을 부여하고 보호하는 것은 국민국가이다. 국민이 문화공동체라면 국가는 정치공동체이고, 국민국 가는 하나의 문화공동체가 하 나의 정치공동체와 결합하는 것을 당위로 만든다. 국민국가 는 국민에게 시민권의 형태로 인권을 보장한다. 대신 한 국민 국가에 소속된 시민들은 모두 하나의 문화공동체가 되어야 만 한다. 국민국가는 정치적 영 토 안에 거주하는 모든 시민들 을 하나의 문화공동체로 만들

기 위해 하나의 조상을 둔 혈연공동체라는 상상의 공동체로 문화공동체 를 구성하려 하였다. 1968년 12월 5일 박정희 대통령의 개발독재시대에 선포된 '국민교육헌장'은 이를 잘 보여주고 있다.

국민교육헌장은 민족과 국가가 일치하는 국민인 '우리'를 민족중흥의 역사적 사명을 띠고 태어난 연속된 존재로 규정한다. 우리는 우선 조상의 빛난 얼을 되살려야 한다는 점에서 과거와 연속되어 있으며, 길이 후손에 물려줄 영광된 통일 조국의 앞날을 만들어가야 한다는 점에서 미래와 연 속된 존재이기도 하다. 과거-현재-미래가 상승적으로 연속되어 있다는 이야기는 현재 온갖 어려움을 극복하고 미래의 그날까지 줄기차게 전진해 야 한다는 '로망스 서사'의 구조를 띠고 있다. 이렇게 시간이 로망스 서사 를 중심으로 구성되면, 현재의 삶이 미래의 그날에 비추어 유의미해진다. 이렇듯 근대에는 정치적 영토와 문화적 영토의 일대일 상응관계가 당연시 되었고, 동일한 문화를 가진 '우리끼리' 상호작용하며 살아가기 때문에 '사 회적인 것'은 안정적인 것으로 여겨졌다. 정치와 경제와 같은 하위체계가

생활세계로부터 분화되는 과정을 근대적 사회변동의 핵심이라 본다면, 체계는 물론 생활세계 역시 모두 국민국가의 틀 안에서 사유되었다. 정치와 경제가 존재하는 이유는 국민국가의 무한성장을 위한 것이며, 생활세계 역시 동일한 문화를 지닌 국민들 사이에서만 공론을 만들고 친밀성을 나누는 것으로 당연시되었다.

하지만 탈분화를 특징으로 하는 탈근대적 사회변동은 이러한 상상을 뿌리에서부터 뒤흔들어 놓는다. 사회 과정으로서 탈분화의 핵심은 하위체계들 사이에서 조정·통합 기능을 수행하던 국민국가의 힘이 초국가적 자본의 운동과 그 사회적 결과에 의해 약화·중화·무화되어 삶의 불확실성을 극대화시켰다는 점이다. 그렇다고 정치적 영토 안에서 절대적인 주권을 독점적으로 누려왔던 국민국가가 상상의 공동체를 유지하려는 공식적 민족주의를 도구적으로 활용하려는 의지와 노력을 포기한 것은 아니다. 그럼에도 갈수록 복합연계성에 의해 지역과 문화의 일대일 연결을 넘어 상호연계와 상호의존의 네트워크가 급속히 발전하고 있다. 물리적으로 여전히 한 국민국가의 정치적 영토이지만, 그 안에 하나의 국민문화만 있는 것이 아니라 수도 없이 많은 다양한 문화들이 복합적으로 연계되어 있다. 사람, 테크놀로지, 자본, 미디어, 이데올로기가 지구적으로 넘나들면서

탈분화

탈분화란 분화와 마찬가지로 생물학에서 기원한 용어로, 원래 전문화된 세포나 티슈가 보다 단순하고 비전문화된 형태로 후퇴하는 것을 말한다. 사회학에서 말하는 탈분화란, 분화가 너무나 고도로 진행되어서 오히려 각 하위체계가 지닌 특수한 기능이 흐려지게 되고 결과적으로 다른 하위체계들과의 경계도 무너지게 되는 과정을 말한다. 분화가 경계를 세우는 것이라면, 탈분화는 경계를 무너뜨리는 것이다. 미분화 역시 경계가 없기는 마찬가지이지만, 그 경우에는 모든 것이 하나의 축을 따라 엮여 있다. 하지만 탈분화의 경우에는 하위부분들이 너무 세밀하게 쪼개져서 그들 간에 실질적인 경계가 없이 자유롭고 예측 불가능한 흐름만이 있을 뿐이다. (최종렬, 『사회학의 문화적 전환: 과학에서 미학으로, 되살아난 고전사회학』, 살림, 2009, 73쪽)

상호연계와 상호의존의 네트워크를 발전시키고 있기 때문이다.

이러한 네트워크 안에서 개인적 차원, 지역적 차원, 국민국가적 차원, 국제적 차원, 지구적 차원 사이의 상호작용의 밀도가 높아졌다. 예를 들어 최근 한국 사회에 급증한 국제결혼 이주여성의 경우 결혼은 개인의 꿈, 지역의 성장 전략, 국민국가의 국민 재생산 프로젝트, 국민국가 간의 무역, 지구적 차원의 이주화가 밀도 높게 상호작용하여 이루어진 것이다. 이는 국민국가 틀 안에서 상상되었던 안정적이고 합리적인 사회적인 것이 탈영토화되었기 때문에 가능해진 것이다. 이전에는 가까움과 멂, 친숙함과 낯섦, 사적인 것과 공적인 것, 지역적인 것과 지구적인 것, 안과 밖이라는 이분법적 체험이 모두 국민국가 틀 안에서 이루어졌다. 모든 국민국가는 합법적 폭력을 독점적으로 휘두를 수 있는 명확한 경계를 만드는 데 하나같이 열중한다는 점에서 근대의 국민국가의 형성 과정은 영토화 과정이라 부를 수 있다. 현재 이러한 국민국가의 명확한 경계가 복합연계성에 의해 도전받고 있다. 이제 기존의 친숙한 체험의 이분법이 탈분화되어 다양한 조합을 만들어내고 있다. 지리적으로 먼 것이 오히려 친숙할 수 있고 가까운 것이 낯설 수 있으며, 사적인 것이 지구적인 것이고 공적인 것이 지역적인 것일 수 있다. 국민국가를 가로질러 여행하는 문화들이 지역성에 고착된 문화들과 접촉하면서 수많은 혼종적인 형태들을 만들어내고 있기 때문이다.

근대성은 세계를 주관하는 초월적 존재를 살해하고 기계적인 공리주의적 일상을 만들어 결국 무의미의 문제를 야기하였다. 소외가 근대 의미문제의 핵심이 된 까닭이다. 앞에서 보았듯이, 국민국가는 국민의 무한성장이라는 궁극적 삶의 지향을 제공하여 이 문제를 해결하려고 하였다. 자신을 사물화할 정도로 금욕노동을 하는 근본적 이유를 찾지 못하던 근대인들은 국민국가가 제공한 무한성장 신화를 따라 삶의 의미의 문제를 해결하려 하였다. 현재는 무의미한 소외된 삶이지만, 무한성장을 추구하다 보면 마침내 그날이 와서 모두가 하나가 되는 대동사회가 되리라는 꿈을 가지고 있었다. 탈분화와 탈영토화는 이러한 국민국가의 꿈을 근본에서 뒤흔든다. 금욕노동을 통해 무한성장을 아무리 추구해도 성장은커녕 생존에 허덕이는 모순을 국민들이 느끼기 시작한 것이 결정적이다. 국민국가는 이 모든 문제를 성장의 지체에서 찾고, 노동시장의 유연화를 통해 이 문제를 해결하고자 하였다. 이 과정에서 국민국가 전체의 차원에서는 경제적 잉여가 넘쳐나지만 빈곤에 시달리는 하위계급은 더욱 넘치고 넘친다.

이 과정에서 우리 모두 동일한 시민권을 지닌 하나의 국민이라는 신화가 뒤틀리기 시작했다. 하나의 국민이 아닌 상이한 권리와 의무를 가진 여러 시민들로 층화된 일종의 신분사회가 다시금 왔다고 볼 수 있다. 노동시장의 유연화로 대거 양산된 비정규직 노동자는 인간으로서 기본권을 누리지 못하는 이등, 삼등 시민으로 추락하고, 스스로 한국민을 생물학적으로 재생산하기 어려운 지경까지 이르렀다. 국민국가는 사회 전체에 남아도는 잉여를 성장에만 쏟아붓느라 이를 못 본 체하고, 대신 이주의 지구화를 이용해 해결하고자 한다. 국민국가의 경계를 가로질러 대거 공급된 이주노동자와 국제결혼 이주여성은 노동과 재생산 모두를 해결하기 위한 인적 자산으로 간주된다. 하지만 국민국가의 이러한 도구적 기획과 무관하게, 시간이 지날수록 인종과 에스니시티에 터한 새로운 신분사회가 한국의 국민국가 내부에서 자라나고 있다. 하나의 국민이 아닌 여러 소수민족 집단들이 한 국가 안에 살아가는 다문화사회가 한국에서도 실현되어 가고 있는 중이다.

이보다 더 근본적인 변화는 한 지역에 고착되어 살아가던 사람들이 한국의 영토로 이주해오면서 한국 문화와 접촉하며 수많은 유동적인 문화적 혼종성을 만들어낸다는 것이다. 그 결과 물리적으로는 한국의 영토 안에 거주하지만 현상학적으로는 국민국가의 틀을 넘어서는 복합적인 세계 속에 산다. 이 현상학적 세계는 복합연계성을 통해 제공되는 다양한 문화자원이 경합을 벌이는 유동적인 성질을 지니고 있다. 이렇게 복합연계성으로 이루어진 유동적인 세계에서는 개별 행위자의 행위가 중요해졌다는 점에서 원자화된 개인의 완성이며 동시에 그것의 내파이기도 하다. 국민문화와 국가가 일대일로 상응하던 시절 국민국가는 무한성장이라는 문화자원을 통해 행위자의 행위를 안내하였다면, 이제는 복합연계성 속에서 행위를 할 때 수많은 문화자원을 동원해야 하는 존재가 되어버렸다.

초월적 존재, 즉 성스러움과 단절됨으로써 공백이 생긴 삶의 의미의 문제를 국민국가가 해결하려고 한 것이 근대라면, 국민국가의 무한성장 신화를 따라 소외된 금욕노동을 하던 국민들이 그 신화의 허구성을 깨닫고 국민국가의 틀을 벗어나 또 다른 성스러움을 추구하려는 것이 탈근대라 할 수 있다. 이제 삶은 사물화된 세계를 파괴하고 소모하는 일에 갈수록 집중된다. 무한성장만 포기한다면 삶은 한바탕 소모의 잔치판이 될 수 있다. 에너지의 극단적 소모, 즉 도박, 에로티시즘, 죽임이 일상을 점철한다. 소모의 민주화가 삶을 수놓는다. 사회적 삶은 일시성과 찰나성의 극도의 불안정한 흐름의 상태로 변해가고 있다. 19세기 열역학 모델에 터한 합리적 세계에 대한 꿈이 끝장나고 있는 중이다. 대신 복합연계성을 통해 공급된 온갖 꿈들이 서로 경합을 벌이고 있다.

2. 사회학의 문화적 전환

사회성이 이렇게 변화해가고 있다면, 이를 탐구하는 사회학 역시 변화해야 하는데 문화적 전환이 그 핵심이다. 그렇다면 사회학의 문화적 전환은 어떻게 가능한가? 방법론적 차원에서 볼 때, 사회학의 문화적 전환은 문화의 자율성을 이론적 차원과 경험적 차원 모두에서 확보하는 것이다. 사회와 문화의 일대일 상응에서 복합연계성으로 바뀐 지금, 역설적이게도 문화의 자율성이 더욱 증대되었기 때문이다. 지금까지 문화는 사회구조에 의해 결정되는 이차적 구성물이거나, 사회구조를 부드럽게 작동하게 만드는 기능적 요소에 불과한 것으로 잘못 간주되었다. 문화가 사회현상을 설명할 자율성을 가진 독립변수로 간주되지 않은 것이다. 사회학의 문화적 전환은 이를 극복하고자 하며, 구체적으로는 두 가지 전환이 있다. 첫째, 사회적 행위를 그 자체 분석적으로 자율성을 지닌 유의미한 텍스트로 보는 텍스트적 전환이 있다. 둘째, 텍스트 분석을 통해 확인된 문화구조를 행위자가 어떻게 사용하여 자신의 행위를 구성하는가 탐구하는 공연적 전환이 있다.

텍스트적 전환

기존의 사회학에서 사회적 행위는 합리적 행위의 선택의 결과이거나 기껏해야 객관적인 물질적 이해관계의 반영 정도로 치부되어왔다. 근본 이유는 사회세계를 보편적 수학법칙을 따라 정상적으로 작동하는 합리적 기계라 여겼기 때문이다. 이와 달리 문화사회학은 사회적 행위를 유동하는 문화적 혼종성 속에서 다양한 의미를 지닌 텍스트로 본다. 이 의미는 '보다 근본적인' 물질적 조건이나 이해관계에 의해 일방적으로 결정되는 것이 아니다. 텍스트로서 사회적 행위의 의미는 그 자체 내부에 존재하는 코드에 의해 결정된다. 따라서 사회적 행위를 이해하기 위해서는 텍스트 외부의 실재와 구별되는 분석적으로 자율적인 코드를 해석학적으로 구성하는 작업이 필수적이다. 핵심은 각 텍스트의 의미를 조절하는 코드를 읽어내는 것이다. 어떠한 행위가 되었든지 그것을 받아들이고 해석하게 해주는 의미 구조가 없다면 그 행위는 결코 하나의 문화적 범주로 존재한다고 볼 수 없다.

지금까지 주류 사회학과 비판사회학은 대개 합리성이나 물질적 이해관계라는 코드를 통해서만 행위의 의미를 해석해왔다. 하지만 이런 얇은 기술만으로는 복합연계성 속에서 행위하는 행위자의 행위의 의미를 파악할 수없다. 의미는 현상적인 것에서부터 여러 공적 코드들에 의해 그 의미가 문화적으로 구성되는 다층적인 것까지 두껍게 포진되어 있다. 그러하기에 연구 대상에 깊이 들어가 그 두꺼운 의미를 풍부하고 설득력 있는 방식으로 해석학적으로 재구성하는 두꺼운 기술이 필요하다. 방법론적으로 볼 때 두꺼운 기술은 비상징적 사회관계를 '괄호 치고' 순수하게 문화적인 텍스트를 재구성하는 것을 요구한다. 이는 내적 동력을 가진 문화구조를 재구성하는 작업, 다시 말해 공적으로 존재하는 코드를 재구성하는 작업이다.

두꺼운 기술

두꺼운 기술은 클리퍼드 기어츠(2009)가 길버트 라일의 개념을 차용한 용어이다. "라일은 오른쪽 눈꺼풀을 급히 수축시키는 두 소년의 행위의 의미는 관찰 가능한 것만 탐구하는 실증주의적 방법으로는 파악할 수 없다고 주장한다. 겉으로 볼 때는, 즉 '얇은 기술'을 한다면 둘 다 눈꺼풀을 급히 수축한다는 점에서 외면적으로 동일하다. 하지만 만약 눈꺼풀을 수축하는 것이 하나의 공모의 신호로 여겨지는 공적 코드가 존재하는 곳에서 의도적으로 눈꺼풀을 수축시키는 행위는 윙크이다. 이 경우에는 눈꺼풀을 수축하는 하나의 행위가 단순한 동작이 아니라 공적인 의미를 지니는 제스처가 된다. 이에 따르면 두꺼운 기술이란 한 현상을 이미 존재하는 공적 코드와 관련지어 이해하는 것이다." (최종렬 엮고 옮김, 『뒤르케임주의 문화사회학: 이론과 방법론』, 이학사, 2007, 17쪽)

공연적 전환

더 나아가 텍스트적 구조가 어떻게 행위로 전화되어 나타나는가를 탐구해야 한다. 분석적 자율성을 지닌 문화구조가 존재한다고 해서 이것이 바로 행위로 나타나는 것은 아니다. 예를 들어 어떤 연구자가 사회적 행위에 대한 텍스트 분석을 통해 한국 사회에 효라는 유교적인 문화구조가 존재한다는 것을 확인했다고 해서, 그것이 한국인의 행위를 안내한다고 바로 주장할 수는 없다. 반드시 행위자가 효라는 문화구조를 어떻게 사용하여 자신의 행위를 구성하는가 탐구해야 한다. 문화구조는 행위자들이 실제로 행위할 때 사용하지 않으면, 아무런 실제적인 힘을 발휘할 수 없기 때문이다. 문화구조는 누구에게나 공적으로 가용한 상징체계로 객관적으로 존재하지만, 그에 대한 인지적 지식은 천차만별이며, 설사 잘 알고 있다고 해도 모두가 동일하게 이를 활용하여 자신들의 행위를 잘 구성하는 것은 아니다. 따라서 구체적 상황에 처한 행위자들이 실제로 어떤 문화구조를 자원으로 삼아 서로 사회적 실재를 구성해나가는지 탐구해야 한다.

문화화용론

알렉산더는 현대 사회로 올수록 공동체 성원 전체가 참여하여 문화구조를 실행하는 '의례' 대신에 다양한 행위자와 수용자로 이루어진 '공연'이 지배적 양식이 되고 있음을 주목한다. 그는 사회적 공연을 여섯 가지 요소들의 지난한 재융합 과정을 통해 진행되는 열린 과정이라 본다. 분석적 차원에서 사회적 공연은 배경상징, 전경대본, 배우, 관객, 상징적 생산 수단, 미장센, 사회적 권력으로 구성된다. 보다 단순한 사회에서는 사회적 공연이 뒤르케임이 말하는 통합적인 반복적 의례에 가까운데, 그 이유는 공연의 여섯 가지 요소들이 잘 융합되어 있기 때문이다. 하지만 현대 또는 탈현대와 같은 보다 복잡적인 사회에서는 공연의 여섯 가지 요소가 분석적으로 확연히 분화되어 있을 뿐만 아니라, 구체적 차원에서도 분리되어 자율성을 갖고 있는 것이 경험적 현실이다. 대본을 쓰는 전문가가 나왔는가 하면, 전문적인 배우와 감독도 출현하였다. 미장센을 만드는 방법도 고도로 분화되었고, 상징적 생산 수단도 전자 미디어의 발달로 근본 속성이 바뀌었다. 관객은 내부적으로 분화되어 있고, 사회적 권력도 생산적 권력, 배포적 권력, 해석적 권력으로 분화되었다. 이렇게 공연 요소들이 분화되어 있을 뿐만 아니라 탈융합되어 있기 때문에, 사회적 공연의 성공은 성취하기 상당히 어려운 과업이 된다. (제프리 알렉산더, 최종렬 엮고 옮김, "절망의 심연으로부터: 공연, 대항 공연 그리고 '9월 11일'", 『뒤르케임주의 문화사회학: 이론과 방법론』, 이학사, 2007, 321-355쪽)

문화의 분석적 자율성은 추상화한 것이기 때문에, 구체적인 역사적 사건들 속에서 구체적 자율성을 지니고 있음을 보여주는 것이 필요하다. 그것이 바로 문화화용론이다. 텍스트가 실제로 행위자의 행위로 공연되지 않으면, 구체적인 사회적 행위를 문화로 설명할 길이 사라지게 된다. 그렇게 되면 텍스트 분석에 만족하게 되어, 인문학자와 사회학자가 별다를 바가 없게 된다.

3. 문화사회학의 범례

그렇다면 방법론적 차원에서 문화적 전환을 이룬 사회학은 구체적으로 어떤 모습을 지닐까? 문화가 사회구조로부터 분석적 자율성을 지닌 힘으로 사회적 행위를 설명할 수 있는 독립변수가 되는 동시에, 행위자들이 구체적인 상황에서 사회적 행위를 실행할 때 이러한 문화구조를 활용하는 구체적인 모습을 보여주어야 한다. 이는 위기 시기와 일상생활에서 다르게 나타난다. 위기 시기에는 문화와 사회구조가 서로 어긋나 있어 새로운 의미화 실천을 감행하여 이를 해소하려고 노력한다. 일상생활에서는 문화와 사회구조가 너무나 분리되어 있는 동시에 너무나 혼융되어 있어 사람들은 문화와 경험 사이의 연계를 느슨하게 하고 살아간다.

위기 시기의 사회적 공연

2008년 4월 17일 한국 정부가 미국 정부와 맺은 한·미 쇠고기 협정에서 촉발된 촛불집회는 7월 5일 막을 내리기까지 총 59회 거의 200여만 명이 참여하였다. 거의 3개월 동안 한국 사회는 집단적 패닉 상태에 빠졌다 할 정도로 일상생활에서 벗어나 위기 시기에 놓여 있었다. 그렇다면 문화적 전환을 이룬 사회학은 이를 어떻게 탐구해야 하는가? 문제적 상황을 해소하기 위해 사회적 공연을 행하는 과정으로 보고, 이 과정에서 일상생활에서는 인식하기 어려운 사회의 근본적인 가치들을 탐구할 기회로 삼아야 한다. 우선, 2008년 촛불집회를 유의미한 텍스트로 보고 두꺼운 기술을 통해 문화적 자율성을 지닌 공적 코드를 해석학적으로 재구성해야 한다. 다음으로는 이러한 공적 코드로부터 어떤 대본이 구성되었는지 확인하고, 그것이 배우, 관객, 상징적 생산 수단, 미장센, 사회적 권력과 어떻게 융합과 탈융합 과정을 겪으면서 촛불집회가 공연되었는지 탐구해야 한다.

"사회적 공연으로서의 2008 촛불집회"라는 논문에서 최종렬은 촛불집회에서 사용된 온갖 표어와 노래, 광우병대책회의, 아고라 즐보드, 한총련·한대련 웹사이트, 나눔문화 사이트, 출판된 책들, 조선·중앙·동아로 대표되는 보수신문과 한겨레·경향으로 대표되는 진보신문이 촛불집회에 관해 주장한 사설들, 그리고 마지막으로 아고라 '토론' 게시판에 올라온 글들 중에서 쇠고기 촛불집회와 관련 '당일 최고 조회수'를 기록한 게시글 78개를 표본으로 뽑아 분석하였다. 이를 통해 아래와 같이 가치, 규범, 목표 차원의 공적 코드를 해석학적으로 구성하였다. 촛불집회와 관련된 인물과 사건의 '의미'는 세 가지 코드로 두껍게 이루어져 있다고 할 수 있다.

가치 차원의 이항코드

성	속
일반화된 연대를 산출하는, 공동체를 먼저 고려하는	일반화된 위기를 산출하는, 자신을 먼저 고려하는
표현의 자유, 실질적 민주주의	표현의 자유 억압
성장하는, 생산적, 보존적	쇠퇴하는, 비생산적, 소모적

규범 차원의 이항코드

옳음	그름
우리 집단 경계를 유지하는	우리 집단 경계를 해체시키는
겸손한, 소통적, 포용적, 장기적 안목의	오만한, 독선적, 편협한, 근시안적인
순수한, 진솔한, 자발적인	불순한, 기만적, 꼭두각시의

목표 차원의 이항코드

효율	비효율
시민사회 제도를 사용하는, 보편적인 이해관계의	시민사회 제도에 반하는 방법을 사용하는, 특수한 이해관계의
법치의, 규칙적, 전문적, 능력 있는	법치에 반하는, 몰규칙적, 비전문적, 무능력한
상식적, 이성적, 일상적	비상식적, 광기의, 비일상적

촛불집회와 관련된 행위자들은 모두 정도의 차이는 있지만 이러한 코드들을 배경표상으로 공유하고 있다. 그렇다면 촛불집회의 행위자들이 이러한 배경표상으로부터 어떤 대본을 구성하여 사회적 공연을 펼쳤는지 살펴보아야 한다. 먼저 가치 차원을 보면 다음과 같다. 이명박 배우와 보수신문은 생산중심주의라는 가치를 배경표상으로 하여 FTA를 통한 선진 통상국가 진입이라는 대본을 구성하여 공연을 펼친다. 한겨레·경향도 생산중심주의를 공유하고 있기는 하나, 당장은 국민건강권과 생존권의 보존이 더 필요하다는 대본을 구성하여 대항공연을 행하려 한다. 이에 반해 아고라 토론방에서도 생산중심주의를 공유하기는 하지만, 한민족이라는 공동체 전체의 불멸성에 기여하는 한 필요하다는 대본을 가지고 공연을 펼친다. 총 5막으로 구성된 사회적 공연을 실제로 살펴보면, 가치를 중심으로 구성된 대본의 차원에서는 보수나 진보나, 더 나아가 인터넷이나 큰 차이를 발견하기 어렵다. 그런 점에서 가치를 중심으로 사회적 공연이 펼쳐졌다기보다는, 가치를 추구하는 방식을 조절하는 방식, 즉 규범을 둘러싸고 벌어졌다고 할 수 있다. 또 촛불집회가 막바지로 갈수록 공연은 목표 차원의 이항코드를 중심으로 진행되어 일상의 정치학으로 되돌아가는

모습을 보인다.

1막은 협상단이 4월 17일 미국과 쇠고기 협정을 체결한 직후, 이명박 대통령이 캠프 데이비드에서 부시 대통령을 태운 골프 카트를 직접 운전하는 모습이 한국으로 생중계되면서 열린다. 이는 두 정상 간의 친밀성을 과시함으로써 한미공조가 굳건하다는 것을 작게는 한국 국민에게 크게는 전 세계 공중에게 전시하기 위한 축하연이었다. 고도성장이라는 대본, CNN이라는 지구적 상징적 생산 수단의 도움, 캠프 데이비드라는 미장센, 공연을 완벽하게 정당화하는 사회적 권력 등 사회적 공연은 충분히 성공하는 것처럼 보였다. 동일한 대본으로 4개월 전 압도적 차이로 대통령에 당선된 바 있는 이명박 배우는 한국 관객이 자신에게 정서적 동일시를 할 것이라 자신만만했을 것이다. 하지만 결과는 대실패였다. 우선 쇠고기 협상 체결 '과정'이 전혀 공연적 속성을 지니지 않은 실용적이고 도구적인 행위라 여겨 마치 비밀 군사작전 하듯 쇠고기 협정을 체결하였기 때문이다. 더 나아가 성장을 근본적 차원에서 정당화하는 데 실패하였고, 보다 직접적으로는 대통령 당선 직후부터 각료 배우들이 보여준 조악한 공연 때문에 미장센에 변화가 생겼기 때문이다.

2막은 아고라에서 네티즌들이 이명박 대통령의 공연에 맞서 대항공연을 준비하는 4월 17일부터 5월 1일까지 공연된다. 쇠고기 협상이 체결되기 전부터 '안단테'라는 아이디를 가진 네티즌은 겸손 대 오만이라는 규범 차원의 배경표상을 통해 이명박 대통령을 국민을 무시하는 배우라고 비판하였다. 이러한 대본에 청소년 관객이 가장 먼저 호응하여 불멸성 대본을 만들어 이명박 대통령이 한민족 전체를 위기에 빠트린다고 비판하였다. 하지만 인터넷이라는 상징적 생산 수단이 지닌 관객 도달력의 한계 때문에 광범하게 확산되지 못하다가, 〈PD 수첩〉에서 '다우너 소가 도축되는 모습을 생생한 영상으로 극화시켜 보여줌으로써 분산된 관객의 주의를 하나로 집중시켰다. 다우너 소는 이명박 대통령으로 응축되었고, 이제 남은 것은 이렇게 악마화된 아이콘을 파괴하고 이를 통해 산출되는 성스러움을 나눠가지는 일뿐이었다.

3막은 청계광장에서 첫 공연을 여는 5월 2일부터 5월 28일까지 공연되었다. 청계천은 이명박 대통령이 서울시장 재직 시 가장 뛰어난 업적을 자랑하던 곳으로 그를 조롱하는 공연을 하기에 알맞은 무대였다. 이 공연을 주도한 것은 소녀들이었는데, 그들이 개인적인 먹거리 문제를 공동체의 불멸성이라는 보편적 가치의 문제로 일반화시키는 대본을 인터넷 상호작용을 통해 스스로 구성해왔기 때문에 가능했다. 지배적인 구호는 '미친 소는 청와대로'였는데, 이러한 희극 장르는 가장 합리적인 권력의 중심이어야 할 청와대를 미친 소와 동일시함으로써 실소를 자아내는 문화제의 성격을 지녔다. 이 집회는 '아프리카'라는 새로운 상징적 생산 수단을 통해 생중계되었고, 네티즌들은 마치 리니지 게임을 하듯 이를 보면서 댓글을 다는 '놀이'를 하였다. 첫 공연에 힘입어 5월 6일 1,700여 개 단체로 구성된 '광우병대책회의'라는 전문적인 연출가가 출현하여 이후 촛불집회의 연쇄를 이끌었다. 22일 이명박 대통령은 드디어 이에 맞서 대통령 담화라는 대항공연을 하기에 이르렀는데, 오히려 불분명해진 성장 대본을 더욱 강화하는 내용으로 이루어져 있었다.

4막은 여섯 가지 사회적 공연의 요소들이 성공적으로 융합된 모습을 보여주는 5월 29일부터 6월 10일까지이다. 28일 새벽 0시 30분경 여대생이 전경의 군홧발에 차이는 동영상이 생중계되고 또 인터넷에 확산되면서 공연의 미장센이 바뀌어버렸다. 인터넷 생중계와 동영상을 통해 이명박 정권의 부정적 호혜성을 상징하는 물질적 아이콘을 접하면서 단순히 관객에 머물렀던 '예비역 부대'와 '유모차 부대'가 직접 공연의 배우로 참여하였다. 문화적 확장과 심리적 동일시가 성공적으로 이루어진 것이다. 이때부터 미장센이 청계광장에서 서울광장과 거리행진으로 급속히 이동하였다. 물대포와 소화기를 분사하고 경찰특공대를 투입하는 등 사회적 권력의 공연 방해가 노골적으로 이루어졌지만, 공권력의 폭력을 생중계하는 아프리카와 같은 새로운 상징적 생산 수단 때문에 뜻을 이루기 어려웠다. 연출가는 72시간 릴레이 촛불문화제를 '국민 MT'라는 메타포를 사용하여 프레임함으로써, 온갖 관객이 직접 배우로 활동할 수 있도록 무대를 마련하였다. 촛불집회는 6월 10일 정점에 달했는데, 이때 연출가는 민주 대 반민주라는 대본을 통해 공연하고자 하였다.

마지막으로 5막은 공연의 요소들이 탈융합되는 6월 11일부터 공연이 막을 내리는 7월 5일까지이다. 6월 10일을 최정점으로 촛불집회의 참가자 수는 급감하였는데, 성공적으로 융합되었던 공연의 여섯 가지 요소들이 탈융합하기 시작하였기 때문이다. 연출가(광우병대책회의)는 당시의 촛불집회를 1987년 6·10항쟁으로 프레임하려 하였지만, 뜻대로 되지 않았다. 가장 큰 이유는 6·10항쟁은 독재자를 타도하는 로망스 장르였지만 촛불집회는 희극배우를 비웃어주는 희극 장르라 서로 어긋났기 때문이다. 또한 이명박 대통령은 오만하고 독선적이라는 규범 차원의 비판을 모두 수용하고 사과하였지만, 성장만은 절대 포기할 수 없는 가치라고 재천명하는 대항공연을 펼쳤다. 이 공연은 상당히 성공적이었는데, 촛불집회에 참가한 사람들이 정말 분노한 것은 규범(성장을 추구하는 방식)의 위반이었지 '성장 가치 그 자체'는 아니었기 때문이다. 갈수록 논쟁은 법치냐 폭력이냐와 같은, 일상생활을 안내하는 목표 차원의 이항대립을 중심으로 진행되었다.

일상생활의 사회적 공연

현재 한국의 일상생활은 갈수록 탈영토화되고 있는데, 특히 국제결혼

이주여성의 증가가 이를 잘 드러내고 있다. 이를 반영하듯 대중매체, 정부, 여성단체, 학계의 집중적 연구 대상이 되었는데, 적지 않은 연구들이 이주여성의 행위를 주로 도구적·제도적·물질적 차원에서 접근하고 있다. 이러한 접근은 신자유주의적 지구화라는 불평등한 구조적 조건 때문에 위기에 내몰린 제3세계 여성들에게 국제결혼을 가능하게 하는 다양하고 다층적인 권력제도들이 개입하여 .이들을 한국의 가부장적·성차별적 남성의 노예로 팔아넘겨 착취하고 있다고 고발하고 있다. 이러한 고발은 이주여성의 삶을 더 낫게 만들겠다는 의도를 지니고 있음에도, 역설적이게도 이주여성의 일상생활을 옥죄는 데 기여하고 있다. 농촌 마을을 지나다 가끔 볼 수 있는 '베트남 결혼 980만 원 파격 할인행사'라고 씌어진 현수막에서 보듯 한국 사회의 일상생활에 광범하게 퍼져 있는 '상식'을 학문적으로 인증해주는 의도하지 않은 결과를 낳기 때문이다. 문화적 전환을 이룬 사회학은 이러한 일상생활의 상식에 도전을 던진다. 국제결혼 이주여성은 도구적·제도적·물질적 강제에 의해 규정되는 수동적 존재인 것만이 아니라, 공적으로 가용한 배경표상으로부터 자신의 대본을 구성하여 자신의 사회적 삶을 공연하는 배우이기도 하다.

최종렬은 "탈영토화된 공간에서의 베트남 이주여성의 행위전략: 은혜와 홍로안의 사랑과 결혼 이야기"라는 논문에서 이주여성을 탈영토화라는 문제적 상황을 헤쳐 나가기 위해 다양한 문화자원을 다양한 방식으로 사용하는 행위자로 표상하였다. 복합연계성 속에서 수많은 다차원적 행위자들이 개입하여 만들어가는 지구적인 유동적·비규칙적 흐름 속에 놓인 이주여성은 끊임없는 이동 중에 문제적 상황을 계속해서 만나기 때문에 문화를 활발하게 사용하게 된다는 것이다. 구체적으로 은혜와 홍로안 두 베트남 이주여성이 어떤 문화자원을 가지고 있는지 심층면접을 통해 파악하였다. 은혜와 홍로안이 국제결혼을 감행할 때 활용하는 문화자원,

낭만적 사랑의 이항코드

성	속
결정적인, 주저 없는	흔들리는, 주저하는
독특하고, 배타적인	대체가능하고, 다중적인
장애를 극복하는	장애에 굴복하는
영구적인	일시적인

가족주의 사랑의 이항코드

성	속
집안의 결속을 중시하는	개인의 사랑을 중시하는
부모로부터 독립하는	부모에게 의존하는
결혼하여 집안을 돕는	결혼하여 집안을 돕지 않는

즉 사랑에 관하여 공유하고 있는 배경표상은 '낭만적 사랑'과 '가족주의 사랑'이다.

낭만적 사랑의 문화는 베트남이 도이모이 정책 이후 복합연계성을 통해 은혜와 홍로안에게 제공한 것이다. 특히 한류 드라마를 통해 둘은 사랑은 시험 앞에서 주저하지 않는 결정적인 선택이며, 둘만의 독특한 사랑이고, 온갖 장애를 극복할 수 있으며, 일단 맺어지면 영원히 지속되는 사랑이라는 탈영토화된 체험을 하게 되었다. 가족주의 사랑의 문화는 베트남에 전통으로 내려오는 것으로, 개인의 사랑보다 집안의 결속을 더 중시하고, 결혼은 부모의 부담을 덜어주는 독립 행위이며, 결혼한 후에는 부모를 돕는 것, 한마디로 말해 효의 실천이다. 최종렬은 은혜와 홍로안이 이러한 문화자원을 가지고 문제적 상황을 어떻게 해소하고자 노력하였는지 그들의 이야기를 듣고 분석하였다.

어떻게 국제결혼에 이르게 되었나? 이 첫 번째 질문에 대해 대부분의 연구는 돈 때문에 이주여성이 결혼을 감행한다고 말한다. 모든 결혼은 일정 정도 경제적·도구적 성격을 지니고 있지만, 이주여성은 구조적 강제 때문에 이런 성격이 더욱 심하다는 것이다. 은혜와 홍로안 역시 경제적 이유 때문에 결혼을 감행한 것은 맞다. 하지만 경제적 어려움을 겪는 모든 베트남 여성이 국제결혼을 감행하는 것은 아니다. 은혜와 홍로안은 모두 낭만적 사랑의 문화와 가족주의 사랑의 문화를 이용하여 국제결혼을 유의미하게 만들었다. 은혜와 홍로안에게 낭만적 사랑의 문화와 가족주의 사랑의 문화는 잘 결합하는데, 그 핵심은 집을 떠나 자신의 삶을 스스로 개척한다는 로망스 서사를 지닌다는 것이다. 로망스 서사는 장기적 목표를 설정하고 이를 추구하기 위해 집을 떠나 세상의 온갖 어려움을 이겨내고, 이를 통해 더욱 강해진 자아는 궁극적 목적지를 향해 다시 떠나는 이야기이다. 국제결혼은 바로 은혜와 홍로안의 로망스 서사의 실천이었다.

어떻게 짧은 시간 안에 결혼을 결정하게 되었나? 두 번째 질문에 대해 대부분의 연구는 짧은 맞선을 통해 이루어지는 매매적 성격을 강조하고 있다. 핵심은 존재를 뒤흔드는 사랑 없이 성매매를 하듯 배우자를 고르고 결혼한다는 것이다. 하지만 은혜와 홍로안의 실제 이야기를 들어보면 연구자의 외면적·객관적 접근은 힘을 잃는다. 은혜와 홍로안 모두 남편을 처음 본 순간 열정적인 감정에 휩싸인 것은 아니지만 '바로 이 사람' 또는 '좋은 사람'이라는 것을 알았다. 사실 맞선은 짧은 기간 동안 어떤 사람을 선택하느냐 마느냐를 결정해야만 하는 운명적인 구조를 지니고 있다. 따라서 은혜와 홍로안이 잘 모르는 외국 남자와 결혼하기 위해서는 자신의 선택을 정당화해줄 낭만적 사랑의 언어를 사용할 줄 알아야만 했다.

원래의 꿈과 다른 결혼생활을 어떻게 유지해가고 있나? 마지막 질문은 현재 많은 국제결혼 이주여성의 결혼생활이 한국의 가부장제하에서 억압과 폭력 아래 고통받고 있다는 수많은 연구와 관련된 것이다. 국제결혼 이주여성은 매 맞고 성적 학대와 인격 모독을 받으며 유기 당하고 남편의 술주정과 생활고에 시달리며, 남편의 국적 취득 신청기피에 따라 신분이 불안하다. 더 나아가 전통적인 며느리의 역할까지 강요 당하고 있어, 이를 따르지 않을 경우 시부모의 학대가 뒤따른다. 이러한 신랄한 고발은 물론

이주여성의 인권을 보호하기 위한 것이지만, 결과적으로는 이주여성을 죽지 못해 결혼생활을 유지하고 있는 성노예처럼 그리고 있다. 은혜와 홍로안 역시 자신의 꿈과는 다른 결혼생활을 하고 있는 것이 사실이지만, 죽지 못해 노예생활을 하고 있는 것은 아니다. 둘의 장기적 꿈은 커리어 우먼이 되어 자립하고 고향에 있는 부모를 돕는 것이다. 하지만 당장은 이런 꿈을 이루기 어렵다. 은혜와 홍로안은 이런 꿈을 포기하지 않으면서도, 한국에서 새로 구성한 가족을 중심으로 살아가는 이야기를 만들어내어 자신들의 결혼생활을 유의미하게 만들었다. 이 이야기의 원천은 낭만적 이상을 통해 말 잘 안 듣는 남편을 길들이는 낭만적 사랑과, 가족을 위해 모든 것을 헌신하는 가족주의 사랑이다. 가용한 이야기와 그를 실천할 수 있는 스킬을 통해 자칫 고통 속으로 빠질 수 있는 결혼생활을 꿈을 향한 길로 변모시킨 것이다.

4. 윤리적 기획으로서의 문화사회학

사회학의 문화적 전환은 단지 방법론적 요청에 그치는 것이 아니다. 오히려 갈수록 인간의 실존적 조건이 악화되는 현실 속에서 나타나는 문제적 상황을 헤쳐 나가는 데 도움이 되려는 윤리적 기획이기도 하다. 주류 사회학은 참인가 거짓인가를 따지는 과학자를 특화하고, 비판사회학은 옳은가 그른가를 따지는 운동가를 드높인다. 하지만 사회적 삶이 진리와 정의의 문제로 모두 포괄되는 것은 아니다. 사회적 삶은 참과 거짓을 객관적으로 가릴 수 있는 실험실도 아니요, 옳은가 그른가를 절대적으로 심판할 수 있는 법정은 더더욱 아니다. 과학적 진리 추구에 몰두하면 사회학은 진리의 객관성을 담보할 과학적 방법의 정교화에 매달리게 되고, 정의 추구에 몰두하면 당위를 정당화할 수 있는 가치판단 규준의 이상화에 집착하게 된다. 과학자와 운동가가 전면에 나서게 되면, 사회학은 윤리적으로 애매한 사회적 삶의 의미에 대해 눈 감을 위험이 있다.

신자유주의적 지구화의 흐름 속에 사회적 삶은 갈수록 윤리적으로 애매한 상황으로 빠져들고 있다. 국민과 국가의 자연적 결합이 이지러지는 이주노동자, 국제결혼 이주여성, 북한이주민 등의 사회적 삶이 대표적인 경우이지만, 비정규직 노동자와 같은 평범한 한국인의 사회적 삶도 예외는 아니다. 그 모두 국민국가의 무한성장 로망스 서사가 파탄 나고 있기 때문에 벌어진 일이다. 사회학은 이러한 상황에 섣불리 과학적 개념을 부과하거나 도덕적으로 가치 평가하는 대신에, 그에 대한 미학적 태도를 지녀야 한다. 다시 말해 과학이나 도덕으로 포착할 수 없는 사회적 삶의 의미를 미학적 감수성을 가지고 표상하려 해야 한다. 현재 벌어지고 있는 변동이 전대미문의 것이기에 미학적 감수성이 요구되는 것이다. 애매한 상황을 사회통합에 위협이 된다는 이유를 들어 제거하려 하기보다는, 우선 그 속에서 살아가는 사람들의 삶과 그들이 자신들의 삶에 대해 털어놓는 이야기에 주목해야 한다. 그들은 악화된 실존적 조건을 헤쳐 나가기 위해 온갖 이야기를 가지고 자신들의 삶을 유의미하게 만들어가고자 분투하는 행위자들이다. 사회학은 이러한 지역적인 작은 이야기들을 원 자료로 하여 개인적·지역적·국민국가적·국제적·지구적 차원을 교차하는 수많은 사회학적 이야기들을 구성하고, 이것들을 행위자들이 문제적 상황을 헤쳐 나가는 데 도움이 될 수 있는 문화자원으로 되돌려주어야 한다.

상징이 인간의 조건이다

다르다는 것, 다시 말해 동어반복적이지 않다는 것, 그것이 바로 상징
이다. 상징은 자신 이외의 다른 것을 지칭하는 것으로, 스스로의 빈 공간
을 계속해서 만들어낸다. 빈 공간을 채우는 순간, 상징은 사물이 된다. 인
간은 다른 동물들과 달리 사물들로 둘러싸인 세계가 아니라, 상징의 세계
에 산다. 이것이야말로 인간이 다원적일 수 있는 근본조건이다. 표현의 자
유가 단지 법적 자유에 끝나지 않는 근본적인 인간의 조건인 이유가 여기
에 있다. 노동이나 작업이 결코 인간의 조건일 수 없다. 상징이 바로 인간
의 조건이다. 이러한 조건은 얼마든지 넓혀질 수 있고, 그래서 의미화 실
천이 무엇보다도 중요한 것이다. 다원성은 질서의 수립을 위해 제거해야
할 대상이 아니라, 우리를 끊임없는 윤리적 성찰로 몰아가는 인간의 조건
이다. (최종렬, 『사회학의 문화적 전환: 과학에서 미학으로, 되살아난 고전사회
학』, 살림, 2009, 18-19쪽)

이야기꾼인 사회학자의 윤리적 책임

어떤 것을 안다는 것은 단순히 인지적인 것이 아니요, 그것을 상징적으
로 구성하여 유의미하게 만드는 것이기도 하다. 그런 점에서 사회학자는
일상의 행위자와 마찬가지로 '이야기꾼'이다. 이야기꾼으로서의 우리의 일
차적 자원은 우리가 연구하고 있는 상징적 행위자들이다. 이 자원을 사회
학자인 우리는 우선 자신에게 유의미한 이야기로 재구성한다. 동시에 이
이야기는 연구대상인 상징적 행위자들에게 다시 돌려져 그들의 유의미한

세계를 구성하는 데 도움이 되는 자원이 되어야 한다. 그렇기 때문에 이야기꾼으로서의 사회학자는 자신이 유의미하게 구성한 이야기에 윤리적 책임이 있다. (최종렬, 『사회학의 문화적 전환: 과학에서 미학으로, 되살아난 고전사회학』, 살림, 2009, 118쪽)

1. 사물이 동물의 조건이고 상징이 인간의 조건이라는 주장을 표현의 자유의 관점에서 토의해보자.

2. 사회학자를 이야기꾼으로 볼 때와 과학자로 볼 때 연구와 글쓰기의 목적과 스타일이 어떻게 다르게 나타날지 토론해보자.

──────────── 읽 을 거 리 ────────────

베네딕트 앤더슨, 윤형숙 옮김, 『상상의 공동체: 민족주의의 기원과 전파에 대한 성찰』, 나남, 2004.

아르준 아파두라이, 차원현·채호석·배개화 옮김, 『고삐 풀린 현대성』, 현실문화연구, 2004.

제프리 알렉산더, 박선웅 옮김, 『사회적 삶의 의미: 문화사회학』, 한울아카데미, 2007.

존 톰린슨, 김승현·정영희 옮김, 『세계화와 문화』, 나남, 2004.

최종렬 엮고 옮김, 『뒤르케임주의 문화사회학: 이론과 방법론』, 이학사, 2007.

최종렬, 『사회학의 문화적 전환: 과학에서 미학으로, 되살아난 고전사회학』, 살림, 2009.

최종렬, "탈영토화된 공간에서의 베트남 이주여성의 행위전략: 은혜와
　　홍로안의 사랑과 결혼 이야기", 「한국사회학」 43(4), 2009, 107-146
　　쪽.

최종렬, "사회적 공연으로서의 2008 촛불집회", 「한국학논집」 42,
　　2011, 227-270쪽.

최종렬, "국민과 이주노동자: 동일성의 불안과 차이의 공포", 「현대 사회
　　와 다문화」 1, 2011, 98-125쪽.

클리퍼드 기어츠, 문옥표 옮김, 『문화의 해석』, 까치, 2009.

제2부
예술, 대중문화와 미디어

제 3 강

폴 포츠 신드롬의
예술사회학

김은하

예술사회학은 사회학 분야에서 가장 최근에 발달된 학문 가운데 하나다. 예술사회학은 예술 활동과 작품 및 그 분배, 소비 등 제반 예술 관련 현상을 사회적 맥락에서 조망한다. 이 장에서는 예술을 사회학적으로 연구하는 것이 그동안 예술을 연구하는 대표적 학문이던 미학의 접근과 어떻게 다른지, 사회학적 관점에서 접근하면 예술 현상에 대해 어떤 설명력이 있는지에 대해 살펴본다. 이를 위해 현재 우리 사회에서 사회적 이슈가 되고 있는 예술작품이나 활동에 초점을 맞추어 예술을 가능케 하는 다양한 사회적 요소들을 고려하고, 예술 활동이 지니는 사회학적 의미를 탐구한다. 이 과정을 통해 일상에서 내가 향유하는 예술에 대해 생각해보고, 성찰적이고 비판적인 예술 생산자 혹은 소비자가 될 방안을 모색해본다.

┌─ 키워드 ─

예술과 비예술, 문화산업비판론, 문화생산론, 문화생산 체계, 수요의 불확실성, 전략, 예술계, 관행, 선별, 접촉인력, 게이트키퍼, 선택적 홍보, 결정의 연쇄

1. 사회학에서 예술이란 무엇인가?

서울 지하철 객차 안에는 아래와 같은 홍보용 포스터가 붙어 있다. 문
장 전체의 맥락을 볼 때 여기서 문화는 '예술'을 가리킨다. 그런데 홍보문
을 찬찬히 살펴보면 '문화와 예술'이라고 쓴 부분이 나온다. 문화와 예술
은 다른가? 다르면 어떻게 다를까? 그런데 사람들은 일상생활에서 그에
대한 구별 없이 둘 다 매우 자연스럽게 사용한다.

문화 한 줌
사랑 두 줌

문화를 나눌수록 사랑은 커집니다.
힘들다고 해서 마음까지 메말라선 안 된다고 생각합니다.
외로운 이들에게 **문화**와 **예술**만큼 좋은 친구는
없다고 생각합니다.
서울 메트로는 우리 사회의 소외된 이웃과 **문화**를 나눕니다.
좋은 영화나 뮤지컬도 함께 보고
지하철 아티스트들과 함께 복지시설을 찾아
즐거운 **문화공연**도 선보이고 있습니다.
더 멀리 더 깊게 사랑을 전하는 법, 바로 '**문화** 나눔'입니다.

사회학자들이 예술과 문화라는 용어를 사용하는 방식도 종종 이와 다르지 않다. 문화사회학 입문서에 자주 등장하는 레이먼드 윌리엄스는 문화를 ① 한 개인, 집단 혹은 사회의 지적·정신적·심미적 계발 혹은 발전의 일반적 과정 ② 한 민족이나 집단, 사회, 또는 시대에 특정한 총체적인 생활방식 ③ 지적이고 예술적인 활동, 실천행위와 그 산물 등으로 정의했는데, 세 번째 정의에서 문화는 예술과 동의어다. 이처럼 사회학에서 문화는 그 안에 예술을 포함하면서도 그보다 더 넓은 범주로 사용되거나, 종종 예술만을 가리키기 때문에 사회학자들은 자연스레 예술사회학을 문화사회학의 하위 범주로 여긴다.

예술사회학자들은 예술사회학의 대상인 '예술'을 보다 넓은 의미의 문화로부터 떼어내 정의한다. 빅토리아 알렉산더는 『예술사회학』(2010)에서 예술을 소비자에게 공적으로 전달되고 즐거움을 위해 경험되며 창작이나 현실에 대한 해석이 가미된 표현형식을 가졌으며 물리적이고 사회적인 맥락에서 정의되는 유·무형의 구체적인 생산물이라 정의하였다. 웬디 그리스올드도 예술작품을 공연이나 작품처럼 실체를 가진 구성물로 보고 이를 '문화적 대상'이라 불렀다. 그러면 예술사회학의 연구 대상에 포함되는 예술은 구체적으로 어떤 것들일까?

대학 교정에 넘쳐나는 예술 관련 포스터들 가운데 '정크아트 공모전'이 눈에 띈다. 쓰레기와 예술이라는 단어의 조합은 예술을 '아름다움의 추구'로 여겨온 사람들에게는 다소 충격적이다. 쓰레기도 예술이 될 수 있을까?

사회학자들은 무엇이 예술이고 아닌지는 사회적으로 정의된다고 본다. 신문지, 폐타이어, 철사, 쇳조각 같은 산업폐기물을 소재로 한 정크아트는 20세기 중반 서구에서 등장했는데, 한국의 국립현대미술관도 520톤의 폐차 수백 대를 압축한 세자르의 '520t'을 소장하고 있다. 같은 양식의 작품

을 미술관에서 전시하고 공
모전을 연다는 점에서 우
리 사회도 정크아트를 예술
로 여긴다고 할 수 있다. 이
는 예술품이 작품의 내적
속성에 의해 예술로 간주
된다는 미학자들의 주장과
달리 물리적·사회적 맥락
에 따라 정의되고 있음을
보여준다.

알렉산더는 구체적 유·
무형물로서의 예술 활동을
예술로, 추상적 개념이나
생활양식으로서의 문화는 비예술로 구분한 후 이에 대해 예를 들어가며
쉽게 설명한다(다음 쪽 표). 알렉산더는 순수예술, 대중예술, 민속예술, 하
위문화의 예술 외에 인터넷의 발달로 사이버 공간에서의 예술 활동이 증
가함에 따라 '웹상의 예술'을 추가했고, 광고를 대중예술에 넣었으며, 예술
에 포함시키거나 배제하기 모호한 영역을 '회색지대'로 설정했다. 이는 무
엇이 예술이고 아닌가의 기준이 절대적이지 않으며 매우 유동적임을 잘
보여준다. 또한 흔히들 대중문화로 부르는 것이 대중예술을 가리킨다는
것도 알려준다. 이제 예술사회학자들이 전통적인 미학자들과 달리 순수예
술뿐 아니라 사회에서 예술이라고 간주하는 모든 형태의 예술에 관심을
기울인다는 사실을 알았을 것이다. 그런데 사회학자들은 왜 예술에 흥미
를 지니게 되었을까? 예술을 사회학적 시각으로 바라보면 어떤 흥미진진
한 생각이 열릴까?

예술	비예술
(이 책에서 예술로 정의한 것)	(이 책에서 예술이 아니라고 정의한 것)
✔순수예술 오페라, 심포니, 회화와 조각, 실험적인 퍼포먼스(experimental performance art), 무용, 발레, 현대무용 등, 문학, [기타] ✔대중예술 대중음악(록, 팝, 컨트리 등), 대중소설, 영상과 영화(할리우드, TV 방송용, 독립 영화), TV 드라마(시리즈, 미니시리즈)와 시트콤, 광고(인쇄광고, 방송광고), [기타] ✔민속예술 민속음악, 퀼팅, [기타] ✔하위문화의 예술(그 속에서 사람들이 어떻게 사느냐의 문제는 제외한다) ✔웹상의 예술 상품 웹 아트, 가상 미술관, 음악 클럽	✗대중문화(넓은 의미에서) 유행과 흐름, 평상복의 유행, 청바지의 의미, 머리 염색과 바디 디자인(문신, 피어싱)에 대한 태도, 삶의 방식으로서의 하위문화, 젊은이들의 문화(youth culture), 소비주의, 문화적 의미를 담은 제품(예: 리바이스, 타미 힐피거, 코카콜라, 휴대폰), [기타] ✗스포츠 ✗미디어 논픽션과 뉴스 보도, TV와 신문, 다큐멘터리, 시사, 실제로 일어난 범죄의 묘사, 과학 프로그램, 웹, 웹에 있는 대부분의 양상 ✗사적인 표현 형식 사적인 스케치, 수채화를 끼적거리기, 예술치료 ✗이루 헤아릴 수 없이 많은 다른 것들
회색지대 이 책의 정의 밖에 있는 것, 또는 최소한 예술적이라 할 만한 강력한 요소가 있어서 주의를 끄는 것 -하이패션 -요리, 특히 고급요리 -프로레슬링 [기타]	

출처: 빅토리아 알렉산더, 최샛별·한준·김은하 옮김, 『예술사회학』, 살림, 2010, 35쪽.

2. 예술을 사회학적으로 본다는 것의 의미

예술은 오랫동안 '특별한 재능을 지닌 천재들의 작품'으로 간주되어왔다. 미켈란젤로의 '천지창조'를 보거나 모차르트의 음악을 들으면서 사람들은 곧잘 "역시 타고난 천재야!"라고 감탄한다. 미학으로 대표되는 예술과 관련한 인문학에서는 예술을 특별한 재능과 영감을 지닌 천재의 모방할 수 없는 창조적 행위 또는 그 결과물로 파악하는 경향이 있다. 그들은 무엇이 예술인가에 대해 확고한 입장을 갖고 있으며 그들에게 예술에 대한 연구는 작품이 지닌 내적 가치를 평가하는 것이다.

이에 반해 사회학의 오랜 전통 속에서 예술은 하부구조의 반영인 상부구조로서 자본주의적 생산관계를 유지하는 이데올로기에 불과하거나(마르크스주의), 사회체계를 유지하는 필수불가결한 하위체계 가운데 하나로서 사회통합과 잠재적 긴장관리와 유형유지에 기능적인 요소로 간주되었다(구조기능주의). 마르크스주의와 구조기능주의의 입장은 예술을 모든 사회에서 지속적으로 나타나는 사회현상으로 보고 그 사회적 기능을 분석할 뿐, 예술작품이나 예술활동 자체에 주목하지 않는다. 이러한 접근은 예술은 사회의 반영이고, 예술은 그 사회를 형성하며, 그렇게 형성된 사회는 예술에 반영된다는 끊임없는 순환론에 빠지고 예술에 대한 그 이상의 논의를 어렵게 한다.

대략 20세기 중반까지 예술에 특별한 관심을 기울이는 사회학자들의 예술관은 사회학적이라기보다는 예술철학에 가까웠다. 이들은 예술에 특별한 가치를 부여한다. 예를 들어 미국의 사회학자 로버트 니스벳은 예술을 개인이 지각한 우주적 진리의 어느 측면을 묘사하는 것이라 했으며, 프랑크푸르트학파의 일원인 허버트 마르쿠제는 예술을 인간의 삶을 우주적 진리에 도달하도록 돕는 매개물로 파악했다. 이러한 정의에서는 예술작품이 지닌 '진정성'이 예술을 평가하는 기준이 되고 '진정한 예술이란 무엇인가?'가 논쟁의 핵심이 된다. 더욱이 대중예술은 예술의 범주에 포함되기 어려울 뿐 아니라 늘 비판의 대상이 되고 만다. 문화산업에서 생산하는 대량예술은 대중으로부터 자발적이고 자생적인 민속(민중)문화를 대체하고 피상적인 즐거움과 재미를 만드는 데 주력하여 사람들을 '비참한 현실로부터 탈주'시키며 비판적 능력이 결여된 무능력하고 불평 없는 소비자들을 만들어낸다고 비판한 프랑크푸르트학파의 문화산업비판론이 그 대표적 예라 할 수 있다(문화산업비판론에 대해서는 4강의 110쪽 이하 참고).

그런데 1970년대 중반 미국 사회학에서 예술철학의 사변성과 문화산업비판론의 비판적이고 비관적인 전망에 맞서 새로운 학파가 등장했다. 문화생산학파로 불리는 이들은 다수의 협동 작업을 거쳐 산업 체계에서 창작되고, 생산되고, 유통되고, 소비되는 상품으로서의 예술작품과 활동에 주목한다. 이들은 다양한 분야의 예술 조직과 제도, 그와 관계를 맺는 행위자들에 대해 경험연구를 주로 한다. 예술을 고뇌에 찬 천재가 특별한 영감으로 창조한 미의 결정판이라거나 무언가 고고한 것으로 생각하는 사람들에게는 매우 실망스럽겠지만 아무튼 그들은 예술을 예술가라는 직업을 지닌 생산자의 노동의 산물로, 물질적이고 텍스트적이며 실체가 분명한 생산품으로 간주한다.

위와 같은 입장 때문에 미학자들은 사회학자들이 예술작품의 예술성에 대해 침묵한다고 종종 비판하는데, 이는 사회학이 지닌 학문적 특징에 대한 오해에서 비롯된다. 사회학은 인간과 사회, 인간들의 상호작용에 가장 큰 관심을 기울인다. 따라서 예술작품에 대해 비판할 때도 예술을 매개로 한 인간의 상호작용을 가장 먼저 고려한다. 사회학의 이러한 성격 때문에 오히려 예술을 보다 흥미진진하게 바라볼 수 있는 것이다.

그러면 예술사회학적으로 조망하면 빛을 발할 만한 주제로는 어떤 것들이 있을까? 최근 몇 년간 신문과 인터넷을 달군 우리 예술계의 이슈를 떠올려보자. 천경자·이중섭·박수근 위작 사건, '한류와 혐한류', 영화 〈디워〉를 둘러싼 진중권과 네티즌 간의 논쟁, 시나리오 작가 최고은의 죽음과 예술인복지법 제정 요구, 〈슈퍼스타K〉…… 이런 것들은 사회학뿐 아니라 예술을 연구하는 다른 학문에서도 관심을 기울일 만한 주제다. 그런데 이처럼 우리에게 익숙한 예술 현상을 사회학적 시각으로 보면 어떻게 달라질까? 이 장에서는 몇 년째 식을 줄 모르는 오디션 열기를 예술사회학적 시각으로 살펴보자.

3. 위대한, 슈퍼스타 탄생을 위한 오디션 쇼

2011년 현재 한국은 오디션 열풍에 휩싸여 있다. 〈놀라운 대회 스타킹〉, 〈슈퍼스타K〉, 〈위대한 탄생〉, 〈톱밴드〉, 〈코리아 갓 탤런트〉부터 아나운서 공개 오디션 〈신입사원〉에 이르기까지 오디션 과정을 적나라하게 보여주는 쇼가 넘쳐난다. 오디션이 어제오늘 일은 아니지만 최근 몇 년간 계속되어온 오디션 광풍의 중심에는 영국의 TV 오디션 쇼 〈브리튼즈 갓 탤런트(Britain's Got Talent)〉와 그들이 배출한 스타 폴 포츠가 있다. 폴 포츠 이후 영국은 물론 한국에서도 제2, 제3의 폴 포츠라 승인된 인물들이 등장했으므로 이를 둘러싼 사회현상을 (이미 신문에서 부르듯이) '폴 포츠 신드롬'이라 불러도 될 것이다. 그런데 폴 포츠 현상은 유독 한국에서 더 특별한 영향력을 행사하고 있는 것 같다. 거의 해마다 내한공연을 열고, 한국 드라마의 삽입곡을 불렀으며, 2011년에는 '제주 세계 7대 자연경관 홍보대사'로도 위촉되었다. 어떻게 영국 오디션 쇼의 우승자가 우리나라에서도 단숨에 명성을 얻었을까? 세계적인 정통파 성악가들의 공연조차도 큰 성과를 거두지 못하는 한국의 공연 현실에서 왜 폴 포츠의 공연은 흥행에 성공했을까?

오디션 쇼를 통한 글로벌 스타의 탄생

폴 포츠는 2007년 6월 〈브리튼즈 갓 탤런트〉에서 푸치니 오페라 〈투란도트〉의 아리아 '아무도 잠들지 말라(일명, 공주는 잠 못 이루고(Nessun dorma))'를 불러 우승을 차지했다. 그가 예선에서 노래하는 장면을 담은 동영상은 미국 유튜브 사이트에서 9일 만에 1,000만 회라는 최고의 조회수를 기록하였다. 일주일 뒤에는 미국 NBC의 〈투데이 쇼〉에 출연, 뉴욕 록펠러 플라자센터에서 노래했다. 소니사에서 제작한 데뷔 앨범 〈One Chance〉는 출시 후 영국에서 2주 만에 30만 장이 팔려 UK 차트 1위에 올랐고, 이듬해 5월 두 번째 앨범 〈Passione〉이 발매되기 전까지 15개국 앨범 순위에서 정상을 차지했으며 400만 장이 넘게 팔렸다. 2008년에는 한국을 포함한 월드투어를 성황리에 마쳤고 2009년 2월에는 독일의 〈에코 어워즈〉에서 '최우수 인터내셔널 아티스트상'을 수상하였다. 그야말로 폴 포츠는 세계적인 스타로 명성을 얻게 된 것이다.

어떻게 이런 현상이 벌어졌을까? 성악 전공자나 음악비평가들은 그의 음악성에 대해서 논란이 분분하겠지만, 예술사회학자들은 폴 포츠의 음악성에 그다지 주목하지 않는다. 그보다는 사회적 맥락에서 폴 포츠가 예술가(성악가, 오페라가수)로 성악계가 아닌 외부에서 승인되는 과정과 그 영향력에 주목한다.

폴 포츠 신드롬을 이해하려면 우선 왜 휴대폰 외판원 폴 포츠가 '아무도 잠들지 말라'를 불렀고, 방청객과 시청자들이 환호했는지 알아야 한다. 유튜브의 동영상을 자세히 살펴보면, 순수예술인 오페라가 결코 대중적이지 않고 〈투란도트〉가 자주 무대에 오르는 작품이 아님에도 불구하고 방청객들에게 매우 친근한 선곡으로 보인다.

이탈리아의 성악가 루치아노 파바로티가 부른 '아무도 잠들지 말라'는

1990년 영국 BBC TV의 로마 월드컵 중계방송의 테마 음악이 되면서 축구에 열광하는 영국인들에게 대중적으로 널리 알려졌다. 이 아리아의 마지막 소절에서 테너가수가 극적으로 외치는 '승리! 승리!'는 월드컵의 성격과 맞물려 엄청난 파급 효과를 낳았다. 결승전 전야제에 열린 '3 테너 콘서트'에서는 먼저 파바로티가 독창하고, 플라시도 도밍고, 호세 카레라스와 파바로티가 앙코르곡으로 함께 불러 세계적인 레퍼토리가 되었다. 이 곡이 담긴 파바로티의 음반은 그해 영국에서 대중음악을 포함한 전체 음반순위 1위를 차지했다.

영국의 문화사회학자 존 스토리는 파바로티의 음반 판매 실적과 인기가 그간의 고급/대중문화 간의 뚜렷한 구분에 대해 이의를 제기하기에 충분한 근거가 되며, 고급/대중문화 구분의 계급적 배타성마저도 위협할 수 있는 중요한 사건으로 평가하였다. 고급문화에서 대중적인 스타가 탄생한 것이다. 이런 연유로 '대중 스타' 파바로티는 폴 포츠의 우상이 될 수 있었다. 그리고 십수 년 후 그의 열성팬 폴 포츠가 다시 '승리! 승리!'를 외쳤고, 또 다른 팬들이 환호했다.

그런데 과연 음반이라는 복제기술과 세계적인 음반시장의 성립과 인터넷의 발달 없이 한국의 폴 포츠 신드롬이 가능했을까? 결코 그렇지 않을 것이다. 따라서 이제부터는 문화산업 체계에서 예술의 생산과 분배라는 맥락에서 폴 포츠 신드롬을 살펴보자.

4. 산업사회에서 예술의 사회적 생산

산업사회에서는 복제기술과 유통의 발달로 인해 순수예술이든 대중예술이든 모두 산업 체계를 통해 생산되고 판매된다. 우리가 쉽게 구입할 수 있는 음반이나 책은 문화생산 체계에서 생산되고 유통되어 우리들 손에 들어온다. 문화생산학파는 문화생산물이 그것을 창작하고 생산하고 분배하는 사람들과 체계를 통해 걸러지고 영향을 받는 전 과정을 문화생산 체계라 불렀다. 문화생산론의 장점은 예술 분야의 작가론이나 작품론이 설명하지 않고 괄호로 묶어버린 생산 및 유통 과정과, 예술가라 불리지 않지만 예술계에 종사하는 행위자들과 그들의 영향력을 예술사회학의 연구 분야로 들여왔다는 데 있다. 이는 '사회·예술'의 단선적인 반영론 및 형성론과 미학이나 수용이론의 '작가·텍스트·독자'라는 삼각구도를 허무는 것이다. 그들은 실제로 출판업자, 서점 주인, 큐레이터, 화랑 주인, 비평가, 라디오의 광고주, 디스크자키, 정부 측 후원자 같은 행위자가 최종적으로 소비자에게 도달하는 문화생산물을 결정하는 데 영향을 준다고 보고, 문화생산 체계에서 예술적 생산물과 이들이 관계를 맺는 특수한 방식에 초점을 맞추었다.

선별과 결정의 연쇄

문화생산론자들은 예술에 종사하는 기업도 다른 기업처럼 이윤 추구를 목적으로 한다고 보았다. 예술 생산물은 생필품처럼 생존에 필수적이지 않고 변덕스런 소비자들의 수요를 예측하기 어려운데, 이 문제를 해결하지 않고서는 그 어떤 기업도 수익을 얻을 수 없다. 폴 허쉬는 미국의 음반과 출판 및 영화 산업에서 기업은 수요예측의 불확실성을 줄이기 위해 적어도 세 가지 중요한 전략을 사용한다고 주장했다. 첫째, 조직의 투입과 산출 부문의 경계에서 일하는 '접촉인력'을 많이 배치하고, 둘째, 일단 여러 아이템을 '과잉생산'한 후 그 가운데 반응이 좋은 것만 집중 홍보하는 '선택적 홍보활동'으로 일부 아이템을 성공시켜 이윤을 내며, 끝으로 매스

미디어의 선별자인 '게이트키퍼'를 조력자로 흡수하는 것이다. 기업은 예술가와 최종 소비자 사이에서 무엇을 생산하고 공급할지를 결정하는데, 그 결정 과정을 '선별'로, 기업의 경계에서 이 작업을 수행하는 사람들을 '게이트키퍼'로 불렀다. 허쉬가 주목한 문화산업 체계의 선별과정을 도식화하면 다음과 같다.

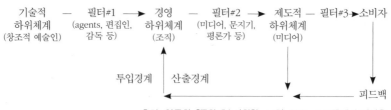

허쉬의 문화산업체계

출처: 양종회, 『문화예술사회학』, 그린, 2005, 540쪽에서 재인용.

출판업을 예로 들면, 출판사에 들어온 원고는 우선 편집자에 의해 걸러진다(필터#1). 책이 발간되면 어떤 책을 광고하거나 리뷰할지 판단하는 게이트키퍼들에 의해 또 한 번 걸러진다(필터#2). 끝으로 도서관의 사서나 서점의 도서구매자가 어떤 책을 구매하고 비치할 것인지를 결정함으로써 또 한 번 선별 작업이 이루어진다(필터3#). 〈해리 포터〉 시리즈의 첫 권 『해리 포터와 마법사의 돌』은 여러 출판사에서 첫 번째 선별과정을 통과하지 못하고 퇴짜를 맞았다가 간신히 출간되었다. 만약 조앤 롤링의 원고에 호감을 가진 저작권 대행업자 크리스토퍼 리틀이 블룸스베리 출판사에 원고를 팔지 못했다면 해리 포터는 지금과 같은 성공은커녕 책으로 출판되지도 못했을 것이다.

게이트키핑은 그동안 언론학에서 신문의 한정된 지면에 기자들이 취재한 기사 가운데 어떤 것을 싣고 뺄지 결정하는 편집 주간의 권력행사와 관련된 용어로 사용되었는데 허쉬는 이를 미국의 음반, 출판 및 영화 산업에 적용하였다. 알렉산더는 모든 예술작품이 특정한 체계를 통해 유통되는 점을 감안하면 게이트키퍼 개념을 영리를 추구하는 문화산업뿐 아니라 예술 전체에 적용할 수 있다고 제안했다. 게이트키핑 개념은 길거리 캐스팅, 스타마케팅이나 연예기획사를 통해 선별되고 오랜 견습생 시절을 거친 후 활동을 시작하는 한국의 아이돌 그룹을 연구하는 데에도 유용한 도구가 될 것이다.

허쉬의 주장처럼 현대 사회에서 예술작품은 단순히 독창적인 창작자의 개인적 의지에 의해서가 아니라, 작품을 걸러내는 체계에 따라 소비자에게 도달한다. 그러나 허쉬는 체계의 선별과정이 소비자가 실제로 만날 예술작품을 결정하지만 작품의 내용을 직접 구성하지는 않는다고 보았다. 이에 대해 문화생산학파의 라이언과 피터슨(1982)은 허쉬가 문화산업의 투입과 산출 부문에만 초점을 두고 중간생산 과정을 간과했다고 비판하였다. 그들은 최종 생산물이 완성될 때까지 수없이 많은 의사결정이 이뤄지는 것에 주목하고 이를 '결정의 연쇄'로 개념화하여 미국의 컨트리 음악 생산의 분석에 적용하였다. 그러나 최근의 후속 연구들은 고비용의 문화산업일수록 선별과 결정의 연쇄, 이 두 가지 전략을 모두 사용하고 있음을 보여준다.

한 가지 잊지 말아야 할 것은 허쉬와 라이언과 피터슨 모두 문화산업 체계에서 소비자들보다 선별 작업에 관여하는 전문가의 역할을 더 강조했다는 점이다. 예를 들어 소비자의 영향력은 한국 아동 출판물 시장에서 스테디셀러가 된 베르너 홀츠바르트의 그림책『누가 내 머리에 똥 쌌어?』나 권정생의 동화『강아지똥』이 성공한 후 '똥'을 소재로 한 수많은 아류의 출현을 설명하는 데는 도움이 되지만, 새로운 아이템의 선별과정에 소비자가 직접 영향을 끼친다고는 보지 않았다. 출판사의 편집자나 서평을 담당하는 기자의 전문적 식견과 취향이 선별과정에 더 많은 영향을 끼친다는 것이다.

특히 음악, 무용, 순수소설 등 순수예술계에서 선별과정에 관여하는 전문가의 역할은 이들 분야의 전성기에는 거의 절대적이었다. 작곡이나 성악, 기악 분야에서는 어려서부터 전문적인 교육을 받고 음악학교를 졸업한 후 콩쿠르라는 관문을 거쳐 실력이 검증된 후 무대에 오르고 클래식 음반의 기획자들에게 발탁되어 그들의 작품이나 연주가 음반으로 제작된다. 음반은 이후의 공연이나 또 다른 음반 취입을 위한 기회를 마련해준다.

허쉬나 피터슨의 연구 배경이 되었던 1970−1980년대 이후 음반 산업은 엄청난 사회적 변화를 겪는다. 특히 기술의 발전은 음반 산업을 뒤흔들었다. 이제부터는 다양한 기술의 발달이 음반 산업의 전체 생산망을 어떻게 약화 혹은 재조직하는지, 기업이 이윤 추구를 위해 어떤 새로운 전략을 펼쳐나가는지 살펴보기로 하자.

음반 산업의 쇠퇴

문화생산학파의 학자 가운데 한 사람인 피터슨과 아난드는 문화생산론적 접근에 입각한 연구들을 '생산의 여섯 가지 양상' 즉, ① 기술 ② 법과 규제 ③ 산업구조 ④ 기업의 조직 구조 ⑤ 직업 체계에서의 경력 ⑥ 시장으로 구분하였는데 이것들이 맞물려 예술의 생산을 제약하거나 가능케 하거나 변화시킨다고 보았다. 또한 여섯 분야의 연구를 결합하면 두 가지 규칙을 발견하는데, 첫째로 각각의 측면들이 긴밀히 연결되어 있으므로 이 가운데 한 측면에서 중요한 변화가 나타나면 전체 생산망을 약화시키거나 재조직시키며, 둘째로 생산 측면에서 문화산업은 세 가지 상태− 독과점적이고 안정적인 상태, 격동적이고 경쟁적인 상태, 혁신 없이 다양성을 촉진하는 독과점적 통제에 의해 관리되는 상태−중 하나로 기운다는 것이다음악 및 문학 비평가인 레브레히트는 음반사 기획자들과의 인터뷰와 다양한 자료를 바탕으로 100여 년에 걸친 클래식 음반 산업의 역사를 '기술의 발달과 음반 산업 및 기업의 대응 양상'이라는 관점에서 살펴보았는데, 1980년대 이후 반영구적 특성을 지닌 CD의 보급 등 기술의 발전과 다양한 콘텐츠로 무장한 여러 매체들의 경쟁에서 거대 레이블들이 혁신을 통해 레이블 간의 차별성과 고유성을 얻으려 노력하기보다는 스타 지휘자의 기용, 자사의 음원을 합병한 회사에서 제작한 영화 사운드 트랙으로 끼워 넣기, 팝페라, 크로스 오버 등 획일적인 전략으로 안이하게 대처함으로써 2000년을 전후로 클래식 음반 산업 전체가 몰락했다고 선언하였다. 클래식 음반시장의 80퍼센트 이상을 몇몇 대형 음반사가 점유하는 독과점 상태에서 시장 점유율이 높은 메이저 음반사들은 혁신을 통해 새로운 시장을 창조하기보다는 검증된 안전한 공식으로 그들 간의 시장 점유율을 놓고 경쟁했고 결국 클래식 음반시장 전체에 타격을 주었다는 것이다. 그 결과 도이치 그라모폰, 데카, 필립스 등 거대 레이블 3사의 2001년 음반 판매고를 모두 합친 것이 10년 전 한 회사의 매출에도 못 미쳤다.

단지 기존의 음반시장을 분석하고 저가 정책을 편 신생 레이블 낙소스(NAXOS)만이 현재까지도 클래식 음반에 주력하는 레이블로 간신히 살아남았다. 낙소스는 1986년 CD 판매고가 LP를 앞지른 후 등장한 저가 클래식 레이블로, 1987년까지 출시된 음반 카탈로그 중에서 10종 이상 음반이 나온 작품을 고르고 그 가운데 가장 많이 녹음된, 대중적으로 성공한 클래식 레퍼토리 100곡을 골라 값싼 동구권의 오케스트라를 고용해 괜찮은 음질과 사운드로 녹음하고 CD로 제작하여 가정용 패키지로 만들어 메이저 레이블의 3분의 1 가격으로 팔았는데, 이 염가판매 전략은 마침 중산층이 형성되기 시작한 한국 등의 아시아 시장에서 대성공을 거두었다. 낙소스가 성공을 거두자 거대 음반사들이 이를 모방하면서 음반시장의 획일화를 초래했다. 최근 낙소스가 생소한 작곡가들의 작품을 발굴하여 틈새시장을 넓히려 노력하고 있지만, 뒤늦은 시도가 음반 산업 전체를 관객의 다양한 취향을 고려하고 예술가들의 창조성을 독려하는 생산체제로 재편하는 데 영향을 끼치지는 못했다. 이처럼 클래식 음반도 음악적 완성도보다는 가격 경쟁력이 중요한 문화상품으로 전락했다.

오디션 쇼: 음반 산업의 새로운 전략

음반 산업의 가장 심각한 위기는 음반시장 외부에서 나타났다. 이번에는 클래식은 물론 대중음악 음반 산업도 타격을 입었다. 1999년 말부터 등장한 P2P 파일 공유 기술과 이에 따른 MP3 음악 파일의 공유는 음악에의 접근성, 속도, 비용, 장르 면에서 기존의 레코딩 포맷과는 비교할 수 없는 일대 혁명이었다. 이제 소비자들은 원하는 음악 파일을 내려 받아 자신만의 앨범을 만들거나 언제든지 휴대하면서 들을 수 있다. 동영상 파일 제작의 보편화와 유튜브의 파장은 더욱 컸다. 동영상 제작이 수월해지고 포털사이트 등 인터넷 매체에 대한 접근성이 증가하면서 대중은 예술 전 영역에서 단순한 소비자를 넘어 적극적 생산자로 활동하기 시작한다. 이제 외국의 무명 아마추어 기타리스트의 자작 동영상은 물론 유명한 피아니스트의 연주실황을 담은 영상도 가정에서 돈 한 푼 들이지 않고 볼 수 있다.

음반 산업은 물리적·사회적 환경의 변화를 읽으면서 새로운 전략을 사용해 이 난관을 뚫고 나가야만 했다. 가장 즉각적인 대응은 냅스터를 위시하여 P2P 프로그램 개발자들을 대상으로 법적 소송을 하는 것이었는데, 승소에도 불구하고 음반시장의 규모를 확장하는 데는 효과를 거두지 못했다. 오히려 카피레프트처럼 거대자본에 맞서는 조직적인 저항 운동을 불러일으켰다. 법과 규제라는 전략이 실패하였으니 음반사들은 새로운 전략을 짜내야 한다. 음반 기업은 대중이 '소비의 주체'로 떠오른 사회적 환경을 고려하여 대중에게 선별자로서의 권력을 일부 양도함으로써 저항을 피하고 새로운 수요를 창출하는 전략을 사용하기 시작했다. 월마트의 구호처럼 예술계에서도 '소비자는 항상 옳다!'

〈팝 아이돌〉, 〈아메리칸 아이돌〉, 〈디 엑스 팩터〉, 〈브리튼즈 갓 탤런트〉에 열광하고 유료문자 투표에 적극적으로 참여하는 소비자가 문화산업 체계의 새로운 선별자로 등장했다. 예를 들어 〈디 엑스 팩터〉의 세 번째 우승자 리오나 루이스는 최종 결선에서 약 800만 건의 유료전화 문자 투표 중 64.5퍼센트의 지지를 얻어 우승하였으며, 부상으로 제작된 싱글 음반 〈A Moment Like This〉는 100만 장의 선주문을 받았다. 싱글 음반의 성공으로 이듬해 11월 발매한 앨범 〈Spirit〉은 첫 주에만 37만 5,000장이 팔렸다. 2006년 10월 구글이 유튜브를 인수하고 2007년 6월 국가별 현지화 서비스를 선언한 이후 오디션 쇼에 등장해 우승한 폴 포츠는 리오나 루이스보다 동영상 커뮤니티 유튜브의 효과를 더 많이 누렸다. 폴 포츠 동영상은 9일 만에 조회수가 1,000만을 돌파하며 최단 기간에 최고의 조회수를 기록했다. 폴 포츠는 우승 상금 10만 파운드(약 1억 9,000만 원)뿐 아니라 심사위원이자 〈Spirit〉의 제작자 사이먼 코웰로부터 100만 파운드를 받고 앨범 계약을 마쳤다. 〈Spirit〉을 준비하는 데는 10개월이 걸렸으나, 폴 포츠의 우승 후, 그의 앨범 〈One Chance〉가 소니에서 발매되기까지는 채 두 달도 걸리지 않았다. 유료문자 투표수와 유튜브 조회수를 통해 수요를 예측할 수 있었기 때문이다. 〈One Chance〉의 발매에 맞춰 소니는 유튜브를 염두에 둔 프로모션 영상을 배포했다. 이제 유튜브를 겨냥한 홍보 동영상의 제작과 배포는 음반 산업에서 가장 중요한 홍보 전략으로 자리 잡았다. 수요의 불확실성이 걷히고 TV와 유튜브를 통해 비교적 싼값에 사전 홍보가 미리 이루어진다는 점 때문에 리얼리티 쇼의 기획 단계부터 심사위원으로 음반 기획자와 음반회사가 직접 개입하는 것이다.

1970년대 허쉬의 주장과 달리 2000년대의 예술 소비자는 최초의 선별과정에서 홍보, 최종 구매까지 전 영역에서 직접 영향력을 행사한다. 이러한 음반 산업 체계의 변화는 예술계의 전통적인 게이트키퍼인 음악비평가나 음악적 식견이 있는 전문 기획자의 권력을 약화시키고 예술성보다는 상업성을 추구하는 게이트키퍼나 음반제작자에게 더 큰 상징권력과 부를 제공한다. 고대 로마의 원형 경기장에서 검투사들의 운명이 황제의 엄지손가락의 향방과 황제를 향해 목청껏 외치는 관중의 함성에 달려 있듯이 오늘날 오디션 쇼 경연자의 운명은 사이먼 코웰과 같은 거침없는 독설가와 그가 성찬하기를 기대하며 환호하고 열심히 문자를 누르는 대중에게 달려 있다. 오디션 쇼 〈위대한 탄생〉처럼 전문심사위원의 심사결과보다는 대중의 투표 결과로 탈락자와 승자가 결정되거나, 〈나는 가수다〉에서처럼 오로지 대중 평가단의 투표로 승패가 갈리는 쇼의 범람은 대중매체 간의 경쟁에서, 또한 음반 및 음원 산업의 치열한 경쟁에서 기업이 선별과정에 개입하는 권력의 일부를 소비자에게 넘겨줌으로써 수요의 불확실성을 줄이려는 고도의 전략이라 할 수 있다.

5. 틈새, 혹은 순수음악의 균열

폴 포츠는 기존의 리얼리티 쇼의 우승자들과 달리 순수예술의 오페라 아리아를 불러 우승했다는 점 때문에 더욱 눈길을 끌었다. 폴 포츠는 〈One Chance〉의 발매를 전후해 한국의 인터넷 포털 사이트의 인물검색

네이버 인물 검색 2011년 11월 현재.

다음 인물 검색 2011년 11월 현재.

에도 등장했는데 그의 직업란에는 오페라 가수(네이버), 혹은 성악가(다음)
라 적혀 있다. 그의 사진도 〈브리튼즈 갓 탤런트〉에 출연할 당시의 촌스러
운 모습에서 남성 성악가들의 전형적인 복장으로 바뀌었다. 일간지에서도
그를 '세계적인 오페라 가수'(조선일보, 연합뉴스, SBS), '세계적인 팝페라 가
수'(중앙일보, 한국일보, 동아일보, 경향신문, 연합뉴스)라는 표현으로 부르는
것을 심심치 않게 볼 수 있다. 그런데 폴 포츠는 아마추어로서 오페라 활
동을 한 적은 있으나 정식 오페라 가수로서 무대에 선 적이 없으며 2010
년까지 발매한 석 장의 앨범에서 오페라 아리아는 단 두 곡밖에 없다. 유
명한 오페라를 팝 스타일을 가미해 부른다는 팝페라의 정의에 비추어볼
때 그는 팝페라 가수도 아니다. 그런데 왜 그는 '세계적인' 오페라 가수 혹
은 팝페라 가수로 불리는 것일까? 이를 예술사회사가인 하지니콜라우 식
으로 고쳐 물으면 논점이 더 선명해진다. 폴 포츠는 누구에 의해, 언제, 왜

세계적인 성악가로 만들어지고, 승인되었는가?

『예술계』(1982)의 저자인 사회학자 하워드 베커는 각각의 예술계가 다른 분야와 구별하는 고유한 관행을 발달시켜왔음을 지적한다. 흔히들 '전통' 혹은 '관습(인습)'이나 '관례'로도 부르는 관행은 특정 예술계를 다른 분야와 구별하는 장치로서 예술가와 비예술가를 구분하고, 진정한 예술가를 승인하며 예술 활동은 물론 감상을 위한 지식을 구성한다. 오페라 예술계에서 발달한 관행에 따르면 이탈리아 오페라를 부르는 가수는 18세기에 확립된 벨칸토 창법과 같은 성악 발성법으로 이탈리아어로 노래할 수 있는 능력을 콩쿠르나 오페라단의 오디션을 거쳐 검증받은 후에야 전문적인 예술가로 승인된다. 그러나 폴 포츠는 오페라 예술계가 아닌 외부의 상업 미디어를 통해 선별되고 음반계약을 맺고 대중과 미디어로부터

하워드 베커의 예술계

1960년대에 예술철학자 아서 단토는 "무엇인가를 예술로 보는 데에는 눈으로 알아차릴 수 없는 어떤 것, 즉 예술론의 분위기와 예술사에 대한 지식인 예술계가 요구된다"고 하여 예술계를 추상적인 지식으로 정의했다. 1970년대에 미학자 조지 디키는 예술계를 '예술작품들이 그들의 자리를 마련하고 있는 광범위한 사회제도'로 정의했다. 상징적 상호작용론자인 사회학자 하워드 베커도 문화생산학파에게 영감을 준 논문 「집합행동으로서의 예술(Art as Collective Action)」(1974)에서 예술을 하나의 제도로 볼 것을 주장했다. 베커의 예술계는 두 가지 구성요소를 지닌다. 첫째는 협력하는 성원들로 구성된 조직이며, 둘째는 조직 성원들의 협력을 중재하는 관습이다. 이 둘 가운데 베커의 예술계에 더 중요한 것은 예술적 관습이다. 관습은 예술세계에서 일어나는 모든 협력이 반복되어 유형화된 것이며 예술에 대한 사회학적 규정성의 총체로서 예술계를 의미한다. 예술계는 주어진 예술세계 내에서 생산된 작품과 관련하여 만들어져야만 하는 모든 결정들을 포괄하므로 예술작품을 생산하기 위해 협력하는 사람들은 일반적으로 새로운 것을 결정하기보다는 이미 관례가 된 이전의 합의에 의존한다. 그 합의는 기존의 관습적인 예술 실천의 한 부분을 이루면서 작가의 특별한 관념과 경험을 나타내기 위한 소재와 형식을 결정하고 그것들이 서로 조합되는 방식, 작품의 적절한 길이와 크기, 형태를 제안한다. 각각의 예술계에서 무엇이 전형적인 예술가적 행위인지, 즉 어떤 실천이 특정인을 예술가로 특징짓는 행위인가는 초월적인 본질이나 선험적으로 규정되는 것이 아니라 예술계 내에서 합의로 규정된다. (김동일, 『예술을 유혹하는 사회학』, 갈무리, 2010, 80–82쪽에서 발췌)

오페라 가수라 승인됨으로써 엘리트 중심의 순수예술계의 관행을 철저히 무시했다. 그런데도 그의 음반 재킷과 무대 의상은 서양 고전 음악가들의 관례적인 복장을 따르며, 2009년 발매한 2집 앨범에서 영국인 폴 포츠는 대부분의 노래를 이탈리아어로 번안해 부르고 MBC TV 연속극 〈선덕여왕〉의 주제곡도 이탈리아어로 노래한다. 이렇게 연출된 퍼포먼스는 폴 포츠를 오페라 가수로 재현하는 소니사의 의도된 전략이다.

문화생산론자들은 산업사회에서 예술은 지속적인 집합행동을 통해 생산되며 분야마다 고유한 직업체계를 발달시킨다고 주장한다. 하워드 베커는 예술계는 핵심 인력과 보조 인력으로 나눠지는데 핵심 인력일수록 관행에 대한 고도의 전문적인 훈련과 지식을 지녔으며 그러한 경력이 예술계라는 직업세계에서 차등적인 보상으로 이어진다고 하였다. 그러나 폴 포츠는 전문적인 훈련과 경력이 없으면서도 엄청난 보상을 얻었다는 점에서 성악계의 전통적인 보상체계를 무력화한다.

엄청난 자본으로 클래식 음반시장에 진출했다가 실패한 소니는 그들 스스로 폴 포츠를 오페라 가수로 승인하는 퍼포먼스를 계속하는데 이는 오페라 예술계가 몇 세기에 걸쳐 만들어낸 관행을 철저히 무시하는 것으로 고급예술로서의 오페라를 조롱한다. 파바로티의 '아무도 잠들지 말라'가 순수예술과 대중예술의 경계를 넘나들었다면 폴 포츠의 '아무도 잠들지 말라'는 순수예술의 관행을 무력화시킴으로써 순수예술과 대중예술의 경계를 무너뜨린다. 폴 포츠 현상은 그동안 미술계보다 비교적 독립적이던 성악계가 외부의 영향에 심하게 부침을 겪고 있음을 보여준다. 이제까지 고급 예술은 엘리트의 전유물이었고 예술에 대한 기준도 엘리트가 세웠다. 폴 포츠 현상은 고급예술에 대한 엘리트의 기득권을 무너뜨리는 음악판 '예술의 종언'이라 할 수 있다.

유감스럽지만 문화생산론적 접근은 폴 포츠 신드롬이 이윤 창출을 위한 기업의 새로운 전략인 오디션 쇼의 결과물이라는 지적 외에 더 이상의 설명을 하지 못한다. 뛰어난 예술성이나 독창성, 준수한 외모, 기이한 행동 등 눈여겨볼 만한 개인적 흥행 요소가 전혀 없는 폴 포츠가 왜 하루아침에 발탁되고 대중의 열광적인 반응을 이끌어냈는지를 알기 위해서는 다른 시각이 필요하다.

6. 노래, 아니 스토리텔링을 하라

각국의 음반 판매 순위나 수상 실적 등 객관적 기준으로 비교할 때 오디션 쇼 우승자 가운데 가장 성공적인 사례는 폴 포츠가 아니라 리오나 루이스라 할 수 있다. 그런데 한국에서는 폴 포츠의 인기가 압도적이다. 2008년 SBS의 〈놀라운 대회 스타킹〉에서 수족관 기사 김태희가 '아무도 잠들지 말라'를 불러 우승하였는데, 이듬해 6월 두 사람은 '인생 역전 드라마의 주인공! 전 세계 희망 전도사, 폴 포츠! 한국 폴 포츠 김태희와 함께한 감동 콘서트!'라는 제하에 한 무대에 섰다.

한국에서는 이들의 성공으로 인해 경제자본의 부족으로 음악대학을 중퇴하고 예술계 밖으로 밀려난 음악도들이 오디션 쇼에 도전하기 시작했다. 꽃게잡이 폴 포츠 남현봉, 야식배달 폴 포츠 김승일은 폴 포츠보다 더 오랫동안 정규 음악교육을 받았음에도 불구하고 제2, 제3의 폴 포츠로 승인받기를 주저하지 않으며 이를 자랑스럽게 여긴다. 그들은 오디션 쇼에 출연함으로써 오히려 성악가들에게 정식 레슨을 받을 기회를 얻었다. 유수의 성악 콩쿠르에 입상한 성악과 교수들이 대학의 제자들을 가르쳐 데뷔시키려고 힘을 쏟기보다 대중매체에서 발탁한 무명인들을 가르치려 나서고 있다.

폴 포츠 되기 공식

'폴 포츠'는 열악한 신분에서 역경을 뚫고 꿈을 이룬 사람을 가리키는 신조어가 되었다. 그러나 오디션 쇼를 통과했다고 누구나 제2의 폴 포츠로 명명되는 것은 아니다. 폴 포츠로 승인되려면 반드시 갖추어야 할 자격이 있다. 우선 정규예술학교에서 교육을 받지 못했거나 받았더라도 경제적 이유로 중도에 포기해야 한다. 예술학교에 다니거나 졸업했거나 예술계와 연결고리가 있으면 새로운 폴 포츠가 될 수 없다. 일단 예술계에서 완전히 밀려난 사람만이 폴 포츠라는 상징자본을 획득할 수 있다. 대중과 매체는 한때 음악도였으나 가정 형편으로 중도 포기한 김승일과 남현봉은 '폴 포츠'로, 예고를 졸업하고 성악 경연에서 수상한 김호중은 '파바로티'로 달리 호명한다. tvN이 영국의 프리멘틀 미디어사로부터 '갓 탤런트' 포맷을 정식으로 구매한 〈코리아 갓 탤런트〉에서 심사위원이 눈물로 찬사를 보내 '껌팔이 폴 포츠'로 승인되었던 최성봉은 예고를 졸업한 이력이 밝혀져 네티즌들로부터 비난을 받았다. 이 기준은 영국에서도 적용되는데, 폴 포츠는 「더 선」지가 아마추어로 무대에 섰던 경험을 들추어내 이를 해명해야 했으며, '피자 배달 폴 포츠'로 불렸던 영국의 제이미 퓨는 수잔 보일을 제치고 〈브리튼즈 갓 탤런트〉의 최종 결선에서 우승했으나 「더선」지에서 그가 3년 전 웨스트엔드의 대형 무대에 오른 경험이 있다고 폭로함으로써 여론의 거센 비난을 받았고 그에 대한 관심도 수그러들었다.

두 번째 공식은 하층계급의 불안정한 직업을 가지거나 소외 계층이어야 한다는 점이다. 거쳐온 삶이 험난할수록 '폴 포츠'로 승인될 가능성이 높다. 2011년 6월 방송된 SBS 〈놀라운 대회 스타킹〉은 김태희, 김승일, 김호중을 등장시켜 '3 테너 콘서트'를 흉내 낸 '스타킹 3대 테너 쇼'를 연출했다. 이 쇼에서 폴 포츠의 소속 음반사인 소니뮤직의 스카우터가 등장하여 그들과 계약할 것을 약속하며 다음과 같이 그 이유를 밝혔다.

3대 테너 같은 경우에는 정말 클래식 시장에서 열심히 노력해서 만들어왔지만 사실 스토리는 많지 않았어요. 왜냐하면 너무 클래식하기 좋은 그런 시장에서 만들어진 아티스트들이기 때문에. 이분들은 사실은 어려운 그런 역경, 클래식을 할 수 없는 그런 역경에도 불구하고 사실 이 자리에 올라왔다는 것 자체가 일단 마케팅적으로 아주 큰 장점이고, 그리고 가능성이 충분히 있는 그런 아티스트라는 거죠.

음반사의 선별 과정에서 더 이상 음악성은 가장 중요한 기준이 아니다. 사람들은 이제 노래의 음악적 요소보다는 가수의 인생역경 스토리를 소비한다. 폴 포츠 현상에는 그의 개인사에 감동하면서 그의 노래에 귀 기울이는 관객의 역할이 중요했다. 이제 새로운 폴 포츠가 되고 싶으면 노래보다는 스토리텔링을 하라!

7. 다시 문화산업 비판으로
: 예술은 이데올로기로 작동한다

근대 시민사회는 신분사회와 달리 개개인의 자유로운 경쟁에 따라 누구나 노력하면 부와 명예와 지위를 누리고 상류계급의 일원이 될 수 있다는 사회적 합의(?)를 기반으로 한다. 그러나 자본주의가 발달할수록 계급이 마치 신분처럼 고착화되는 양극화 현상이 심해되었다. 소니라는 거대자본이 파는 것은 폴 포츠의 음반이 아니라 '누구든 노력하면 한방에 인생 역전할 수 있다'는 자본주의의 신화다. 폴 포츠의 첫 앨범 제목이 'One Chance'이고 그의 앨범이 '역경을 뚫고 성공한 인물'을 떠올리게 만드는 곡들로 구성되었음을 떠올려보라. 자본주의 사회에서는 무엇이든 상품화된다. 음반 산업은 이제 음악이 아니라 '스토리'를 판다. 그들은 또다시 새로운 폴 포츠를 찾아 나설 것이고, 변덕스러운 대중도 아직까지는 호응할 태세다. 그러나 대중이 식상하면 기업은 새로운 전략을 만들어낼 것이다.

폴 포츠 신드롬은 '누구나 노력하면 성공할 수 있다'는 자본주의 사회의 능력주의 이데올로기가 성공적으로 작동하고, 문화산업이 여기에 일조함을 보여준다. 모든 폴 포츠들은 한결같이 '어려웠던 개인사'를 앞세우거나 매체가 신파조로 덧씌운다. 사회적 약자였던 이들의 성공은 계급갈등, 자본주의 사회의 구조적인 문제를 증발시켜버린다. 이들의 성공 앞에 오늘의 고난은 언제든지 극복될 수 있는 한시적이고 개인적인 불운이 되어버린다. 이는 프랑크푸르트학파와 같은 마르크스주의 문화사회학자들의 주장처럼 예술이 자본주의 사회를 견고하게 지탱하는 이데올로기로 작동함을 가감 없이 보여준다.

예술을 사회적 맥락에서 이해하는 예술사회학은 예술 그 자체에 대한 설명보다는 예술을 둘러싼 사회에 방점을 찍는다는 점 때문에 종종 예술을 폄훼한다는 오해를 받기도 했다. 그러나 오늘날처럼 거의 모든 예술이 문화산업 체계에서 예술 기업에 의해 생산되고 유통되어 우리의 손에 들어오는 시대에 예술가의 독립성과 작품의 예술성만을 논하면 예술에 대해 중요한 설명을 놓치게 된다. 예술사회학은 예술가의 창조물과 소비자 사이에서 괄호로 묶여버린 예술계의 작동방식을 낱낱이 드러냄으로써 예술 현상에 대한 이해의 폭을 넓혀준다.

예술계와 관행

　예술의 사회성에 대한 강조는 인간이 본질적으로 사회적인 존재라는
인식에 바탕을 둔 것이지만, 현대 사회의 발달에 따른 예술 자체의 변모
와도 관련된 것이다. 현대 사회에서 예술은 사적인 것이라기보다는 공적인
성격을 갖는다. 예술은 비평가를 포함한 청중 또는 관중의 존재를 배제
할 수 없으며, 이 예술 공중은 예술작품을 수동적으로 수용할 뿐만 아니
라, 능동적으로 재해석하고 또 예술 창작에 영향을 미치기도 한다. 예술
이 매체를 필요로 한다는 사실도 예술의 사회성을 입증하는 증거의 하나
이다. 하나의 작품이 예술작품으로 인정받기 위해서는 각 예술의 종류에
따라 사회적으로 또는 관행에 의해 인정된 재료나 절차에 따라야 한다.
예술의 매체는 기술의 발달, 사회의 변화에 의해 영향을 받으며 예술가의
예술 활동에 제한을 가한다. 예술은 습관, 경험, 기술의 복합에 의해 이루
어지며, 또 그것을 통해서 식별된다. 한 사회가 예술이라는 개념을 소유하
기 전에, 또는 예술적이라고 부르는 관행이 수립되기 전에 예술작품의 생
산이나 예술적 감상은 존재할 수 없다. 예술의 또 하나의 중요한 속성은
그것이 역사적인 성격을 띠고 있다는 것이다. 예술이라는 개념 자체가 역
사적 산물이며 시대에 따라 예술의 개념이 변천되어왔음은 잘 알려진 사
실이다. 뿐만 아니라 예술표현의 재료, 대상, 동기도 역사적으로 규정되며,
특히 예술가가 추구하는 질서의 종류는 역사적 전례에 의해 제시되고 한
계지워진다. (양종회, "베커와 울프의 예술사회학이론", 『문화예술사회학』, 그린,
2005, 402-403쪽)

복제기술의 발달 및 대중 사회의 성장과 예술가

과학기술은 예술가가 활동하는 영역을 넓히고 예술가는 점차 청중으로부터 벗어났다. 실제로 오늘날 음악가들은 청중 앞에서 초연하기 전에 전축음반 실험을 받는다. 루빈스타인과 시게티 같은 유명한 연주가들은 레코딩을 거쳐 미국의 청중에게 소개되었다. 지난 십 년 동안 연주가와 작곡가들은 경비가 많이 드는 실황연주보다 레코드를 사용함으로써 이 과정을 더욱 가속화시켰다. 회화에서도 이와 유사하게, 그림복제판이 일반 감상자에게 제공되었고 감상자와 화가의 관계는 비인간적이 되었다.

시장의 비인간적인 속성으로 인해 예술가는 예술 소비자로부터 벗어난 것이다. 티켓, 서적의 구입에 따른 예술품 소비가 점차 적합하게 되자, 예술 소비자의 유형과 성격이 더욱 다양해졌고, 예술가가 고객의 세계를 파악하고 동화하는 것이 더욱 어려워졌다. 예술에 대한 평가가 티켓의 가격과 일치하면서 예술품 소비를 위한 지적인 요구는 약화되었다. 미약한 비평적 기준을 지닌 다채로운 배경의 새로운 예술 소비자들이 이전 시대의 안정된 후원자들을 대신하였으며 그와 더불어 예술의 규범도 불확실해졌다. 특정 후원자가 없는 예술가는 다양한 소비자들 중에서 자신의 구매자를 선택할 수밖에 없다. 이제 그는 특별한 소비자의 예술적인 요구에 따를 필요도 없고, 확실하고 매우 발전된 기준을 지닌 대중에 직면하지도 않는다. (죠셉 벤즈멘·이스라엘 거버, 양건열 엮고 옮김, "예술과 대중사회", 『예술사회학의 이론과 전개』, 미진사, 1990, 122-123쪽)

1. 왜 특정 예술계의 관행을 모르면 창작과 감상이 어려울까? 관행에 대한 이해도의 차이가 개인들 간의 작품 감상의 차이를 낳는가? 자신의 경험을 예로 들어 논의해보자.

2. 대중사회에서 예술가가 특정한 후원자로부터 벗어나 불특정 다수의
   예술 소비자를 대상으로 한다는 점은 예술가의 창작 행위에 어떤 영
   향을 끼칠지 함께 토론해보자.

──────────── 읽 을 거 리 ────────────

김동일, 『예술을 유혹하는 사회학』, 갈무리, 2010.

노먼 레브레히트, 장호연 옮김, 『클래식, 그 은밀한 삶과 치욕스런 죽
   음』, 마티, 2009.

베라 졸버그, 현택수 옮김, 『예술사회학』, 나남, 2000.

빅토리아 알렉산더, 최샛별·한준·김은하 옮김, 『예술사회학』, 살림,
   2010.

양건열 엮고 옮김, 『예술사회학의 이론과 전개』, 미진사, 1990.

양종회, 『문화예술사회학』, 그린, 2005.

존 스토리, 박모 옮김, 『문화연구와 문화이론』, 현실문화연구, 1999.

현택수, 『예술과 문화의 사회학』, 고려대학교 출판부, 2003.

Howard P. Becker, *Art Worlds*, Berkeley: University of
   California Press, 1982.

Richard A. Perterson, and Anand N., "The Production of
   Culture Perspective," *Annu. Rev. Sociol.* 30, 2004, pp.311–
   334.

KBS 〈특파원 현장 보고〉(2007년 8월 11일 방송), "예술로 거듭나는 그라피티."

영화 〈바스키아〉(1996): 화가 줄리앙 슈나벨이 감독한 작품. 뉴욕 경찰의 단속 대상이던 거리의 낙서에서 예술로 승인된 그라피티의 대표적인 작가 장 미셸 바스키아(Jean-Michel Basquiat)의 짧은 생애를 다뤘다.

1990년 로마 월드컵 3 Tenors 콘서트 실황 DVD.

폴 포츠의 첫 앨범 〈One Chance〉의 홍보 동영상. 소니뮤직.

제 4 강

문화산업,
대중의 욕망과 스타 시스템

강윤주

대중문화는 대중사회의 등장과 더불어 이른바 '고급문화'를 즐기는 지식인과 상류 계층에 의해 폄하되면서 강력한 저항을 받아왔다. 20세기 중반까지도 많은 학자들이 엘리트주의적 시각에서 대중문화를 비판해온 것이 사실이나 현재 우리는 그 규모 면에서 훨씬 더 커지고 사회에 영향을 미치는 방식에서도 훨씬 더 치밀해진 형태의 대중문화, 곧 문화산업과 함께 살아가고 있다. 문화산업의 메커니즘은 스타 시스템을 통해 드러난다. 그리고 스타가 사람들의 일상과 사고방식에 미치는 영향력은 갈수록 강력해지고 있다. 이번 장에서는 대중문화의 형성 과정과 함께 대중문화를 바라보는 시각이 어떻게 변화해왔는지를 살펴보고 현재의 상황 및 앞으로의 전망을 알아보며 산업화된 대중문화인 문화산업의 특수성과 기능을 파악하고자 한다. 또한 대중문화와 불가분의 관계에 있는 스타 시스템의 기원 및 메커니즘을 이해함으로써 문화산업의 실체에 한 걸음 더 다가가는 데 그 목적을 둔다.

─ 키워드 ─

대중문화, 반영적 접근, 형성적 접근, 프랑크푸르트학파, 엘리트주의, 아우라, 문화산업, 스타 시스템

1. 대중문화와 문화사회학

'스마트폰 천만 시대'가 넘어서면서 대중문화는 더욱더 사람들의 삶에 파고들고 있다. 팬들은 트위터니 페이스북 등의 SNS를 통해 자기가 좋아하는 스타의 일거수일투족을 살필 수 있고 심지어 몇몇 가수들은 트위터에 자신의 신곡을 발표하기도 한다. 스마트폰으로 찍은 영화는 국제영화제에서 상을 받을 만큼 기술적 우위를 자랑하고 있고 이에 고무된 많은 사람들이 스마트폰을 들고 거리로 나와 영화 촬영을 시작했다. 가요, 방송, 영화 등 거의 모든 대중문화 분야에 걸쳐 애플리케이션이 개발되면서 대중문화는 더욱더 우리의 삶에 밀착된 것이다.

이렇듯 대중문화는 우리의 일상과 너무나 가까이 있다. 사람들이 아침에 일어나 제일 먼저 하는 행동 중 하나는 라디오를 틀어 아침 프로그램을 듣는 것이다. 라디오에서 흘러나오는 대중음악과 진행자가 전해주는 대중적 스타에 관한 소식은 우리 삶에 없어서는 안 될 요소는 아니지만 안 듣기 위해서는 상당한 노력을 기울여야 하는, 배제하기 힘든 요소로 우리 삶에 밀착되어 있다.

그러면서도 한편으로는 대중문화의 폐해를 부르짖는 목소리가 사라지지 않는다. 아이돌 그룹이 부르는 '후크송'이 음악산업에 미치는 부정적 영향을 걱정하는 사람들은 한국의 음악산업이 장기적으로 침몰해갈 것을 우려하면서 비틀즈나 롤링스톤즈와 같은 소장할 만한 가치가 있는 앨범이 나와야 한다고 주장하지만 정작 현재 한국의 음악산업계에서는 그런 음반이 나올 가능성이 없다.

우리의 일상에 밀착되어 있으면서도 그 부정적 영향력에 대해 비판적 시각을 게을리 해서는 안 된다고 이야기되는 대중문화, 과연 우리는 이 대중문화를 어떠한 관점에서 바라보아야 할까?

대중문화는 바로 이러한 이유 때문에라도 문화사회학 내에서 중요한 위치를 차지할 운명을 타고났다고 할 수 있다. 대중문화는 말 그대로 '대중'들이 그 주요 향유자가 되는 문화로서 대중의 탄생과 변화를 지켜보고 분석하는 것이 주요 임무 중 하나인 사회학의 관심을 받을 수밖에 없는 것이요, 또한 광범위한 의미의 문화든 좁은 의미의 문화든 문화를 다루는 문화사회학에서 결코 도외시할 수 없는 것이 바로 이 대중문화인 것이다.

대중문화는 많은 학자들에 의해 사회를 투영하는 거울이라는 평가를 받아오기도 했고 대중문화가 사회 혹은 대중들에게 부정적이든 긍정적이든 직접적인 영향을 미친다는 주장을 하는 학자들도 많다. 이를 각각 '반영적 접근'과 '형성적 접근'이라고 부르는데 두 주장 모두 대중문화와 수용자 혹은 사회와의 관계를 지나치게 단순화하고 있다는 평가를 받고 있기도 하다.

대중문화는 또한 그 개념을 정의하는 데에 있어 관점에 따라 다양한 의견이 존재하기도 한다. 일반적으로 대중문화는 이른바 '고급문화'와 대립되는 말로 쓰인다. 사람들이 흔히 접하는 문화 장르를 예로 들자면 음악에서는 팝음악, 공연물 중에서는 뮤지컬, 영화로 보자면 이른바 '블록버스터'라고 부르는 상업 영화를 대중문화로 생각하고 발레나 무용, 클래식 음악회, 예술영화 등은 고급문화에 속한다고 생각하는 이들이 많다. 그래도 이 정도의 구분은 대중문화에 대한 뚜렷한 부정적 판단이 전제되지 않은 구분이라고 할 수 있다.

대중문화를 '대량문화'로 보는 이들은 대중문화는 대량 소비를 위해 대량 생산된 것이라고 전제하고 대량문화의 소비자층을 '문화적 바보'라고 치부해버린다. 곧 대중문화는 사회의 지배 계층이 손쉬운 사회 지배를 위해 피지배 계층을 속이고 부려먹기 위해 사용하는 수단이라는 것이다. 대중문화를 정치적 목적을 위한 수단이라고 보는 관점 외에도 상업적 목적을 위한 수단이라고 보는 관점도 있다. 대중문화가 점점 발달하면서 '산업'의 단계에 이르고 '문화산업'화된 대중문화가 수동적 수용자층을 이용해 수익을 창출한다는 관점이다. 하지만 두 개의 관점은 분리될 수 있는 것이 아니다. 대중들의 무비판적 태도를 통해 문화산업은 돈을 벌고 지배 계층은 안전함을 얻을 수 있기에 대중문화를 이용하려는 정치적 목적과 상업적 목적은 많은 경우 서로 협력하는 파트너로 기능한다는 것이 대중문화를 비판적으로 바라보는 학자들의 주장이다.

그렇지만 이 강에서는 대중문화에 대해 비판적이기만 하고자 하는 것은 아니다. 대중문화에 대해 본격적 논의를 시작한 독일 프랑크푸르트학파의 문화산업론은 물론 매우 비판적이고 심지어 비관적이기까지 한 태도를 취한 것이 사실이다. 그렇지만 이후 시간이 흐르면서 대중문화의 일부 긍정적 영향을 이야기한 영국 버밍엄학파의 주장도 힘을 얻었다. 이러한 역사적이고 이론적인 논의를 떠나서 중요한 점은 우리가 살고 있는 21세기 한국 사회가 대중문화와 떼려야 뗄 수 없는 관계에 서 있기 때문에 대중문화가 긍정적 에너지를 발산할 수 있는 가능성을 문화사회학 내에서 찾고자 노력해야 한다는 것이다.

　이를 위해 본 강에서는 대중문화의 역사적 전개를 간략히 살펴보고 대중문화를 둘러싼 다양한 이론적 논의를 통해 다각도로 고민해보고자 한다. 또한 문화상품으로서의 대중문화가 가진 특성 및 디지털 시대 문화산업의 현재 상황을 살펴보게 될 것이다. 끝으로 스타의 기원과 역할을 살펴봄으로써 문화산업의 메커니즘에 대한 이해를 심화시키고자 한다.

2. 대중문화를 바라보는 다양한 관점들

　대중문화에 대한 관점은 크게 나누어 대중문화를 비판적으로 바라보는 시각과 긍정적으로 바라보는 시각으로 이야기할 수 있다. 대중문화가 대중의 심성을 병들게 하거나 사회에 대한 비판의식을 무디게 하고 더 나아가 국가적 차원에서 볼 때 주변부 국가들이 몇몇 중심부 국가에 종속되는 결과를 낳는다는, 대중문화에 대한 비판적 시각이 있는가 하면 대중문화도 잘못된 것이 아닌 하나의 '다른' 취향으로 존중받아야 하며 역사적 흐름으로 볼 때 대중문화에 대한 공격은 부당하다는 옹호도 있다.

대중문화에 대한 비판적 시각들

초기 대중문화에 대한 엘리트주의적 시각

　18세기 영국의 산업혁명과 더불어 급속하게 진행된 도시화의 영향으로 자연스럽게 도시로 몰려든 노동자 집단은 그 집단 나름의 문화를 형성했다. 이때의 대중문화에 대해 영국의 문인들은 매우 비판적인 시각을 가지고 있었는데 그 대표적 인물로는 시인인 윌리엄 워즈워스, 평론가 매튜 아널드, 수필가 윌리엄 해즐릿이 있다. 이들은 공통적으로 대중문화와 이른바 '고급문화'를 확연하게 구별하고 있었으며, 대중문화가 산업화로 인해 피폐화된 대중들의 심성을 더욱 병들게 한다고 생각했다. 매튜 아널드는 일찍이 대중문화의 확산에 결정적이었던 대중매체의 역할을 알아보고 당시 미국 신문을 강력하게 비난하기도 했다. 해즐릿은 당시 대중에게도 문화예술 향유 기회를 제공했던 영국 왕립 아카데미를 향해 "유행에 민감한 예술가는 고객의 취향에 민감해 하는 미용사나 다름없다"며 비판하기도 했다. 곧 이들은 대중문화의 수용자들인 대중을 비판적 능력이 없는 수동적 존재로 보았으며 대중문화의 창작자들 및 공급자들이 오로지 돈을 벌기 위해 수동적 대중을 병들게 하고 있다고 주장했던 것이다.

18세기와 19세기 후반까지 이어진 엘리트주의적 대중문화 비판론은 1950년대 드와이트 맥도널드, 어니스트 반 덴 하그 및 버나드 로젠버그에 의해 계승되었다. 맥도널드의 경우 "대중문화는 기업인에게 고용된 기술자에 의해서 가공된 것"이라고 주장하는데, 이 '고용된 기술자'란 곧 대중문화 기업의 이윤 창출을 위해 노동자로 전락해 예술가로서의 가치나 기량을 상실한 이를 뜻한다. 이렇듯 엘리트주의적 대중문화 비판론을 제기한 이들은 투자자(예를 들어 '기업')와 생산자(예술가), 중간유통자(신문) 및 수용자(대중)의 역할을 인지하고 있었으며 이는 이들이 대중문화의 본격적인 산업화에 대한 선견지명을 가지고 있었음을 말해준다고 할 수 있을 것이다.

독일 프랑크푸르트학파의 대중문화론
: 문화산업과 아우라의 상실

독일의 프랑크푸르트학파는 '문화산업'이라는 용어를 학문적으로 처음 사용한 이들이다. 이들이 사용한 '문화산업'이란 용어는 '상품으로서의 문

화 생산'이라는 새로운 현상에 대한 관점
을 시사했다고 볼 수 있다. 그때까지 대
중문화 연구는 심미적 또는 현상 기술적
수준을 벗어나지 못했다고 할 수 있는데
'문화산업'이란 관점에서 대중문화를 보
기 시작하면서 대중문화 산물의 생산-
유통 과정에서의 문제점에 대해 생각하
게 된 것이다.

프랑크푸르트학파의 대표적 이론가들
이라 할 수 있는 아도르노와 호르크하이

『계몽의 변증법』 표지.

머는 1947년 출간한『계몽의 변증법』에서 당시 대량으로 생산되어 소비되
는 문화적 산물을 문화'상품'이라고 지칭하면서 이 문화상품이 노동자들
의 비판의식을 마비시켜 결국에는 사회가 전체주의화된다고 주장했다. 곧,
문화산업이 규격화되고 조작된 오락, 정보산업들을 생산함으로써 노동계
급의 체제 비판적 의식을 약화시킨다는 것이다. 고단한 일과를 마치고 귀
가한 노동자들이 비정치적이고 무비판적 문화상품만을 소비하다 보니 그
들의 정치의식이 무뎌지고 독일의 히틀러와 같은 전체주의적 독재자가 출
현했을 때도 이를 저항 없이 수용하는 결과를 낳았다는 것이다.

역시 프랑크푸르트학파의 한 사람으로『기술복제시대의 예술작품』
(1936)에서 '아우라'라는 개념을 이야기한 벤야민은 예술작품이 가진 후
광과 같은, 범접할 수 없는 그 무엇인 이 '아우라'가 복제 가능해진 문화산
업의 상품에는 존재하지 않는다고 주장했다. 곧 사진이나 영화 등 기술적
으로 복제 가능한 예술작품에서는 아우라를 더 이상 찾을 수 없다는 것
이다. 이를 통해 그는 대중문화의 두 가지 면을 이야기하는데, 한편으로
는 아우라를 상실한 대중문화에 대해서 지적하고 있지만 다른 한편으로

는 기술복제가 가능해져 대중적으로 확산 가능한 예술작품이 계몽적 기능을 할 수 있다는 긍정적인 면을 말하기도 하다. 벤야민의 주장은 이런 점에서 예술과 대중문화를 이분법적으로 이야기한 아도르노와는 다르다고 볼 수 있다. 예술작품을 규정하는 일에서, 기술복제가 가능해진 이 시대에 아우라는 더 이상 필수조건이 아니며 소수 특권계층이 독점했던 예술의 세계가 기술복제를 통해 대중에게 확산되는 것을 긍정적으로 생각했기 때문이다.

문화제국주의에서 보는 대중문화

프랑크푸르트학파가 지배 계층이 피지배 계층의 비판 의식을 마비시키는 일에 문화산업을 도구로 쓴다고 지적했다면 문화제국주의적 측면에서 대중문화를 바라보는 학자들은 이른바 '중심부 국가'가 '주변부 국가'를 종속시키는 데 문화산업을 활용한다고 주장했다. 문화제국주의는 자본과 세계 정치 판도에서의 권력 면에서 우월한 '중심부 국가'의 문화적 가치와 신념들이 '주변부 국가'에 유포되어 '주변부 국가'의 고유문화가 '중심부 국가'의 문화에 의해 지배당하고 대체된다는 이론인데, 이때 '중심부 국가'의 문화가 바로 문화산업이 생산해낸 문화상품이라는 것이다.

대표적인 문화제국주의 연구가인 언론학자 쉴러는 중심부 국가에 의한 문화 지배를 기술을 중심으로 생각했는데 그에 따르자면 선진국이 개발해낸 커뮤니케이션 기술, 곧 TV나 영사기 같은 문화산업 매체가 후진국으로 이전될 때 그 기술 매체에 담긴 드라마나 영화와 같은 문화상품도 함께 이전되고, 후진국에서 유사 문화상품을 개발하더라도 이는 선진국 문화상품의 모방이 될 수밖에 없으며, 이는 필연적으로 문화적 종속을 낳게 된다는 것이다.

한류를 둘러싼 논의 중에도 문화제국주의적 관점에서 한류를 바라보는 시각이 있다. 곧 한국이 동아시아 지역 내에서의 상대적인 문화 우월 성을 이용하여 다른 나라를 지배하려 한다는 것이다. 한류 현상은 패션, 미용, 성형수술, 관광, 요식업, 전자상품 등 소비적 대중문화를 선도하며 상대국의 문화적 낙후성을 강조하게 되는데, 한류 영향권 안에 있는 나라 의 사람들, 그중에서도 특히 청소년들에게 이러한 문화적 낙후성의 체감 은 곧바로 소비 동기로 작동하여 한국적 '스타일'을 무차별적으로 모방하 려는 소비 패턴을 만들어낸다는 주장이 바로 이런 시각이다.

대중문화에 대한 긍정적 시각들

대중문화에 대해 긍정적 시각을 가지고 있었던 이론가들 중 대표적 인 물로는 먼저 『대중문화와 고급문화』(1974)의 저자인 허버트 갠스를 들 수 있다. 갠스는 대중문화가 고급문화와 다른 점은 수용자층의 차이에 있는 데, 대중문화의 수용자층은 고급문화 수용자층과는 달리 경제적·교육적 기회를 갖지 못했을 뿐, 대중문화의 수용자층이 즐기는 문화도 하나의 '취 향'으로 존중받아야 한다고 주장했다. 또한 대중문화가 고급문화를 즐기 는 이들에게 해를 끼치는 것도 아니고 전체 사회에 해를 끼치는 것도 아 니라는 점을 강조하기도 했다.

그는 더 나아가 대중문화를 비판하는 것은 대중문화를 즐기는 층에 대한 공격으로, 교육을 많이 받은 사람이 그렇지 못한 이들에게 하는 공 격이고, 문화적으로 풍부한 자본을 가진 사람이 그렇지 못한 이들에게 하 는 공격으로 볼 수 있다고 이야기했다. 결국 기득권층의 주장이 더 큰 영 향력을 가질 수밖에 없는 만큼 대중문화를 둘러싼 비판론이 더 크게 들 렸던 것도 이런 이유 때문일지도 모른다.

데이비드 화이트의 경우에는 히틀러와 나치 정권을 예로 들면서 히틀러의 나치 정권이 가능했던 이유가 과연 독일이 미국보다 더 대중문화가 꽃핀 사회였기 때문이었느냐고 묻는다. 독일은 전 세계가 인정하다시피 이른바 '고급문화'를 선도적으로 이끈 나라로서 18세기 이후 바흐에서 베토벤을 거쳐 브람스에 이르기까지 고전음악 역사에서 방점을 찍은 많은 음악가들을 배출했으며 문학에서도 괴테, 실러, 레싱 등 대가들이 나고 자라 활동한 국가이기도 하다. 이러한 독일에서 히틀러의 『나의 투쟁』(1925)이 베스트셀러가 되고 유대인 학살에 대해 전 국민적으로 눈감았다는 것은 프랑크푸르트학파가 주장하는, 대중문화가 대중의 비판의식을 마비시켜 전체주의 사회로 이끈다는 것에 부합하지 않는 사례가 아니냐는 것이 화이트 주장의 핵심이라고 할 수 있겠다.

3. 21세기 대중문화

대중문화에 대한 산업적 이해의 필요성

대중문화에 대한 산업적 접근은 우리의 관점을 대중문화의 소비 과정에서 생산 과정으로 돌린다는 것을 뜻한다. 이 장에서 이야기하고자 하는 바는 대중문화를 주도하고 있는 문화적 산물이 어떻게 생산되고 유통되는지, 그리고 그 과정에서 어떠한 변형이 가해지고 그 결과로 사회와 수용자층에 어떤 영향력을 끼치게 되는지 하는 것이다.

TV 드라마나 대중가요 음반, 영화, 뮤지컬, 온라인 게임 등 모든 종류의 문화상품이 상품의 형태로 수용자에게 제공되기 위해서는 먼저 상품을 생산하는 기업이 있어야 하고, 이 생산된 상품이 거래될 수 있는 장소, 곧 시장이 존재해야 한다. 그리고 마지막으로 이를 소비해주는 소비자층이 형성되어야 하는 것이다. 이렇듯 상품의 생산-유통-소비의 주요 역할자들과 그들 사이를 매개하는 관련 사업자들의 집합을 뜻하는 산업이 바로 문화산업이다. 문화산업은 국가 경제와 이미지에 큰 영향을 미치는 새로운 요소가 되어, 과거 한 나라의 이미지를 떠올릴 때 '독일의 자동차산업', '일본의 하이테크산업'이라는 식으로 경·중공업 분야가 그 나라의 대표적 상품으로 기능했다면 이제는 '미국의 할리우드', '저패니메이션'처럼 문화산업이 한 나라를 대표하는 경우가 많아지고 있다.

문화적 텍스트를 상품으로 보고 이를 둘러싼 산업적 요인의 경제적 특성에 주목하는 관점은 프랑크푸르트학파의 '문화산업론'과 공통점을 가진다고 할 수 있다. 그렇지만 프랑크푸르트학파가 다분히 엘리트주의적 관점에서 대중문화와 문화산업에 비관적 태도를 가졌던 것과 달리 여기서는 산업적 관점에서의 분석이 대중문화 현상의 근본 원인을 찾아내고 현실적 대안을 모색하는 데 유리하기 때문에 필요하다는 생각을 보인다.

예를 들어 이른바 '막장 드라마'라고 하는 작품이 왜 지속적으로 생산될 수밖에 없는가에 대한 이해는 문화 텍스트가 생산되는 과정을 규명할 때 더욱 분명해질 수 있다. 이러한 드라마의 '제작'이라는 생산적 관점에서 접근했을 때는, 경제 불황으로 인해 기업 광고 공급이 부진하기 때문에 더욱 말초신경을 자극하는 콘텐츠를 제공하여 광고 수주를 높여야 하는 압박이 강해지기 때문이라는 분석이 가능해진다는 말이다.

물론 수용자 입장에서 생각해보았을 때는 해결 전망이 보이지 않는 경제 불황과 이를 타개해줄 수 있는 정치적 전망이 부재하기 때문에 현실에 절망한 시청자들이 스트레스 해소를 위해 이러한 드라마를 즐기는 것이라고 해석할 수도 있다. 전자의 해석은 산업적 관점을 중점적으로 바라본 것이고 후자의 해석은 정치사회적 콘텍스트를 주로 하여 나온 결과라 할 수 있을 터인데, 문화 텍스트의 내용적 분석에만 치중하지 않고 다른 관점에서 접근했을 때 이로부터 우리는 바람직하지 못한 문화 텍스트의 생산을 제한시킬 수 있는 보다 구체적인 대안을 찾을 수도 있을 것이다.

그렇지만 대중문화 산물을 산업적 관점에서 바라볼 때 주의해야 할 점이 있다. 곧 경제학이나 경영학적 관점에서 대중문화를 바라보았을 때 문화상품이 갖는 독특한 속성이 상대적으로 간과될 수 있다는 말이다. 김대중 대통령이 아태재단 연설에서 현대자동차와 영화 〈쥐라기 공원〉의 판매 수익을 비교하면서 문화산업의 중요성을 역설했을 때 그 의도를 모르는 바 아니나 많은 문화예술계 인사들이 '문화의 속성을 파악하지 못한 단순 비교'라고 분노했던 것을 생각해보자. 이 현상은 바로 문화상품이 자동차와 같은 '상품'이지만 동시에 다른 속성을 지니고 있는 산물이라는 것을 단적으로 이야기해주는 예가 될 수 있다.

왜냐하면 경제적으로 효율성이 높은 방송 문화상품이 그렇지 않은 경우보다 반드시 사회적으로 더 큰 가치를 갖는다고 할 수는 없기 때문이다. 블록버스터급 영화를 1,000만 명이 보고 사회적으로 이슈가 되는 테마를 다룬 완성도 높은 저예산 다큐멘터리 영화를 100만 명이 보았을 경우 장르적 특수성 때문에 관객이 적었던 다큐멘터리 영화가 블록버스터급 영화에 비해 열등하다고 할 수는 없는 것이다. 공익성이나 문화적 다양성, 혹은 사상의 자유와 같은 가치는 경제적 의미의 효율성과는 다른 차원에서 다루어져야 하는 것이다.

문화상품의 특수성은 소비에서도 드러난다. 문화상품의 소비는 단지 소비행위의 종결에 국한되지 않는다. 우리가 문화상품의 부정적 영향력에 대해 경계하는 이유는 유해한 프로그램에 자주 노출된 시청자가 많을수록 사회적으로 바람직하지 못한 결과를 가져올 가능성이 높기 때문이다. 영화 〈친구〉를 보고 모방 범죄를 저질렀다는 등의 범죄자들의 이야기는 사회심리학적으로 논란이 많은 부분이기는 하지만, 영상 매체가 아동이나 청소년에 미치는 영향이 크다는 사실은 다양한 실험 결과를 통해 입증된 것이라 할 수 있다.

디지털 기술과 대중문화

또한 21세기 대중문화는 디지털 기술과 떼려야 뗄 수 없는 관계에 놓여 있다고 할 수 있다. 앞서 말한 발터 벤야민의 책『기술복제시대의 예술작품』에서 이야기한 '기술복제'는 디지털화가 진행됨에 따라 더욱더 손쉬워지고 그에 따라 더 많은 사람들이 무단복제를 하는 데 이르렀다. 벤야민이 이 책에서 이야기한 것은 기술복제로 인한 예술작품의 아우라 상실이지만 현대의 무단복제는 아우라의 상실뿐 아니라 문화상품의 존립을 위협하고 있다.

소수의 향유자를 겨냥한 것이 아닌 대량 소비자를 위해 대량 생산을 하는 문화상품은 다른 상품과 비교해볼 때 초기 제작비가 많이 드는 반면, 재판, 삼판에는 복제 비용만이 들 뿐이다. 영화를 예로 들자면, 처음 영화를 제작할 때 드는 비용에 비해 영화 필름을 복제하는 데 드는 비용은 이루 말할 수 없이 적은 금액이고, 현재와 같이 점점 디지털영화가 늘어가고 있는 상황에서 그 비용은 언급할 필요조차 없는 규모인 것이다.

참고로 영화 산업의 경우 극장 상영뿐 아니라 이어지는 창구 효과, 곧 다양한 매체를 통한 수익 창출이 가능하여 일반적으로 '극장 → DVD → 케이블/위성 → 공중파 TV'와 같은 경로로 이어지게 마련이다. 이렇듯 각각의 창구로 넘어가는 기간을 '홀드백 기간'이라고 하는데 문화상품은 이러한 과정을 거쳐 이윤이 극대화되는 것이다. 홀드백 기간은 다른 말로 '부가판권 유예기간'이라고 부르는데, 이러한 기간이 필요한 이유는 다른 수익 과정으로 진출할 때 일정 공백 기간을 주어서 만족할 만한 수익을 얻는 시간을 보장해주기 위해서이다.

영화 산업 제작자들은 이러한 홀드백 기간에 대한 치밀한 계산을 하고 각 창구별 수익을 예측하여 이를 토대로 제작비를 산정한다. 창구별 수익이 많다고 판단될수록 초기 제작비의 규모가 커지게 되는 것이다. 그런데 무단복제는 이러한 예측을 일시에 무력화시키는 파괴력을 가지고 있다. 한국 영화가 중국이라는 거대 시장을 통해 쉽게 수익을 낼 수 없는 이유도 여기에 있다. 2009년 개봉한 영화 〈해운대〉도 중국 전역 개봉이라는 쉽지 않은 기회를 잡았으나 데이터 유출로 인해 이어지는 동남아 및 미국 시장 개봉에 제동이 걸리는 상황에 빠졌다. 제작비 130억의 블록버스터 영화 〈해운대〉는 불법 복제 시장에 데이터가 나돌기 이전까지는 〈실미도〉를 제치고 역대 한국 영화 흥행 4위에까지 이르렀으나 불법 복제가 시작된 직후부터 관객 수가 떨어지기 시작하여 결국 〈해운대〉 제작자는 극장이라는 창구에서 예상했던 수익을 충분히 얻을 수 없었던 셈이다.

불법 복제로 인한 폐해는 영화시장뿐 아니라 한국 대중음악 시장에서도 분명하게 나타나고 있다. 디지털화로 인한 음원시장의 성장과 음원 불법 복제의 영향으로 음반 산업이 부진해진 것은 세계 어느 나라에서든 볼 수 있는 현상이나 한국은 유독 그 '몰락율'이 심하다. 미국의 예를 보더라도 2000년에서 2007년에 이르는 동안 시장 감소는 36퍼센트 선이다. 그러나 1990년대 세계 음반시장 10대 강국에 들었던 한국만 유독 그 기간에 80-85퍼센트의 시장 감소를 보였다. 거의 시장 붕괴의 수준에 이른 것이다. 물론 음반시장의 몰락의 원인을 오로지 불법 음원 복제에만 돌릴 수는 없겠지만 중요한 역할을 했던 것은 사실이며, 문제는 이러한 무단 복제로 인한 피해 때문에 양질의 문화상품 제작을 위해 필요한 초기 투자 비용이 줄어든다는 것이다. 따라 하기 쉬운 댄스곡, 핸드폰 컬러링으로나 잘 팔릴 수 있는 대중음악만이 양산되고 있으며 정작 한국 사회를 대변해주는 가사와 오래 공들인 작곡을 통해 만들어진 노래는 음반으로 제작되기 어렵다. 이는 영화 산업에서 투자자들이 감소하고 있고 소장할 가치가 있는 음반을 찾아보기 힘들다는 데서 직접 확인할 수 있는 사실이다. 불법 복제는 한 사회의 건강한 대중문화 생산에 큰 장애물이 되고 있는 것이다.

4. 문화산업의 메커니즘 이해: 스타 마케팅

스타는 대중문화를 끌어나가는 아이콘이라 할 수 있다. 그런데 스타는 언제 탄생하게 된 것일까? 스타가 만들어진 기원과 현재의 스타가 하는 역할을 살펴보면 문화산업의 메커니즘을 이해할 수 있게 된다.

최초의 스타는 영화 산업 분야에서 탄생했다. 영화 산업 초기에 대부분의 배우들은 감독의 가족과 친지 정도였고 그렇기 때문에 관객들은 영화 속 배우가 누구인지에는 특별한 관심이 없었다. 뤼미에르 형제가 1895년 프랑스 파리에서 최초로 상영한 영화 〈열차의 도착〉을 보았던 관객들처럼 그저 화면 속에 움직이는 인물들이 돌아다닌다는 것 자체가 신기했던 것이다. 심지어 전문적인 연극배우이면서 영화에 출연했던 사람들은 영화 출연 사실을 감추고 싶은 부끄러운 비밀 정도로 생각했다. 왜냐하면 초기의 영화 관객들은 대개 노동자 계층이었기 때문이다. 영화는 이들에게 저렴한 비용으로 볼 수 있는 오락물일 뿐이었다. 그렇기에 영화의 초창기 엔딩 크레딧에는 배우의 실명이 올라가지 않고 영화 속 인물의 이름만이 등장했다.

이런 상황을 바꾸어놓은 것은 칼 렘믈이라는 독립영화 제작사 사장이었다. 그는 거대 영화 기업들에 맞서 싸우기 위해 당시 그의 영화에 출연했던 유명한 모델이 죽었다는 소문을 낸 뒤 다시금 그 모델이 잘 살고 있다는 광고를 그녀가 출연한 영화 개봉일에 맞추어 내고 나서 이를 증명하기 위해 그녀가 특정 도시에 나타날 것이라고 알렸다. 그 도시는 그녀의 생사를 확인하고자 하는 사람으로 북적댔고 이는 자연스럽게 영화의 흥행으로 이어지게 되었다.

이렇듯 스타는 영화 산업의 마케팅을 위해 탄생한 것이다. 그렇기 때문에 스타를 영화 산업이라는 산업에서 기능하는 하나의 상품으로 보는 관점에서는 영화배우, 가수 등의 대중문화 스타를 제작사들이 소유한 자본의 한 형태로 파악한다. 스타는 투자자들의 손실을 막아주고 더 나아가서는 투자에 대한 수익 창출을 보증해주는 기능을 해야 하는 것이다. 또한 스타는 영화 예산의 주요 부분을 차지하기 때문에 스타에 대한 관리는 정교하고 치밀해야 한다.

스타는 이미 대중 앞에 드러나기 수년 전부터 철저한 관리에 의해 만들어진다. 최근 대중가요 가수들을 통해 이들이 SM 기획이니 JYP 엔터테인먼트와 같은 연예매니지먼트사에서 이른바 '준비생'으로 훈련받았다는 이야기를 많이 들을 수 있다. 스타가 되기 위해서는 이런 '준비생' 시절을 거쳐야 한다는 것을 대중들이 모두 알 정도로 스타는 '제조'된다는 사실이 공공연히 알려져 있는 것이다. 또한 준비생이 스타가 되고 나면 준비생 시절의 고생담이 또 하나의 상품이 될 정도로 그 스타의 일거수일투족은 상품성을 지니게 된다.

파우더메이커의 책 『할리우드, 꿈의 공장』(1979)에서 언급하고 있는 것처럼 스타는 영화 산업이 다른 산업과 유사한 '산업적 구조'를 갖추는 데 큰 기여를 했다. 곧 좋은 스토리나 좋은 연기와 같은 영화의 무형적 속성이 아니라 배우의 얼굴이나 신체 등 눈에 보이는 유형적 속성과 그에 따른 대중의 반향을 측정하여 투자 기준으로 삼을 수 있게 하여 투자자들이 배우의 스타성을 보고 투자를 결정할 수 있는 일종의 '표준화된 생산품'이 나오게 된 것이다. 스타라는 표준화된 생산품은 예측이 어려운 영화상품의 수익성을 어느 정도 예측할 수 있게 하는 최소한의 지표가 되어 영화가 산업적 구조를 갖출 수 있게 도와준 것이다.

스타의 이미지는 스타가 출연한 문화상품이 배급되고 난 뒤 홍보 및 비평이라는 과정과 결합하여 만들어진 결과이다. 스타의 이미지는 이러한 과정을 통해 끊임없이 새롭게 만들어지며 그렇기 때문에 고정되어 있지도 않고 완전하지도 않다.

최근의 스타 마케팅 방식은 주로 스크린이나 브라운관에 나타나는 연기자로서의 이미지를 그 외 한 개인으로서 스타가 가진 이미지와 계속해서 병치시키는 것이다. 영화나 드라마에 출연하고 나면 반드시 이어지는 출연 프로그램이 토크쇼나 버라이어티쇼로서, 영화나 드라마 속의 진지한 이미지를 토크쇼나 버라이어티쇼에서의 개그를 통해 '망가뜨린다'. 이는 스크린 속에서 한껏 고무된, 멋진 이미지의 배우에 다다를 수 없는 안타까움을 가장 서민적인 모습을 보는 것으로 상쇄할 수 있게 해주는, 연기자로서의 공적 이미지와 실제 인간으로서의 사적 이미지의 절묘한 병치를 통한 스타 이미지 제조 전략이다.

스타와 대중의 관계를 라캉의 이론을 빌려 생각해보자. 라캉에 따르면 아이는 6-18개월 사이에 '거울 단계'를 통과하면서 거울을 통해 독립된 자아라고 생각하는 이미지와 자기를 동일시함으로써 자신을 자율적이라고 느끼게 된다. 대중은 바로 이러한 아이의 관점에서 스타를 바라보며 스타를 자신의 독립된 자아라고 느끼고 관객이 되고 싶은 이상적 자아상을 스타에 투사하는 것이다.

스타를 숭배하고 존경하며 마침내 자신을 특정 스타와 동일시하는 행동은 바로 이런 이유 때문이다. 튜더는 스타와 대중의 관계 맺기를 네 가지 유형으로 나누었는데, '감정적 친화' 상태의 대중은 스타에게 느슨한 애착심을 갖게 되고 '자기 동일시'에 빠진 대중은 자기 자신을 스타와 동일한 상황에 있는 것으로 생각한다. '모방' 상태의 대중은 스타를 자기 삶의 이상적 모델로 삼고 더 나아가 '투사'하는 상태가 되면 자신의 삶 전체에서 "그 스타라면 이런 상황에서 어떻게 했을까?" 하는 질문을 항상 던지게 된다는 것이다.

이렇듯 스타는 대중의 삶과 세계관에 중대한 역할을 하기 때문에 문화사회학적 의미가 큰 것이다. 스타는 대중문화 향유층의 절대적인 부분을 차지하고 있는 청소년층에 특히 큰 영향을 미치며 어떤 성향의 스타가 청소년들에게 어필하느냐에 따라 그들의 인생관이 바뀐다고 해도 과언이 아니다.

스타들의 영향력이 커지는 만큼 스타가 되고 싶어 하는 청소년들도 급증하지만 정작 이들 중 다수는 문화산업에 의해 장악되어 소모품으로 이용되고 제작사나 투자자들과의 권력 관계에서 종속적 위치에 놓이기도 한다. 이를 막기 위해서는 건강한 문화산업 체계를 만들어나가야 한다. 스타가 만들어지고 운용되는 문화산업의 메커니즘을 분석하고 문제점을 지적하는 일은 문화사회학이 해야 할 중요한 과제 중 하나인 것이다.

5. 문화산업의 새로운 변수: 팬덤 문화

그렇다면 대중은 문화산업에서 오로지 수동적인 존재일까? 대중문화에 대해 비판적 시각을 가지고 있던 지식인들은 대중이 문화상품을 무비판적으로 수용한다고 이야기했지만 대중문화의 대표적 상품인 스타에 대한 팬들의 문화, 곧 팬덤 문화를 살펴보면 적극적 방식으로 문화상품을 향유하는 수용자들의 태도를 발견할 수 있다.

피스크는 팬덤 문화의 특성을 세 가지로 나누어 설명했는데, 첫째, 팬들은 자신이 좋아하는 스타를 통해 다른 스타를 좋아하는 사람들과의 일종의 '구별 짓기'를 하고 동일한 스타를 좋아하는 사람들 내부에서 소속감과 안정감을 갖는다는 것이다. 둘째, 팬들은 문화상품을 무비판적으로 소비하는 것이 아니라 적극적으로 참여하면서 새로운 형태의 대중문화를 생산해낸다. 가장 대표적인 예가 '팬픽'으로, 자기가 좋아하는 드라마의 후일담, 혹은 다른 버전의 이야기를 만들고 이를 공유함으로써 이들은 새로운 형태의 대중문화 상품을 생산해낸다. 셋째, 팬들은 스타에 대한 데이터를 집적하고 사진을 찍는 등, 다양한 수집 행위를 통해 스타에 대한 일종의 자본을 축적해나간다. 감정적이고 즉흥적인 열광이 아니라 치밀하게 계획되고 나름의 성실함을 갖춘 생산 행위를 해나간다는 말이다.

이제까지 팬덤은 스타에 열광하는 대중이 스타를 통해 대리 만족을 얻거나 소비적 욕망을 분출하는 일종의 일탈 행위로 생각되어온 것이 사실이다. 그러나 이는 다양한 형태로 발달해가는 팬덤 현상을 제대로 분석하지 못한 결과라고 할 수 있다. 국내에서는 입시에 찌든 십 대들의 한시적 일탈 행위 정도로 생각되는 팬덤 현상이 해외에서는 지극히 정치적이고 사회적인 현상으로 해석되는 경우가 많다. 예를 들어 마돈나의 팬클럽은 여성 해방적 움직임을 보여주었다고 인식되었고 비틀즈의 팬클럽은 청소년에 대한 성적 억압에 저항하는 몸짓을 한 것으로 읽히기도 했다.

최근 몇 년간 국내에서도 팬덤은 일종의 문화 운동체로서의 역할을 하기 시작했다. 스타에게 종속된 수동적 수용자가 아닌 스타의 조언자이자 스타를 사랑하는 사람으로서 문화산업의 구조 개혁에까지 참여하는 역할을 하게 된 것이다. 서태지, 이승환, HOT, GOD 등의 팬클럽은 가요 프로의 순위 매기기 방식이 적절하지 않다며 이러한 방식의 폐지를 이끌었고 스타의 이름으로 사회 공헌을 위한 기부를 하거나 불법 다운로드를 반대하는 운동을 벌이기도 한다. 이렇듯 국내에서도 팬덤은 대중문화를 바로잡기 위한 시민 단체의 성격을 가지게 되었다.

팬덤은 이미 문화산업의 새로운 변수로 떠올랐다. 건강한 대중문화, 지속가능한 문화산업을 위해서는 수용자층이 먼저 생산적이고 적극적인 역할을 해야 한다는 깨달음이 대중문화 향유자들에게 생겨났고, 이들이 문화산업에 무시할 수 없는 영향력을 끼치게 된 것이다.

문화산업과 대중의 욕망

　문화산업이 자신의 정당성을 주장하기 위해 내세우는 단골 메뉴인 욕
망의 실현 역시 프로그램화된 장치의 산물이다. 그렇기에 문화산업이 소
비자들을 만족시킨다는 알리바이로 내세우는 욕망은 사실상 실현될 수
없다. 그 욕망은 소비자들의 욕망이 아니다. 문화산업이 제공할 수 있는
그 어떤 것만이 욕망으로 포장된다. 그 욕망은 순수한 조작의 산물이 아
니다. 그 욕망은 적어도 사람들의 욕망의 언저리에서 출발하지만, 문화산
업은 사람들의 욕망을 자신들의 방식으로 재조직한다. 문화산업을 옹호
하는 자들은 문화산업의 생산품들은 대중들의 욕망에 기초하며, 대중들
의 욕망을 충족시켜주기에 진지한 예술이 담당하지 못한 기능을 행사한
다고 자화자찬을 늘어놓는다. 하지만 문화산업은 그들의 소비자에 대해
자신이 끊임없이 약속하고 있는 것을 끊임없이 기만한다. 주말 연속극의
매회 끝 장면은 다음 시리즈에 무엇인가를 '약속'하는 듯한 제스처를 취
한다. 문화상품은 이렇게 소비자의 욕망을 자극한다. 하지만 문화산업이
불러일으킨 '약속'에 현혹되어 문화산업이 소비자에게 불어넣고 싶은 '욕
망'을 내면화한 사람은, 드라마의 다음 편을 '욕망'하지만 정작 그 소비자
가 다음 드라마를 보았을 경우 전편의 '약속'과 전편이 일깨운 욕망은 온
데간데없이 사라진다. (노명우, 『계몽의 변증법: 야만으로 후퇴하는 현대』, 살림,
2005, 235-236쪽)

기술적 복제의 특성

진품은 손으로 이루어진 복제에 대해서는 이것을 위조품으로 낙인찍음으로써 자신의 권위를 완전하게 유지할 수 있지만 기술적 복제에 대해서는 그러지 못한다. 그 이유는 두 가지이다. 첫째, 기술적 복제는 원작에 대해서 수공적 복제보다 더 큰 독자성을 가진다. 예컨대 기술적 복제는 사진에서는 자유자재로 조정할 수 있는 렌즈로는 포착되지만 인간의 육안에는 미치지 못하는 원작의 모습들을 강조해서 보여줄 수도 있고, 또 확대나 고속촬영술과 같은 기계적 조작의 도움을 받아 자연적 시각이 전혀 미치지 못하는 이미지들을 포착할 수 있다. 이것이 첫째 이유이다. 둘째, 기술적 복제는 원작이 도달할 수 없는 상황에 원작의 모사를 가져다 놓을 수 있다. 기술적 복제는 원작으로 하여금 사진이나 음반의 형태로 수용자의 요구에 부응하도록 해준다. 사원은 제자리를 떠나 예술 애호가의 작업실에서 수용되고, 음악당이나 노천에서 연주된 합창곡은 방 안에서 들을 수 있게 된다. (발터 벤야민, 최성만 옮김, 『기술복제시대의 예술작품/사진의 작은 역사 외』, 길, 2007, 45-46쪽)

대중예술은 사용자 지향적 문화

고급문화는 창작자 지향적 문화라 할 수 있으며, 고급문화의 심미적인 판단이나 비평적 기준은 이 창작자 지향성에 근거하고 있다. 창작자의 의도만이 결정적인 것이고 수용자의 가치는 거의 관계없다고 보는 창작자 지향의 비평은 수용자들의 압력으로부터 창작자들을 보호하는 기능을 수행하고 있으며 예술가들의 창조활동을 더 용이하게 해주기는 하지만, 이는 모든 예술창조자들이 어느 정도는 그들의 수용자들에게 반응하면서 창작활동을 하고 있다는 현실을 너무 간과한 감이 없지 않다. 반면, 대중예술은 대체적으로 사용자 지향적 문화이며 수용자의 가치와 원망을 만족시키는 것으로 존재한다. 이것이 아마도 고급문화가 대중예술이나 대중문화에 대하여 갖는 적대감의 주요한 이유가 되며 대중문화비판론이 소리를 한 옥타브 높이게 되는 이유인 것 같다. (허버트 J. 갠스, 강현두 옮김, 『대중문화와 고급문화』, 나남, 1998, 96쪽)

1. 문화산업의 허구적 '약속'에 휘둘리지 않으면서 문화산업을 향유할 수 있는 방법은 없는 것일까? 문화산업의 소비자로서 문화산업에 대해 객관적 혹은 비판적 거리를 유지할 수 있는 방법에 대해 생각해보자.

2. 벤야민이 『기술복제시대의 예술작품/사진의 작은 역사 외』에서 궁극적으로 말하고자 하는 바는 무엇일까? 그는 '기술적 복제'를 부정적으로만 바라보고 있는 것일까? 아니면 '기술적 복제'가 가져온 긍정적 요소에 대해서도 이야기하고 있는 것일까?

3. 고급문화는 반드시 창작자 지향적 문화라 할 수 있을까? 이 시대, 한국 사회에서 고급문화는 무엇이며, 그 고급문화가 '창작자 지향적 문화'라 주장될 수 있는 근거는 무엇일까? 혹은, 그렇지 않다면 그 근거는 무엇일까?

––––––––––––––––– 읽 을 거 리 –––––––––––––––––

강현두 엮음, 『현대사회와 대중문화』, 나남, 1998.

김평수·윤홍근·유근수, 『문화콘텐츠 산업론』, 커뮤니케이션북스, 2007.

노명우, 『계몽의 변증법: 야만으로 후퇴하는 현대』, 살림, 2005.

데이비드 톰슨, 이상근 옮김, 『할리우드 영화사』, 까치, 2007.

발터 벤야민, 최성만 옮김, 『기술복제시대의 예술작품/사진의 작은 역사 외』, 길, 2007.

서정남, 『할리우드 영화의 모든 것』, 이론과 실천, 2009.

조안 홀로우즈·마크 얀코비치 엮음, 문재철 옮김, 『왜 대중영화인가』, 한울, 1999.

테오도르 아도르노·M. 호르크하이머, 김유동 옮김, 『계몽의 변증법』, 문학과지성사, 2001.

허버트 J. 갠스, 강현두 옮김, 『대중문화와 고급문화』, 나남, 1998.

───────────── 영 상 자 료 ─────────────

2006 KBS 대기획 다큐멘터리 10부작 〈문화의 질주 제2편 비틀즈에서 해리 포터까지-영국의 21C 산업혁명〉: 영국의 공업 도시가 문화산업 도시로 변화해가는 과정을 심도 깊게 추적한 영상물.

MBC 〈뉴스 후-어느 신인여배우의 죽음〉 2009년 3월 21일 방영본 (113회): 신인배우 장자연의 죽음을 통해 드러난 연예계의 이면을 통해 한국 사회 연예산업계 구조를 알 수 있게 된다.

〈플레이어〉(미국, 1992): 할리우드 영화산업 구조의 이면을 세밀하게 보여주는 영화.

제 5 강

미디어와 현대인의 문화생활

노명우

현대인의 문화생활에서 미디어가 차지하는 비중은 점차 커져가고 있다. 미디어는 문화가 유통되고 소비되는 결정적인 채널이며, 미디어 자체가 문화현상화되어가고 있기에, 현대 문화생활을 파악하기 위해서 미디어에 대한 이해는 필수적이다. 이 장에서는 미디어로 인해 발생한 문화생활의 변화와 향후 미디어가 문화에 미칠 영향을 다룬다. 우리는 이번 장에서 미디어의 기본적 특징들을 이해하고, 미디어로 인한 문화변동 분석을 토대로 미디어 관련 문화현상을 이해하는 능력을 기르고자 한다. 이러한 목적에 따라 이번 장에서는 첫 번째로 미디어의 역사를 살펴볼 것이고, 두 번째로 근대 사회의 문화를 이해하는 데 필수적인 미디어인 신문과 텔레비전으로 인한 근대 문화의 태동을 탐구할 것이며, 마지막으로 인터넷 기술의 발전에 의한 향후 문화의 변동 양상을 예측하는 내용들을 배우게 될 것이다.

┤ 키워드 ├

미디어, 뉴미디어, 신문, 라디오, 영화, 텔레비전, 의사소통, 재현, 공론장, 리얼리티 쇼, CNN 효과, 검열, 스크리닝, 미디어 독점

1. 현대인의 문화생활과 미디어

미디어가 순식간에 사라진다면 정상적인 삶의 영위가 불가능할 정도로, 미디어는 문화생활을 좌지우지하고 있다. 일상생활에 눈을 돌려보면 현대인이 얼마나 미디어에 의존해 하루를 보내는지 알 수 있다. 우리는 길거리를 걸으며 핸드폰 문자 메시지를 친구와 주고받고, 자동차 안에서 라디오를 듣기도 하며, MP3 플레이어로 지하철에서 음악을 들으며, 집에 돌아와서는 텔레비전을 켜놓고 인터넷으로 이메일을 검색한다. 이렇듯 잠자는 시간을 제외하고는 우리 주변에는 항상 미디어가 있다.

통계청이 실시한 국민생활시간 조사(2009)를 살펴보면 우리가 미디어 사용에 투입하는 시간이 얼마나 많은지 분명히 드러난다. 성인들은 하루 24시간 중 잠을 자거나 노동하는 데 사용하는 시간인 이른바 필수생활 시간을 제외한 여가시간 5시간 11분 중 무려 2시간 20분을 미디어 이용에 활용하고 있다. 즉, 잠을 자거나 직장에서 일을 하는 시간을 제외한 나머지 시간의 절반 정도가 미디어와 관련 있는 것이다. 이 정도로 미디어는 일상에 깊숙이 침투해 있다. 현대 사회에서 "나는 생각한다, 고로 존재한다"는 "나는 미디어를 쓴다, 고로 존재한다"로 바뀌게 된다. 현대인은 호모 사피엔스(Homo Sapiens: 생각하는 사람)가 아니라 호모 미디어쿠스(Homo Mediacus: 미디어를 사용하는 사람)이다.

미디어는 현대인의 문화생활에 없어서는 안 될 중요한 요소이다. 미디어를 통해 우리는 문화를 소비한다. 미디어는 한 사회 안에서 문화가 유통되고 순환되는 중요한 회로이다. 우리가 상품으로 소비하는 대부분의 문화는 미디어를 통해 순환된다. 현대인의 문화생활에서 문화산업 시스템에 의해 만들어진 문화상품 소비가 차지하는 비중은 매우 높다. 미디어가 없다면 우리는 텔레비전 드라마나 재미있는 영화를 보는 것도, 인터넷 게시판에 댓글을 쓰는 것도, 최신 유행곡을 길거리에서 듣는 것도 불가능해진다.

미디어는 인문학적 개념의 문화와 기술문화가 매개되는 지점이다. 복제기술의 등장 이후 문화와 테크놀로지는 서로 대립하지 않고 밀접하게 의존하고 있다. 미디어는 테크놀로지의 변화가 가장 먼저 나타나는 쇼 케이스(Showcase)이다. 테크놀로지와 매개된 미디어 문화는 새로운 문화적 트렌드를 만들어낸다. 소니(Sony)가 만든 휴대용 카세트 플레이어인 워크맨(Walkman)은 단순히 테크놀로지의 변동만을 유발하지 않았다. 워크맨은 전통적인 음악 듣기 방식을 혁명적으로 바꾸어놓았다. 워크맨처럼 미디어가 사람들의 문화적 관습을 바꾸어놓은 사례는 매우 많다. 핸드폰이 등장하면서 개인과 개인의 상호작용 방식은 완전히 변화했다. MP3 플레이어가 등장하면서 음악 청취는 CD 플레이어나 워크맨 시대와는 전혀 다른 방식으로 진화했다. 디지털 기술이 등장하면서 영상을 소비하는 방식에 혁명적인 변화가 생겼고, 아이팟(iPod)은 젊은 세대들의 새로운 문화를 창출하기도 했다.

미디어는 새롭게 형성되고 있는 사람들의 문화적 특징을 파악할 수 있는 매우 역동적인 영역이다. 오늘도 쉼 없이 새로운 미디어가 출현하고 그에 따라 새로운 문화 문법이 만들어진다. 어떤 미디어는 잠시 각광을 받다가 사라지지만 새로운 시대의 패러다임을 창출하는 거대한 전환점을 제공하는 미디어도 있다. 따라서 특정 시대에 지배적인 위치를 차지하고 있는 미디어의 특징들을 파악하면, 우리는 특정 시대에 지배적이었던 문화의 주요 특징들을 알 수도 있다. 특정 시기에 지배적인 위치를 차지하고 있는 미디어는 그 시대를 이해할 수 있는 열쇠를 제공하는 것이다.

2. 미디어는 단순 도구 이상이다

무수히 많은 사람들이 사회 속에 살고 있다. 사람들은 서로 의견을 교환한다. 한 사람이 의견을 표현하면 다른 사람은 그 사람의 의견을 듣고 고개를 끄덕이기도 하고 갸웃거리기도 하면서 그 사람의 의견에 반응한다. 사람과 사람이 서로 의견을 교환하는 과정과 행위를 의사소통(Communication)이라 부른다. 사회의 규모가 작고 의사소통에 참여하는 개인들의 수가 한정적일 때 사람들은 대면 의사소통(Face to Face Communication)을 주로 한다. 발신자와 수신자가 직접 얼굴을 맞대고 서로의 의견을 교환하기 때문에 대면 의사소통은 많은 장점을 갖고 있다. 직접 만나 의사소통을 할 경우 메시지뿐만 아니라 개인의 정서까지도 교류가 가능하다. 음성으로 상대방과 의사소통을 할 경우, 음색을 통해 상대방의 정서적 상태까지 짐작할 수 있다. 또한 대면 의사소통은 메시지를 발신하는 사람과 수신하는 사람 사이의 즉각적인 '되먹임(Feedback)'을 허용한다. 일상생활에서 우리가 흔히 접하게 되는 '대화' 상황이 대표적인 대면 의사소통인데, '대화'에서는 발신자와 수신자가 고정되지 않는다. '대화' 상황에서는 발신자와 수신자의 위치가 끊임없이 바뀐다. 발신자와 수신자가 끊임없이 교체됨은 그만큼 발신자와 수신자 사이의 '되먹임'이 활발함을 의미한다.

우리는 매일매일 매 순간마다 의사소통을 한다. 인간이 사회적 존재인한, 의사소통은 인간의 실존적 조건이다. 장점에도 불구하고 대면 의사소통의 단점도 적지 않다. 미디어는 대면 의사소통의 한계를 극복하기 위해서 인간들이 인위적으로 만들어낸 수단이다. 미디어는 발신자와 수신자의 사이에서 발신자와 수신자가 시공간의 한계를 넘어서서 서로 의사소통할 수 있도록 돕는 보조자의 역할을 수행한다. 개인의 육성은 생명이 마감되면 더 이상 의사소통의 도구가 될 수 없지만, 그가 음성을 문자로 남기면 문자로 남겨진 메시지는 글을 쓴 사람의 생물학적 속성으로부터 독립된다. 문자를 남긴 개인은 죽어 사라져도, 그가 남긴 문자는 남을 수 있다. 또한 문자는 개인이 처한 공간의 물리적 한계도 극복하도록 돕는 도구이다. 한 개인이 육성으로 직접 전 세계에 자신의 이야기를 전달하는 것은 불가능하다. 세계는 넓다. 하지만 만약 그가 자신의 이야기를 책이나 영상이라는 미디어를 활용하여 전달한다면 그것은 가능해진다. 전화라는 미디어는 발신자와 수신자가 공간적 제약을 넘어서 서로 의사소통할 수 있도록 돕는다. 녹음기는 발신자와 수신자가 시간적 한계에도 불구하고 서로 의사소통하게 한다. 미디어는 발신자와 수신자의 사이에서 의사소통이 수월하게 진행되도록 하는 보조자이다.

하지만 미디어는 발신자와 수신자를 중재하는 도구 이상의 역할을 수행한다. 미디어는 때론 보조 도구의 의미를 벗어나 그 자체가 메시지가 되기도 한다. 미디어 학자 맥루한(McLuhan)의 잘 알려진 테제 "미디어는 메시지다"는 이러한 상황을 표현한다. 동일한 메시지도 어떤 미디어를 이용하느냐에 따라 다른 의미를 획득하기도 한다. 친구 사이에 전화로 험담을 주고받는 경우와 텔레비전 공개토론 프로그램에서 험담을 하는 경우를 비교해보자. 동일한 험담이라도 텔레비전을 통한 의사소통일 경우 사회적 파장은 만만치 않을 것이다. 핸드폰 문자로 전하는 "미안해"와 전화를 걸어 음성으로 전하는 "미안해"는 동일한 내용이어도 전달받는 사람은 다르게 반응할 수 있다. 화장실 낙서로 남겨진 텍스트와 책으로 출판된 텍스트, 그리고 신문에 실린 텍스트는 동일한 내용이어도 그 파장은 서로 다르다. 동일한 음악이어도 거실에서 가족과 함께 LP로 듣는가, 연인과 자동차에서 CD로 듣는가 혹은 불법 다운로드 받은 MP3로 혼자 이어폰을 끼고 듣는가에 따라 음악 청취의 문화적 함축은 달라질 수 있다. 그래서 이미 미디어가 메시지인 것이다.

미디어는 인간의 '보충'이지만, 미디어는 등장하고 나면 단순한 '보충'의 의미를 넘어서서 그 자체가 의미를 지니게 된다. 만약 미디어가 인간의 '보충'에 불과하다면, 미디어의 출현으로 인한 사회변동의 의미는 기술적 차원에 국한될 것이다. 하지만 우리가 문화를 이해하기 위해서 미디어에 주목하는 이유는 그만큼 미디어는 기술적 파급효과뿐만 아니라 인간과 인간이 상호작용하는 방식에 근본적 변동을 유발하기 때문이다.

3. 미디어와 문화의 변동

미디어의 역사

우리는 미디어의 역사를 크게 네 단계로 나누어 생각할 수 있다. 첫 번째 단계는 미디어가 없는 단계이다. 이 단계는 일종의 상상적 단계이다. 첫

번째 단계는 '문자'라는 미디어조차도 부재한 시기이기에 이 단계는 '상상'
과 '추론'에 의지해 파악할 수밖에 없는 역사 이전의 시기이다. 인류가 확
인할 수 있는 미디어의 역사는 두 번째 단계인 역사시대의 등장, 즉 문자
의 발생 이후 시작된다. 이 시기는 미디어 역사 중 가장 오랜 기간 동안
지속된 시기이다. 최초의 문자로 추정되는 상형문자가 담긴 파피루스가
제작된 시기는 기원전 3500년경으로 추정되며, 수메르 인들이 쐐기문자
를 사용하기 시작한 것도 기원전 3300년경으로 추정된다. 인류의 역사가
'문자'라는 미디어가 등장하고 난 이후 시작되었다고 가정한다면, 미디어
의 역사시대는 기원전 3500년경부터 시작한다고 간주할 수 있다.

문자의 등장으로 인해 인간과 인간의 관계는 급진적으로 변화하였다.
문자 미디어로 기록된 음성은 발신자가 사망한 후에도 이후 세대에 전해
질 수 있었다. 또한 문자로 기록된 음성은 공간적 한계를 극복하고, 먼 거
리에 있는 사람에게까지 전달될 수 있는 길을 열어놓았다. 문자라는 미디
어는 종이의 발명을 거쳐 '책'이라는 미디어로 진화하였다. 책이라는 미디
어는 필사의 시대를 거쳐 인쇄술의 발명 이후 대량생산의 단계로 진입하
게 되었다. 문자 미디어를 기반으로 하는 책이라는 미디어는 이후 사진술
과 결합하면서 잡지 그리고 신문이라는 미디어 형태로 진화되기에 이르렀
다. 신문은 근대 사회를 상징하는 미디어였다.

음성을 시각적으로 기록하는 문자 미디어 계열 이외에 이미지 또한 미
디어의 역사에서 중요한 위치를 차지한다. 문자 미디어가 종이와 인쇄술과
결합하면서 일찍부터 대량생산의 단계에 접어들었던 반면, 이미지는 대량
생산될 수 없었다. 하지만 은판 사진술이 1839년에 등장하기 시작하면서
이미지를 미디어화할 수 있는 가능성이 열리게 되었다. 사진술로 인해 이
미지도 텍스트처럼 대량생산될 수 있는 가능성이 열렸다. 사진술에서 시
작된 이미지 미디어의 대량생산은 영화라는 새로운 미디어의 발명에서 절

정을 맞이한다. 대상의 움직임 그리고 소리까지 오롯이 필름 위에 기록할 수 있게 된 것이다. 영화라는 미디어가 등장하면서 인간은 후각과 촉각을 제외한 인간의 모든 감각을 미디어를 통해 재현할 수 있는 기술적 단계를 완성했다.

미디어의 역사

미디어 이전의 시대	이미지와 텍스트의 경쟁 시대	기술복제 시대	텔레비전 시대	뉴미디어 시대
	상형문자 파피루스 BC 3500 수메르 쐐기문자 BC 3300 알파벳의 등장 BC 1500 종이 발명 AD 105 필사의 시대 다라니경 751 직지심경 1377 구텐베르크 성경 출판 1455 신문의 등장 16세기	은판 사진술 1839 스냅사진 1888 컬러필름 1933 사진의 시대		
	알타미라 동굴벽화 BC 30,000-10,000 반구대 암각화 신석기 시대(추정) 성상파괴 논쟁 8세기 종교개혁과 성상파괴 16세기 카메라 옵스큐라 1558 회화의 전성기	영화의 시대 뤼미에르 영화 1895 유성영화 1928	닙코프 원판 1883 즈보리킨 브라운관 1923 텔레비전 방송 시작 1928	최초의 진공관 컴퓨터 1946 아르파넷 1969 최초의 PC 1975 이메일 표준안 1977 IBM PC 1981 www 서비스 시작 1992

출처: 노명우, 『텔레비전 또 하나의 가족』, 프로네시스, 2008, 50-51쪽.

텔레비전은 기술적으로만 보면 무선 영화에 해당된다. 하지만 텔레비전은 미디어 의존도에서 이전의 기술복제 시대의 사진과 영화와는 비교할 수 없을 정도의 영향력을 지니고 있다. 문자 미디어가 엘리트 코드를 내장하고 있다면, 그와 달리 텔레비전은 누구나 접근 가능한, 매우 접근성 높은 미디어이기 때문이다. 영화는 영화관에서만 볼 수 있는 미디어이기에 영화의 시대에 사람들이 영화라는 미디어를 소비하는 시간은 그다지 많지 않았다. 하지만 가정으로 도입된 무선 영화인 텔레비전은 미디어에 의존하는 시간을 증폭시켰다. 사람들은 눈을 뜨면 텔레비전을 틀고 텔레비전은 잠자리에 들기 전까지는 항상 켜져 있다. 텔레비전은 미디어에 의존해 의사소통을 하는 시간과 사람을 엄청난 규모로 확대시키는 이른바 매스 미디어의 시대를 열었다.

미디어와 근대 사회의 문화변동

새로운 미디어가 등장하면 인간의 문화생활도 큰 영향을 받게 된다. 미디어는 단순한 수단이 아니라, 시대를 규정하는 중요한 의미를 획득한다. 책이 지배하던 시대와 텔레비전이 지배하는 시대에서 인간의 문화생활은 동일할 수 없다. 각각의 시대를 지배하는 미디어는 그 미디어로 인한 독특한 문화적 관습을 불러일으킨다. 새로운 미디어는 사회변동을 자극하는 요소이기도 하다.

신문이라는 미디어가 부르주아 민주주의 혁명에서 담당했던 역할은 단적인 사례이다. 하버마스(Habermas)는 '공론장(Öffentlichkeit)'이라는 개념을 통해 신문이라는 미디어의 등장과 부르주아 민주주의 혁명 사이의 밀접한 관계를 지적한다. 하버마스는 개인들이 자신의 의견을 자유롭고 공개적으로 표현하고 서로 교환할 수 있는 영역을 공론장이라는 개념으로 표현했다. 신문은 하버마스가 근대 사회를 형성시키는 힘이라고 파악했던 공론장이 제도화된 미디어이다. 근대적 정치질서를 낳았던 부르주아 혁명은 신문이라는 미디어의 등장과 밀접한 관련을 맺고 있다. 근대적 정치변동은 신문이 생산되는 장소와 신문이 읽히는 장소, 즉 신문이라는 미디어가 확보하고 있는 생산-유통의 통로와 밀접한 관련을 맺고 형성되었다. 한국에서도 근대로 이행하려는 움직임이 생기면서 동시에 「독립신문」 등의 신문이 등장했던 것도 이러한 이유 때문이다.

신문이라는 미디어는 정치변동만을 유발하지 않았다. 신문은 이른바 근대적 독서문화를 산출했다. 책이라는 미디어의 역사는 매우 길지만, 책은 오랫동안 소수의 엘리트층만이 소비하는 미디어에 불과했다. 하지만 신문은 문자 미디어를 사용하지 않았던 엘리트 이외의 사회 구성원들을 텍스트 기반 미디어 소비자로 흡입하기 시작했다. 신문에 소설이 연재되기 시작하면서, 대량의 독자가 근대 소설의 독자로 흡입되는 일들이 발생했다. 이른바 베스트셀러 현상은 신문이라는 미디어에 소설이 연재되기 시작하면서 발생했다. 한국에서 가장 많이 읽힌 소설 중 하나로 꼽히는 이광수의『무정』역시 1917년 1월 1일부터 6월 4일까지 126회에 걸쳐「매일신보」에 연재되었던 소설이다.

독립신문 창간호.

신문이라는 미디어가 부르주아 정치질서를 촉발한 환경이라면, 텔레비전이라는 미디어는 포디즘과 소비주의의 시대를 상징하는 미디어이다. 신문은 문자로 구성되어 있는 텍스트 기반의 미디어이기에 글을 읽을 수 있는 사람만이 참여할 수 있다. 신문을 읽기 위해서는 텍스트를 읽을 수 있는 능력이 전제되어야 하지만, 텔레비전은 어린아이부터 노인에 이르기까지 누구나 접근 가능한 대중적인 미디어이다. 이런 속성 때문에 텔레비전의 시대에 접어들면서 인간의 문화활동이 전적으로 미디어에 의존하게 되는 일이 발생하게 된 것이다. 텔레비전은 인간의 모든 영역에 막대한 영향을 미친다. 텔레비전의 뉴스는 사람들의 정치생활을 좌지우지하는 중요한 요소이며, 텔레비전 오락 프로그램은 사람들이 어떤 문화상품을 소비할지를 직간접적으로 결정한다. 프로그램과 프로그램 사이에 끼어드는 광고는 사람들의 라이프스타일을 전적으로 좌지우지하는 요소이다.

텔레비전의 시대에 접어들면서 미디어가 인간의 문화생활에 얼마나 막강한 영향력을 행사할 수 있는지가 분명해졌다. 한편으로 미디어 의존도가 높아지면서 대중문화 현상에 대한 논쟁이 벌어지기도 했다(이 책의 제4장 참조). 텔레비전은 대중문화 현상에 대한 논쟁뿐만 아니라 현실과 가상의 경계의 혼돈에 관한 논쟁을 불러일으키기도 했다. 텔레비전을 통해 가정으로 전달되는 정보의 양이 많아지고 텔레비전 중계기술이 발전하면서 텔레비전을 통해 재현되는 이미지가 극사실화되면 텔레비전 시청자들이 실재와 가상을 혼동하게 된다는 것이다.

텔레비전을 통계 생중계되었던 1991년의 걸프전(Gulf War)이 대표적 사례이다. 쿠웨이트와 이라크 사이의 국지적 분쟁에서 시작하여 1990년 이라크의 사담 후세인 대통령이 8월 2일 쿠웨이트를 침공 점령하면서 미국이 참여하는 국제전으로 비화된 걸프전은 텔레비전으로 중계된 첫 번째 전쟁이다. 뉴스 전문채널인 미국의 CNN 방송은 미군의 이라크 공중

폭격을 텔레비전으로 생중계했다. 전쟁 장면은 전 지구적으로 뻗어 있는 CNN 방송망을 통해 전 세계에 전달되었다. 텔레비전으로 중계된 전쟁은 피의 이미지보다는 전자오락의 이미지로 시청자들에게 다가왔다. 전 세계의 수많은 시청자들은 마치 오락게임을 보듯 전쟁 장면을 시청하기에 이르렀다. 이 사례는 미디어에 의해 매개된 현실(즉 텔레비전 중계)이 전쟁이라는 현실과 분리되어 독자적 세계를 구축하기 시작한 첫 번째 사례가 되었다. 걸프전 중계에서 시작된, 미디어에 의해 매개된 현실이 리얼리티를 압도하는 현상은 이후 텔레비전의 인기 프로그램 포맷으로 자리 잡은 이른바 리얼리티 쇼(Reality Show)에서 절정에 달한다.

텔레비전의 영향력이 막강해지면서 텔레비전을 통해 재현되는가의 여부에 따라 실제로 사건이 일어나는가 여부가 결정되기도 한다. 텔레비전을 통해 중계되면 사회적 주목을 받지 못했던 사안이 핫 이슈로 등장하기도 하며, 그 반대로 아무리 중요한 사회적 의미를 지니는 사건이라 해도 텔레비전을 통해 중계되지 않으면 그 사건은 존재하지 않는 것으로 취급되어버리는 일이 자주 발생한다. 텔레비전이 사회에 살고 있는 사람들의 의식의 틀을 결정짓는 이러한 현상을 이른바 CNN 효과(CNN Effect)라 부른다. 북한의 기아문제가 국제적 이슈로 부각된 것은 CNN이 북한의 기아문제를 텔레비전으로 보도한 이후이다. 텔레비전에 등장한 뉴스는 과잉 평가되며, 반면 텔레비전에 등장하지 않는 뉴스는 과소평가되기도 한다. 그래서 텔레비전 뉴스에 등장하느냐 하는 문제는 단순한 뉴스 편성의 문제가 아니라 정치적인 문제가 되기도 하는 것이다.

2001년 9월 11일 뉴욕의 110층 세계무역센터(WTC) 쌍둥이 빌딩과 워싱턴의 국방부 건물에 대한 항공기 동시 다발 자살테러 사건 이후 미국의 입장을 주로 대변하는 CNN이 사건을 해석하는 방식에 대항하기 위해 아랍의 입장을 대변하는 알자지라(Aljazeera)가 주목받았던 이유도 여기에 있다. 2008년 촛불 시위가 벌어질 때 공중파 텔레비전 방송이 촛불 시위의 현실을 제대로 반영하지 않는다는 점에 불만이 있던 사람들이 촛불 시위를 인터넷으로 중계했던 이유도 이러한 맥락에서 이해할 수 있다.

인쇄술이 근대적 국민국가(Nation-State) 형성에 결정적 기여를 한 것처럼 텔레비전은 국민국가의 내셔널리즘을 증폭시켜 완성하는 미디어이다. 월드컵이나 올림픽처럼 주기적으로 벌어지는 국가 대항 스포츠 이벤트가 텔레비전을 통해 중계되면, 시청자들은 메가 스포츠 이벤트 소비를 통해 동시에 내셔널리즘을 소비하게 된다. 텔레비전은 스포츠 이벤트부터 국민 드라마, 국민 가수에 이르기까지 문화의 집합적 소비 단위를 국민국가로 확장시키는 미디어이다.

4. 미디어의 산업화와 문화의 명암

미디어의 산업화와 공론장의 쇠퇴

미디어에 대한 사회적 의존도가 높아지고, 미디어가 광고를 주요 수입원으로 삼으면서 미디어는 공론장이라는 정치적 의미뿐만 아니라 경제적 의미를 획득하기 시작했다. 신문의 경우 출발 당시에는 전적으로 구독료에 의존하는 의견신문(Opinion Newspaper)이었지만 이후 대중신문이 출현하면서 신문은 구독료가 아니라 광고를 주된 수익원으로 삼기 시작했다. 광고에 의존하는 경향은 텔레비전에 오면 더욱더 강화된다. 수신료에 의존하는 일부 공영방송을 제외하고는 텔레비전 방송국의 주된 수입원은 광고이다. 우리나라에서도 공영방송인 KBS조차도 텔레비전 수신료와 광고수입을 병행하는 수익구조를 갖고 있을 정도로 텔레비전의 광고 의존도는 매우 높다. 광고수입이 미디어의 존폐 여부를 결정할 정도로 막강한 요인이 되면서, 미디어는 정치적 영향뿐만 아니라 경제적 영향권으로 편입된다.

한국의 일간지를 펼쳐보면 유독 부동산 관련 뉴스가 다른 나라의 신문에 비해 많은 것을 발견하게 된다. 그 이유는 한국의 일간신문의 주된 광고주가 누구인지를 찾아보면 쉽게 알 수 있다. 한국의 일간신문은 주된 광고주가 건설회사이다. 따라서 일간신문에는 주된 광고주인 건설회사의 이익을 대변하는 기사들이 많이 등장한다. 텔레비전의 광고료는 전적으로 시청률에 따라 결정된다. 시청률이 높은 프로그램의 광고 단가는 높고, 반면 시청률이 낮으면 광고 단가는 상대적으로 싸게 책정된다. 따라서 시청률은 방송국의 수입을 좌우하는 결정적 요인이 된다. 그래서 방송국은 공공성보다는 시청률을 추종하는 경향을 보여준다. 저질 논란에도 불구하고 각 방송국이 드라마를 앞다투어 제작하고, 자사에서 제작한 드라마를 홍보하기 위해 출연진들을 오락 프로그램의 게스트로 출연시키거나 심지어 9시 뉴스에서 드라마 관련 뉴스를 내보내는 이유도 이 때문이다.

미디어가 산업적 의미를 지니게 되면서, 최초에 미디어가 근대 사회에서 수행했던 긍정적 역할이 퇴색하는 일이 생겨난다. 즉, 공론장의 기능은 미디어의 홍수 속에서 오히려 축소되는 역설이 발생하는 것이다. 미디어가 광고에 의존하게 되면서 미디어에서 발언할 수 있는 기회는 경제적 이익을 창출해줄 수 있는 소수의 스타들과 광고주, 그리고 미디어에 영향을 미칠 수 있는 소수의 권력자들에 국한되고, 오히려 평범한 사람들은 미디어의 홍수 속에서 단순한 미디어의 소비자로 전락하는 것이다. 미디어가 산업화되는 경향이 강화될수록 공론장 기능이 상실되는 역설은 더욱더 빈번하게 나타난다. 이는 산업화된 미디어는 '공론장'으로서 자기 역할을 수행하는 것이 목적이 아니라, 다른 사기업처럼 이윤 추구가 최고의 목표가 되기 때문이다.

미디어가 이윤을 추구하는 기업이 되면서 과거의 정치적 검열과는 구별되는 새로운 검열 현상이 발생한다. 검열은 정치적인 현상이다. 권력자가 자신과 다른 의견을 갖고 있는 사람 혹은 자신의 의견에 반대하는 사람의 견해를 공론장에서 발표하는 것을 막는 것이 검열이다. 하지만 미디어가 산업화되면서 정치적 검열 못지않게 미디어가 공론장의 역할을 제대로 수행하지 못하도록 막아내는 장치인 스크리닝(Screening)의 의미가 부각되고 있다. 스크리닝은 정치적 이유가 아니라 경제적 이유로 특정 의견이나 사람 그리고 프로그램을 불리하게 편성하거나 아예 배제하는 것을 의미한다. 예를 들어 〈100분 토론〉이나 〈PD수첩〉처럼 공론장의 형성에는 기여하지만 시청률이 낮은 프로그램들을 시청률이 낮다는 이유로 심야시간대에 편성하는 것이 불리한 편성의 대표적인 경우에 속한다. 드라마 왕국이라 불릴 정도로 일주일 동안 방송되는 드라마의 숫자는 많지만 상대적으로 시사적인 프로그램은 거의 없는 이유는, 시사적 프로그램은 경제적 이윤 문제 때문에 프로그램 제작에서 아예 배제되기 때문이다.

미디어의 세계화와 문화다양성 파괴

미디어의 산업화와 동시에 미디어의 세계화가 이루어진다. 미디어의 세계화를 통해 전 지구적인 미디어 시장이 창출되는데, 이 미디어 시장을 몇 개의 미디어 그룹이 독점한다. 전 세계의 미디어 산업은 소수의 거대 미디어 그룹에 의해 장악되어 있다. 전 세계 미디어 그룹은 상호 합병을 통해 점점 더 몸집을 불린 결과, 새로운 미디어 시장에 새로운 기업이 진출하는 것이 불가능할 정도로 전 세계 미디어 시장을 장악하고 있다.

전 세계 미디어 산업은 7개의 중요 미디어 그룹에 의해 좌지우지된다. 이 거대 미디어 그룹은 수평적·수직적 결합을 통해 현대인의 문화 생활 거의 모두를 장악할 만큼 사업영역을 장악하고 있다. 베텔스만(Bertelsmann)은 예를 들어 RTL을 비롯한 텔레비전 방송국부터 베텔스만 뮤직 그룹(BMG, Bertelsmann Music Group), 소니 뮤직 엔터테인먼트(Sony BMG Music Entertainment)와 같은 음악 산업, 그리고 전 세계에서 가장 큰 출판사인 랜덤 하우스(Random House), 아바토(arvato)라는 국제 미디어 통신 서비스 공급업체에 이르기까지 수평적·수직적 결합을 통해 전 세계 미디어 시장을 좌지우지하고 있다. 미디어 그룹 타임워너(Time Warner)는 잡지 「타임(Time)」을 비롯하여 영화사 워너브라더스, 뉴스 전문 채널인 CNN, 통신회사 AOL 등을 산하에 두고 있는 정도이다.

7개의 글로벌 미디어 그룹은 막강한 전 세계적인 네트워크와 자본, 그리고 콘텐츠를 바탕으로 전 세계 미디어 시장을 완전히 장악하고 있다. 글로벌 그룹이 전 세계 미디어 산업을 장악하면서 각 나라의 문화 다양성은 매우 심각하게 위협받는다. 할리우드 영화가 전 세계를 장악하면서 각 나라의 영화산업이 붕괴했던 일이 이제는 영화산업뿐만 아니라 미디어 관련 전 분야로 확장되기에 이른 것이다. 글로벌 미디어 그룹을 통한 콘텐츠의 유통은 전 지구적으로 동시에 문화적 유행이 발생하는 일을 낳는다. 그 결과 특정 지역의 고유한 문화는 미디어 그룹이 만들어내는 국제적인 표준적 유행과의 경쟁에서 밀려 사장되거나 사라지는 위험에 처하기도 한다. 또한 미디어 산업을 통한 미디어의 세계화는 지구적 공론장의 창출이 아니라 미디어 그룹을 장악하고 있는 자본의 관심에 따라 지구적 이슈가 '스크리닝'되는 일을 빈번하게 발생시켜 세계화의 역설을 낳고 있다.

AOL 타임워너(Time Warner)	미디어 네트워크, 출판, 음악, 필름, 엔터테인먼트, 케이블 시스템, 인터넷 사업
월트디즈니(Walt Disney)	미디어 네트워크, 영화와 TV 제작을 위한 스튜디오 엔터테인먼트, 테마파크, 캐릭터 상품 등의 판매를 위한 머천다이징, 인터넷 사업
소니(Sony)	전자사업, 음악, 영화, 케이블 네트워크
뉴스 코퍼레이션 (News Corporation)	미디어 네트워크, 신문, 잡지, 출판, 영화와 TV 제작, 뉴미디어 사업
비아컴(Viacom) CBS	미디어 네트워크, 엔터테인먼트, 비디오, 테마파크, 출판, 인터넷 사업
비방디 유니버설 (Vivendi Universal)	미디어 네트워크, 음악, 영화, 테마파크, 인터넷 사업

1985년 뉴스코퍼레이션, 20세기 폭스 매수
1989년 타임워너, 커뮤니케이션즈의 합병 발표
　　　소니, 컨비어 픽처스 엔터테인먼트 매수 발표
　　　시그램, 폴리그램 매수
1990년 마쓰시타 전기, MCA 매수 발표
1993년 비아컴, 파라마운트 매수
1994년 비아컴, 블록버스터 매수 합의
1995년 마쓰시타 전기, MCA주식의 80퍼센트를 시그램에 매각
　　　월트디즈니, ABC 매수 발표
　　　웨스팅하우스, CBS 매수 발표
1999년 비아컴, CBS 매수 발표
2000년 AOL 타임워너 합병 발표
　　　비방디, 시그램과 합병 발표

5. 뉴미디어의 등장과
문화생산과 소비의 새로운 가능성: 열린 미래

새로운 미디어는 지속적으로 출현하고 있다. 새로운 미디어가 등장하면 새로운 미디어는 옛 미디어가 지배하던 시기에는 상상하지 못했던 일들을 실현시켜주기도 한다. 신문, 라디오와 텔레비전은 각각이 등장하던 시기 거대한 문화적 변동을 유발한 신기한 물건이었지만, 미디어가 우리

들의 일상생활에 정착하고 나면 미디어의 충격적 효과는 상당히 약해진다. 하지만 새로운 미디어가 등장하면 사회의 패러다임을 바꾸어놓기도 한다. 인터넷과 디지털 기술에 기반을 둔 미디어는 라디오와 텔레비전을 올드미디어로 취급하도록 만드는 대표적인 뉴미디어(New Media)들이다.

뉴미디어는 올드미디어와는 전혀 다른 미디어 환경을 창출한다. 그에 따라 올드미디어 시대에 형성된 개인들의 문화적 관습은 뉴미디어 시대에는 새로운 방식으로 진화한다. 올드미디어는 발신자의 위치를 점할 수 있는 가능성을 소수의 사람에게만 부여했다. 올드미디어는 일방향으로만 메시지가 전달된다는 치명적인 약점을 갖고 있다. 올드미디어의 일방향성 때문에 올드미디어는 정치적으로 악용되면 민중의 뜻과는 상관없이 소수 권력자의 수단으로 전락할 수도 있다. 히틀러의 연설을 많은 사람들에게 일방적으로 전달하여 나치의 이데올로기를 주입하는 수단으로 활용된 나치 시대

히틀러의 라디오 연설을 효과적으로 전달하기 위해 나치가 보급한 라디오 수신기는 올드미디어의 일방향성에 내재되어 있는 문화적 통제의 위험성을 잘 보여주는 사례이다.

의 라디오가 올드미디어의 위험성을 보여주는 대표적 사례이다. 뉴미디어
는 올드미디어와 달리 양방향성(Interactivity)을 현실화시킬 수 있는 기술
적 가능성을 포함하고 있다. 이에 따라 문화 환경은 급격히 변화하였다.

인터넷은 새로운 글쓰기 방식을 정착시켰고, 게시판 글쓰기가 가능해
지면서 소수의 사람만이 텍스트 기반 의사소통을 할 수 있었던 가능성에
서 벗어나 다중의 사람이 텍스트 기반 의사소통에 참여할 수 있는 가능
성이 열렸다. 개인과 개인이 자유롭게 그리고 항상 어디서든 연결될 수 있
는 모바일 네트워크 기술을 내재한 뉴미디어들이 등장하면서 개인과 개
인의 관계는 급격하게 변화하기 시작했다. 트위터(Twitter)를 통해 한 명이
발신한 메시지는 글로벌 미디어 그룹의 채널을 이용하지 않고도 자유롭
게 전 지구적으로 유포될 수 있다. 소수의 전문가들이 참여하면서 만들었
던 백과사전과는 달리 다중의 사람들이 참여하는 집합적 과정을 통해 지
식을 축적하고 유통하는 집단지성(집단지성이란 다수의 개체들이 서로 협력
혹은 경쟁을 통하여 얻게 되는 지적 능력의 결과로 얻어진 집단적 능력을 말한
다)의 방식이 활용되는 대표적 사례인 위키피디아(Wikipedia)는 뉴미디어
로 인한 문화변동을 가장 잘 보여주는 대표적인 사례이다.

온라인 다중 백과사전인 위키피
디아는 올드미디어와 구별되는
뉴미디어 특유의 양방향성을 잘
보여주는 사례이다. 올드미디어
가 문화를 일방적으로 송출하는
채널이었다면, 뉴미디어는 양방
향성에 의해 문화가 만들어지는
역할을 수행하고 있다.

뉴미디어의 근간을 이루는 디지털 복제기술은 누구나 문화의 생산자가 될 수 있는 가능성을 열어놓았고, 이에 따라 오랜 기간 유지되었던 문화생산의 독점구조는 뉴미디어의 시대에는 점차적으로 해체되고 있다. 누구나 자신이 제작한 동영상을 자유롭게 올리고 유통시킬 수 있는 유튜브(YouTube)는 문화의 생산자와 소비자 사이의 오래된 경계를 허무는 디지털 시대의 문화변동 사례라 할 수 있다. 모바일 미디어는 뉴미디어 시대의 새로운 문화현상이 발생하는 진원지이기도 하다. 휴대폰은 문자 메시지로 주로 의사소통을 하는 '엄지족'이라는 디지털 시대의 새로운 부족을 낳았다. 물론 뉴미디어가 긍정적 변화만을 불러일으킨 것으로 해석될 수는 없다. 뉴미디어를 통해 유통되는 정보의 양이 급격히 늘어나게 됨에 따라, 정보의 질이 하락될 수 있는 가능성이 그 어느 때보다 높아지기 때문이다. 또한 개인의 사생활 보호 역시 앞으로 중요하게 부각될 이슈이기도 하다.

하지만 분명한 사실은 뉴미디어가 확산됨에 따라 우리가 전혀 경험하지 못했던 새로운 문화현상과 마주치게 될 것이란 점이다. 1970년대의 소니 워크맨이 새로운 미디어 문화를 창출했던 것처럼, 애플사의 아이팟과 아이폰이 전 지구적 컬트 현상을 불러일으키는 사례에서 알 수 있듯이 새로운 미디어 기기는 새로운 문화를 창출해내는 진원지가 될 것이다. 뉴미디어가 어떠한 문화적 변동을 불러일으킬지 우리가 미리 예측할 수는 없지만, 새로운 문화는 미디어 영역에서 출현하고 새로운 문화가 이전의 문화보다 미디어에 의존적이라는 사실은 변화하지 않을 것이다. 그렇기에 미래에 출현할 문화를 누구보다 먼저 알고 싶다면 현재 새롭게 부상하고 있는 미디어에서 해답을 찾을 수 있을 것이다.

미디어의 담론을 분석하는 세 가지 입장

우리는 텔레비전 담론을 해독하는 시각을 주는 세 가지 입장을 가상적으로 생각해볼 수 있다. 우리는 이것들을 경험적으로 검증하고 손질할 필요가 있다. …… 첫 번째의 가상적 위치는 지배적·헤게모니적 위치이다. 시청자가 가령 텔레비전 뉴스 보도나 시사 프로그램에 깔린 내포적 의미를 완전히 그대로 받아들이고, 메시지 기호화의 준거 틀이 된 의미 규칙에 따라 그 메시지를 해독한다면, 우리는 시청자가 지배적인 의미 규칙의 내에서 움직이고 있다고 말할 수 있다. …… 우리가 제시하려는 두 번째 위치는 타협된 의미 규칙 혹은 위치이다. …… 타협된 의미 규칙의 가장 간단한 예로는, 파업권을 제한하려는 노사 관계 법안의 취지나, 임금 동결을 요구하는 주장에 대해 노동자들이 보이는 반응을 지배하는 의미 규칙이다. 국익에 관련된 경제 논쟁의 수준에서 기호 해독자는 인플레이션과 싸우기 위해 우리 모두 스스로 임금을 적게 받아야 한다는 데 동의하면서 헤게모니적 정의를 받아들일 수도 있다. 하지만 이러한 태도는 작업장이나 노조 조직의 수준에서 이 노동자가 임금과 노동 여건 개선을 위해 파업에 기꺼이 참여하거나, 노사관계 법안에 반대하려는 자세와는 별 관계가 없거나 전혀 관계가 없을 수도 있다. …… 마지막으로 시청자는 어떤 담론이 주는 외연적 의미와 함축적 의미 변화를 모두 완전히 이해하면서도 메시지를 완전히 반대로 해독할 수도 있다. 시청자는 어떤 대안적인 준거 틀 내에서 메시지를 재구성하기 위해 선호되는 의미 규칙에 따라 만들어진 메시지를 해체한다. 임금 규제의 필요성에 관한 논쟁에 귀를 기울이면서 국익이 언급될 때마다 이를 계급이익으로 읽는 시청자의 경우가 이에 해당한다. (스튜어트 홀, 임영호 옮김, "기호화와 기호해독", 『스튜어트 홀의 문화이론』, 한나래, 1996, 301-304쪽)

1. 미디어 의존도가 높아지면서 우리들의 문화생활에는 어떠한 변화가 생겼는가? 이 변화는 긍정적인가 혹은 부정적인가?

2. 미디어는 문화의 세계화에 어떤 영향을 미쳤는가? 주변에서 문화의 세계화에 미디어가 끼친 영향과 관련된 사례를 들어보고 그 변화에 대해 생각해보자.

---------------------- 읽 을 거 리 ----------------------

노명우, 『텔레비전. 또 하나의 가족』, 프로네시스, 2008.

리앤더 카니, 이마스 옮김, 『컬트 브랜드의 탄생, 아이팟』, 미래의 창, 2006.

마샬 맥루한, 임상원 옮김, 『구텐베르크 은하계』, 커뮤니케이션북스, 2001.

벤 바그디키언, 정연구·송정은 옮김, 『미디어 모노폴리』, 프로메테우스, 2009.

빌렘 플루서, 김성재 옮김, 『코무니콜로기』, 커뮤니케이션북스, 2001.

요시미 순야, 안미라 옮김, 『미디어 문화론』, 커뮤니케이션북스, 2006.

위르겐 하버마스, 한승완 옮김, 『공론장의 구조변동』, 나남, 2001.

장 보드리야르, 하태환 옮김, 『시뮬라시옹』, 민음사, 2001.

〈라디오 스타〉(한국, 2006): 라디오라는 미디어가 만들어지는 과정과
　미디어의 사회적 활용 등을 잘 보여주는 영화.

〈트루먼 쇼〉(미국, 1998): 텔레비전 리얼리티 쇼의 허구를 잘 보여주는
　영화.

〈왝 더 독〉(미국, 1997): 미디어가 어떻게 정치적 목적을 위해 이용될
　수 있는지 궁금한 사람들을 위한 정치영화.

제 6 강

사이버 공간의 일상과 문화 세계

박창호

인터넷의 등장은 사회적 공간의 확산을 가능하게 했다. 사이버 공간에서 일어나는 인간 삶의 일상화를 문화라는 형식으로 본다는 것은 그리 놀라운 일이 아니게 되었다. 문화가 인간의 느낌, 생각, 행동의 일정한 양식을 보여주는 것이라고 한다면 인터넷 사이버 공간에서의 인간 활동들은 문화적 현상으로 이해하기에 충분한 내용들이 담겨 있다. 인터넷에서의 일상화를 문화로 이해하기 위한 기본적 토대를 찾아보고자 하는 것이 이 장의 목표이다. 문화의 속성과 기반이 되는 자아정체성이 어떻게 사이버 공간에서 드러나는가를 살펴보고, 이와 함께 사이버 공간에서 나타나는 문화 변용에 대한 탐색을 몇 가지 예를 통해 이해하면서 인터넷 공간의 문화해석을 위한 관점을 세우는 것이 중요하다고 하겠다.

키워드

세컨드라이프, 사이버자아, 자아정체성, 다중역할, 인터넷과 인간관계, 인터넷 신조어, 외계어, 인터넷과 문화 변용

1. 웹의 세계와 문화 영역의 확대

컴퓨터가 웹으로 연결됨으로써 디지털화된 정보는 전 세계적으로 연결될 뿐만 아니라 새로운 관계망을 만들어내고 있다. 컴퓨터 사용자들은 전 세계적으로 이어진 정보의 연결망을 통해 자신의 분명한 의도에 맞게 웹을 검색하고 이용하는 경우도 있지만, 우연의 정보를 통해서 새로운 삶의 방향을 잡아가는 경우도 생기게 된다. 따라서 웹이 포털이나 전자상거래 수준(이른바 웹 1.0이라고 불리는 닷컴 버블 이전의 수준)을 넘어 스마트폰과 같은 포터블 디바이스의 다양한 개발과 이용을 통해 우리의 일상의 한 부분으로 들어오면서 사람들의 행동양식과 소비 행태는 변화하게 되었다. 이는 네트워크가 고도화되고 다양한 소프트웨어 도구가 발전하면서 웹의 환경을 크게 진화시켰으며 이러한 진화가 인간 삶의 실제적인 변화를 이끌고 있기 때문이다. 특히 구글의 상업적 성공과 소셜네트워크서비스를 통한 새로운 소비 아이템들의 등장은 사용자의 입장에서 차별화된 경험을 가능하게 하고, 이에 따른 경제논리와 문화형태도 분명 변화시키고 있음을 쉽게 확인하게 된다. 21세기 들어 문화의 주요 영역이 소비에서 일어나고 있으며 웹 2.0의 문화 변용도 역시 소비에서 극명하게 변화를 보여주고 있다. 사용자들이 우연의 정보를 얻는 일도 많지만 가장 의도적이고 목적적인 정보는 상업적 동기에서 시작하게 되는데, 웹 기반인 인터넷의 이용 목적에서 57.7퍼센트가 상업적 동기를 가지고 있다는 2010년 인터넷진흥원의 조사결과는 좋은 예다.

웹 검색은 사용자의 의도를 읽을 수 있는 새로운 도구가 되었고, 특히 그 유용성의 상업화는 여러 분야에서 일어나고 있으며, 이러한 것들이 문화의 변용으로 이어진다. 웹 2.0이란 용어가 처음 등장한 것은 1999년 다아시 디누치가 그녀의 글 '분절된 미래'에서 웹을 단순히 텍스트나 그래픽의 스크린이 아닌, 컴퓨터 스크린을 통해 상호작용이 일어나는 소통 메커니즘으로 이해하게 될 것이라고 주장하면서부터였다. 그녀가 기본적으로 웹 2.0이라는 용어를 사용한 배경은 웹을 사람들이 보다 효율적으로 이용하기 위해 어떻게 디자인하고 어떻게 미학적으로 만드는가에 관심을 가진 데 있었다. 여기에 포터블 디바이스가 개발되면서 웹이 개인 미디어로 확산될 가능성을 전망하며, 이를 개인마다 소유하는 '분절된' 미디어로 보았던 것이다. 웹은 상호작용적 새로운 메커니즘으로서, 디자인적 관점에서 쉽게 다루도록 예견한 것이 웹 2.0이었고, 사람들 사이의 의사소통 또는 플랫폼으로 진화하게 된다고 보았다.

그러다가 웹 2.0이 본격 주목을 끌게 되는 것은 2004년 처음으로 열린 '웹 2.0 컨퍼런스'에서였다. 존 베이틀리와 팀 오라일리가 데스크탑에 기반한 소프트웨어와 달리 웹에 맞춘 소프트웨어의 개발에 따른 '플랫폼으로서의 웹'을 웹 2.0으로 정의하게 되었다. 예를 들어 넷스케이프의 비즈니스모델과 브리태니커 온라인 백과사전이 웹 1.0이었다면, 웹 2.0의 특징을 보여주는 것은 구글과 위키피디아이다. 웹 1.0인 넷스케이프는 데스크탑에 기반한 응용프로그램으로서, 서버제품을 위한 시장을 창출하는 브라우저의 지배력을 보여줄 수 있는 소프트웨어였다. 사용자를 위한 소프트웨어를 만들고 업데이트하고 배포해야 하는 특징이 있었고, 사용자는 소프트웨어를 구매해 사용하였다. 그러나 웹 2.0인 구글의 경우 기존의 소프트웨어 산업이 갖는 특징을 갖고 있지 않다. 가장 중요한 것은 넷스케이프와 달리 라이선스나 판매가 없으며 사용만이 존재한다는 것이다. 판매되거나 패키지로 전달되는 것이 아니다. 구글은 도구가 아니라 데이터베이스의 성격이 더 강하다. 데이터를 관리하고 수집하는 능력을 통해 지배력을 행사하기 때문에 이전처럼 라이선스에 의존하는 비즈니스모델이 아니라는 것이다.

따라서 생산자 입장에서 데이터를 갱신하는 사이트의 집합체가 웹 1.0이었다면, 웹 2.0은 주체가 생산자이면서 소비자가 되는 상호작용을 통한 콘텐츠의 재생산이 활발하게 된다. 소프트웨어의 특정한 발전이나 버전의 개선은 없으며 지속적인 데이터의 증강만이 존재한다. 사용자의 경험을 연결하는 연결자로서 더 큰 의미를 가진다. 구글과 같은 특징을 보여주는 응용프로그램들이 이베이, 아마존, 더블클릭 등에 있으며, 한국에서도 네이버의 지식검색은 사용자의 지식이 곧 데이터베이스화되어 서로의 경험을 공유하는 정보창고가 되고 있다. 이는 웹 2.0의 기본구도를 잘 보여주는 것이다. 이외에 미니홈피나 블로그도 사용자 중심의 네트워크 망을 사적으로 연결한다는 점은 있지만, 공개적인 정보의 통로로 이용되고 있다는 점에서 웹 2.0의 특징을 기반으로 하고 있다. 브리태니커 온라인 백과사전이 전문가들의 지식에 의존하면서 정보를 정기적으로 발간하는 데비해, 위키피디아는 익명의 사용자들이 지속적으로 자신들의 경험을 소개하면서 정보의 신뢰를 만들어간다는 점에서 차이가 있다. 위키피디아는 전문가에 의존하는 것이 아니라 오픈소스를 채택한 백과사전으로 사용자의 적극적 참여가 한몫을 하는 것이다.

웹 2.0은 웹사이트의 집합체를 뛰어넘어 웹 애플리케이션을 하나의 완전한 플랫폼으로 발전시킨 것에 기반하고 있어서, 웹 2.0의 문화는 사용자의 능동적인 역할을 전제로 한다. 문화라는 것은 문화생산자가 나타내는 자기표현의 욕구이다. 이러한 욕구는 사회적 네트워크를 통해서 나오게 되고, 그 기반이 되는 것은 UCG(User Created Game)를 만드는 사용자의 동기이다. 이러한 동기를 충분히 충족시키는 것이 바로 웹 애플리케이션이라고 할 수 있으며, 최근에 아이폰을 비롯한 스마트폰과 아이패드 등의 인기는 바로 사용자들의 이용 동기를 자극하는 애플리케이션의 다양한 아이템을 제공하고 있기 때문이다. 이러한 문화의 근간이 되는 사회적 네트워킹의 원형은 상품평가를 통해 사용자의 능동적 참여를 이끈 이베이나 아마존이 출발이었고, 이를 더욱 발전시킨 것으로 2000년대 중반에 등장하기 시작한 유튜브, 마이스페이스, 플리커 등을 들 수 있다. 이러한 것은 결국 웹 2.0의 플랫폼을 기반으로 새롭게 나온 것으로서 이용자의 적극적인 참여를 이끌어내고 있다.

문화는 인간이 학습의 결과로 만들어내는 사회 전반의 생활양식이다. 이러한 양식은 웹 2.0의 플랫폼에서도 그대로 나타나고 있다. 일상적인 문화의 범주에 들어가는 예절, 의상, 언어, 종교, 의례, 법이나 도덕 등의 규범과 가치관의 실현이 사이버 공간인 웹에서 나타나면서 인터넷이 문화영역의 새로운 구현장소로서 부각될 뿐만 아니라, 인터넷이라는 미디어의 특성을 통해서만 나오게 되는 새로운 문화형태도 경험하게 된다. 인간의 모든 행동양식의 총합이 웹에서도 그대로 반영되면서 문화의 양식이 웹에서 구현되는 것은 사이버 문화라는 새로운 문화양식을 만들어내고 있다. 그 가운데 웹 2.0이 만들어낸 문화를 세밀하게 볼 수 있는 결정판이 세컨드라이프이다.

세컨드라이프는 3D 기반의 게임, 커뮤니티, e-커머스, e-마케팅, e-교육이 복합적으로 결합된 비즈니스 서비스이다. 세컨드라이프에 가입한 사람은 누구나 자신을 원격 현전시킨 아바타를 통해 자신이 원하는 것들을 창작하고 거래하는 것이 가능하며, 현실과 다름없는 사회경제 활동을 실현하여 제2의 삶을 온라인 커뮤니티에서 살아가는 주체가 된다.

현실 아닌 현실세계 세컨드라이프. 세컨드라이프 홈페이지 캡처.

세컨드라이프는 이용자의 개성에 맞게 다양한 애플리케이션을 개발해 놓음으로써 오픈소스, 오픈플랫폼 형태를 보여주고 있다. 기존의 리니지와 같은 게임은 MMORPG(Massively Multiplayer Online Role-Playing Game)로서 이용자가 단순히 시나리오에 따라 참여하는 것이었지만, 세컨드라이프는 실제 경제활동으로 돈을 벌 수 있는 등 현실과 가상세계를 '경제적 고리'로 연결시킨다. 나아가 정치적 현안에 대해서도 세컨드라이프는 적극 현실과 연계해서 사회운동으로 이어가기도 하고, 정치 쟁점화하기도 하는 등 '현실 아닌 현실세계'가 되어가고 있다. 따라서 세컨드라이프는 문화의 또 다른 영역을 구현하는 사회인 것이다. 세컨드라이프의 CEO인 필립 로즈데일이 "세컨드라이프는 게임이 아니다. 새로운 땅을 건설한 것이다"라고 단언한 것처럼 게임의 차원을 넘어 인간의 여러 행동양식을 만들어내는 복합체의 장으로서 기존의 문화와 다른 문화를 체험하게 되는 문화 변용의 장소가 되고 있다.

세컨드라이프는 가상교육의 플랫폼으로 이용되면서 e-러닝의 툴로서 현실 교육과 흡사한 환경을 만들어내기도 하고, 기업에서는 자사의 홍보나 판매를 위한 디지털 점포를 개설하는 마케팅 프로모션의 역할도 하며, 개인들 간의 상호작용을 위한 커뮤니티의 장소로서 의사소통을 위한 공간이 되기도 하는 등 사회적 연결망의 기능을 시공간 제약 없이 실현하고 있다. 로이터통신이 가상 지국을 개설하는가 하면, 스웨덴과 몰디브에서는 대사관을 설치하기도 했으며, 힐러리 클린턴은 선거운동본부를 세우기도 했다. 또한 세컨드라이프에 독도를 세워 사이버상에 분양받은 3차원 공간에 바다를 배경으로 동도와 서도를 설치하면서 자연환경, 관광자원 등을 홍보하고 이를 통해 세계인들에게 독도가 한국 땅이라는 사실을 자연스레 인식시키는 것을 목표로 하는 활동도 벌어지고 있다. 현실 아닌 현실세계 공간이 되면서 문화 실천의 영역으로 확대되고 있는 것이다.

인터넷 네트워크가 새로운 커뮤니티의 창조를 통해 삶을 급속하게 변화시키면서 문화 영역이 확산됨과 더불어 문화의 모습도 크게 변화하고 있다. 웹 2.0 환경이 단순히 디지털화의 진전으로서 인간들의 대화와 만남의 형식을 변화시킨 것만이 아니라, 상품거래와 같은 소비활동이나 사회 문제를 쟁점화하는 정치행위의 양태도 다양화시키고 있다. 이것은 새로운 문화를 전개시킬 것이라는 기대와 함께 기존 문화의 틀에서 벗어난 문화 변용을 사회학적으로 어떻게 이해할 것인가 하는 과제를 던져주고 있다. 세컨드라이프의 경우, 새로운 네트워크를 통한 웹의 삶이 비즈니스 기회를 다양하게 하고, 기업과 소비자의 연결방식과 소비형태도 변화시키며, 인간관계의 범위와 대상을 크게 확대시키면서 문화 영역이 특정한 틀에서 벗어나게 하고 있다. 문화는 이제 개인의 창조적 능력에 따라 무한히 변화하고 뻗어나가는 변화의 시대에 놓이게 되었다. 웹 2.0의 등장은 고정되고 일관된 문화라기보다 문화 변용을 다양하게 경험하게 하는 인간의 문화적 삶, Culture life 2.0을 만들어내고 있는 것이다.

2. 사이버 자아와 정체성

세컨드라이프에 가입하면서 또 다른 자신으로서 만들어진 아바타는 자신의 연장으로 볼 수 있을 것인가? 세컨드라이프에 개설된 로이터통신의 지국은 취재 대상을 세컨드라이프에 국한해야 할 것인가, 현실공간으로까지 넓혀야 하나? 세컨드라이프에서의 일탈을 현실의 법규범에 따라 비난할 수 있는가? 이처럼 개인의 삶의 모습과 방식, 사회적 규범과 제도가 인터넷의 영향을 받게 되면서 인터넷이 사회의 문화로서 중심에 들어서게 되었고, 이를 배경으로 다양한 문화적 양식과 모습이 만들어지고 있다. 이러한 문화를 우리는 사이버 문화라고 부른다. 사이버 문화를 창출해내는 원동력은 무엇일까? 사이버 문화는 어떠한 특정 집단에 의해서 특정한 목적을 위해 창출되는 문화가 아니다. 그리고 사이버 문화에서 나타나는 문화의 특징은 발생하는 문화에 대해 차등을 두거나 차별성을 두는 이데올로기적 속성도 찾아보기 어렵다. 즉, 인터넷을 사용하는 일반 대중이 만들어내는 문화는 계급성을 보이지 않는 보편적인 대중문화적 속성을 보인다는 점에서 사이버 문화는 탈이데올로기적 대중문화의 자리에 놓이게 되었다. 그럼에도 불구하고 사이버 문화가 단순히 사회의 보편성을 반영하는 문화라고 보기 어려운 것은, 개인들의 개별성이 철저히 보장되는 문화라는 점 때문이다. 이를 잘 보여주는 것이 개인들이 사용하는 대화명, 자신을 꾸며 나타내는 아바타, 그리고 자기중심적 1인 커뮤니티인 블로그와 미니홈피 등이다. 사회적 자아를 문화의 근간으로 보려던 기존의 모습과 달리 인터넷에서는 개별적 자아가 더 화려하고 다양하게 나타나면서 그 자체가 하나의 문화가 되고 있는 셈이다.

일반적으로 자아는 사회적 자아를 지향하게 되고, 사회적 자아가 곧 그 사회의 문화가 된다. 정신분석학자인 지그문트 프로이트가 구체화시킨 자아, 즉 이드, 자아, 초자아의 발달 과정도 개별적 자아에서 사회적 자아로의 성장을 보여주기 위한 것이었고, 주체적 자아에서 객체적 자아로의 발달이 역할놀이에서 비롯되었다는 조지 H. 미드의 주장도 사회적 자아를 통해 문화의 모습이 반영되었음을 나타내기 위한 것이었다. 지금껏 사회적 자아를 통해 특정 사회의 문화를 이해하려고 했다면, 인터넷은 개별적 자아가 다양하게 전개되면서 그 자체로 다양한 문화적 해석을 낳게 된다. 인터넷상에서 새로운 문화를 창출하고 있는 개인들이 자신의 정체성을 드러내는 여러 메커니즘 가운데 자아를 어떻게 연장하고 자신의 인격을 어떻게 다양하게 보여주는가 하는 것이 인터넷의 또 다른 문화로 부각되는 것이다. 개인들의 캐릭터가 문화로 해석된다는 점을 이해하기 위해서 우리는 아바타, 아이디와 메신저의 대화명, 블로그와 미니홈피, 카페, 커뮤니티 그리고 UCC 등을 살펴볼 필요가 있다.

■ 아바타는 인터넷상의 사이버 공간에서 사용자의 역할을 대신하는 애니메이션 캐릭터 혹은 그래픽 아이콘을 뜻하는 말로서, 인터넷상의 다양한 분야에서 폭넓게 활용되고 있다. 사람들은 아바타를 통해 인간관계를 맺고, 채팅이나 게임을 하거나 정보를 교환한다. 세컨드라이프의 경우 아바타가 평면적인 모습에서 3차원적인 모습으로 발전하여 사용자의 입장에서 보다 구체적으로 자신의 외형을 선택하고 이를 통해 실제의 모습과 가깝게 사이버 공간에서 재현할 수 있게 했다. 이러한 아바타는 사용자가 자신이 원망하는 모습을 구현하는 기회가 되기도 한다. 자신이 바라는 모습이 구현되는 기회를 가상현실에서 아바타를 통해 갖는 것이다.

■ 아이디나 메신저의 대화명은 인터넷상에서 활용되는 가장 기본적인 자아표현의 수단이라 할 수 있다. 가장 오래된 자아표현의 수단이었던 아이디를 비롯하여 최근에는 온라인 대화수단으로 메신저가 자리 잡음으로써 대화명 역시 자아를 표현하는 하나의 수단이 되고 있다. 아바타와 달리 문장 위주로 표현되는 대화명과 아이디는 그 사람의 생각과 기분, 심지어 지식 정도와 철학을 나타내는 지표로까지 발전해가고 있다. 더욱이 개인적인 알림이나 마케팅 수단으로 쓰이는가 하면, 미군 장갑차에 치인 여중생 사망 사건 때 삼베 무늬를 대화명 앞에 붙이는 경우에서와 같이 '정치적' 표현의 수단으로도 활용되기도 한다. 이러한 과정에서 타인들에게 인기를 끌거나 유명해지는 아이디나 대화명 같은 경우에는 그 자체 실현된 자아로서의 모습을 가지고 타인에게 고정된 이미지를 제공하는 경우도 있다. 인터넷 논객이었던 미네르바의 경우, 그 유명세에 힘입어 가짜 미

네르바까지 등장하는 것만 봐도 사람들에게 실제로 비춰지는 모습보다는 대화명이나 아이디가 실제의 인물 못지않게 중요한 정체성으로 인식된다는 것을 알 수 있다.

■ 블로그, 미니홈피 역시 자신을 표현하고 자아를 실현하는 주요한 수단으로 사용되고 있다. 아바타와 아이디, 대화명은 인터넷상의 개인적 자아에 가깝다고 할 수 있으나, 블로그와 미니홈피는 인터넷상의 개인적 자아와 사회적 자아가 뒤섞여 있다고 볼 수 있다. 블로그와 미니홈피는 타자에 대한 반응을 상대적으로 인지하면서 만들어지는 경우가 더 강하기 때문이다. 특히 1인 미디어로도 볼 수 있는 미니홈피는 한국의 경우 일촌 맺기 등 공개·비공개 설정을 통해 타인과 관계 맺기 성격을 보이면서 외국과 달리 커뮤니티적인 성격도 갖고 있다. 이로 인해 그 특성상 개인적 자아를 표현하는 공간이자 다른 사람들과의 커뮤니케이션을 가능하게 하는 사회적 자아의 특성도 가짐으로써 이 두 가지 자아에 걸쳐 있음을 알 수 있다. 블로그와 미니홈피는 개인적 정체성으로 표현되는 기능에서 아이디와 대화명과 비슷하다고 할 수 있지만 그 표현의 컨텐츠와 구성에서는 아이디나 대화명보다 더욱 폭넓고 다양하다고 할 수 있다.

■ 카페 커뮤니티는 개인의 취미나 관심사를 중심으로 결집되어 만들어진 경우가 대부분이어서 자신의 정체성을 집합적으로 보여주는 사회적 정체성의 또 다른 한 면이라고 할 수 있다. 즉, 일종의 개인 캐릭터 문화의 집합체인 것이다. 주로 동질의 목적을 가진 개인 캐릭터들이 모여서 인터넷을 통해 정보를 교환하고 서로의 꿈을 실현하면서 자아정체성을 공유하는 곳이다. 단순히 개별적 자아를 넘어 자신의 모습이 집합적으로 드러난다는 것을 확인하는 공간이어서 사회적 자아 속에 개인적 정체성을 부합시키면서 개인들이 지향하는 목표를 이루려고 하는 것이다. 다음 쪽 그림 속의 커뮤니티는 꿈사모라는 이름을 가진 클럽 커뮤니티로서 회원들

이 추구하고 달성하고자 하는 목표의 글들을 통해 자아실현의 모습을 잘 보여주고 있다. 취미나 목적에 따라 모여서 활동하는 인터넷 공간이 개인의 자유의지의 실현 장소이면서 정체성을 고스란히 드러내는 곳으로 이해될 수 있다. 뿐만 아니라 최근에 인터넷 기술의 발달로 동영상을 자유로이 활용하게 되면서 UCC도 개인들의 정체성을 보여주는 좋은 수단이 되면서 사이버 자아의 실현은 다양하게 이루어지고 있다.

개인들이 사이버 공간에서 자신을 보여주는 수단은 아바타, 아이디나 대화명, 블로그나 미니홈피 그리고 카페 커뮤니티에 이르기까지 다양하게 나타나고 있다. 이러한 것들은 엄밀히 말해 개인주의적 시각에 초점을 둔 자아라기보다 자아규정에 대한 집단주의적 시각을 반영한 자아정체성을 보여준다고 할 수 있다. 문제는 이렇게 보여지는 것들이 실제 자신의 정체성과 일치하는지에 대해서는 정확하지 않다는 점이다. 그러나 최근 연구에 따르면 아바타를 통해 개인들이 추구하는 정체성, 자기표현, 자아실현의 방식이 비현실적인 면을 벗어나 매우 실제적인 현실을 지향하는 것으로 나타나고 있다. 여기서 개인들이 실현 가능한 희망을 표현하고 추구하는 바를 나타내는 수단으로서 아바타의 의미변화를 꾀하고 있음을 알 수 있다. 이전에는 아바타를 이용한 개인 캐릭터 문화가 자신이 이룰 수 없는 비현실적 목표나 꿈에 대한 가상적 실험을 위한 노력 정도였다면 이제는 사람들이 현실적인 목표나 꿈을 이루는 자아실현의 목표에 좀 더 다가가 활동하는 것으로 이해된다.

사이버 공간에 자아를 어떻게 설정하고 정체성을 어떻게 보이는가 하는 것은 자유와 선택의 문제다. 사이버 공간에서의 정체성은 얼마든지 조작적일 수 있다. 컴퓨터 모니터에 여러 개의 창을 띄워 여러 개의 가상인물, 즉 페르소나를 만들어 복합적으로 자신을 표현할 수 있다. 가상현실에서의 정체성은 육체적 모습이 완전히 조작될 수 있다. 어떤 경우에는 키가 크고 예쁘게, 어떤 경우에는 키가 작고 못생기게 자신을 꾸밀 수 있다. 자신의 외모를 상대에 따라 얼마든지 변형할 수 있으며, 자기 자신도 상대에 맞게 달라질 수 있다. 사이버 공간은 자유와 선택을 통해 자신의 욕망을 충분히 실현시킬 수 있는 공간이다. 사이버 공간에서 스스로 여러개의 아이디를 만들어 사용하는 것은 타인에게 비춰지는 관계 속에서 자신의 욕망을 실현하는 단초인 것이다. 자유와 선택 속에서 상대에 대해 일치된 자신의 정체성을 보여주지 못하는 경우도 있지만, 오히려 스스로가 만든 이름이나 수단을 사용함으로써 보다 진정한 정체성을 보여주는지도 모른다. 인터넷의 발달을 통해 자아정체성을 다양하게 보여주는 수단들이 등장하고 있지만, 이렇게 드러난 자아정체성이 현실과 유리된 일관성 없는 정체성은 아닐 수 있다는 점에서 사이버 자아도 사회적 자아로서 문화 이해의 중요한 관심 영역이 되어야 한다.

3. 인터넷과 인간관계의 확장

인터넷은 자신을 보여줄 수 있는 여러 가지 메커니즘이 잘 발달된 공간이다. 앞서 본 것처럼 아바타, 아이디, 메신저의 대화명, 블로그와 미니홈피, 카페 커뮤니티, 그리고 UCC를 이용하게 되면서 사람들 사이의 관계가 이전과 다르게 변화하고 있다. 이러한 채널들을 통해 사람들은 다양한 인간관계를 만들 수 있는 네트워크를 가지게 되었을 뿐 아니라 이전보다 손쉽게 인간관계를 맺을 수 있게 되었다. 인터넷은 개인의 중요한 사안에 따라 역할 조정에 맞는 인간관계의 형성에 중요한 기능을 하고 있다. 인간관계는 인터넷 환경과 관련이 있으며 이러한 인터넷 환경이 사이버 문화의 특징이 된다.

인간관계의 확장

2006년 「미국사회학리뷰」 연구보고서에서는 인간관계가 지난 20년 동안 더욱 고립되어왔으며 이는 함께 만나서 일하는 시간이 줄어들면서 인간관계가 소원해졌기 때문이라고 했다. 그러나 인터넷은 오히려 사람들을 만날 수 있는 기회를 다양하게 제공하게 되면서 인간관계를 더욱 개선시키고 있다는 최근의 흥미로운 결과에 주목하게 된다.

미국 퓨리서치센터의 2009년 연구결과와 같이 인터넷이 사람들 사이의 관계를 더 좋게 만든다. 근대 사회의 출현과 더불어 사회적 관계는 계속 확장되었다. 인터넷의 사회적 관계도 근대성이 가져온 사회적 관계 확장의 연장선상에 있는 것으로 이해할 수 있다. 사회적 관계는 크게 직접적이고 대면적인 관계와 간접적이고 비대면적인 관계로 나뉜다. 전자는 1차적 관계이고 후자는 2차적 관계이다. 사회관계의 변화는 결국 2차적 관계인 간접적 관계의 진화이다. 간접적인 사회관계가 어떻게 확장되었는가를 네 가지 차원에서 접근해볼 수 있다. 1차적 관계는 직접적 관계이고, 2차, 3차, 4차적 관계는 간접적 관계이다. 3차적 관계의 경우는 신체적 공존이 필요하지 않은 간접적 관계이다. 예를 들면, 투표자와 국회의원, 은행 고객과 멀리 떨어진 은행 본점의 직원의 관계이다. 이러한 관계는 상대를 만나지 않아도 상대에 대해 인식하고 있는 관계이다. 인터넷에서 이러한 관계는 충분히 가능하다. 4차적 관계는 적어도 한쪽 당사자가 주의를 기울이거나 인식하는 일 없이 발생하는 간접적 관계이다. 예를 들면, 도청, 해킹, 백화점 고객 정보의 상업적 이용 등을 말한다. 기술 수준이 어느 정도 요구되는 상황에서 발생하는 관계이다. 인터넷과 같은 기술적 환경은 바로 4차적 관계를 무한히 가능하게 한다. 사실상 인터넷의 발달이 2차적 관계를 다시 3차적 관계와 4차적 관계로 확장시킨 것이라고 볼 수 있다.

사이버 공간의 새로운 관계는 과거에 잃어버렸던 공동체를 되살릴 것이라고 예견하는 사람도 있지만, 단순히 과거로의 회귀로만 생각할 수 없다. 인터넷의 사회적 관계는 앞서 본 3차, 4차적 관계가 활발히 일어나는 양상을 보인다. 이러한 사회적 관계에 작용하는 인터넷 문화의 특성을 살펴보면 다음과 같다.

첫째, 인터넷은 시공간의 구속이 없다. 가정이나 학교, 사무실, 야외에서 자유로이 이용 가능한 노트북과 스마트폰 등을 통해 사용자는 안전하고 편리하게 자기가 원하는 시간에 인터넷 접속을 통해 자신이 원하는 정보나 사회적 관계를 만들 수 있다.

둘째, 인터넷의 사회관계는 공통의 관심사를 기반으로 형성된다. 인터넷 커뮤니티에서 사람들은 오프라인의 성별이나 직업 또는 사회경제적 기반에서 친밀감을 느끼기보다는 공유하는 관심 주제에서 더 동질감을 느끼게 된다. 따라서 그들이 가진 취미나 관심 또는 인생 경험은 서로 동질적 교감을 갖는 주요한 소재가 되고 이를 바탕으로 상대적으로 높은 교감적 이해와 상호적 지원을 가져다줄 수 있다.

셋째, 인터넷은 참여와 상호작용, 자발적 커뮤니케이션의 중심이 된다. 인터넷에서 상호작용하는 사람들의 집단은 시간이 지남에 따라 점점 더 인격적이고 친밀한 관계를 맺게 된다. 그러나 자발적 참여가 없으면 공동체의 구성원이 될 수 없다. 특정 블로그나 커뮤니티의 경우 많은 참여자가 활동하게 될수록 관계 지속적 커뮤니티가 되지만, 그렇지 않으면 1인 블로그나 소수의 커뮤니티로 그치게 된다. 리더 없는 리더들의 상호작용이 중요한 메커니즘이 된다. 즉, 많은 사람들의 참여와 상호작용으로 커뮤니티가 만들어진다.

넷째, 인터넷은 열린 공동체이다. 카페나 커뮤니티의 경우, 쉽게 말해 가입과 탈퇴가 자유롭다. 접근이 용이하여 나이와 성별에 상관이 없이 누구나 관계형성에 쉽게 관여하고 또 관계이탈에도 제약 없이 자유로울 수 있다.

다섯째, 인터넷은 상대적으로 평등하다. 개인의 신상 정보나 배경을 알지 못해도 제약 없이 관계를 유지할 수 있다. 특정 주제에 대한 동질감을 갖는 것이 더 중요하기 때문에 오프라인에서보다 훨씬 평등한 관계를 맺을 수 있다.

웹을 기반으로 하는 플랫폼이 사회적 관계를 만들어내면서 우리는 상대 없는 사회적 관계를 생각하게 된다. 서구인들에게 위키피디아 혹은 유튜브와 같은 것들은 일상생활의 한 부분이 되었고, 우리 사회에서도 싸이월드의 미니홈피와 포털의 블로그는 중요한 일상이 되었다. 위키피디아, 유튜브, 싸이월드, 그리고 블로그 등은 상대 없는 관계맺음의 중요한 기제가 되고 있다. 이러한 것은 이제 전화기나 텔레비전처럼 당연한 것으로 받아들여지고 있어서 사회관계의 맺음 방식을 기존의 방식과 다르게 보지 않으면 안 된다. 가족 공동체, 종교 공동체, 정치 공동체 등을 사람들 간의 관계 속에서 이해했지만, 그 관계의 형식이나 방향이 달라지면 공동체가 만들어내는 가족문화, 종교문화, 정치문화도 변하게 마련이다. 인터넷이 가족, 종교, 정치를 어떻게 바꿀 것인가를 생각해봐야 한다.

4. 인터넷과 문화 변용

디지털로 소통하는 정보사회의 기본적 법칙은 인터넷의 개방형 아키텍처를 토대로 한다. 따라서 인터넷의 자유는 사실상 누구로부터도 침해받아서는 안 된다는 주장들이 있다. 최근엔 독일의 블로거들이 대거 모여 인터넷 선언이란 것을 발표했고, 이전엔 전자 프런티어 재단의 창립자 중한 명인 존 페리 발로가 사이버 공간의 독립선언서를 발표하기도 했다. 사이버 공간의 독립성을 폭넓게 내세우는 사이버 자유지상주의자들의 주장에 단초를 제공하는 것으로 사이버 공간의 자율성을 목소리 높여 외친 것이었다. 이들은 사이버 공간을 현실의 위계구조, 즉 정치권력으로부터 해방된 공간으로 간주하거나 해방된 공간으로 만들 수 있다고 믿고 있다. 인터넷 자체는 흔히 공공이익이라는 이름으로 은폐되어온 정치적·경제적 이해관계의 보호를 위한 자유의 위협이 있어서는 안 된다는 주장들인 것이다.

인터넷에서 자유를 위협하는 것은 정보의 습득과 활용에 있어서 최소한의 자기결정권이라는 기본권을 침해하는 것일 수 있다. 이러한 논리에서 본다면 상대적으로 인터넷의 문화는 상당히 자유로우면서 개방적인 문화가 될 수밖에 없다. 인터넷은 문화의 새로운 경향을 만들어내는 선봉대의 역할을 가능하게 만든다. 그것은 바로 자유 그 자체의 구가인 것이다. 인터넷을 통해서 자신이 믿고 있는 것을 두려움 없이 표현할 수 있으며 문화의 아방가르드를 만들어가는 것이다. 따라서 인터넷에 등장하는 문화적 현상은 현실문화의 벽을 허물게 되고, 제약에서 벗어나 자유로울 수 있다. 그 가운데 대표적인 것이 언어 변용이다.

언어 변용

인터넷에서의 언어 변용은 한 사회에서 규범적으로 정한 언어의 기본 원리를 탈피하여 축약어, 자모음 떼어쓰기, 고어나 특수문자의 조합, 이모티콘 등의 사용을 통해 자유롭게 자신의 생각을 표현하는 모습을 띤다. 그러나 언어 사용에 대한 특별한 검열기제가 마련되어 있지 않은 탓에 욕설이나 음란한 발언, 비속한 표현 등도 나타나는 문제가 있으며, 또한 형식적으로 일상어의 맞춤법과 띄어쓰기가 무시되며 사용자들만이 이해할 수 있는 새로운 언어가 만들어지면서 인터넷이 문화 변용의 장소가 되고 있다.

인터넷의 문화 변용은 통신언어에서 시작된다. 통신언어는 인터넷, 휴대전화를 이용하여 통신상에서 이루어지는 모든 의사소통 과정에서 사용되는 음성, 문자를 총칭한다. 세부적으로는 대화방 언어, 도배 언어, 네트워크 게임상의 게임 언어, 전자게시판 언어 등 컴퓨터상에서 사용되는 언어뿐만 아니라 핸드폰의 문자 메시지까지 포함하는 광범위한 개념으로 정의할 수 있다. 통신언어에서 발생하는 언어 변용은 크게 이모티콘, 신조어 또는 외계어 등으로 구분할 수 있다.

이모티콘은 상징표현에 기반하는 것으로 처음 보는 사람도 직관적으로 그 의미를 알 수 있게 컴퓨터 키보드상의 단순한 문자와 기호를 사용하여 소통하는 그림문자이다. 처음에는 보통 3개 정도의 문자를 조합해 만들었지만 최근 수천 개의 문자를 조합한 이모티콘 작품까지 등장하면서 표현도 갈수록 정교해지고 있다. 이모티콘은 인간 감정의 희로애락을 형상화한 문자, 특수문자, 기호를 사용하여 나타낸다. 이러한 이모티콘은 다음과 같은 특성을 보인다. 첫째 유머러스한 의사표현이 가능하며, 둘째 자신의 미묘한 감정을 표현할 수 있으며, 셋째 인간 본성의 직관에 의존한 메시지 전달수단인 비언어적 기호여서 국제적 언어의 기능을 하며, 넷째 사용자 스스로 새로운 아이콘을 창작할 수 있고, 다섯째 축약된 기호의 한계로 인한 맥락 단서의 부족으로 상대방의 오해를 불러일으킬 수 있다. 이모티콘은 사실상 통신언어인 소통의 수단으로 이제 언어문화의 한 영역을 차지하고 있는 것으로 보는 것은 그리 어렵지 않게 되었다.

한편 신조어는 기본적으로 새로운 단어나 의미를 만들어내는 것을 말한다. 인터넷과 같은 정보기술을 이용한 신조어는 새로운 단어나 기호에 다양한 의미를 첨가하는 등 여러 방법을 동원한 컴퓨터 통신언어라 할 수 있다. 인터넷에서의 신조어는 '방가~방가~', '어솨요' 등과 같이 타수를 줄여 시간을 절약하기 위하여 나온 경우도 있지만, 표준 어휘에서 벗어나 개인적 감정이나 해학을 보여주는 창조적 단어도 있다. 예를 들어 아래와 같은 것들이 그렇다.

부시즘 : 전쟁만으로 국제문제를 해결하려는 미국 부시 대통령을 비꼰 말로 사용된 은어.

디찍병 : 디지털 카메라로 무엇이든지 찍고 싶어 하는 젊은 층의 심리를 뜻하는 은어.

이태백 : 20대 태반이 백수라는 뜻으로 사용된 은어.

오륙도 : 56세까지 직장에 남아서 일하면 도둑놈이라는 뜻의 은어.

욕티즌 : 온라인에 접속만 하면 욕을 하는 사람이라는 뜻의 은어.

얼짱 : 얼굴이 짱인 스타라는 뜻의 은어.

몸짱 : 몸매가 최고라는 뜻으로 사용되는 은어.

아햏햏 : 이상하고, 마음에 들지 않는, 황당한, 어처구니없는 모든 것을 초월한, 달관한 등의 뜻으로 특별히 고정된 의미를 갖지는 않는다.

낙바생 : 낙타가 바늘구멍을 통과하듯 어렵게 취업한 졸업 예정자.

토폐인 : 전공 외에 토익 공부를 하다 폐인이 된 것.

유턴족 : 사회 진출에 실패하고 학교로 돌아오는 학생.

체온 퇴직 : 직장인들이 체감 정년을 36.5세로 보는 것.

이제 이러한 언어 변용이 한편으로 '그들만의 언어유희, 언어질서 파괴의 주범'이라는 경각심을 불러일으키면서 다른 한편으로는 일상 언어에 스며들면서 당연하게 받아들여지고 있다. 여기에 한글과 외국어를 결합, 합성 또는 변형하거나 문자의 시각성만을 극대화한 일명 '외계어'도 나타나고 있다. '이구동性', '긘나자(만나자)', '凸잇 딀옷(철이 들어)' 등 인터넷을 사용하지 않는, 또는 인터넷을 사용하더라도 일반 사람들은 이해하기 어려운 수준의 언어기호들이 나타나고 있다. 언어 사용이 그 사회의 문화의 단면을 보여주는 것이라면, 인터넷의 언어문화는 일탈적 언어로서 문화 변용의 일선에 있는 셈인 것이다. 이모티콘, 신조어, 외계어 등은 표준 언어의 입장에서 일탈적인 언어이긴 하지만 분명히 인터넷상에서 커뮤니케이션의 수단으로 활용되고 있다는 점에서, 우리는 이러한 것이 갖는 문화적 의미가 무엇인지 생각해보아야 한다.

더구나 10대 청소년들은 이를 활발히 사용하고 의미를 강조한다는 점에서 소통의 수단으로서 거부감이 없는 상태에 있다. 소통의 수단이 된다는 것은 언어기호에 문화의 의미가 배태되었기 때문이다. 통신기호를 통해 담긴 의미를 해석하고 그것을 통해 의미체계를 이해하는 것이 그 사회의 문화이해의 출발이라고 본다면, 언어 변용을 주의 깊게 보는 것이야말로 그 사회의 문화 이해를 위해서는 중요한 것이다. 소통의 도구로 정착되어가는 인터넷의 변용된 언어들이 현실 언어의 자리를 밀쳐내고 있는 현상에서 우리는 인터넷의 언어 변용을 언어체계에 맞지 않다고 도외시할지 모르지만, 현실 언어가 인터넷 언어에 자리를 내주는 모습 속에서 문화현상의 변용을 생각하지 않을 수 없다.

인터넷에서의 자아형성

우리의 머릿속에 추구하는 일반화된 타자를 구체적으로 현시화할 수 있는 인물을 사이버 공간에서 만든 결실이 사이버 인간이라고 할 수 있다. 보다 완벽하고 멋진 인물의 창조는 내가 바라는 타자(others)의 창조이다. 이러한 타자가 더 이상 완벽한 타자의 역할을 하지 못하면 사이버 캐릭터는 실종된다. 사이버 공간에서의 타자는 나의 의지를 펼치기보다는 많은 사람들의 욕구를 동시에 만족시키는 인물이었다. 모든 사람들이 만족하는 타인을 쫓기보다는 차라리 또 다른 나를 만드는 것이 더 만족스러운 일이다. 완벽한 일반화된 타자를 만들기보다 자아를 또 하나 창조하는 것이다. 바로 아바타(Avatar)의 등장이다. 아바타는 분신이나 화신을 뜻하는 말로 사이버 공간에서의 또 다른 나 자신이다. 현실세계를 그대로 재현해서 옷도 입히고 집 장만도 하고 쇼핑도 즐기는 아바타. 인터넷 시대가 본격 열리면서 사이버 세상에 아바타가 활보하고 있다. (박창호, 『사이버 공간의 사회학』, 정림사, 2001, 105-106쪽)

사회학적 이해와 생각의 방식

만약 '사자가 어떻게 생겼는가?'를 묻게 되면 우리는 동물 책을 찾아서 그림을 가리키게 될 것이다. 이러한 방식에서 우리는 특정한 단어와 대상을 연결시킨다. 여기서 단어는 대상을 가리킨다. 대상들은 단어의 지시물이 되고 특수한 조건하에서 우리는 단어와 대상을 연결한다. 이와 같은 이해 과정이 없다면 우리가 당연히 받아들이는 일상의 커뮤니케이션은 불가능할 것이다. 그러나 이러한 연결을 보다 완전하게 하는 사회학적 이해는 이것만으로 부족하다. 위의 설명은 대상 자체에 대한 지식을 우리에게 주지 못하고 있다. 이제 우리는 보충적인 질문을 하지 않을 수 없다. 예를 들어, 이 대상은 어떤 면에서 특이한가? 어떤 면에서 다른 대상과 차이가 나는가? 그래서 그 고유의 이름으로 지칭하는 것이 정당한가? 만약 이 동물을 사자라고 지칭하는 것이 옳고 호랑이라고 지칭하는 것이 틀렸다면 호랑이가 가지고 있지 않은 것을 사자는 가지고 있어야 한다. 그 둘 사이에 분명한 차이가 있어야 한다. 이러한 차이를 발견함으로써 우리는 '사자'라는 단어가 나타내는 대상이 무엇인가를 이해하도록 하면서 사자의 특징을 알 수 있게 한다. 마찬가지로 우리가 사회학적이라고 하는 것도 생각의 방식에 대한 특성을 밝히기 위해 노력하는 것이다. (지그문트 바우만·팀 메이, 박창호 옮김, 『사회학적으로 생각하기』, 서울경제경영, 2011, 서문)

1. 사이버 공간에서 자아정체성을 드러내는 방법으로 어떤 것이 있는가?

2. 인터넷에서의 문화 변용의 예를 들고 현실에서의 문화와 어떤 차이가 있는지 탐색해보자. 그리고 인터넷 문화만이 지니는 특징은 무엇인지 논의해보자.

마크 포스터, 김승현·이종숙 옮김,『미네르바의 올빼미가 날기 전에 인
터넷을 생각한다』, 이제이북스, 2005.

박창호,『사이버 공간의 사회학』, 정림사, 2001.

박창호, "소비주의 사회와 인터넷 소비의 문화지형",「현상과인식」,
32(3), 2008, 112-136쪽.

셰리 터클, 최유식 옮김,『스크린 위의 삶: 인터넷과 컴퓨터 시대의 인
간』, 민음사, 2003.

이재현,『인터넷과 사이버사회』, 커뮤니케이션북스, 2000.

이종관,『사이버 문화와 예술의 유혹』, 문예출판사, 2003.

피에르 레비, 김동윤·조준형 옮김,『사이버 문화: 뉴테크놀로지와 문화
협력 그리고 커뮤니케이션』, 문예출판사, 2000.

하워드 라인골드, 이운경 옮김,『참여 군중: 휴대폰과 인터넷으로 무장
한 새로운 군중』, 황금가지, 2003.

제3부
일상생활

제 7 강

드라마로서의 사회, 연기자로서의 자아

김광기

사회란 무엇일까? 그것을 도대체 무엇에 비유할 수 있을까? 이 장에서는 이 문제에 골몰해 나름의 심도 있는 통찰을 보여주었던 사회학자들의 사상을 살펴보기로 한다. 이 장에서 초점을 맞춘 이들은 미국의 사회학자 고프만과 버거이다. 그들은 모두 사회가 본질적으로 연극과 다르지 않다고 주장한다. 이 장의 목적은 사회를 일종의 드라마(연극)로 본 고프만과 버거의 사회학에 대해 알아보는 것이다. 보다 구체적으로는 우리가 몸담고 있는 사회적 현실의 연극성 혹은 공연성을 부각시킴으로서 세상 속의 우리의 삶이 곧 하나의 드라마일 수 있다는 사실을 고프만과 버거가 어떻게 우리에게 제시했는지를 살펴보기로 한다. 이런 작업을 통해 공연이 지닌 원래의 허구성이 사회적 드라마에도 어떻게 그대로 적용될 수 있는지도 함께 알아본다. 특히 자아가 지닌 정체감의 정체를 파악하는 데도 초점을 맞춘다. 아울러 허구에 기초한 사회적 드라마가 현실성을 획득해 공고해지는 데 '의례'가 어떠한 역할을 하는지도 함께 고찰해본다.

┌─ 키워드 ─

공연, 사회, 무대 전면, 무대 후면, 인상 관리, 전통, 현대, 정체감, 의례

1. 쇼를 하라, Show!

2003년 5월 1일 당시 미국 대통령이었던 부시는 이라크와의 전쟁 종료를 선언하기 위해 매우 특별한 방법을 선택하였다. 부시는 미 역사상 최초로 손수 몬 비행기로 미국 항공모함 중 하나인 링컨호에 내려앉는 모습을 미국 전역은 물론 세계 전역에 보여주는 이벤트를 연출하였다. 비록 전투기가 아닌 조그만 4인승 비행기로 항공모함에 안착하긴 했지만, 이른바 '탑 건', 즉 일급 전투비행조종사로서의 부시의 면모를 대내외에 극적으로 알리는 데 결코 부족함이 없는 방식이었다. 비행기 문을 열고 나온 부시는 곧 병사들에게 둘러싸여 연설하기로 되어 있었다. 대통령이 자신들이 탄 항공모함에 승선하리라는 것을 전혀 예상치 못했던 병사들은 대통령이 온 것을 알고 비행기 주변으로 몰려들어 그를 열렬히 환영하였다. 부시는 전형적인 녹색 공군조종사 제복을 입고 비행기에서 당당히 내

＊ 이 장은 이전에 발표된 두 개의 논문을 책의 형식에 맞게 한 장으로 압축해 수정하였다. 발표된 논문은 다음과 같다. "'존재감'을 위한 일반적 조건, 그리고 한국적 조건", 「현상과 인식」 제34권 3호(통권 111호), 2010, 175-201쪽. "위선이 위악보다 나은 사회학적 이유", 「사회와 이론」 제18집, 2011, 107-134쪽.

렸으며 군화를 착용함은 물론 공군조종사 헬멧도 들고 있었다. 연설을 하기 위해 자리 잡은 부시 뒤편의 항공모함 주 탑에는 '성취된 임무(Mission Accomplished)'라고 적힌 커다란 현수막이 걸려 있었고, 병사들은 이내 정색을 하고 정렬하였으며 깜짝 방문을 한 대통령을 환대하는 오랜 박수가 이어진 후 부시의 전쟁 종료 선언은 시작되었다.

그런데 마치 영화 〈인디펜던스데이〉의 한 장면과도 같은 부시의 이러한 등장은 텔레비전 프로그램 제작 전문가들이 만든 정교한 '쇼'임이 나중에 밝혀졌다. 이 일이 있은 며칠 뒤 「뉴욕타임스」 기사에 의하면, 부시의 이 'USS 링컨 탑건 쇼'는 전(前) ABC 방송 제작자, 전 NBC 방송 촬영감독, 그리고 전 Fox 뉴스의 제작자 등 세 사람의 정교한 합작품이었다. 이들 모두 이전의 미국 유수 언론과 방송 관련 일을 그만두고 부시의 선거진영에 고용되어 부시의 이미지 관리를 위해 일했던 사람들이다. 대통령의 이미지를 관리하는 한 담당자는 자신이 이끄는 팀은 대통령이 무슨 말을 하는가뿐만 아니라 미국인들이 무엇을 보는가에 대해서도 특별히 주목했다면서 부시의 'USS 링컨'에서의 전쟁 종료 선언 행사의 경우에도 "부시의 오른쪽 어깨와 그 뒤에 있는 링컨호 병사들의 셔츠 색깔이 조화를 이루도록 신경 써야 했고, 또한 '성취된 임무'라는 휘장도 연설하고 있는 대통령과 잘 맞도록 배치했다"고 밝혔다. 또한 부시의 연설 시간도 부시가 최대한 돋보일 수 있게 하기 위해 그야말로 '황금시간대'에 편성했노라고 술회하였다.

이러한 정치인의 쇼는 비단 미국에서만 보이는 것이 아니다. 우리나라에서도 쉽게 찾아볼 수 있다. 서민 위주의 정책을 펴고 있다는 것을 혹은 앞으로 펴겠다는 것을 보이기 위해 대통령을 포함한 정치가들이 실제로 어떤 행보를 보이는가를 주의 깊게 살펴보라. 즉, 그들은 백이면 백 상류층이 찾는 고급 백화점이나 명품상점보다는 꼭 재래식 시장 등을 둘러보는데, 그때 그들이 즐겨 입는 옷은 감색 싱글 정장이 아닌 회색 잠바다. 그리고 그때 애용하는 교통편은 어김없이 지하철이나 버스 같은 대중교통수단이다. 이런 민생순찰을 한 후에는 몇몇 시장 상인들과 간단한 소찬과 막걸리 반주를 곁들인 식사를 하는 장면이 나온다. 그리고 그 자리에서 서민들을 위한 이런저런 정책들을 반드시 만들겠노라고 공언한다.

그런데 이러한 장면에서 우리가 주목할 것은 바로 그들이 서민을 위한 정책을 실제로 입안하고 실행하였는가가 아니라 그들이 그런 것을 발표하거나 그러한 의지가 있음을 알리고자 할 때 그들이 택한 방법이다. 즉, 그들이 충분히 서민들과 함께 호흡하고 있으며 서민을 늘 염두에 두고 있다는 것을 보여주고자 할 때 어떠한 공간과 시간, 그리고 행색과 태도를 채택하여 활용하였나 하는 점이다. 이러한 정치인들의 연기, 즉 쇼에 대한 것은 미국의 유력지 중 하나인 「보스턴 글로브」지의 한 필자가 날카롭게 지적한 적이 있다. 대통령 선거를 앞두고 대통령이 갖추어야 할 자질 가운데 할리우드 배우와 같은 연기력도 포함되어야 한다는 것이다. 연기자들은 허상을 창조하지만 정치인들은 그렇지 않다고 여기는 일반인들의 생각에 반하는 진실을 까발리고 있다.

그는 일반인들의 그러한 통념은 폐기되어야 하며, 정치, 특히 현대 정치를 제대로 이해하고자 하는 이들이라면 다음의 사실을 직시해야 한다고 조언한다. 정치인들이 '진짜'처럼 보이게 하는 데에는 엄청난 재능과 연습, 그리고 맹훈련이 반드시 뒤따라야 한다는 사실 말이다. 이 과정엔 당연히 이미지 관리사의 조언과 커뮤니케이션 전문가의 도움이 반드시 들어가게 마련이다. 극작가 아서 밀러가 2001년에 쓴 에세이 '정치와 기술'에서 말했듯, 모든 정치 지도자들은 정치에 연기가 필요하다는 사실을 이미 그리고 충분히 알고 있다.

그런데 정치인들의 모습에서 쉽게 찾아볼 수 있는 이러한 연기가 단지 그들만의 전유물이 아니라는 것이 이제 이 장에서 풀어내고자 하는 이야기의 골자라 할 수 있다. 다시 말해 이러한 쇼, 즉 연기는 동서고금을 막론하고 일상을 살아가는 남녀노소 누구나 행했고 또한 행하고 있음을 상기시키고, 그런 연기를 바탕으로 인간의 문화가 가능하다는 것을 제시하는 것이 이번 장의 목적이다.

2. 연극 같은 인생, 혹은 인생은 연극?

우리의 인생을 연극 혹은 연극 무대에 비유한 사람들로는 일찍이 셰익스피어, 라신, 그리고 피란델로와 같은 대문호들이 있다. 하지만 이를 사회학적 관점으로 승화시켜 인간의 사회와 문화를 연극무대에 비유해 그것들의 본질을 본격적으로 탐구한 이는 고프만이 처음이다.

극적으로 쇼하기

그러면 이제부터는 사회라는 공연, 혹은 실질적으로 공연이라 할 수 있는 사회에 대해 고프만이 어떻게 접근하고 있는지 자세히 살펴보기로 하자. 고프만이 보는 사회적 공연, 즉 드라마로서의 사회는 다음의 특징들을 지니고 있다. 우선, 사회적 드라마에 참여한 개인들은 타인들에게 자신들의 행동이 어느 모로 보나 전혀 얼토당토않게 보이지 않도록 노력함으로써 극적으로 연기를 수행하는 배우가 된다. 이렇게 보이게 하기 위해 그들은 십중팔구 어떤 '신호'를 사용하게 되는데, 이 신호는 타인들로 하여금 연기하는 자신이 무엇을 하는지를 알아보게 하는 데 도움을 준다. 따라서 이런 신호를 끊임없이 발산하고 또한 그것을 타인들이 적절하게 수용하게 하기 위해 개인들은 매 순간 애써야만 한다. 예를 들어보자. 비교적 저렴한 음식을 파는 미국 쇼핑몰의 간이식당가(푸드 코트)에 가면 세계 각국의 음식이 모두 팔리고 있다는 착각이 들 정도로 다양한 음식을 접할 수 있다.

그중 일본 음식을 파는 코너에 가서 음식을 주문할 때, 일본어를 잘한다고 해서 혹시 일본어로 주문을 하면 십중팔구 밥을 못 먹고 나올 공산이 크다. 그 이유는 그 매장의 사람들이 영어만을 할 줄 알아서가 아니고 그들 대부분이 중국인들이기 때문에 그러하다. 즉, 일본 음식을 만들어 파는 매장에 흑인 또는 백인을 종업원으로 두는 법은 거의 없다고 해도 과언이 아니다. 매장의 주인은 점원으로 비록 일본인은 아니지만(저임금에 노동할 일본인 구하기는 매우 어렵다) 그들과 외양 면에서 비슷한 동양인인 중국인을 매장에 내세워 미국인들에게 일본 음식을 만들어 팔고 있는 것이다. 동양계의 인종을 쉽게 구별 못하는 미국인(그 점에서 거꾸로 우리는 서양 사람들을 잘 구별하지 못한다)에게 일본 음식을 파는 데 서양인보다는 중국인이 낫다고 주인들은 판단했을 것이다. 이때 중국인들의 얼굴과 외양은 일종의 '신호'로서 일본 음식 매장을 찾는 미국인들에게 작용한 것이다. 따라서 고프만 식의 사유로 보면 이런 매장의 주인들은 드라마적 사회가 무엇인지를 잘 아는 훌륭한 사회학자인 것이다.

이상적으로 쇼하기

둘째로 사회적 드라마에 성원으로 참여한 개인은 자신이 맡은 배역과 연기가 자신이 속한 사회의 일반적 도의나 상식에 어긋남이 없는 지극히 '정상적인' 것이라는 인상을 타인들에게 심어줄 필요가 있다. 여기서 사용된 '정상적인'이라는 말은 한 사회의 '전형적인'이라는 말과 바꾸어 써도 전혀 무리가 없다. 한 개인은 자신이 맡은 인물 성격과 행동이 한 사회가 지닌 일종의 '공통적이고 공식적인 가치'에 위배되지 않는, 즉 그것의 일환이라는 것을 매 순간 여실히 보여주어야만 한다.

그리고 이렇게 하기 위해서는 어떤 사회에서 통용되고 있는 그 '공통적이고 공식적인 가치'를 어느 정도는 습득하고 있어야 하며, 이 습득된 가치들은 이런저런 상황 속에서 조율되고 수정된다. 어쨌든 그러한 가치를 견지하는 것으로 남에게 보인다는 것은 곧, 그 사회적 드라마에 참여한 사람들 모두 어떤 사회가 보유한 공통된 가치의 핵심에 바짝 다가서려는 욕구, 이를테면 우리나라의 경우 대학은 이른바 일류대학을 나와야 한다는 가치, 거주지는 서울 그것도 강남이어야 한다는 가치를, 대학을 가려는 자든 혹은 아니든 강남의 거주자든 아니든 상관없이 그러한 가치들이 이 사회에 엄연히 존재하고 있다는 것을 분명히 인식하고 있어야 함을 의미한다. 만일 어떤 이가 이러한 '공통의 가치'를 인식하지 못하고 재확인하지 않으면서 자신의 어떤 것을 드러내 보이려 할 경우, 그의 행위는 타인들에게 설령 하나의 이해의 대상으로서 전적으로 배제되지는 않겠지만, 그들의 성공적인 이해는 크게 기대하지 않는 것이 좋다. 그리고 대부분의 행위자들은 이러한 사실을 알고 있으며, 자신을 드러내는 것에 실패하지 않기 위해 그러한 '공통의 가치'를 사용하고 있는 것이다.

사회에서 자신과 자신의 행위가 이렇게 '정상적인' 것으로 보이기를 원한다는 공연적 성격이 극명히 드러나는 곳은 바로 '지위'와 관련된 영역이다. 고프만이 제시하는 예를 보면, 사회의 상류층은 상류층대로 하류층은 하류층대로 서로 자신들이 처해 있는 사회적 위치를 드러내는 일에 몰두하고 있는데 그때 그들이 동원하는 것은 바로 '돈'이나 '부' 같은 '지위상징'이다. 상류층에 속한 이들은 자신들이 가진 것보다 더 많이 '부'를 지닌 것처럼 행세하고, 하층민들은 그들이 가진 것보다 더 적게 가진 것처럼 보이려 애쓴다. 그리고 이러한 애씀은 '부'와 관련된 모든 것에 다 해당한다. 즉, 하층민의 경우 그들은 자신들을 위해 암묵적으로 수락하는 지위보다 더 낮은 지위에 맞는 이상적 가치를 얼마나 잘 연기할 수 있는가를 늘 염두에 둔다. 그 예로 미국 남부의 흑인들은 백인들과 접촉하는 동안, 자신들이 진정으로 무식하고 게으르며 이래도 그만 저래도 그만인 식의, 그야말로 천하태평의 인생관을 갖고 있는 것처럼 행동해야만 한다고 느낀다. 그리고 마음에 드는 남자 앞에서 여학생들은 그 남자가 자신이 이미 알고 있는 것을 말하고 있어도 마치 처음 듣고 있는 것인 양 내숭을 떤다는 것이다. 그러나 이와 관련된 가장 근사한 예는 지하철 등에서 구걸을 하는 사람의 옷차림에서 찾을 수 있다. 우리는 지하철에서 가끔 구걸을 하는 이들을 보게 되는데 그들이 말쑥한 정장 차림으로 혹은 값비싼 유명 상표 옷을 입고 그렇게 하는 것을 보기란 쉽지 않다. 이것이 바로 고프만이 이야기하는 '정상적'으로 드러내기의 매우 좋은 예가 된다.

이렇게 '정상적'인 것으로 자신을 드러내는 것을 고프만은 '이상화'라고 명명하였는데 이러한 '이상화'를 성공적으로 수행하기 위한 수단으로 택할 수 있는 것에는 크게 두 가지가 있다고 한다. 그 하나는 '관객 격리'이고 나머지 하나는 '자신이 그 일에 적임자'라는 강한 인상을 관객, 즉 타인에게 부여하는 것이다. 먼저, 관객을 격리시킨다는 것은 다음을 일컫는다. 한 개인은 단 한 사람이 아닌 여러 사람과 사회적 교분을 맺는다. 그리고 그가 자신과 교분을 맺는 사람들 하나하나를 대할 때 그 자신이 그들에게 보여주는 모습은 제각각이라는 것이다. 그래서 부모 앞에서는 온순한 양 같아 숫기가 없다고 자식을 두고 걱정하는 부모가, 다른 아이가 아닌 바로 그의 자식이 친구들 사이에서 엄청난 인기를 끄는 카리스마 있는 아이라는 사실을 알고서는 깜짝 놀랄 수가 있는 것이다. 그 경우, 그 아이는 고프만이 말하는 '관객 격리'를 훌륭히 수행한 경우라고 볼 수 있다. 그런데 이와 관련해서 더욱더 흥미로운 점을 고프만이 하나 지적하고 있는데 그것은 바로, 어느 순간 한 개인이 자신이 보여왔던 그 '관객 격리'에 염증이 나서 그것을 깨부수려 할 경우에 그를 상대하던 관객들, 즉 타인들이 의외로 그런 행위를 못하게 막으려 든다는 점이다. 예를 들면, 고위급 장교인 남편이 자신의 부하들에게뿐만 아니라 부인인 자신에게조차 부하 취급을 하려 하면, 십중팔구 그 장교의 부인은 저항하며 그 저항이 먹혀들지 않으면 보따리를 싸려 할 것이다.

두 번째로 자신이 어떤 일에 적임자라는 강한 인상을 관객들에게 주기 위해 한 개인이 택하는 방법은 자신이 상대하는 특정 관객 각각에게 그와 그 관객 간의 관계가 매우 유별나고 특별하다는 것을 주지시키는 것이다. 그것이 통하면 통할수록 그 자신은 그와 관계하는 타인으로부터 그가 맡고 있는 일이나 자리에 가장 걸맞은 인물이라는 인상을 줄 소지가 높아진다. 왜냐하면 자신에게 특별한 사람을 사회적 관계에서 마다할 사람은 거의 없기 때문이다. 따라서 세상 이치가 다 이러할진대 자신과 가장 가까운 친구가 자신 이외의 다른 사람과도 허물없이 지내는 것을 보고 실망하거나 시기하는 것은 매우 바보 같은 짓임에 틀림없다.

정리하면, 우리 인간 모두는 마치 무대 위에서 공연하는 배우들과도 같이 우리가 살고 있는 사회 속에서 그리고 사회라는 무대 위에서 날마다 나 자신을 드러내는 그런 연기를 하고 있다. 그리고 동시에 타인들의 연기를 접하고 받아주어야만 하는 관객이 된다. 다시 말해, 우리 모두는 서로에게 배우이자 관객인 것이다. 이것을 성공적으로 수행하기 위해 우리는 우리 자신을 그럴듯하게 타인에게 드러내 보이고, 또한 그들과 별반 다를 것이 없는 매우 평범한 가치관과 인생관을 지닌 것처럼 보이기 위해 매 순간을 신경 쓰며 살고 있는 것이다.

그런데 한 가지 분명한 것은 우리의 사회적 삶의 대부분이 이러한 식으로 구성된다고 할지라도, 전적으로 우리의 삶이 이런 식으로 구성되지는 않는다는 것 또한 사실이라는 점이다. 다시 말해, 이렇게 남에게 보이는 행위 말고도 나 혼자만이 알고 있는 그러한 '숨겨진 행위'도 존재한다는 것이다. 이러한 행위들은 대부분 한 사회가 가진 주류적 가치관이나 '이상적 기준'에 위배되는 것들이라 숨겨져야만 하는 것이다. 예를 들면, 늘 오페라만을 즐겨 보는 상류층이라도 가끔은 야한 동영상을 볼 때도 있는데 그들은 그것들을 대부분 은밀한 형태로 숨겨서 향유한다. 이것이 바로 '무대 후면'에서 일어나는 것들이다. 그리고 그렇지 않은 것들은 대부분 '무대 전면'에서 일어난다. '무대 후면'에 대해선 나중에 좀 더 자세히 살펴볼 기회가 있으니 여기선 이 정도의 개념 설명에서 멈추기로 한다.

3. 안경집 유리창이 맑고 깨끗한 이유: 인상 관리

혹시 길거리를 지나면서 수많은 상점들 중에서 유독 안경을 파는 매장의 유리창이 다른 곳의 그것보다 크며 게다가 맑고 깨끗하게 닦여 있다는 것이 눈에 들어온 적이 없는가? 아직도 없다면 한번 눈여겨보며 길거리를 거닐어보기를 권한다. 유독 다른 매장, 이를테면 뼈다귀 감자탕 집이나 일반 상점들보다 안경집 유리창은 더 크고 깨끗하다. 물론, 유흥주점을 포함한 술집 매장의 대부분은 유리창에 두꺼운 필터가 입혀져 있어 매장 안을 들여다볼 수 없으니 안경집 유리창과는 아예 비교조차 힘들다. 그렇다면 도대체 왜 안경집 유리창은 유독 다른 매장의 그것들보다 맑고 깨끗하며 투명할까? 이것이 바로 쇼를 위한 전술의 일환임을 발견할 수 있다면 이제 이 장에서 하고자 하는 이야기를 얼추 이해한 것과 진배없다.

즉, 안경집에 들어와 그 집의 안경을 구입해 착용하면 그 집의 맑고 깨끗한 유리창을 통해 내부가 훤히 보이는 것처럼 보이지 않던 것이 선명하게 보일 테니 어서 들어와 안경을 구입하라는 쇼를 간접적으로 하고 있는 것이다. 이런 쇼를 하기 위해 안경점 점원은 매장 문을 열면 안경을 닦기보다는 매장 유리창을 닦는 것으로 매일 아침을 시작할 것이다. 그리고 덧붙여 유리창은 다른 매장보다 더 크게 할 것이고, 매장의 조도는 대낮에도 매장 밖의 햇살을 이길 수 있을 정도로 밝게 맞추어둘 것이고 점원이 입는 옷 또한 빛이 잘 반사되는 흰색을 고를 것이고 자주 세탁해 입을 것이다. 이 모든 것이 그 안경점을 안경점이게 하는 쇼의 일종이다.

> **인상 관리**
>
> 배우가 공연을 하는 무대 위에서 그럴듯하게 보이기 위해 행하는 모든 행동과 몸가짐을 일컬어 고프만은 인상 관리(impression management)라고 했다. 시쳇말로는 흔히 '이미지 관리'라고도 불릴 수 있는 이 개념은 그렇게 불리는 것이 맞을 수도 있지만 틀릴 수도 있다. 왜냐하면 고프만이 말하는 인상 관리는 한 사람의 배우가 자기 혼자만의 연기를 돋보이게 하기 위해 행하는 그런 전략적 차원의 행동이 아니기 때문이다. 고프만이 이 개념을 통해 말하려 했던 것은 물론 그런 측면을 포함해서 자칫 쉽게 와해될 수도 있는 특정의 사회적 상황을 계속해서 물 흐르듯이 지속시키기 위해 그 상황에 개입한 참여자들 각자가 배우들처럼 그 붕괴의 위기를 잘 모면하는 기술까지를 포함한다.
> Erving Goffman, *The Presentation of Self in Everyday Life*, Garden City, N.Y.: Doubleday Anchor Books, 1959, 5장 참조(208–237쪽).

이것을 매장이 아닌 사람에게 적용할 경우, 이러한 쇼를 고프만은 '인상 관리'라고 명명하였다. 즉, 자신의 공연을 중도에 망치지 않고 지속적으로 그리고 성공적으로 수행하기 위해 사람들은 마치 배우가 자신의 옷매무새, 분장, 말투, 걸음걸이 등등을 매번 점검하며 연기에 임하는 것처럼, 자신의 인상을 관리한다는 것이다. 이러한 '인상 관리'의 예는 그야말로 무궁무진하다. 유명 의과대학 졸업장을 의사면허증보다 더 화려한 액자에 끼워 넣고 눈에 가장 잘 보이는 벽에 걸어두거나 환자 앞에서 영어 단어로 진료기록을 휘갈겨 써 내려가는 의사들은 그런 '인상 관리'를 통해 환자들을 긁어모으고 환자에게 책잡히지 않으려 한다. 읽지도 않은 그리고 앞으로도 읽을 것 같지 않은 많은 책을 연구실에 쌓아두고 있는 교수들은 그것으로 그 방에 드나드는 학생들을 기죽이려 하고, 또한 자신들도 잘 해독하지 못하는 영어 책을 학생들에게 읽게 함으로써 교수의 권위를 세울 수 있다고 굳게 믿는다. 글로벌화한 대학은 수많은 돈을 들여 외국 대학의 총장 몇몇을 초대해 자리에 앉히고 전통주 대신 양주 비슷한 것을 내놓고 파티를 하며 사진을 찍는 것으로 글로벌화한 대학임을 선언한다. 사실 우리가 우리네 대학 총장이 누구인지 잘 모르는 것처럼 그 외국 대학의 학생들도 자기 학교의 총장을 모르는데 말이다. 이 모든 것이 쇼이고 '인상 관리'이다. 어찌 이러한 예가 여기에만 국한될까? 학생들은 어떠하랴. 대학생들은 굵은 제목의 두꺼운 원서 하나를 가슴팍에 끼고선 공부도 하지 않고 뭔가를 아는 척 행동하고 눈에 보이지 않는 학교와 관련된 벽과 선에 우쭐해 하고 의기소침해 한다.

이 모든 것이 사실은 한 편의 코미디이다. 즉, 공연 중인 사회는 드라마인데 그 성격은 희극적이다. 그런데 문제는 이렇게 기막힌 코미디가 실상은 그곳에 참여한 사람들을 실제로 울리고 웃기며, 그들의 호주머니를 털기도 하고, 아까운 시간과 정력을 쏟게도 하며 심지어는 목숨까지도 앗아가는, 그야말로 잔인한 현실이라는 데 그 심각성이 있다. 그것이 바로 우리의 사회이고, 현실이고, 우리들이 만들어가고 있는 문화인 것이다.

4. 나는 쇼를 한다, 고로 나는 존재한다
: 현대인의 지상명령

그런데 사회가 지닌 이러한 근본적인 희극성—사회의 공연성에서 기인한—은 현대 사회로 넘어오면서 더욱더 발견하기 쉽다. 그 근본적인 이유는 현대 사회라는 드라마에 참여한 이들이 모두 제각각 다른 쇼를 하고 있기 때문이다. 이 말을 쉽게 에둘러 이야기하면 다음과 같다. 과거 전통 사회에서는 어떤 특정 상황에 놓여 있는 인간들은 그 상황에 맞는 전형적인 행동에 대한 일종의 합의와 감을 가지고 있었다. 따라서 특정 상황에서는 어느 누구나 상관없이 거의 비슷한 행동을 보였다는 것이다. 이 경우, 그 상황에 놓인 이들은 그들이 참여한 사회의 희극적 성질은 물론이거니와 연극적 성질조차 간파하기가 무척 어려웠다. 그들에게 그들이 참여한 상황은 단순한 드라마가 아닌 거부하거나 저항할 수 없는 매우 심각한 현실로 고려되고, 그러한 냉혹하고 엄정한 현실 속에서 자신들의 행위는 결코 일말의 장난기나 허위가 내포될 수 있는 연기로 보일 수 없었다. 한마디로 과거 전통 사회에서 사람들은 그들이 처한 현실을 숙명으로 담담히 받아들일 수밖에 없었다는 이야기이다.

하지만 오늘날의 사람들에겐 과거 전통 사회의 사람들이 경험한 방식으로 세계가 다가오지 않는다. 그 근본적인 이유는 오늘날의 현대인들에겐 어떤 특정 상황에 걸맞은 전형적인 행동이 무엇인지에 대한 합의가 전혀 이루어져 있지 않기 때문이다. 현대인에겐 특정 상황을 헤쳐 나갈 일종의 지침이나 매뉴얼이 사회적으로 마련되어 있지 않아서 그 상황에 대처해 나가는 것은 전적으로 거기에 맞닥뜨린 개인에게 달려 있는 문제가되었다. 따라서 현대인은 과거 전통 사회의 사람들과는 전혀 다른 조건 속에 위치지어져 있다. 이런 배경하에서는 특정 상황에 대한 어떤 엇비슷한, 즉 동질적인 쇼를 구경하기란 요원한 일이 된다. 그리고 모든 쇼가 각기 달라 보이게 되고 그것이 곧 참여자의 능력으로 간주된다.

그런데 여기서 우리가 가장 눈여겨보아야 할 것은 '내'가 이 상황에 적절하다고 생각하는 '쇼'와 다른 이들이 행하는 '쇼'는 달리 보일 뿐만 아니라 이상하게 보이고 나아가 우스꽝스럽게 보이기 십상이라는 점이다. 여기서 우리는 바로 현대인이 전통 사회의 사람들에 비해 사회적 현실을 일종의 드라마로서 그리고 나아가 그 드라마의 성격이 희극적이라는 것을 간파하기 매우 쉬운 처지에 있다는 점을 이해하게 된다. 나아가 현대인이 이러한 희극적 현실을 과거 전통 사회의 사람들이 받아들였던 것과 같은 숙명으로 간주할 확률이 현저히 낮다는 점을 충분히 이해할 수 있게 된다.

이 외에도 매우 흥미로운 점은 현대인들이 그들의 현실을 드라마로서, 그리고 그것도 코미디로서 경험할 수 있다는 것은 그들이 무슨 대단하고 심오한 사유를 겸비했기 때문에 가능한 것이 아니라는 것이다. 물론 그러한 것을 가능케 하는 학문이나 사상에 의해 훨씬 더 용이하게 그러한 점을 간파할 수도 있겠지만 그것들이 없이도 현대인은 그러한 경험과 이해를 충분히 할 수 있게 되었다. 그 주된 이유에 대해선 사회학의 대가들이 이미 이구동성으로 말해준 바 있다. 그 대표적인 예는 탈코트 파슨스가 제시한 것이다. 그는 '유형변수'의 개념을 통해 현대 사회가 과거 사회와는 사뭇 다른 특징들을 지녔음을 지적하였다. 그 여러 가지 특징들 중에서 이와 관련하여 파슨스가 주목한 것은 과거 전통 사회는 '귀속적'이라고 하는 특징을, 현대 사회는 '성취적'이라고 하는 특징을 각각 보유한다는 것이다. 전자의 경우 숙명적인 것과 맞닿아 있고, 후자는 가능성과 긴밀히 연결되어 있다. 그리고 전자는 본래부터 특정 대상에 내재되어 있는 어떤 속성을 중시하는 것이 강조되고 후자는 그것보다는 성취를 추구하는 경향, 또는 그것을 향한 노력, 과정, 혹은 행동을 중요시하는 경향을 보인다.

물론 이렇게 과거와 현대 사회를 구분해서 살펴보면 각각의 장단점들이 드러난다. 전자는 귀속의 속성이 강조됨으로써 그것을 넘어서는 다른 가능성은 원천적으로 봉쇄된 듯 보이지만 그만큼 안정적인 사회로 보인다. 반면, 후자인 현대 사회는 한 개인의 태생적 한계는 아랑곳하지 않고 무엇인가를 노력해서 일구어내는 경향을 보이고 있다는 점에서 개방적이기는 하지만 그만큼 불안정한 사회이다. 그런데 후자의 경우 이러한 경향과 맞물려 딱히 바람직하다고는 볼 수 없는 불쾌한 경향이 함께 득세할 수 있다. 그것은 사람들이 정말로 '쇼'에만 집착하는 것이다. 즉 "무엇을 진정으로 하느냐?"보다는 "무엇을 진정으로 하는 것처럼 보이기 위해 어떤 것을 해야 할까?"에 몰두하게 된다는 것이다. 내실보다는 겉으로 보이는 외양 그리고 내용보다는 기술(skill)에 치중하는 경향을 보이는 것이다. 시대와 공간을 초월해 어떤 사회에서든 목격되는 '인상 관리'는 현대적 상황에서는 기승을 부리다 못해 그것 자체가 수단이라기보다는 목적이 되는 특이한 형국을 맞게 된 것이다. 그 결과 현대인에게 '인상 관리'는 이제 지상명령이 되어버렸다고 해도 과언이 아니다.

이러한 현대 사회에 팽배한 '인상 관리'적 경향은 그것이 강조되어 실행되면 될수록 그것을 통해 원래 얻으려 했던 애초의 목적을 달성하지 못한다는 데 아이러니가 있다. 쉽게 이야기해서 '인상 관리'를 통해 이루려 했던 원래의 목적은 남들에게 좋은 인상을 심어주는 것이다. 그런데 '인상 관리'가 과도하게 실행될 경우 타인들로부터 좋은 인상을 얻는 것에 실패하는 '의도하지 않은 결과'를 양산한다. 이를 잘 설명할 수 있는 것이 바로 과거 전통 사회의 왕과 현대 사회의 대통령이다. 과거 사회의 왕이 일반 사람들의 전면에 나선 적은 없다. 아마도 일반 백성들이 왕의 용안을 보는 것은 극히 드문 일이었을 것이다. 반면, 오늘날의 대통령은 국민 모두가 그 얼굴을 알고 있다. 그뿐 아니라 그의 행동 하나하나, 일정 하나하나를 꿰뚫고 있을 정도로 노출이 되어 있다. 모두 대중매체가 있으므로 가능한 일이다. 오늘날의 대통령들은 또한 그 대중매체를 이용해 자신의 인상을 관리함으로써 대통령이 되고 인기를 누릴 수 있다. 그러나 한 가지 분명한 사실은 한 나라의 최고 우두머리가 지는 권위란 현대의 대통령은 죽었다 깨어나도 지난 시절의 왕을 따라가지 못한다는 것이다. 그 주된 이유를 한마디로 표현하면, 너무 보이는 것에 치중하면 질은 떨어지게 되어 있다는 평범한 진리 때문이다. 확실히 잦은 노출은 쉽게 식상해지는 지름길이기도 하다. 그리고 그 식상함은 너무 자주 보아서도 가능하지만 그럼으로써 그 쇼에 내포된 거짓이 쉽게 드러날 수 있는 위험성을 내포하고 있기 때문에도 가능하다. 이제부터는 이것에 대한 이야기를 해보자.

5. 인상 관리의 속내 : 거짓

사실 일상생활에서의 쇼가 속임수와 거짓을 내포한 것이 부지기수라 그것을 쉽게 발견할 수 있으며, 쇼의 허위성을 쉽게 이해할 수 있노라고 호언장담하는 이들도 있을 것이다. 이들이 열거하는 예에는 다음의 것들이 있을 것이다. 이를테면 청계천에 흐르는 물이 사실은 진짜 북악산이나 삼각산 계곡에서 흐르는 물이 아니고 지하수나 한강물이라는 것쯤은 일반인들도 다 안다. 또한 남과 북의 정상이 만나 나누는 악수는 사실 통일과는 상관없다는 것쯤도 간파할 수 있다. 그리고 우리가 쏘아 올렸다가 완전한 성공을 거두는 데는 실패한 나로호도 사실은 대부분의 기술이 러시아에 의존한 것도 알고 있다.

이러한 허위성이 쉽게 드러날 수 있는 쇼의 예는 단지 정치인들과 엘리트만의 전유물이 아니다. 일반인들도 그렇게 한다. 체면 유지를 위해 생활비의 아주 많은 부분을 울며 겨자 먹기 식으로 경조사비로 지출하고, 결혼식을 값비싼 호텔에서 성대하게 치러야만 기죽지 않는 집안이 된다는 생각을 버리지 않는 이들이 우리 주위엔 많다. 이에 해당하는 예들이 모두 일반인도 참여하는 공연의 허위성을 보여준다. 분에 넘치는 과장된 쇼는, 그리고 공식적으로 표명한 목적이나 명분 이외에 내심 무엇인가를 노리고 하는 쇼에는 분명 속임수와 거짓이 녹아 있다. 그리고 그것을 발견하기도 그리 어려운 일은 아니다.

하지만 일상의 모든 쇼의 허위성과 거짓을 단박에 발견해내기란 말처럼 그리 쉬운 일은 아니다. 그 근본적인 이유는 쇼를 위한 공연 그 자체의 구조에 기인한다. 모든 공연은 앞서 말한 바와 같이 공간적으로 '무대 전면'과 '무대 후면'의 영역으로 나뉜다. 말 그대로 의도적으로 관객에게 보여주기 위한 모든 공연은 '무대 전면'에서 일어난다. 그런데 '무대 후면'은 그 전면에서 보일 수 없는 그리고 보이지 않는 배우들의 발가벗은 행위들로 가득하다. 진실로 배우의 진면목을 보기 위해서는 '무대 후면'에서의 그의 행실을 보아야 하듯, 일반인들의 속내와 진면목 또한 그의 연기와 쇼가 극적으로 그리고 이상적으로 실현되는 일상적 드라마의 '전면'의 쇼만으로는 볼 수 없다. 반드시 그의 '후면' 영역도 함께 보아야만 한다. 그리고 대부분 그 양 영역에서의 일반인의 모습은 괴리를 보일 것이다.

바로 그 이유 때문에 공연의 성공은 '무대 전면'과 '무대 후면'을 얼마나 성공적으로 분리시키느냐에 달려 있다. 양 영역을 엄격히 분리하면 할수록 공연의 성공률은 높아진다. 그래서 배우들은 그들이 화장을 하거나 지우기도 하고 옷을 갈아입는 대기실을 일반인에게 개방하길 꺼린다. 나아가 대부분의 성공한 스타는 그들의 사생활이 철저히 대중들로부터 격리되어 있다. 이것을 고프만은 '신비화'라고 개념화했는데, 이 용어의 의미는 오늘날 우리가 연예 스타들에 대해 그들이 '신비주의' 전략을 사용한다고 말할 때의 바로 그 의미와 동일하다. 즉 '신비화'는 배우와 관객 간의 거리를 설정하는 것이다. 그 거리를 설정함으로써 공연에서의 쇼가 허위와 거짓을 포함한다는 것을 알아차리지 못하게 하고 그만큼 쇼를 성공적이게 한다.

마찬가지로 일상의 공연도 이러한 '신비화' 혹은 '전면'과 '후면'의 철저한 격리를 통해 쇼를 성공적이게 하고 그것의 허위와 거짓을 눈치 채지 못하게 한다. 남자 앞에서 갖은 내숭으로 매력 있는 여성으로 보이고 있는 여자는 자신의 절친한 그러나 눈치 없는 친구를 대동할 경우 자신이 그동안 남자에게 쌓아놓은 인상에 먹칠을 할 발언이나 폭로가 친구 입에서 튀어나올까 봐 전전긍긍한다. 따라서 남자와의 관계가 아주 돈독해지기 전까지는 여자 친구를 남자에게 소개하는 것을 꺼릴 것이다.

그런데 문제는 일상생활에서 '전면'과 '후면'이 무 자르듯이 깨끗하게 분리되지 않는다는 데 있다. 즉, 몇몇 경우를 제외하고 대부분 '무대 전면'과 '무대 후면'은 그것의 분리가 불가능할 정도로 혼재해 있을 수 있다. 예를 들면, 한정된 공간에서 많은 사람이 장시간을 함께할 경우가 그러하다. 그 대표적인 예가 항공기이다. 태평양을 오가는 국제선 기내를 상상해보자. 그곳은 승객의 공간과 승무원의 공간으로 구분되어 있다. 먼저 승무원의 경우, '승무원 외 출입금지'라고 휘장을 친 곳은 승무원들이 쉬거나 잠시 눈을 붙일 수 있는 '후면'이 된다. 그리고 그곳에서 음료수와 식사 준비를 할 수도 있다. 그러나 승객이 그곳으로 와 음료수나 구급약을 달라고 청하면 그곳은 순식간에 '전면'으로 바뀌게 된다. 항공기에 탄 승객의 경우는 '전면'과 '후면'이 분리되지 않음을 더욱더 분명히 보여주는 사례이다. 분명코 자신의 좌석번호에 앉은 승객은 승무원은 물론 그 옆의 낯선 다른 승객에게도 자신의 좌석은 당당한 하나의 승객으로서 자신을 드러내줄 수 있는 '전면'이 된다. 하지만 장기간 여행에 지쳐 그 자리에서 담요를 덮고 침을 흘리고 자거나 코를 골고 잠이 들게 되면 그의 좌석은 그만 '후면'이 되어버린다. 그러나 승무원의 입장에서는 이 경우에라도 잠든 승객의 좌석은 여전히 승객의 '전면'이 된다. 이렇게 볼 때 항공기 승객에게 진정한 '후면'은 혼자만이 들어갈 수 있는 화장실이 될 것이다.

지금 우리가 이러한 '전면'과 '후면'의 혼재를, 즉 그것들의 엄격한 분리 불가능성을 이야기하는 이유는 다음을 지적하기 위해서이다. 첫째는 우리가 일상생활에서 행하는 쇼(공연)의 속임수와 거짓이 언제든 발각될 가능성이 매우 높다는 점이다. 즉, 우리가 보여주고자 하는 쇼의 가식성이 들통 날 여지는 늘 존재하고 있는 것이다. 그래서 우리 모두는 늘 불안해한다. 예를 들면, 교수 연구실에 조교가 갑자기 들어서면 교수는 잠시 졸다 깬 부스스한 모습을 들킬 수 있다. 평소에 그러한 모습들은 철저히 감추어질 대상이 된다. 그러나 '전면'과 '후면'이 혼재함으로 평소에 보여주고 싶었던 모습 이외의 다른 모습들-그러나 이런 모습들은 마치 연기하는 행위자에게는 애초부터 존재하지 않는 모습으로 그려지길 원했다는 점에서 속임수가 내포된-은 여지없이 노출되어 결과적으로 '전면'에서 보이던 쇼의 허위성도 공개된다.

둘째, '전면'과 '후면'의 혼재는 오히려 무엇이 속임수이고 무엇이 참인지를 구별하지 못하게 할 가능성도 내포한다. 말하자면 어떤 상대방의 그러한 '전면'과 '후면'의 영역을 모두 목도한 관객은 혼란을 느낄 수 있다는 말이다. 그런데 이러한 혼란은 단지 관객의 몫만은 아니다. 놀랍게도 쇼를 하는 행위의 주체조차도 헷갈릴 수 있다는 의미이다. 이 모든 경우, 대부분의 사람들은 생활의 안전과 편의를 위해 사람들이 행하는 모든 것들이 참이라고 믿는 버릇이 있다. 그러한 믿음 때문에 사실 현재의 일상생활의 드라마는 계속되고 있다. 그렇지만 고프만이 보여주는 우리의 일상생활 드라마의 뼈아픈 진실은 바로 그것들이 모두 거짓에 기초하고 있다는 점이다. 이에 대해서는 조금 뒤에 상세히 다루기로 한다. 그것을 다루기에 앞서 다음 사항을 먼저 살펴보자.

'전면'과 '후면'의 혼재라는 사실과 관련된 마지막 사실은 바로 '후면' 영역의 가식성이다. 얼핏 들으면, 이 이야기는 전혀 말이 되지 않는 것처럼 보일 수도 있으나 이것은 엄연한 사실이다. 통상적으로 '전면'은 순전히 의식적으로 쇼를 해야 하는 영역이므로 긴장해야 하고 '후면'은 거기에서 자유로워 긴장이 풀리고 그만큼 가식성으로부터 거리가 먼 영역으로 간주된다. 그런데 바로 이 점 때문에 '후면' 영역이 오히려 더 가식성을 띨 소지가 있다. '전면'에 비해 '후면'에서는 긴장을 풀어야 한다는 바로 그 사실이 강조되면 될수록 '후면'에서 반드시 긴장해서는 안 될 것처럼 의식하고 의식적으로 그런 행동을 보이려 노력할 수도 있기 때문이다. 이것을 비유적으로 이야기하면, 놀아야 한다는 의식 때문에 직장생활로부터 벗어난

휴가가 몸과 마음을 더 피곤하게 하는 것과 같다. 그런 점에서 '후면' 영역에서의 긴장완화는 가식적으로 행해질 수도 있는 것이다. 이것은 또한 '후면' 영역조차도 허위성과 거짓으로부터 결코 자유롭지 못함을 방증하는 예가 된다.

6. 〈진실의 순간〉 프로그램이 보여주는 두 가지 진실

일반적으로 우리는 모두 진실을 가치 있는 것으로 생각한다. 여기서 가치 있는 것이란 곧 바람직한 것을 의미한다. 어떤 면에서 이것은 진실이다. 하지만 그것은 불완전한 진실이다. 불행하게도 올곧은 진실은 사실 우리 모두는 순도 백 퍼센트의 진실을 원치 않는다는 점이다. 오히려 거짓을 원한다는 것이다. 슬프지만 이것은 우리 모두의 가슴 아픈 진실이다. 하지만 대부분의 사람들은 이 엄연한 진실 속에서 우리의 삶을 살아가면서도 의식적으로 혹은 무의식적으로 이 분명한 진실을 애써 외면한다. 그런데 문제는 그 진실을 외면한다고 해서 그 진실이 없어지지 않는다는 사실이다.

모 케이블 방송에서 방영하는 〈진실의 순간(The Moment of the Truth)〉이라는 프로그램이 있다. 원래 미국의 FOX TV에서 2008년 처음 방영되었던 것인데, 현재 우리나라에서도 모방해 방영하고 있다. 유명 개그맨이 진행하는 프로그램으로, 일반인이나 연예인이 나와 주어지는 몇 개의 질문에 진실만을 답해야 하는 일종의 진실게임이다. 출연자는 방송 녹화 전에 방송에서 받을 질문을 포함해 그보다 많은 수의 질문을 받았고, 거짓말 탐지기를 차고 그 질문들에 답했다. 따라서 출연자는 거짓말 탐지기가 어떤 반응을 보였는지 모르는 상태에서 본방송 녹화에 임하게 된다. 본방송 녹화에서 주어지는 질문들은 비교적 대답하기 편한 질문에서 시작해서 점차 대답하기 어려운, 즉 강도가 센 질문들로 옮겨 가는데 올라갈 때마다 진실을 말할 경우 출연자가 받을 상금은 점점 더 많아진다. 그런데 이보다 더 강조할 사항은 방송 녹화 장소에 그 출연자의 가장 친한 친구와 친지, 애인과 가족(이를테면 부모나 배우자) 등이 참관을 한다는 것이다. 출연자는 매 질문에 대답하기 전에 녹화 장소에 나온 가족이나 친구의 얼굴을 보고 답을 한다. 왜냐하면 그에게 던져진 질문에 대해 진실을 말할 경우 그의 가족과 친구가 불편해할 경우가 다반사이기 때문이다. 예를 들면 질문은 다음과 같은 것들이다. "당신의 부모가 당신에게 대학을 가라고 했지만 사실 부모님들은 당신이 대학에 안 가기를 내심 바란다고 생각한 적이 있습니까?"에서부터, "당신은 딴 남자와의 성행위를 상상해본 적이 있습니까?", "당신은 원나잇을 목적으로 나이트에 간 적이 있습니까?", "당신은 남편 몰래 집으로 남자를 끌어들인 적이 있습니까?" 등이 남편이나 부인을 앞에 두고 진실을 대답해야 하는 질문으로 출연자에게 던져진다. 진실을 말하면 더 많은 상금이 주어지고 더 강도가 센 질문으로 옮겨 간다. 만일 거짓을 말하면 그는 모든 상금을 포기해야만 한다. 하지만 질문이 던져지기 전에 대답하기를 스스로 멈춘다면 그는 그 이전까지 확보한 상금을 탈 수 있다. 그런데 그 프로그램을 보면, 엄청난 상금이 걸린 최종 질문까지 계속하는 사람은 없다. 모두들 중도에 포기한다. 출연자 본인은 상금에 눈이 멀어 계속하고 싶어도 정작 거기에 참여한 친구와 친지, 그리고 가족들—그중에서 가장 가까운—이 더는 대답을 못하게 말린다. 그리고 출연자도 동반한 친지들의 말에 따르고 만다. 과연 그이유는 무엇일까? 단순히 창피해서일까? 결코 그렇지 않다. 이 질문에 답하는 것은 사회학적 상상력과 통찰력을 필요로 한다. 그것도 바로 금세기 가장 위대한 사회학자들로 꼽히는 고프만과 버거 사회학의 지혜가 요구되는 것이다. 그리고 그 답은 이 진실게임 프로그램이 보여주는 다음의 두 가지 진실과 긴밀한 관련이 있다.

그 첫 번째 진실은 우리들이 엮어가는 사회라는 드라마의 밑바닥에는 바로 거짓이 단단히 똬리를 틀고 있다는 사실이다. 사회적 드라마가 이렇게 그 기저에 거짓을 기초로 하고 있다는 것은 그 드라마 전체가 거짓임을 의미한다. 말하자면 사회적 드라마에 참여한 행위자 모두는 마치 극장에서 공연 중인 드라마의 배역을 맡은 배우가 그 배역 자체는 아니듯이 아무리 그가 보여주는 그의 연기가 그럴듯하다고 할지라도 그가 맡은 배역 그 자체가 아님을 말해준다.

이것은 부연설명이 필요하다. 여기 경찰관 A가 있다고 치자. 앞의 논의는 A가 경찰복을 남대문 시장에서 사 입고 경찰관을 사칭했다는 의미에서 그가 거짓 경찰 배역을 맡았다는 것을 말하는 것이 아니다. 분명 그 A는 경찰복을 국가로부터 지급받았고 경찰관 신분증도 국가에서 발행한 것을 소지한 경찰관이다. 그렇지만 고프만과 버거의 눈으로 보면 그 A는 여전히 경찰관의 배역을 '연기'할 뿐 그 배역 자체는 아니다. 단지 그는 사기꾼이 관객에게 사기꾼이라는 인상을 주는 것을 미연에 방지해야 하는 것과 마찬가지로 한 사람의 정당한 경찰관으로서 어쩌면 경찰관이 아닐 수도 있다는 인상을 관객이 받지 못하도록 죽기 살기로 애써야만 한다. 경찰관이 아닐 수도 있다는 인상을 주는 것을 방지하기 위해 그 A가 쏟는 '애씀'이 그 A가 경찰관이 아니라는 것을 증명한다는 것이다. 그런 의미에서 그 A가 경찰관이라는 것은 허위이고 속임수이며 거짓이라는 것이다.

이것은 버거에 따르면 바로 인간들이 지니는 '정체감'과 관련된다. 인간이 지닌 정체감은 바로 '무엇이 되어가는 과정'의 결과이며 바로 그 과정과 과정의 결과를 시종일관 관통해 존재하는 것은 '무엇인 척하는 것'을 의미한다. 이것에 관한 한 경찰을 사칭한 사기꾼과 진짜 경찰관 사이에는 아무런 차이가 없다. 그런 의미에서 인간들이 엮어가는 드라마는 온통 허위투성이이고 거짓이라고 주장할 수 있는 것이다. 이와 관련해 고프만도 비슷한 이야기를 들려준다. 그에 의하면 의과 대학생들은 의사가 되기 위해 물론 교수들로부터 전문 의료지식도 배우지만 그보다는 의사로서 보이는 선배 의사들의 태도나 몸짓, 그리고 풍모를 곁눈질한다. 그리하여 '의사인 척하는 데' 애로사항이 발생하더라도 헤쳐 나갈 수 있을 정도가 되어야 비로소 '의사가 된다'고 한다.

참으로 법적으로나 사실적으로 진실된 남편 혹은 아내도 사실은 태어나면서 자동적으로 남편 혹은 아내가 된 것이 아니다. 그는 고프만과 버거의 말대로 '남편인 척 혹은 아내인 척'하고 있는 것이다. 따라서 아무리 진실된 남편 혹은 아내라고 하더라도 그들은 사실은 그것들(남편 혹은 아내)이 아니기에 그것이 표가 날 때가 반드시 있게 마련이다. 그런데 사악한 의도로 사기 결혼을 통해 가짜 남편 혹은 부인이 된 것과 똑같이 진실된 남편 혹은 아내는 상대방에게 절대로 이러한 것들을 보이지 않으려 무던히 애를 쓸 것이다. 그런 점에서 가짜와 진짜는 구분이 없다. 이러한 모든 사실을 모르고 단순히 상금에 눈이 멀어 "진실게임이니 난 구릴 게 전혀 없어!" 하고 그 방송 프로그램에 위풍당당하게 나온 출연자들이 있다면 그들은 정말로 순진한 사람들이라고밖에 할 수 없다. 그들은 질문의 수위가 높아지면서 비로소 위기감을 느끼게 된다. 그리고 그 위기감은 바로 진실을 말함으로써 가정을 포함해 가장 가까운 인간관계가 와해될 수도 있다는 것을 비로소 인식함에 따라 갖게 되는 위기감이다. 그리고 그 인식은 바로 우리가 이제껏 말한 하나의 드라마로서 우리의 사회가 본질적으로 지닌 거짓 및 허위성과 직결된다. 결국 진실이 아닌 거짓이 이 사회 드라마의 본질이라는 통렬한 진실이 불거져 나오는 것이다.

그 두 번째 진실은 바로 우리가 엮어가는 사회 드라마가 거짓과 허위에 기초하고 있다는 것뿐만 아니라 그것들 없이는 사회의 존립이 불가능하다는 사실이다. 〈진실의 순간〉 프로그램에 출연자와 동반한 가족들은 초반에는 자신과 가까운 이가 이 프로그램을 통해 거액의 돈을 움켜쥘 수도 있다는 생각에 뿌듯해 하면서 잔뜩 기대에 부풀어 있는 것처럼 보인다. 하지만 프로그램이 진행될수록 동반자들은 안절부절못하면서 제발 출연자가 대답하는 것을 멈추기를 강력히 권고한다. 그리고 만일 출연자가 자신들의 충고를 받아들여 대답하기를 멈추면 너무나 좋아하면서 수고했다고 출연자의 등을 두드리거나 힘껏 포옹해준다. 그런데 동반자가 멈추길 원했던 것은 무엇일까? 그것은 바로 출연자가 말하는 진실이다. 그들은 출연자가 진실을 말하기를 더 이상 원치 않았다. 그들이 원하는 것은 우리가 통념상 원하지 않는다고 생각하는 거짓이다. 즉, 그들은 거짓이대로가 좋으니 진실을 말하지 말라는 것이다. 진실을 알고 싶지 않다는 것이다. 그들은 진실을 애써 외면한다. 왜냐하면 그들은 두렵기 때문이다. 진실 앞에 두려워하는 것이다. 그래서 그들은 멈춰주기를 강력히 권한다. 그러면 그들이 느끼는 그 두려움이란 무엇인가? 진실을 알았을 때 그들의 관계가 깨질 것을 두려워하는 것이다. 많은 것을 알고 싶어 하는 것이 인지상정이지만 모든 것을 알면 정작 살 수 없는 것 또한 사람이다. 의사에게 시한부 생명을 통고 받은 중환자나 판사에게 사형선고를 받은 사형수를 떠올려보면 이는 분명해진다.

그런데 우리의 사회가 존속하는 것은 바로 그 거짓 때문이다. 이것은 위선이 오랜 통념과는 달리 실상 그렇게 나쁘지 않다는 사실, 아니 오히려 좋은 것이라는 진실과 직결된다.

7. 위선이 위악보다 나은 이유

우리는 속내는 안 그러면서 겉으로 선한 척하는 것을 위선이라고 한다. 그리고 그것을 가증한 것으로 치부한다. 그렇다. 그것은 분명 가증스럽다. 하지만 그것이 가증하다는 것을 인정하고 나면 딱히 나쁘다고만은 할 수 없는 그 무엇을 발견하게 된다. 도대체 그것은 무엇일까?

우리는 서로 옥신각신 다투는 정치인들이 어느 날 갑자기 상대방을 찾아가서 화해하는 것을 흔히 볼 수 있다. 모두들 그것은 진정한 화해가 아니라고 생각한다. 그러나 그럼에도 불구하고 그것 자체가, 즉 그런 행위 자체가 화해를 보여주는 제스처임은 누구나 인정한다. 그것이 진짜냐 혹은 가짜냐는 논외로 하고서라도 말이다. 그리고 어떤 경우는 애초에 아무런 감정이 없었음에도 실제 행위를 통해 어떤 감정을 느끼는 경우가 인생사에는 허다하다. 로맨스를 열연하던 두 남녀 배우가 영화촬영 기간 동안 실제 열렬한 사랑을 나누는 연인 사이로 발전하는 경우가 바로 그렇다. 따라서 위에서 예로 든 정치인 간의 화해의 제스처가 실제로 화해를 가져오지 말라는 법이 어디 있는가? 피터 버거의 말대로 열렬한 키스는 열정과 애정을 표현하는 것일 수도 있지만 실제로 열정과 애정을 자아내게도 할 수 있는 것이다.

이런 점에서 위선이 위악보다 나을 수 있으며, 위선 자체가 그렇게 나쁜 것만은 아니라는 주장을 할 수 있는 것이다. 왜냐하면 위악은 실제로 악에 도달하게 되고 위선은 실제로 선에 도달할 수 있기 때문이다. 따라서 실제로는 아니지만 '무엇인 척하는 것'이 실제로 '무엇이 되게도' 할 수 있는 것이다. 우리는 종교 활동에 참여하는 사람들이 실제 생활은 선하지 못하면서 일요일만 되면 종교행사에 참여하여 거룩하고 자애로운 모습을 하는 것을 보고 비웃을 때가 종종 있다. 그리고 바로 그러한 이중적 모습 때문에 종교인이 되지 않겠노라고 천명하는 이들도 있다. 그런데 이들은 자신들이 비난하는 종교인들이 비록 일상의 모습대로는 하지 않고 전혀 다른 모습을 보여주는 그 특정한 하루가 없는 것보다는 있는 편이 더 낫다는 점에 대해서 무지한 것이다.

우리는 어떤 일을 행할 때 "그 일을 왜 했는가?"하고 묻는다면 "그냥 의례히 그랬을 뿐이에요" 하고 말할 때가 있다. 그런데 아무런 진정성이 없어 보이는 바로 그 의례적 행위가 단순한 '의례'를 넘어 사실 그 이상의 힘을 발휘하는 것에 주목해야 한다. 예를 들면 우리는 학교 교정에서 혹은 건물 내 복도를 오가며 나이 든 선생님과 교수님들에게 의례히 목례를 행한다. 비록 그 행위가 진정성을 내포하지 않고 의례적으로 행해진 행위라고 할지라도 그것을 받아들이는 입장에서는 자신이 존중받고 있다는 것을 의식하게 되고 선생과 교수의 역할을 무난히 담당할 힘이 생기는 것이다. 거꾸로 학생의 입장에서도 그런 의례적 행위를 통해 실제로 선생님과 교수님에 대한 존경심을 가지게 된다. 한마디로 이러한 의례적 행위는 남을 위한 '배려'가 된다. 그리고 그 배려심은 사회적 관계가 매끄럽게 흘러갈 수 있게 하는 강력한 윤활제이다. 만약 그 의례적 행위가 비록 아무런 배려나 존경심이 없는 상태에서 행해졌다고 하더라도, 그래서 그 점에서 그것이 위선적 행동이라고 불린다고 하더라도 그 행위의 실제적 결과는 엄청난 것이다. 즉, 그것을 통해 사회는 존속되고 유지된다. 이 점에서 위선은 위악보다 훨씬 낫다. 그리고 사회는 거짓 없이는 진정으로 불가능한 것이다. 또한 사회의 그러한 토양 위에서 문화는 꽃핀다.

유희, 연기, 그리고 자아

만일 우리가, 우리가 있는 것으로 있어야 하는 있음의 방식으로 존재하는 것이라면 도대체 우리는 무엇인가? 카페의 보이를 두고 생각해보자. 그의 몸짓은 민첩하고 날쌔지만, 좀 지나치게 정확하고, 좀 지나치게 약삭빠르다. 그는 좀 지나치게 민첩한 걸음으로 손님 앞으로 다가온다. 그는 약간 지나치게 정중할 정도로 절을 한다. 그의 목소리, 그의 눈은 손님의 주문에 대해 좀 지나치게 관심을 보이고 있다. 마침내 그는 돌아온다. 그는 그의 걸음걸이 속에서 어딘가 모르게 로봇과 같은 어색하고 뻣뻣한 태도를 본뜨려고 애쓰면서, 곡예사와도 같은 가벼운 몸짓으로 접시를 가져온다. 접시는 항상 불안정한, 균형을 잃는 상태가 되지만, 보이는 그때마다 팔과 손을 가볍게 움직여서 부단히 접시의 균형을 회복한다. 그의 모든 행위가 우리들에게는 하나의 유희와 같이 보인다. 그는 자기의 동작들을 마치 상호작용하는 기계처럼 연결시켜가려고 애쓴다. 그의 몸짓과 그의 목소리까지도 기계장치와 같이 보인다. 그는 신속성과 사물의 비정한 민첩성을 자기에게 부여한다. 그는 연기를 하면서 즐기고 있다. 그런데 그는 무엇을 연기하고 있는가? 그것을 알아보기 위해서 그를 오래도록 쳐다보지 않아도 된다. 그는 카페의 보이라는 연기를 하고 있는 것이다. 그것은 전혀 우리들에게 놀라운 일이 아니다. 그 놀이는 일종의 측정이며 탐색이다. 어린애는 자기의 몸을 가지고 놀며, 자기의 몸을 탐구하고, 몸의 목록을 작성한다. 카페의 보이는 자기 신분을 가지고 놀며 자기 신분을 실현한다. 이 의무는 모든 장사꾼들에게 부과되는 의무와 다른 것이 없다. 그들의 신분은 전부가 의식(儀式)으로 되어 있다. 공중은 이 신분을 하나의 의식으로서 실현하기를 요구한다. 식료품 가게 주인, 양복점 주인, 경매인 등에게는 각자의 춤이 있다. 이 춤으로써 그들은 자기들 손님에게 자기들이 식료품 가게 주인, 경매인, 양복점 주인 이외의 다른 아무것도 아님을 설득시키려고 노력한다. 식료품상이 멍하니 꿈을 꾸고 있다면, 물건을 사는 사람의 기분을 거스른다. 그것은 그가 전적으로 식료품상이 아니기 때문이다. 예절은 그가 식료품상의 직분 속에 자기를 붙들어두도록 요구한다. 마치 "차렷"의 명령을 받은 사병이 자기를 사물-사병으로 만드는 것과 같다. 사병은 앞을 직시하고 있지만, 그의 눈은 보고 있는 것이 아니다. 그의 눈은 보기 위해서 만들어진 것이 아니다. 그가 응시해야할 점-십 보 앞에 고정된 시선-을 결정하는 것은 규칙이 정하는 것이지, 그 순간의 관심이 결정하는 것은 아니기 때문이다. 여기에는 인간을 그가 있는 것 속에 가두어 넣을 여러 가지의 조심성들이 있다. 마치 우리는 그 사람이 그곳에서 도망치지나 않을까, 그가 갑자기 자기 신분에서 빠져나와 그의 신분에서 떠나버리지나 않을까, 하는 끊임없는 공포심 속에서 살고 있는 것과 같다. 그러나 그것을 병행적으로 내면으로부터 보면, 카페의 보이는 이 잉크병이 잉크병으로 있다는 의미에서, 컵이 컵으로 '있다'는 의미에서, 직접적으로 카페의 보이로 있을 수는 없기 때문이다. (장 폴 사르트르, 손우성 옮김, 『존재와 무 I』, 삼성출판사, 1976, 164-165쪽)

1. 우리가 지닌 확고부동한 자아정체감은 환상인가?

2. 그러나 우리는 때로 확고부동한 자아정체감을 지니기도 한다. 그렇다면 그렇게 되는 데 가장 중요한 기능을 하는 것은 무엇인가?

김광기, "고프만, 가핑켈, 그리고 근대성: 그들의 1950년대 초기 저작에 나타난 근대성을 중심으로", 「한국사회학」, 34(2000년 여름), 217-239쪽.

김광기, "당연시되는 세계와 자기 기만: 일상성에 대한 피터 버거의 현상학적 사회학", 한국현상학회 편, 『보살핌의 현상학』, 철학과 현실사, 2002, 388-416쪽.

김광기, "'존재감'을 위한 일반적 조건, 그리고 한국적 조건", 「현상과 인식」, 제34권 3호(통권 111호), 2010, 175-201쪽.

김광기, "위선이 위악보다 나은 사회학적 이유", 「사회와 이론」, 제18집, 2011, 107-134쪽.

김광기, "근대성, 현대인 그리고 이방인", 「사회이론」, 39호, 2011, 275-300쪽.

랜달 콜린스, 진수미 옮김, 『사회적 삶의 에너지: 상호작용 의례의 사슬』, 한울, 2009.

어빙 고프만, 김병서 옮김, 『자아표현과 인상관리: 연극적 사회분석론』, 경문사, 1987.

에밀 뒤르케임, 노치준·민혜숙 옮김, 『종교 생활의 원초적 형태』, 민영사, 1992.

장 폴 사르트르, 손우성 옮김, 『존재와 무 I』, 삼성출판사, 1976.

피터 버거, 이상률 옮김, 『사회학에의 초대: 인간주의적 전망』, 문예출판사, 1995.

제 8 강

예술 형식으로서의
일상적 삶

김무경

이 장에서는 일상생활을 다루는 여러 이론적 입장 중에서, 짐멜, 마페졸리 등이 그 중요 이론가인 '생기론적 형식주의'의 관점을 주로 소개하고자 한다. 왜냐하면 이제 태동 중인 포스트모던 문화의 중요한 문제 틀 중의 하나인 '일상'은, 결국 모더니티의 지배적인 세계관과 가치관으로부터 배제되거나 제대로 인정받지 못했던 삶의 구성요소들을 온전히 포함하여 살고 사유하기를 우리에게 요구하기 때문이다. 그중 대표적인 것들이 정신과 육체의 이분법을 통하여 배제되었던 우리의 몸, 이성중심주의에서 배제되었던 우리의 감정과 열정, 본질/외양의 이분법에 의하여 배제되었던 외양, 그리고 인간중심주의에 의하여 무시되었던 자연, 공간, 오브제들인 것이다. 이 각 요소들에 대한 재평가와 새로운 가치 부여를 분석하면서 무엇보다도 그 요소들이 여러 유형의 '함께함'을 가능하게 함을 살펴볼 것이며, 그 근본적인 벡터는 넓은 의미에서의 '미학', 즉, '함께 느낌'임을 살펴보고 그것이 개인과 사회에 가지는 함의를 분석하도록 할 것이다.

┌─ 키워드 ─

일상, 갈등적 조화, 비극, 몸, 감정, 열정, 외양, 자연, 공간, 오브제, 미학, 개성화 과정

1. '갈등적 조화'의 장으로서의 일상

학계의 논의를 통해서건 다양한 대중매체를 통해서건 '일상'의 문제의
식은 우리에게 전혀 낯설지 않다. '일상사(日常史)', '생활사(生活史)'라는 표
현은 이제 우리에게 익숙해져 있고, 출판이나 방송에서 '삶의 이야기'나
심층 인터뷰의 방식을 통한 개인의 구체적이고 특수한 일상생활을 접하
는 것 역시 드문 일이 아니다.

이러한 일상에 대한 관심은 또한 각종 정보기술의 발달로 인하여 증폭
되었다. 개인의 일상을 드러내고, 엿보고, 나아가서는 공개적으로 논할 수
있는 홈페이지와 블로그는 말할 것도 없고 트위터와 페이스북도 이러한
현상을 배가시킨다. 그리고 얼마 전 유럽의 국제 영화제에서 한 한국 감독
이 핸드폰으로 찍은 영화가 수상한 적이 있지만, 이제 자신의 핸드폰이나
캠코더로 자신과 주변인들의 이미지를 간직하고 그럼으로써 그들의 일상
의 이야기들을 하나의 '예술 작품'이 되게 하는 것도 흔히 볼 수 있다.

이와 같이 핸드폰이나 캠코더를 통해서 자신의 삶을 담아내는 것은 거

장들의 작업, 더구나 이론과 관념을 영화화하는 몇몇 거장들의 작업과는 대비된다. 삶의 모든 요소들을 잘 추상화하지 못하면서 담아내는 보통 사람들의 작업은 전문가들의 작업과 비교했을 때 거칠고, 세련되지 못하고, 많은 실수가 있겠지만, 아마도 그 불완전성 자체에 그들 작업의 의미가 담겨 있을 것이다. 만일 거장들의 작업을, 거르고 추상화한다는 의미에서의 '재현'이라고 한다면, 이 아마추어들의 작업은 그들이 드러내고자 하는 것을 '제시'하는 데 만족한다고 할 수 있을 것이다.

　이와 같은, 걸러지거나 추상화되지 않은 상태의 삶의 모든 요소들과 그것의 조합이 보여주는 힘을 아마도 얼마 전 상영된 영화 〈라디오 스타〉가 잘 보여주는 것 같다. 영화를 보지 못한 독자들을 위해서라도 간단히 그 내용을 요약해보자. 과거에 가수왕이었지만 지금은 퇴물가수가 되어버린 영화 속 주인공(박중훈 분)이, 좀 어수룩하지만 의리 있는 매니저(안성기 분)와 함께, 어느 선배의 권유로 영월 방송국의 한 음악방송 프로그램의 디제이를 맡게 된다. 왕년의 가수왕 시절의, 이제는 모두 끝나버린 인기만을 아쉬워하는 주인공에게 이 지방방송 음악 프로그램의 디제이라는 것은 그야말로 하품 나오는 일이다. 그래서 그는 일을 시작한 지 얼마 안 되는 어느 날 방송 중 무료함을 달래기 위해 별생각 없이, 그곳으로 커피 배달 온 다방 여종업원에게 그 프로그램의 마이크를 잠시 건넨다. 심심풀이 삼아서. 그런데 필자가 보기엔 이 대목이 바로 이 영화에서 터닝 포인트가 아닌가 생각된다. 왜냐하면 이때부터 이 여종업원은 통상적인 디제이와는 전혀 다른 방식으로, 자신의 방식으로 생방송 중인 마이크를 쓰기 때문이다. 물론 그녀가 통상적인 디제이의 역할에 익숙하지도 않았을 것이다. 그녀는 우선 마이크를 통해서 오랫동안 만나지 못하고 있는 고향의 어머니를 불러보고 어머니와 얘기를 나누듯이 말을 건네보기도 하며, 급기야는 어머니를 보고 싶은 마음에 울음을 터뜨린다. 그리고 그 후 자신의 신변잡기를 늘어놓는 중에 호출되는 대상은 바로 그녀의 '손 닿는 범위'에 있는, 세탁소 아저씨, 철물점 아저씨 같은 생활 속의 지인들이다. 평소 심심풀이로 라디오를 켜놓고 일하던 그들은 라디오에서 갑자기 자신들의 이야기가 나오자 깜짝 놀라지만, 이제 동시에 라디오 방송, 그리고 그것을 통해 전달되는 이야기는 곧 자신의 관심사가 되고, 그것들을 통해 말하자면 공동 감정과 열정의 순환이 일어나게 된다. 그리고 그다음에는 이러한 관심과 감정의 공유는 자연스레 다시 세탁소 아저씨, 철물점 아저씨 등 일상을 사는 보통 사람들의 나날의 삶의 이야기로 프로그램이 채워지게 하며, 이 라디오 프로그램은 이제 영월이라는 지역의 관심사가 되어간다.

요약이 길어졌지만, 우리가 여기서 강조하고자 하는 점은, 이와 같이 일상을 살아가는 평범한 주인공들의 이야기, 그것들이 불러일으키는 공동 감정과 열정이 '생(生)으로' 전달됨으로써 지역주민들을 서서히 하나로 묶어주게 되고, 그것을 바탕으로 이 지역 전체에 힘을 불어넣어 주게 된다는 점이다. 따라서 이 작품의 후반부에서 모든 지역 사람들이 그 지역 출신의 아마추어 밴드의 반주에 힘입어 하나의 더 큰 전체를 이루면서 어우러지는 축제의 장면이 나오는 것은 당연한 귀결인 셈이다. 그렇기에 '중앙'에서는 이 프로그램의 진행 방식을 벤치마킹하고 '퇴물가수'를 모셔 가려고 하지만, 이와 같은 활성화의 주역은 바로 그 주민들이었던 셈이다.

그러면 이제 이해를 돕기 위하여 앞의 두 예들을 보다 도식적으로 정리해보자. 첫 번째 예에서 우리는 보다 전문적인 영화인들에 의한, 이론적이고 추상적이며 실제로부터 거리를 두고 그것을 재현하고자 하는 지식인 영화와 대비하여 자신의 자잘한 삶의 모습을 거르지 않고 드러내면서 '자신의 삶을 예술작품으로 만드는' 아마추어 영화를 언급하였다. 두 번째 예는 마찬가지로, 한편에 전문적인 디제이와, 그렇지만 판에 박히고 무료

한 그의 프로그램 진행과, 다른 한편에, 세련되지 못하고 자신의 신변잡기를 감정과 열정을 수반하여 자신의 손 닿는 범위에 있는 이들에게 전달하지만, 결국 공동체적 하나 됨으로 귀결되었던 아마추어를 대비시켰다.

우리는 논의를 전개하기 위하여 이 도식적인 비교를 한편으로는 그간 지배적이었던 모던 문화 및 가치관과, 다른 한편으로는 그에 대비시킨 태동하는 포스트모던 문화 및 가치관으로 옮겨놓을 수 있을 것이다. 즉, 한편으로 이성중심주의적이고 인간중심적인 모던 문화가 있다면, 다른 한편으로는 그로부터 배제되었던 감정과 열정, 더 나아가서 자연−인간적 자연과 자연적 자연−을 통합하여 살고 사유하고자 하는 포스트모던 문화가 있다.

이제 앞의 도식을 조금 더 밀고 나아가보자. 한 저자가 포스트모던 문화의 특징을 논하면서 모더니티의 지배적 가치와 세계관과 문화가 의문에 부쳐진 지금, 그리고 그것들을 기준으로 우리의 삶이 조직되고 움직이게 해왔고, 그것만 해결되면 모든 것이 해결된다고 여겨져왔고 주장되어왔던 요소들−예를 들어 신성한 실체의 자격을 획득한, 정치, 경제, 역사, 개인 등−이 상대화되고 그 효력과 설득력을 어느 정도 상실한 지금, 삶이 이제 자신에게로 되돌아왔다(마페졸리)고 그의 저서에서 말하고 있듯이, 이 삶 자체에 대한 강조는 삶의 모든 측면에 대한 강조, 삶의 '온전성'에 대한 강조로 이어진다. 그리고 이는 그 삶을 영위하는 주체, 즉 인간을 바라보는 시각의 변화도 수반됨을 의미할 것이다. 즉, 온전한 인간, 혹은 인간을 이루는 서로 대립되는 모든 요소들−정신/육체, 이성/감정, 문화/자연 등−을 온전히 살고 사유하는 호모 콩플렉수스에 대한 사유로 우리를 초대한다.

그리고 이 글에서 우리가 강조하는 바도 바로 일상의 강조는 곧 삶의 온전성, 그 대립되고 모순되는 요소들로 구성되는 바대로의 삶, 바로 그로부터 야기되는 긴장과 갈등, 즉 '갈등적 조화', 그리고 동시에 그로부터 연유하는 역동성을 살고 사유하기로의 초대라는 점이다.

2. 하나의 관점으로서의 일상사회학과 생기론적 형식주의

서구 인문학의 경우, 연구 주제로서의 일상생활에 대한 관심을 우리는 비판과 이해의 전통으로 다소 도식적으로 나누어볼 수 있을 것이다. 비판적 접근의 경우, 일상에서의 개인의 소외가 중심 주제로서, 마르크스주의 전통의 앙리 르페브르, 아그네스 헬러, 카렐 코지크와 기 드보르 등의 상황주의자들의 작업이 중요하다. 특히 르페브르는 일상의 문제제기를 통하여 자본주의가 개인의 꿈, 상상력, 그리고 욕망의 선택 등에 대해 행사하는 모든 영향력에 대한 비판으로 마르크스주의 사회비판의 지평을 확장시킨다. 물론 르페브르가 일상이 고유의 모순과 복잡성을 가진, 그 자체로 분석을 요하는 영역임을 밝힘으로써 일상에 대한 단순한 환원적 해석에서 벗어날 수 있는 계기를 마련해준 것은 사실이다. 그러나 그는 자본주의의 역사적 변전에 따른 일상의 소외에 대한 분석에 비중을 두었기에, 일상에 보다 적극적인 의미를 부여하기에는 미흡하였다고 할 수 있다. 그리고 그 몫은 이해의 전통에서 찾아야 할 것이다.

이해의 전통은, 현대 현상학, 게오르그 짐멜, 막스 베버, 발터 벤야민과 프랑크푸르트학파, 그리고 알프레드 슈츠에 그 뿌리를 두고 있으며, 어빙 고프만 등의 상호작용론자들, 가핑클의 민속방법론, 에드가 모랭과 장 보드리야르와 같은 메타 비판가들, 미셸 마페졸리, 피에르 상소 등의 미학적 직관론자들에 의해서 이어지고 있다.

이 이론가들 중에서 우리의 논의를 인도할 주요 저자들은 짐멜과 마페졸리 등, 생기론적 형식주의에 기대고 있는 이론가들이다. 이들이 기대고 있는, 단순하지만 유용한 20세기 초의 생철학자들의 도식인 삶/형식의 변증법을 생각해보자. 이 변증법에 의하면, 삶은 끊임없이 변화하지만 그 삶이 표출되기 위해서는 그 삶 자체로부터 생성되는 형식을 필요로 하는데, 이 형식은 그 자체가 경직되어가는 속성을 갖고 있기에, 만일 형식이 지나치게 굳어진다면 삶은 옛 형식을 버리고 다시 본연의 모습으로, 삶 자체로 되돌아올 수밖에 없게 된다. 또한 잘 알려져 있다시피 생기론은 기본적으로 삶에 대한 기계론적 사유에 반기를 들고 하나의 유기적 생명체로서의 삶, 그리고 그 삶의 모든 부분들을 포함하여 삶에 대한 전체적이고 전일적인 접근을 강조한다. 바로 그런 이유로 삶의 모든 구성 요소들을 온전하게 포함하면서 살며 사유하기로의 초대인 이 글에서 그들의 업적은 유용할 것이다. 이들에게 이해란 그 어원인 'cum-prehendere'가 가리키듯이 무엇보다도 '포괄하여 파악하는 것', '열린 전체성에 대한 관심'과 연결된다. 또한 앞에서 '호모 콩플렉수스'에서 살펴보았듯이 이해란 우리의 삶이 함축하고 있는 구조적 길항관계, 근본적 애매성을 환원시키지 않고 바라볼 것을 요청하는 것이기도 하다.

이렇게 본다면 일상생활의 사회학은 일상이라는 대상을 다룬다고 하기보다는 오히려 하나의 관점이라는 점을 강조해야겠다.

바로 이러한 입장에서 우리는 짐멜, 그리고 특히 마페졸리의 논의에 빚지면서, 그간 모던 문화에서 배제되었던 요소들인 감정, 외양, 그리고 자연, 공간, 오브제들을 포함하여 우리의 삶을 바라보고, 그것이 또한 태동하고 있는 포스트모던 문화의 주요한 특징들을 낳게 하는 제반 차원이라는 점을 살펴보도록 하겠다. 그러기 위해서는 그 기본 가정이라고도 할 수 있는, 모더니티에서 지배적이었던 진보주의적 역사관의 상대화에 우선 주목해야겠다.

3. 일상의 제 차원

시간 : 포스트모던적 비극

그것이 개혁, 혁명이건 아니면 발전이나 개발이건 여러 형태의 발전주의는 이제 상대화되었거나 이전의 이념적 설득력을 상실한 것으로 보인다. 이와 동시에 이를 뒷받침하고 있었던 진보주의적 역사관, 단선주의적 역사관이 의문에 부쳐진다. 이러한 시간관은 또한 정밀하게 측정된 시간, 공장제의 시간, 관료제의 시간, 즉, 동질적이고 빈-직접 체험하는 구체적이고 이질적인 시간을 무시하기에-시간에 대한 관념을 바탕으로 한 것이었다. 그리고 이러한 동질적이고 빈 시간관은, 한 사회나 개인을 잘 관리하거나 통제하면서 미래에 던져놓은 정해진 목표를 향해 나아가는 데 적합하다고 여겨졌다.

어떻든 이제 우리는 특히 젊은 세대들에게서 진보주의적 시간관의 균열을 목도하고, 시간관의 다양화를 목도할 수 있다. 우선 리듬이나 느림, 게으름에 대한 찬양 등이 그 지표가 될 것이다. 이 시간관의 변화를 살피는 데 마페졸리가 모더니티의 행동주의를 나타내는 '드라마'와 대비하여 제안하는 '비극'의 개념이 유용할 것 같다.

비극은 다양한 형태의 발전주의의 쇄락과 더불어, 앞에서 살펴보았지만, 다시 '자신에게로 돌아온 삶', 그 다양성 안에서의 삶, 그것을 구성하는 대립되는 요소들이 공존하는 삶을 수락하고 살아가는 생기주의에 근거한다. 다른 대비를 쓴다면 모든 외부로의 팽창에 대비된 내부로의, '가까운 것으로의 재집중'이 이제 중요해진다. 이 삶은 곧 우리의 논의에서 일상에 다름 아닌데, 이 일상은 단선주의의 시간을 벗어나서 이제 운명에 종속된다. 우리의 삶은 점점 더 운명 자체가 주는 예측 불가능성, 연역 불가능성을 벗어날 수 없으며, 우리의 삶을 구성하는 모든 관계들－타인과의, 공간과의, 사물과의, 자연과의－그리고 그로부터 연유하는 필요성과 한계들을 역시 수락해야 한다는 것을 우리는, 특히 체화된 민중적 감수성을 통하여 안다. 그렇지만 이 한계와 제약은 바로 우리의 존재를 가능하게 하는 조건 자체인 것이고, 이제 이러한 제약을 출발점으로 하여 어떻게 자유와 초월성에 도달하게 되는가가 문제가 되는 것이다. 이는 또한 예술적 감수성의 기본이기도 하다. 즉, 질료－물감, 액자 등－가 주는 제약 및 필요성과 이와 같은 제약을 출발점으로 하여 감동을 주는 작품이라는 초월성을 창출해내는 것 사이의 창조적 긴장이 바로 예술적 감수성의 바탕이 된다는 말이다.

이와 같은 관계의 수락과 이를 통한 타자의 경험은 융이 제안하는 '개성화 과정'으로 잘 설명될 수 있을 것이다. 즉, 자아로부터, 무의식 속의 많은 그림자들의 시험을 거쳐, 그리고 그것들을 한 몸으로 하면서-'대립자의 조화'의 과정을 통하여-자기, 온전성, 전체성에 이르는 긴 입문 과정으로서의 삶 말이다.

우리의 논의의 경우, 이 그림자들은 바로 그간 모더니티의 사유에서 배제되거나 억압되었던 감정, 외양, 그리고 여러 형태의 자연에 다름 아닌 것이다.

개성화 과정

개성을 우리의 가장 내적이며 궁극적으로 비길 데 없는 유일한 것으로 이해하는 한, 개성화란 본래의 자기가 되는 것이다. 그러므로 우리는 개성화를 '자기화'나 '자기실현'이라고 번역할 수 있을 것이다. (75쪽)

의식과 무의식은 상호 대립해 있는 것이 아니라 서로 전체, 즉 자기가 되기 위해 보완하기 때문이다. 이런 정의에 따라 자기란 의식된 자아에 대해서 상위의 크기를 갖고 있는 셈이다. 자기는 의식의 정신뿐 아니라 무의식의 정신을 포괄하고 있다. (80쪽)

자아의식을 보상하는 무의식 과정은 전체 정신의 자가조절에 필요한 모든 요소를 지니고 있다. 개인적 단계에서는 의식에서 인정받지 못하고 꿈에 나타난 개인적 주제들, 혹은 일상의 의미 있는 것이면서도 지나쳐버린 것들, 우리가 의식에서 도출해내지 못한 결론, 우리가 자신에게 허용하지 않은 정감, 우리가 하지 않고 쌓아둔 비판 등이다. 그러나 자기인식과 그에 따른 행위로 자기 자신을 의식화하면 할수록 집단적 무의식에 덧씌워져 있던 개인적 무의식의 층은 사라진다. 그로써 이제는 더 이상 편협하고도 사사로이 예민한 자아-세계에 갇혀 있지 않은, 더 넓은 세계, 객체에 참여하는 의식이 생기는 것이다. (81쪽)

(C. G. 융, 「자아와 무의식의 관계」, 『인격과 전이』, 융 기본 저작집 제3권, 솔 출판사, 2004)

다소 추상적인 이 논의를 경험적으로 어떻게 관찰할 수 있을까?

우선 점성술에 대한 관심의 증가를 들 수 있을 것이다. 점성술은 무엇보다도 대우주와 다양한 차원의 소우주의 상응, 이들 사이의 보다 공감적인 관계를 잘 보여준다. 또한 점성술은 운명의 힘, 즉 자신을 넘어서는 여러 차원의 관계로부터 오는 힘의 효력을 잘 보여주기도 한다. 바로 그렇기에 점성술은 또한, 세계에 대한 적극적인 행동주의적 개입보다는 그것에 대해 보다 명상적인 관계를 갖게 하고, 운명적인 변전과 무상함이 사물의 본성이기에 보다 쾌락주의적인 세계관을 갖게 한다.

이제 운명이 주는 예측 불가능성, 우연의 요소들에 또한 주목해볼 수 있을 것인데, 모험이 그 좋은 예가 될 수 있다. 이에 대해서는 짐멜의 고전적인 연구가 우리의 이해를 도와준다. 우선 모험의 섬과 같은 성격, 즉 그 과거와 미래로부터 단절되어 있는 성격을 주목할 수 있을 것이다. 바로 이렇게 앞뒤와 연결되지 않고 독립적이기에, 그 모험이 더욱 모험적일수록 '꿈만 같았다'라는 표현을 쓰게 된다. 이것은 마치 예술작품이 늘 현실의 한 조각을 떼어내어 그에 고유한 질서를 부여함으로써 독립적인 성격, 고립적인 성격을 갖게 되는 것과 같다. 바로 그렇기에 짐멜은 모험가가 예술가에 대하여 갖는 심층적인 관계를 강조한다. 또한 바로 그렇기에 젊은이들의 'no future'라는 슬로건은 모험의 논리와 부합된다. 이러한 모험은 우연을 마치 필연인 것처럼 살아내고, 다가오는–따라서 수동적으로 받아들일 수밖에 없는–사건들을 마치 자신이 원한 것인 양 능동적인 것으로 받아들이게 한다.

해리 포터는 모험의 좋은 예이다. '영원한 아이'의 신화, 즉 동화, 놀이와 함께하고 영원히 모험과 함께하면서 끊임없이 생성 중인 삶을 해리 포터는 잘 보여준다. 그는 늘 복도의 구석구석에서 모험과 만난다. 이 해리 포터가 보여주는 것은, 외부로부터 주어진 목표를 향해 자신을 잘 관리하면서 완성된 성인을 향해 점진적으로 다가가는 교육의 패러다임이 아니다. 그는 반대로 늘 모험, 즉 시험과 마주하면서, 혹은 여러 형태의 죽음과 마주하면서, 끊임없이 변화하고 생성 중인 삶, 그를 통해 경험적인 자아로부터 '바로 그'를 찾아가는 긴 과정–우리가 앞서 살폈던 융의 개성화 과정–인 삶 자체를 나타내는 입문의 패러다임이라고 할 수 있다. 그리고 이 과정은 순환적인 회귀를 통하여 이루어진다. 아마도 이것이 운명의 아이디어가 우리에게 제안하는 바일 것이다.

그리고 마지막으로, 운명이 주는 인간 행동의 덧없음의 감정과 삶이 짧다는 감정은 다양한 형태의 현재주의와 연결된다. 삶은 이제 과장되고 게걸스런 형식을 통해서일지라도 강렬하게 소진된다. 청소년들에게서 볼 수 있는 '즐김의 연기'의 거부가 그 좋은 예가 될 것이다. 또한 모든 사물들의 유행 형식이 우세하게 되는 것 또한 그 좋은 예다. 그런데 현재에 집중하는 쾌락주의는 어쩌면 민중들의 삶에 뿌리박혀 있는 것이라고도 할 수 있을 것이다.

이것이 아마도, 마페졸리가 강조하듯이, 이 시대의 아이러니한 모습인지 모른다. 즉, 한편으로 이 삶을 과장된 방식으로라도 소진하고자 하는 여러 형태의 쾌락주의가 있다면, 다른 한편으로는 우리 인간이 어떻게 해볼 수 없는 것, 개입할 수 없는 것에 대한 무관심, 그리고 유사한 것을 겪고 있는 사람들에 대한 연민과 도움을 동시에 살필 수 있다.

그러면 이제 우리가 수락할 수밖에 없는 관계들-사람들 사이의, 사람들과 사물들, 자연, 공간과의 관계 등-중에서 이 글에서는 감정, 외양, 자연, 공간, 오브제 등을 다루기로 할 것이다. 이 모든 것들은 모더니티에서 간과되었던 그림자의 부분이기도 할 것이며, 이제 이 그림자의 부분을 하나하나 살고 사유하는 방식에 대하여 논해보기로 한다.

감정과 열정의 회귀

감각이나 감정, 정서, 혹은 열정, 그리고 그것들의 근거라고 할 수 있는 인간의 몸은 또한 그간 사회학적 분석에서 흔히 배제되거나 아니면 상대적으로 간과되어왔다. 우리의 이성에 견주어 보았을 때 그것들은 우발적이고 예측하기 힘들고, 따라서 조절하기 힘들다고 흔히 여겨져왔기 때문이다. 그러나 작금의 상황은 이 차원들을 우리의 사회학적 분석에서 빠뜨릴 수 없으며, 이것들을 잡아내기 위한 이론적·방법론적 노력이 절실하다는 점을 보여준다.

많지는 않지만 고전사회학에서도 몇몇 선구적인 업적들이 있어왔다. 게오르그 짐멜은 우리가 사회생활에서 어떤 감각에 주로 의존하는가에 따라서 사회관계의 성격이 달라진다는 점을 주목하였다. 예를 들어 그는 이제 막 농촌의 이농과 산업화를 바탕으로 대도시로 성장해가기 시작하는 19세기 유럽의 베를린 등의 대도시에서, 이전의 농촌적 삶과 비교했을 때 청각보다는 시각이 더 많이 쓰이게 됨에 따라 도시민들의 정서가 불안해짐을 분석한다. 이를 위해 그는 시각만을 쓸 뿐인 청각장애인과 청각만을 쓸 뿐인 시각장애인의 경우를 비교한다. 또한 그는 후각이 시각이나 청각보다는 개념화하기 힘들지만, 상대방을 전체적으로 파악하기에 적합하다고 분석한다. 향수는 아마도 그러한 효과를 노리는 것일 것이다. 외부에서 뿌리지만 한 사람의 내부로부터 솟아나오는 것처럼 느끼게 하는, 그럼으로써 우리의 감각의 심층부로 들어가는 듯한 인상을 갖게 하는 것이다.

또한 뒤르케임도 '종교의 미래'라는 글에서 그 당시, 비유적으로 얘기해서, 싸늘하게 식어 있는 서구 사회의 표면을 그 밑에서 덥혀줄 수 있는 차원으로 민중종교의 열기를 가정한다. 이 문제의식은 그의 종교의 원초적 형태에 관한 관심과 오스트레일리아 원주민들의 종교의례에 대한 분석으로 이어진다. 이를 통해 그는 "한 사회가 그 자신에 대해 갖는 감정"의 중요성을 강조함으로써 한 사회의 존속과 그 구성원들이 자신이 속한 사회에 대해 갖는 공동감정의 긴밀한 얽힘을 강조한다. 그에 의하면 비록 "슬픔 속에서 공감하는 것도 공감하는 것"이며, 이러한 "의식의 공감은 사회의 생명력을 드높인다." 따라서 공동의 고통이 필연적으로 표명되는 대중집회를 우리가 목도한다면 그것은 사회가 그 어느 때보다도 살아 있는 셈이다. 이와 같은 상황의 일반화를 뒤르케임은 '비등'이라고 비유적으로 표현하였다.

작금의 포스트모던 문화 분석에 있어서 우리는 이러한 고전사회학자들의 영감을 적극적으로 발전시켜야 한다. 우리는 대규모 음악회, 종교집회에서, 그리고 스포츠 경기의 관중을 통하여, 그리고 다양한 정치집회와 스펙터클을 통하여 단순한 합리적 인과론으로 설명하기 어렵고 상업주의의 전략으로만 환원해 설명할 수 없는 '함께함의 욕망'을 목도하고 있다. 그리고 우리 사회에서 큰 위기가 닥칠 때마다 이어지는 자선행렬, 그리고 보다 일상적인 형태의 상호부조와 이웃돕기 등은 지금 우리가 얘기한 '함께 느낌'이 그 중요한 벡터가 될 것이다. 또한 우리는 우리의 일상의 상호작용에서 우리의 몸과 감각과 감정이 중요하다는 점을 화장, 유행, 그리고 보디빌딩 등에 대한 증가하는 관심을 통하여 경험적으로 잘 알고 있다. 이렇게 된다면, 이전에는 '사회체(社會體)'라는 표현을 사회를 비유적으로 나타내기 위하여 썼다면, 이제는 그야말로 개인적인 몸의 다양한 형태의 상호작용과 느낌의 공유를 통하여 우리는 진정한 의미에서의 사회체가 만들어진다고 생각해볼 수 있다.

그런데 마페졸리가 강조하듯이, 아마도 보통 사람들의 삶을 경험적 차원에서 보자면, "문화의 부차적 형식들"이라고 할 수 있는 그들의 문화에서 감정, 정서의 공유가 사회관계의 형성에 얼마나 중요한지를 알 수 있다. 즉, 고급문화들로부터 배제된 문화의 형식들인 광고, 키치, 비디오 클립, 그리고 일상의 보잘것없는 내용 없는 대화, 제스처, 행동, 옷 입기, 스캔들, 잡보 등은 사회생활의 근본적 특징 중의 하나가 모이게 하고, 타인들의 동반을 찾게 하며, 혼동을 열망하는 생의 도약에 기대고 있다는 점을 잘 보여준다. 말하자면 여기에서는 이 각각의 활동의 내용보다는 그를 통하여 당사자들이 융합하게 하는 그 '형식'(짐멜)이 중요하게 된다.

모든 인간 사회에 대하여 내용과 형식 사이의 구분을 할 수 있다. 형식은 전반적으로 모든 인간 사회를 구성하는 개인들의 상호작용을 나타낸다. 이 상호작용은 항상, 특수한 경향들의 열매이거나 특정한 목적의 대상이다. 에로틱한 본능, 실용적 이해관계, 종교적 충동, 혹은 방어나 공격에 의하여, 놀이나 노동에 의하여, 참여나 정보전달에 의하여 촉구되는 목적들, 그리고 마찬가지의 수많은 여타 목적들은 인간으로 하여금, 상황들의 상관작용의 한복판에서, 타인들과 하나의 공동 존재 안으로, 타인들을 위한, 타인들과 함께인, 그리고 동시에 타인들에 대항하는 하나의 행위 속으로 개입되게 한다. 즉, 그는 타인들에게 영향을 미치고 그들로부터 영향을 받는다. 이 상호작용들은, 이 경향들과 이 목표들을 지탱하고 있는 개인들이 하나의 통일체, 하나의 사회를 구성한다는 점을 의미한다. 그것들을 출발점으로 하여 혹은 그것들에 대하여 개인들이 타인들과 영향을 주고받게 되는 그러한 경향, 이해관계, 목표, 성향, 정신적 순응성과 유동성 등의 형식 하에, 모든 역사적 실재의 즉각적이고 구체적인 장소인 개인들 안에서 표명되는 모든 것을 나는 내용, 말하자면 사회화의 질료라고 지칭한다. (Georg Simmel, "Sociabilité", *Sociologie et Épistémologie*, Paris: PUF, 1981, pp.121–122)

우리는 사회적 열정에 대하여도 마찬가지의 지적을 할 수 있을 것이다.

포스트모던 문화에서의 감정, 정치에서의 정서의 중요성, 육체 숭배, 스포츠, 음악, 종교에서의 집단적 히스테리가 그 예가 될 것이다. 그런데 이러한 사회적 열정의 회귀, 그리고 그것과 동반되는 일상에서의 쾌락주의는, 우리가 앞서 지적하였듯이 시간의 흐름의 덧없음, 무상함의 감정과 연결된다. 그리고 후자들은 과도함을 수반하게 되고 이는 디오니소스의 신화적 형상을 상기하게 한다. 청소년들에게서 목격할 수 있는 우레와 같고 야만적인 음악, 자동차 질주 소동, 뚜렷한 이유도 목적도 없는 소리들, 그리고 스포츠 경기에의 열광 등이 그 뚜렷한 예들이 될 수 있다. 이 말하자면 '그림자의 부분들'은 많은 부분 아노미적인 모습을 보여주지만, 마페졸리가 적절히 지적하듯이 그들의 열정을 해방시키는 동시에 그 열정들로부터 그들이 해방되는 카타르시스의 과정이라고 할 수 있을 것이다. 말하자면 열정의 분출을 의례화하고 그를 통하여 그것으로부터 보호받는 과정인 셈이다. 이는 일종의 '대립자의 공존', '대립자의 조화'의 과정을 잘 보여주는 것인데, 말하자면 여기서는 삶에 그 반대인 죽음(여기서는 여러 형태의 과도함으로 표출됨)을 통합한 후, 이를 통하여 죽음으로부터 보호받고 삶의 기쁨을 생성하게 되는 것이다. 동일한 논리의 또 다른 대표적인 예 중 하나가 주연(酒宴, orgy)일 것이다. 이 주연은 말하자면, 마페졸리가 적절히 표현하고 있듯이, 모든 모둠-살이의 고대적 토대들이라고 할 수 있는데, 이는 달리 말하면 그 다양한 과도함 안에서 표명되는 '삶의 악마적 기쁨'인 셈이다.

외양의 중요성

외양, 혹은 그 철학적 표현인 '가상'은, '본질'에 비하여, '내용'에 비하여 부차적인 것으로 여겨져왔다. 종교적인 성상파괴주의가 이 입장을 분명하게 표명해준다. 즉, 신에 대하여 성상(聖像), 즉 신을 이미지화한 것을 만드는 것은 곧 우상을 만드는 것이고, 따라서 잘못된 길로 인도하는 것이기에 엄격히 금지해야 한다는 것이다. 현대의 다양한 유형의 이미지 비판, 외양 비판은 이 전통 속에 속한다고 할 수 있다.

그러나 이제 우리 사회에서 부상하고 있는 포스트모던 문화는 외양에 대한 우리의 이와 같은 태도에 의문을 가한다. 우리는 이미 경험적으로, 가장 하찮다고 생각되는 것부터 가장 진지하게 여겨지는 것까지의 차원에서 '보여지는 것', 그리고 '형태 부여하기'의 차원이 중요해짐을 잘 알고 있다. 당위적으로 가장 합리적이고 진지해야 한다고 여겨지는 정치의 차원에서 이미지와 스펙터클이 중요해진 것은 이미 오래되었으며, 우리의 화장하는 외모, 치장하고 관리하는 몸이 중요해지고, 산업 생산품은 그 미학이 중시된다. 또한 학생들의 리포트도 겉장에 사진을 넣거나 장식을 집어넣음으로써 잘 포장하는 것이 이전보다 훨씬 중요해지고, 기업은 자신의 이미지와 로고에 더욱 신경을 쓰게 된다. 물론 광고나 TV 이미지는 말할 것도 없을 것이다. 말하자면 외양은 본질만큼이나 중요해지고, 나아가서 본질은 외양을 통해서만 나타날 수 있다고 여겨지게 된다. 말하자면 외양은 존재의 하찮거나 부차적인 측면이 아니라, 오히려 그것의 꼭 필요한 측면으로 인식되게 되었다.

이와 같은 외양, 이미지의 강조에 있어서 몸은 매우 중요하다. 그런데 흔히 몸의 강조와, 더 나아가서 그것의 다양하고 격렬한 표현들은 흔히 개인적인 나르시시즘과 연결되어 논의되지만, 마페졸리에 의하면 그것은 오히려 소통의 원인이자 결과라고 할 수 있는 일종의 집단적 나르시시즘과 관련이 있다. 즉, 화장이나 의복, 보디빌딩 등을 통하여 개인의 몸을 강조하는 것은 또한 동시에 그 몸을 집단정신 속으로 사라지게 하는 것이라고 할 수 있을 것이다.

우선 치장의 예를 들어보자. 다시 마페졸리의 해석을 따라가면, 외양이 일반적으로 우리의 몸(자연)과 우리의 몸들의 만남, 상호작용을 통해 만들어지는 상징적 차원(문화)의 매개 항이듯이, 치장은 또한 우리의 몸의 동물성, 우리의 '자연'을 문화화하면서 그를 통해 소통을 가능하게 한다. 또한 하나의 외양, 치장은 상징적 의미를 부여받으면서, 뒤르케임이 거대한 상징주의라고 부른 '사회' 안에 새겨지게 된다. 따라서 몸에 이미지를 그려 넣는 것, 문신, 몸을 값싼 장신구로 치장하는 것, 그리고 보다 일반적으로 화장하는 것은 개인 차원의 나르시시즘의 그만큼의 표시라기보다는 다양한 형태의 순응주의를 나타낸다고 할 수 있다. 이렇게 본다면 몸에 대한 강조는 공동체가 재부상하는 것과 밀접한 관련이 있다고 할 수 있을 것이다.

바로 이러한 메커니즘을 통하여 우리는 하나의 록 그룹과 이들에게 자신을 동일시하는 팬덤 현상의 함의를 이해할 수 있다. 이 록 부족의 가치들은 엄격히 음악적인 영역에 갇혀 있는 것이 아니라 옷 입기, 머리 모양, 말하기, 행동하기, 성생활 등 일상적 삶의 양식에 스테레오타입을 부과하면서 사회 전체로 무한히 퍼져나간다. 그런데 사회 전체로 실핏줄처럼 퍼져나가는 이 가치들은, 포스트모던 문화에서 우리의 몸과 관련되어 있고, 따라서 우리가 앞서 살폈듯이 그 경향상 집단적이라고 할 수 있다.

문화의 자연화, 자연의 문화화

자연

근대 과학기술의 본격적인 발달과 산업문명의 개화 이전에는 인류가 자연을 생존의 절대 조건으로서 숭배하거나 혹은 성스러운 힘과 질서를 상징하는 것으로 여겼다. 그리고 인간이 자신의 생존을 위하여 자연을 이용하고 다스리는 것도 근본적으로는 자연의 질서에 순응하는 가운데 일정한 한계와 절제 속에서 행해졌다. 그러나 근대적 인간은 자연을 대상화하고, 그로부터 자신은 소외되었으며, 그것을 단지 기계적 인과율이 지배하는 물질세계로 파악하였다. 이를 통해 인류는 자연에서 풍부하고 다채로운 속성들, 그리고 상징적이거나 성적인 질서를 박탈함으로써 자연은 우리가 더 이상 숭배하거나 교감할 대상이 되지 않기에 이르렀다. 이를 막스 베버는 잘 알려진 '세계의 탈주술화'라는 표현을 통하여 강조하고자 하였다.

그러나 작금에 우리는 상징적 의미가 사라지고 탈신성화된 자연세계에서 다시금 성스러움과 상징성을 복원해야 할 절박한 상황에 이르고 있다. 또한 사회학에서는 자연에의 융합이 사회관계를 맺는 중요한 하나의 기제임을 점점 더 강조하게 된다.

그런데 이와 같이 자연에서 신성함을 발견하고 자연에 그 상징적 함축의 힘을 돌려주고자 하는 경향은 역사에서 주기적으로 있었던 것 같다. 질베르 뒤랑은 서구의 경우 12-14세기의 프란체스코주의와 18세기 말에서 19세기 초반의 독일 낭만주의를 그 중요한 예로 들고 있다. 우리의 형제인 태양과 우리의 자매인 달을 노래하는 성 프란체스코의 자연을 향한 열린 모습은 잘 알려져 있으며, 그 후계자인 성 보나벤투라에게 자연과 이 창조의 모든 재현들은 그 자체로 창조자를 향한 하나의 초대가 된다. 한편 독일 낭만주의의 경우, 자연철학이 그들의 자연관을 잘 알려준다. 이들의 입장은 또한 그들에게 영감을 주고 있는 기독교 신비주의의 자연관과 만나게 된다. 마이스터 에크하르트로부터, 파라켈수스, 야콥 뵈메에 이르는 후자의 흐름에서, 신은 고정된 형태하에 영원히 존재하는 것이 아니고 생성 변화하는 것이며, 자연과 인간을 필요로 한다. 그리고 인간과 자연은 단순한 피조물이 아니며, 창조물이 될 자유로운 존재로 여겨진다.

마페졸리는 자연철학의 중요 주장을 다음과 같이 정리하는데 이는 우리가 '사회 세계의 생태학화'를 논할 때 중요한 비교의 대상이 될 것이다.

첫째, 자연은 전체의 삶, 하나의 전체로서의 삶을 나타내주는 어떤 것이 된다. 둘째, 자연철학의 흐름의 대표주자 중 한 사람인 셸링이 강조했듯이 자연은 "그의 고유의 활동에 의하여 모든 사물을 생산하고 창조하는, 원초적이고 신성하고 영원히 창조적인 우주적 힘"인 것이다. 이는 여러 유형의 생기론과 관련이 있다. 셋째, 이는 또한 일종의 우주적 통일성을 강조하는 흐름, 다양한 형태의 소우주와 대우주 사이의 상응을 강조하는 흐름으로 이어진다.

이렇게 보았을 때 자연은 단지 생기 없는 대상이 아니다. 자연과 문화의 이분법, 주체로서의 인간과 객체로서의 자연의 이분법은 따라서 폐기되어야 할 것이다.

다시 마페졸리의 분석에 기대면서, 사회생활에서의 '자연적인 것'의 항구성을 보다 경험적으로 살펴보자. 첫째, 풍경 취향을 그 예로 들 수 있다. 여기에서 중요한 것은 풍경을 이루는 이 우주의 여러 요소들 사이의 조화이고, 우리의 이 우주에의 참여의 감정이며, 우리와 우주가 서로 감응한다는 메커니즘일 것이다. 그리고 이와 같은 과정은 통상 다른 이들과 함께 이루어진다. 둘째, '자연적인 것의 취향'의 예들을 열거해볼 수 있다. 나무의 사용, 노출 콘크리트의 사용, 여러 질료와 형태의 자연산에 부여된 중요성이 그 예가 될 것이고, 의복에서는 가죽과 양모의 예를 들 수 있을 것이다. 마페졸리의 표현을 빌리자면 이제 "자연의 피부가 사회체의 피부가 된다." 우리의 스타일에서는 헐렁헐렁한 모습, 자연적 제스처 등이 그 예가 될 것이다. 일본 주택의 60퍼센트를 차지하고 있다는 목조주택, 그리고 다다미도 또한 그 예가 된다. 이제 이러한 예들을 통해서 자연과 세계는 우리에게 친숙해지고, 그것의 낯섦은 말하자면 순화(馴化)된다. 셋째, 자연의 유기적 순환으로부터 오는 한계와 죽음에 대한 자각은 비극의 감정을 낳는다. 그런데 그것은 우리가 이미 살펴보았듯이 현재를 강렬하게 살게 한다. 넷째, 그러나 동시에, 사회적 인간과 자연적 우주 사이의 조화와 감응을 강조하는 태도는 젊은 세대들에서 목도할 수 있는, 스토아학파적인 청명함과 사물에 대한 무심함으로 인도하기도 한다. 다섯째, 또한 대타자 자연과의 친숙함은, 소 타자들인 가까운 이웃과의 친숙함을 가능하게 하고 이것이 바로 여러 형태의 지역주의를 가능하게 한다. 이 점은 이제 공간과 사회와의 관계를 통해 보다 자세히 살펴보자.

공간

공간은 그동안 여러 가지 이유로 사회학의 관심을 벗어나 있었다. 그리고 공간이 축약된 것이라고도 할 수 있는 오브제들도 비판의 대상이 되어왔다. 그것들은 지배의 대상이거나, 아니면 주체와 대립되는 객체로서 인간을 소외시키는 것들로 비판받아왔다. 또 정치이념적 차원에서는 공간과 관련된 것은 역사와 사회변동이 함축하고 있는 역동성을 결여하고 있기에 정태적이고 시대착오적이며 따라서 보수적이라고 평가받아왔다.

그렇지만 이제 우리의 모둠–살이는 공간이 없이는 영위될 수 없다는 점이 점점 더 강조되기에 이르렀다. 말하자면 공간은 단지 생기 없는 자연의 한 부분이 아니라, 그 속에서 지속되어온 인간의 삶과 불가분의 관계에 있는 것이다. 공간은 말하자면 그 속에서 긴 시간을 통하여 지속되어온 선조들의 삶이 축약되어 있는 곳이고, 동시에 그 속에서 우리가 선조들의 삶의 방식을 체화하면서 또한 우리의 삶의 흔적을 남기는 곳이기도 하다. 말하자면 공간은 뿌리와 역사가 있는 것이다. 이 점을 강조하기 위하여, 단순한 물리적인 자연의 일부로서의 '공간'과 구분되는 '장소'라는 표현이 선호되기도 한다.

따라서 여기에서의 '공간'은, 자연의 일부를 단순히 나타내기보다는 오히려 자연과 사회, 자연과 문화의 중간에 위치하면서 그들의 결합을 잘 나타내준다고 할 수 있다. 마찬가지로 요즈음 자주 쓰이는 '영토', '도시성', 그리고 '지역' 등의 표현 등도 이러한 결합을 잘 나타내준다. 그리고 이 결합이 있기에 우리는 한 공간, 한 장소의 분위기, 그리고 그것을 축약해서 나타내주는 수호신에 대해 얘기할 수 있는 것이다.

이렇게 본다면 공간과 자연에 대한 강조는, 마페졸리가 강조하듯이 우리의 삶과 사유의 기준을 '자아중심주의'로부터 '장소중심주의'로 이동시킬 것을 요구한다. 즉, 이제 자연과 공간은 하나의 '대상'으로부터, 우리와 우리의 사회적 존재를 가능하게 하는 어떤 것이 되며, 이를 통해 작은 자아는 자연적 타자, 사회적 타자 속으로, 즉 자신보다 더욱 큰 어떤 것 속으로 소실된다.

이러한 장소중심주의에 입각한 예들을 살펴보자. 먼저 마페졸리가 '집의 논리'라고 이름붙인 것을 살펴보자.

넓은 의미에서의 집은, 아마도 라틴어의 도무스(domus), 그리스어의 오이코스(oikos)에 상응할 터인데, 이는 일정한 범위, 즉 근접성, 혹은 '손 닿는 범위' 안에 존재하는 모든 것들을 포함한다. 그런데 이때 중요한 점은 그 모든 구성요소들인 가옥, 주민, 농토, 농작물, 가축 등이 모두 동시에 진정한 상호작용에 들어갈 수 있는 범위라는 점이다. 따라서 이 손 닿는 범위 안에서는 진정한 의미의 공동 감정과 공유된 체험의 형성과 실현이 가능하다고 할 수 있다. 바로 이런 의미에서 넓은 의미의 가족정신을 얘기할 수 있고, 너그러움, 우정, 환대 등의 윤리와 삶의 양식들이 실험되고 익혀지는 입문의 장소 구실을 하는 것도 이 범위 안에서인 것이다. 이 차원에 대한 재평가, 이 '가까운 곳으로의 재집중'을 잘 나타내주는 것이 요즈음의 집, 일상, 생태학, 지역, 동네에 대한 강조이고, 요리, 집안 장식, 도시의 질 등의 테마의 부각이라고 할 수 있다.

마찬가지로 대도시의 많은 명소들은 그 고유의 성격에 따라—기술, 예술, 유희, 에로틱, 음악, 종교, 지성, 정치, 기념 등—고유의 분위기를 가지면서, 각각 그에 고유한 많은 종류의 사회관계들을 가능하게 한다고 할 수 있을 것이다.

오브제

앞서 살폈듯이 공간이 정적인 것, 반동적인 것—파시즘, 민족주의 등—을 연상시키면서 비판의 대상이 되었었다면, 오브제도 그동안 유사한 길을 걸었다. 행동주의적이고 목표가 뚜렷한 것에, 그리고 역동적인 것에 가치가 부여되는 현대적 시대정신에서 보았을 때, 오브제는 생기 없는 사물로 여겨져 비판의 대상이 되었었다.

그런데 자연이나 공간의 경우와 마찬가지로, 세계의 생태주의화와 더불어 이제 우리는 오브제의 귀환을 목도하고 있다. 다시 마페졸리를 따르면서 그 함의를 정리해보자.

첫째, 자연을 살아 있는 세계로 간주하고 있었던 고대적 사유에 있어서 각 사물은 자기 자리에 있으면서 동시에 서로서로 응답하는 감응의 관계에 들어간다고 여겨졌고, 바로 그렇기에 인간 주체는 그것들 중 하나에 불과한 것이었다. 이것이 바로 모든 사물이 자신의 자리를 잡고 있고 관계를 맺고 있다는 유기성의 직관일 것이다.

둘째, 이런 관점에서 보았을 때 각각의 오브제는 그에 고유한 내재적 힘과 덕을 갖고 있다고 여겨졌다. 바로 그렇기에 우리 가정의 사소한 오브제들처럼, 우리의 일상은 이러한 오브제들에 대해 우리가 간직하고 있는 인상들로 채워져 있다고 할 수 있을 것이다. 우리의 어떤 장소들에 대한 애착은 그곳을 채운 오브제들에 대한 기억과 그것들에 대한 우리들의 동일시에 근거하고 있을 것이다.

셋째, 공간에 대하여 우리가 유사한 지적을 하였던 것처럼 오브제를 세계가, 자연이 그 속에 축약되어 있는 것으로 여길 수 있다면, 그것들은 자연의 낯섦에 우리를 익숙하게 하고 그를 통하여 자연세계와 사회세계 사이의 가역성을 가능하게 한다.

넷째, 유명한 화가들의 정물화는 진부한 오브제들이 신비에 둘러싸여 있음을 보여준다. 그리고 또한 '신비'의 어원적 의미−신비스러운 것을 둘러싼 입문자들의 연합−가 함축하고 있는 것처럼, 그 작품 속의 오브제를 중심으로 관람객들 사이의 융합이 가능하게 된다.

오늘날의 대형 쇼핑센터의 수많은 오브제들에 대하여도 우리는 유사한 지적을 할 수 있을 것이다. 즉, 그곳의 오브제들은 단지 효용성의 측면에서만 판단될 수는 없다. 그곳에서 스펙터클화한 오브제들과 그것들이 자아내는 특이한 분위기들은 여러 유형의 만남과 스침의 원인이자 결과들이라고 할 수 있다.

　마찬가지로 이제 대도시민에게 길거리에 진열해놓은 디지털시계 더미는 우리가 등산로에서 마주치는, 민중신앙을 상징하는 돌무덤으로 인식되고, 대형 하이퍼마켓 속에 여러 단으로 진열된 거대한 디지털 라디오들은 산 속에서 각각 그 형상에 따라 여러 상징적 의미를 함축하는 바위들로 인식된다. 그리고 이제 그것들을 중심으로 도시민들은 무리를 지어 배회하게 된다. '세계의 재주술화'인 셈이다.

4. 예술 형식으로서의 일상적 삶

　앞서의 논의들을 마페졸리가 '미학'의 개념으로부터 차용하여 강조하고자 하는 차원을 중심으로 정리해보자. 그런데 아마도 이 미학적 차원은 누구보다도 짐멜이 선구적으로 논한 것 같다. 아마도 짐멜만큼 일상적 의례가 갖는 초월적 차원을 드러내고, 그것을 하나의 예술작품에 비견하고자 했던 고전사회학자도 드물 것이다. 그의 '식사'와 '사교성'에 대한 분석을 통하여 이를 살펴보자.

　'식사의 사회학'에서 짐멜은 어떻게 가장 동물적이고(배고픔의 단순한 본능적 충족이라는 면에서) 가장 개인적일 수 있는(배고프고 목마른 것은 자기가 배고플 때 언제라도 '혼자' 해결할 수 있다는 측면에서) 우리의 먹고 마심이 식사 예절이라는 형식을 통해서, 뒤르케임이 얘기하는 '사회적인 것', 즉, 개인을 넘어서는 초월적 차원을 만들어내는지를 잘 보여주고 있다. (잘 알려져 있듯이 '함께 식사하기'의 상징적 의미는 예수의 살과 피를 상징하는 빵과 포도주를 함께 나눔으로써 초월적인 일체(一體)를 이루게 되는, 예수와 열두 제자의 최후의 만찬에서 잘 드러난다.) 우선, 식사시간을 정하는 것이 '함께' 먹고 마시는 기본적인 조건을 만드는 것이라면, 수저의 사용은 손으로 '직접' 집어먹기와 대비되면서 우리의 본능과의 일정한 '거리두기'를 의미하고, 각자가 사용하는 원형의 접시들이 각자의 동등한 몫을 구심력을 갖고 간직한다는 것을 상징한다면, 가운데에 놓이게 되는 접시들은 타원형이나 혹은 사각형의 것들이 놓임으로써 원형보다는 음식을 '덜 가두어놓는다고', 따라서 우리가 음식을 나누어 덜어가기를 허락한다고 짐멜은 해석한다. 그리고 식탁보의 색깔, 식탁의 조명, 벽의 사진이나 그림 등은 되도록 우리에게 익숙하고 친밀한 것들로 채움으로써 결국 무엇보다도 중요한 '함께 먹고 마심'이 되도록 방해받지 않도록 배려되어 있다는 점을 짐멜은 또한 지적하고 있다. 이제 짐멜은 존재는 보잘것없는 것, 무의미한 것의 형식화를 통하여 스스로를 초월한다고 결론짓는다. 마치 예술작품이 그에 고유한 양식을 바탕으로 작품의 대상인 현실을 변용시켜 우리에게 감동을 주듯이, 식사의 경우에도 우리의 진부할 수 있는 먹고 마심에 식사예법이라는 형식을 부여하여 각자를 초월하는 함께함의 차원을 만들어낸다는 것이다.

마찬가지로 짐멜은 사교성에 대한 분석에서도 그것을 역시 예술 형식과 비교해본다. 짐멜에게 사교성의 차원은 사람들이 모임의 특수한 목적과 내용을 넘어서서 상호작용 그 자체, 모인다는 사실 그 자체로부터 오는 고유의 감정과 그것이 제공하는 만족감인 '사교성의 충동'을 추구할 때 성립한다. 바로 이와 같이 모임의 목적과 내용에의 모든 준거로부터 해방되어 형식들—모임의 여러 예절과 관례들—을 발전시킬 때 사교성의 차원이 나타나는데, 짐멜은 사교성이라는 것이 내용들에 앞서 고유의 가치를 지니고 있다는 점을 강조하기 위하여 그것을 '사회화의 유희적 형식'이라고 설명하기도 한다.

그러나 목적이나 내용을 떠나 있는 모임이라고 아무렇게나 유지되는 것은 아니다. 사교성의 차원을 유지하기 위해서는 상위한계와 하위한계의 설정이 필요하다. 우선, 앞서 지적한 바이기도 하지만, 사교성의 차원을 유지하기 위해서는 모임이나 만남을 일의 내용이나 객관적 목적에 종속시켜서는 안 된다. 이것이 상위한계이다. 반면, 이런 유의 만남이 일의 내용보다는 만난다는 사실 그 자체에 중요성을 두기에 각 개인의 개성이 중요한 비중을 차지할 수 있는 가능성이 훨씬 커지는 만큼, 그것이 지나치게 드러난다면 이는 또한 사교성의 차원을 침해하는 것이다. 개인적 차원의 제한이 필요해지는 것이고, 이것이 사교성의 하위한계인 것이다. 그렇다면 이와 같은 한계들을 줌으로써 얻게 되는 것은 무엇일까? 적어도 이상적으로는 다음과 같다. 즉, 각자가 이 사교성의 욕구로부터 만족-기쁨, 도움, 활력 등-을 얻는 만큼 다른 참여자들도 만족을 얻어야 한다. 비록 인위적인 세계임에는 틀림없지만 상호이해를 통해서 만족스런 동반관계를 실험한다는 측면에서 사교성은 '구체적인 사회의 윤리적 힘의 사회적 형식'인 것이다.

따라서 이 한계들을 지키기 위해 조심하고 삼가는 것은 사교성의 차원을 유지하기 위한 기본 조건이라고 할 수 있다. 그런데 앞서 언급한 상위한계와 하위한계가 지켜지지 않을 때, '사회학적 예술 형식'으로서의 사교성은, 짐멜에 의하면 더 이상 하나의 '중심적인 창조 원칙'이 될 수 없다.

마찬가지로 모든 사교성은 그것이 하나의 게임처럼 전개된다는 점에서 보았을 때는 삶의 '상징'일 뿐이지만, 그럼에도 불구하고 사교성은 또한 '삶'의 상징이다. 이것은 마치 가장 자유롭고 환상적이고 현실의 복제로부터 가장 멀리 떨어진 예술일지라도 그것이 위선이 되지 않으려면 현실과의 심층적이고 충실한 관계로부터 그 자양분을 얻는다는 것과 같다는 것이다. 마찬가지로 사교성이 삶과의 관련을 완전히 끊는다면, 그것은 다시 삶으로부터 단지 시선을 돌림으로써가 아니라, 바로 형식들의 그 자체로 …… 훌륭한 게임 안에서 현실 자체를 추상화하면서 우리가 가장 심층적인 삶의 현실의 의미와 힘을 구성하고 살아낸다는 사실에 의하여 우리는 삶으로부터 해방되는 것이다. 매순간 삶의 압박을 느끼는 심오한 존재들에게, 만일 사교성이 삶 앞에서의 도피일 뿐이고 단순한 순간적인 폐기일 뿐이라면, 사교성은 그러한 해방감, 그러한 해방시키는 청정함을 함축할 수 없다. 사교성은 흔히 그러한 부정적인 측면만을 제시할 수 있을 뿐이고, 하나의 편의적인 관례, 생명을 잃은 형식들의 내적인 교환일 수 있다. …… 반면 가장 심오한 사람이 바로 사교성에서 발견하는 해방과 위안은, 타인들과 함께 있으면서 감동을 서로 교환하는 과정을 통하여 삶의 모든 의무와 무게가, 말하자면 하나의 예술적 게임으로 느껴지게 된다는 사실에 있다. (사교성은) 하나의 승화인 동시에 완화인데 이제 그 속에서 현실 내용의 풍부한 힘은, 그것을 일정한 매혹 속으로 증발시킨다는 사실에 의하여, 먼 거리를 두고 나타날 뿐이다. (Georg Simmel, "Sociabilité", *Sociologie et Épistémologie*, Paris: PUF, 1981, p.136)

짐멜에 의하면 '공허한 형식의 쓸데없는 짓'으로, '생명 없는 도식주의'로 전락한다.

그러면 이제 마페졸리의 경우, 어떻게 그가 일상의 의례들을 예술 형식과 연결시키는지를 그가 그 나름대로의 의미를 부여하면서 사용하는 미학의 차원을 살펴보면서 우리의 이제까지의 논의를 정리해보자.

이제껏 우리는 그간 간과되었거나 배제되고 무시되었던 삶의 구성 요소들을 우리의 논의에 포함시켜 이것들과 함께 살고 또 그에 대해 사유하는 것에 대해 논하였다. 우리는 먼저 우리 내부의 자연—감정, 외양(피부, 털)—과 우리 외부의 자연—자연, 그리고 문화화된 자연인 공간과 그 공간의 축약이라고 할 수 있는 오브제—이라고 여기던 요소들을 우리의 분석에 포함시킴으로써 우리의 이성중심주의, 인간중심주의 세계관을 해체하고, 그다음 여러 자연들, 여러 타자들과의 관계 회복을 통하여 우리의 좁은 '자아'를 많은 '그림자들'의 시험을 거치면서, 그리고 그것들을 한몸으로 계속적으로 일치시키는 과정을 통하여 '자기'로 고양시키는 과정을 드러내고자 하였다. 그런데 이 과정에서 중요한 점은 여러 형태의 함께함-그것이 말의 넓은 의미에서의 공동체이건 아니면 부족이건-의 부각이라고 할 수 있다. 즉, 감정의 회귀와 외양에 부여된 중요성을 통하여 사회체가 강조되었다면, 이 과정은 자연 앞에서, 공간 속에서, 그리고 오브제가 상징하는 바를 중심으로인 것이다. 그런데 이러한 함께함에 있어서 기본적인 벡터는, 마페졸리에 의하면 그리스 어원적인 의미에서의 '미학', 즉 '함께 느낌'이다.

잘 알려져 있다시피 원래 미학은 작가와 그의 대상과의 관계, 즉 주체와 객체의 구분이 소멸되는 것과 관련이 있다. 이는 예술가의 작품과 그것을 감상하는 아마추어의 관계에서도 마찬가지일 수 있다. 이와 같은 동일시, 혹은 '정체성의 용해'는 단지 작품과의 관계에서만 살필 수 있는 것이 아니다. 잊지 말아야 할 점은, 작품이 야기하는 감정들은 실제적으로 혹은 잠재적으로 타인들과 공유됨으로써 공동체를 창조한다는 점이다. 마찬가지로 우리의 경우 우리가 교감하는 자연과의, 특유한 분위기를 지니고 있는 공간과의, 그리고 상징적인 의미를 띠게 된 오브제들과의 동일시는 그것들과의 동일시를 함께하는 구성원들 사이에 공동체를 창조한다는 점을 지적하는 것이 중요할 것이다. 이 같은 메커니즘을 통한 '함께함', '함께 삶'의 방식을 마페졸리는 '미학의 윤리'라 칭하면서, 보편적이고 선험적인 '도덕'과 대비시킨다.

다시 강조하자면 여기에서의 '미학'은 전혀 개인주의화되어 있지 않다. 그리고 이와 같이 마페졸리가 해석한 의미에서의 '미학적' 관점에서 보았을 때, 예술적 동일시와 보통 사람들의 삶 안에서의 소모의 충동 사이에 존재하는 유사성은 점점 더 후자를 하나의 집단 예술작품으로 간주하게끔 한다. 여기서 중요한 것은, 자신 안에 갇혀 있는 개인적 에고와는 구분되는, 다른 것에의 참여의 욕망인 것이다.

짐멜의 '형식/내용'의 구분으로 본다면 미학, 즉 이 함께 느낌은 하나의 형식으로서 그 안에는 상이한 내용이 담길 수 있을 것이다. 따라서 요즈음 우리가 목도하는, 민중적인 것이 다른 모든 가치들을 다 포섭하려는 듯한 여러 형태의 포퓰리즘, 자국민이나 민족을 우선시하는 외국인 혐오증이나 인종차별주의, 여러 형태의 종교적 광신주의, 그리고 그 외 자아의 여러 형태의 매우 강압적인 집단주의로의 함몰 등은 함께 느낌의, 우리가 우려하는 예들이 될 것이다.

　　또한 우리가 '전일적이고 통합적인 사유'를 살리기 위하여 감정과 열정을 강조한다고 해서 그것이 이 차원들에 대한 무조건적인 찬양을 의미하는 것도 물론 아니다. 마페졸리 자신도 강조하고 있듯이, 단지 강자의 논리가 지배적이고, 감각이 오히려 우선시되며, 정신 활동과 추론의 질이 떨어지고 그것들이 헤게모니를 잡게 될 때 오히려 금욕적 독트린이 소중하게 여겨질 것이다.

밑으로부터의 역사

경우에 따라서 개인 그 자체보다는 개인이 뿌리를 내리고 있는 공동체가 더욱 중요시되는 시기가 있다. 마찬가지로 대규모의 사건사(事件史)보다는 그날그날 체험되는 다양한 삶의 이야기들, 대수롭지 않지만 오히려 그럼으로써 공동체의 뼈대를 형성하는 모든 상황들이 강조되는 시기가 있다. 바로 이 두 가지 점이 우리가 '근접성'이라는 용어로써 이야기할 수 있는 것들의 특징으로 보인다. 이는 자연히 우리가 사회생활에서의 **관계**라는 측면에 주목할 것을 요구한다. 관계 속의 인간. 이는 단지 개인 간의 관계만을 지칭하는 것이 아니라 나를 한 영토에, 한 도시에, 그리고 내가 다른 이들과 공유하는 자연 환경에 연결시켜주는 모든 것들도 포함해서 하는 이야기이다. 바로 이것이 그날그날의 자그마한 역사들인 것이다. **공간 속에 결정(結晶)되는 시간**. 이렇게 하여 한 장소의 역사가 개인적인 역사로 되는 것이다. 의례, 냄새, 소리, 이미지, 건축물 등으로 이루어진 대수롭지 않은 모든 것들이 침전 작용에 의하여 니체가 '상형적 일기'라고 불렀던 것으로 되는 것이다. 우리가 무엇을 말하고, 행하고, 생각하고, 사랑해야 하는가를 배우는 그러한 일기. 우리에게 "이곳에서 우리가 살고 있기 때문에 우리는 살 수 있으리라"고 가르쳐주는 일기. 이렇게 하여 각자에게, 하루살이식이며 때로는 엉뚱하기까지 한 개인적인 삶을 넘어서면서 바라보게끔 해주는 '우리', 또 각자가 스스로를 '집의, 혈통의, 도시의 정신처럼' 느끼게 해주는 '우리'라고 하는 것이 형성되는 것이다. 내가 중요하다고 느끼는 이러한 관점의 변화에 대해 더 이상 잘 표현할 수는 없을 것이다. 초점을 다른 식으로 맞추기. 비록 그것이 미시적인 방식에 의

한 것일지라도, 모두에게 공통적인 것, 그리고 모두에 의하여 행하여진 것
들에 강조점이 주어질 것이다. '밑으로부터의 역사'. (Michel Maffesoli, *Le
temps des tribus*, Paris: Méridien Klincksieck, 1988, pp.151-152)

1. 저자가 볼드체로 강조하고 있는 '관계', '공간 속에 결정(結晶)되는 시
   간' 등의 의미가 구체적으로 무엇인지 논의해보자.

2. 저자는 '관점의 변화', '초점을 다른 식으로 맞추기'에 대하여 강조하
   고 있다. 이론적으로 그리고 방법론적으로 이 점이 무엇을 의미하는
   지 논의해보자.

――――――――――― 읽 을 거 리 ―――――――――――

강수택, 『일상생활의 패러다임』, 민음사, 1998.
게오르그 짐멜, 김덕영·윤미애 옮김, 『짐멜의 모더니티 읽기』, 새물결,
    2005.
김홍중, "문화적 모더니티의 역사시학. 니체와 벤야민을 중심으로", 「경
    제와 사회」, 2006년 여름호(통권 제70호).
미셸 마페졸리, 신지은 옮김, 『영원한 순간: 포스트모던 사회로의 비극
    의 귀환』, 이학사, 2000.
박재환, "일상생활의 사회학이란 무엇인가", 박재환, 일상성·일상생활연
    구회, 『일상생활의 사회학적 이해』, 한울아카데미, 2008.
박재환, 일상성·일상생활연구회, 『현대 한국사회의 일상문화 코드』, 한
    울, 2004.

신지은, "일상의 탈중심적 시공간 구조에 대하여", 「한국사회학」, 44집 2호, 2010.

앙리 르페브르, 박정자 옮김, 『현대세계의 일상성』, 기파랑, 2005.

일상문화 연구회, 『일상 속의 한국문화』, 나남, 1998.

질베르 뒤랑, 유평근 옮김, 『신화비평과 신화분석: 심층사회학을 위하여』, 살림, 1998.

최종렬, 『사회학의 문화적 전환』, 살림, 2009.

제 9 강

공간의 생산, 재현,
그리고 체험

김홍중

우리는 우선 공간에 대한 사회학적 탐구가 의미 있는 사회학의 한 분과로서
등장하게 되는 맥락을 살펴볼 것이다. 이어서 공간사회학이 어떤 대상들을
연구하는 분과인지를 명기할 것이다. 사회학의 입장에서 공간을 다룰 때 우
리가 취할 수 있는 접근 방식을 크게 세 가지 중요한 차원을 통해 정리할 것
이다. 첫째는 공간의 생산으로서, 이는 대상이 되는 공간이 어떻게 사회적으
로 생성되었으며, 유지·관리되고 혹은 소멸하는가를 탐구하는 관점이다. 둘
째, 공간의 재현은, 특정 공간이 다양한 미디어에 의해서 표상되고 그 표상된
이미지가 현실 공간을 다시 구성하는 복합적 관계를 탐구하는 관점이다. 마
지막으로 공간의 체험은, 사회적 행위자가 공간에 거주하거나 그 공간을 소비
하는 과정에서 공간과 맺는 관계의 내용과 형식을 탐구하는 관점이다.

┌─ 키워드 ═══════════════════════════════════

공간, 장소, 풍경, 공간소(素), 공간의 생산, 공간의 재현, 공간의 체험, 유토피
아, 헤테로토피아

1. 공간이 왜 문제인가?

1797년 스위스 여행 중에 괴테는 다음과 같은 기록을 남긴다. "아침 일찍 7시 이후 프랑크푸르트에서 떠남. 작센호이저 산 기슭으로는 수많은 잘 가꾸어진 포도밭, 안개 끼고 구름에 덮여 있는 편안한 날씨. 석회암 길은 잘 닦여 있음. 망루 뒤쪽은 숲. 징이 박힌 신을 신고 막대기를 들고서 강고하고 높은 너도밤나무를 올라가는 등반자. 불어를 사용하는 스위스 지역의 작은 마을. 랑엔의 언덕으로부터 나 있는 길에는 시신을 안치하는 곳. 랑엔까지의 포장도로와 길 위에 있는 현무암, 이 평평하게 솟아 있는 지역에서는 프랑크푸르트에서처럼 아주 자주 멈춰야만 했음. 모래가 많고, 기름지고, 평평한 땅, 수많은 농지, 그러나 메마른……." (볼프강 쉬벨부쉬, 박진희 옮김,『철도여행의 역사』, 궁리, 1999, 70쪽)

때는 18세기 후반이다. 아직 자동차도, 기차도, 비행기도 존재하지 않던 시절이다. 독일이 배출한 위대한 문호 괴테는 마차를 타고 이탈리아로 이동하고 있다. 그는 여행길에 오른 것이다. 사람이 걷는 속도보다는 조금

빠르지만 그렇다고 해서 말 위에서 달리는 것보다는 느린 속도이다. 그가 적어놓은 바에 의하면, 괴테는 지금 자신이 가로질러 가는 공간의 모든 것을 만끽하고 있다. 그의 눈은 모든 공간의 디테일들을 놓치지 않고 감상하고 있으며, 그 자신이 공간의 한 일부에 속해 있다. 그가 체험하고 있는 이 살아 있는 공간은 오랜 세월의 농업과 경작 속에서 형성된 유럽의 농촌 지역이다. 그것은 당시의 풍경화에서 보이는 전형적인 서정적 아름다움을 내포하고 있다. 이와 동시에 이 풍경에는 당시의 사회상이 암시되어 있기도 하다. 그것은 아직 근대화되기 이전 독일 지역의 농업 지대에서 볼 수 있는 낙후된 농민 문화와 그들의 계급적 상태이다. 모든 풍경은 그 시대와 사회의 한 중요한 반영이다. 괴테의 글은 느린 속도로 움직이는 마차 속에서 바라본 공간의 특성들을 모두 기재하고 있는, 공간 문화의 좋은 자료가 된다. 이 글은 19세기 이전까지 거의 모든 인류가 어떤 방식으로 공간을 만들어왔고, 공간을 체험해왔으며 또한 그것을 표상해왔는지를 전형적으로 보여준다.

그러나 20세기를 살고 있는 우리들에게 괴테의 위와 같은 공간 체험은 사실 과거의 일이 되어버렸다. 공간은 우리에게, 괴테의 동시대인들에게 그러했듯이, 살아 있는 환경이자 소통의 파트너이자 존재의 터전으로 감지되지 못한다. 이를테면 물리적 이동을 가능하게 하는 교통수단을 생각해보자. KTX를 타고 서울에서 부산까지 가는 사람에게 400킬로미터라는 물리적 공간은 과연 그 섬세한 디테일까지 감지되는 체험의 대상인가? 그렇지 않다. 우리가 고속열차를 타고 갈 때 창밖의 풍경은 너무나 빨리 지나가는 하나의 파노라마적 비전으로 돌변한다. 우리는 그것을 가만히 지켜보면서 감상하기보다는 약 3시간 반의 시간을 다른 방식으로 소비하기 위해서, 책을 읽거나 잠을 자거나 아니면 노트북 컴퓨터로 영화를 본다. 우리는 400킬로미터가 펼쳐놓은 공간을 전혀 '체험'하지 못한다. 우리는 공간을 시간으로 전환시킨다. 서울과 부산 사이에는 거대한 공간이 있는 것이 아니라 3시간 30분의 시간이 놓인다. 이런 역설적 상황은 비행기 여행의 경우에는 더욱 두드러진다. 지구의 반을 날아가는 이 대규모의 이동 속에서 우리가 보는 풍경은 짙은 구름의 층들이 켜켜이 쌓인 고공의 장면이거나 아니면 곧바로 공항의 풍경이다. 막대한 공간 역시 이를테면 10시간의 시간으로 전환되어 체험된다. 공간은 사라져버렸다. 이와 더불어 지구 표면의 그 공간이 형성된 역사도 사라지고, 공간을 체험하는 방식도 사라지고, 그것의 표상도 크게 변화한다.

20세기 후반 우리의 일상 속에서 과거의 공간은 이처럼 심각한 소멸 상태에 놓여 있다. 거리 한복판에서 휴대전화를 사용하는 사람을 생각해보자. 그는 자신의 주변에 있는 수십 명의 사람들과 같은 물리적 공간을 공유하고 있다. 즉, 그는 거리에 현존한다. 그런데 그에게 휴대전화의 벨소리가 들려왔고, 그가 휴대전화를 받아서 상대방과 통화 상태에 들어갔다고 하자. 그는 갑자기 이때부터 새로운 공간적 세팅에 돌입한다. 달리 말하자면, 그에게 중요한 것은 이제 그와 함께 물리적 공간을 공유하고 있는 사람들이 아니다. 그는 지금 여기에 존재하지 않는 어떤 사람(상대방)과의 대화 속으로 빠져든다. 그는 멀리에서 보면 혼잣말을 하는 사람이다. 그는 웃기도 하고, 제스처를 사용하기도 한다. 그는 지금 '가상공간' 속에 존재하는 것이다. 물리적 공간보다 더 중요하고 더 실질적인 공간이 등장하는 이런 현상의 극단적인 실례가 바로 인터넷과 같은 미디어 속에서 형성되는 사회관계와 공간들일 것이다. 일테면 다음 커뮤니케이션에서 운영하는 토론 공간인 아고라에는 얼굴과 이름을 모르는 수많은 사람들이 공통으로 참여한 치열한 논의의 공간이 형성된다. 말 그대로 '광장'이다. 그러나 그 광장은 현실 속에 존재하는 것이 아니다. 컴퓨터를 끄고 나면 신기루처럼 '아고라'는 사라진다. 하지만 아고라에서 논의된 것들이 우리의 현실에 영향을 미친다는 점에서 그것은 분명히 실재하는 중요한 공간이다. 미디어 공간과 사이버 공간은 이런 점에서 또 다른 의미에서 새로운 공간의 차원을 열고 있다. 새로운 공간이 형성되었기 때문에 그것을 체험하는 방식 또한 달라지며 그에 맞추어 그런 공간을 표상하는 방식 또한 변화한다. 〈매트릭스〉라는 영화는 사이버 공간에 대한 감수성이 많은 이들에게 보편적인 것으로 변화하기 이전이라면 과연 그와 같은 큰 공감대를 얻어낼 수 있었을까?

공간은 우리에게 자연스럽게 주어진 것처럼 보이지만, 위에서 살펴본 것처럼 역사적, 사회적, 기술적, 문화적 변동과 깊은 연관 속에서만 존재한다. 대도시에서의 삶이 보편화된 것은 매우 최근의 일이다. 가만히 살펴보면, 우리를 둘러싼 거의 모든 공간들은 역사적으로 만들어진 것이다. 공간은 생산된다. 그리고 일단 생산된 공간은 그 안에 거주하는 인간을 독특한 방식으로 체험하도록 유도한다. 더 나아가 이처럼 변화되는 공간은 문화적 표상의 중요한 대상이 된다. 풍경이 그것이다. 인간이 공간적 존재인 한에서, 공간은 언제나 인간의 가장 원초적인 문제였다. 그렇다면 인간의 문제들을 다루는 사회학은 공간에 대해서 어떤 접근, 사유, 탐구를 시도해왔는가? 우리가 살펴보고자 하는 것은 바로 그것이다. 공간사회학이란 무엇인가? 그 분과에서 어떤 작업들을 해왔으며, 또한 어떤 작업들이 앞으로 중요한 것으로 부각되는가? 그 분과에 관심이 있는 사람이 꼭 읽어야 할 것들은 무엇인가? 우리는 이와 같은 의문들에 대한 해답을 다음과 같은 순서로 제공하고자 노력할 것이다. 첫째, 공간사회학의 간략한 역사를 정리한다. 둘째, 지금 논의되는 공간이 어떤 공간인지를 유형화하여 살펴본다. 셋째, 사회학적으로 공간을 다룰 때 전제되는 가장 기초적인 인식인 '사회적 운명'에 대해서 생각해본다. 넷째, 공간사회학의 가장 중요한 테마라 할 수 있는 세 가지의 쟁점(공간의 생산, 공간의 체험, 공간의 표상)을 각각 구체적인 연구 성과와 더불어 살펴본다.

2. 공간사회학의 부상

사회학이 공간에 대한 관심을 보인 것은 비교적 최근의 일이다. 왜일까? 다양한 원인이 있겠지만 무엇보다도 중요한 것은 사회학이 태동한 19세기 유럽 학문이 '공간'에 대해 보여준 무관심에 기인할 것이다. 19세기의 시대정신은 구체제의 유습을 파괴하고 새로운 제도를 통해서 더 나은 미래를 창출할 수 있다는 낙관주의였으며, 그 시기 등장한 다양한 사회과학들(근대 역사학, 경제학, 사회학, 정치학, 인류학)은 모두 시간적 차원을 공간적 차원보다 훨씬 더 중요한 것으로 취급하고 있다. 사회학의 경우, 이는 고전사회학자들의 지적 경향 속에서 두드러지게 드러나는 특징이다.

예를 들어 '사회학의 아버지' 콩트는 인류의 발전을 세 가지 단계로 이해하여 제시한다. 그것이 바로 '신학적 단계→형이상학적 단계→실증적 단계'의 진화도식이다. 마르크스의 경우는 어떠한가? 그는 '원시공산제→고대노예제→봉건제→자본제→사회주의(공산주의)'로의 발전을 변증법적으로 사유하고 있다. 뒤르케임은 기계적 연대의 사회에서 유기적 연대의 사회로의 변화에 관심을 기울였다. 막스 베버 역시 합리화로 특징지어지는 근대성의 심화를 집중적으로 연구했다. 이들에게 중요한 것은 '공간'이 아니었다. 그들에게 중요한 것은 시간(역사) 속에서 인간이 진보해나가는 과정이었다. 19세기 유럽의 고전사회학자들에게 발견되는 이 경향은 20세기 중후반을 주도했던 수많은 간판 사회학 이론가들(파슨스, 엘리아스, 하버마스, 루만)에게도 유사한 방식으로 발견된다. 말하자면 사회학의 역사 속에서 '공간'은 언제나 소외된 주제였으며, 감추어진 문제의식이었던 셈이다. 공간은 역사 발전의 무대나 배경으로 치부되었다. 시간에 부여된 능동적 속성과 달리 공간에는 수동적이고 이차적인 역할이 부여되었다. 공간은 죽어 있고 빈약하고 정태적인 실체로 인지되었다. 말하자면 공간은 사회학에서 망각되었던 것이다.

20세기를 경과해오면서 사회학은 공간에 대한 태도를 크게 변경하지는 않았다. 물론 부르디외와 같은 탁월한 사회학자의 이론화 작업 속에서 공간은 장과 같은 '사회적 공간'의 메타포를 통해서 중요한 요소로 부각되었던 바 있고, 또한 지리학과 사회학을 근접시키면서 공간을 사회이론의 핵심으로 끌어오는 기든스가 존재하기는 하지만, 전체적으로 보아서 공간에 대한 감수성, 공간에 대한 사회학적 탐구, 공간의 중요성에 대한 인식은 다양한 이유로 억압되어왔다.

공간 패러다임이 급격하게 부상하기 시작하는 것은 1990년대에 중요한 영향력을 행사한 '공간적 전회' 이후라고 할 수 있다. 공간은 철학, 수학, 자연과학, 사회과학, 정신분석학에 이르는 다양한 분과학문들을 관통하면서, 시간을 대체하는 혹은 시간과 대등한 사유/연구의 차원으로 인정받게 된다. 바로 이런 분위기 속에서 공간에 대한 사회학적 탐구의 가능성이 부각된다. '시간-공간-사회'라는 세 차원을 중요한 분석 범주로 삼는 에드워드 소자나 '역사지리유물론'을 창안한 데이비드 하비, 그리고 '사회공간론'을 제창했던 앙리 르페브르의 논의들은 공간에 대한 사회과학적 문제의식이 어떻게 새로운 의미를 부여받을 수 있으며, 어떤 가능성을 주는지에 대한 좋은 실례라 할 수 있다. 이들 논의의 전통을 이어서 21세기의 사회학은 아마도 공간의 문제에 대해 커다란 관심과 열정을 기울이게 될 것으로 보인다.

마르쿠스 슈뢰르에 의하면, 독일 사회학이 공간의 문제에 대해서 망각증세를 보인 가장 큰 이유는 국가사회주의에서 '공간'이 차지하고 있던 중대한 정치적 함의 때문이다. 소위 '공간 없는 민족', '생활공간', '피와 땅' 등의 메타포들, 그리고 이 시기 꽃피었던 수많은 지리 정책들은 이후의 사회학에 공간 범주를 적극적으로 사고할 수 있는 가능성을 박탈했다고 본다(마르쿠스 슈뢰르, 『공간, 장소, 경계』, 정인모·배정희 옮김, 에코리브르, 2010, 18-19쪽). 한편, 시간 패러다임의 지배하에서도 20세기 초반부터 몇몇의 예민하고 창의적인 사회학자들이 근대 도시공간에 대한 매력적인 접근들을 시도해온 바 있다. 유럽의 경우를 말하자면, 근대 도시가 인간에게 가하는 감각적 과부하에 대한 인상적인 탐구를 시도했던 짐멜, 파리의 아케이드를 모더니티의 중심 공간으로 파악하면서 이에 대한 고고학적 작업을 시도했던 벤야민, 근대적 대도시의 일상문화에 대한 섬세한 접근을 실행한 크라카우어 등의 작업들이 거론될 수 있다. 미국에서는 1920년대부터 1940년대까지 시카고 대학의 파크, 버제스, 워스 등이 '도시사회학'의 이론과 조사 분야의 초석을 닦는다. 파크와 버제스는 도시 분석에 대한 생태학적 접근을 시도했으며 워스는 생활양식으로서의 도시성 개념을 창안한 것으로 잘 알려져 있다.

3. 공간의 유형들

공간사회학은, 공간이 사회적 삶을 규정하는 중요한 차원인 동시에, 바로 그 공간이 역으로 사회적 삶의 변수들에 의해서 규정된다는 상호 관계에 대한 '사회학적' 인식에 토대를 둔다. 이런 점에서 공간사회학은 공간에 '대한' 사회학, 즉 공간을 '대상'으로 하는 사회학을 가리킨다. 따라서 국가, 도시, 농촌, 중심지, 근교, 슬럼, 산촌, 어촌 등에 대한 사회학을 우리는 공간사회학이라 부를 수 있을 것이다. 이런 경우라면, 공간사회학은 전통적 사회학의 하위 분과인 도시사회학과 농촌사회학을 아우르는 보다 추상적인 상위 개념으로 이해된다. 그러나 사실 우리 시대의 공간사회학은 이와 같은 전통적 접근보다 더 흥미롭고 중요한 자신의 대상들을 갖고 있다. 이들을 정리해보면 다음과 같다.

첫째, **질적 특이성을 갖고 있는 특정 지역이나 공간.** 예컨대 구로동(공단), 신촌(대학가), 미아리(점집들), 홍대(청년문화공간, 하위문화공간), 신림동(고시촌), 인천(차이나타운), 이태원(다국적 문화공간), 안산(다문화공간), 판문점(냉전국경공간) 등을 지적할 수 있다.

둘째, **다양한 공간소(素)들.** 이를테면 지하철, 아파트, 골목길, 놀이공원, 동물원, 모텔/호텔, 가라오케, 거리, 캠퍼스, 유원지, 관광지, 재래시장, 극장, 도서관, 교실, 공항, 기차역, 찜질방, 노래방, 룸살롱, 무도장, 오락실, 박물관, 맥도날드, 카페/다방, 디즈니랜드, 유곽, 사창가 등을 지적할 수 있다.

> **공간소**
>
> 공간소는 더 이상 나눌 수 없는 공간의 기본 단위를 의미한다. 소(素)는 다양한 분과에서 다양한 방식으로 사용된다. 가령 음운론상의 최소 단위는 음소(音素), 형태의 최소는 형태소(形態素)라 불리며, 의미의 최소 단위는 의미소(意味素)이라 불린다. 구조주의 신화학에서 신화적 내러티브의 최소단위는 신화소라 불린다. 바로 이런 방식으로 우리는 공간의 최소단위를 '공간소'라는 조어로 표현할 수 있을 것이다. 공간소는 거의 동일한 구조를 갖고 있으며 곳곳에 편재하면서 유사한 기능을 수행하는 공간적 장치들이다. 이들에 대한 탐구 역시 매우 흥미로운 공간사회학적 탐구가 될 것이다.

셋째, **상상된 공간들.** 여기에는 유토피아, 디스토피아가 포함될 수 있다. 이들은 모두 특정 시대, 특정 사회의 구성원들이 집합적으로 공유하는 상징적 의미에 의해서 해석되고 구현된 상상적 혹은 상징적 공간들이다. 이들에 대한 탐구 또한 공간사회학의 과제가 될 수 있다. 이들은 뒤르케임이 말하는 공간적 집합표상으로서 이렇게 표상된 공간의 구조에 대한 문화사회학적 분석을 통해 사회 구성원들의 집합적 심성구조를 역으로 추론해볼 수 있다. 이 경우 공간사회학은 다양한 문학작품, 영화, 건축물 등을 그 대상으로 포함하게 된다.

넷째, **사이버스페이스와 미디어스페이스.** 이 두 가지 공간은 20세기 후반에 접어들면서 새로운 테크놀로지와 미디어에 의해서 창출된 새로운 공간들이다. 우리가 쉽게 체험하듯이, 현대적 삶은 물리적 공간에서 이루어지는 실제 접촉보다는 오히려 이와 같이 매개된 공간에서 이루어지는 상징적 접촉을 점점 더 중요시하는 경향이 있다. 우리는 새로운 방식의 상호작용, 정체성, 행위 패턴, 그리고 심지어 가치관을 형성시키는 이런 공간들에 대한 탐구를 시도할 필요가 있다.

간략하게 살펴보았지만, 대상의 이런 이질성과 다양성은 공간사회학의 장점인 동시에 단점으로 기능할 수 있다. 아파트에 대한 공간사회학과 유토피아에 대한 공간사회학은 과연 동일한 방법과 관점과 이론을 통해서 가능한 것인가? 만일 양자가 현저한 차이를 보인다면 우리는 이 두 접근을 어떤 의미에서 공간사회학이라는 동일 범주에 통합시킬 수 있는 것인가? 이 질문들은 공간사회학의 정체성이 자신이 다루는 '대상'의 차원을 통해서 자동적으로 주어질 수 없다는 사실을 암시한다. 공간을 탐구한다고 해서 곧바로 공간사회학이 되는 것이 아니라, 공간을 특정한 '사회학적' 시각과 방법을 가지고 탐구할 때 비로소 그 접근은 공간사회학적인 것으로 인지될 수 있는 것이다. 이런 점에서 우리는 공간을 사회학적으로 탐구한다는 것이 무엇을 의미하는지, 그리고 그 방법에는 무엇이 있는지를 먼저 확인할 필요가 있다.

4. 공간의 사회적 운명

아우구스티누스는 언젠가 시간이 무언지 평소에는 잘 아는 것처럼 생각되지만, 사실 그것에 대해서 골똘히 생각하기 시작하는 순간 시간은 우리에게 하나의 수수께끼로 돌변한다고 고백한 바 있다. 그가 말하는 '시간'의 자리에 우리가 '공간'을 대입시킨다 할지라도 그의 고백은 여전히 타당성을 지닐 것이다. 즉, 우리는 공간을 '직관적으로' 이해하고 있지만, 그것을 언어화하고 객관화하는 데는 어려움을 겪는다. 그 이유는 아마도 공간이 우리 삶의 체험에 너무나 깊이 관여하고 있는 기본적 조건이어서 그것을 객관적으로 대상화하기 어렵기 때문일 것이다.

요컨대 공간은 다른 어떤 사회적, 상징적, 법적, 문화적 실체이기 이전에 '물리적' 실체이다. 그것은 폭이나 넓이, 혹은 부피를 가지며 좌우, 상하, 혹은 동서남북 등의 척도를 통해서 측정된다. 공간은 허공이기도 하고, 자연이기도 하고, 위치이기도 하며, 풍토나 영토이기도 하다. 우리는 언제나 공간 안에 있고, 공간의 외부로 빠져나오는 것은 불가능하다. 공간의 이런 물리적 성격으로 인해서, 공간이 사회학의 진지하고 본연적인 대상으로 설정되는 데 어려움이 있었을 것이다. 왜냐하면 사회학은 자신이 다루는 대상의 '사회적' 성격, 즉 상호 간에 의미 있는 행위를 수행하는 인간 사이의 복잡한 관계에 주목하기 때문이다.

공간에 대한 사회학적 탐구는 이런 점에서 공간의 물리적 속성을 넘어서는 그 '사회적 운명'에 대한 인식으로부터 비로소 시작될 수 있다. 공간의 사회적 운명이란 공간사회학이 다루는 공간은 언제나 사회적 관계를 맺고 살아가는 행위자들과의 실천적 연관 속에 존재한다는 인식에 표현되어 있다. 예를 들어 공간사회학은 산이나 강과 같은 순수한 자연적 공간을 문명이나 인간, 그리고 사회의 작용 외부에 존재하는 원천적인 것, 즉 순수하게 물리적인 것으로 파악하지 않는다. 공간사회학의 관점에 비추어진 산이나 강은 특정 이해관계, 법률, 제도, 프로그램, 갈등 혹은 저항이라는 다양한 사회적 힘의 작용 속에서 생성하고 변화하는 공간이다. 이를테면 대한민국에 존재하는 어떤 산은 (누군가에게는) 개발의 대상일 수도 있고 (누군가에게는) 보존의 대상일 수도 있다. 그것은 여가를 추구하는 현대인들이 주말에 찾아오는 휴식의 공간일 수도 있다. 누군가에게는 '전원 주택지'로 보일 수 있고, 누군가에게는 '관광지' 혹은 누군가에게는 '투기지'로 보일 수 있다. 같은 산이, 개발을 지향하는 사람들과 보존을 지향하는 사람들의 의견이 충돌하는 담론의 공간, 계급투쟁의 공간으로 전환될 수도 있다.

이처럼 공간은 사회적 이해관계, 가치관, 갈등, 투쟁을 내포하는 다양한 관계 속에서 해석되고 이해되고 변화되는 실천적 대상이다. 따라서 공간사회학의 관점은 그 대상이 되는 특정 공간을 사회의 역동적 힘의 관계 속에서, 비유컨대 산의 '물리적 운명'과 다른 '사회적 운명' 속에서 바라본다. 공간 그 자체는 자연적이고 물질적으로 주어진 것이지만, 그 공간을 조직하고 거기에 의미를 부여하는 것은 분명히 사회적인 해석과정이다. 인간과 무관한 공간이 없다는 점에서, 거의 모든 공간은 하나의 사회적 구성물이라 할 수 있을 것이다. 공간사회학은 바로 이처럼 공간 그 자체가 아니라 공간이 맞이하는 이 '사회적 운명'의 다양한 양상과 그 구조적 메커니즘에 관심을 갖는다. 환언하면, 사회적으로 운명 지어진 공간은 공간사회학이 연구하고자 하는 '텍스트'가 된다.

> **앙리 르페브르(1901-1991)**
> 공간의 이런 사회적 운명에 대한 관심을 체계적인 언어로 정교화한 대표적인 학자가 바로 르페브르이다. 르페브르는 공간의 사회적 운명을 다음과 같은 세 가지 차원으로 구분하여 개념화하고 있다. 첫째, 공간의 생산과 재생산을 포함하는 '공간적 실천', 둘째 그런 공간적 실천을 담론화하는 전문적 기호, 의미, 부호, 지식을 포괄하는 '공간의 재현', 마지막으로 공간적 실천의 가능성을 창출하고자 하는 다양한 공간 실험의 장치들을 의미하는 '재현의 공간'이 그것이다. 르페브르의 이와 같은 시도는 공간에 대한 탐구가 반드시 그 공간을 품고 있는 사회의 경제적, 정치적, 문화적 맥락 속에서 진행되어야 한다는 점을 시사한다. 르페브르가 강조하고 있듯이 (사회적) 공간은 (사회적) 생산물이다. 이제 공간은 사회적 행위자들이 삶의 다양한 실천들을 영위하는 장소가 된다. 공간은 사회적 관계 속에서 권력이 실행되는 형식이 되며, 또한 다양한 의미의 각축이 벌어지는 상징적 투쟁의 장으로 이해된다.

5. 공간사회학의 관점들

공간의 생산

우리가 공간을 체험하는 방식은 대개의 경우 이미 형성되어 거기에 존재하는 공간을 인지하거나 그 내부로 들어가는 것이다. 이때 우리는 흔히 그 공간이 존재하지 않던 시기를 상상하지 못한다. 그 공간은 원래, 항상, 자연스럽게 거기에 있었던 것처럼 느껴지는 것이다. 그러나 우리를 둘러싸고 있는 수많은 공간들은 실제로는 역사적이고 사회적인 형성의 과정 속에서 '탄생'한 것이다. 그 공간이 존재하지 않던 시대가 있었다는 사실을 인지하는 것이 바로 '공간의 생산'에 대한 접근을 시작하게 하는 자각이다. 이런 자각으로부터 우리는 자연스럽게 다음의 의문을 갖게 된다. '왜' 혹은 '어떻게' 특정한 공간이 만들어졌는가 혹은 사라졌는가? 예를 들어 보면, 왜 혹은 어떻게 신림동 고시촌이, 과천 서울대공원이, 아고라 토론방이, 안산 다문화거리가 형성되었는가? 누가 그런 공간 조성을 계획했으며, 어떤 자본들이 거기에 투하되었는가? 이런 질문들에 대한 해답을 구하는 과정이 바로 구체적인 공간사회학의 연구과정이다. 이 관점에서 중요한 것은 공간의 역사적 형성에 영향을 미치는 정치적, 경제적, 이념적 논리들을 파악하는 것이다.

구체적 실례를 가지고 이야기해보자. 특정한 공간의 역사를 마치 비디오테이프에 담긴 화면을 빨리 돌려본다 생각하면서 상상해보자. 서울 한복판에는 청계천이라는 작은 개울이 흐른다. 그것은 1만 년 전에도 흘렀을 것이며, 1,000년 전에도, 그리고 조선시대에도 흘렀을 것이다. 사람들이 살기 시작하면서 청계천 주변에 집들이 생겼다 사라졌을 것이다. 큰 변화 없이 장구한 세월을 자연적 하천으로 존속해온 청계천이 1960년대에 거대한 변화를 겪는다. 청계천이 복개된 것이다. 이렇게 근대화·도시화의 상징이 된 청계천은 20세기 후반에 다시 '생태적으로' 복원되어 인공 휴양 공간으로 탈바꿈한다. 비디오를 빨리 돌리면, 청계천은 크게 두 가지의 질적 변환을 겪은 셈이다. 복개와 복원이 그것이다. 동일한 공간이 역사 속에서 이와 같은 중대한 변환을 겪게 되었다. 우리가 공간의 생산이라 부르는 것은 바로 이런 변화의 차원이다. 그렇다면 이런 변화는 왜 발생한 것일까? 즉, 공간 생산의 메커니즘은 무엇인가?

그것은 아마도 각각의 공간마다 다른 방식으로 접근되어야 할 것이다. 청계천의 경우에 공간 변환을 일으킨 동인은 비교적 쉽게 파악할 수 있다. 우선, 복개된 청계천을 생산한 동력은 한국의 근대화를 이끌었던 '개발주의'적 이념이라 할 수 있다. 개발주의는 자연을 인공적 건물, 건축, 도로, 댐 등으로 재구성하는 것을 발전으로 인식하는 가치관이다. 개발주의는 자연에 대한 공격적 변환을 시도하여 자연을 이윤의 원천으로 전환시키고자 한다. 1960년대 이후 한국의 근대화 과정은 개발주의의 점진적 실현 과정이었고, 그 이념하에 수많은 공간들이 역사적 변환을 겪게 되었다. 청계천 복개는 그런 현상들 중의 하나이다. 두 번째로 청계천 복원을 가능하게 했던 것은 '신개발주의' 이념이라 할 수 있다. 신개발주의는 노골적 개발주의가 더 이상 불가능해진 20세기 후반에 외면적인 친환경적 성향으로 개발주의적 이해관계를 숨기고 있는 진화된 개발주의라 할 수 있다. 한국 사회의 신개발주의적 전환이 없었다면, 아스팔트에 묻혀 있던 청계천이, 물이 흐르는 도심 속의 휴식공간으로 전환될 가능성은 매우 낮았을 것이다.

한국 사회의 가장 중요한 주거 형태인 아파트의 '공간 생산'에 대하여 프랑스의 지리학자 줄레조의 연구와 사회학자 전상인의 연구는 매우 모범적인 실례를 제공한다. 이들은 모두 '어떻게 서울이 지금과 같은 아파트의 숲으로 변모할 수 있었을까'라는 질문에 대한 해답을 찾기 위해서, 서울의 도시정책의 역사, 주택정책의 역사, 강남 중산층의 집합심리, 아파트 단지 내부에서의 사회적 관계의 양상 등에 대한 실증적이고 포괄적인 접근을 수행한 바 있다. 특히 전상인은 아파트가 단순한 공간 형태가 아니라 한국 사회의 특징을 보여주는 일종의 내시경이라 비유하면서 아파트 공간을 둘러싸고 벌어지는 한국인의 삶의 행태들을 분석하고 있다.

공간이 사회적으로 생산된다는 것은 이처럼 특정 공간이 그것을 변형시키는 인간들의 실천을 통해서 구성된다는 것을 의미한다. 이 구성의 방식을 다양하게 연구함으로써 우리는 공간을 보다 사회학적인 안목에서 접근할 수 있을 것이다. 우리 주변에 존재하는 수많은 공간들과 장소들의 사회적 운명을 묻는 작업은 훌륭한 사회학적 탐구로 연결될 수 있는 것이다. 언제부터 그리고 왜 '노래방'은 우리 사회의 주요한 놀이공간으로 자리 잡게 되었는가? '구멍가게'는 왜 그리고 언제부터 사라지고 있으며 이를 대신해서 들어서는 편의점 공간의 생산을 규정하는 사회적 논리는 무엇인가? 어떤 공간들이 사라지고 있으며 어떤 공간들이 새롭게 나타나고 있는가? 그것들은 왜 사라지며, 왜 나타나는가? 바로 이런 질문들과 이에 대한 해답의 모색은 '공간의 생산'이라는 관점을 초점으로 하는 공간사회학적 연구를 통해서 제시될 수 있다.

공간의 체험

공간은 사유의 대상이기 이전에 이미 감각적 체험의 대상이다. 우리는 기본적으로 공간적 존재이다. 공간 속에서 공간을 지각하고 느끼고 생각하는 것을 공간의 체험이라 한다. 공간의 생산이 객관적인 것이라면, 공간의 체험은 대개 주관적이다. 공간의 생산을 파악하기 위해서 공간 생산자의 의도보다는 구조적 변환의 논리가 더 중요하다면, 공간을 체험하기 위해서는 공간 속에서 걷고, 잠자고, 먹고, 마시고, 대화해보아야 한다. 행위자 자신의 감각, 평가, 감성, 사유에 대한 질적인 접근이 요구된다. 바로 이런 점에서 체험된 공간은, 추상적이고 균질적인 좌표 위의 한 점으로서의 공간이라기보다는 행위자가 자신의 감각적 체험 속에서 공간의 힘을 지각하는 질적 장소에 더 가깝다. 정리해서 말하자면, 공간의 체험을 연구하는 것은 사실 특정 공간이 허용하는 장소감(感)에 대한 탐구라 할 수 있다.

공간이 비교적 균질적이고 수량화된 터전을 가리킨다면, 장소는 질적이고 고유한 공간의 특이성을 가리킨다. 가령 자신의 고향은 공간이 아니라 장소이다. 자신의 추억이 배어 있는 곳은 공간이 아니라 장소이다. 우리가 특별한 관계를 맺는 공간, 그것이 장소이다. 장소에는 그래서 우리의 체험이 짙게 배어 있다. 의미가 부여되어야 장소가 형성된다고 할 수 있다. 공간의 체험을 연구한다는 것은 이런 점에서 공간의 장소성을 탐구하는 것이기도 하다.

사회학자 김찬호와 인류학자 송도영은 '공간의 체험'을 집중적으로 연구한 바 있다. 이들은 다양한 공간들을 직접 횡단, 관찰, 체험하면서 매력적인 '사회학적 상상력'을 발휘하여 그 공간의 문화적 의미를 흥미롭게 해독해내는 공간체험의 보고서를 제출하였다. 이들이 답사한 공간들은 강남, 지하철, 각종 방, 코엑스, 예식장, 지하철, 버스, 승용차, KTX, 공항, 노래방, 찜질방, 피시방, 놀이공원, 스타디움, 편의점, 식당, 커피숍, 백화점, 시장, 아파트, 집, 경로당, 마을, 학교, 캠퍼스, 교회, 문화회관, 길거리, 화장실, 병원, 동물원, 공원, 강 등 거의 모든 생활공간을 포함한다.

공간체험을 탐색하기 위해서 연구자의 시선은 자신의 습관적 지각양식을 괄호에 묶는 방법론적 조작을 거친다. 말하자면 항상 우리가 체험하고 있는 '일상적 공간'을 매우 낯선 것으로서 바라볼 수 있어야 한다. 이는 현상학자들이 사물의 진실을 파악하기 위해서 사물에 대한 모든 선입관을 괄호에 묶는 '판단중지'의 과정과 매우 흡사하다. 마치 인류학자가 자신의 연구 대상인 선사 부족의 삶을 국외자의 입장에서 바라보듯이 공간의 체험구조를 연구하고자 하는 사람은 자신의 연구대상이 되는 공간을 최대한 낯설게 바라봄으로써 습관화된 지각의 패턴에는 포착되지 않는 숨은 관계와 진실들이 드러나도록 해야 한다. 이를 통해서 발견되는 것은 결국 특정 공간이 그 안에 거주하는 사람들에게 어떤 방식의 삶과 습관과 실천을 제공하는가에 대한 섬세한 통찰이라 할 수 있을 것이다. 이런 점에서 공간 체험의 탐구자는 훌륭한 산책자이다. 그는 공간을 느릿느릿 걸으면서 자신의 몸으로 그 공간이 뿜어내는 기운들을 감지하고, 그것을 의식화하며 결국 기록한다. 산책자는 동시에 이야기꾼이기도 한 것이다.

그렇다면 이들이 이와 같은 공간의 체험과정에 대한 성찰 속에서 발견하는 것은 무엇일까? 연구자에 따라서 그리고 연구되는 공간에 따라서 약간의 차이가 있지만 그럼에도 불구하고 이와 같은 연구 전체를 관통하는 것은 특정 공간에 스며들어 있는 독특한 '문화'의 구조이다. 이들은 공간을 일종의 '문화적 구성물'로 포착한다. 예를 들어, 서울의 이국적이고 과장된 화려함을 자랑하는 예식장 공간에 대한 치밀한 분석을 통해서 송도영은 예식장의 외관, 실내장식, 피로연장의 허황된 화려함이 결국 서양의 성채에 살았던 왕자와 공주가 되고자 하는 욕망의 반영이라는 사실을 밝힌다. 이것은 일종의 신화적 힘이다. 피곤하고 괴로운 현실 속에서 결혼식만큼은 환상적 화려함으로 치장하고 싶다는 한국인들의 판타지가 결혼식장의 공간 구조를 결정하는 힘이다. 이렇게 구성된 공간 속에서 사람들은 허황되고 가상적인 판타지를 체험하게 된다. 김찬호는 이와 유사하게 찜질방에서 현대 한국 사회에서 급격하게 소멸되어가는 독특한 '공공성'의 문화, 집합적 정화의 문화, 육체의 수준에서 실천되는 평등문화의 전당을 발견한다. 그에 의하면 원래 목욕탕은 휴식, 치료, 위생, 사교, 오락 등의 기능을 해왔다. 찜질방에는 그런 전통이 집약되어 있다. 거기에서 사람들은 다른 이들을 만나고 그들과 교류하는 것이다. 거기에서 우리는 빈부귀천을 잊고 일종의 시민적 평등을 체험한다. 바로 이런 점에서 찜질방은 한국인들이 공동체 의식을 체험하는 매우 독특한 공간이라 할 수 있다.

이런 통찰들에 의하면, 공간은 결국 그 내부에서 살아가는 행위자들의 의미와 관계를 규정하는 '문화'에 뿌리내리고 있다. 행위자의 욕망, 기획, 저항에 의해서 공간 구조는 특수한 체험의 양식을 가능하게 하고 그 체험의 양식 속에서 행위자는 다시 사회의 지배적 문화를 흡수한다. 행위와 문화 사이의 순환 과정을 매개하는 것이 바로 공간이다. 김찬호와 송도영의 논의는 어떤 의미에서는 완결되고 완성된 공간사회학적 연구라기보다는 본격적인 '탐구에의 초대'로 파악하는 것이 더 정확할 것이다. 이들이 시도한 다양한 접근들을 통해서 우리는 주변의 일상적 공간 그리고 공간적 체험이 훌륭한 사회학적 연구의 대상이 될 수 있음을 깨달을 수 있다.

> **장소의 소멸**
> 참된 장소감은 공간과 행위자의 교감과 상호작용 속에서 형성된다. 현상학적 관점에서 장소를 논하는 렐프는 이를 장소의 진정성이라 부른다. 장소의 진정성은 장소에 대한 충분하고 충만한 체험의 가능성을 가리킨다. 그리하여 인위적 공간, 키치적 공간, 대규모 자본과 권력이 무차별적으로 조정해놓은 계획된 공간은 체험의 수준에서 이런 진정한 장소감을 불가능하게 한다. 이를 렐프는 공간에 대한 '비진정한' 체험이라 부른다. 일반적으로 근대화가 진행되면 '장소'가 소멸한다. 장소에 대한 감각의 마비, 가짜 장소들, 전자미디어적 장소들이 새로운 현상으로 등장하는 경향이 있다. (에드워드 렐프, 김덕현·김현주·심승희 옮김, 『장소와 장소상실』, 논형, 2005)

공간의 재현

공간은 생산되고 체험될 뿐 아니라 재현된다. 재현된다는 것은 무엇인가? 그것은 물리적 실체가 상징적 매체를 통해서 복제된다는 것을 의미한다. 책상 위의 사과를 그린 사과의 그림은 사과의 재현이다. 다양한 미디어들 속에서(문학, 미술, 사진, 영화, 드라마 등) 우리는 무수한 공간의 재현들을 만난다. 이처럼 재현된 공간을 우리는 풍경이라 부른다. 풍경은 자연적 공간의 인간적 표상이다. 풍경과 공간 그 자체 사이에는 미디어의 공간이 펼쳐진다. 같은 물리적 공간이라도 그것을 그림의 형식으로 담아내느냐, 사진의 형식으로 포착하느냐, 아니면 영화의 형식으로 재현하느냐에 따라서, 그 표상은 크게 달라진다. 공간의 재현은 공간사회학의 중요한 대상을 이룬다.

소위 한류(韓流) 트렌드를 선도했던 유명한 드라마 〈겨울 소나타(겨울연가)〉를 예로 들어 생각해보자. 우리는 그 드라마가 일본에서 특히 인기를 끈 이유 중 하나가, 춘천의 다양한 공간들이 드라마에 특유한 서정성을 구현하면서 독특한 풍경들로 승화되어 나타나 있기 때문이라는 사실을 알고 있다. 사실 춘천은 한국인들에게도 이미 서정적 로망의 공간이다. 호반의 도시이며, 강원도와 서울을 연결하는 일상으로부터의 탈출구의 상징이기도 하다. 흥미로운 것은 드라마에 아름답게 표현된 춘천의 수많은 공간들을 즐긴 일본의 시청자들이 다시 관광객이 되어 춘천을 찾아 원래의 공간들을 답사한다는 사실이다. 말하자면 재현된 공간(드라마에 나오는 공간)이 실제의 공간을 체험하도록 유도하고 있다는 것이다. 이것이 바로 한류 관광의 핵심이다. 한류 관광은 많은 경우 드라마에 재현된 한국의 특정 공간을 다시 찾아와서 재발견하는 과정이다. 재현된 공간이 실제 공간의 미학적 척도가 된다.

김홍중은 2000년대 한국 사회에서 골목길이 소멸되고, 그것이 어떻게 새로운 문화적 아이콘으로 등장하는지를 연구한 바 있다. 그의 연구에 의하면 20세기 후반 한국 사회는 골목길의 전반적 파괴를 체험한다. 이는 골목길이 밀집되어 있는 달동네의 철거, 도시공간의 재편 사업 등 공간의 폭력적 재구조화 과정에서 필연적으로 발생한 것이다. 서울의 경우를 예를 들어보면, 이제 남아 있는 골목길은 마흔 곳 정도에 불과하다. 골목길이 있던 자리에는 아파트가 들어섰다. 그런데 흥미로운 것은, 이처럼 물리적으로 현저히 소멸한 골목길이 2000년대에 접어들면서 새로운 관광의 명소로 개발, 홍보되고 있다는 사실이다. 또한 그 과정에서 골목길 특유의 정감 있는 풍경이 노스탤지어의 사회심리와 결합하여 매력적인 소비의 대상으로 변모하였다. 서울의 골목길을 외국의 관광지처럼 방문하도록 유혹하는 여행책자를 인용하면, 골목길은 항상 우리를 그리움에 젖게 하는 장소이다. 모퉁이를 돌면 갑자기 골목길이 나타나는데, 그 안에는 과거에 우리가 체험했지만 지금은 사라진 이발소, 방앗간, 아이들, 강아지들이 있다. 여행책자는 우리의 과거에 대한 그리움을 자극하면서 골목길을 관광의 대상으로 승격시킨다. 사람들이 마치 유원지를 찾듯이 골목길을 탐방하거나 순례할 때, 그들이 소비하는 것은 골목길이 제공하는 향수라는 장소감이다.

사실, 풍경에 대한 이런 관심은 지리학의 영역에서도 이미 공유되어 있다. 특히 코스그로브, 던컨, 잭슨 등에 의해 대표되는 신문화지리학 학파는 풍경을 하나의 의미작용의 체계로 구성된 시각적 텍스트로 파악하고, 이 텍스트를 해당 사회의 정치적, 이념적, 권력적 맥락 속에서 해독하고 비판하는 일련의 작업들을 수행하였다. 이들이 탐구한 풍경은 도시풍경의 다양한 구성요소들뿐 아니라 문학, 영화, 광고, 음악, 사진, 저널, 사이버공간 등에 구현된 공간의 재현을 모두 포괄한다. 향후의 공간사회학은 이들 연구 성과를 창조적으로 흡수하고 또 풍경에 대한 기왕의 탐구들을 전유하여 사회적으로 중요한 함의를 갖는 풍경들에 대한 연구를 시도할 필요가 있다.

무장소성의 등장

장소에 대한 진정하지 못한 태도는 여러 가지 프로세스를 통해 전파되는데, 보다 정확하게 말하면 매체가 무장소성을 직간접적으로 조장한다. 이 매체들은 장소들이 서로 비슷해 보이게 할 뿐 아니라, 비슷한 느낌을 주며 똑같이 무감동한 경험을 하도록 장소의 정체성을 약화시켜버린다. 매스컴, 대중문화, 대기업, 강력한 중앙권력, 그리고 이런 모든 것을 포괄하는 경제 체제가 바로 이런 매체들이다. 분명히 이런 것들은 무장소를 조장하는 매체라는 점에서, 그리고 효과라는 점에서도 성격이 매우 비슷하다. 이들은 모두 어떤 방식으로든지 키치나 기술 중심적 가치관과 연결되기 때문이다. 드러나는 차이가 있다면, 가시적, 경험적으로 유사한 경관을 참조할 때나 현존하는 장소들을 파괴할 때에 이것들이 서로 연계하고, 결합하며, 보완하는 중핵으로 기능한다는 점이다. 이 프로세스들이 그 자체로 반드시 무장소적인 것은 아니다. 또 우리가 지금 현재 지리적으로 차별성 없는 세계에서 살고 있는 것도 아니다. 그럼에도 중요한 점은, 이런 것들이 경관을 변화시키는 데 강력한 힘을 가지고 있으면서도 의미 있고 다양한 장소를 창조하고 유지하는 데는 거의 아무 역할도 하지 않는다는 것이다. (에드워드 렐프, 김덕현·김현주·심승희 옮김, 『장소와 장소상실』, 논형, 2005, 197쪽)

공간에 대한 감각적 체험의 중요성

거리를 목적 없이 오랫동안 걸어본 사람은 일종의 도취에 사로잡힌다.

발걸음마다, 산책은 새로운 동력을 획득한다. 상점들, 술집들 그리고 웃는 여인들은 매력을 잃어가며 다음 거리의 구석, 먼 곳의 나뭇잎들 그리고 거리의 이름은 언제나 더 강력한 매혹을 행사하는 것이다. 그리고 허기를 느끼게 된다. 산책자는 자신의 허기를 달랠 수 있는 수백의 장소들에 대해서 별로 알고 싶어 하지 않는다. 금욕적인 동물처럼 그는 미지의 구역들을 배회하다가 완전히 지친 채로, 이상하고 차가운, 그리고 자신을 맞아주는 방으로 돌아오는 것이다. …… 거리의 이름들의 관능성은 부르주아가 아직 느낄 수 있는 유일한 관능이다. 거리의 구석들과 문턱과 포장된 건축물에 대해서 우리가 무엇을 알고 있단 말인가? 우리는 우리의 벗은 발 아래로 돌들의 열기와, 더러움과 모퉁이를 느껴본 적이 없으며, 포석들 사이의 울퉁불퉁한 면을, 그것들이 침대로 사용될 수 있는지 없는지를 파악하기 위해서, 조사해본 적이 없기 때문이다. (Walter Benjamin, *Gesammelte Schriften*, V-1, Frankfurt a. M. 1972-1989, p.525, 645)

1. 현대 사회에서 장소의 진정성은 왜 파괴되며, 이를 어떻게 복원할 수 있을까?

2. 공간을 체험하는 과정에서 사회학과 문학(문화)은 어떻게 만날 수 있는가?

3. 공간에 대한 탐구가 다른 여타의 사회학적 연구와 다른 특이성은 무엇일까?

김백영, 『지배와 공간』, 문학과지성사, 2009.

김왕배, 『도시, 공간, 생활세계』, 한울, 2000.

김찬호, 『문화의 발견』, 문학과지성사, 2007.

김홍중, "골목길 풍경과 노스탤지어", 「경제와사회」(77), 2008.

데이비드 하비, 초의수 옮김, 『도시의 정치경제학』, 한울, 1996.

발레리 줄레조, 길혜연 옮김, 『아파트 공화국』, 후마니타스, 2007.

발터 벤야민, 조형준 옮김, 『아케이드 프로젝트』, 새물결, 2005.

송도영, 『인류학자 송도영의 서울읽기』, 소화, 2004.

에드워드 소자, 이무용 외 옮김, 『공간과 비판사회이론』, 시각과언어,
     1997.

이 푸 투안, 구동회·심승희 옮김, 『공간과 장소』, 대윤, 1995.

전상인, 『아파트에 미치다: 현대 한국의 주거사회학』, 이숲, 2009.

제 10 강

프랭클린 플래너와 자기계발

전상진

한국뿐만 아니라 세계적으로 나타나는 자기계발 열풍은 하나의 문화현상으로 자리매김하였다. 문화적 현상이자 문화산업이기도 한 자기계발은 매우 다양한 면모를 지닌다. 프랭클린 플래너는 자기계발의 대표적인 상품이다. 이것을 고찰의 대상으로 삼는 까닭은 두 가지다. 먼저 분석적 유용함이다. 프랭클린 플래너는 자기계발을 수행하는 데 기준과 지침을 제공하는 도구다. 이 도구의 활용양식을 봄으로써 자기계발의 실천을 관찰할 수 있다. 두 번째로 방법론적이며 이론적인 중요성이다. 기존의 연구들은 자기계발 현상을 오로지 담론의 수준에서 관찰하고 평가했다. 그것이 문제인 까닭은 문화적 실천, 특히 행위자의 의미부여 과정을 무시한다는 점 때문이다. 문화는 그것을 향유 (소비)하는 자들에게 무엇인가 구체적인 쓸모를 제공한다. 프랭클린 플래너 사용자들의 실천을 살핌으로써 우리는 자기계발 문화의 다양한 쓸모를 사회적 수준에 따라 분리하여 볼 수 있는 시야를 확보하고, 자기계발 문화를 비판적으로 살필 수 있는 안목을 습득할 수 있을 것이다.

┌ 키워드 ┐

프랭클린 플래너, 자기계발, 자기계발 문화산업, 시간관리, 푸코, 자기테크놀로지, 통치성, 베버, 고통의 신정론, 책임의 사사화, 거짓 의식

1. 자기계발의 열풍

현대 사회에 불고 있는 자기계발 열풍은 일시적 유행을 넘어 하나의 문화현상, 사회현상으로 자리매김하였다. 이를 가장 손쉽게 확인할 수 있는 분야가 바로 출판계다. 1990년대 후반부터 한국의 베스트셀러 리스트는 자기계발 서적으로 도배되었다. 기억에 남는 서적만 하더라도 『아침형 인간』, 『부자 아빠 가난한 아빠』, 『누가 내 치즈를 옮겼나』, 『마시멜로 이야기』가 있으며, 가장 최근에는 성공의 비밀을 알려준다는 『시크릿』에 이르기까지 출판계에서 자기계발 실용서가 차지하는 비중은 절대적이다.

서구, 특히 미국이라고 크게 다르지 않다. 아니 더 앞선다. 세계적인 히트를 기록한 자기계발 서적의 거의 대부분은 미국에서 출판되었다. 실용서 장르에 대해 불편함을 숨기지 않았던 고상한 「뉴욕타임스 북 리뷰(New York Times Book Review)」(신문 「뉴욕타임스」가 별책으로 발행하는 주간 서평지)는 1983년부터 베스트셀러 리스트의 한 범주로 실용서를 독립시켰다. 이 조치가 필요했던 이유는 논픽션 범주에서 실용서를 독립시키지 않을 경우 다른 부류의 논픽션들이 리스트에 오를 가능성이 없었기 때문이었다.

자기계발 열풍은 출판계를 넘어 다양한 형태로 나타나며, 거대한 문화 산업으로 자리 잡았다. 상품 종류도 매우 다양하고, 산업 규모도 대단하다. 프랭클린 플래너(이하 플래너)와 같은 자기계발 도구에서부터 출판, 컴퓨터 소프트웨어, 세미나, 워크숍, 강연, 트레이닝 코스, 심리검사(MBTI, 에니어그램), 상담 및 카운슬링, 그리고 각종 훈련 프로그램(리더십·경력개발·교육훈련 프로그램) 등 온갖 상품이 시장에 가득하다. 한국의 경우 자기계발 산업의 규모에 대한 추정치가 없다. 하지만 자기계발 선진국 미국에서는 구체적인 추정치들을 찾을 수 있다. 한 탐사기자의 추정에 따르면 자기계발 시장 규모는 2008년 현재 약 120억 달러, 한화로 계산하면 약 12조 원에 달한다. 더 놀라운 것은 2000년에서 2004년까지(이것이 위의 추정치의 계산 근거인데) 매년 성장률이 50퍼센트에 달했다는 점이다.

한국에서 자기계발 소비자의 프로파일은 매우 다양하다. 자기계발은 학습·자아실현 등과 결부되어 매우 다양한 집단, 이를테면 초등학생부터 대학생, 주부, 학부모 등을 대상으로 한다. 국내 '자기경영(self-management)' 분야의 대표적인 기업인 공병호 경영연구소는 '초등학생을 위한 자기경영아카데미'를 비롯하여, 각 대상별 '자기경영아카데미'를 연다. 미국 프랭클린 코비사(FranklinCovey Co.)의 한국 파트너사인 한국 리더십센터 역시 다양한 워크숍을 진행한다. 또한 어떤 대학들에서는 '카네기 교육'과 같은 리더십 교육업체의 교육과정을 정규 교과목으로 채택하기도 한다.

물론 자기계발 산업의 주 고객은 단연 직장인과 바로 이 책의 주된 독자인 여러분, 곧 대학생(취업 준비생)이다. 한 조사에 따르면 직장인 중 73.8퍼센트가 자기계발을 수행한다고 응답했다. 이 중 95.5퍼센트가 '자발적'으로 자기계발을 한다고 대답하지만, 다른 조사에 따르면, 직장인의 70퍼센트가 '자기계발 강박증'에 시달리며, 그로 인해 정신과 치료를 받는 사람들도 보도되는 형편이다. 대학생의 경우에는 조금 다른 모습으로 강박증이 나타난다고 추정할 수 있다. 이른바 '스펙'은 대학생과 취업 준비생들의 자기계발 활동의 목표이자 결과물이다. 스펙 경쟁의 무용성에 대해서 많은 사람들이 말하지만, 당사자로서 이 경쟁에서 초연한 사람들이 대체 얼마나 될까?

상황이 이렇다면 다음의 질문들이 제기될 수 있다. 왜 사람들은 자기계발에 열광하고 집착하는가? 사람들은 왜 값비싼 자기계발 상품을 소비하고, 이를 위해 많은 시간을 투자하는가? 자기계발은 살아남기 위한 어쩔 수 없는 선택의 결과인가, 아니면 자발적 실천, 노력인가? 이 장은 위의 질문들에 대해서 문화사회학이 제공할 수 있는 답변을 제시한다. 이를 위해 먼저 플래너와 그 사용자들의 모습들을 스케치한다(2절). 사실, 구체적인 문화적 실천을 보여주는 것은 이 책의 성격에 그다지 적절치 않다. 그럼에도 이를 '고집'하려는 이유는, 자기계발 문화에 대한 대다수 논의들이 고도로 추상적인 이론과 삶에서 괴리된 담론에만 집중하여 적절한 이해를 어렵게 한다고 보기 때문이다. 너무 현실에 매몰되면 사안에 대한 안목-거리를 두고 전체를 조망할 수 있는-이 흐려지는 법. 따라서 자기계발을 설명하고 이해하는 데 도움이 되는 여러 이론적 접근들을 살핀다(3절). 그리고 문화사회학을 기준으로 삼아 각 접근들의 강점과 단점을 비교, 평가하면서 이 장을 마무리한다.

2. 프랭클린 플래너와 자기계발 실천

프랭클린 플래너

자기계발 도서의 독자들은 매우 많다. 하지만 그들이 그 책을 읽고 어떤 방식으로 실천을 하는지, 아니 자기계발 활동이 어떻게 구상되고 실현되고 어떤 결과가 나오는지를 살피는 일은 번거롭고 힘들고 어려운 일이다. 바로 그 때문에 플래너에 주목했다. 정확한 사용 현황을 알 수는 없지만, 플래너는 특히 직장인들에게 친숙한 자기계발의 도구다. 플래너는 프랭클린 코비사에서 만든 것(한국성과향상센터가 한국 파트너임)으로, 벤저민 프랭클린의 기록 방식에서 유래했다고 한다. 다음은 플래너의 한국 공급업체 홈페이지에 있는 플래너에 대한 설명이다.

'프랭클린 플래너'의 이름은 18세기 미국 독립전쟁 시기에 활약한 정치가이자 과학자이며 미국 실용주의의 대표적인 인물, 벤저민 프랭클린에서 유래하였습니다. 벤저민 프랭클린은 그의 자서전에 다음과 같이 기록했습니다. "나는 50년 이상 나의 수첩에 13가지 덕목을 항상 기록해왔다. 그리고 이 항목들을 실행했는가, 하지 못했는가를 점검했다. 게다가 1주일마다 13가지 덕목 중 한 가지를 집중적으로 실천하려고 노력했다. 내가 항상 행복한 인생을 걸어올 수 있었던 것은 이 수첩 덕분이었다. 후손에게도 알려주고 싶다." 이러한 벤저민 프랭클린의 기록과 '자기 관리'의 신념을 현 프랭클린 코비사(社)의 공동 설립자인 하이럼 스미스가 현대화해 시간관리 수첩을 개발하고 프랭클린 플래너라 이름하였습니다. (출처: 한국성과향상센터, http://www.eklc.co.kr/www/shop/atoz/atoz01_01.asp)

플래너는 단순한 스케줄 관리를 하는 시스템 다이어리와 차별화를 꾀한다. 우선순위를 매기고, 가치관에 따라 진로를 결정한다는 것이 핵심이다(후에 상술). 그렇기에 일일(daily) 일정보다 자신의 사명서와 장기 목표를 정하는 것이 제일 중요한 사항이 된다. 또한 플래너의 네 가지 핵심 사항으로 '한 방향 정렬, 역할의 균형, 우선 사항 설정, 인간관계 중시'를 들고 있으며, '신체적 잠재력, 지적 잠재력, 감성적 잠재력, 영적 잠재력'의 네 가지 잠재력을 활용하여 시간을 관리하라고 권고한다. 자기관리로서의 시간관리, 이는 곧 자기계발 자체를 의미한다고 볼 수 있다. '플래너를 단순한 시간관리가 아니라 자기관리를 위해서 활용하는 자기계발 수행자'(이하에서 수행자)들의 플래너 활용에서 자기계발의 핵심적 논리를 추정해보는 것이 그리 문제는 아닐 것이다.

다만 문제는, 플래너의 사용자가 무수히 많다는 점이다. 어떤 추정에 따르면, 한국에서 약 30만 명 정도가 이를 사용한다. 대체 이들 중 누구를 수행자라 할 수 있을까? 다음 표를 목적('사명')으로 내건 한 인터넷 커뮤니티의 이른바 '열성 회원'들을 사례로 삼아서 수행자들의 구체적 활동을 살필 것이다. 2003년 7월 5일 개설되고, 2009년 8월 22일 현재 회원 수가 8만 4,025명인 이 커뮤니티는 다음(www.daum.net)의 커뮤니티 중 자기계발 분야에서 가장 규모가 크다.

프랭클린 플래너 유저들의 모임 사명서

1. 정보공유의 장으로서 최고의 카페이다.

자기계발 및 시간관리에 관한 다양한 정보를 제공하며 플래너의 활용 방법과 TIP 등 Know-how를 같이 공유할 수 있는 장소이다.

2. 자기관리와 자기계발 및 발전을 위한 동기부여의 원동력이 되는 발전소 역할을 한다.

때로는 나태해진 자신을 채찍질하여 긴장하게 하며,

때로는 자신을 돌아보는 계기를 만들어 자기반성에 이르게 하며,

때로는 인생이란 긴 경주에서 잠시 쉬면서 재충전할 수 있게 한다.

3. 다양한 인간관계를 맺으며, 유익한 친목을 주도하는 최고의 카페이다.

자신의 삶을 경영하는 사람들이 함께 모여 친목을 도모함으로써 다양한 사람들의 인간적인 인적 네트워크를 구축한다.

4. 자기경영을 시작으로, 나아가 상호 발전적인 시너지까지 터득하고 실천할 수 있게 한다.

일차적으로는 자기계발과 자기관리를 위해 적극적으로 행동하나 더 나아가서는 카페 내 다른 사람들과의 상호발전적인 방법을 터득하며 적극적으로 행동할 수 있다.

5. 문화적인 장으로서 최고의 카페이다.

좋은 책, 공연, 워크숍, 세미나 등과 같은 훌륭한 교육적, 문화적 소재를 통해 문화의 장으로서 풍성하게 한다.

출처: http://cafe.daum.net/fpuser (2007년 2월 1일 인출).

자기계발 활동

자기계발의 정의

수행자들의 구체적인 활동에 대해서 알아보기 전에 먼저 필요한 것은 자기계발의 정의다. 자기계발은 넓게 보면 일종의 학습과정이다. 물론 이 과정은 정규적인 교육과정이나 제도에 의존하지 않고 '자기' 스스로 이를 끌어가는 것이다. 바로 이런 의미에서 일단 자기계발을 자기 변화 및 개선을 목적으로 하는 학습이라고 볼 수 있다. 이는 미셸 푸코가 말한 자기테크놀로지(technologies of the self)와 유사하다. 스스로에게 작용을 가하는 일종의 기술로서 자기테크놀로지는 "개인이 자기 자신의 수단을 이용하거나, 타인의 도움을 받아 자기 자신의 신체와 영혼·사고·행위·존재방법을 일련의 작전을 통해 효과적으로 조정할 수 있도록 해"주는 장치다.

이상의 고려들을 종합하여 우리는 자기계발을 '행위자가 자기 변화와 개선을 목적으로 수행하는 행위, 특히 비공식적 학습을 통한 자기관찰, 개입(학습), 그리고 평가를 아우르는 실천'으로 정의한다. 여기서 비공식적 학습이란 정규 교육과정을 따르거나 교육제도를 경유하지 않는, 따라서 행위자 본인의 자발적 참여에 의한 행위를 지칭한다.

모든 사회학적 연구가 그러하듯, 모든 자기계발 활동을 예시할 수도, 분석할 수도, 또 그럴 필요도 없다. 따라서 필자가 참여했던 기존 연구들을 참조하여 활동의 네 측면에 주목하고자 한다. 네 측면은 (1) 자기 알기, (2) 자기 통제, (3) 자기 배려, (4) 자기 (재)창조 등이다. '자기 알기'란 합리적인 주체가 자신의 '상태'를 파악하는 것과 자기반성적인 실천을 의미한다. '자기 통제'란 일종의 자기규제라 할 수 있으며, 이를 위한 도구로 시간 관리, 목표설정, 텍스트 쓰기, 일일 계획, 성과 측정 등이 있다. '자기 배려'란 자기 자신의 행복과 발전을 위해 집중하는 실천을 말한다. 마지막으로 '자기 (재)창조'는 앞의 세 활동의 목표지이자 출발지로, 새로운 정체성을 선언하고 확인하며 결국엔 창조하는 활동이다. 이상의 논의를 그림으로 정리하면 아래와 같다.

자기계발 실천의 분석 모형

자기 알기

자기 알기는 추구하는 이상적인 자아로 변화하기 위해서 '나'를 진단하고, '나'에 대한 지식을 획득하는 활동이다. 이는 변화를 위한 기초 작업이라고 할 수 있고, 세계관을 검사하고, 억압되고 숨겨진 감정이나 생각을 의식하는 것, 자아 개념, 현실적 자아와 이상적 자아 간의 불일치에 대한 분석, 자신의 생애를 되돌아보는 것, 다른 사람의 시각을 통해 자신을 새롭게 보는 것 등을 포함한다. 자기 알기는 대부분 '고백'의 형태를 취한다. 고백은 성직자적 고백, 상호 고백, 자기 고백의 세 유형으로 구분할 수 있다. 성직자적 고백은 코치나 컨설턴트 등 전문가에게 상담이나 코칭을 받는 과정에서 나타난다.

> 제가 약간 자학하는 스타일이었던 것 같아요. 그때 막 울고불고 너무 속상해서, 나는 왜 이러는 거야, 잘하려고 하는데 잘되지도 않는다고 그랬는데, 어떤 분이 그런 걸 말해주시더라구요. 조그만 성공들이 모아지면 내가 나를 보는 시각이 좋아지듯이, 네가 자꾸 좋은 것만 생각하라고. 점점 바뀌는 것 같아요. …… 저는 사실 저한테 되게 자신이 없었던 거죠. 아무도 날 그렇게 생각하지 않았는데, 내가 날 보는 패러다임이 잘못되었던 거잖아요.

위의 화자는 코칭을 받는 과정에서 자신을 새롭게 알 수 있는 시각을 발견했다고 말한다. 코치의 조언을 통해 자신의 모습, 즉 자학하고, 스스로를 과소평가했던 자신의 모습을 발견했고, 그것이 자신이 자신을 바라보는 패러다임이 잘못되었기 때문이라는 것을 깨달았다는 것이다.

상호 고백은 상호 이해와 경험적 유사함을 바탕으로 이루어진다. 상호 고백은 커뮤니티 게시판과 정규모임(이하 정모)에서 이뤄진다. 어찌 보면 강의와 분임토의로 구성되는 정모의 목적은 이를 위한 장을 마련하는 것이다. 정모 시작 전에 참여자 모두가 자기소개를 하는데, 그들은 "많은 것을 배우고 갔으면 좋겠습니다", "여러분들의 많은 얘기 듣고 많은 자극을 받고 갔으면 좋겠습니다"라는 식으로 모임에 참석한 목적을 밝힌다. 강의 내용을 바탕으로 자신의 이야기를 하고, 서로의 이야기를 경청하고, 때로는 조언을 해주기도 하는 분임토의는 전형적인 상호 고백의 모습을 보여준다. 많은 경우, 상호 고백은 자신의 문제점을 발견하고 그것을 말함으로써, 다른 사람들과 그 문제를 공유하는 기능을 수행한다. 수행자들은 이러한 '나눔'을 통해 문제 해결책이나 앞으로 나아가야 할 방향을 안내받는다.

자기 고백은 혼자 고백하는 형식이다. 이는 일기를 쓰는 행위를 비롯하여, 매우 다양한 형태로 나타난다. 자기 고백은 성직자적 고백이나 상호 고백에 비해, 다른 사람을 신경 쓰지 않는다는 의미에서 '꾸밈없이 자신과 독대하는 과정'이다. 이 방법은 미래의 나, 즉 이상적인 자아가 현재의 나와 대화하고, 나를 위로하는 방식을 취한다. 여기서 미래의 자신은 마치 제3자처럼 현재 자신의 모습을 바라본다. 수행자들은 공통적으로 자신과 독대하고 자신을 직시하는 과정이 '수양'을 필요로 할 정도로 매우 힘든 일이라고 전한다. 현재의 나와 이상적인 내가 만나서, 그 둘 사이의 불일치점을 찾고, 그것을 바탕으로 현재의 나를 바라보고, 때로는 꾸짖고 반성하는 매우 고통스러운 일이다. 그러나 동시에 현재의 나를 위로하고, 동기를 부여하는 과정이기도 하다. 그렇기 때문에 수행자들은 자기 고백을 힘들고 고통스럽기는 하지만 자신을 발전시키기 위해 꼭 필요한 과정으로 여긴다.

자기 통제

자아가 스스로 변하는 것은 통제를 수반한다. 변화하고 그것을 유지하기 위한 행동들, 즉 자기 규제, 자기 감시, 자기 훈련이 필요하다. 자기 통제는 스스로를 지배하는 것으로 시간관리, 목표설정, 일일계획, 매일의 습관 실천 등이 이에 해당한다. 플래너 사용자에게 자기 통제는 매우 가시적으로 드러난다. 그것은 시간관리의 형식으로 나타나는데, 그들이 말하는 시간관리란 단순히 스케줄을 짜고, 시간을 쪼개는 것이 아니다. 시간관리는 '자기관리'다.

코비는 플래너를 이용한 시간관리를 4세대로 구분한다. 1세대는 메모지에 기록을 하고 목록표를 이용하는 것, 2세대는 달력과 약속기록부의 모음, 3세대는 일반적인 시스템 다이어리다. 이것은 목표를 설정하며 우선순위를 매기고 스케줄을 관리할 수 있다. 코비는 제3세대 시간관리의 한계를 지적하며, 제4세대의 중요성을 강조한다. 제3세대 시간관리가 스케줄에 얽매이고 인간관계 형성을 저해하는 한계가 있다면, 이를 극복한 제4세대는 '자기관리'를 목표로 한다. 코비의 자기관리란 '사람 위주의 원칙'에 따라 자신 스스로를 관리하는 것이다. 이 도구는 우리가 '균형 잡힌 삶'을 살 수 있도록, 그리고 우리가 '자아의식과 양심을 사용'하여 자신이 가장 중요하다고 결정했던 원칙과 목적을 따를 수 있도록 돕는다. 두 요소, 즉 '균형 잡힌 삶의 유지'와 '자아의식과 양심의 사용'은 플래너 사용자들에게서 나타나는 자기 통제의 작동 원리라 할 수 있다.

플래너가 강조하는 균형 잡힌 삶의 유지는 '역할 균형'과 '쇄신의 4가지 차원'을 통해 구체화된다. 역할 균형이란 많은 역할을 맡은 한 개인이 다양한 역할의 균형을 잡고, 그것을 실행해 나가는 것을 말한다. 이러한 맥락에서 시간관리는 삶의 전 영역의 관리, 즉 자기관리가 된다. 시간관리 강의에서도 "회사에서 일에만 몰두하다가, 집에 돌아가서 아이들과 함께

놀아줄 에너지가 남아 있지 않다면, 그는 시간관리에 실패한 예"라고 소개된다. 자기관리는 단순히 경제적인 부를 얻고, 더 좋은 직장에 가기 위해 자신의 경력을 관리하는 것이 아니다. 삶의 전 영역에 걸쳐서 '삶의 질'을 추구하는 것이다.

자기 배려

수행자들에게 가장 큰 의미를 지니는 자기계발의 기술은 자기 배려의 기술일 것이다. 자기 배려란 자신에게 집중하고, 자신을 소중히 여기는 실천이다. 자신의 행복과 웰빙, 자기 발전을 위한 것으로, 스스로에게 편지 쓰기, 일기 쓰기, 자신의 이미지와 가치 탐구, 자신의 감정적·지적·사회적·정신적 욕구 탐구 등 다양한 활동들이 이에 포함된다. 자신의 행복과 웰빙, 자기 발전을 추구하는 것이 자기 배려인 것이다. 자기계발 담론에서 강조되는 자기 배려를 지극히 공리적인 계산적 활동으로 간주할 수도 있다. 하지만 본인들은 그것이 개인주의나 이기주의의 극대화는 아니라고 본다. 오히려 자신을 배려하지 못하면서 어떻게 타인, 사회를 배려할 수 있겠냐고 반박한다. 그런 의미에서 자기 배려는 자기 자신과의 관계를 재정립하는 과정이다.

> [플래너를 사용하며] 저 자신에 대해서 좀 더 돌이켜보고, 미래에 대해서 좀 더 진지하게 생각을 하기 시작한 것 같아요. 내가 좋아하는 일이 뭐고, 이걸 갖고 어떻게 살아갈 건지. …… 일단 플래너를 쓰면서, 꼭 플래너는 아니지만, 제 자신에 대한 투자를 시작하면서, 제 자신이 좀 더 좋아지고, 가능성을 좀 알게 되고, 그러면서 꿈이 조금씩 커져서 지금은 어떤 브랜드의 CEO까지 꿈이 커졌어요.

수행자들은 자신의 꿈을 알게 되고 자신의 가능성을 알게 되면서 자신이 점점 좋아지게 된다고 하는데, 이것은 그들이 말하는 '자기 투자'의 결과다. 자기 투자는 자신의 미래를 가꾸고, 자신을 알아가는 자기 배려의 필수요소다. 수행자들은 '투자'라는 용어를 매우 매력적인 것으로 생각한다. 그리고 자기에의 투자는 시간관리에도 그대로 적용된다. 예를 들어 자신을 위해 투자하는 행위를 시간관리의 필수적 항목으로 간주한다.

자기 배려는 또한 자신의 과거에 대한 '용서'와 '치유'이기도 하다. 과거의 자신을 용서하고, 과거의 상처나 콤플렉스를 치유함으로써 자신을 더욱 사랑하고 소중히 여기게 된다. '플래닝'을 한다는 것은 미래를 계획하는 것이기에, 플래너의 시간관은 미래지향적이다. 하지만 미래를 기획하는 과정은 과거의 사건을 재해석하는 작업을 수반한다. '나를 찾아가는 과정'이라고 할 수 있는 이것은 실패라고 생각했던 과거의 경험을 다시 긍정적으로 해석하고, 어렸을 적의 꿈을 다시 되새겨보고, 과거의 나와 현재의 나를 비교해보는 작업들이다. 한 수행자는 물리치료학을 전공하고 물리치료사를 하다가, 그만두었다가 다시 돌아간 자신의 경험을 다음과 같이 풀어낸다.

제가 또 전문대를 나왔어요. 그거에 대한 콤플렉스도 되게 심했고. 그러니까 제가 콤플렉스로 느꼈던 게, 물리치료사인데 물리치료를 못해요. …… 그런데 [아는] 언니가 그러는 거예요. 니가 이런 [자기계발] 교육도 받았고, 넌 이제 정말 니 삶을 니가 주도할 수 있고, 그렇다면 니가 정말 그 자리로 다시 돌아가서 너의 콤플렉스를 극복하고, 플래너 파는 거는 니가 하고 싶으면 얼마든지 할 수 있다고. 막 그러는 거예요. …… 왜 니가 이걸 싫어하게 됐는지도 고민해보고, 그러면 니가 왜 여기서 콤플렉스를 느끼는지도 알게 될 거고, 그러면 오히려 니가 이걸 정말 잘하면, 니가 딴 데 갔을 때 정말 당당하게 말할 수 있다. 물리치료사였던 걸. …… 고민을 되게 많이 했어요. 근데, 지금은 그래서 다시 돌아오기로 결심을 한 거예요.

이런 방식으로 수행자는 자신의 과거를 '용서'하고, 동시에 콤플렉스를 극복하였을 미래의 자신을 기획하는 과정을 겪었다. 스스로를 과소평가하고, 사랑하지 못하고 자학했던 과거의 자신이 잘못되었다는 것을 깨닫고, 스스로를 긍정적으로 바라보려고 노력한다. 이처럼 자기 배려가 강조하는 것은 '긍정적 사고'다. 긍정적 사고를 갖고 바라볼 때에, 실패라고 생각했던 과거의 상황도 더 이상 실패가 아닌 것으로, 오히려 자신의 삶의 명분을 찾는 원동력으로 재해석된다.

자기 (재)창조

많은 수행자들이 플래너를 사용하고, 자기계발을 하면서 자신이 많이 변했다고 말한다. 이를테면 긍정적인 마인드로 바뀌고, 자신감이 생기는 등과 같은 내면적인 변화, 아침형 인간으로 변한 것과 같이 일상적 습관들이 바뀐 것에 이르기까지 변화의 내용과 폭은 다양하다.

제가 가장 좋은 습관을 갖게 된 게, 시간이 나면 일단 책을 보게 된 거. 예전에는 되게 무의미하게 보냈는데, 책을 보면서 조언을 해주는 듯한 말들이 툭 튀어나오잖아요. 그런 힘 하나하나로 좀 어려운 상황을 많이 극복해낸 것도 있고요. 작은 목표들을 세우고, 그거를 성취함으로써 내 자신을 좀 더 좋아하게 되고, 내가 내 자신을 좋아하게 되면, 좀 더 당당해져서 사람들 대하는 것도 훨씬 자신감 있게 대할 수 있고, 조금 더 큰 목표를 세울 수 있게 되고, 이렇게 가다 보면 나의 꿈에 좀 더 가까워지겠구나 하는 생각이 들어요. 그렇게 변했죠.

예전보다 의미 있는 삶을 살고, 꿈과 목표를 향해 나아간다는 느낌을 주는 것을 자기 (재)창조 테크놀로지의 작동으로 해석할 수 있다. 이렇게 수행자들은 실제로 변화된 생활과 습관을 발견한다. 자기 (재)창조는 새로운 정체성을 선언하고 확인하는 활동을 포함한다. 많은 자기계발서는 언어의 힘을 강조하며, 재언어화를 통해 스스로를 재창조해야 한다고 말한다. 재언어화로 자신의 정체성을 재창조하는 것은 플래너의 핵심이라고 할 수 있는 '사명서'에서 가시적으로 드러난다. 코비는 사명서를 "본질적으로 우리 자신의 개인헌법이며, 확고한 비전과 가치관의 표현이다. 이것은 또한 우리가 인생을 살아가면서 모든 것을 판단하는 기준이 되는 것"이라 설명한다. 한 정모에서 행해진 강의에서 강사는 사명에 관해, "사명이란 존재이유입니다. 다시 말해, '나는 왜 여기에 있는가?'라는 질문이지요"라고 설명한다.

수행자들의 여러 사명서를 읽다 보면 다 비슷비슷한 것처럼 보이지만, 사실 플래너 사용자들에게 사명서 쓰기는 쉬운 일이 아니다. 많은 사람들이 플래너를 사용하며, 사명서를 쓰는 것이 힘들었다고 말한다. 한 수행자는 사명서를 작성하는 과정을 "자아가 싸우고 있는" 상태로 묘사하였다.

쓴 건 아니고, 생각 좀 해봤는데, 모르겠어요. 보여드리기 위한 사명서이기도 하니까, 또 너무 보여주기 위한 사명서만 하면 제가 맘에 안 들고, 서로 그렇게 제 자아가 싸우고 있는 거죠. '아, 이거 멋이 없다.' 이렇게 말을 하고, '이건 멋이 있지만, 네 생각이 아니지 않냐.' 그러고. 이러면서 틀이나 이런 거는 나름 멋지게 잡는다고 잡아놨었는데, 그렇게 하려니까 또 힘들고, 그래서 계속 미루고……

사명서를 쓴다는 것은 자기 고백과 마찬가지로 자신을 대면하고, 자신의 내면을 들여다봐야 하는 일이기 때문에 힘들고 어렵다. 사명서 작성이 어렵기 때문에, 혹은 어려움에도 불구하고 수행자들은 정모를 통한 강의 외에도 독서, 코치 등을 통해 '내공'을 쌓아가며, 자신만의 사명과 비전을 찾고자 한다. 계속적으로 사명에 비추어 자신의 삶을 짚어보고, 강의를 듣고, 독서를 하고, 코치를 받고, 다시 사명서를 업데이트하는 과정은 고된 학습과정이다. 수행자들은 학습을 통해 자신만의 사명서를 만들어가며, 플래너 강좌를 하는 정모 또한 학습과정으로 여긴다. 사명서를 써야 플래너를 제대로 쓴다고 말할 수 있고, 플래너 사용에서 가장 중요한 부분이라고 생각되기에, 정모는 대부분 이에 대한 강의와 분임토의를 중심으로 이루어진다.

한 분임토의에서 주제가 '사명서 작성 방법'으로 좁혀졌다. 초보 사용자들의 경우, 대부분 "사명서, 장기목표 설정이 어렵다"는 고백이 주를 이루었고, 이어서 "쓰라는 대로 써보긴 했는데, 남에게 보이기 위한 사명서 같은데, 이걸 어떻게 수정해야 되나요?"라는 질문이 쏟아졌다. 이에 대해 선배 사용자들은 자신의 경험을 바탕으로 노하우를 전수한다.

사명서를 세 번 써봤는데, 남들에게 보이기 위한 사명서가 있고, 나에게 쓰는 사명서가 있거든요. 사명서는 계속 업데이트되어야 한다고…… 사명서에 내 생활을 대입해보면 '이게 아니구나' 하는 마음이 생기더라구요.

많은 수행자들이 처음에 사명서를 쓸 때는 다른 사람의 것을 모방하거나 멋진 말들로 작성하는 경우가 많지만, 자신의 삶을 그 사명서에 적용해가면서 점차 자신만의 것으로 변모시킨다. 이렇게 자신만의 사명서로 업데이트해간다는 것은 사명을 새롭게 정립하는 것이며, 그것은 삶의 이유와 목적을 새롭게 정립하는 것을 의미한다. 따라서 사명서를 갱신하는 것은 그 자체로 정체성을 (재)창조하는 과정이라고 할 수 있다.

3. 자기계발에 대한 세 가지 이론들

이데올로기 비판

이하에서 '이데올로기 비판'이라 부를 이 입장은 자기계발이 지닌 개인의 원자화와 탈정치화 효과에 주목한다. 크리스토퍼 래쉬는 현대 미국의 문화를 나르시시즘적 문화로 보면서, 이 새로운 문화가 이제껏 "미국 문화의 골격을 이뤘던 종교를 대치한 이후 치료에 대한 전망이 이데올로기의 마지막 보루인 정치마저 대치시키려고 위협한다. 관료 제도는 집단적 불만을 치료가 개입할 수 있는 개인적 문제로 변모시켰다"고 주장한다. 그는 치료에 의존하는 현대의 정신적 풍토에 대해, "개인적 행복·건강 및 정신적인 안정을 느끼거나 순간적으로 환생해보는 것을 추구"하는 하나의 이데올로기로 분석하고 비판한다. 치료는 공적이고 정치적인 문제를 순전히 개인적이고 사적인 것으로 간주하고, 고통의 사회적 원인을 모호하게 함으로써 이데올로기로 작동한다.

리처드 세넷 역시 유사한 진단을 내린다. 그는 공공 생활이 점차 사적인 생활의 가치에 종속되면서, 공적이고 정치적인 생활에 참여하고 대항

할 수 있는 시민의 능력이 약해진다고 주장한다. 심리학적 관심의 증대, 치료의 중시, 그리고 자아와 개인을 강조하는 움직임을 반영하는 자기계발은 결국 공적 영역을 소멸시키고 개인을 분열시키며 결과적으로 비정치적 개인을 만들어낸다. 이러한 관점은 치료 혹은 자기계발을 대중을 혼란시키는 환영, 즉 이데올로기로 여길 뿐이다. 따라서 이러한 분석에서 대중, 개인은 거짓된 환영에 속는 수동적 행위자로 그려진다.

새로운 시대의 실용적인 핸드북

이와 달리 '성찰적 근대화'라는 측면에서 자기계발을 긍정적으로 보는 관점이 있다. 앤서니 기든스는 치료요법 서적들과 자조 지침서, 우리의 용어로는 자기계발 실용서가 "성찰성의 과정들을 표현한다는 점에 주목한다." 그중 많은 것들이 해방적 역할을 수행하며, 특히 그것들은 대부분 개인이 자신의 자율적 발전을 가로막는 영향력으로부터 벗어날 수 있도록 돕는 "실용적인 핸드북"이다. 그가 자기계발 도서를 해방적이라고 보는 이유는, 자기계발 도서가 개인의 자율성에 대해 강조하고, 자기실현의 가능성과 잠재력에 대한 지침을 알려준다는 점 때문이다. 요컨대 행위자들에게 자기계발은 이데올로기나 환영이 아니라, 치유와 해방의 효과가 나타나고 그 가능성을 키울 수 있는 지침이자 공간이 될 수 있다.

상기한 자기계발에 대한 관점은 울리히 벡이 말한 '개인화 테제'와 밀접히 연결되어 있다. 그에 따르면, '위험사회'는 개인화의 거대한 물결을 동반하는데 그 과정에서 성찰적 근대화는 산업사회의 전통적인 구성 요소들, 예컨대 계급 구조와 의식, 젠더와 가족의 전통적 역할들을 해체한다. 개인에게 이런 변화는 성찰성, 즉 개인사적 삶의 목표들을 본인 스스로 물어야 하는 능력을 필요하게 만든다. 이 과정은 기회이며 동시에 위험이다. 지금껏 알려지지 않았던, 혹은 소수에게만 가능했던 삶의 기회를 '민주화'했다는 의미에서 기회의 확산이다. 하지만 구래의 확실성을 박탈당한 개인들은 다양한 선택의 강제 앞에서 불안하고 두렵다. 기든스가 지적한 바처럼 이렇게 후기 근대의 삶은 양가적인 특성을 지닐 수밖에 없다. 이런 상황에 직면한 개인들에게 요청되는 것은 바로 '능동적인 행위 모델과 자기중심성'이다. 이것이 필요한 이유는 사회적인 결정요인들의 강제력을 삶을 위한 '교묘한 전략'을 통해 순화시키거나 무력화해야 하기 때문이다.

자기계발은 바로 이런 상황에서 우리에게 도움을 준다. 자신의 삶을 스스로 꾸려야 하는 개인들은 그 결과에 대해서도 책임져야 한다. 어떤 삶의 방식이 자신에게 적합한지 선택하고, 이러한 선택의 결과를 예측하고, 책임 부담을 인지하고, 또 그 부담을 효율적으로 제어하는 것, 바로 이것은 자기계발의 메시지와 일치한다. 그래서 기든스에게 자기계발서는 "우리의 일상생활에 성찰적으로 개입할 수 있도록 돕는 일종의 기본서"다. 요컨대 기든스나 벡은 불확실한 위험사회에서 자기계발이 개인의 성찰성을 고양하는 데 기여한다고 본다.

또 다른 수단을 통한 지배

기든스와 벡의 사회 인식, 특히 다른 수준(전체 사회적, 구조적, 제도적 수준)에서 발생한 위험과 모순을 개인들이 해결해야 함을 어쩔 수 없는 일로 간주하는 견해는 많은 학자들에게 비판의 빌미를 제공한다. 이들의 눈에 사회적 사실의 '자연화'는 큰 문제다. 그것이 인간이나 사회가 '만들어낸' 것, 따라서 개선, 수정 가능한 것임에도 이를 인간이나 사회가 어찌할수 없이 감내해야 하는 자연적 사실로 변환하는 효과를 보인다. 이를 조준하여 비판하는 것이 세 번째 진영인 이른바 '통치성(governmentality)'

의 주된 과업이다.

  푸코의 후기 저작을 중심으로 발전된—이 책의 수준에서 자세하게 설명하기에 너무 복잡하고 어려워서 고약한—통치성 개념은 자기계발과 관련하여 다음과 같은 중요한 설명을 제공한다. 자기계발과 같은 자기테크놀로지(2절 참조)는 다른 권력의 기술들과 연결이 되어 있다. 두 가지 권력의 기술들은 강압적 폭력을 전제로 하는 지배, 예를 들어 '내 말을 듣지 않으면 맞는다'는 의미에서의 지배와 일반적인 의미에서 상호관계를 규제하는 권력관계, 이를테면 카드놀이와 같은 게임 참여자들의 관계를 규정하는 권력관계다. 후자와 관련하여 부연하면, 게임 참여자들은—언제나 탈퇴할 수 있으므로—'자발적'으로 게임의 규칙을 따른다. 자기계발은 두 권력의 기술을 연결하는 일종의 경첩 기능을 수행한다. 말하자면 강압적 지배(통제)와 자발적 행동(자유)을 결합하는 것이 바로 자기계발(자기테크놀로지)이며, 이러한 세 형태의 권력기술의 결합이 당대의 통치성의 독특한 모습이다. 이를 플래너 사용자의 다음과 같은 답변이 잘 표현한다. 자기계발을 실행하는 것, 예컨대 플래너 작성, 아침에 일찍 일어나기, 스스로 설정한 목표 실현을 위해 노력하는 것은 귀찮고 힘든 일이다. 하지만 어느 플래너 사용자는 이렇게 말한다.

> 저는 오히려 더 편하다고 생각해요. 내가 나에게 하는 거니까,
> 내 마음이니까. 모든 게 다. 내가 나를 마음대로 조절할 수 있으니
> 까. 그게 통제는 아니죠. 플래너를 쓴다고 해서, 그게 다 일에 관련
> 된 건 아니잖아요. 내가 통제를 하는데, 휴식을 선택할 수도 있는
> 거고. …… 그래서 제가 거기에 얽매인다고 생각은 안 해요.

수행자들은 '내가 나를 조절'하기에 그것은 통제가 아니라고 느끼고 오히려 '자유'를 누린다고 생각한다. 즉, 자기 통제를 통해 자신이 변화하고 있음에 만족하고, 그것을 작동하는 주체가 자신이기에(또는 자신이라 생각하기에) 자기 통제는 억압이 아닌 자유 확장의 도구다. 수행자들이 자기 통제에 대해 이야기하면 많이 드는 예가 코비의 '자극과 반응'에 대한 설명이다. 어떤 자극이 주어졌을 때 그에 대한 반응은 개인이 '선택'할 수 있다. 여기서 수행자들은 '반응은 내가 선택한다'에 초점을 두고, 더 좋은 반응을 선택하기 위해서 자신을 통제하고 통치한다. 즉, 반응은 강제가 아니라 선택이기에 이를 자유로운 결정이라고 간주한다. 이렇게 특수한 권력형식으로서 자기계발은 현대인의 정신을 지배한다. 바로 이것이 '또 다른 수단을 통한 지배'(이하에서 '다른 지배')다. 이것이 '지배'인 이유는 현대인들이 자기계발에 심취함으로써 '이데올로기 비판'이 지적한 바와 같은 사회적 효과, 이를테면 원자화된 개인, 경쟁에 매몰된 개인, 정치에 무심한 개인들이 창조되고 공공영역이 파괴되는 결과가 나타나기 때문이다. '또 다

른 수단'이 의미하는 바는 강압적인 방식이 아니라 자발적으로 그 지배를 수용한다는 점을 강조하는 것이다.

물론 '이데올로기 비판'과 '다른 지배'는 유사성에도 불구하고 한 가지 중요한 차이점이 있다. '이데올로기 비판'은 앞서 말한 바처럼 진리적인 현실에 허위적인 현실을 대비하는 방식으로 진행한다. 물론 진리적인 현실은 '지금 그리고 여기'가 아니라 '잠재적 지금 그리고 여기의 이면(裏面)'에 존재한다. 이를테면 자본주의를 비판할 경우에 비판의 준거점은 자본주의적이지 않은 사회적 관계, 즉 복고적인 전(前)자본주의적인 것이든 아니면 미래의 사회주의적인 것이 된다. 이를 우리는 외재적 비판이라 칭한다. 외재적 비판은 비판되는 대상을 바꿀 수 있는 프로그램을 상정한다. 이에 반해서 내재적 비판은 변혁의 프로그램이 없다. 왜냐하면 대안이 현재보다 더 나을 까닭, 그것도 믿을 만한 까닭이 없거나 확실하지 않기 때문이다. 바로 이런 의미에서 '다른 지배'를 주장하는 사람들은 지금과 같은 방식으로 '통치되지 않는 방법'에 매진한다. 여기서 중요한 것은 '무엇이 되는 것'이 아니라 '무엇이 안 되는 것', 즉 형상화의 의지가 아니라, 포기와 거부의 의지다.

포기와 거부를 지향하는 비판의 목표는 저항의 '소극적' 목표와 상통한다. 이를 미셸 드 세르토가 제안한 전략과 전술의 구분으로 풀어볼 수 있다. 여기서 전략은 앞서 말한 외재적 비판의 프로그램과 같은 의미인데 그것은 장세룡이 말한 바처럼 "권력의지의 주체가 의지와 권력을 행사하는 권력 관계의 계산 또는 조작"을 뜻한다. 말하자면 그것은 지배 엘리트가 역사적 시간을 지배하는 승리를 노리는 것이고, 역사에 대한 시각적 감시와 예측가능성의 지점을 구축하는 것이다. 따라서 전략은 근대가 생산한 기존 질서의 정치와 경제 그리고 과학적 합리성을 만들어내는(혹은 그것이 만들어질 수 있는) 기반이다. 전략에 대칭적인 전술은 약자가 강자를 이기기 위한 기술이고, 일상의 실천에 정치적 차원을 제공하고, 잠재적 전복능력이 약자를 강자로 전환시키는 기술로서 한 세력이나 이성이 다른 세력이나 이성에 저항하는 것이 아니라, 세력화와 합리화 자체를 회피하고 지배 체제에 결정되거나 포획되지 않고 다른 이익과 욕망의 술수를 추적하는 것이다."

'다른 지배'의 자기계발에 대한 비판은 전략의 의미에서 '대항 프로그램'을 제공하고자 하는 것이 아니다. 비판은 자기계발의 통치에서 벗어날 수 있는 방안을 제시할 수 없다. 비판은 전술적인 의미에서 단지 순간이나마 전략적 프로그램에 장악되지 않기 위한 지속적인 노력이 필요함을 말할 수 있을 뿐이다. 요약하면, '다른 지배' 접근은 자기계발이 필연적으로 요구하는 부담들을 가시화하고, 그 '약속'이 지켜지지 않을 수 있음을 보여주는 데 주력한다.

4. 자기계발에 대한 문화사회학적 시각

'다른 지배'의 관점을 빌려 자기계발 현상을 보는 것이 유용하다고 생각하지만, 그것의 기본 전제는 쉽게 동의할 수 없다. 특히 수행자의 지위와 역할에 대해 전혀 다른 해석이 가능하다. 비록 '다른 지배'의 관점이 제공하는 결과물들은 거시적인 사회적 트렌드와 자기계발 담론의 공명(共鳴)을 포착할 수 있다는 점에서 자기계발 분석틀로서 매우 매력적이지만, 아직 많은 연구들은 자기계발 실용서의 내용 분석, 혹은 '자기계발 프로그램 분석'에 머물러 있다. 말하자면 행위자의 변화 잠재력이 부정된다. 자기계발의 사회적 '명령'을 결정적인 것으로 간주하여 개인적 자유와 인간의 에이전시(창조력)에 그 어떤 여지도 남기지 않는다. 이것은 자칫 담론,

합리성, 프로그램, 혹은 전략이나 테크놀로지로의 기계적 환원주의에 빠지기 쉽다. 이를테면 '다른 지배' 관점의 문제는 '자기계발과 관련한 정책, 텍스트 등에 접촉한 시민·독자들은 자동적으로 신자유주의의 주체가 된다'는 사뭇 위험스런 가정을 수용한다. 거칠게 표현하면, 자기계발의 자극이 가해지면 수행자의 정체성이 형성된다!

물론 '다른 지배'는 이에 대한 반론을 제기한다. 그러나 한 가지 분명한 것은 '다른 지배' 접근이 자기계발이 행해지는 구체적 조직이나 자기계발 실천 자체에 대한 분석을 경시하거나 무용한 것으로 본다는 점이다. 자기계발의 내용은 물론이고 그것이 독려되고 지지되는 사회적 논리는 잘 분석하지만(앞서 말한 공명이 의미하는 바), 실제 개인들이 어떤 방식으로 그것을 수용하는지에 대해서는 전적으로 무관심하다. 생산-소비의 메타포를 활용하여 표현하자면, 자기계발의 생산 측면에 대한 분석에만 치중하여 수용자들의 관점을, 그들의 모습을 제대로 나타내지 못한다. 그런데 '다른 지배' 접근이 자기계발 연구에서 주류이기에 수행자 분석, 즉 자기계발이 행위자들에게 어떠한 방식으로 작동하는지, 행위자들이 그것을 어떻게 의미화하는지에 대한 연구가 공백 상태로 남아 있다.

이를 메우는 작업이 문화사회학의 사명이다. 왜냐하면 행위자들이 구체적인 일상적 실천에서 문화현상을-이 경우 자기계발 현상을-어떻게 의미화하는지를 묻는 것은 문화사회학의 핵심 사안이기 때문이다(이 책의 1장과 2장 참조). 앞에서 살폈던 자기계발에 대한 세 가지 접근들은 모두 이에 소홀하다. '실용적 핸드북' 관점은 자기계발의 해방적이며 성찰적인 쓸모를 강조하지만, 구체적 의미부여 과정에 대한 분석의 결과가 아니라 자신의 이론적 기획의 '논리적 귀결'이다. 그런 의미에서 경험적으로 공허하다. 나머지 두 입장은 자기계발의 내용과 그것이 독려되고 지지되는 사회적 조건에 관찰의 주안점을 두면서 그것의 전체 사회적인 부정적 효과를 부각시킨다. 특히 '다른 지배' 관점은 '실용적 핸드북'이 등한시하는 자기계발의 사회적 조건과 효과를 비판적으로 고찰하면서도, '이데올로기 비판'과 같은 외재적 비판의 문제를 해결할 수 있는 중요한 단서를 제공한다. 더 나아가 현대 사회에서 이전과 다른 방식으로 지배가 실현되는(그들의 표현으로는 주체가 형성되는) 독특한 양식을 전체 사회적 통치성과 연결하는 유의미한 시도를 제출한다. 그러나 여기서 결정적인 문제는―반복이어서 지루하지만―행위자들이 자기계발을 어떻게 의미화하는지를 소홀히 하는 점이다.

지극히 이론적이며 추상적인 논의들을 당대의 한국 사회의 모습에 비추어 풀어보자. 일단 시작은 이른바 '생존'의 문제다. 래쉬가 전후 미국의 문화를 묘사하면서 핵심적인 열쇳말로 활용했던 생존주의는 1997년 이후 한국 사회의 '바로 그' 문제가 되었다.

현재 한국 사회는 세 가지 생존의 형식을 보편적인 과제로 설정하였다. 첫째, 파괴적인 구조조정, 불황, 실업, 무한경쟁의 시장에서 살아남는 것을 의미하는 '경제적 생존'이 그것이다. 경제적 생존의 공격적 형태는 사회적 정의나 공공성을 훼손시키면서까지 추구되는 치부와 강박적 노동형태('일중독')이다. 둘째, 사회의 도덕적 존엄성이 훼손되고 파괴된 상태에서 무차별적 과시가 지배하는 왜곡된 인정투쟁의 공간에서 살아남는 것을 의미하는 사회적 생존이 그것이다. 사회적 생존의 공격적 형태는 성공지상주의 혹은 입신출세주의 혹은 노골적인 속물주의라 할 수 있다. 마지막으로, 질병과 죽음을 넘어서 건강하게 오래 사는 것을 의미하는 생물학적 생존이다. 이 세 가지 생존의 중첩(부유·성공·장수)이 만들어내는 이미지가 바로 현재 한국 사회가 전시하는 영웅적 판타지의 주인공들인

'생존자'들이다. (김홍중, 『마음의 사회학』, 문학동네, 2009, 41~42쪽의 내용을 수정·축약 인용)

생존의 사회적 명령의 한 형태인 자기계발의 문화는 스놉(snob)과 연결된다. 속물(俗物)로 번역되는 스놉은 인정을 열망하다가 인정의 목적을 잊은 존재다. 그는 사회의 욕망에 매몰되어 자신이 원하는 바를 망각하는 존재이다. 생존을 위해 '노력과 공을 들여' 자신을 건설하고 도전하고 생산하려 기획하지만, 그것으로부터 자신이 소외되었음을 보지 못하는 존재. 그것의 사회적 효과가 바로 '공적인 주체성'의 파괴다. 그 결과 어떤 연대의 움직임이나 의지도 부재한다. 현대의 한국인은 자기계발에 매몰되어 경쟁에 매진하는 파편의 더미에 불과하다.

이상의 진단은 그러나 여전히 맹점을 지닌다. 스놉들은 자신의 욕망에, 그것의 실현도구인 자기계발에 대체 어떤 의미를 부여하는가? 앞의 2절에서 살핀 바처럼 플래너 사용자들은 자신의 활동에 대해서 다음의 의미를 부여한다. 콤플렉스를 극복하고 자신을 용서하는 '자기 배려', 삶의 균형을 잡는 데 도움이 되는 '자기 통제', 스스로를 위로하고 동기를 부여하는 '자기 알기', 그리고 새롭게 시작할 수 있도록 하는 '자기 (재)창조'. 이런 의미부여가 전체 사회적인 효과에 비추어보면 일종의 거짓일 수 있으며, 또 다른 형식의 지배에 전면적으로 투항하는 것일 수 있다. 하지만 놓쳐서는 안 될 점은 자기계발이 그 어떤 현실적 구원도 희망도 없이 고통에 시달리는 사람들에게 일종의 문화적 해소책이 될 수 있다는 것이다. 문제의 근원을 없앤다는 의미에서의 해결책이 아니라 문제에서 파생되는 고통을 경감한다는 의미에서의 해소책은 마치 베버가 말한 "종교의 욕구"와도 같다.

고통을 문화적으로 설명하고 이를 이해할 수 있도록 만듦으로써 "종교는 심리적으로 볼 때 하나의 매우 일반적인 욕구를 충족"하였다. 이를 체계화한 것이 바로 신정론(神正論, Theodizee)이다. 전성우가 베버의 책 역주에서 푼 것처럼 신정론은 "고통, 악, 그리고 죽음과 같은 현상을 종교적으로, 신의 존재에 의거하여 정당화하려는 믿음체계"다. 이 믿음체계는 세상이 변하면서 다양한 모습으로 등장한다. 한때 진보에 대한 확신, 기술에 대한 낙관론은 세속적 형태의 신정론, 줄여서 '사회정론'(社會正論, Soziodizee)의 역할을 하였다. 시장에 대한 믿음에 근거한 새로운(新) 자유주의나 자기계발은 최신의 사회정론이다. 다양한 형태의 신정론과 사회정론은 사회 불평등과 그 위에 선 지배체계를 공고하게 만드는 데 핵심적인 역할을 한다. 다만 그것의 전체 사회적 기능과 행위자에 대한 쓸모는 구분해야 한다. 과학의 눈에 허상임이 '분명'한 종교를 그것의 전체 사회적 효과만을 고려하여 철폐하자고 주장하는 것은 순진한, 그래서 무서운 폭력이다. 마치 종교의 눈에 물신숭배이며 악의 화신임이 분명한 교환경제를 철폐하자는 주장만큼 그렇다.

위의 사안들을 고려하여 자기계발에 대한 문화사회학적 시선의 두 가지 특성을 생각할 수 있다. 첫째, 행위자에게 제공하는 의미부여 기능을 인정하면서도 그것이 양산할 수 있는 '거짓 의식'을 폭로해야 하고 전체 사회적 효과를 고려해야 한다. 자기계발의 문화는 분명 행위자에게 나름의 의미를 제공한다. 고통스런 세상살이를 버틸 만한 것으로 의미적으로 변환한다. 그렇다고 이것이 모든 비판에 대한 면죄부는 아니다. 아니, 바로 그렇기에 열렬하고 세심한 비판의 대상이 되어야 한다. 왜냐하면 자기계발은 '거짓 의식'을 유포하여 행위자 개인에게도 치명적인 상처와 고통을 줄 수 있기 때문이다. 과학사가(科學史家) 이언 해킹을 빌려 일루즈가 말한바, 거짓 의식은 "인간이 자신의 성격과 과거에 대해 거짓 믿음을 형성하게 되는 의식"을 지칭한다. 이는 마치 〈오프라 윈프리 쇼〉가 "고통을 유용한 경험"으로 믿게 만드는 거짓과 같다. 〈윈프리 쇼〉는 "모든 형태의 고통을 자기개선의 기회"로, 즉 자기계발의 촉진제로 만듦으로써 고통을 숭배한다. 이는 고통 자체에 대한 내성을 키울 뿐 그 원인, 특히 사회적 원인에 대한 정당한 분노와 제어 노력을 소멸시킨다. 이와 연결된 자기계발 문화의 또 다른 문제는 모든 고통과 실패의 책임을 자기에게서만 찾는 믿음체계다. 책임의 사사화(私事化)는 사회학적 상상력, 즉 개인의 문제를 사회와 연결하는 상상력을 파괴하여 결과적으로 사회적인 것(the Social)을 왜소하게 만드는 이유가 된다.

책임을 개인적 사안으로 만드는 자기계발은 의심스러운 전체 사회적인 효과를 자아낼 뿐만 아니라, 행위자 개인에게도 큰 문제를 야기한다. 고통을 숭배하는 윈프리의 자기계발 정신은 고통에 굴복하는 나약한 개인(자아)에게 실패의 책임을 묻는다. 이는 고통을 이중적으로 확대한다. 고통에 시달릴 뿐만 아니라 그 책임을 스스로에게 물음으로써 또 고통을 받는다. 최근 의사과학적(pseudo-scientific) 자기계발 교리들, 가령 '긍정심리학'이나 『시크릿』의 '끌어당김의 법칙'은 실패의 책임을 자신의 충분히 긍정적이지 못한 태도, 아니면 충분히 '믿지' 않아서 희구 대상을 '적절히' 끌어당기지 못한 자신의 부족함에서 찾는다. 에런라이크는 이런 허황된 논리가 결국에는 수행자가 현실을 부정하고, 닥친 운명에 대해 오직 자기 자신을 비난하게 만듦으로써 생존을 더 어렵게 하고 더 불행하게 만들 수 있다.

사실 위와 같은 사례들은 매우 쉬운 비판의 상대다. 오히려 우리들의 일상생활에 침잠하여 '상식'이 되어버린 자기계발의 논리는 더욱 촘촘하고 친밀하다. 예를 들어, 앞서 인용한 생존주의의 논리, 교육경쟁에 참여하는 사람들의 마음가짐, 이를 한국의 압축적 성장의 근거로 삼는 '자랑스런 교육적 한국인' 정신, '하면 된다' 식의 불굴의 정신과 같은 자기계발의 에토스는 이미 우리들의 자연스런 '귀인이론(attribution theory)'이 되었다. 그리고 이 귀인이론은 어떤 전체 사회적인 효과와 연결되어 있다. 문화사회학이 이를 어떻게 다루어야 하는지에 대해서는 숙고가 필요하다.

둘째, 자기계발 문화의 두 가지 쓰임새, 즉 거시적 효과(전체 사회적인 효과)와 미시적 효과(의미부여의 기능)를 연결하는 과정을 드러내는 것이 필요하다. 이미 말한 바처럼 '다른 지배' 접근은 자기계발의 전체 사회적 효과에만 주목한다. 자발적으로 통치되기를 원하는 주체의 완성! 그런데 그러한 효과를 만들어내는 메커니즘에 대한 중요한 연결 고리가 생략되어 있다. 사람들은 왜 자발적으로 통치되기를 원하는가? 이것이 대체 무엇을 제공하기에 사람들이 이에 열광하는가? 간략히, 자기계발의 사회적 성공의 비밀은 무엇인가?

자기계발이 성공할 수 있었던 비결을 다음과 같이 추정할 수 있다. 첫째, 일상생활에서 겪는 고통과 실패에 대해 납득할 만한 설명을 제공하기 때문이다(위의 신정론, 사회정론 논의 참조). 둘째, 실패에 좌절하지 않고, 다시 시작할 수 있는 '매우 구체적인 지침'을 제공하기 때문이다. 선택사항이 많아져서든, 불안정한 상황에서 파생된 두려움이 증가해서든 상관없이 무엇인가를 도모할 수 있도록 하는-물론 성공의 보장이 없지만-구체적인 지침을 준다. 문제에 직면했을 때 드는 일반적인 생각을 떠올려보라. '그냥 당하느니 뭐라도 해봐야 하지 않을까?' 바로 이때 자기계발은 지침을 제공한다. 마지막으로, 자기계발의 착수와 실행이 상대적으로 용이하기 때문이다. 사회 변화의 가장 유용하며 빠른-여기서도 당연히 성공의 보장은 없다-수단이 정치다. 개혁이다. 그러나 그것은 무수히 다양한 참여자와 조직, 제도의 협업과 갈등이 필연적이다. 착수와 실행이 당연히 어렵고 더디며 그 결과 역시 보장되지 않는다. 이에 반해 각 개인들이 자신을 변화시키는 것은 상대적으로 쉽고 빠르다. 게다가 자기계발의 특성이 교육적 이념, 논리, 활동이기에(자기계발 정의 참조) 기성 교육제도, 조직과 쉽게 연계될 수 있으며, 따라서 사회적으로 쉽게 확산될 수 있다. 대학의 정규 교육과정에 편입된 자기계발 강좌가 그 예다. 자기계발 문화의 사회적 성공의 이유와 메커니즘을 상세히 살피는 일은 문화사회학의 매우 중요한 과제이다. 왜냐하면 문화사회학의 핵심적 사명이 바로 문화의 생산, 소비, 확산의 이유와 메커니즘을 밝히는 일이기 때문이다. 특히 이것은 자기계발을 탐탁지 않게 생각하는 이들에게 더욱 중요하다. 문화사회학이 생산, 소비, 확산의 논리와 정당화가 각각 다르다는 것을, 그리고 이들을 연결하는 강하고 약한(!) 고리들을 보여줄 수 있기에 더욱 그렇다.

자기계발의 위험

자기계발이나 긍정심리학에서 강조하는 긍정적 사고는 환경적인 외부 요인이 우리 내부의 상태, 태도, 기분에 비하면 부차적인 것이라고 주장한다. 코치들과 권위자들은 실제 세계의 문제를 실패에 대한 변명거리로 치부해버렸고, 긍정심리학자들은 자신들의 행복 방정식에서 환경 변수의 비중을 가장 낮게 잡았다. 결단력 같은 주관적 요인이 생존에 반드시 필요하고, 때로는 악몽 같은 역경을 넘어서는 힘이 된다는 것은 사실이다. 하지만 정신이 자동적으로 물질을 지배하는 것은 아니며, 어려운 상황들을 무시하고 더구나 그것을 우리의 생각 탓으로 돌리는 것은 론다 번(『시크릿』의 저자)이 2004년 쓰나미에 대해 표현한 것과 같은 저열한 우쭐함으로 미끄러져 내려가는 길이다. 당시 번은 끌어당김의 법칙을 들먹이며 '쓰나미와 같은 재난은 그에 맞는 진동수를 가진 사람들에게만 일어난다'고 말했다. (바버라 에런라이크, 전미영 옮김, 『긍정의 배신』, 부키, 2011, 280–281쪽)

자기계발의 긍정적인 힘

아프리카계 미국인은 자기계발정신을 꾸준히 키워왔다. 인종차별에서 비롯된 사기저하를 극복하기 위해서는 정신적이고 도덕적인 자원을 최대한 활용해야 했다. 갈가리 찢겨지지 않기 위해서는 힘이 있어야 했고, 그들은 그 힘을 정신과 도덕에서 찾았다. 자기계발 실용서가 있기 훨씬 전부터 아프리카계 미국인 공동체는 강력한 자기계발정신을 키워갔다. 자기계발정신은 그들에게 가혹한 착취를 이겨내기 위한 유일한 자원이었다. 과거 전설을 번안한 19세기의 시에서 그들의 자기계발정신을 읽을 수 있다.

한 번, 두 번 실패하더라도
노력하라. 다시 노력하라
마침내 승리를 거두더라도
노력하라, 또 노력하라
모두가 할 수 있을 끈기만 있다면 너라고 못할 이유가 있겠는가
이 법칙을 잊지 마라
노력하라, 또 노력하라.
(에바 일루즈, 강주헌 옮김, 『오프라 윈프리, 위대한 인생』, 스마트비즈니스, 2006, 327쪽)

1. 긍정적 사고나 『시크릿』과 같은 자기계발 문화가 자아내는 폐해를 구체적인 예를 들어 밝히고 이에 대한 대응책을 고민해보자.

2. 자기계발에 대한 비판에도 불구하고 그것이 제공하는 장점들이 존재한다. 어떤 조건에서, 어떤 방식으로 그러한 장점들을 취할 수 있을지 생각해보자.

김홍중, 『마음의 사회학』, 문학동네, 2009.

막스 베버, 전성우 옮김, 『막스베버 종교사회학 선집』, 나남, 2008.

바버라 에런라이크, 전미영 옮김, 『긍정의 배신』, 부키, 2011.

서동진, "혁신, 자율, 민주화…… 그리고 경영", 「경제와사회」 봄호, 2011.

스티븐 코비, 박재호 외 옮김, 『성공하는 사람들의 7가지 습관』, 김영사, 1994.

앤소니 기든스, 권기돈 옮김, 『현대성과 자아정체성: 후기 현대의 자아와 사회』, 새물결, 1997.

에바 일루즈, 강주헌 옮김, 『오프라 윈프리, 위대한 인생』, 스마트비즈니스, 2006.

장세룡, "푸코와 세르토: 권력과 신비", 「계명사학」, 16호, 2005.

장희정·전상진, "자기계발의 시대, 자기계발의 약속, 그리고 자기계발의 위험", 비판사회학대회 발표논문, 연세대학교(2007년 11월 3일).

전상진, "자기계발의 사회학: 대체 우리는 자기계발 이외에 어떤 대안을 권유할 수 있는가?" 「문화와사회」 5, 2008.

크리스토퍼 래쉬, 최경도 옮김, 『나르시시즘의 문화』, 문학과지성사, 1989.

제4부
계급, 세대, 젠더

제 11 강

취향과 소비의
구별 짓기

최샛별

노동계급문화론 이후 주요 관심사에서 멀어졌던 계급과 문화 사이의 관련성
에 대한 논의를 재점화하는 역할을 담당하였다고 평가되는 부르디외의 문화
자본론은 사회과학 전반에 걸쳐 문화현상들에 대한 새로운 관심과 깊이 있
는 성찰을 촉발했다. 이 장에서는 현대 사회과학계의 대표적인 학자라고 할
수 있는 부르디외의 문화재생산론과 이와 관련된 개념들을 다양한 사례를 통
해 설명하여 보다 정확하게 이해할 수 있도록 돕고자 한다. 그리고 이를 통하
여 취향과 소비의 문화사회학적 성격을 이해하고 더 나아가 문화자본론의 틀
안에서 취향과 소비와 계급재생산의 관계를 파악한다. 마지막으로 한국 사회
의 취향 소비의 특징과 한국 사회에서 문화자본론과 관련 개념의 한국적 적
합성을 논한다.

── 키워드 ─────

피에르 부르디외, 구별 짓기, 문화재생산론, 경제자본, 문화자본, 사회자본,
아비투스, 장, 옴니보어-유니보어 가설, 취향, 소비

1. 취향과 소비로 구별 짓기, 그 엄청난 힘

네가 좋아하는 것을 말해봐!

문화 예술을 얼마나 즐기는 독자일지는 모르지만 이 장을 시작하기에 앞서 예술작품을 감상하는 기회를 가져보는 것도 좋을 것 같다. 일단 메모할 종이를 하나 찾아 앞에 두고 (1) 바흐의 '평균율곡집', (2) 거슈윈의 '랩소디 인 블루', (3) 슈트라우스의 '아름답고 푸른 도나우 강' 세 곡의 음악을 찾아서 들어보기 바란다. 그리고 어떤 곡이 가장 마음에 드는지, 그리고 그 이유는 무엇인지 메모를 하기 바란다. 이제는 다음 쪽의 그림을 보며 각각의 그림이 어떤 화가의 어떤 작품인지, 또 어떤 그림이 가장 마음에 드는지 적어보자.

좀 더 당신의 일상으로 들어가 보자. 당신은 싱겁고 담백한 음식을 좋아하는가 아니면 맵고 짠 자극적이고 기름진 음식을 좋아하는가? 커피는 달달한 커피믹스를 즐기는가 아니면 원두커피 그것도 직접 갈아 내려 마시는

그림 1.   그림 2.   그림 3.

핸드드립 커피를 좋아하는가? 옷은 어디서 사는가? 백화점 그것도 명품매장이 즐비한 최고의 백화점에서 쇼핑하기를 즐기는가? 아니면 할인매장이나 재래시장에서 사는가? 여가시간에는 음악회나 오페라를 보러 가는가 아니면 피시방에 가는가? 집안의 실내장식은? 좋아하는 옷 색깔은?

왜 이런 사소한 것을 계속 묻는지 궁금할 것이다. 현대 사회과학계에 지대한 영향을 미친 학자로 평가되는 프랑스의 사회학자 피에르 부르디외는 우리가 아무 생각 없이 선택하고 즐기는 수많은 사소한 취향을 사회학의 중심 주제인 사회의 계층·계급구조와 접목시켰다. 그는 1960년대 말 프랑스 사회의 음악, 책, 예술작품과 같은 문화상품과 의복, 음식, 가구 등의 일반 상품들에 대한 취향과 소비에 대해 광범위한 실증조사를 수행하였다. 그 결과 일상생활에서 수많은 순간순간의 선택들을 통해 나타나는 개개인의 취향이 실제적으로는 자신이 속해 있는 계급적 지위와 깊은 관계가 있음을 밝혀냈다.

부르디외는 응답자의 취향을 사회계급과 교육 수준에 상응하는 세 개의 영역으로 구분했다. 이제 앞에서 본인이 작성했던 자신의 취향을 가지고 어느 계급의 취향을 가지고 있는지 재미삼아 비교해보라. 참고 삼아 알려주자면 〈그림 1〉은 브라크의 '레스타크의 집'이며 〈그림 2〉는 고흐의

'밤의 카페', 〈그림 3〉은 르누아르의 '테라스에서'이다. 그러나 어떤 계급적 취향에 속한다고 우쭐할 필요도 또 좌절할 필요는 없다. 프랑스 사회 그것도 1960년대 말의 프랑스인들의 취향이니 말이다.

첫 번째는 '정통적 취향'으로, 고전음악으로는 바흐의 '평균율곡집'과 '푸가의 기법', 라벨의 '왼손을 위한 피아노협주곡' 등을, 그리고 미술작품으로는 브뤼겔의 '카니발', 고야의 '거인', '자식을 잡아먹는 사투르누스', 브라크의 '레스타크의 집' 등이 포함된다. 이들은 자기만족적인 심미주의 성향을 가지고 있어 형식성, 난해함, 대상으로부터의 거리 등을 중시한다. 미학적 영역의 취향은 일상의 소비 영역인 요리나 실내장식, 선호하는 의상 등에서도 동일하게 나타난다. 정통적인 취향을 가진 사람들은 지배계급 중에서도 교육수준이 가장 높은 집단에 많다.

두 번째는 '중간층 취향'으로, 고전음악으로는 리스트의 '헝가리 광시곡', 거슈윈의 '랩소디 인 블루', 미술 작품으로는 고흐의 '밤의 카페', 다빈치의 '모나리자', 모네의 '모네부인과 그녀의 아들' 등이 해당된다. 이 작품들은 중간계급 성원들이 좋아하며, 주류 예술의 마이너한 작품이거나 정통적인 취향의 작품이 대중화된 것이다. 중간계급 구성원들은 다양한 방식을 통해 정통적 문화, 다시 말해 상층계급의 문화를 인정하고 이를 획득하려는 강한 욕구를 갖고 있다. 과학이나 역사에 관한 교양잡지에 집착하고 영화나 음악 등에 관해서도 교양을 쌓으며, 사회적 사다리의 위쪽으로 올라가려는 상승 욕구로 민중 계급과 자신들을 끊임없이 구별하고자 한다. 현대적으로 여겨지는 물건을 집중적으로 소비하고 천박한 것으로 생각되는 대중적 취향을 거부하며, 스스로 민중 계급과 구별되려고 애쓴다.

세 번째는 '대중적 취향'으로 '아름답고 푸른 도나우 강', '엘리제를 위하여'나 '라트라비아타' 등 '통속화된' 고전음악과 경음악, 르누아르의 '테라스에서'와 그 외의 대중적인 미술 작품들이 포함된다. 쉽게 몰입할 수 있는

히 나와는 달라.'

(못되게 생각하는 방식)
'누가 물어봤니? 너 잘났다. 너랑 수준 맞는 사람들이랑 놀지 나랑은 왜 노니?'

취향이 다르다는 것은 사실, 수준이 다르다는 것의 완곡한 표현일 수 있으며 수준이 다르다는 것은 이미 어떠한 가치판단을 함의하는 말이다. 또한 나와 저 사람 사이에 금을 긋는 가장 확실한 방법이며 로또에 당첨되어도 하루아침에는 바꿀 수 없는 확실한 경계이다. 나아가 이러한 차이에서 오는 이질감이라든지 동질감은 한 집단 또는 한 계급 안의 사람들을 무의식중에 묶어주며 또한 집단 또는 계급 밖에 있는 사람들에 대한 배타적인 감정으로 나타날 수 있다. 취향의 차이는 사회의 계급구조를 가장 효율적으로 재생산하는 메커니즘임에도 불구하고 우리는 이를 의식조차 하지 못하고 있음을 부르디외는 지적하고자 한 것이다. 그리고 이는 지방 소도시 출신으로 프랑스 상류계층 자제들과 함께 고등교육을 받으며 엘리트로 성장했던 부르디외 그 자신이 느꼈던 불편함과 좌절감에 대한 사회학적인 통찰이기도 했다.

피에르 부르디외(1930-2002)
사회주의 몰락 이후 주춤했던 계급 및 계층 분석을 '문화'라는 차원과 접목시켜 취향과 계급재생산 논의를 사회과학계 전면에 부각시킨 학자로서, 현대 사회과학계에 가장 큰 영향을 미친 학자로 평가된다. 특히 그의 자본 개념은 마르크스주의적 계급 구분에 베버주의적 지위 문화를 접목시킴으로써 계급 분석에 이정표적인 전환을 가져왔다. 1958년 알제리에 관한 인류학적 연구로 시작하였고, 그 이후 구조주의적 시각과 마르크스주의적 시각을 종합하여 문화적 불평등의 재생산을 연구한 『상속자』는 1964년 출판되어 1968년 프랑스 학생운동에 큰 영향을 미쳤다. 현실 참여에도 앞장서 텔레비전에 출연해 언론 기자들을 비판하고, 실업자들을 지지하며, 문명 파괴 반대 운동에도 참여하는 행동하는 지식인이기도 했다. 또한 광범위한 그의 창의적이고 세련된 이론은 계층, 가족, 종교, 정치, 언어, 예술, 그리고 문화 전반에 걸쳐 영향력을 미치고 있다. 그러나 그의 이론은 또한 이해하기 어려운 것으로 정평이 나 있기도 하다. 한국 사회에서는 1990년대 초부터 그의 이론에 대한 소개 형식의 논문, 서적과 더불어 번역서들이 출판되었다. 그리고 현재, 학문의 장에서는 더 이상 부르디외의 이론에 대한 개괄적 논의나 '아비투스', '장', '문화자본', '사회자본'과 같은 그의 주요 개념들에 대한 부연설명이 필요 없을 정도로 사회과학계 전반에 통용되는 상식적 지식으로 자리 잡았다.

2. 문화자본론 이해하기

지금은 졸업을 했지만 대학원 학생들 중에 필자가 '지읒' 자매라고 놀리던 학생들이 있었다. 키나 하는 행동, 좋아하는 것들이 많이 비슷해서 자매같이 보이기도 하는데다가 세 명의 이름이 '주○○, 진○○, 진○○'이라 붙여진 별명이었다. 흔하지 않은 성씨를 가진 학생들 셋이 어떻게 만나 똘똘 뭉쳐 다니는지 궁금해 물어본 적이 있었다.

"너희는 어떻게 친해졌니?"

"저희요? 운명의 장난으로 1학년 새터에서 같은 반이었어요. 그때 가나다순으로 반 배정이 됐거든요. 그때 친해져서 수업을 같이 들었는데 사회학과(필자가 근무하는 학교는 학부 단위로 입학해서 2학년 진입 시 자유롭게 자신들의 전공을 선택한다)로 다 온 거 있죠? 그래서 같이 다니게 됐는데 이렇게 대학원까지 같이 다니게 될 줄은 저희도 몰랐어요. 완전 악연이라고 서로 놀려요."

과연 이들의 우정은 그저 운명의 장난이었을까? 새터 때 반을 배정하는 선배가 가나다순으로 하지 않았다면 이들은 친구가 되지 않았을까? 조금 더 이들의 공통점을 분석해보면 꼭 그렇지만은 않다는 것을 알 수 있을 것이다. 이들은 어쨌든 한국 사회에서 명문여대에 진학할 만큼의 지적 능력과 새터를 갈 만큼 적극적인 성격에 사회학이라는 학문에 대한 취향과 대학원에 진학할 만큼의 학문에 대한 높은 가치 부여(이 부분은 부모님들의 가치관이기도 했다) 등 엄청난 공통점을 가지고 있다. 자신과 너무나 취향이 비슷해서 친한 친구나 편한 연인이 있다면, 그들의 가정 형편이나 교육 정도 등 계급과 관련된 배경들을 찬찬히 생각해보면 많은 공통점을 찾아볼 수 있을 것이다. 그렇다고 우리가 친구를 만날 때 또는 사랑에 빠질 때 상대방이 나와 비슷한 계급이니 연줄을 맺어 연대를 돈독히 하리라는 의도를 갖는다는 것은 아니다. 사실 물리적으로 자기 자신과 많은 차이가 나는 경제적 지위에 위치하는 사람들과는 만나기도 쉽지 않고 또 많은 시간을 같이 보내기는 더 어렵다. 스스로는 운명인 줄 알고 만나고 친해지고 사랑에 빠지지만 실제로는 그들 사이에 수많은 사회경제적 공통점들이 촘촘히 엮여 있기에 만날 수 있었던 사회적인 필연이 크게 자리한다는 말이다.

이쯤에서 부르디외의 자본 개념을 살펴보자. 웬만하게 사회과학서적을 들춰본 사람이라면 계급과 연결된 자본 개념을 어렴풋하게나마 알고 있을 것이다. 부르디외 이전에 자본은 일반적으로 경제적인 것, 쉽게 말하자면 돈과 연결되는 개념이었다. 부르디외는 기존 경제이론의 획일적인 자본 개념을 비판하면서, 계급 재생산의 진정한 메커니즘은 세 가지 형태의 자본, 즉 계급구조의 기본이 되는 '경제자본'과 이를 바탕으로 생성되고 또 일정한 조건하에서 경제자본으로 전환될 수 있는 '문화자본', 그리고 '사회자본'에 근거하고 있다고 주장하였다. 이 중에서 문화자본은 다시 '외적인 부(경제적 자본)'가 긴 사회화 과정을 통하여 취향이나 태도 등과 같은 개인의 내적인 한 부분으로 자리 잡은 '체화된 상태'와 이러한 체화된 문화자본이 없으면 향유하기 어려운 문학, 예술작품 같은 '객체화된 상태', 그리고 학위처럼 체화된 문화자본이 사회적 정당성을 획득하여 객관적인 것으로 변화된 '제도화된 상태'의 세 가지 형태로 세분된다. 사회자본은 상호적인 친분, 안면 등 지속성 있는 연계망을 통해 사용하고 있거나 사용 가능한 경제·문화자본의 총체이다. 사회자본은 근본적으로 행위자들이 상호연계를 맺을 수 있는 기회가 있어야 축적할 수 있기 때문에 소득이라든지 교육수준이라든지 살고 있는 지역이라든지 하는 객관적 동질성에 근거할 수밖에 없다. 문화자본과 사회자본을 소유하기 위해서는 장기간에 걸친 많은 투자가 필요하며, 그렇기 때문에 계급상승을 시도하는 사람들에게 극복하기 힘든 장애물로 작용한다. 로또에 당첨되어 엄청난 경제자본을 얻는다고 할지라도 순식간에 자신의 취향이나 어린 시절 친구들을 바꿀 수는 없으니 말이다.

더욱이 이 두 형태의 자본은 경제적 자본과 달리 수량화가 어렵고 사회 구성원들이 잘 인식할 수 없기 때문에 사회적 재생산에서 이들 자본의 역할은 가시화되지 않는다. 이들 자본이 재생산에 있어 더욱 강력한 메커니즘으로 작동하면서 사회적 정당성까지 인정받을 수 있는 것은 바로 이 때문이다. 부모로부터 많은 재산을 물려받아, 말 그대로 집세와 이자를 받아 경제적으로 풍족하게 사는 사람들을 우리는 '팔자 좋은 사람'이라고 부드럽게 말하기는 하지만, 그들이 사회적으로 인정을 받을 수 있는가는 매우 다른 문제이다. 그러나 우리가 집안 또는 부모로부터 물려받는 것은 단순히 재산만이 아니라는 것이 부르디외의 주장의 핵심이다. 예를 들어, 어린 시절 집안에 고급 전축이 있어 항상 클래식 음악이 흘러나오고 또한 유명한 화가의 진품 그림들이 걸려 있는 집안에서 성장한 사람과 이런 분야의 지식이라고는 교과서에 나온 것이 전부인 사람은 궁극적으로 같은 사회적인 지위에 있다고 할지라도 취미라든지 성향에서 많은 차이가 있을 것이다. 앞에서 살펴보았던 정통적 취향에 속하는 작품에 가까울수록 추상성이 강하고 난해하여 그것을 즐기기 위해서는 교육과 훈련이 필요한 반면, 대중적 취향에 속하는 작품들은 이미 대중화되어 있어 별다른 교육을 받지 않아도 즐길 수 있다. 이뿐만 아니라 이러한 차이는 좋아하는 음악에서 가구를 사는 장소, 식탁을 차리는 방식, 먹고 마시는 것에 이르기까지 광범위하게 나타난다. 우리가 아무 생각 없이 듣는 음악, 아무 생각 없이 하는 행동 하나하나가 우리가 속한 계급의 반영이라는 점은 약간은 섬뜩할 수 있는 일이다. 그리고 문제는 이러한 계급의 반영인 취향에 대해 사회가 어떤 평가를 내린다는 점이다.

부르디외는 인간들은 본성적으로 의식적으로든 무의식적으로든 자기 자신을 남들과 차별화하고자 하며, 바로 이 차별화의 욕구가 사회계급구 조의 근본이라고 보았다. 불평등한 계급구조와 지배관계가 유지될 수 있 는 것은 피지배계급이 사회질서에 자발적으로 동의할 수 있게 하는 '상징 폭력'에 의해서다. 부르디외에게 사회학의 가장 중요한 역할은 사회 구성 원들이 당연하게 여기는 것에서, 사회적 계급재생산을 가능하게 하는 숨 겨진 경로, 제도, 행위자, 또는 인식, 즉 상징폭력이 일어나고 있는 사회적 공간을 발견해내는 것이었다. 구체적인 작업의 일환이었던 그의 영향력 있 는 저서 『교육, 사회, 그리고 문화에 있어서의 재생산』(1977, 이하 『재생산』) 과 『구별 짓기: 문화와 취향의 사회학』(1984, 이하 『구별 짓기』)이 사회학 전 통에서 점하고 있는 지위를 살펴보면 문화재생산론의 중심 틀과 사회학의 역할에 대한 그의 신념을 어떻게 구현했는가를 보다 용이하게 이해할 수 있을 것이다. 두 저서를 단순하게 도식화한 다음 그림을 참고하면서 읽어 보길 바란다.

상징폭력
상징폭력(symbolic violence)은 비가시적인 폭력으로서, 물리적·신체적 폭력과는 매 우 다른 형태의 폭력으로 부드럽지만 보다 강력한 지배형태이다. 물리적 폭력은 인 간에게 신체적 고통과 공포를 줌으로써 자신에게 불리한 권력관계나 착취관계를 수 용하게 하는 도구로, 표면적인 복종을 가능하게 하지만 자발적 복종을 이끌어내는 것은 아니다. 그러나 상징폭력은 지배를 받고 착취를 당하는 대상자들이 스스로 폭력과 착취를 당하고 있다는 것을 인지하지 못한다는 점에서 부드러운 형태를 가지지만, 인지하지 못하기 때문에 지배와 착취를 자연스러운 상태로 받아들이고 벗어나고자 하지도 않는다는 점에서 보다 강력한 힘을 가진다. 또한 지배계급의 관점에서 지배구조의 불공정성이나 문제점, 그리고 이로 인한 불이익을 자신들의 잘못이나 능력 부족으로 생각함으로써 사회의 지배구조를 재생산하는 데 일조하게 된다.

예를 들자면, 중상계급의 어린이들은 학교에서 쓰는 어휘라든지 학교의 규율 등이 어린 시절 가정에서부터 익숙하기 때문에 훨씬 더 적응을 잘할 수 있고 좋은 성적을 거둘 수 있다. 그러나 학교에서의 상징폭력은 좋은 성적을 얻는 중상계급의 학생들을 능력이 있는 인재로 인정할 뿐만 아니라 불공정한 경쟁에서 도태된 하층계급의 학생들 역시 이 시각을 받아들여 스스로를 능력이 없고 따라서 하층에 머무는 것이 당연하다고 생각하게 함으로써 사회의 계급구조를 자연스럽게 재생산하고 피지배계급의 자발적 복종을 이끌어낸다. 이와 같이 상징폭력은 인간이 자각하지 못하는 인식의 수준에까지도 지배구조가 작용하고 있음을 보여주는 개념이다.

『재생산』과 『구별 짓기』에서의 부르디외의 주요 이론적 틀

『재생산』- 사회재생산에 있어서 학교의 역할

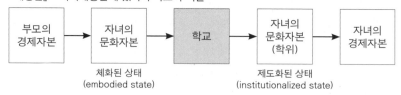

『구별 짓기』- 사회재생산에 있어서 사회적으로 권위가 부여된 '고급문화'라는 역할 가정

부르디외는 교육을 계급구조를 재생산하고 정당화하며 사회적 구분을 능력으로서 승인하는 가장 중요한 제도 중 하나로 규정한 최초의 교육사회학자의 하나이기도 했다. 그는 가정에서 체화된 문화자본의 하나로 개

개인에게 전수된 언어나 태도가 학교라는 제도의 상징폭력을 통하여 개개인의 우수함으로 또는 학위증으로 인정을 받고, 그로 인해 계급 재생산에 대한 사회적 정당성이 획득되는 과정을 추적하였다. 학교는 문화자본의 불평등이 마치 학력자본의 차이인 것처럼 인과관계를 제공해줌으로써 불평등을 정당화하는 역할을 담당할 뿐이라는 주장이다. 여기서 그는 인간 자본론이 주를 이루고 있던 교육사회학계에서 아비투스로서 문화자본을 내면화시키는 역할을 하는 가족제도와 문화자본의 불평등을 정당화하는 역할을 담당하는 교육제도가 사회적 계급 재생산에서 가장 강력한 주체임을 밝혀냈다.

또한 계급 재생산 메커니즘의 또 다른 숨겨진 주체로서, 개인의 취향을 평가하는 '고급문화' 개념에 주목한 저서『구별 짓기』에서도 역시 가족 내에서 자연스럽게 체화된 많은 무의식적 또는 의식적 선택들이 어떻게 계층구조를 재생산하고 있는지를 신랄하게 파헤친다.『구별 짓기』가 서구 고급문화 논쟁에서 차지하고 있는 위상은『재생산』이 교육사회학에서 차지하고 있는 그것과 동일하다. 많은 서구의 학자들은 19세기 노동자 계급의 형성과 함께 시작된 대중 또는 대량문화를 혹독하게 비판했다. 비판의 가장 핵심적인 논거는 대량문화가 보존되어야 할 인간 사고와 표현의 정수인 고급문화를 위협한다는 점이었다. 또 다른 극단에서 프랑크푸르트학파에게 고급문화는 산업사회의 속박으로부터 사람들을 해방시키는 혁명적인 힘을 가지고 있는 것으로까지 평가되었다. 서구의 지성사에서 신성시되어왔던 고급문화의 위상을 짐작해볼 수 있는 부분이다. 그러나 부르디외는 일상생활에서 개개인의 취향이라고 간주되는 것들이 실제적으로는 자신이 속해 있는 계급적 지위에 의해 내재화된 아비투스의 발현이며, 각각 구분되는 계층의 문화의 가치 판단은 전적으로 권력에 의해 결정되는 임의적인 것이라고 주장함으로써 고급문화의 근본이 상층계급의 취향을 반영하는 '취향문화'에 불과하다는 비판을 제기하였다.

　더 나아가 그는 이러한 고급문화 또는 문화자본의 임의성을 재생산의 틀에 연결시켰다. 지배계급의 문화가 그 계층의 특수한 문화가 아니라 보편적인 고급문화로 인정되기 때문에 각 개인의 취향은 이를 기준으로 등급이 매겨지게 된다. 그리고 고급문화에 대한 상류계층 구성원들의 친숙성은 이들을 다른 계층들로부터 구분지으며 계층 간 위계의 재생산을 정당화한다. 다시 말해 미술작품 또는 클래식 음악을 안다는 것, 그리고 즐긴다는 것은 문화자본론의 시각에서 봤을 때는 단순히 이러한 문화에 노출될 기회가 많은 집단 출신 사람의 몸에 배어 있는 취향이거나 이 집단에 대한 동경을 가진 사람들의 노력의 결과이다. 그럼에도 불구하고 우리는 이런 것을 즐기는 사람에게 멋있다든지 또는 수준이 있다든지 하는 경탄을 보냄과 동시에 이들이 뭔가 나와는 다른 집단에 있다는 듯한 느낌을 가질 수 있다. 또한 이러한 논리의 순서가 뒤바뀌어 고급스러운 취향을 가진 사람들이야말로 상류계층의 구성원이 될 자격이 있다는, 그들이 우리와는 다르다는 것을 자연스럽게 받아들이게 하는 정당화의 좋은 기제가 될 수 있다는 것이다.

　정리하자면, 부르디외는 경제자본의 세대 간 재생산을 가능하게 하는 매개 역할을 하면서도 업적주의라는 미명하에 계층 구조화된 사회를 은폐시키는 데 기여해온, 사회적으로나 학문적으로나 당연하게 권위가 인정되었던 주체들을 수면 위로 부각시키고자 했던 것이다. 결국 그의 이론적 틀에서 중요한 것은 각 사회와 맥락에서 재생산을 가능하게 하는 어떤 '숨겨진 경로'를 찾아내는 것이며, 문화자본이라는 개념은 이러한 경로를 보여주기 위해 고안된 도구였다. 『재생산』에서 이러한 경로가 '교육이라는 제도'였다면 『구별 짓기』에서는 사회적으로 인정된 '고급문화라는 개념'이였으며, 각각의 주체에 따라 수없이 가능한 문화자본의 항목들 중에서 구성항목들이 선택된 것이다. 우리가 당연하다고 여기는 것들, 그리고 공정하다고 믿는 많은 제도들이 사회재생산의 숨겨진 경로일 가능성을 가지고 있으며, 따라서 각각의 사회마다 다양한 경로가 존재하며 그에 따라 각각의 연구에서 문화자본의 실체는 달라질 수 있다.

아비투스

아비투스(habitus)는 1960년대 부르디외 사회학을 통해 사회와 개인, 객관주의와 주관주의, 결정론과 자유의 이분법적인 대립을 극복하는 중심축으로 부상하였다. 부르디외는 아비투스의 작동 논리를 다음과 같이 설명한다. 일단 외부의 '사회적 요인'은 각 개인 내부에 특정한 방식으로 느끼고 생각하고 행동하는 지속적이고 전환 가능한 성향으로 자리 잡는다(외재성의 내면화). 이렇게 형성된 아비투스는 개인의 모든 경험을 총합하면서 매 순간 지각, 평가, 행동의 매트릭스로 기능한다. 개인은 이에 따라 외부환경의 제약과 요구에 반응한다. 달리 말하면, 개인은 이전의 실천과 경험에서 획득된 도식을 비슷한 상황에 적용함으로써, 무한히 다른 상황과 과제에 적용할 수 있게 된다는 것이다(내면성의 외재화). 이러한 측면에서 아비투스는 언제나 모호성과 유동성이 있을 수밖에 없긴 하지만, 새로운 맥락에 대한 즉각적이고 독창적인 대응을 낳는다. 이는 우리가 우리 자신의 생각과 신체에 지니고 있는 일련의 자원들과 성향들이며, 우리는 이를 다양한 사회적 상황에 적용시킬 수 있다. 이를 통해 우리는 만남, 사건, 결정에서 우리 자신의 방식을 즉각적으로 사용하고 진행할 수 있다.

이렇게 설명하고 나면 아비투스 개념은 매우 좋은 것처럼 생각된다. 그러나 문제는 이러한 아비투스가 권력과 계급에 의해 유형화된 사회의 체계적 불평등과 연관되어 있다는 점이다. 아비투스는 불평등에서 발생하며, "그것들을 생산해내는 객관적인 구조를 언제나 재생산하는 경향"을 갖는 일련의 실천적 행위를 만들어낸다. 부르디외에 따르면 피지배자의 위치에 있는 사람들은 그들이 성공적으로 삶을 개선시키고 좋은 사회적 지위를 가질 수 있도록 하는 아비투스를 갖고 있지 못하다. 그들의 아비투스는 자신들의 열등한 지위를 재생산할 수 있는 욕구, 동기, 일상생활, 전략만으로 구성되어 있다. 부르디외는 가족과 교육이 이와 같은 불평등한 아비투스를 만들어내는 데 중요한 역할을 담당한다고 주장한다. 왜냐하면 개개인의 아비투스를 형성하는 데 생애 초기의 교육과 경험이 결정적이기 때문이다. 아비투스의 기본적 요소인 언어감각, 논리적 사고, 미적 기호, 타인과의 애착관계, 미래에 대한 기대 등은 개인의 출신 가정에서 반복된 교육과 경험을 통해 지속인 성향체계로 결정화되며 어린 시절에 얻어진 것일수록 더욱 깊게 뿌리 내려 평생에 걸쳐 지속적으로 영향을 미치며, 다양한 실천을 통해 사회의 계급구조를 재생산한다.

장

부르디외는 사회를 그 안에서 개인들이 고유한 위치를 점하고 있는 삼차원의 공간으로 이해한다. 이 사회적 공간은 다양하게 분화된 하위공간들로 이루어져 있다. 장(field)은 이러한 하위공간을 가리키는 개념으로 복잡한 사회에 대한 부르디외 모델의 핵심이다. 부르디외는 장을 간단하게 '위치들 간의 객관적인 관계망'이라고 정의하며, 사회 공간 내부에서 지배적인 자본을 둘러싸고 벌어지는 경쟁 공간이다. 이때, 위치는 여러 유형의 자본, 즉 경제자본, 문화자본, 사회관계자본, 상징자본 등의 분포구조와 관련된다. 객관적 관계망이란 장 내부의 위치가 점유자들의 개인적인 특성과 무관하게 분석될 수 있으며, 언제나 다른 위치들과의 상대적 관계 속에서 규정된다는 의미다. 마르크스의 시각에서 사회는 절대적인 지배력을 갖는 경제자본의 획득을 둘러싼 단일한 경쟁공간으로 나타나지만 베버나 부르디외가 볼 때 사회는 지배적인 자본이 무엇인가에 따라 다양하고 자율적인 경쟁공간으로 구성된다. 따라서 사회에는 여러 개의 자본이 존재하는 만큼 장 역시 여러 개가 존재하고 있는 것이다. 그는 경제자본이 지배하는 장을 경제적 장, 문화자본이 지배적인 공간을 문화적 장, 사회자본이 지배력을 행사하는 공간을 사회적 장으로 지칭한다. 자본의 유형에 따라 장의 성격도 다르지만, 이 모든 장들은 공통적으로 지배와 피지배의 공간이다.

그런데 모든 장이 절대적으로 독립적이지는 않다. 이 말은 특정한 장에서 자본을 획득한 사람은 역시 다른 장에서 자본을 획득할 기회와 가능성을 더 많이 갖게 될 것이고, 각 장을 지배하는 사람들끼리 상호협력관계가 형성될 수도 있음을 의미한다. 그것은 사회적 행위자들의 구체적인 실천 영역이라 할 수 있다. 특정한 장에 들어가는 행위자들은 거기서 효율적으로 행동하는 데 필요한 아비투스를 갖추었을 확률이 높다. 투쟁은 장들이나 하위 장들, 그리고 장들 내부의 행위자들 사이에서 계속 일어난다. 부르디외는 『문화 생산의 장』이라는 그의 연구에서 '고급'과 '저급' 문화 사이에, (예술과 사진 같은) 다양한 장르 사이에, 그리고 개인 예술가들 사이에 정당성 그리고/혹은 지배를 획득하기 위한 긴 역사를 가진 경쟁이 존재했다는 것을 지적한다. (필립 스미스 지음, 한국문화사회학회 옮김, 『문화이론』, 이학사, 2008)

3. 부르디외를 넘어서

부르디외의 문화자본론은 많은 찬사와 지지를 받은 만큼이나 많은 비판의 대상이 되었고, 수많은 생산적인 논란을 거치며 문화사회학 내에 홍미로운 연구들을 양산해냈다. 가장 생산적인 논의를 이끌어낸 부르디외 이론에 대한 의문제기는 과연 프랑스가 아닌 사회에서도 그의 논의가 적합하냐는 점이었다. 즉, 다른 시대 다른 국가에도 일반화가 가능하냐의 문제였다. 부르디외의 이론과 모델은 300여 년이 넘게 계급이 구조화되어 있는 프랑스 사회를 대상으로 하고 있다는 점에서 변동이나 저항 또는 역사의 우연적 사건을 분석하는 데는 너무 '정적'이라는 점에서 가장 큰 비판을 받았다. 실제적으로 사회계급구조가 지속적으로 재생산된다는 것이 부르디외의 문화재생산론의 핵심주장이고 보니, 아비투스를 통해서 행위자의 이해력과 그들의 "식별할 수 있고, 전략을 세울 수 있는" 능력을 인식하고 있다고 하지만 결과적으로는 행위 수행자들에 의해 이루어지는 가장 즉흥적인 행위들조차도 필연적으로 구조를 재생산하게 된다는 점에서 결정론으로 보일 수밖에 없기 때문이다. 특히 미국이나 한국 사회와 같이 모든 면에서 유럽보다 훨씬 더 역동적인 사회에 적용할 때 부르디외 이론의 적합성은 학계의 생산적인 논쟁을 야기하였다.

지배계급의 구별 짓기 전략은 동일한가?
옴니보어-유니보어: 배제에서 폭넓음으로

그렇다면 프랑스가 아닌 다른 나라의 상층계급들도 그 사회에서 정통성을 인정받은 고급문화만 즐길까? 부르디외 이후 세계 각국에서 수행된 많은 후속 연구들은 '고급문화'가 실제로 '상류층'의 취향인가 하는, 즉 계급과 취향 간의 상응성이 존재하느냐를 검증하고자 하였다. 고급문화가 상층계급의 취향인가 아닌가에 대한 논의는 1990년대 초반 피터슨과 심커스의 미국 사회에 대한 연구를 기점으로 계급 간의 문화적 폭넓음의 차이라는 논의로 확장된다. 미국 상층계급 지식인들이 고급 예술을 더 많이 소비할 뿐만 아니라 평범한 사람들의 활동에도 광범위하게 참여하고 있다는 이 연구의 결과는 지식인들이 고상하지 않은 문화를 즐기지 않는다는 기존의 연구들은 물론 지배계급이 다른 계급 문화에 대해서 배타적이고, 비관용적이라는 부르디외의 논의와도 전적으로 상치되는 것이었다. 피터 슨과 심커스는 이를 상층계급의 '하이브로우 스노브(고상한 속물)'로부터 '옴니보어(포괄적 감상자)'로의 역사적 전환으로 설명하였다.

그 이후 미국에서 수행된 많은 연구에서 이 결과를 지지하는 증거들이 제시되었다. 한 연구에서는 교육 수준이 높을수록 특정 음악을 싫어하는 경향이 낮아지며, 중간계급과 상층계급의 경우 다양한 음악 장르를 수용하는 문화에 대한 관용적 태도를 보이는 것으로 나타났다. 또 다른 연구에서는 고급-지위 문화에 대한 친숙함이 계급과 관련성이 있기는 하지만, 스포츠와 같이 다른 사람들과의 조화에 유용한 문화는 계급과 상관없이 모든 계급에서 인기가 있었다. 따라서 미국 사회에서 가장 유용한 문화 자원은 상황에 따라 적절히 사용할 수 있는 (문화)장르를 얼마나 다양하게 잘 이해하고 있는가이며, 즐길 수 있는 문화적 폭이 넓다는 것은 상층과 중상층계급에서 높은 가치를 지닌 자원으로 여겨진다는 주장이 힘을 얻게 되었다. 상층계급이 즐길 수 있는 문화의 폭이 더 넓다는 옴니보어 가설에 학문적 관심이 커지게 되었다.

유니보어 VS 옴니보어

현재 각기 다른 국가와 문화적 맥락에서 옴니보어 가설을 검증하는 연구들이 활발하게 진행 중이다. 이 가설을 위의 그림과 같이 쉽게 설명할 수 있을 것이다. 유니보어는 부르디외 이론으로, 지배계급인 상층계급은 정통적 취향문화를, 중간계급은 중간적 취향문화를, 민중계급은 대중적 취향문화를 향유한다는 것, 즉 각 계급들은 각 계급에 상응하는 상호 배타적인 문화를 향유한다는 것이다. 반면 옴니보어 가설은 지배계급은 모든 계급의 문화를 즐길 수 있는 역량을 갖추고 있어 폭넓은 문화를 향유하며 하층계층일수록 상층계급의 문화를 즐길 수가 없어 즐길 수 있는 문화의 폭이 좁다는 주장이다. 한국 사회에서는 현재 문화취향과 소비에 대한 전국 규모의 연구가 진행되고 있으며, 한국 사회에서의 문화취향의 지형도와 함께 한국 상류계층의 구별 짓기 전략이 옴니보어적인지 하는 것 역시 함께 분석되고 있다.

4. 한국 사회에 문화자본은 존재하는가
: 한국 사회의 취향과 소비, 그리고 구별 짓기

'한국 사회에 문화자본은 존재하는가?' 이 질문이 함의하는 것은 부르디외 이론의 주요개념이라 할 수 있는 문화자본은 한국 사회에서는 아직 형성되지 않았으며, 이는 단기간에 걸친 서구화와 산업화 그리고 활발한 계급 이동과 같은 특수한 한국의 역사적 상황에 기인한다는 인식이다. 현재 양극화의 심화라는 사회적 현상이 대두되고 있긴 하지만, 적어도 1990년대 초반까지 사회 이동에 대한 대부분의 연구들은 현대 한국 사회에서 사회적 상승 이동의 기회가 높았다고 결론지어왔다. 그 당시 시행된 통계조사 결과 역시 대다수의 한국인들이 세대 간 계층 이동의 가능성이 상당히 높다고 믿고 있음을 보여주고 있다. 구조화된 계급 구조에 뿌리박고 여러 세대에 걸친 장시간의 사회화 과정을 필요로 하는 문화자본이 아직 한국 사회에 정착될 만한 충분한 시간이 경과하지 않았다는 주장에는 충분히 설득력이 있다. 그러나 '한국 사회에 문화자본은 존재하는가?'라는, 한국 사회의 문화자본의 존재 부정을 함의하는 질문에 대해, 한국 사회의 보다 심층적인 구조와 재생산 메커니즘을 찾아내기 위해서는 한국 사회에 존재하는 문화자본을 찾아내는 연구, 더 나아가 그 작동 방식을 찾아내는 연구가 필수적이라는 것을 주장하고 싶다.

문화자본론에 대한 수많은 비판적 논의와 한국 사회의 역사와 사회문화적 맥락에서의 적합성에 대한 수많은 의문 제기에도 불구하고 많은 학자들, 또 문화자본론을 접하는 많은 일반인들과 학생들은 이 이론에 매력을 느끼고 문화자본의 영향력을 인정하게 되는 것일까? 그것은 문화적 배제라는 것이 자본주의 혼란과 지위 그룹들의 쇠퇴와 함께 사라질 것 같은 현상이라기보다 현대 사회의 본질적인 현상이며 점점 심화될 것으로 생각되기 때문이다. 부르디외가 많은 영향을 받았다고 평가되는 베블런의 과시적 소비, 베버의 배제와 비교해보면 부르디외 식의 배제가 갖는 우수성과 그 효율성이 보다 명료해진다. 베블런의 과시적인 소비가 명시적이고 의식적인 행동으로 보이는 것에 초점을 맞추고 있다면, 부르디외는 무의식적으로 발산되는 것을 가장 중요한 신호로 주목했다. 사람들이 가족 내에서의 사회화를 통해 몸에 익히고, 아비투스로 내재화되어 있는 문화적 코드를 통한 구분은 사실상 비의도적인 분류상의 결과이기 때문이다. 또한 부르디외의 배제의 과정은 베버에 기반하고 있지만, 보다 복잡하고 간접적인 배제에 관심을 맞추고 있다.

문화사회학에서 문화자본의 개념은 이제 계급적 구분을 뛰어넘어 실제적 차이라기보다는 가상적인 것으로, 사람들이 대상, 인간, 실천, 그리고 시공간을 범주화하기 위해 만든 개념적 분류인 '상징적 경계'라는 보다 폭넓은 개념으로 수용되는 듯하다. 그러나 어떤 개념으로 불리든 부르디외의 문화자본론은 어떤 사회에나 있으나 그 실체를 명확히 하지 못했던 배제가 존재하고 있음을 밝혀내고 이에 대한 계속적인 연구와 경각심을 야기했다는 점에서 그 의의와 중요성은 퇴색되지 않는다. 문화적 배제를 통한 사회계급구조의 재생산을 밝혀내는 작업은 어떤 사회문화적·역사적 맥락에 있는 사회에서도 사회학의 주요 임무임에는 분명하기 때문이다.

대부분의 연구들이 사회적 상승 이동의 기회가 높다고 결론지었던 1990년대 초반부터 이미 몇몇의 연구들은 사회이동의 기회가 줄고 있고 점차적으로 계급 구조가 공고화되어가고 있다는 논의들을 지속적으로 제기하였고, 이제 양극화의 심화는 한국 사회의 중요한 문제로 대두하였다. 최샛별은 "한국 사회에서의 문화자본의 체화 과정에 관한 연구"에서 2000년대 초반 이미 우리 사회에서도 경제자본만이 아니라 문화자본을 통한 계층·계급의 공고화가 여성을 통하여 진행되어가고 있다고 주장하였다. 또한 연구 대상자들의 부모 세대와 응답자 세대에서는 경제적 자본에 기반을 둔 계급을 문화자본에 기초한 지위 집단으로 변형시키고자 하는 노력이 자녀 세대에 들어서는 체화된 문화자본으로 완전하게 자리를 잡는 과정이 보이며, 이러한 과정이 한 세대 정도만 더 진행된다면 체화된 문화자본의 역할은 한층 더 강화될 것이며 계층·계급 구조 역시 공고화될 것이라고 예측하였다. 사회 구성원이 인식하지 못하는 재생산의 '숨겨진 경로'를 찾는 것이 사회학자의 임무라는 부르디외의 믿음은 현대 사회의 가장 큰 특성이라고 규정지어지는 업적주의에 근거한 개방 사회에 대한 높은 가치를 반영한다. 이러한 개방 사회에 대한 높은 가치를 인정한다면 한국 사회의 계층·계급 구조화의 역사에서 현시점은 양극화된 구조가 공고화되지 않도록 맥을 끊어줘야 한다는 점에서 매우 중요하다. 그러나 공고화의 가장 중요한 경로와 기제로서의 문화자본에 대한 연구가 보다 강조되지 않는다면, 한국 사회에서 문화자본 연구는 이 이론이 한국 사회

연구에서 가지는 중요성과 적절성에도 불구하고 학문적 영향력이 답보 또는 쇠퇴할 수밖에 없을 것이다. 이는 한국 사회의 계급 구조화의 맥을 끊을 수 있는 중요한 시점을 놓치는 결과를 가져올 수 있을 것이다.

---------------------------------- 읽 고   생 각 하 기 ----------------------------------

"엄마. 걔네 집 가난해요. 그냥 엄마 기준으로 가난한 게 아니라 찢어지게 가난하다구요. 걔 컨테이너에 살아요. 무허가 집들 모여 있는, 그런 데서 살아요."

목이라도 메는지 목소리가 출렁거렸다. ……엄마 기준이라니. 그 말이 걸렸다. 선전포고를 하겠다는 건가.

"누가 뭐랬어? 내가 언제 도란이네 환경조사 나간다던?"

"당장 결혼하겠다는 건 아니에요. 싫어지면 내일이라도 헤어진다구요. 근데, 걔가 가난하다고 헤어지는 일은 없어요."

(……)

"너무 어려운 집 애라."

남편에게 도란이 사는 집이 컨테이너라는 말은 하지 않는다.

"사돈 재산 넘볼 만큼 어렵지 않잖아, 우리. 돈을 크리넥스 뽑아서 코 풀듯 쓰는 이 동네 아이들보다 낫지 뭘 그래."

틀린 말은 아니다. 내 마음에 걸리는 건 뭐랄까, 돈 자체는 아니다.

"모르겠어. 뭐랄까. 애가 어째 추워 보이는 게……"

"춥다니, 궁기가 흐른다는 거야?"

"그것도 아니고……"

(……)

꼬집어서 이런 점이 마음에 들지 않는다, 싶은 게 아니라 어딘가 겉도는 느낌과 묘한 이질감이었다.

(……)

"아니 자장면 주제에 무슨 봉사료예요?"

도란이 영 불편한 표정으로 묻는다. 도란이를 내 차에 태우고 근처의 백화점으로 간 건 자장면에 무슨 봉사료냐고 묻는 도란이를 묘한 표정으로 쳐다보던 카운터 아가씨의 태도에서 뭔가 내 속을 건드리는 게 있었기 때문일까.

(……)

백화점에 옷을 사러 갈 땐 동창회 갈 때만큼이나 공들여 화장을 하고 제대로 차려입고 나가야 한다는 말도 있지만, 특히나 이 백화점은 분위기가 유난하다. 영캐주얼 매장에 들어가 도란이를 세워놓고서야 나는 그걸 새삼 깨닫는다. 똑같이 맨얼굴로 서 있어도 이 동네 사람과 다른 곳에서 온 사람의 피부는 때깔에서 차이가 난다. 맨발에 슬리퍼를 신고 나와도 이 동네 사람들과 아닌 사람들을 가려낼 수 있다. 그게 걸치고 있는 입성의 차이에서 나오는 느낌만은 아니라는 걸 나는 알고 있다. 뼛속 깊은 데서 나오는 다름, 이라고 할 수 있을까. 도란이 나이는 남대문 좌판에서 산 옷을 걸쳐도 깜찍하고 눈부실 나이지만, 여기, 이곳에서는 아니었다.

(……)

"D는 지금 자신의 삶을 있는 그대로 받아들인다. 적어도 다른 방식의 삶을 갈망하는 것처럼 보이지 않는다. D의 그런 점이 날 매혹했지만, 동시에 피곤하게 만들기도 한다. 그럴 때 우리,가 다르다는 걸 느낀다. D가 낯설게 느껴지는 건 D가 살고 있는 그 장소에서의 D가 아니라, 삶을 유영하는 D의 태도이다. 유희하는 인간이어도 될 순간조차 존재,를 고집하는 그녀.

(……)

"카드까지 주며 성신이 생일선물을 사라고 했을 때 골라온 건 영 아니었다. 청담동에서 저녁이라도 먹을라치면 내내 불편해하는 건 개인사정이라고 쳐도 그날 옷차림은 너무 처졌다. (……) 돌아오는 길에 나름대로 기분 상하지 않게 한마디했더니, 그래 넌 울트라 부잣집 아들이구나, 하고는 입을 닫아버렸다. 그럴 땐, 정말 우리가 다른 별에서 온 사람 같다."

(……)

아마 다른 사람이었으면, 왜 같은 돈 주고 이런 거 사오냐, 하고 대놓고 한마디했을 녀석이다. 보나 마나 터무니없이 비싼 퓨전레스토랑에서 식사하면서 도란이는 현이만 눈치챌 만큼 불편한 표정을 하고 있었을 것이다. 친구의 여자 친구들도 모인 자리에 평소처럼 입고 나온 도란이의 옷차림에 대해, 정말 자세 안 나온다, 이런 데 올 때는, 해가며 충고랍시고 한마디했을 테고.

(……)

"엄마, 도란이 같은 애, 다시는 못 만날 거야. 엄마 아들이 한 선택 중에서 최고의 선택이라고 봐."

"그래서?"

"근데 엄마, 왜 단둘이 있을 때면 도란이의 모든 걸 다 받아들일 수 있는데 내 네트워크 속에서는 끊임없이 부딪치게 되는지 몰라. 모르겠으니더 미치겠다구요." (정미경, 『내 아들의 연인』, 문학동네, 2008에서 발췌)

1. 도란과 현의 연인관계에서의 문제점을 부르디외의 문화자본론 입장에서 분석해보시오.

2. 부르디외의 이론을 근거로 하여 조건 없는 사랑이 가능한가에 대하

여 자신의 의견을 개진하시오.

─────────── 읽 을 거 리 ───────────

김난도, 『사치의 나라 럭셔리 코리아』, 미래의 창, 2007.

삐에르 부르디외, 최종철 옮김, 『구별짓기: 문화와 취향의 사회학』(상, 하), 새물결, 2005.

스테판 올리브지, 이상길 옮김, 『부르디외, 커뮤니케이션을 말하다』, 커뮤니케이션북스, 2007.

정미경, 『내 아들의 연인』, 문학동네, 2008.

최샛별, "상류계층 공고화에 있어서의 상류계층 여성과 문화자본: 한국의 서양 고전음악 전공 여성 사례", 「한국사회학」 36(1), 2002, 113-144쪽.

최샛별, "한국 사회에서의 문화자본의 체화 과정에 관한 연구", 「가족과 문화」 14(3): 2002, 113-144쪽.

최샛별, "한국 사회에서의 영어 실력에 대한 문화자본론적 고찰", 「사회과학연구논총」 11, 2003, 5-21쪽.

최샛별, "한국 사회에 문화자본은 존재하는가", 「문화와 사회」 창간호, 2006, 129-165쪽.

필립 스미스, 한국문화사회학회 옮김, 『문화이론』, 이학사, 2008.

─────────── 영 상 자 료 ───────────

〈타인의 취향〉(아네스 자우이 감독의 2001년작): 프랑스의 사회학자 피에르 부르디외의 이론이 왜 나왔는지를 알 수 있도록 하는 프랑스 영화이다. 부르디외의 취향을 통한 구별 짓기에 대한 이론을 이해하고 보면 매우 흥미 있게 볼 수 있다. 한국 사회에서의 적합성을 생각하며 관람하면 사회학적으로 더욱 풍부한 생각할 문제들을 던져줄 것이다.

제 12 강

하위문화, 다시 읽기

윤명희

하위문화는 문화를 단수가 아닌 복수로 이해할 수 있는 중요한 용어이다. 이 장에서는 하위문화를 바라보는 기존의 시각들을 검토하는 한편 하위문화에 대한 새로운 시각을 소개한다. 하위문화는 흔히 일탈 문화나 비주류의 저항 문화로 언급된다. 일탈의 시각은 하위문화를 미성숙한 문화나 상대적 박탈감과 관련된 것으로 보거나 개인들이 소속된 집단의 일탈적 속성을 학습한 것으로 설명한다. 이처럼 하위문화를 일탈 문화로 보는 인식은 주류 집단의 고정관념이거나 사회적 낙인에 가깝다. 하위문화를 계급의 관점에서 접근하는 시각들은 하위문화를 계급재생산의 과정으로 보면서도 하위문화의 스타일에서 나타나는 저항성을 강조한다. 하지만 오늘날 하위문화는 내부의 복합성과 수행성에 보다 많은 관심을 기울이고 있다. 이것은 하위문화의 애매하고 복합적인 정체성과 다양한 참여문화의 확산이라는 경향과 관련이 있다. 사이버팬덤은 네트워크시대 하위문화의 유동적 정체성 및 창의적인 팬 행동을 실제적으로 나타내는 사례라고 할 수 있다.

키워드

하위문화, 문화들, 일탈, 낙인, 스타일, 청년문화, 인디문화, 저항성, 유동성, 정체성, 사이버팬덤, 문화다양성

1. 다양성과 차이의 문화들

문화의 시대는 다름 아닌 다양한 '문화들'의 르네상스를 의미한다. 300만 명 가까운 관객을 모은 영화 〈워낭소리〉가 독립영화의 가능성을 알렸다면, '장기하와 얼굴들', '브로콜리 너마저', '요조', '10cm' 같은 인디밴드들의 대중적 인기는 천편일률의 대중문화를 다색으로 만들어가는 하나의 징후들로 볼 수 있다. 이처럼 다양한 문화들은 문화가 주어진 결과가 아니라 '생성'이자 '과정'이라는 점을 부각시킨다. 문화를 주어진 것 혹은 이미 있는 것으로 보면 문화의 변동과 새로운 문화의 형성이라는 측면을 간과하기 쉽다. 물론 문화는 학습을 포함한다. 개인들이 한 사회의 가치와 규범을 내면화하면서 사회의 구성원이 되는 과정을 사회화라고 한다. 이러한 사회화의 핵심이라고 할 수 있는 문화는 주어진 환경이나 반복 학습의 결과가 아니라, 복잡한 상호작용과 해석의 과정을 포함하고 있는 '복수성'의 영역이다. 다시 말해, 문화는 어떤 규범적이고 전형화된 틀로 이해하기보다는 다양성이라는 차원에서 모색될 필요가 있다.

하위문화는 생성과 과정, 즉 다양성의 영역으로서 문화들을 조망한다는 데 유용성을 지닌다. 흔히 하위문화란 '넓은 문화의 하위집단'으로 정의되며, 이는 다양한 하위집단의 문화를 부각시킨다. 하위문화는 집단의 성격이나 범위에 따라 가족문화·학교문화·직장문화·종교문화·계급문화·민족문화 등으로 나눌 수 있으며, 지리적 경계와 성격에 따라 농촌문화·도시문화·서울문화·지방문화 등으로 구분될 수도 있다. 또한 사회적·문화적 위치에 따라 정규직과 비정규직, 숙련노동과 비숙련노동, 남성노동과 여성노동 등으로 구분할 수도 있다. 그런데 하위문화의 구분은 단순히 집단에 따른 문화의 다양성만을 의미하지 않는다. 실제로 하위문화는 전통 있고 사회적으로 더 큰 권력과 영향을 지닌 주류문화와는 다른 소수집단 혹은 비주류 집단의 문화라는 차원에서 주로 논의되어왔다. 청년문화·신세대문화·동성애문화·인디문화 등과 같은 형태들을 그 예로 들 수 있다. 이러한 하위문화는 주변문화, 즉 '주류문화로부터 주변부화된 것, 지배적 가치와 윤리로부터 배격당한 것'으로 이해된다.

하위문화의 주변성은 소외되고 배제당한 것이라는 차원을 넘어 저항의 메타포와 연결되곤 한다. 이 경우 하위문화는 지배문화와 피지배문화라는 양극단 사이에 실재하는 다양한 차이와 적대를 일깨우는 것이 된다. 예컨대 하위문화는 하층 노동자의 계급적 위치, 부모들의 기성문화에 반대하는 청년문화라는 세대적 위치, 이성애에 반대하는 동성애의 위치, 백인 정체성에 반대하는 유색 정체성의 위치, 그리고 중산층 이상의 안정된 주거공간과 반대되는 슬럼이나 게토로서 개념화된다. 이처럼 대항문화로서 하위문화에 대한 관심은 하위문화가 지배문화에 저항하는가 혹은 순응하는가의 여부에 주된 초점을 두고 있다. 이러한 주류문화에 반대하는 저항문화에 초점을 두는 하위문화 연구는 그 유용성에도 불구하고, 하위문화의 실제에 적용하는 데는 일정한 한계점을 지닌다.

주류와는 다른 방식의 문화적 시도를 하위문화라고 부른다면, 이것은 매우 협애한 하위문화 개념이라고 볼 수 있다. 하위문화의 특성으로서 비주류성은 현재의 결과이지 지향점은 아니다. 예컨대 인디음악이란 주류와 다른 음악이 아니라 뮤지션 자신이 의도한 대로 창작하고 공유되는 음악이라고 볼 수 있다. 주류화 혹은 대중적 유행이 문화적 변별성과 신선함을 약화시키는 것은 사실이지만 애당초 비주류 자체가 목표인 하위문화는 없다. 무엇보다 비주류 및 대항문화로 개념화하는 이러한 접근방식은 하위문화를 단일한 집단 정체성과 결부시키는 경향이 있다. 예컨대 청년문화에 대한 기존 연구들을 보면, 청년문화집단의 기본적인 사회문화적 자원들은 당연한 것으로 간주되는 전제들로 구성되어 있다. 즉, 청년문화는 빈틈없이 잘 짜이고 스타일로 구분되는 집단이며, 이들의 집단적 감수성은 공유된 강한 공동체 의식과 상징적인 요새에 기초하고 있는 것으로 묘사된다. 하지만 젊은이들의 절충적 스타일의 증가로 인해 하위문화 집단 범주에 대한 하향식의 추상 모델은 급속도로 쓸모없는 것이 되어가고 있다. 청년집단 내부의 다양성을 고려해볼 때 이것은 구체적인 실제 양상을 도외시한 지나치게 추상적인 일반화라고 볼 수 있다.

특히 인터넷 및 모바일 미디어의 확산은 기존의 하위문화에 대한 정의를 더욱 문제화하고 있다. 예를 들어 인터넷은 하위문화의 멤버십이 스타일의 통일성, 집단적 사고, 심지어 면대면 상호작용과 관련되어 있다는 것을 당연하지 않은 것으로 만들고 있다. 오히려 하위문화는 공유된 취향의 문화들로 여겨지며, 이들의 상호작용은 길거리나 클럽 혹은 축제 같은 물리적인 장소가 아니라 인터넷에 의해 손쉬워진 가상공간에서 더욱 빈번하게 일어나고 있다. 또한 청년문화 및 팬에 대한 최근 연구들은 저항과 대립의 관점에서 하위문화를 읽는 데서 나아가 즐거움과 관련된 다양한 집단적·개인적 활동에 좀 더 주의를 기울일 것을 요청한다. 이러한 측면들을 고려해볼 때, 하위문화 연구는 하위문화 정체성을 특정한 의미의 차원에서 보거나 일관되고 밀착된 하나의 집단으로 정향하려는 시도에서 벗어나 하위문화 내부의 복합성과 그 실제 과정에 초점을 맞출 필요가 있다.

2. 하위문화를 설명하는 몇 가지 시각들

일탈로서의 하위문화

부적응의 문화로서의 하위문화

하위문화의 초창기 연구는 사회적 상식에서 벗어난 청년집단의 일탈적 행동을 설명하려는 시도로 나타난다. 이들 연구에서 일탈이란 일반적으로 통용되는 사회규범이나 규칙을 벗어나는 행위로서, 하위문화는 청년기의 과도기적 특성 및 아노미적인 박탈감으로 인해 발생하는 것으로 설명된다. 다시 말해, 하위문화를 일탈로서 보는 시각은 반항기나 과도기와 같은 인생의 특정한 시기와 관련된 사회화의 실패 혹은 부적응의 문제와 밀접히 관련짓는다. 특히 일탈 연구에서 청년 하위문화는 대체로 부정적인 특성을 갖는 것으로 다루어지는 경향이 있다. 이는 주로 청년집단의 생애사적 위치, 즉 과도기적 단계라는 인식과 관련이 있다. 즉, 청년기는 완전한 성인으로 이행하는 단계로서, 청년은 성인에 비해 상대적으로 연령이 낮으며, 충분히 이성적이지 못한 데 비해 지극히 감정적인 존재로 간주된다. 또한 하위문화의 일탈적 특징은 사회구조와 문화가 충돌하는 곳에서 나타나는 아노미적 현상으로 여겨진다. 학교 적응이나 부모의 낮은 사회적 지위 등으로 박탈감을 느끼는 가난한 노동계급 소년들은 중산계급의 문화 가치를 거부하고 일탈적인 하위문화 행동으로 빠져들게 된다는 것이다. 폭력집단 및 갱 같은 일탈적인 청년 하위문화 집단의 행위나 가치 등에 초점을 맞춘 일탈 연구가 이러한 전통에 속한다.

부적응 및 일탈의 시각은 폭력문화나 갱집단 같은 하위문화의 부정적인 차원에서만 다루고 있다는 점에서 문제점을 지닌다. 하위문화의 일탈적 면모에 초점을 두는 시각은 오늘날에도 여전히 나타난다. 대표적 사례로 청소년들의 사이버 문화를 게임중독이라는 일탈문화로 접근하는 입장을 들 수 있다. 청소년 사이버 문화에 대한 일탈론적 시각은 청소년들의 사이버 문화를 컴퓨터게임에 강한 몰입성을 보이며 타인의 정보 도용 및 일탈 행동 등을 저지르는 미성숙한 문화의 차원에서 주로 설명한다. 또한 학교 부적응 상태의 게임중독 청소년들은 학교생활에서는 낙오자에 가깝지만 컴퓨터게임 공간에서는 '군주'라는 우월한 위치를 가지며 이를 통해 보상적인 자아만족을 느끼는 존재들로 이해된다. 이러한 일탈문화로서 청소년 사이버 문화를 이해하는 접근은 문제적 영역에 대한 설명은 가능한지 모르지만 청소년들의 다양한 사이버 문화를 이해하기 어려운 점이 있다.

차별교제 및 사회적 낙인으로서 하위문화

하위문화에서 일탈은 개인들이 소속된 집단이나 준거집단이 갖고 있는 일탈적 특성과 관련된 것으로 이해되기도 한다. 개인들은 자신이 어울리는 집단을 통해 행위규범을 형성하게 된다. 에드윈 서덜랜드의 차별교제론은 일탈적인 집단과의 접촉을 통해 자연스럽게 그 집단만의 하위문화를 내면화하는 과정을 설명한다. 이것은 범죄자나 일탈자가 되는 것이 사회화의 실패가 아니라 이들 역시 자신과 친밀한 집단과의 차별교제를 통해 그 집단의 규범과 가치를 받아들이게 된다는 점을 보여준다. 예를 들어 하층계급 문화의 독특한 하위문화는 지배문화의 목표를 추구하는 과정에서 겪는 좌절 혹은 목표에 대한 반대가 아니라, 사회구조상 밑바닥

집단과 연관된 가치, 말하자면 일종의 노동계급의 공격적 남성성이 발전된 형태로 이해될 수 있다.

특히 하위문화를 일탈로 보는 것은 일종의 낙인과 같은 권력의 효과라고 볼 수 있다. 하워드 베커에 따르면, 일탈이나 범죄는 그 자체의 속성이 아니라 사회적으로 강력한 힘을 가진 특정한 사람들이 자신들이 정한 규칙에 따라 일탈자와 일탈을 만들고 분류하는 데서 발생하는 것이다. 이를 발전시켜 스탠리 코언은 다양한 공공기관과 미디어가 모드족과 폭주족을 둘러싼 사회의 '도덕적 공황'을 야기하는 과정과 방식에 주의를 기울이며, 이러한 도덕적 공황의 광범위한 확산이 통제문화의 발전에 기여하고 있음을 강조한다. 하위문화에 대한 낙인이론은 하위문화를 주류문화에 적응하지 못한 아노미적이고 부정적인 맥락에서 보는 데서 벗어나, 지배집단의 문화적 통제성을 강화하기 위해 하위문화가 일탈의 영역으로 규정되고 분류되는 과정을 보여준다.

하위문화에 대한 사회적 낙인이나 통제의 맥락은 최근의 상황에도 적용될 수 있다. 신문기사나 뉴스보도로 자주 불거지는 '청소년들의 심각한 인터넷 중독'이라는 인식을 다시 거론해보자. '2009년도 인터넷 중독 실태조사'에 따르면, 청소년들의 인터넷 중독 고위험군은 2-3퍼센트 정도이다. 청소년의 미래를 고려할 때, 각종 중독문제에 수치의 높낮이에 관계없이 사회적 관심이 필요한 것이 사실이다. 하지만 청소년들의 인터넷 문화를 웹 중독이나 이동전화 중독 같은 부정적 영역 중심으로 언론이나 정부기관에서 부각시키는 것은 보호대상이나 통제의 대상으로 청소년을 분류하는 효과를 만들어낸다. 하지만 청소년들이 성인에 비해 경험이 부족하다는 것은 사실이나 청소년에 내재된 능력이 다른 성인들과 다르다고 할 수 있는 실질적 증거는 없다. 오히려 많은 분야에서 청소년들은 성인들에 비해 보다 많은 경험을 해왔을지도 모른다. 특히 급속한 사회변화와 관련된 오늘날의 환경에서는 더욱 그러하다.

하위문화와 계급, 그리고 저항성

계급문화의 재생산으로서 하위문화

'일탈'과 관련된 하위문화 연구는 계급 및 이데올로기 같은 문제를 상대적으로 도외시하는 경향이 짙다. 문화연구의 중요한 일맥을 형성해온 버밍엄 현대문화연구소는 미국의 일탈 연구에 비해 계급이나 이데올로기, 부모문화의 재생산 등과 같은 사회문화적 맥락에 보다 많은 이론적·분석적 관심을 기울여왔다. 이들 문화연구의 시각은 마르크스주의적 전제에 기반하여 계급을 '가장 기본적인 사회집단'으로 보며, 문화 역시 '계급문화'의 시각에서 파악한다. 이들에게 문화의 영역이란 물질적·사회적 삶의 영역에서 벌어지는 계급투쟁과 마찬가지로, 문화권력을 둘러싼 투쟁이 일상적인 공간이다. 문화권력, 즉 권력투쟁의 공간으로서 문화를 바라보는 것은 문화가 항상 지배와 종속의 관계에 있는 한편, 서로 갈등적이고 경쟁적인 관계에 있다는 것을 의미한다.

현대문화연구소(CCCS: The Centre for Contemporary Cultural Studies)
버밍엄 현대문화연구센터로 알려져 있는 이 연구소는 1960년대에 설립되었다. 리처드 호거트가 초대소장을 지냈으며 1968년 스튜어트 홀이 소장으로 부임한 이래 1970년대 문화연구에서 주도적인 영향력을 발휘했다. 호거트와 홀 외에도 리처드 존스, 폴 윌리스, 딕 헵디지, 안젤라 맥로비, 레인 체임버스, 폴 길로이 등이 연구소와 연관된 주요 저자들이다. 연구센터의 이름에서 보듯, 이들은 오래된 과거의 문화가 아닌 현대 문화, 특히 매스미디어와 연관된 정치, 인종, 젠더, 계급 같은 요인들에 많은 연구관심을 기울여왔다. 또한 유럽의 비판이론과 실제적인 경험적 연구 간의 통합적 수행을 시도하였는데, 대중문화 및 노동계급 청년들의 하위문화에 대한 연구는 그 대표적 예라 할 수 있다. 1980년대 이후 우익 대처리즘의 퇴조와 문화연구의 다각적 확장에 따라 이 연구센터의 중요성은 약화되었다.

계급문화의 관점에서 하위문화를 분석하는 시각은 사회경제적 계급의 재생산으로서 하위문화의 특성에 관심을 기울인다. 계급문화의 맥락에서 볼 때 청년 하위문화는 부모 문화의 계급적 위치와 관련되어 있다. 청년 하위문화는 기성세대의 문화와 일정한 차이를 지니지만, 자녀세대로서 청년 하위문화는 부모세대의 사회경제적 위치와 밀접한 관련을 맺는 것으로 이해된다. 다시 말해, 청년 하위문화는 부모문화와 구별되지만 동시에 부모의 인식 수준, 교육 정도, 생산관계 속의 위치를 공유한다는 점에서, 청년 하위문화의 다양성은 부모집단의 사회적 위치와 무관하지 않다. 예를 들어 테디보이나 모드족, 스킨헤드족 같은 청년 하위문화가 육체노동자인 부모세대의 계급문화와 관련되어 있다. 이들이 비록 독특한 옷, 스타일, 관심사, 환경 등에서 노동계급 문화나 평범한 노동계급 청년과는 다르게 걷고 말하고 행동하는 것처럼 보이지만, 자신들의 부모와 유사한 생활 기회와 경험들을 공유하고 있다는 것이다.

청년 하위문화의 스타일과 저항성

하위문화의 스타일 논의에서 청년문화는 단순히 혼돈이 아니라 하나의 의미 있는 전체를 응집하고 있는 것으로 파악된다. 모드족, 히피족, 스킨헤드족, 펑크족 같은 다양한 청년부족들은 스타일에서 각각의 통일성을 유지하고 있다. 부츠나 바지멜빵, 짧게 깎은 머리가 스킨헤드족의 스타일을 표상한다면, 더럽게 찢어진 옷, 끝이 뾰족한 머리카락, 포고 춤과 암페타민 환각제, 침 뱉는 행위, 구토, 팬진, 열광적인 음악 몰입과 공허한 정신 상태는 펑크족을 증명해주는 스타일이다. 폴 윌리스는 『세속 문화』에서 1960년대 후반 청년 하위문화 집단인 모터사이클 폭주족과 히피족 같은 청년 하위문화의 여러 양상 사이에 나타나는 상동성에 주목한다. 폭주족이 로큰롤 음악을 선호하는 데 비해 히피족은 프로그레시브 록을 선호하는데, 이러한 음악 취향은 그들의 삶의 성격과 긴밀하게 연결되어 있다. 이러한 하위문화의 스타일은 지배문화의 코드를 이용하고 변형함으로써 주류사회와 기성세대와는 다른 의미를 만들어내는 저항의 몸짓으로 설명된다.

하위문화는 주류 및 지배문화로서 기성 문화에 저항하고 긴장을 유발하지만 그로부터 완전히 자유롭지 못하다. 즉, 하위문화의 스타일은 지배문화에 통합되는 일련의 과정이기도 하다. 폴 윌리스는 『학교와 계급재생산』에서 학교가 어떻게 젊은이들을 노동시장의 적재적소에 맞도록 준비시키고 또 어떻게 이를 통해 현대 자본주의 사회의 노동분업이 계속 재생산되도록 확실히 보장하는가에 초점을 두고 있다. 예컨대, 소년들이 학교와 갈등을 빚기는 하지만 학교가 실제로는 작업장의 반복적이고 중공업적인 작업에 통합시키는 준비 단계가 된다고 주장한다. 즉, 학교에 대해서는 저항문화로 간주되는 것들을 택하는 한편, 남성성의 노동계급 부모문화의 자원을 끌어옴으로써, 결과적으로 소년들은 육체노동 세계에 들어갈 준비를 하게 된다. 이렇게 볼 때, 청년 하위문화는 저항성과 함께 지배문화로의 진입과정이라는 양면성을 동시에 내포하고 있는 것이다. 다시 말해 하위문화의 스타일은 지배집단의 권력과 헤게모니에 대항하는 저항의 코드이기도 하지만 대량소비를 위한 상품으로 변질되면서 자본주의 질서에 순응적으로 편입할 수도 있다.

하위문화의 스타일 논의는 하위문화 집단이 저항적인 새로운 의미를 만들고, 그것이 다시 자본주의 체계에 도입되거나 통합된다는 점을 동시에 보여준다. 이러한 하위문화 연구의 시각은 문화를 통해 계급을 조망하고 있다는 점에서 구조의 결과로서 문화를 보는 환원주의 시각과 일정한 거리를 두고 있다. 청년 하위문화의 계급적 배경 및 스타일의 차이 등을 다룬 연구들은 하위문화를 일탈 및 통제문화의 맥락에서 논의한 방식들과 달리, 새로운 문화적 양상을 생성하는 집단이나 개인들의 삶을 보다

	부족	계급	문화형식	지향성	동시대 유사부족 비교
전후-1960년대	비트	중산층, 엘리트, 문화예술가	재즈와 로큰롤, 다다이즘, 아방가르드, 약물, 알코올	동양주의, 탈문명주의	힙스터, 재즈광, 흑인음악의 변용
1950년대 -1960년대 초	모드	반숙련 노동자	복고풍, 맵시 나는 정장풍, 세심한 액세서리	노동자 계급 댄디즘	테디보이-도시의 불량배, 유색인종차별주의
1960년대	히피	중산층, 엘리트, 대학생	포크음악, 동양풍 의상, 약물, 프리섹스	반전, 반핵, 평화, 자연 친화주의	로커족-도시지향적, 폭주족-여성차별적
1970년대	펑크	룸펜 프롤레타리아	펑크 록-피어싱, 메탈 재킷, 루렉스, 레인코트	도시 하위문화	스킨헤드-룸펜노동자, 청년계급, 라스타-흑인 하위문화
1970년대	글램	중산층	글램 록-원색의상, 화려한 염색, 반짝이는 액세서리	양성애적 낭만주의	펑크-양성애 혐오, 여성주의적 편향에 대한 거부
1980년대 -1990년대 초	여피	도시 중산층 엘리트	뉴웨이브, 하우스, 레이브	소비주의, 일상적 파티와 사교	이피, 딩크-개인주의
1990년대 중반	보보스	도시 상류층 엘리트	고급 사교 파티, 명품 이상과 액세서리	테크노크라시, 글로벌 마인드	사이버펑크, 다중-자율주의 주체들

출처: 이동연, 『문화부족의 사회: 히피에서 폐인까지』, 책세상, 2005.

잘 이해하기 위한 저항이나 스타일과 관련된 문화적 텍스트와 실천 행위에 초점을 맞춘다. 그럼에도 불구하고, 하위문화에 대한 현대문화연구소 (CCCS)의 접근은 하위문화의 특성을 전체 사회의 지배적 가치와 권력 문제로 환원하는 듯한 인상을 쉽게 떨치기 힘들게 한다. 다시 말해, 다양한 하위문화의 생성과 그 독특한 특징들을 충분히 다루고 있지 못하다. 하위문화의 다양성과 일상성을 고려해볼 때, 하위문화를 지배문화에 대한 저항 혹은 순응이라는 차원으로 보는 것은 지나치게 도식적이다. 다양한 영역들의 하위문화들은 저항과 순응이라는 지배와 이데올로기의 차원으로 포괄되지 않는다. 또한 계급과 관련된 이들 하위문화 연구들은 소년 혹은 남성에게 주된 초점이 있을 뿐 젠더나 인종, 소수자 문화 등과 관련해서는 소홀한 경향을 띠고 있다.

3. 하위문화의 전성시대

하위문화의 복합적 정체성

오늘날 하위문화의 양상은 일탈과 같은 문제적 영역이나 계급문제와 관련된 저항이나 순응 같은 영역에만 국한되지 않는다. 하위문화 논의가 현재적 함의를 갖기 위해서는 하위문화적 의미와 문화적 정체성에 좀 더 주의를 기울일 필요가 있다. 앞서 거론된 1970년대 현대문화연구소의 하위문화 연구에서는 각 집단들이 동일한 사회문화적 자원들을 전제하고 있는 것으로 간주된다. 그래서 청년문화는 빈틈없이 잘 짜이고 스타일로 구분되는 집단으로, 이들의 집단적 감수성은 공유된 강한 공동체 의식과 상징적 요새에 기초하고 있는 것으로 묘사된다. 하지만 하위문화는 명백하게 분할할 수 있는 경계를 갖는 것이라기보다 오히려 브리콜라주의 문화에 가깝다고 할 수 있다. 즉, 하위문화의 경계는 엄밀하게 고정된 것이 아니라 유동적이고 복합적이다. 오늘날 문화를 소비하는 개인들은 다양한 문화들을 넘나들기 때문이다. 예컨대 '체 게바라' 티셔츠를 입고, '코카콜라'를 마시며, '인디밴드'의 음악을 즐기는 개인들의 문화적 특징은 저항 혹은 순응이라는 잣대로 설명하기 어렵다.

의미를 생산하고 실천하는 공간으로서 하위문화는 새로운 정체성이 구축되고, 이를 통해 사회적 효과를 예상할 수 있는 문화적 공간이라고 볼 수 있다. 그렇지만 하위문화적 정체성은 사회적 영향력 면에서 볼 때 요구하는 바가 선명하거나 강력한 변화를 초래하는 것이라고 보기 어렵다. 이것은 몇 가지 인디음악의 사례를 통해 볼 수 있다. 인디밴드 '장기하와 얼굴들'의 '싸구려 커피'는 청년실업 세대의 삶과 정서를 대변하는 것으로 여겨진다. 이 노래의 가사를 잠시 살펴보자. "싸구려 커피를 마신다

미지근해 적잖이 속이 쓰려온다 눅눅한 비닐장판에 발바닥이 쩍 달라붙
었다 떨어진다 …… 비가 내리면 처마 밑에서 쭈그리고 앉아서 멍하니 그
냥 가만히 보다 보면은 이거는 뭔가 아니다 싶어……" 이 노래는 청년세대
의 일상을 여과 없이 드러내지만, 멜로디는 읊조리듯 담담하며 가사는 우
스꽝스럽기까지 하다.

인디밴드 '10cm'의 '아메리카노'는 '싸구려 커피'와는 다른 방식으로 청
년세대의 정체성을 드러낸다. "……아메리카노 좋아 좋아 좋아 아메리카
노 진해 진해 진해 어떻게 하노 시럽 시럽 시럽 빼고 주세요 빼고 주세요
이쁜 여자와 담배 피고 차 마실 때 메뉴판이 복잡해서 못 고를 때 ……
여자 친구와 싸우고서 바람 필 때 다른 여자와 입 맞추고 담배 필 때 마
라톤하고 간지나게 목 축일 때 순대국 먹고 후식으로……"라는 노래에는
곧 죽어도 '간지'나는 취향만큼은 포기할 수 없다는 가벼운 결의가 열렬
하다. 얼터너티브 라틴음악을 지향하는 밴드로 자신들을 소개하는 인디
밴드 '불나방스타쏘세지클럽'(이하 불쏘클)의 멤버들은 조까를로스, 후루츠
김, 유미, 까르푸황, 김간지라는, 인터넷 닉네임 같은 이름들을 쓰고 있다.
'불쏘클'은 기타 외에 탬버린, 멜로디언, 캐스터네츠, 트라이앵글 같은 최소
악기로 최대 만족을 추구한다며 너스레를 떤다. 이들은 애써 폼 잡지 않
는다. '몸소 따발총을 잡으시고'라는 곡의 가사를 먼저 보자. "……매일 반
복되는 고통 속에서 어느 날 그분이 찾아오셨네 그렇게 해맑은 모습으로
나에게 다가와 아무도 잡아주지 않는 나의 거친 두 손을 잡아주었네 어
느 날 문득 몸소 따발총을 잡으시고 그들의 죄를 심판하신다 나의 마음
은 이미 벌집이 되어버려 아무런 동정도 느낄 수 없다"에서 보여주는 방식
은 마냥 무겁지도 가볍지도 않다.

이 노래들은 생활을 이야기하고 남루한 현실을 표현하지만 가사와 멜
로디 형식은 유쾌한 것에 더 가깝다. 이 음악들을 통해 청년실업, 청년정

체성, 전쟁, 학살, 권력에 대한 비판을 떠올릴 수 있겠지만, 이것은 직접적이라기보다는 우회적이며, 심각하다기보다는 유쾌하다. 어떤 측면에서는 현실고발적이거나 사회비판적이라고 볼 수도 있겠지만 반드시 그렇다고 볼 수도 없다. 오히려 두드러지는 것은 일사불란한 저항의 정체성이 아니라 자신의 욕망에 대해 가감 없이 솔직하고 위선이나 권위적인 것들을 가볍고 사소한 것으로 만들어버리는 현대 하위문화의 다원화된 존재방식이라고 할 수 있다.

대중매체와 팬덤: 새로운 문화소비자

텔레비전과 라디오 같은 대중매체는 하위문화 정체성의 형성과 밀접한 관련을 맺고 있다. 텔레비전은 흔히 바보상자라고 불리는데, 이것은 미디어에 몰입하는 수용자들이 지극히 수동적이라는 판단과 관련되어 있다. 하지만 일상생활에서 텔레비전 소비자의 주의력은 분산적인 경향을 띤다. 즉, 텔레비전을 보면서 혹은 켜놓은 채 먹기, 전화통화, 요리, 청소, 양치질, 자녀 돌보기와 같은 일상적인 활동을 동시에 수행하기도 한다. 특히 현대의 문화수용자들은 단순히 주어진 콘텐츠를 소비하는 데 그치지 않고 문화콘텐츠의 생산과 소비에 적극 개입하는 모습으로 나타나고 있다. 다양한 문화 영역에서 활동하는 팬덤이 그 구체적인 예다. 팬덤은 마니아나 팬처럼 특정한 인물이나 분야를 열성적으로 좋아하거나 몰입하여 그 속에 빠져드는 사람을 지칭하는 것으로, 광신자를 뜻하는 fanatic의 'fan'과 영지·나라 등을 뜻하는 '-dom'의 합성어이다.

팬덤 혹은 팬에 대한 표현은 무언가에 빠져든 고독한 사람들이거나 열광적이며 히스테리 성향을 지닌 병적인 유형들로 묘사된다. 팬덤에 대한 편향된 인식은 팬덤에 빠지는 사람들이 보통 사람과는 다르며 또한 미성숙한 어떤 인구 층과 관련되어 있기 때문에 일탈적 상황에 쉽게 빠져들 수 있음을 공공연하게 암시한다. 하지만 빅뱅의 '빠순이'들과 라흐마니노프의 '애호가', 마르크스'주의자' 사이에 궁극적 차이가 존재하는지는 명확하지 않다. 졸리 젠슨에 따르면, 팬들은 고급문화나 학구적인 애호가의 특징과 별반 다르지 않으며, 학문을 추구하는 사람들이 자신이 선호하는 작가나 이론가에게 애착을 갖는 것이나 팬이 스타에게 애착을 갖는 것이 별반 다를 게 없다. 이런 측면에서 보면, 보통 사람과 팬이라는 구분은 정상과 비정상이라는 경계짓기의 일종이라고 볼 수 있다. 즉, 팬이 되는 것을 일탈적 행동으로 정의함으로써 사람들은 자신의 입장이 옳고 의미 있는 것으로 여기며 자기만족을 느낀다. 이것은 또한 특정한 가치, 예를 들어 감성적인 것보다는 이성적인 것, 교육받지 못한 것보다는 교육받은 것, 정열적이기보다는 차분한 것, 대중적인 것보다는 엘리트적인 것, 주변보다는 주류, 다른 대안보다는 현상유지를 더 의미 있는 것으로 분류한다. 하지만 팬의 행동은 '정상적인' 사람의 행동과 크게 다를 바 없으며, 팬덤의 정체성은 자기관심사와 취향, 가치관 등 일상생활의 정체성을 형성하는 것과 무관하지 않다.

현재와 같은 미디어 시대에 팬을 비정상적 타자로 구분짓는 것은 사람들이 어떻게 매체를 통해 상호작용하는지에 대한 이해를 가로막는 결과를 낳는다. 오히려 하위문화의 구성원으로서 팬은 포괄적인 소통의 네트워크에 적극적이고 개방적으로 참여하는 사람들이라고 볼 수 있다. 드라마 폐인 문화는 이의 구체적 예가 된다. 드라마의 팬들이 모인 동호회의 구성원들은 다양한 '정상적인' 활동에 종사하는 사람들이며, 이들은 좋아하는 TV 드라마를 계기로 새로운 상호작용의 과정을 형성하는 사람들이다. 인터넷 카페 등의 활동을 통해 좋아하는 드라마에 일희일비하고, 문화적 패러디와 이벤트를 기획하는 폐인들은 문화의 의미를 재구성하는 일에 몰두하는 진정한 상호작용의 달인들이라고 볼 수 있다. 드라마 폐인들은 콘텐츠의 생산자와 소비자라는 단순한 구도를 해체한다. 드라마 폐인들은 단순히 드라마에 깊이 몰입한 집단 이상의 의미를 갖는다. 즉, 이들은 드라마의 전개 방향에 영향을 미치는 생산자이기도 하고, 다양한 이벤트를 통해 시청의 즐거움을 배가하는 소비자이기도 하다.

미디어 콘텐츠를 능숙하고 적극적으로 다루는 폐인들이나 창의적인 팬클럽도 있겠지만, 콘텐츠의 소비자 역할에 충실한 시청자들도 다수 존재한다. 또한 이들 미디어 수용자들이 무엇을 생산하는가 하는 질문에 앞서, 이들이 누구인가 하는 질문을 던져볼 필요가 있다. 이것은 팬클럽이나 드라마 폐인들처럼 무엇을 생산하지는 않지만, 일일연속극의 소비자들이 드라마의 서사나 콘텐츠의 소비를 통해 무엇을 추구하고 있는지에 관심을 기울이는 것이다. 드라마 같은 여성적인 텍스트를 소비하는 여성 팬들은 서사에서 즐거움과 정서적 애착을 찾는 것이기 때문에 굳이 부차적인 텍스트를 만드는 데 몰두하지 않을 수 있다. 즉, 드라마의 주인공이나 작품과 자신을 동일시하려는 팬들이 갖는 즐거움이나 정서적 공감은 투쟁이나 대항의 형태가 아니라, 애착에 근거하여 시청하면서 동시에 참여하는, 볼거리와 수행성을 동시에 추구하는 것으로 볼 수 있다.

4. 사이버 공간과 하위문화: 사이버팬덤의 사례

인터넷과 모바일미디어는 다양한 하위문화 집단의 정체성을 형성하고 공유하는 데 필수불가결한 것이 되고 있다. 실제로 인터넷 카페와 블로그, 미니홈피, 페이스북, 트위터 등 각종 인터넷 커뮤니티는 다양한 문화 영역 참여자들의 관심사와 소통을 매개하는 공간으로 활용되고 있다. 여기에서는 사이버 공간에서의 하위문화의 양상을 사이버팬덤의 사례를 통해 살펴볼 것이다. 디시인사이드의 다양한 갤러리 가운데 하나인 '피겨 갤러리'(http://gall.dcinside.com/list.php?id=figureskating: 이하 피갤)는 2007년 9월 10일 개설되었으며 피겨스케이팅 관련 사진과 글을 게재하는 공간이다. 피갤은 일평균 적어도 수백 개 이상의 새로운 내용이 포스팅되며, 회원 가입제가 아닌 디시갤 사이트의 특성상 회원 수는 정확히 알 수 없지만 게시된 내용에 대한 조회수는 적게는 십수 회에서 많게는 수천 회에 이르며, 피겨 관련 이슈가 두드러지는 경우 조회수는 기하급수적으로 늘어나는 편이다. 피갤은 자기 지향이나 관심사를 중심으로 상호작용한다는 점에서 블로그, 트위터, 그리고 인터넷 카페와 마찬가지로 '개인 지향성에 기초한 네트워크'의 특성을 공유하지만 차이점 역시 존재한다. 즉, 피갤은 회원가입 없이도 읽기는 물론 쓰기가 자유롭다는 점에서 가입제에 기초한 인터넷 카페보다 유동적이다. 또한 피갤은 공간의 개인적 전유가 두드러지는 개별 블로그나 트위터에 비해 공동의 공간을 기반으로 특정 주제와 관련된 상호작용을 한다는 점에서 상대적으로 집합적인 특성을 지닌다.

사이버팬덤의 유동적 정체성

사이버 공간은 현대 사회의 유동성이 구체적으로 드러나는 공간이라고 볼 수 있다. 문자와 이미지, 음향 등의 이질적이고 복합적인 요소들이 동시에 공존할 뿐 아니라 실시간으로 변화하기 때문에 균질적이고 지속적인 양상을 찾기는 쉽지 않다. 사이버 공간의 다양한 문화 영역에서 나타나는 참여자들의 정체성 역시 유사한 맥락 속에 놓여 있다. 그렇다면 사이버 공간의 팬덤에서 정체성은 어떻게 형성되며 또한 어떤 구체적인 양상을 띠고 있을까? 사이버 공간의 팬덤은 온라인과 오프라인 서로 간의 공간적 경계를 넘나드는 상호적인 흐름 위에 형성된다. 온라인과 오프라인의 경험은 분절된 것이 아니라 연속성을 지닌다. 인터넷은 지역성의 개념을 초월한다기보다는 오히려 지역적·일상적 정체성이 강조되는 매개체이다. 전 지구적 미디어는 초국적 문화의 형성과 교류에 기여할 것으로 기대되지만 인터넷이나 모바일 미디어의 일상적 사용은 지역적 정체성과 대면성에 기초한 관계성을 유지, 강화하는 데 빈번하게 활용되는 것 역시 사실이다.

온라인과 오프라인의 연속성은 사이버팬덤의 정체성이 일상의 삶이나 경험과 무관한 어떤 독립된 실체가 아니라 오히려 밀접한 상호작용을 통해 형성되는 것임을 보여준다. 이처럼 사이버팬덤의 정체성 형성을 온라인과 오프라인의 상호 흐름에서 바라볼 때, 팬덤의 구성원들과 보통 사람 간의 경계는 대립적이라기보다는 오히려 연관성 속에서 이해될 수 있다. 사이버팬덤의 구성원들은 보통 사람의 경계 바깥에 있는 어떤 존재들이 아니라 특정한 관심사를 공유하는 다양한 개인들의 집합체에 보다 가깝다. 사이버팬덤의 정체성은 개별 관심사의 상호 연결 및 확장을 통해 구축되는 것이라고 볼 수 있다. 실제로 사이버팬덤의 공간에서 참여자들은 사이버 공간의 보편화된 익명성을 즐기면서도, 동시에 공공연하게 자신의 오프라인 생활 속 정체성, 예를 들어 성별, 나이, 생김새, 직업 등을 드러낸다. 이러한 자기 노출은 일정한 동질감과 유대감을 공유하는 요인으로 작용한다.

팬덤의 내부자와 외부자를 구분하는 것은 집단 정체성을 형성하고 그 결속을 유지하는 데 매우 중요하다. 팬덤의 정체성은, 사회가 형성되고 유지되듯 일련의 제의적 행위를 통해 구축된다. 사이버 공간의 팬덤 역시 인터넷을 매개로 다양한 의례적 도구 및 의례적 이벤트 연출 등을 통해 우정과 연대라는 사회적 결속의 연결망을 구축하고, 집단 내 결속을 촉진한다. 이러한 네트워크 하위문화의 내부자와 외부자 간의 경계는 상호적 과정을 통해 분별되며, 이는 잠정적이며 맥락적인 양상을 띤다. 특히 커뮤니케이션의 맥락하에 있는 팬덤의 정체성은 호혜성의 일상적 원리에 따라 유지, 강화된다. 팬덤의 내부자들은 관심사에 대한 자료와 정보를 익명의 '능력자흥'에게 요청하며, 대체로 선물이 제공된다. 이러한 공유체계는 전통적인 선물교환보다 더 관대하게 이뤄지며 실시간 댓글이 최상의 답례로 주어진다. 이러한 팬덤 집단의 상호작용 과정은 '증여의 원리'를 따른다. 즉, 선물은 주기와 받기, 답례라는 의무적 과정을 통해 이뤄지며, 이러한 증여교환은 단순히 사물의 이전에 그치지 않으며 이를 통해 인격적 결속 및 사회성의 차원을 창조한다.

호혜성의 교환에 기초한 팬덤의 정체성 표현은 그 반대의 상황, 즉 '불길한 증여'에서 대조적으로 나타난다. 외부자의 무단침입은 형식적인 경계, 즉 회원가입이 없는 피갤에서는 일상적이다. 팬덤의 외부자는 극단적인 비난성 글이나 포장된 거짓 제목으로 내부자들의 관심을 유도한다. 이러한 외부자의 '독으로 변하는 선물'은 팬덤의 가장 약한 축의 참여자들에게 가장 큰 영향을 미친다. '엿보는' 외부자에게 내부자들은 자신들만의 언어와 뉘앙스로 소통하며, '교묘한' 외부자에 대해서는 호혜적 관계의 인정을 둘러싼 신경전이 지속적으로 벌어진다. '뚜렷한' 외부자(예컨대 찌질이)에 대해 사이버 공간의 팬덤은 '무플'로 반응하거나 불길한 외부자로부터 팬덤의 공간을 확보하려는 의례로, 아이스링크를 비우듯 사이버 '정빙'을 실행하기도 한다. 이러한 '무플'이나 '정빙'은 사이버팬덤의 집합적인 의례이며, '과도함'을 실행한다. 오프라인에서 집합적 의례가 사물의 과도한 소비에 기반한다면, 사이버팬덤에서는 기호적 과잉이 이를 대신한다. 사이버 외부자를 몰아내기 위한 행동, 즉 포스팅이 눈에 띄지 않게 하거나 포스팅 자체를 방해하기 위한 이러한 집합적인 행동들은 제3자의 시각에서 보면 지나친 것으로 여겨진다. 하지만 이 '과도함'이야말로 팬덤이라는 집

585409	◎ 정빙정빙) 정빙정빙정빙정빙정빙정빙정빙정빙정빙정빙정빙정빙정빙정빙정빙정빙정빙정빙	김고철	2010/03/27	0
585408	◎ 니네 미친거 아냐? 몇시간째야 이게	월드잡핸	2010/03/27	32
585407	◎ ♡	물주	2010/03/27	0
585406	⊗ 좀만쉬면 ㅠㅠㅇ들이 난입한다 달리자 얼마안남았다!!!!!!!!!!!!!	Beee	2010/03/27	1
585405	◎ 정빙정빙정빙정빙정빙정빙정빙정빙정빙정빙정빙정빙정빙정빙정빙정빙정빙	정빙이진리	2010/03/27	0
585404	◎ ▬▬▬ Long live the Queen !! ▬▬▬	밀란 쿤데라	2010/03/27	3
585403	※정빙※정빙※정빙※정빙※정빙※정빙※정빙※정빙※	^.~	2010/03/27	4
585402	◎ 정빙정빙정빙정빙정빙정빙정빙정빙정빙정빙정빙정빙정빙정빙정빙정빙정빙	꼬매。	2010/03/27	3

합적 공간을 유지할 수 있는 중요한 동인이 된다.

그럼에도 불구하고, 하위문화의 내부자와 외부자를 구분하는 것은 여전히 쉽지 않은 일이다. 내부자와 외부자의 경계는 팬덤 정체성의 전체적인 맥락 안에서 판단되며, 내부자 정체성 또는 팬덤의 진정성은 커뮤니케이션 맥락에서 해석 가능한 것으로 여겨진다. 이것은 팬덤의 내부자들이 동일한 문화를 공유하는 집단이라기보다는 오히려 상황적이며 맥락적인 특성을 통해 끊임없이 재정의되는 집단이기 때문이다. 실제로 하위문화의 내부자와 외부자가 상대적으로 명백해 보이는 경우는 소위 '찌질이' 노릇을 드러내놓고 하는 사례에 국한된다. 팬덤의 반대자들은 공공연하기도 하지만 즉각적으로 판단하기 힘든 형태를 띠기도 한다. 그래서 팬덤의 내부자인지에 대한 판단은 액면적인 차원이 아니라 전체적인 커뮤니케이션 맥락 안에서 이뤄진다.

http://gall.dcinside.com/figureskating/903615

ㅇㅇ	근데 굴이 심하게 넘어진 영상 찾아서 뭐하게? 궁금해서 그래...뭐하게? ...	2010.04.20 21:41
Brewster	아랫글에 어떤홍이 이거에 대해 말하길래...힘줄어...나 ㅠㅠㅇ 아니거던?	2010.04.20 21:52

http://gall.dcinside.com/figureskating/966030

....	매 일리아쿨릭이야?	2010.07.28 09:36
withorwithou..	일리아쿨릭이라니?? 뭐 내가??	2010.07.28 09:37
....	홍물아 donovan 얘 일리아쿨릭 맞아? 말투가 폭갈네. ㅠㅠ	2010.07.28 09:44
withorwithou..	.... 니 마음대로 생각하세요. 뭉뭉	2010.07.28 09:45
....	제목 바꿨네 ㅠㅠ 보기 싫으면 제발 클릭하지 말라는 말...... 이거 일리아쿨릭이 쓰는 말 아닌가? 이걸 왜 따라쓰냐? ㅠㅠㅇ것 룰.. 본인 아니면 명령이겠지.	2010.07.28 09:46
withorwithou..	.... 그러니까 니마음대로 생각하라고.... .... 너 말아	2010.07.28 09:46

창조적 흐름으로서의 사이버팬덤

인터넷은 일상 세계와 미디어 세계를 의도적으로 경계짓는, 사회적으로 집중된 상징권력의 분산을 가능하게 한다. 팬덤의 이야기를 확산하는 데 기여하는 인터넷은 일종의 순례지가 된다. 콜드리에 따르면, 순례는 의미 있는 공간으로의 선택된 여행이며 순례지는 특정한 장소이자 유대가 회복되고 재결합되는 만남의 장소이다. 미디어 시대에서 순례지는 미디어 테마파크, 관광지화된 영화 촬영지, 방송스튜디오 투어 등으로 확장된다. 예를 들어, 드라마 〈겨울연가〉의 '준상이네 집'은 더 이상 춘천 어느 한 지역의 일상적 공간이 아니라 미디어를 통해 만들어진 순례의 공간이 된다. '준상이네 집'은 신문이나 방송사 같은 매스미디어와 자본에 의해 제공되었다는 점에서 유대의 회복을 위한 공간이라기보다 상품 소비의 최적지에 더 가깝다고 볼 수 있다.

이와 달리 인터넷은 그 이전에는 불가능했던 특정 관심사에 대한 정보, 생각, 이미지 등을 교환할 수 있는 네트워크 공간을 제공함으로써, 팬덤의 공간을 변형시킨다. 인터넷은 과거 미디어 순례지에 흔적을 남기고 새로운 순례지로의 자극을 일으키기에 적절한 공간이다. 물론 팬사이트 같은 팬덤의 공간에 넘쳐나는 사진이나 동영상은 신문이나 방송사 같은 미디어에 의해 제공된 것으로, 이를 소비하는 팬덤의 참여자들은 스타의 이미지와 상품 소비라는 미디어 순례의 신화를 재생산하는 역할에 치중하는 것도 사실이다. 하지만 순례지와 연결된 다양한 이야기-하기는 팬덤의 지층을 두텁게 하고 경계를 가로지르는 실행이 된다. 순례지에 대한 목격(目擊)+담(談)은 다면적인 효과를 지닌다. 목격+담은 보고 듣고 체험한 것으로 경계를 두텁게 한다.

예를 들어 피갤러들의 경기장 혹은 공연장 의례는 무수한 목격담과 결

합된다. 의례의 순간에 대한 직캠은 '성스러운 것'에 대한 직접적인 증거
이며, 순례의 지층을 두텁게 한다. 직캠은 캠코더 등으로 팬들이 직접 찍
은 동영상으로 텔레비전의 방송화질보다는 좋지 않지만 공식적인 영상으
로 제공되지 않는 선수의 연습장면이나 일상적 모습들을 담고 있으며, 공
식 채널이 제공하지 못하는 독특한 정보를 제공하기도 한다. 피갤러들은
이러한 직캠에 열광한다. 직캠은 '의례'의 순간에 대한 '직접적인 목격담'으
로, 이는 순식간에 퍼뜨려지고 팬덤의 참여자들을 매료시키며 팬덤 참여
자들의 이야기-하기는 제도화된 미디어가 제공하는 신화를 보충하거나
재해석하는 데 활용된다.

또한 팬덤 참여자들의 이야기-하기는 실시간적인 탈경계화 과정을 통해
변주되고 확장된다. 피갤의 관심사와 관련된 블로그, 인터넷 카페, 페이스북,
트위터는 물론 유튜브, 국내외 언론, 각종 해외사이트 등 다양한 공간과의
접합에서 나타난다. 이들 공간과 연동하는 구경거리와 이야기들은 실시간
으로 부가되는 팬덤의 또 다른 이야기들에 의해 순식간에 시야에서 사라지
곤 한다. 하지만 커뮤니케이션 프로토콜의 거대 공간에서 부재는 영원하지
않으며 소통을 통해 재실행되거나 재변형되어 나타날 개연성을 지니고 있
다. 이러한 점에서 사이버 공간의 팬덤에서 빈번한 '순식간에 사라짐'은 현
재성, 즉 '바로 여기에 함께 있음'을 지속적으로 상호 각성하게 한다.

한편, 사이버 공간의 팬덤은 '하위문화자본'을 과시할 수 있는 창조적

갤로거	혹쿠 🔲	조회수 3,640
제 목	[팬애니] YunaKim you are my sunshine	

[감상 전 당부말씀]
'예고편에 속았다' 라고 할지 모르지만, 많은 분들이 제작에 참여해서 다같이 만드시는 동안 전부 고생하셨음.
그리고 제작참가자 여러분들~ 늦어서 죄송....합니다.

기획 & 제작 : 혹쿠
제 작 진 행 : 노올
캐릭터 제작 : 아나킨
캐릭터채색 : 아싸
편   곡 : Lemonia, 크누1114
연   주 : 크누1114, 참새짹짹, Lemonia, rata, Yu-na Queen
배   경 : 그랑플라스, 캐바
콘   티 : 그랑플라스, 참새짹짹

매개로 활용될 수 있다. 피갤과 같은 하위문화의 공간에서 개인들은 유사한 생각을 가진 타인들과 의사소통을 하기 위해 인터넷을 일상적으로 사용한다. 이와 동시에 인터넷은 하위문화 집단의 내부자들에게 지식과 권위를 주장하기 위해서도 사용될 수 있다. 유동닉(로그인을 하지 않고 사용하는 닉네임)을 쓰는 참여자나 적응기에 있는 '뉴비'와 달리 고정닉을 통해 승인된 팬 정체성을 가진 피갤러의 몇몇 참여자들은 하위문화자본을 과시한다. 이들의 하위문화자본은 일반적인 팬 지식뿐만 아니라 동영상이나 매체를 다루는 기술적 능력, 광범한 정보력, 외국어 능력 등 상당히 다양한 분야를 아우르며 상당히 전문적이다. 피갤러들은 점프나 스핀, 스파이럴, 스텝 등과 같은 피겨스케이팅 관련 기술과 동작뿐만 아니라 음악이나 의상, 안무 등 피겨와 관련된 다양한 사항들에 관심을 기울인다. 또한 피겨스케이팅 기술이나 지식과 아울러 선수들의 기술적인 트릭, 스폰서, 매체의 보도방식 등에 대한 광범위한 관심과 정보를 갖고 있다. 이러한 팬 지식들은 다양한 지적·기술적 자원이 동원된 텍스트, 스틸사진, 동영상 등의 다양한 형식을 통해 팬덤의 참여자들과 공유된다.

특히 인터넷을 매개로 공유되는 팬 지식과 기술적 능력은 피겨 관련 사안들에 대한 다양한 대화채널과 함께 팬 행동의 범위를 확장한다. 피겨 갤은 공식제도나 기구가 하지 못하는 혹은 간과하는 문제에 대해 즉각적으로 대응하기도 한다. 예를 들어 피겨 관련 국제동향이나 민감한 이슈에 대한 정보의 제공, 악의적인 선수 공격에 대한 방어 및 해명활동, 왜곡보도의 정정 등과 관련한 광범위한 팬 행동을 실행한다. 팬 지식과 결합된 팬 행동은 피갤 내부와 국내 사이트뿐만 아니라 피겨 관련 해외 사이트나 외국 블로그, 유튜브 등 웹을 매개로 하는 공간을 횡단하며 지구적 차원의 상호작용으로 연결된다. 이러한 피갤의 팬 행동은 사이버팬덤의 공간이 스포츠 스타를 단지 소비하는 공간이 아니라 창의적 행위전략이 구상되고 실행되는 공간이라는 것을 보여준다.

5. 하위문화와 문화 다양성

네트워크 시대 하위문화의 창의적 다양성은 순항만을 앞두고 있지 않다. 문화적 기본권과 다양성을 위협하는 규제와 지배의 가능성을 감안하면 '문화들'의 미래는 그리 밝지 않을 수도 있다. 또한 오늘날의 사회문화적 조건에서 하위문화는 보다 격화된 상징의 전쟁터로 나아갈 가능성 역시 크다. 이것은 하위문화가 즐거움과 유쾌함뿐만 아니라, 감정적 대립, 사회적 갈등, 집단들 간 얽힌 문제들이 갈등하고 충돌하는 공간이기 때문이다. 오히려 그렇기 때문에 '문화들'의 만개를 위한 다양한 기획은 더욱 강조될 필요가 있다. 다양한 문화들의 실천을 통해 우리는 즐거움을 추구하고 만끽하는 데로 좀 더 나아갈 수 있을 뿐 아니라 문화 다양성을 위한 실천적인 지향과 맞닿을 수도 있기 때문이다.

지배문화와 피지배문화 간의 변증법적 관계

복잡한 사회의 지배문화는 결코 동질적 구조가 아니다. 그것은 여러 겹으로 되어 있고, 지배계급 내부의 각기 다른 이해관계를 반영하고, 현재에 발생하고 있는 요소뿐만 아니라 과거로부터의 각기 다른 흔적을 담고 있다. 종속문화가 항상 지배문화와 공공연한 갈등 관계에 있는 것은 아니다. 종속문화는 오랜 기간에 걸쳐 지배문화와 공존하고 그 속의 공간과 간극을 놓고 타협하고, 그 안으로 침투하며 '안에서부터 허물어지게' 하기도 한다. 문화를 놓고 벌이는 이 투쟁의 성격을 결코 단순한 대립으로 축소할 수는 없지만 '문화'의 개념을 좀 더 구체적이고 역사적인 개념인 '문화들'로 바꾸는 것이 중요하다. 이것은 문화가 항상 다른 문화와 지배·종속의 관계에 있고 어떤 의미에서는 서로 투쟁의 관계에 있다는 사실을 좀 더 명확히 보여주는 재정의이다. 단수 형태의 '문화'는 역사의 어떤 시점에서건 가장 일반적이고 추상적인 방식으로 사회에서 작동 중인 광범위한 문화를 가리킬 뿐이다. 우리는 이런 형태가 자리 잡는 결정적인 지배·종속의 관계와 이들 사이의 문화적 변증법을 규정하는 병합과 저항의 과정에 주목해야 한다. 동시에 '유일한 문화'를 또는 '헤게모니적' 형태로 전파하고 재생산하는 제도에도 주목해야 한다. (일레인 볼드윈 외, 조애리 등 옮김, 『문화코드, 어떻게 읽을 것인가』, 한울아카데미, 2009, 230-231쪽)

텍스트의 다의미성과 유동성

독해는 고정된 수의 숨어 있는 의미들을 드러내는 것이라는 단순한

생각은 텍스트의 다의미성이라는 생각 앞에서 폐기되었다. 그 다의미성
에 의해 각각의 텍스트는 잠재적으로 무한한 범위의 의미들을 발생시키
는 것으로 보인다. …… 하위문화에서 경험, 표현 그리고 의미작용 사이
의 관계는 일정하지 않다. 그것은 어떤 이상적인 일관성을 지향할 때는
다소간 유기적이지만, 파열들과 모순들의 경험을 반영할 때는 다소간 단
절적이기도 한 어떤 통일성을 형성할 수 있다. 더욱이 개별적인 하위문화
들은 보수직이거나 진보적일 수 있으며 공동체 속으로 통합되고 지속적
으로 그 공동체의 가치들을 공유할 수도 있고 자신의 부모문화에 저항
하는 존재로 정의하면서 공동체로부터 이탈할 수도 있다. (딕 헵디지, 이
동연 옮김, 『하위문화: 스타일의 의미』, 현실문화연구, 1998, 160, 172쪽)

1. 문화를 단일한 것으로 보는 것과 '문화들'로 보는 것은 어떤 차이가
   있는지 생각해보자.

2. 다양한 문화 영역에서 나타나는 참여의 증대가 갖는 사회적 의미에
   대해 생각해보자.

닉 콜드리, 김정희 외 옮김, 『미디어는 어떻게 신화가 되었는가: 미디어
　의식의 비판적 접근』. 커뮤니케이션북스, 2007.

딕 헵디지, 이동연 옮김, 『하위문화: 스타일의 의미』, 현실문화연구,
　1998.

마누엘 카스텔, 박행웅 옮김, 『네트워크 사회』, 한울, 2009.

윤명희, "네트워크시대 하위문화의 애매한 경계, 그리고 흐름", 「사이버
　커뮤니케이션학보」 27 (4), 2010, 125 -162쪽.

이동연, 『문화부족의 사회: 히피에서 폐인까지』, 책세상, 2005.

일레인 볼드윈 외, 조애리 등 옮김, 『문화코드, 어떻게 읽을 것인가』, 한
　울아카데미, 2009.

찰리 기어, 임산 옮김, 『디지털 문화』, 루비박스, 2006.

피에르 레비, 김동윤 외 옮김, 『사이버문화』, 문예출판사, 2000.

제 13 강

몸, 섹슈얼리티와 젠더정체성

이수안

인문사회과학의 각 분야에서 최근 들어 몸이 새롭게 중요한 화두로 등장하게 된 배경에는 거대담론의 설명력 상실과 개인적 삶, 일상적 삶의 정치적 의미를 되새겨야 할 시대적 필요성이 서로 맞물려 작용하고 있다. 몸에 대한 사회학적 이해는 자연주의적 관점과 사회구성론적 관점으로 크게 대별된다. 특히 사회구성론적 관점에 따라 몸은 생물학적 실체로서만 아니라 사회적 관계와 행위와 연관되면서 '정신적인 몸'의 개념으로 확장되고 있다. 또한 젠더문화이론에서는 몸을 여성의 주체 형성에서 근원적인 토대로 의미화하여 몸에 대한 성찰과 섹슈얼리티의 전면적인 재개념화를 중요한 학문적 논제로 삼고 있다. 더욱이 포스트모더니즘의 대두에 따른 시대적 상황 인식은, 사회와 역사의 커다란 틀을 전제로 하는 총체적 이론으로부터 좀 더 미시적이고 개인의 욕망을 전면으로 드러내는 문제의식을 부각시키고 있다. 나아가 몸의 물질성을 완전히 벗어나는 가상현실 속의 실재로서의 모순적인 몸인 사이보그로 확장되면서 몸 논의는 새로운 차원을 열고 있다. 이러한 학문적인 배경을 염두에 두면서 이 장에서는 문화사회학에서 주목하는 '몸' 논의의 부상 요인과 주요 사회학자들의 몸 연구 현황을 요약적으로 살펴본 후 페미니스트 문화이론이 주요 분석개념으로 상정하고 있는 성정체성, 섹슈얼리티와 성별분업 등 젠더 관계의 총체적인 재현 공간인 몸, 섹슈얼리티와 이를 바탕으로 형성되는 젠더정체성을 개념적으로 학습한다.

═ 키워드 ═

몸, 섹슈얼리티, 정신으로서 몸, 몸의 물질성, 육체유물론, 성별분업, 젠더 관계, 사이보그

1. 왜 '몸'은 중요한 분석 개념이 되었는가?

우리 사회에서 몸에 대한 관심이 급격히 증폭되어 소위 '몸짱' 열풍이 불기 시작한 것은 불과 10여 년 전부터다. 여성의 날씬한 몸을 은유적으로 표현한 'S라인' 몸매와 남성들에게 권장되는 근육질의 건강한 몸을 일컫는 '초콜릿 복근', '식스팩' 등의 표현은 이제 거의 일상적으로 듣는 용어가 되었다. 이러한 몸짱 열풍이 대변하듯이 '이상적인' 몸매에 대한 선망으로부터 자유로운 사람은 그리 흔치 않다.

최근에는 50대 경영인이 20대 젊은 남성들을 제치고 '쿨가이 선발대회'에서 최고의 '몸짱'으로 선발되면서 화제가 된 사례가 있다. 여성뿐 아니라 남성의 경우에도 예전처럼 자기 성취가 정신적 활동을 토대로 한 사회적 성취로만 평가받는 것이 아니라 몸 관리를 얼마나 잘해서 건강하고 아름다운 몸을 가꾸고 지속적으로 유지하느냐 하는 정도에 주요 평가척도가 적용되는 것이다. 물론 앞의 사례는 경영인으로서도 성취도가 높은 경우였기 때문에 몸에 대한 평가도 이에 배가된 경우라고 할 수 있다. 여성들의 경우에는 날씬하고 풍만한 몸에 대한 열망이 과도한 집착을 가져오는 사례가 많아서 성형수술 도중 사망하는 경우도 가끔 보도되고 있는 실정이다. 헤아릴 수도 없이 많은 다이어트 비법이나 시술 등은 이미 소비시장에서 상당한 지분을 차지할 정도가 되었다. 그렇다면 왜 지금 이렇게 몸의 생김새, 외양이 인간의 가치를 평가하는 척도가 되었을까?

1970년대부터 이론화되기 시작한 페미니즘은 기본적으로 정신과 몸을 이분법적으로 상정했던 데카르트의 코기토 주체를 반박하면서 몸에 대한 근본적인 사유 전환을 이론화의 시발점으로 삼고 있다. 물론 페미니즘의 다양한 경향들은 각기 주목하는 논점이 다르지만 공통적으로 '젠더'라는, 몸을 출발점으로 하는 개념을 중심으로 전개된다는 점이 주목할 만하다. 또한 사회학의 문화적 전환은 이러한 몸 논의의 부상을 설명하는 데 적절한 경향이라고 할 수 있을 것이다. 사회학의 주된 관심이 '사회구조'로부터 '일상'과 '문화'로 선회하면서 사회학적 논의의 중심은 사회적 체계에 대한 과학적 논의에서 일상적 삶의 언저리를 구성하는 다양한 상징과 실천적 행위에 대한 담론으로 옮겨지고 이는 문화사회학의 기반을 이루게 되었다.

어느 시대를 막론하고 몸은 인간의 존재를 나타내는 가장 확실한 징표로서 상징적 차원과 실제적 차원 모두에서 중요한 개념이다. 그러나 근대 이전의 인간 역사에서 몸은 동서양을 막론하고 정신의 하부 개념으로, 정신을 담고 있는 껍질로서의 이차적 지위에 머물러 있었다. 포스트모더니즘이 대두되고 정신과 몸의 이분법적 가치부여 체계가 해체되기 시작하면서 비로소 몸은 몸 그 자체로서 사유되기 시작했고 몸 담론은 활발한 논의의 중심에 서기 시작했다. 페미니즘의 이론화에 몸 논의가 중심적 역할을 했다는 점도 빼놓을 수 없는 중요한 배경이다.

몸이 사회적 화두의 중심에 서게 된 또 하나의 사회적 요인은 현대 자본주의 사회의 구조변화이다. 산업자본주의 사회에서 근면한 생산과 절제된 소비를 미덕으로 권장했다면, 후기 자본주의 사회에서 급격히 발달한 소비문화는 넘쳐나는 재화와 정보의 홍수 사이에서 각자 개인이 원하는 것이 무엇인지 성찰하고 내면으로부터 생성되는 욕망에 집중하게 함으로써 자아정체성 구성과 표현의 매개로서의 몸을 주목할 수밖에 없도록 하는 중요한 계기로 작용하고 있다.

2. 사회구성적 몸 논의

사회학적 관점에서 몸이 중요한 근본적인 이유는 몸이 인간 존재의 증명이면서 동시에 행위를 가능하게 하는 주체이며 그로 인해 의사소통과 사회적 관계의 형성이 가능하게 되는 근원적인 계기이기 때문이다. 고전 사회학에서는 흔히 인간 행위를 위해 필요한 능력을 몸의 운용과 행위에 두기보다는 의식과 정신에 두었던 탓에 몸에 대한 사회학적 상상력의 가능성이 축소되어왔다. 이는 동양의 유교적 관점에서 정신을 고귀하게 여기고 육체를 정신보다 하위에 놓여 있으면서 정신의 명령을 수행하는 부수적 위치에 놓는 사상과도 상통한다. 즉, 몸은 기껏해야 활동하는 정신을 담는 수동적인 그릇으로 간주되었던 것이다.

전통적인 사회학이 몸과 정신을 구분해온 자연주의적 관점을 견지해왔다면 몸에 관한 최근 사회학적 연구들은 사회구성적 몸 접근방식을 취해왔다. 여기서는 몸에 대한 자연주의적 이해와 사회구성적 몸 이해에 대해서 간략하게 설명하고 난 후 쉴링의『몸의 사회학』에서 설명하고 있는 사회구성적 몸 접근방식을 푸코, 고프만, 그리고 터너를 중심으로 살펴보고, 일반적인 몸 접근방식이 몸 이론으로 확장되는 데 기여한 부르디외와 코넬의 이론적 분석을 요약해서 소개한다.

몸에 대한 자연주의적 관점은 생물학적 실체와 구조를 가진 몸이 사회 속의 개인을 규정하고 사회적 불평등의 토대가 된다는 점을 주요 논리로 하고 있다. 이는 특히 성차(性差)의 주제와 관련되어 몸의 역사를 설명하는 데 적용되어왔다. 쉴링의 『몸의 사회학』에 소개된 라커의 주장에 의하면, 18세기 동안 과학은 남성과 여성의 범주를 구체화하기 시작했고 그 범주의 기초를 생물학적 차이에 두었다. 이어서 18세기 후반 사람들에게 반대의 성과 뚜렷이 대조되는 자아정체성을 부여하는, 전적으로 중요한 인간 속성으로서 '섹슈얼리티'라는 개념이 발달했다.

몸에 대한 자연주의적 이해는 몸의 생물학적 구조의 차이와 그로 인한 섹슈얼리티의 차이가 인간의 정체성과 사회적 구분, 사회적 역할의 차이를 결정하는 토대가 된다는 인식을 널리 확산시켰다. 이는 임신과 출산을 가능하게 하는 해부학적 구조가 여성을 생물학적으로 열등한 존재로, 또한 육체적으로 나약한 존재로 인식하게 하는 데 작용하며, 결과적으로 이러한 성차가 사회적이고 정치적인 범주에서의 성 역할까지 광범위하게 규정하게 된다는 것이다. 여성들이 재생산 기능을 가지고 있다는 이유로 남성의 몸과 다른, 열등한 몸을 가지고 있다고 여기는 고정관념은 20세기 후반까지 지배적이었다.

1970년대에 각광받기 시작한 사회생물학은 몸에 대한 자연주의적 이해를 좀 더 굳건하게 하는 역할을 했다. 즉, 사회적 불평등을 자연적·유전적 근거에 따른 필연적 결과로 설명함으로써 사회적 현상으로 나타나는 인간의 행동과 사회구조를 무의미하게 만드는 데 기여했다. 피부색에 따라 몸과 그 능력을 달리 이해하는 관점 또한 자연주의적 몸 이해에서 쟁점이 되는 부분이다. 흑인들의 몸의 특징, 또는 백인과의 차이점, 예를 들면 돌출된 입, 곱슬곱슬한 머리카락, 검은 피부 등은 '백인에 비해 지적으로 열등하고 동물적인' 이미지로 고착되어 인종적 범주에 따른 다양한 사회적 편견을 야기해왔다. 몸에 대한 자연주의적 관점은 인종차별주의와 성차별주의적 관점으로 연결되어온 것이다.

비교적 최근의 사회학과 여성학에서는 몸에 대해 사회구성주의적 이해가 이론적 깊이를 더해왔다. 몸 연구에서 사회구성주의란 용어는 몸이 어느 정도 사회에 의해서 형성되고 구속되며 창출되기까지 한다는 견해를 나타내는 포괄적 용어로 사용되어왔다. 사회구성주의적 몸 이해는 몸에 부여되는 특성과 의미, 그리고 상이한 집단들의 몸 사이에 존재하는 경계가 사회의 기초가 된다는 자연주의적 입장에 대비되면서, 몸 또는 몸에 대한 이해는 사회적 산물이라고 주장하는 입장을 나타낸다.

사회구성주의적 몸 논의 중에서도 푸코의 논의는 가장 급진적이라고 할 수 있으며 포스트모던 페미니스트들에게도 많은 영향력을 미쳤다. 푸코는 몸의 역사에 대한 연구를 통해 몸과 그것에 행사되는 권력의 영향의 관계를 탐구했다. 푸코의 몸 접근방식은 첫째, 몸과 그것을 지배하는 제도들에 대한 관심과, 둘째, 몸을 담론에 의해 생산되고 담론으로 존재하는 것으로 보는 인식론적 견해를 결합하고 있다.

그의 저서 『감시와 처벌』은 몸과 이를 지배하는 제도들과의 관계를 잘 보여주고 있다. 특히 병원과 감옥 등 근대의 제도적 장치를 통해 외부에서 가해지는 규율이 육체적 제한을 가함으로써 어떻게 '유순한 몸'을 만들어가는지 분석하고 있다. 누군가 위법행위를 해서 경찰서 유치장에 갇히게 되었다고 가정해보자. 그는 함께 들어가 있는 잡다한 죄목의 타인들과 공간을 나눠 써야 하고 최소한의 욕구 해소를 위해서도 경찰의 허락 없이는 어떠한 행위도 자유롭게 행할 수 없는 상황에 처하게 된다. 군대에 입대하여 일정 기간 동안 정해진 공간을 벗어날 수 없는 군인의 경우에도 마찬가지다. 이때 처음에는 공간적 제한으로 인해 엄청난 제약을 느끼고 신체적 고통까지도 느낄 정도가 되기도 하지만, 시간이 지나면서 엄격한 규율에 따라 짜인 일상 속에서 몸을 순응시켜야만 적절히 적용하여 살아갈 수 있게 되는 것이다.

푸코의 몸 연구에서 중요한 부분인 몸의 담론화 과정은 육체적인 몸에 대한 개념이 정신적인 몸으로 변화하면서 발생한다. 푸코에게 몸은 단순히 담론의 초점이 아니라 일상의 관습들과 대규모 권력조직의 연결고리 그 자체이며 몸에 대한 연구는 개인들과 그들의 몸, 몸짓 및 일상행위에 접근함으로써 근대의 제도적 장치 속에서 권력의 미세한 그물망이 어떻게 작동하는가를 검토하는 것도 포함된다. 이 과정에서 생물학적 실체로서의 몸은 사라지고 변화 가능한 사회적 구성물로서의 몸이 등장한다. 몸이 제도적 장치에 의하여 매우 가시적인 처벌의 대상이 됨으로써, 앞에서 언급했듯이 '육체로서의 몸'이 '정신적인 몸', 즉 정신을 구속하는 몸의 단계로 나가게 되는데, 이는 벤담이 설계한 원형감옥(panopticon)을 통해 잘 설명되고 있다.

파놉티콘

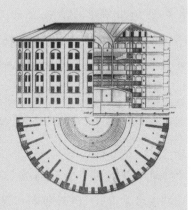

1791년 제러미 벤담이 감옥 개혁을 위해 제안한 원형감옥 모델. 중앙의 원형공간에 높은 감시탑을 세우고 중앙 감시탑 바깥의 원 둘레를 따라 죄수들의 방을 만들도록 설계하고, 각 방에는 앞의 창에 대응하는 위치에 내부쪽과 반대편 외부 쪽을 향해 빛이 투과하도록 하여 죄수들의 일거수일투족을 감시할 수 있도록 하였다. 특히 중앙의 감시탑은 늘 어둡게 하고, 죄수의 방은 밝게 해 중앙에서 감시하는 감시자의 시선이 어디로 향하는지를 죄수들이 알 수 없도록 하는 구조로 되어 있다. 이렇게 되면 죄수들은 자신들이 늘 감시받고 있다는 느낌을 가지게 되고, 결국은 죄수들이 규율과 감시를 내면화해서 스스로를 감시하게 된다는 것이다. 파놉티콘은 감시를 통한 절대적 권력 행사를 상징하며 오늘날의 CCTV를 이에 빗대기도 한다.

파놉티콘은 원형의 감옥으로 중앙에 감시탑이 있고 이를 둘러싼 주변에 죄수들이 수용되는 구조로, 끊임없는 감시 속에 죄수들이 스스로를 감시하고(자기 감시) 이로써 스스로 행동을 통제하게끔 한다. 몸의 담론화는 섹슈얼리티 연구에서 더욱 분명히 드러난다. 중세의 가톨릭교회가 고해성사를 통해 수집한 성에 관한 지식을 바탕으로 만들어진 성에 대한 담론과 섹슈얼리티에 대한 통제와 제한은 당시의 노동력 수급을 위한 인구조절 등 국가를 위한 권력 행사에 적절히 적용되었다. 이로써 섹슈얼리티와 물리적 실체로서의 몸의 연관성은 희미해지고 정신에서 섹슈얼리티가 차지하는 위치가 담론의 매개체인 언어를 통해 탐구된다.

푸코의 연구는 페미니스트 학자들로 하여금 자연적인 몸이 개인의 정체성과 사회적 불평등의 토대라는 기존의 견해를 반박하면서 성정체성은 분열되고 변화하며 불안정한 것이라는 주장을 펼 수 있는 근거를 제공했다. 생물학적 성(sex)과 사회문화적 성차인 젠더(gender)의 구분은, 몸을 사회문화적 구성의 관점에서 보게 하는 계기를 제공한 것이다.

몸을 인간 행위의 필수요소로 파악하는 고프만은 공적이거나 사적인 장소에서의 행동, 자아 표현과 오명 등에 관한 연구를 통해 사회적 상호작용에서 몸이 차지하고 있는 위치에 대해 연구하였다. 그의 연구에서 몸의 운용은 사회적 역할과 사회적 관계 형성에서 중심적이며 개인의 자아정체성과 사회적 정체성의 관계를 조정하는 것이다. 몸을 인간 행위의 필수요소로 강조함으로써 몸이 어떻게 사람들로 하여금 일상생활의 흐름에 개입하여 영향을 미칠 수 있게 하는가에 중점을 두어 몸의 외양과 행위에 대한 사람들의 인식을 좌우하는 '공유된 몸 관용 어휘들'을 분석하였다.

몸의 관용구는 의복, 태도, 동작과 위치, 소리의 크기, 손짓과 인사와 같은 육체적 제스처, 얼굴표정 및 기타 광범위한 감정표현 등 관습화된 비언어적 의사소통 양식을 가리키며 이는 많은 사람들 앞에서 행동할 때 무엇보다 중요한 요소다. 이러한 관용구는 우리에게 몸이 보낸 정보를 분류하는 체계를 만들고 이는 개인들의 몸을 운용하고 표현하고자 하는 방식에 상당한 영향을 미친다. 고프만의 몸에 대한 접근방식은 그의 '상호작용 질서' 분석과 밀접하게 연관되어 있으며, 여기서 상호작용 질서는 거시적 현상보다 우선되거나 근본적인 것, 또는 그 현상을 구성하는 것으로 간주할 수 없는 다소 자율적인 사회생활 영역으로 개념화된다.

섹슈얼리티에 대한 담론이 교회를 거쳐 국가의 인구관리로 연결되면서 담론의 초점은 개인적인 몸에서 사회적인 몸의 재생산으로 옮겨가게 되었으며 개인과 권력체계 사이의 불균형이 생기게 되었다. 개인들은 더욱더 통제 가능한 대상이 되면서 사람들이 개체화되었는데 터너는 이 과정에서 홉스가 제기했던 고전적 질서의 의미를 몸의 통치에 초점을 맞춘 '몸 질서' 이론에 적용하였다. 특히 성, 권력 및 억압에 관심을 두고 몸의 사회학이 궁극적으로 성적·정서적 노동 분업의 본질을 다룰 것이라는 점을 다음과 같이 강조하고 있다. "어떤 몸의 사회학이든지 궁극적으로 성적·정서적 노동 분업의 본질을 다룰 것이다. 몸의 사회학은 섹슈얼리티의 통제, 특히 가부장적 권력을 행사하는 남성에 의한 여성 섹슈얼리티의 통제에 대한 결정적인 사회학적 연구가 되고 있다."

터너에 의하면 모든 사회체계는 상호 연관성을 갖는 네 가지 차원의 몸의 문제를 해결해야 한다. 그 문제란 (1) 인구의 재생산, (2) 욕망의 억제, (3) 공간에서의 인구 규제, (4) 사회적 공간에서의 몸의 표현이다. 터너의 몸 질서 이론은 질서, 통제 및 섹슈얼리티와 같은 쟁점들에 대한 관심을 유지하는 한편, 물질적이고 물리적인 몸에 푸코보다 더 많은 관심을 가지고 있으며 물질적 몸이 어떻게 섹슈얼리티의 구조와 사회적으로 용인된 표현양식과 연관되는가를 명쾌하게 설명한다. 그러나 구조를 강조함으로써 개인에게 행위능력을 부여하는 자산으로서의 몸에 대한 이해는 여전히 부족하다. 이후 터너의 몸 연구는 점차 철학적 인간학이 사회학적 몸 연구에 적용되는 사례를 통해 몸을 생물학적 유기체이며 사회적 관계 형성에 기여하는 삶의 체험으로 보는 입장과 몸이 하나의 표상체계라는 입장을 결합시키려 시도한다.

부르디외는 현대 사회에서 가치를 담지한 몸에 관심을 두면서 몸을 육체자본의 한 형태로 개념화한다. 육체자본은 다양한 자원들을 축적하는 데 필수적인 권력과 지위 및 남과 구별되는 상징을 소유하고 있음을 의미한다. 부르디외의 육체자본에 대한 시각은 근대 사회에서 몸이 권력의 행사와 사회적 불평등의 재생산에 복잡한 영향을 미치고 있음을 보여주며, 상징가치를 지닌 몸의 유형이 만들어지는 기제를 살펴볼 수 있는 가능성을 열어주고 있다. 최근 국내뿐 아니라 전 세계적으로 소위 'K-pop' 열풍을 일으키고 있는 아이돌 그룹의 경우에 육체자본은 문화적 자본 내지 문화적 자원으로서 그 가치가 부여되고 있다고 평가할 수 있을 것이다. 부르디외가 정의한 문화자본이 뚜렷한 경계로 구별짓는 세대를 통해 축적되어 그 영향력을 발휘하는 상징적 경계라면 문화산업에서 축적되는 문화자본은 타고난 재질을 뛰어넘어서 오랜 기간 연습을 거쳐서 숙련된 댄스 실력, 예능적 감각, 팬덤을 일으키는 감수성 등으로서 문화산업을 통해 경제자본화하는 무형의 자본을 일컫는다. 여기에서 문화자본으로서 육체자본은 단순히 몸의 외양만으로 구성된다기보다는 몸을 통해 구현되는 다양한 형태의 감각과 스타일 등을 모두 포괄하는 의미로 해석되어야 할 것이다.

성별화된 몸에 주목하는 코넬은 성별화된 사회적 관행들이 몸에 영향을 미치고 물리적으로 변화시킴으로써 몸의 의미와 특징을 변화시키고, 그 결과 배타적인 젠더정체성을 만들어낸다고 본다. 즉, 성별화된 범주와 관행들은 특정한 여성다움과 남성다움의 이미지를 재강화하는 방식으로 여성과 남성의 몸을 형성하게 된다고 주장한다. 성별화된 몸과 사회적 관행들의 인과관계는 예를 들어 근육질의 남성과 부드러운 몸매의 여성으로 대별되는 성별화된 몸을 통해 설명될 수 있다. 성별화된 몸은 기본적으로 생물학적 차이에 기인하여 발달해왔지만 오랜 역사를 통해 각각의 사회적 역할과 관행에 따라 다르게 발달했다는 것이다. 전형적으로 근육이 발달한 남성의 몸은 운동과 웨이트트레이닝, 그리고 근육의 힘을 이용하는 육체노동에 종사해온 남성들의 생활방식에 기인하는 바가 큰 반면, 여성의 경우 출산과 양육에 적절한 역할과 사회적 노동에서도 주로 근육을 쓰기보다는 손의 기술을 사용하는 노동을 담당함으로써 근육보다는 부드럽고 '상대적으로 더 약한' 여성다운 몸을 재생산하게 된다. 물론 일률적으로 남성답고, 또 여성다운 몸의 전형이 적용되는 것은 아니지만 일반적인 성별화된 몸의 외형이 이렇게 분류된다는 점을 강조하고 있다.

3. 섹슈얼리티를 매개로 한 젠더정체성

인간은 누구나 기본적으로 물질로서의 몸을 통해 현존한다. 그 몸은 또한 생물학적 성별로 구분된다. 몸은 물질성을 가진 존재론적 차원에서 논의가 출발할 수 있으면서 동시에 심리적이고 추상적인 철학적 차원까지도 포함하는 다양한 층위의 논쟁적 개념이다. 또한 몸은 섹슈얼리티 논의를 출발시킬 수 있는 성적 기관을 포함하고 있으며, 노동을 수행하는 직접적인 기관이 속해 있어서 근대적 의미의 주체 형성의 가장 근본적인 터전으로 파악된다. 즉, 주체 형성에 있어서 인식론적 기반과 젠더적 경험, 이 경험이 각인되는 육체, 그리고 사회역사적 토대가 논리적 연관성을 찾아가는 데 구심점이면서 무대가 되는 것이 바로 몸이다. 섹슈얼리티의 담지자로서, 문화의 매개로서의 몸이 다른 한편으로는 역사성을 갖는 이유는 몸에 대한 인식이 노동과 생산의 의미체계 속에 있기 때문이다. 이는 또한 몸이 갖는 물질성과 사회적 관계의 재현성, 몸의 수행성과 상징적 의미들이 몸을 문화이론적으로 해석하게 하는 이유이기도 하다.

영화 〈나의 장밋빛 인생〉을 보면 몸과 성정체성, 그리고 섹슈얼리티의 관계가 어떻게 서로 긴밀히 연관되는지 알 수가 있다. 일곱 살짜리 남자아이인 루도빅은 새로 이사 간 동네의 입주파티에서 누나의 원피스를 입고 귀걸이와 립스틱으로 치장하고 등장함으로써 가족은 물론 이웃 주민들을 놀라게 한다. 루도빅은, 하나님이 갓 태어난 아기 루도빅에게 던져준 여성 염색체 X가 굴뚝에 걸리더니 떼굴떼굴 굴러 쓰레기통에 빠져버렸고 그래서 원래는 여자(XX)였으나 하나님의 실수로 남자(XY)로 태어났다고 믿는다. 결과적으로는 자신의 몸이 지시하는 성별을 받아들이지 않고 심지어 이를 부정하려 듦으로써 여성의 섹슈얼리티를 가질 수 있다고 생각하는 것이다. 누나가 생리를 시작하자 어떻게 해야 자기에게도 '달이 뜨는지?'를 물어보면서 여성의 몸과 성정체성을 갖고 싶어 한다.

〈나의 장밋빛 인생〉 포스터.

영화 전반에 걸쳐 루도빅은 몸의 외양을 근거로 하여 성별을 구분하고 이를 바탕으로 자신의 성정체성이 몸이 표상하는 섹슈얼리티에 걸맞게 되기를 열망한다. 이를 달성하기 위해 행하는 여러 가지 행동은 결과적으로, 몸이 그 자체로서 물질성을 가지고 현존함으로써 섹슈얼리티와 직결되는 정체성 형성에 직접적인 연관을 갖고 있다는 것을 반증하는 것으로 풀이될 수 있다.

위에서 살펴본 바와 같이 몸과 섹슈얼리티는 젠더관계를 결정하는 데 매우 직접적이고도 근원적인 설명 요소이다. 왜냐하면 불평등한 사회적 젠더관계 형성의 토대를 제공하는 임신, 출산 등과 직결되는 논의가 몸과 섹슈얼리티로부터 출발하기 때문이다. 몸의 생산성에 대한 권리를 여성들이 주체적으로 행사할 수 있게 된 결정적 계기는 피임약의 발명이다. 임신과 출산은 여성들에게 주어진 권리이면서 동시에 여성의 사회적 역할을 양육과 관련하여 고정시켜온 주요 요인이었던 것이다. 피임약의 사용으로 임신과 출산에 대한 여성의 주체적 결정권이 보장되면서 임신으로 인한 육체적 활동의 제약뿐 아니라 출산과 동시에 주어졌던 양육으로 인한 사회적 활동의 제약도 조절이 가능한 상황이 된 것이다. 이는 몸이 섹슈얼리티와 긴밀하게 연결됨으로써 여성의 주체적 삶의 영위에 얼마나 깊게 영향력을 행사하는지 보여주는 하나의 사례가 될 것이다. 1960년대 말과 1970년대 초 독일의 여성운동 시위현장에서 등장했던 시위대의 문구 "Mein Bauch gehört mir!(나의 배는 내 것이다!)"가 이를 단적으로 표현하고 있다. 즉, 임신과 출산 여부는 그 누구도 아닌 내 몸의 소유자인 내가 결정해야 한다는 것이다. 몸은 추상적인 역사의 보관소일 뿐 아니라 구체적인 물질성을 가진 '여기, 이곳'의 생물학적 몸이다. 동시에 섹슈얼리티와 직접적으로 연결되어 있을 뿐 아니라 나아가 그 몸이 출산 가능한 몸이기 때문에 사회적 삶의 방식까지도 결정할 수 있는, 존재론적 중요성을 갖는 실체다.

임신, 출산 등 몸의 생산성을 조정하는 능력이 오직 신에게만 속한 절대적 권능이라고 믿었던 중세에 마녀재판을 통해 화형을 당했던 대다수의 '마녀'들의 직업은 놀랍게도 조산원들이었다. 이들이 직업을 통해 경험적으로 터득하여 임신과 피임에 대한 산부인과적 지식에 능통하게 됨으로써 여성들의 피임을 도와준 것이 원래의 죄목이었고, 이는 신의 절대 권력에 도전한, 당시의 인구학적 상황에서 신 중심의 세계관에 비추어봤을 때 더할 수 없는 중죄에 해당되었던 것이다. 마녀사냥에서도 보여주었듯이 중세에는 여성의 몸에 대한 권리, 생명 생산에 대한 권한이 신에게 귀속되었던 것이다. 어쩌면 피임약의 발명은 중세에서 근대, 현대로 넘어오면서 신 중심에서 인간 중심으로 세계관이 변화해온 과정의 다양한 국면 중에서도 여성의 몸에 가해졌던 제약을 가장 극적으로, 또한 구체적으로 제거한 혁신의 계기가 되었는지도 모른다. 그렇다면 이러한 실질적 차원까지도 포함하여 지금까지 페미니스트 문화이론에서 진행되어온 몸 담론과 섹슈얼리티 논의는 어느 단계까지 왔으며 이는 몸의 물질성을 전제로 한 육체유물론과 어떻게 연결되는지 살펴보기로 하자.

몸 담론의 전개와 포스트모더니즘

몸에 대한 인식의 변화는 섹슈얼리티에 대한 시각과 인간 욕망의 변천사를 대변해준다. 젠더문화이론에서 여성 주체의 근본적인 터전으로 삼고 있는 몸에 대한 담론의 시발점은 노동에 대한 성찰을 통해 몸에 대한 여성의 근본 읽기를 시도한 한나 아렌트로부터 시작하여 중세 이후 근대화 과정의 가장 커다란 희생 대상으로서의 여성의 몸에 대해 역사적·사회학적 분석을 이끌어낸 마리아 미즈에 그 유물론적 토대를 두고 있다. 아렌트와 미즈는 몸을 노동 수행의 터전으로 인식하여 근대적 몸 담론의 일단을 보였으며, 동시에 최근의 육체유물론적 몸 논의는 포스트모더니즘과 연결되면서 전개되고 있다.

여성학적 시각에서 이해하는 몸은 세계 인식의 창구이자 공적 영역으로 통하는 통로로서의 몸이다. 이는 공적 정치 영역으로의 진입이 근본적으로 봉쇄되었던 조선 시대의 여성들에게도 노동할 권리와 의무가 주어지면서 생산과 재생산에 보다 직접적으로 몸을 사용하였던 점을 보더라도 그러하다. 비록 공적 영역의 핵심으로 들어가는 공적 지식, 다시 말하자면 유교적 학문지식의 적극적 수용은 봉쇄되었지만 일상생활을 영위하는 데 필요한 지식과 노동은 여성들로 하여금 몸을 통해 공적 영역으로 편입되게 하는 거의 유일한 방식이었다.

'노동하는 몸'에 주목하는 아렌트에게 노동과 작업은 행위(das Handeln)와 함께 활동적 삶(vita activa)의 필수조건이다. 아렌트에게 노동은 고통과 수고가 동반하여 생존하는 데 필요한 재화를 생산하는 행위로서 '인간 신체의 생물학적 과정에 상응하는 활동'이다. 그러므로 노동은 자연이 제공하는 것을 '채취/수집하여 신체와 결합시키는' 활동이다. 한편 작업(das Herstellen)은 장인들의 물건 제작같이 재료를 사물화하여 지속성을 부여하는 활동으로서 이를 통해 인간은 제작인(homo faber)이 된다. 따라서 아렌트는 노동과 제작이라는 행위를 주도하는 몸의 근대적 해석에 주목한다.

미즈는 자연재료를 자기 삶에 이용할 수 있는 형태로 획득하기 위하여 자신의 육체성에 속하는 자연적 힘들, 팔과 다리, 머리와 손을 움직여서 행하는 자연정복의 한 과정이 노동이라는 마르크스의 노동관을 원용하여 육체성의 성차에 주목한다. 육체성의 성차는 세분화해서 보면 자연에 대한 여성/남성의 대상관계, 여성적 생산성/남성적 생산성, 그리고 마지막으로 여성과 남성이 생산에 사용하는 도구의 차이로 나타난다. 인간 육체의 생산성은 여성의 경우에 출산이라는 경험을 통해 구체적으로 표현된다. 미즈에 의해서 자기 육체성의 정복으로 표현되는 이러한 생산력은 남성과 여성의 경우 각기 다르게 나타난다. 즉, 남성의 경우 손과 머리를 이용해 도구를 창조하고 다루는 데 반해 여성은 출산을 담당함으로써 자기 육체를 정복하고 그 육체로 할 수 있는 능력을 확보한 것으로 해석된다. 이로써 미즈는 여성의 몸을 노동수행 과정과 직접적으로 연관시켜서 성별분업에 관한 유물론적 해석과 연결시킨다.

'노동하는 몸'과 '작업하는 손', 그리고 생산력과 육체성의 연관관계에 주목하는 아렌트와 미즈의 몸 논의를 영화 분석에 대입시켜보면 좀 더 이해가 용이하다. 1970년대 한국의 산업화 과정을 배경으로 한 영화 〈영자의 전성시대〉에서 영자는 당시의 배운 것 없고 특별한 기술 없이 농촌에서 상경하여 오로지 몸 하나만으로 견고한 사회구조 속에서 타자화되는 여성의 시대적 대명사라고 할 수 있다. 당시의 직업적 통칭을 그대로 사용하자면, 영자는 '식모', '여공', '버스차장', 그리고 호스티스를 거쳐 마지막으로 '창녀'가 된다. 그 당시 농촌에서 상경한 여성들이 거의 대부분 처음으로 갖는 직업이 '식모'인데, 24시간 내내 가사노동을 전담하는 가정부로서 몸을 움직여서 할 수 있는 여성들의 독점적 노동을 담당한다. 영자가 버스차장을 하다가 팔을 잃기 전까지 가졌던 직업은 아렌트의 활동적 삶에 있어서 필수적 조건들인 '노동하는 신체와 작업하는 손'과 직결되는 일들로 구성되어 있다. 우선 주인집 아들의 강간으로 인하여 식모 자리에서 쫓겨난 영자가 그다음으로 택한 직업은 봉제공장의 미싱사이다. 이는 가사노동을 담당했던 식모로서의 재생산적 노동과는 달리 생산을 담당하는 노동이며 재화를 생산하는 행위이다. 이는 명실상부하게 아렌트가 말하는 '노동하는 신체'와 '작업하는 손'이 동시에 작동하면서 행해지는 노동에 해당된다. 그러나 너무도 적은 월급 때문에 찾아낸 일거리가 바로 버스차장이다. 그러나 당시의 열악한 노동조건 속에서 결국 달리는 만원버스에서 온몸으로 승객들을 밀어 넣다가 길로 떨어지면서 왼쪽 팔을 잃게 된다. 이제는 정말 아렌트가 정의한 '활동적 삶'의 가장 기본적 조건인 '작업하는 손'을 잃게 된 것이다. 이를 계기로 하여 영자는 주변부에서도 가장 주변적이라 할 수 있는 '창녀'로 내몰리게 된다. 즉, 작업하는 손이 기본 조건이었던 노동하는 신체에서 '성을 파는' 성매매로 들어서면서 산업사회의 생산과 노동 시스템의 밖으로 떨어져나가게 된 것이다.

영자가 절망의 가장 끝에서 자살하려고 하다가 만나게 된 현재의 남편과의 사이에 딸을 낳음으로써 '구원'을 받는 것으로 영화는 끝맺는다. 즉, 영자는 근대적 의미의 노동하는 몸의 물질성을 통해서는 여성 삶의 고단한 측면만을 직면하는 타자적 존재였다가 어머니가 됨으로써 비로소 자기의 의지에 의해 영위해나갈 안정적인 삶을 획득하는 단계에 들어선 것으로 간주되고 있다. 영자가 도시의 주변주에서 담당했던 노동들을 미즈의 성별분업에 관한 유물론적 관점을 적용하여 살펴보면 여성 몸의 특정한 부분을 노동수행 과정과 직접적으로 연관시켜서 이해하는 데 탁월한 통찰을 제공해준다. 아렌트와 미즈의 논의에서 공통점인 몸을 노동이라는 틀을 매개로 이해하면서 동시에 여성의 몸이 자본주의적 근대화 과정에서 물질화되고 대상화되어온 과정에 대해서도 설명적으로 보여주고 있다. 즉, 영자는 암울한 사회상이 만들어낸 존재로서 주류사회에 편입되지 못하는 영원한 타자로서의 삶을 적나라하게 보여주면서 식모에서 창녀로, 종국에는 어머니가 된다. 그리하여 육체노동으로부터 성매매 여성으로 이행하고, 다시 미즈가 말하는 성별분업의 가장 원초적인 차원인 생명 생산을 담당하는 출산을 통해 몸의 물질성을 현재화하고 있다.

육체유물론과 섹슈얼리티

육체의 물질성을 몸 이해의 주요 개념적 토대로 삼는 페미니스트 학자들은 정신과 이성을 강조하던 근대적 사유로부터 여성의 주체성이 부인되어왔다는 인식하에 육체로부터 형성되는 주체, 혹은 주체의 육체화를 통해 주체성을 재정의하려는 시도를 해왔다. 왜냐하면 근대적 주체의 확고부동한 초월적 자아를 부정하는 것으로부터 출발한 페미니즘의 반동적 사유는 근대 주체가 부정했던 육체를 적극적으로 다시 사고하고 인정하는 것에서 시작되기 때문이다.

이리가라이는 박사논문인 「검경(Speculum)」에서 정신분석학을 기반으로 하여 여성의 몸 구조와 성적 기관의 특징을 들어 여성성과 여성문화를 독특하게 해석함으로써 몸을 문화적 코드로 읽는 데 선도적 역할을 해왔다. 이어 학계의 강력한 반향을 일으킨 논문 「하나가 아닌 성」을 통해 여성 성기관의 중첩적 구조와 여성성을 연결시켜 여성문화의 독특한 중첩성을 이론화함으로써 프랑스 포스트모던 페미니즘의 주요 이론가로 자리매김하였다.

이리가라이가 여성문화를 설명할 때 준거틀로 삼는 육체유물론은 역사적 유물론과는 기본적으로 논리의 토대가 다르다. 육체유물론은 몸의 외관상 드러나는 물질적 측면을 강조하기 때문에 이 논리에서는 성차가 주요 설명 요소다. 이리가라이는 유물론이라는 용어의 뿌리가 어머니이고, 물질적인 것은 주체의 기원의 영역이자 여성 주체의 특수성을 표현하는 심급이라는 점을 강조하면서 유물론을 그 모성적 뿌리에 다시 귀착시키고 그럼으로써 또한 여성적 상징의 정상을 향한 발판을 마련한다고 보고 있다. 이러한 관점은 탈육체화한 정신의 에센스를 강조함으로써 로고스 중심적 주체를 절대적 주체로 형상화해온 근대 철학의 주체에 관한 관점과는 근본적으로 대치된다. 그런데 한편으로는 철학에서 제기되어온 정신과 육체의 관계가 그렇게 이분법적으로 나뉠 성질의 관계인가 하는 의문도 끊임없이 제기되고 있다.

이리가라이의 육체유물론은 몸의 외관상 드러나는 물질적인 측면을 강조하기 때문에 성차를 전면에 내세우는 '차이의 정치학'을 구사하는 데 유용한 논리이다. 이리가라이는 육체화와 성차의 개념들을 결합시킨다. 이때의 육체는 자연적으로 주어진 본질적 실체가 아니라 인종, 성, 계급, 나이 등의 다중적 코드가 각인되는 사유의 바탕이며 언어적 구성물이자 일종의 재현이다. 육체적 유물론이라는 용어가 가져다줄 수 있는 가장 커다란 혼돈은 육체를 즉각적이고 실물적인 물질로 여기게 할 수 있다는 점일 것이다. 육체란 우리가 눈앞에 보고 만질 수 있는 물질이면서 정신세계에서는 개념적으로 구성되어 인식되는 몸이며, 정체성의 측면에서 보면 역사적 관행이 축적되어 재현되는 이미지적 요소를 갖고 있다. 바로 이러한 양가적인 논리가 이리가라이의 입장을 역설적인 것으로 보이게 하는 요소다. (이수자, 『후기근대의 페미니즘 담론』, 여이연, 2004)

그로츠는 뫼비우스의 띠의 상징에서 보듯이 정신과 육체가 서로에게 영향을 미치고 한 면이 다른 면이 되는 상호 호환성을 강조한다. 여기서 육체와 정신뿐 아니라 문화적이고 역사적인 각인도 호환되기 때문에 육체는 단순히 현재적으로 실재하는 '물질'이 아니며 따라서 심리적 내부와 육체적 외부가 각각 따로 존재하지 않고 사회적 삶의 역동적 과정을 담고 이를 체화한다고 설명하고 있다.

한편 그로츠는 서구의 전통적 이분법에 의해 정신보다 항상 부차적인 위치를 차지했던 몸에 의미를 부여하는 재형상화 작업을 강조한다. 즉, 주체성 형성에 있어서 근대적 해석대로 정신만 우선되는 방식이 아니라 두 가지 주요 축인 정신과 육체가 뫼비우스의 띠처럼 서로 교직된 것으로 인식하는 방식을 도입하였다. 몸을 재형상화하는 작업에는 필연적으로 섹슈얼리티가 주체형성에 작용하는 역동성을 추적하는 논의가 포함된다. 이때 몸이란 섹슈얼리티와 구분해서 생각할 수 없다. 그래서 그로츠는 다음의 네 가지 다른 의미로 섹슈얼리티 개념을 사용한다. 우선 섹슈얼리티는 주체에서부터 대상으로 향하는 충동, 본능, 혹은 추동력의 한 형식이다. 둘째, 섹슈얼리티는 육체와 장기와 쾌락을 수반한 일련의 행위와 실천을 포함한다. 셋째, 섹슈얼리티는 정체성의 문제와 분리될 수 없다. 그리고 마지막으로 섹슈얼리티는 욕망과 차이와 주체의 육체가 즐거움을 추구하는 특정한 방식을 포함하는 일련의 성적 경향, 위치, 욕망을 지칭한다.

1990년대 말의 도시를 배경으로 서로 친구 사이이면서도 사랑, 성, 결혼, 직업에 대한 상이한 태도와 수행방식을 가지고 있는 세 명의 20대 여성들의 섹슈얼리티와 주체적 삶에 대한 태도를 솔직하게 보여주어 화제가 되었던 영화 〈처녀들의 저녁식사〉에서는, 그로츠가 설명하는 섹슈얼리티의 개념적 의미가 유형화되어 나타나고 있다. 먼저 '호정'은 디자인 회사를 경영하는 경영인인데 육체적 욕망을 지체 없이 충족시키는 성적 자율권을 자신의 주체성과 연결시켜 사고하는 여성의 전형을 보여준다. 육체적으로 맺는 성적 관계에 커다란 의미를 두지 않고 그 관계가 주는 구속에 정면으로 도전하는 유형을 보여준다. 두 번째 유형인 '순이'는 대학의 연구원으로 20대 후반이면서도 아직 남성과 성관계를 한 번도 갖지 않았으나 친구 '연이'의 남자친구와 어쩌다 경험하게 된, 그러나 확고하게 자신의 선택에 의해서 가진 성관계로 임신을 하게 되면서 혼자서 낳아 기를 생각을 하게 된다. 자연유산으로 인해 아이를 낳는 상황까지 가지는 않았으나 이 과정에서 순이는 섹슈얼리티를 매개로 하여 삶의 전반적인 지향을 새롭게 성찰하면서 성적 주체가 되어간다. 즉, 상대를 선택하여 성적 자기결정권을 발휘하는 상태에서 자신의 몸과 섹슈얼리티에 대해 자기규율적 상태를 유지하면서 '육체화된 자아'를 형성한다. 마지막으로 호텔 종업원으로 일하는 '연이'는 가장 일반적인 여성상을 보여준다. 남자친구와 지속적인 성관계를 맺으면서 내심 그와의 결혼을 기다림으로써 낭만적인 사랑의 환상을 버리지 못하나 끝내 남자친구의 일방적인 결별 선언으로 그것이 환상이었다는 것을 깨닫게 되는 유형이다. 이 환상은 친한 친구인 '순이'가 자신의 남자친구와 성관계를 가졌고 임신까지 했었다는 사실을 알게 되면서 더욱 확실하게 깨지고, 서서히 연이는 남성에게 가졌던 의존성을 버리면서 헤어진 남자친구와의 추후 관계에서도 주도적인 태도를 취할 수 있게 됨으로써 성적 주체로서의 자신을 조금씩 찾아가게 된다.

이 영화를 통해서 섹슈얼리티는 여성의 주체 형성에 있어서 핵심적인 개념으로 부각되고 있음이 드러난다. 동시에 이러한 섹슈얼리티를 담지하고 있는 몸의 육체적 물질성은 그로츠의 유동적 육체의 주요 구성요소로 설명될 수 있다. 왜냐하면 섹슈얼리티가 정체성과 떼려야 뗄 수 없는 관계를 맺고 있으면서 동시에 욕망의 핵이 되기 때문이다. 따라서 그로츠에 있어서 육체의 물질성은 이리가라이에 있어서의 성차에 입각한 육체의 물질성과 일정한 차이를 보이면서 더 한층 여성의 성적 주체의 가능성을 지향한다. 그로츠 식의 해석에 의하면 성차가 고정되어 있기보다는 유동적이고, 따라서 성차가 역사적으로 각인되어 재현되는 육체 또한 유동적이라는 것이다.

네덜란드의 여성학자인 로지 브라이도티는, 육체적 유물론을 통하여 이해되는 육체는 물질적인 힘들과 상징적인 힘들이 교차하는 경계면이자 문턱이라고 전제하며 논의를 전개한다. 이로써 브라이도티는 육체를, 인종, 성, 계급, 나이 등의 다중적 코드가 각인되는 언어적 구성물로 보고 있다. 따라서 육체를 전면에 부각시키는 작업은 사유하는 주체의 구조에 대하여 새롭게 사고하기 위해 데카르트적 정신/육체의 고전적 이원론을 극복하려는 시도이다. 즉, "나는 생각한다, 그러므로 존재한다(Cogito ergo sum)"라는 근대적 이성중심주의를 해체하는 적극적 시도라고 할 수 있다.

브라이도티에 의하면, 육체를 생물학적이거나 사회학적인 범주가 아니라 육체적인 것과 상징적인 것, 그리고 물질적인 사회적 조건들 간의 중첩 지점으로 이해하는 것은 이로써 육체의 주체성을 재정의하는 것이고, 브라이도티는 그것이 바로 페미니즘의 과제라고 보고 있다. 그러나 이러한 브라이도티의 설명은 사회적 조건들에 대한 설명이 갖는 사회학적 상상력을 간과함으로써 자칫 추상적 논의로 발전시킬 위험을 안고 있다는 평가를 받고 있다. 이는 주체에 대해 논의되는 사회학적 범주를 협소하게 정의함으로써 주체가 위치하는 사회적·역사적 상황에 존재하고 영향을 주고받는 조건들의 상호작용을 간과할 수 있기 때문이다.

상상 속의 실재로서 몸, 사이보그

이리가라이와 그로츠의 육체유물론이 접근방식에서 약간의 차이는 있지만 어쨌든 섹슈얼리티라는 개념을 중심에 놓고 전개된다고 한다면, 해러웨이는 한편으로는 고전적인 유물론의 틀을 놓치지 않는 방식으로, 또다른 한편으로는 테크놀로지와 육체 개념이 결합되는 방식으로 여성의 몸을 통한 주체 형성을 논한다. 해러웨이는 인종이나 계급 등 정치경제학적 성차별을 타파하기 위해 기존의 재생산 고리를 끊기 위해서 사이보그를 위한 선언을 함으로써 사회주의 페미니즘의 유물론적 관점을 이으면서 '포스트모던한 인공적 사회에서 상상력과 물질적 실재가 모두 농축된' 사이보그 이미저리를 도입한다.

압축적으로 말하자면 해러웨이는 '사이보그를 위한 선언문'에서 포스트모던한 인공적인 사회에서 성차별이 없는 세계를 상정하는 유토피아적

사이보그를 위한 선언문

다나 해러웨이가 1992년에 *Feminism/Postmodernism*에 수록한 글로, 사회주의 페미니즘에 기반한 논문이지만 본격적인 디지털 문화의 사회가 전개되면서 사이보그 논의에서 선지자적 위치를 차지하는 중요성을 인정받고 있다. (홍성태 엮고 옮김, 『사이보그, 사이버컬처』, 문화과학사, 1997, 147-209쪽)

전통 속에서, 사회주의 페미니스트 문화와 이론에 기여하려는 노력의 일환으로 사이보그의 포스트젠더에 기대를 건다. 포스트모던한 테크놀로지의 사회를 전제로 하면서도 해러웨이가 결코 포기하지 않는 부분은 소외되지 않는 노동이고 여성의 몸을 통한 노동수행성이다.

근대와 탈근대가 공존하는 논리상의 모순에도 불구하고 해러웨이는 사이보그 논의를 통해 현대적인 생산 시스템이 일과 노동을 사이보그를 통해 식민화하고 이로써 산업사회를 지배해온 테일러리즘의 '악몽'을 목가로 만듦으로써 유기체로서의 몸을 노동의 소외로부터 해방시키려는 포스트모던 기획에 동참한다. 해러웨이는 성차별의 역사가 각인된 여성의 몸이 테크놀로지를 발판으로 하여 비로소 산업사회적 굴레로부터 벗어날 수 있다고 본다. 더욱이 유색인종 여성이 긴 차별의 역사로부터 벗어날 수 있는 방법은 외피적인 신체조건을 벗어나는 것밖에 없다는 점을 주지시킨다. 사이보그 논의는 물질적 육체를 넘어서는 상상력을 통해 포스트젠더 논의를 촉발하였다.

인간이 테크놀로지에 의존하는 정도가 높아질수록 인간과 기계 사이의 구분은 점점 희미해진다. 산업로봇이 하나의 구체적 예가 될 것이다. 또한 인간과 기계가 수렴되는 과정에서 생기는 새로운 잡종의 실체, 즉 사이버네틱 유기체, 또는 사이보그는 컴퓨터게임, 비디오게임, 영화 등에서 더 이상 낯설지 않게 되었다. 또한 기든스가 정의했던 조형적 섹슈얼리티는 이제 가상공간 안에서 자주 등장하는 현실이 되고 있다. 영화 〈여섯 번째 날(The Sixth Day)〉에서처럼 실제로 존재하지 않는 가상현실의 연인과 실제로 성관계를 맺는 것 같은 혼성적 감각의 공간이 생겨나고, 물질적 몸을 갖지 않은 연인과의, 가장 현실적이라고 할 수 있는 성관계를 갖는 감각 시뮬레이션이 바로 조형적 섹슈얼리티의 디지털 문화적 공간에서 이루어지는 상황이다. 이러한 맥락에서 본다면 현실과의 경계도 불분명해지는 상황에서 육체의 물질적 표면이라는 것도 점차 의미가 없어질 것이다. 육체를 떠난다는 사실과 함께 성과 노동을 모두 떠날 수 있는 탈(脫)섹슈얼리티, 탈육체, 노동의 부재 등의 유토피아적 미래에서도 여전히 물질적 육체에 가해졌던 차별적 문화가 지속될 것인가 하는 문제제기가 가능하다. 육체적 유물론의 틀 안에서 사이보그와 여성 주체를 생각해보는 것은 가상공간에서도 여전히 육체에 대한 문화적 재구성이 이루어질 것이라는 어두운 전망과 거기서 어쩌면 해방의 미학이 발견될 수도 있다는 밝은 전망이 공존하기 때문이다.

사이보그는 탈육체화하고 따라서 출처를 모르는, 또는 굳이 출처를 알 필요도 없는 상황에서 '어디든지 존재하는' 몸이다. 따라서 공간적 초월성을 띤다. 해러웨이는 사이보그의 이미지를 통해 단편화된 포스트모던한 신체를 상징적으로 묘사한다. 그것은 해체되고 재결합된 포스트모던한 집합적이고 개인적인 자아로서 "끊임없이 그녀와 그의 신체로 변화하며 개성을 창조하고 재창조하고 시간을 초월해 떠다니는 불확정한 성과 변화할 수 있는 성별의 신체"이다. 물질적인 육체를 이미 떠나 있는 사이보그로 해러웨이가 육체유물론을 논의하는 함의는 무엇일까? 이는 아마도 가상공간이 몸에 각인된 역사적·경제적·문화적 조건을 뛰어넘을 수 있는 일종의 잠재적 해방구를 상징하기 때문일 것이다. 이리가라이가 모방을 하나의 전략으로 삼듯이, 해러웨이는 차별의 역사와 문화가 속속들이 배어 있는 여성의 육체를 극복하기 위해 유토피아적 상상력 속에서 기계의 육화를 꿈꾸고, 궁극적으로 이분법을 벗어나는 새로운 육체 개념을 창조하기 위하여 사이보그를 통해 역설적 통념 뒤집기를 시도하는 것이다.

주체 형성의 구성요소인 몸과 섹슈얼리티

근대적 주체가 초월적 존재로서 정의될 때 이는 일반적으로 남성주체
를 의미해왔다. 초월적 주체의 구성에 있어서 가장 중요한 조건은 합리적
사고와 객관성이며 이러한 조건이 형성하는 주체는 탈육체화한 주체다.
페미니즘에서 본격적으로 여성의 주체에 대해 논의하면서 가장 핵심으로
떠오른 논제가 바로 주체 형성과 육체와의 연관성이다. 이는 페미니즘을
비롯한 최근의 이론들이 이루어낸 성과 중의 하나이기도 하다. 다시 말하
자면 여성 주체성에 대한 논의는 육체의 물질성을 간과하지 않은 것을 전
제로 할 때 가능하다. 여성 주체가 형이상학적으로 규정되지 않고 실제로
일상생활의 영역에서 활동하면서 생각하는 사회적 존재로서 파악되어야
한다는 것이다. 또한 여기에는 다만 노동을 수행하는 데에 '사용'하는, 몸
과 정신이 이원론적으로 작동하는 존재가 아니라 양자가 적극적으로 통
합하여 이루어내는 주체적인 삶의 방식을 만들어가는 존재로 정의되면
서 동시에 욕망하는 주체라는 총체적인 인식도 포함된다. 몸과 성담론 속
에서 노동을 해석하는 방식은 생산과 소비의 자본주의적 구도 속에서 노
동을 이해하는 방식이나 또는 금욕적이고 의무와 권리를 연상시키는 계
몽주의적 방식과는 거리를 둘 수밖에 없다. 따라서 몸이 섹슈얼리티의 장
(場)이면서 동시에 노동을 수행하는 주체이면서 또한 노동이 수행되는 장
이라는 인식을 바탕으로 몸과 노동, 그리고 섹슈얼리티를 여성주의 문화
분석의 방법론으로 읽어내는 방식이 되어야 한다. (이수자, 『후기 근대의 페
미니즘담론』, 여이연, 2004, 97-98쪽)

몸이 갖는 물질성의 의미

몸은 가장 특이한 '존재'이다. 왜냐하면 몸은 단순한 '존재'로 환원되는 법이 없기 때문이다. 그렇다고 몸이 물질적인 존재라는 그 이상으로 간단히 올라설 수 있는 것도 아니다. 따라서 몸은 존재이면서 비존재이며, 객체이지만 내면성과 공존하면서 내면성을 다소 포함하는 그런 객체이며, 다른 객체로 환원될 수 없는 고유한 형태의 객체다. 인간의 몸, 사실상 살아 있는 모든 몸은 물리과학을 지배하는 물질성의 개념을 연장하고 확장한다. 왜냐하면 살아 있는 몸은 필연적으로 다른 객체와는 다를 수밖에 없는 대상이기 때문이다. 몸은 물리학적인 어휘로는 완결될 수 없는 그런 물질성을 지녔기 때문이다. 만약 몸이 대상이나 존재라면 아마도 몸은 다른 어떤 존재나 대상과도 결코 흡사하지 않을 것이다. 왜냐하면 몸은 관점, 통찰, 반영, 욕망, 행위자의 중심이 되기 때문이다. 몸은 이제껏 그것을 이해하고 재현해왔던 그런 모델이 아닌 대단히 다른 지적인 모델을 요구한다. 필자는 몸에 대한 의학적·생물학적 더 나아가 화학적인 분석이 '잘못되었다'거나 '부적절하다'고 주장하려는 것이 아니다. 필자의 주장은 이보다 더 단순하다. 다만 이런 학문들이 사용해왔던 지배적인 방법론과 주도적인 가설들이 연구대상인 몸에 구체적인 효과를 미쳤다고 주장하는 바이다. 몸은 무기력하지 않다. 몸은 상호작용하며 생산적으로 기능한다. 몸은 행동하고 반응한다. 몸은 놀랍도록 새롭고 예측할 수 없는 것들을 산출한다.

이와 같은 몸의 능력은 몸을 (일정한 틀 속에) 구속하려고 시도하는 이론틀을 언제나 넘어선다. 통제의 영역을 비집고 스며 나오는 몸의 능력은 필자를 매료시킨다. 이 책의 많은 부분은 몸의 그런 측면에 할애되고 있다. 이것은 성차의 문제에 대한 삼투성, 어떤 특정한 영역이나 범위 안에 봉쇄하는 것의 불가능성, 공적/사적, 내부/외부, 지식/쾌락, 권력/욕망을 분리시키는 경계선을 거부하는 신호이다. (엘리자베스 그로츠, 임옥희 옮김, 『뫼비우스 띠로서 몸』, 여이연, 2001, 40-41쪽)

1. 나에게 몸이란 어떤 의미를 갖는가 생각해보자.

2. 몸과 마음은 어떻게 연결되어 있는지를 생각해보자.

3. 트랜스젠더의 예를 통해 젠더정체성과 육체적 성차는 어떤 관계를 맺는지 생각해보자.

4. 미래 사회에서 가상현실과 물질적 몸은 어떤 관계를 맺을 것인가?

다나 해러웨이, 민경숙 옮김, 『유인원, 사이보그, 그리고 여자』, 동문선, 2002.

로지 브라이도티, 박미선 옮김, 『유목적 주체』, 여이연, 2004.

뤼스 이리가라이, 박정오 옮김, 『나, 너, 우리』, 동문선, 1998.

엘리자베스 그로츠, 임옥희 옮김, 『뫼비우스 띠로서 몸』, 여이연, 2001.

이수안, "대중문화 연예상품에서 문화적·사회적 자본의 동원 메커니즘", 「사회과학연구」 18(2), 2010, 206-241쪽.

이수안, "몸의 물질성과 섹슈얼리티: 이론과 영상 재현의 대응적 독해", 「젠더와 문화」 3(2), 2010, 7-36쪽.

이수안, "재현으로서의 남성성에 대한 젠더문화론적 분석", 「사회과학연구」 16(2), 2008, 136-236쪽.

이수자, 『후기근대의 페미니즘담론』, 여이연, 2004.

크리스 쉴링, 임인숙 옮김, 『몸의 사회학』, 나남, 2000.

홍성태 엮음, 『사이보그, 사이버컬처』, 문화과학사, 1997.

제5부
담론, 정치, 경제

언어 분석과 문화 연구

박해광

인간의 모든 삶은 언어를 수단으로 한 소통을 통해 이루어진다. 그런데 언어는 또한 대표적인 상징이자 재현의 체계이기 때문에 단순히 소통의 수단에 그치지 않고 사회현상을 매개하고 형성시키는 강력한 힘으로 작용하기도 한다. 이렇게 언어가 갖는 중요성 때문에 다양한 언어 연구의 갈래들이 형성되었고, 언어 현상에 대한 분석들이 이루어져왔다. 언어학은 언어를 고유한 학문의 대상으로 성립시키는 독특한 접근법을 발전시켰으며, 그 토대 위에서 언어학의 한계를 넘어서 사회적 현상으로서 언어를 이해하려는 담론이론이 발전했다. 담론은 단순한 언어 현상이 아니라 하나의 권력작용이자 이데올로기이기도 하며, 우리의 인식을 호도하는 신화이기도 하다. 비판적 담론이론 및 문화연구는 이러한 담론의 의미와 작용, 구조를 해부하고 비판함으로써 언어 속에 숨겨진 권력작용을 드러내고 이를 해체하고자 한다. 이 장에서 우리는 비판적 담론 및 문화연구를 통해 우리의 일상을 지배하고 있는 언어의 권력작용을 비판적으로 독해할 수 있는 시각을 훈련해볼 것이다.

키워드

언어, 담론, 문화, 이데올로기, 권력/지식, 약호, 재현, 상징폭력, 신화, 의미작용

1. 언어와 언어학

인간의 삶은 언어의 사용 없이는 이루어질 수 없다. 모든 사회적 관계는 언어적 소통에 의해 매개되며, 개인이나 집단의 주장, 의미, 생각들은 언어를 통해 표출된다. 심지어 가장 주관적이라 생각되는 개인의 사고작용도 언어라는 형태를 취하지 않고서는 불가능하다. 인간을 다른 존재와 구분 짓는 가장 중요한 특징이 바로 언어의 사용이며, 이런 언어의 중요성 때문에 언어 현상을 체계적으로 탐구하는 언어학, 기호학 등의 학문들이 발전해왔다. 그런데 언어는 또한 항상 사회적 맥락 속에서 사용되기 때문에 사회과학적 인식과 탐구의 대상이 되기도 된다. 언어는 인간이 발전시켜온 의미와 상징, 총체적 생활양식인 문화의 핵심 내용이기 때문에, 언어에 대한 탐구는 사회와 문화에 대한 탐구와 깊이 결합되어 있다. 그래서 언어학은 사회학과 문화이론의 발전에도 큰 영향을 미쳤다. 먼저 언어학이 보여주는 인간의 언어 현상이 지니는 특징들을 간략히 검토해보자.

언어 현상을 과학적으로 탐구하려는 학문인 언어학은 인간 언어가 가진 중요한 특질들을 발견하였다. 우선 모든 인간의 언어는 이중분절이라는 공통의 특징을 가진다. 즉, 인간의 언어는 의미의 최소 단위로 분해될 수 있을뿐더러 음의 최소 단위로도 분해된다. 이와 달리 동물의 소리는 의미의 최소 단위를 갖지 않으며 다만 최소 음 단위로만 분해될 수 있을 뿐이다. 또 우리가 사용하는 언어는 수많은 기호들의 집합이다. 예컨대 우리가 말이라는 현실의 대상을 지칭하기 위해 말(혹은 horse, 馬)이라는 기호를 사용할 때, 이 기호는 '말[mal]'이라는 음성적 표현과 동물의 한 종류인 '말'이라는 의미, 그리고 '말(ㅁㅏㄹ)'이라는 기호적 표현을 동원한다. 언어학의 창시자인 소쉬르는 기호를 이렇게 기호내용(시니피앙)과 기호표현(시니피에)의 결합으로 설명한다.

기호(sign) = 기호내용(signifie) / 기호표현(signifiant)

말 = 동물 말(기호내용) / 말(기호표현)

여기서 시니피에는 기호의 내용, 즉 개념이며, 시니피앙은 그것의 기호 표현으로서의 음성적 차원, 즉 청각영상이다. 그런데 이 결합관계를 통해 만들어지는 기호는 몇 가지 특징을 갖고 있다. 우선 기호와 현실 대상 간의 지칭관계는 필연적인 어떤 이유가 있는 것이 아니라 전적으로 자의적인 관계다. 즉, '말'이라는 기호는 그것이 지시하는 대상인 동물 말의 어떤 특성, 예컨대 외양, 소리, 냄새 등을 반영하여 만들어진 것이 아니다. 그렇기 때문에 결국 현실 대상과 기호의 결합은 거의 전적으로 사회적 약속에 의해 만들어진 것이라 볼 수 있다. 또한 기호는 그 자체로서 어떤 적극적인 가치를 지니는 것이 아니라, 다른 기호들과의 차이에 의해서만 그 가치를 갖는다. 예컨대 '말(馬)'은 '물'이나 '발' 등의 기호와는 다르기 때문에 구별되는 것이다.

그렇다면 이러한 기호를 동원하여 이루어지는 인간의 언어 사용이 갖는 특징은 무엇인가? 소쉬르는 이를 랑그와 파롤의 관계로 이해한다.

언어활동(language) = 파롤(parole) / 랑그(langue)

랑그나 파롤은 번역하기 쉽지 않은 용어인데, 랑그란 언어 사용을 규정하는 규칙이자, 현실화될 수 있는 한 사회의 언어 사용의 총체를 지칭한다. 그리고 파롤은 이러한 랑그의 규칙하에서 만들어지는 다양한 개인들의 언어 사용을 말한다. 파롤은 개인의 특성을 반영하여 매우 독특하고 다양하게 이루어지지만, 이러한 다양함도 랑그의 지배를 받는다는 것이 소쉬르 이론의 핵심이다. 따라서 한 사회의 언어 사용은 무엇보다 랑그의 규칙을 밝힘으로써 이해될 수 있는 것이다. 인터넷에서 많이 사용되는 표현들 중 '추카여'와 같은 표현은 지배적인 랑그 법칙을 위반한 것처럼 보이지만 '축하'를 소리 나는 대로 표기한 다음 '해요'를 축약하여 '여'로 표기했다는 것을 맥락 속에서 이해할 수 있다. 이 경우는 랑그에서 크게 벗어난 파롤은 아닌 것이다. 반면 인터넷 언어 중에서도 외계어라 불리는 '잘 ㅈ¹ㄴㅐㅆㅂ¿?' 같은 표현은 랑그의 규칙을 완전히 어긴 것이기 때문에 거의 이해가 불가능하다.

인간의 언어가 가진 또 다른 특징 중 하나는 기호들이 그 일차적이고 자연적인 의미에서만 사용되지 않고 보다 분화된 이차적 의미에서 사용되는 경우가 더 많다는 사실이다. 기호가 가진 본래적이고 일차적인 의미를 외연 의미라 한다면, 이 외연 의미로부터 분화한 이차적 의미를 함축 의미라 한다. 예컨대 '비둘기'는 외연 의미에서는 생물체로서 새의 한 종류인 특정 새를 지칭하지만, 이차적 의미인 함축 의미에서는 '평화'를 의미하기도 하는 것이다. 이것은 대부분 인간의 언어가 단순한 대상의 반영이 아니라 그 자체로서 하나의 상징, 즉 복합적인 의미를 가진 실체라는 것을 말한다.

소쉬르는 언어 현상에 대해 처음으로 체계적인 접근을 시도함으로써 언어의 과학을 정립하였고, 언어 및 상징, 이미지, 심지어 건축 및 영화 등의 기호학적 연구를 가능하게 한 출발점이 되었다. 또한 소쉬르의 언어학은 인류학, 사회학 등에서의 수용을 통해 '구조주의'라는 사상체계를 형성하는 토대가 되기도 했다. 오늘날 여전히 언어학은 언어 및 문화 분석의 중요한 방법이자 인식론적 기반으로 그 중요성을 잃지 않고 있다.

페르디낭 드 소쉬르(1857-1913)
언어학의 창시자이자 구조주의의 가장 중요한 토대를 제공하였던 소쉬르는 제네바 대학에서 언어학을 가르쳤지만, 생전에는 저서를 출간하지 못했다. 소쉬르 사후에 제자인 샤를 발리와 알베르 세쉬에는 스승의 강의를 기록한 학생들의 노트를 수집, 정리하여 『일반 언어학 강의』라는 책으로 1916년에 출간하였다. 소쉬르는 언어학을 문법학, 문헌학 등과 구별되는 독자적인 학문으로 성립시켰으며, 언어란 차이의 체계라는 학설을 형성시켰다.

구조주의와 소쉬르
소쉬르는 언어란 단기간에 잘 변화하지 않는다는 사실 때문에 언어를 하나의 안정적 구조로 간주하고, 언어의 변화에 주목하는 통시적 연구보다는 언어의 내적 구조를 탐구하는 공시적 연구를 선호했다. 이 때문에 구조주의는 역사적 연구보다는 내적이고 횡단적인 연구를 강조하는 경향을 보이기도 했다. 소쉬르가 구조주의의 형성에 미친 영향은 지대하지만, 정작 그는 구조나 구조주의라는 개념을 사용한 바 없으며, 대신 '체계'라는 개념을 매우 자주 사용하였다. 20세기를 지배했던 철학이자 사유체계인 '구조주의'라는 명칭은 1928년 헤이그에서 열린 제1회 국제언어학회에서 러시아 언어학자 야콥슨에 의해 처음으로 명명되었다.

2. 담론과 약호

언어학이 언어 내적 현상만을 주된 탐구 대상으로 삼는 반면, 문화이론은 담론과 사회의 연관성에 주목한다. 담론은 '의미를 지닌 발화나 텍스트', 혹은 '사회적 맥락 속에서 사용되고 만들어진 구조화된 언어 구성물'이라 할 수 있다. 언어 현상을 순전히 언어 내적 관점에서만 접근하는 언어학과 달리, 담론이론은 언어의 사회적 성격을 강조한다. 이런 점에서 담론이론은 언어학과 크게 두 가지 점에서 구분된다. 먼저 기호와 지시대상과의 관계에서 언어학은 이 관계를 순전히 자의적인 것으로 간주한다. 소쉬르는 기호의 구별은 오직 다른 기호와의 차이에 의해서만 발생하며, 기호와 지시대상과의 관계는 자의적이라 주장한다. 하지만 담론이론은 언어란 항상 사회적 사용 속에서만 현실화되기 때문에 언어는 사회적 대상과의 관계를 통해서만 의미를 가진다고 주장한다. 그렇기 때문에 언어를 단지 언어 내적 현상으로만 다루는 언어학은 언어의 가장 중요한 특징인 사회적 맥락을 간과하는 것이라고 비판한다. 예를 들어 비둘기가 '평화'라는 이차적 의미를 갖는 것을 언어학은 언어의 자연적 의미 분화로만 이해할 뿐이지만, 담론이론은 그것이 성경과 관련되어 형성되었다는 것, 그리고 그것이 사회 속에서 어떤 작용을 하는지에 더 관심을 갖는다.

두 번째로 언어학은 랑그와 파롤의 관계에서 랑그의 우선성을 강조하는 경향이 있다. 특히 구조주의 언어학은 파롤, 즉 개인의 언어 사용이 아무리 다양하게 나타나더라도, 그것은 랑그의 규칙에 얽매여 있기 때문에 언어학의 임무는 랑그의 규칙을 밝히는 데 있다고 주장한다. 하지만 담론이론은 개인의 언어 사용이 랑그보다는 사회적 맥락에 의해 더 큰 영향을 받는다고 생각한다. 담론이란 무엇보다 사회 안에서의 대화이자 인간의 언어 사용이기 때문에, 단지 하나의 단어일지라도 사회적 맥락에 따라 얼마든지 그 의미가 달라진다는 사실을 쉽게 알 수 있다. 예컨대 2002년 한일 월드컵 당시 많은 국민들이 입었던 붉은 악마 티셔츠의 'Be the reds!'라는 표현은 '붉은 악마가 되자'라는 의미였지만, 1920년대 이 표현은 '사회주의자가 되자'라는 의미였다. 즉, 담론이란 사회적 맥락 안에서 결정되고 그 사회적 맥락이 계속 유지될 수 있도록 기여하는 발화와 언술들의 집합체인 것이다.

담론은 개인들의 언어 사용의 형태로 드러나지만 이 담론에도 의미구성의 규칙들이 작용한다. 랑그와 파롤의 관계와 유사하게 담론이론은 담론과 약호(code)의 관계하에서 담론이 약호의 영향을 받으며 실현된다고 간주한다. 약호란 '담론의 의미를 생산하는 규칙'으로서 의미의 연쇄를 만들어내거나 의미의 확장을 형성하는 규칙들을 지칭하는데, 이것은 다양한 형태로 존재할 수 있다. 약호에 대한 연구로 널리 알려진 번스타인은 '계급 약호' 연구를 통해 담론을 규정하는 약호가 계급별로 차이가 있음을 보여주었다. 아동의 언어 사용에 대한 연구를 통해 번스타인은 중간계급과 노동계급 자녀들 간에 언어사용 방식의 차이가 존재함을 발견하였는데, 중간계급의 자녀들은 의미규칙의 보편성을 지향하며 주어진 문맥에 덜 얽매이는 반면, 반면 노동계급 자녀들은 암시적이고 맥락에 얽매여 있으며 특수한 집단에만 한정되는 특수주의적 언어를 사용하는 경향이 있다. 번스타인은 이 양자를 구별하여 '세련된 약호'와 '제한된 약호'라 명명하였다. 언어 사용에 계급 약호가 존재한다는 것은 계급체계가 지식의 분배에 영향을 미칠 뿐만 아니라, 또한 제한된 약호의 언어가 세련된 약호로 접근하는 것을 차단하는 형태로 구조화되어 있음을 보여주는 것이라 주장했다.

또 다른 약호에 대한 연구로서, 영국 문화연구의 대표적 이론가인 홀은 담론으로서의 미디어 메시지에 내재하는 약호의 작용을 약호화/해독 모델로 제시하고 있다. 그는 뉴스나 드라마 등 매스미디어의 산물들은 단순한 전달 메시지가 아니라 특정한 의미 형성의 규칙에 따라 만들어진 담론들이라 주장한다. 우리는 한 사건에 대한 전달 내용이 방송국 및 신문사마다 조금씩 다르다는 것을 일상에서 경험적으로 알고 있다. 최근 정치권에서 입법화하고자 하는 '사이버 모욕죄'에 대한 두 신문사의 보도 내용을 살펴보자.

(1)

김OO 법무부 장관이 22일 '사이버 모욕죄' 신설을 검도하겠다는 방침을 밝힌 데 대해 '과잉 입법이 아니냐'는 논란이 일자, 법무부는 "온라인 모욕의 파급력과 전파력에 비춰 볼 때 꼭 그런 입법이 필요하다"고 23일 밝혔다. 법무부 관계자는 "온라인에서의 파급력과 전파력은 주변 사람에게만 모욕의 영향을 주는 오프라인에서보다 엄청나게 커 사이버 모욕을 당한 뒤 회복 불능의 피해를 보는 경우가 많다"면서 "이런 상황을 규제하는 입법이 반드시 있어야 한다"고 설명했다.

형법에는 명예훼손죄와 모욕죄가 모두 있는 반면 인터넷 범죄를 규정한 정보통신망법에는 명예훼손죄는 있지만 모욕죄가 없다. 이 때문에 그동안 검찰은 사실 또는 허위사실을 담은 인터넷상의 글로 다른 사람의 명예를 훼손한 경우 정보통신망법을 적용해 처벌했으나 구체적인 사실을 다룬 내용이 없는 단순한 욕설과 폭언 등의 인터넷 글은 형법상 모욕죄로 처벌하는 법 적용의 불균형이 있었다. (D일보)

(2)

한나라당 의원들이 최근 잇따라 발의한 '사이버 모욕죄 법안'에 대해 언론·법학 교수 및 변호사 등 관련 전문가 228명이 입법을 반대하는 선언을 발표했다. 이들 전문가들은 11일 오전 11시 프레

스센터 레이첼 카슨 룸에서 열린 선언식에서 "사이버 모욕죄의 도
입이 인터넷 이용자들의 표현의 자유와 우리 사회의 민주주의적
가치를 심각하게 위협할 수 있다"고 밝혔다. (K신문)

논란의 중심이 된 사이버 모욕죄는 악성 댓글의 폐해를 줄이자는 찬성
입장과, 자의적인 모욕죄 적용으로 인터넷에서의 표현의 자유를 심각하게
침해할 것이라는 반대 입장이 충돌한 사안이었다. 그런데 위 인용문에서
보듯 (1)번 텍스트는 사이버 모욕죄의 입법이 반드시 필요하다는 정부의
입장을 전달하고 있고 그 근거를 형법과 정보통신망법의 불균형에 둠으로
써 사이버 모욕죄를 간접적으로 옹호하고 있다. 반면 (2)번 텍스트는 전문
가들의 입장 전달을 통해 사이버 모욕죄가 표현의 자유에 대한 침해이자
민주주의를 위협하는 악법이라는 비판적 의미를 전달하고 있다. 위 사례
에서 알 수 있듯이 미디어 메시지는 단순한 사건의 전달이나 중립적인 담
론이 아니라 특정한 의미규칙에 의해 만들어진 담론, 즉 전자와 같이 보
수적이며 정부 측 입장을 대변하느냐 아니면 진보적이며 민주주의의 가치
를 대변하느냐라는 서로 다른 정치적 이념의 약호에 의해 만들어진 담론
임을 알 수 있다.

이 담론이 어떤 영향을 미치거나 효과를 갖기 위해서는 또한 수용자들
에 의해 해석되고 수용되어야 한다. 이때 담론을 규정하는 약호는 두 가
지가 존재하게 된다. 즉, 담론을 생산하는 생산자의 약호와, 그 담론을 각
각의 상황에서 해독하는 수용자의 약호가 그것이다. 위의 신문 기사가 생
산자의 약호에 의해 생산된 것이라면 그 기사에 달리는 댓글들은 수용자
의 약호가 작용한 결과라 할 수 있다. 이 두 약호는 동일할 수도 다를 수
도 있다. 생산자인 미디어는 담론을 통해 수용자에게 영향을 미치고자 한
다. 수용자는 미디어의 담론에 대해 순응적으로 해독할 수도 있고, 그 의

미를 비판적으로 해독하거나 그에 저항할 수 있다. 그런데 여기서 주목해야 할 사실은 두 입장 간에 불균형이 존재한다는 사실이다. 전문 지식과 풍부한 생산 및 전달 수단을 소유한 생산자, 즉 방송이나 신문 등은 수용자에 대해 보다 큰 영향력을 가질 수 있다. 미디어 메시지를 단순한 정보의 전달로 오인하는 수용자들 대다수는 이것을 그대로 수용하고 순응할 여지가 크다. 일찍이 미디어의 대중조작 능력을 간파하고 효과적으로 이용했던 히틀러는 자서전 『나의 투쟁』에서 대중의 대다수는 '종이에 검게 인쇄를 하여 제공된 것을 모두 믿는' 사람들이라 규정하기도 했다.

번스타인이나 홀이 공통적으로 지적하는 약호의 특징은, 그것이 단순한 언어적 의미규칙이 아니라 사회적 현실과 접합된 의미규칙이라는 사실이다. 즉, 담론은 순진무구한 언어일 수 없을뿐더러, 오히려 특정한 목적을 위해 적극적으로 현실을 구성하는 하나의 실천인 것이다. 이 때문에 담론 이론은 담론 속에서 작동하는 권력이라는 문제의식을 갖게 되는 것이다.

3. 담론과 권력

담론과 권력/지식

체계적으로 생산된 정보들, 과학과 학문의 지식, 사상, 법률 등의 담론들은 개인들의 언어 표현, 사고와 관념 등에 영향을 미친다. 이 경우 담론은 일정한 질서를 가지면서 개인을 제약하는 효과를 갖게 된다. 이런 관점에서 담론에 주목했던 이가 푸코였다. 푸코는 구조주의적 접근의 영향하에서 역사에 대한 재해석 혹은 역사주의에 대한 비판이라는 목적을 갖고서 담론의 질서, 담론의 역사를 쓰고자 했다. 그의 후기 대표 저작인 『성의 역사』는 성에 대한 담론들이 어떻게 형성, 변화되어왔으며, 이것이 주체에 어떻게 개입하는지를 뛰어난 통찰력으로 보여주고 있다.

우리는 근대에 들어 성에 대한 담론이 억압되고 공개적으로 말해져선 안 되는 금기가 지배하고 있다고 믿지만, 푸코는 오히려 역설적으로 근대 사회는 성에 대한 담론들이 폭발한 시기라고 주장한다. 근대 사회는 성에 대한 특별한 방식의 담론들이 만들어진 사회다. 특히 서양은 성의 과학이라는 담론을 다양한 영역에서 제도화하였다. 그래서 성에 대한 담론들은 일반인들의 담론이 아니라, 권위를 부여받고 성을 특정한 방식으로 말하는 담론들, 즉 인구통계학, 의학, 정신분석학, 윤리학, 심리학, 교육학 등의 제도화된 담론으로 출현한 것이다. 성을 둘러싼 이러한 담론들의 배치는 담론의 질서를 창출하였고 이를 통해 우리의 정신과 신체를 규율하기 시작했다. 푸코는 이러한 효과를 산출하는 담론들을 일컬어 '권력/지식'이라 명명했다. 즉, 담론은 단순한 말이 아니라 하나의 권력작용인 것이다. 이 담론이 작동하는 방식의 특별함은, 그것이 진리를 생산한다는 점에 있다. 예컨대 생식을 위한 부부간의 성이 아닌 다른 형태들에 대한 분류를 만들어낸 다음, 이러한 성은 사회의 활력과 정신적 청결을 위해 규제되어야 할 병리적 대상이라는 진리를 확립하는 것이다. 이 진리는 개인에게는 도덕적이고 윤리적인 규율로 부과된다.

특히 한 사회의 담론이 생산되고 선별되고 조직화되는 과정에는 배제라는 특별한 힘이 작동한다. 배제는 금지, 분할과 배척, 그리고 진리에의 의지라는 하위 과정을 포함한다. 금지는 어떤 대상에 대한 금기, 상황에서의 관례, 말하는 주체의 배타적 권리 등으로 구성된다. 예컨대 성에 관련해서는 아동의 성에 대한 금기, 보통의 사람들로서는 드러내놓고 성을 말하는 것에 대한 금지, 의사나 과학자 등에 의한 성에 대한 배타적 말하기 권리 등이 포함된다. 분할과 배척은 이성과 광기를 구분하고, 광인을 정상적인 사회로부터 배척해온 역사에서 전형적으로 드러난다. 진리에의 의지는 니체의 권력에의 의지를 차용하여 발전시킨 개념으로, 진리를 말하고 추구하는 담론 속에 내재하는 권력과 욕망을 지칭하는 개념이다. 진리에의 의지는 참과 거짓을 구분하는 담론을 생산하게 하는 제도로, 진리는 그 내용이 무엇이냐에 의해서가 아니라 무엇을 말하게 하는가에 의해 정해진다. 결국 담론의 진리는 결코 선험적으로 정의되지 않으며, 단지 그 사회의 담론들의 배치에 의해 산출될 뿐인 것이다. 푸코는 서양에서의 역사적 변동을 이해하는 데 담론의 질서에 대한 분석이 핵심적이라고 보았다. 성의 역사를 분석하기 위해서는 성과 관련된 지식의 형성, 그것의 실천을 조절하는 권력체계, 그리고 개인이 그 속에서 스스로를 주체로 인식하게 되는 형태들에 대한 분석이 필요하며, 그 분석의 도구가 바로 담론 분석에 의해 주어진다고 주장한다.

푸코의 담론 이론에서 또한 흥미로운 것은 그의 권력 개념이다. 지금까지 권력은 주로 국가와 같이 거대하고 집중화된 권력만이 주목을 받았는데, 푸코는 그러한 중앙집중적 권력보다는 일상에서 미세하게 작동하는 권력에 더 주목한다. 푸코가 주목하는 권력은 담론 내에 존재하는 일종의 책략과 같은 것인데, 이 권력은 무수한 상호관계들 속에서 작동하고, 아래로부터 발생하며, 억압하기보다는 어떤 효과, 특히 행위의 형식을 발생시키는 생성적인 힘이라 할 수 있다.

또한 푸코는 담론과 개인 주체의 관계를 매우 독특하게 설정했다. 그는 담론을 '말하고 있는 대상을 체계적으로 형성시키는 실천'으로 이해하는데, 그것은 담론이 힘을 가진 질서로서 인간-주체를 생산하고 주체의 입을 빌려 그 모습을 드러낸다고 보기 때문이다. 예컨대 성적 일탈자나 광인은 그 스스로의 말을 통해 스스로를 일탈자나 광인으로 형성시키게 된다. 이때 지식 형태를 취하는 담론은 그 말들에 대한 진리/거짓의 판가름을 수행한다. 이렇게 구분, 배제하면서 동시에 어떤 질서를 형성시키는 적극적인 힘을 가진 담론은 그 자체로 하나의 권력작용일 수밖에 없는 것이다.

> **미셸 푸코(1926–1984)**
> 미셸 푸코는 현대 사회이론의 가장 영향력 있는 학자 중 한 사람이다. 1960년대 프랑스 구조주의의 대표적 인물 중 하나로 부각되기 시작했지만, 그의 관심은 구조주의의 틀에 묶이지 않았다. 그의 일관된 관심은 주체와, 그 주체를 구속하는 권력의 문제에 놓여 있었으며, 주체를 자유롭게 하는 경계 넘기와 일탈의 문제를 끊임없이 고민했다. 그의 주체에 대한 관심은 특히 잊혀진 것, 억압된 것의 복귀를 희망하고 있으며, 그런 까닭에 그의 연구 주제는 광기와 비이성, 성과 성의 억압, 감시와 감금 등의 문제에 집중되어 있다. 그의 전 저작은 학문적으로 주목받았을 뿐 아니라 대중의 큰 관심을 불러일으켰고 그의 연구에 자극을 받은 수많은 푸코주의적 접근을 탄생시켰다.

상징폭력

담론이 권력의 작용이라는 인식은 프랑스 사회학자 부르디외에 의해 상징폭력이라는 통찰로도 나타났다. 언어는 순진무구한 도구라 여기는 많은 사람들의 믿음에도 불구하고 오히려 언어는 한 번도 중립적인 적이 없었으며, 심지어 한 사회에 통용되는 공식 언어 자체에 있어서도 이것은 지배의 문제와 관련되어 있다는 것이 부르디외의 주장이다. 부르디외는 언어가 형성되고 사용되는 사회·정치적 조건을 무시하고 언어를 순수한 언어적 형식으로 간주하는 태도를 '언어 형식주의'라 비판한다. 소쉬르는 언어학을 엄밀한 과학으로 성립시키기 위해 언어를 순전히 언어 내적 현상으로 분리하려 했지만, 이러한 언어 형식주의는 언어의 정치적이고 사회적인 측면을 간과함으로써 언어가 행사하는 폭력, 즉 상징폭력을 간과하게 만든다고 부르디외는 비판한다.

그렇다면 부르디외가 제기하는 상징폭력이란 무엇인가? 언어, 표상, 의례 등 비가시적이며 관습처럼 보이는 이러한 제도들에는 실상 폭력이 은폐되어 있으며, 이 폭력은 피지배자들이 '점잖고 비가시적인 형태의 폭력'이라 오인하고 있는 것이자, 복종해야 할 것으로 생각하는 것'이다. 즉, 자신들이 상징폭력에 복속되어 있어 자신에게 상징폭력이 가해지고 있음을 알지 못하거나, 혹은 자기 자신이 바로 상징폭력을 사용하고 있음에도 불구하고 그런 사실을 알고자 하지 않는 사람들에 의해서만 행사될 수 있는 비가시적 권력이 바로 상징폭력이다. 부르디외는 이 상징폭력을 몇 가지 차원에서 구분하여 지적하고 있다.

먼저 가장 기본적으로 한 사회의 지배적인 공식 언어조차도 특정한 지역 및 세력의 언어를 지배적인 언어로 성립시킨다는 점에서 이것은 지배의 현상이다. 보편적으로 민족국가의 성립과 함께 이를 주도한 계급이나 계층, 혹은 지역의 언어가 그 사회의 공식 언어가 되는 것이 일반적인데, 이 과정에서 공식 언어는 정당한 언어로 성원 모두에게 강제되는 것이며, 반대로 지역 방언이나 계급 방언은 상대적으로 하위적인 언어가 된다. 지배적 공식 언어의 효과는 그 언어를 가지지 못한 사람들로 하여금 스스로 불리한 기준에 따라 자신의 언어를 가차 없이 심판하거나 혹은 공식 언어에 가깝게 교정하도록 한다는 점이다. 지역방언, 즉 사투리를 사용하는 사람들이 항상 표준말을 사용하도록 하는 압력에 노출되어 있는 현상에서 그 예를 찾을 수 있다.

또한 상징폭력은 정당한 언어 사용을 강제하는 방식으로도 작동한다. 정당한 언어란 문법적 교정 노력이나 공인된 언어 사용의 의지를 불러일으키는 것으로, 이를 통해 수용을 강제하는 권위를 행사할 수 있다. 그 결과 정당한 언어의 사용, 문법적으로 옳은 표현을 하고자 하는 노력 등은 사람들의 자발적인 노력을 불러일으킨다.

한편 이러한 상황에서 정당한 언어를 사용하는 사람들은 구별의 이익을 획득한다. 그것은 윤리적 정당성, 사회적 위신과 존경의 획득, 다른 자원으로 전환 가능한 이익의 획득 등으로 드러난다.

상징폭력에 의한 지배의 가장 뚜렷한 특징은 그 지배의 힘이 언어나 이미지, 의례와 같은 상징 자체에 있는 것이 아니라 그것에 복종해야 한다는 관계의 정의 자체에 있다는 점이다. 즉, 상징폭력은 폭력이라는 속성을 지니고 있음에도 불구하고 그것이 폭력으로 인식되지 않도록 하는 특징을 가지는데, 그 이유는 상징폭력이 바로 피지배자의 '오인과 공모'에 기초하기 때문이다. 그리고 이를 통해 상징폭력은 다양한 문화적 자원을 전용함으로써 계급적 지배를 공고화하거나 재생산하는 데 기여한다. 상징폭력을 통한 상징적 지배는 세련됨이나 정당함, 수준 높음 등을 자원으로 하는 지배 권력을 보증하게 되는 것이다. 그런 점에서 이 상징폭력은 피지배자의 공모를 반드시 필요로 한다.

이렇듯 담론이론은 순수한 언어 현상, 순진무구한 소통 수단이라는 언어학적 가정을 비판하고, 언어 혹은 담론이 가진 지배와 권력의 속성에 주목함으로써 언어 연구의 새로운 지평을 열었을 뿐 아니라, 이를 통해 문화연구의 중요한 접근법 혹은 통로를 제공했다.

4. 담론과 이데올로기

이데올로기와 언어적 재현

담론의 권력작용의 핵심에는 이데올로기의 문제가 있다. 언어이론이 문화연구와 가장 강력하게 결합된 것은 아마도 이데올로기 분석과 비판의 영역일 것이다. 언어가 순진무구한 소통의 수단이 아니라는 인식은 일찍이 마르크스에 의해 지적된 이후 서구 마르크스주의의 역사에서 일관되게 강조되어왔다. 언어의 작용은 인간의 의식을 지배하거나, 그것에 부정적인 영향을 미치거나, 혹은 무엇인가를 은폐하는 작용과 연결되어 있는데, 이를 일컬어 '이데올로기'라 칭한다. 언어와 이데올로기와의 관련성에 대해 마르크스주의 언어학자 볼로시뇨프는 다음과 같이 진술하고 있다. "이데올로기의 영역과 기호의 영역은 일치한다. 따라서 그것들은 서로가 등가 관계이다. 기호가 나타나는 곳 어디에서나 역시 이데올로기도 나타난다. 모든 이데올로기적인 것은 기호적인 가치를 갖는다."

하지만 이데올로기를 문화, 그리고 그중에서도 언어와 담론으로 규정하는 접근은 영국 문화연구에서 보다 명확해졌다. 그 대표적인 이론가가 스튜어트 홀인데, 그는 이데올로기를 '사회가 돌아가는 방식을 이해, 정의, 파악, 설명하기 위해 다양한 계급과 사회집단들이 사용하는 정신적 틀, 즉 언어, 개념, 범주, 사유의 상, 재현 체계들'로 정의한다. 여기서 특히 홀이 강조하는 것은 바로 재현이라는 개념이다. 재현이란 한 사물 혹은 사실을 다른 매체, 즉 언어나 그림, 사진 등을 통해 표현하는 것을 말한다. 즉, 재현이란 인식하는 주체(인간)와 인식하는 대상(객체)을 연결시켜주는 매개물인데, 그중 가장 중요한 매개물이 바로 언어다. 그런데 이 재현은 항상 있는 사실을 그대로 인간에게 전달해주는 것은 아니다. 이 재현이 보여주는 왜곡된 전달의 예를 우리는 베이컨의 우상(偶像)이라는 비유를 통해 확인할 수 있다. 인간의 인식은 있는 그대로의 현실, 즉 진리를 직접적으로 획득할 수 없는데 그 이유는 인식과정에 우상이 개입하여 인식을 가로막기 때문이다. 종족의 우상은 사회적 삶의 결과로 생겨난 전통으로 인해 겉치레만 수용하거나 감정이 개입된 선입관을 말하며, 동굴의 우상은 진실에 눈멀게 하는 개인적 편견이다. 또 시장의 우상은 언어적 소통의 결과 자체가 만들어내는 장애이며, 극장의 우상은 사고체계가 강조하는 우발적인 왜곡된 인식이다. 베이컨은 이러한 우상들을 극복할 때만 진정한 인식이 가능함을 강조했다.

홀은 이런 우상과도 같은 재현체계는 주로 언어 형태를 띠면서 의도적인 실천의 결과로 만들어짐을 강조한다. 홀을 비롯한 영국 문화연구 전통은 왜곡된 재현체계로서의 미디어에 주목했다. 광고를 비롯하여 뉴스, 드라마, 영화 등은 모두 하나의 언어 텍스트로서 이데올로기로 간주될 수 있는 것이다. 미디어는 사실을 호도하거나 왜곡하기도 하고, 특정한 사고를 주입하거나 혹은 다른 대안적 사고를 방해하기도 한다. 이러한 미디어의 작용은 오늘날 게이트 키핑과 같은 개념으로 널리 알려져 있기도 하다.

홀이 이데올로기 연구에 가장 기여한 것은 이데올로기가 허위의식과 같은 관념이 아니라 언어 혹은 담론이라는 물질적 사실이란 점을 명백하게 제시한 것에 있다. 마르크스주의 전통의 이론가들은 이데올로기를 주로 왜곡된 의식, 진정한 계급적 자각을 가로막는 잘못된 의식으로 간주해왔다. 그럼으로써 이데올로기는 왜곡된 혹은 왜곡시키는 관념의 문제가 되어버린다. 하지만 홀은 이데올로기는 물질적이며, 그 물질성은 담론이라는 언어적 구성물을 통해 드러난다고 주장한다. 언어란 사물이 사유 속에서 재현되고 이데올로기가 생성, 변형되도록 해주는 가장 두드러진 매체인 것이다.

이데올로기로서의 담론과 관련된 중요한 쟁점 중 하나는 이데올로기와 계급의 연관성이라는 문제다. 마르크스는 '모든 사회의 지배적인 사상은 지배계급의 사상이다'라는 정식화를 통해 이데올로기는 명백하게 지배계급에 의해 만들어지거나 혹은 그 이해관계를 대변하는 계급적 성격을 가진다고 주장했다. 하지만 홀은 이데올로기로서의 담론은 다양한 의미를 가질 수 있기 때문에 그 계급적 성격은 항상 뚜렷한 것은 아니라고 주장한다. 홀은 이를 통해 이데올로기의 계급적 성격을 부정하는 것이 아니라, 반대로 계급의 이데올로기는 담론적 실천을 통해 항상 구성되고 재구성되어야 하는 역동적 성격을 가진다는 것을 강조한다. 그래서 지배적 이데올로기는 그 내부에서도 서로 차이와 모순을 보일 수 있고, 또한 상황에 따라 지배 이데올로기는 약화되거나 새로운 것으로 대체되기도 한다. 그런 점에서 담론적 실천은 곧 이데올로기 투쟁이 되는 것이다. 이를 특별히 지칭하여 홀은 의미를 둘러싼 투쟁, 즉 의미화 실천으로 개념화하기도 한다. 의미를 둘러싼 투쟁은 재현과정 속에 이데올로기의 구성, 변형을 위한 역동적인 투쟁과 실천이 이루어지는 과정이다. 홀은 이데올로기 투쟁이 현실에서 항상 발생하며, 이를 통해 의미의 지형들이 변화하는 것으로 본다. 홀은 자메이카 출신의 흑인으로 가졌던 자신의 경험, 즉 '흑인'이라는 어휘에 부착된 이데올로기적 의미들, 예컨대 니그로(깜둥이), 유색인종, 이주민, 외국에서 온 쓰레기 등의 부정적 이미지들이 1960-1970년대의 흑

스튜어트 홀(1937-)

스튜어트 홀은 1970년대 이후 영국 문화연구를 이끌었던 대표적인 학자이다. 윌리엄 호가트가 설립하여 문화연구의 중심지가 되었던 '버밍엄 연구소'의 2대 소장으로 문화연구의 영역을 대중문화와 미디어 전반으로 확장·심화시켰으며, 문화연구의 전통을 문화주의로 확립시키기도 하였다. 또한 그는 영국의 대표적인 좌파 지식인으로서 대처리즘에 대한 비판을 주도하였고, 식민지 자메이카에서 태어난 스튜어트 홀은 흑인 혼혈로서의 인종적 정체성 문제를 연구와 실천적 운동으로 표출하기도 하였다. 그는 현재 Open University 교수로 있다.

라스타파리아니즘

라스타파리아니즘(Rastafarianism)은 1900년대 초기부터 시작된 'Ras Tafari'라 불리는 자메이카 흑인 메시아에 의한 구원의 믿음을 말한다. 이것은 아프리카를 약속의 땅으로 간주하고 흑인들 자신이 진정한 다윗왕의 후손이라 믿으며, 흑인의 위대함을 긍정하는 하나의 운동이 되었다. 그 결과 긍정적 흑인 이미지를 내·외부적으로 만들어내었으며, 이는 또한 자메이카 토속 음악에 기초하여 만들어진 레게 음악에도 크게 영향을 미쳤다. 레게 음악의 아버지라 할 수 있는 밥 말리는 이 라스타파리아니즘에 깊은 영향을 받았다.

인운동을 통해 실질적으로, 그리고 긍정적으로 변화하였음을 지적하고 있다. 그것은 흑인임을 인정하고 그 뿌리를 찾으려는 운동, '자메이카인다움'의 추구, 그리고 문화적으로 '흑인 형제들', 소울과 레게 음악, 밥 말리, 라스타파리아니즘 등을 통해 흑인에 대한 긍정적 이미지를 구성하고 새로운 흑인의 위치를 구성하게 되었던 것을 전형적인 이데올로기 투쟁으로 이해한다. 이 이데올로기적 투쟁의 핵심은 바로 흑인 담론의 재구성, 즉 담론적 실천이었던 것이다.

대중문화와 이데올로기

언어는 이데올로기가 작동하도록 해주는 매체 중에서 가장 중요한 것이다. 그렇다면 이러한 이데올로기의 구체적인 언어적 형태는 어떤 것일까? 이데올로기로서의 언어는 다양한 형태를 갖는데, 광고도 그중 하나이다. 주디스 윌리엄슨의 광고기호학은 이데올로기로서의 광고에 대한 훌륭한 기호학적 분석의 모범을 보여주고 있다. 광고란 사물을 인간적인 진술로 번역해주는 의미의 구조들이다. 예컨대 자동차가 1리터의 연료로 몇 킬로미터를 주행할 수 있다는 진술은 그 자체로 아무런 의미를 갖지 않는다. 이것이 '뛰어난 경제성'이라는 언어로 광고에서 표현될 때 그것은 비로소 우리에게 의미 있는 언어가 되는 것이다. 혹은 '번쩍거리는 표면'은 사물의 한 속성일 뿐이지만 이것이 '최신', '첨단' 등의 언어로 표현될 때 우리의 눈길을 사로잡게 되는 것도 마찬가지다.

앞서 보았던 소쉬르의 도식을 적용해보면, 광고는 기호내용, 즉 관념과 기호표현, 즉 광고에 드러난 물질적 표현으로 구분될 수 있다. 예컨대 여배우와 화장품이 나란히 찍혀 있는 광고 사진은 아름다운 여배우와 매혹적인 화장품과의 등가 관계를 만들어낸다. 그래서 그 자체로는 아무런 의미도 가지지 못했던 화장품이 여배우와 같은 우아함, 아름다움, 글래머 등의 의미를 획득하게 된다. 즉, 화장품 광고사진은 여배우 화장품이라는 기호 표현을 통해 아름다움과 글래머라는 새로운 의미를 가진 기호가 되는 것이다. 광고는 이러한 사회적으로 이미 통용되는 의미들을 재분류하여 사물에 고착시키는 이데올로기적 의미작용을 수행한다.

이데올로기로서의 광고가 가지는 특징 중 하나는, 광고는 결코 새로운 의미를 생산하지 않는다는 사실이다. 광고는 브리콜라주인데, 그것은 이미 현실에 넘쳐나는 잉여적 의미들을 자의적으로 짜깁기하여 마치 새로운 의미를 만들어내는 것처럼 보여줄 뿐이다. 그런데 이러한 잉여적 의미들은 이미 사회에 상식처럼 만연되어 있는 상투어들로서, 지배적인 사회적 편견을 반영한다는 점에서 하나의 이데올로기 구성물에 지나지 않는 것이다. 광고는 그것이 지칭하고자 하는 현실을 모두 끌어들여서 그것을 다른 의미로 변형, 재가공하는 일종의 이데올로기의 성채인 것이다.

브리콜라주

브리콜라주(bricolage)의 사전적 의미는 '여러 가지 일을 하기', 또는 '그런 일을 하는 사람'이다. 이 개념은 구조주의 인류학자 레비스트로스가 그의 저서 『야생의 사고』에서 서구사회와 다른 종족 사회의 행위 및 문화 원리로 제시한 것으로, 제한된 과거의 전승에 기초해 다양한 것을 끌어 모아 새로운 문화적 형상들을 만들어내는 원리를 지칭한다. 윌리엄슨은 이 브리콜라주를 비판적인 의미에서, 광고의 잡다한 의미형성 원리로 제시한다. 즉, 광고라는 새롭거나 중요한 의미들의 집합이 아니라, 잡다한 의미들을 뒤섞음으로써 '새로운 것'처럼 보이게 하는 원리를 갖고 있다는 것이다.

광고뿐만 아니라 다양한 대중문화 담론 및 이미지들도 비판적 문화분석의 대상이 되어왔다. 그중 대표적인 인물이 바로 롤랑 바르트이다. 바르트는 현대 언어학을 꽃피운 사람이기도 하지만 동시에 프랑스 구조주의를 확립시킨 사람 중 하나이기도 하다. 그의 초기 저작을 대표하는 『신화론』

은 뛰어난 기호학적 연구이기도 하며 동시에 날카로운 현대 문화 비판서이기도 하다. 여기서 그는 '대중문화의 언어에 대한 이데올로기적 비평'과 '이 언어에 대한 기호학적 분석'을 시도하고 있다. 바르트는 신화라는 개념을 '자연화하는 현대의 문화적 현상들'을 지칭하는 개념으로 사용하였다. 현실은 역사적인 것임에도 불구하고 현실 속에서 자연과 역사는 끊임없이 혼동되면서 보편적인 자연이 되어버리는데, 그러한 현상의 핵심은 바로 '탈정치화된 의미작용', 즉 신화의 기호학적 작용인 것이다.

그렇다면 신화란 무엇인가? 오디세우스의 모험담이나 오르페우스의 슬픈 사랑 이야기, 혹은 쑥과 마늘을 먹고 인간이 된 곰의 이야기가 신화인가? 바르트는 현대의 신화란 파롤, 즉 전달의 메시지를 담고 있는 모든 것들, 쓰여진 말들뿐만 아니라 사진, 영화, 기사, 스포츠, 스펙터클, 광고 등의 대중문화가 바로 신화라 주장한다. 신화는 영웅담이나 초월적 이야기와 같은 과거의 이야기들이 아니라 자연화한 메시지이다. 현실은 항상 역사적인 것인데, 신화는 이 역사적 흔적을 지움으로써 그것을 자연스런 것으로 만들어버린다. 예컨대 합리성, 생산성, 이윤 등의 이야기들은 바르트에 의하면 자연화한 의미작용, 즉 신화에 다름 아닌 것이다. 그것은 심지어 합성세제 광고도 마찬가지다.

합성세제는 깊이와 거품이라는 두 가지 속성을 활용한다. ……
소비자는 거품을 통해 기체적인 물질을 상상하게 된다. 다시 말해서 거품은 곧 가벼우면서 동시에 수직적인 접촉 양식이 된다. 그리하여 소비자는 미각이라든가 의복이라든가 비누에서 느낄 수 있는 행복한 느낌을 거품 안에서 추구한다. 심지어 거품은 어떤 정신성을 의미하는 기호가 될 수도 있다. 정신이 무로부터 유를 창조하며, 아주 작은 양의 원인으로부터 매우 폭넓은 효과를 창조한다고 간주되는 한에서 말이다. 그러나 무엇보다 중요한 점은 거품이 합성세제가 지닌 거친 기능을 감미로운 이미지로 위장할 수 있다는 점이다. (롤랑 바르트, 『가루비누와 합성세제』)

그런데 신화는, 그것이 이미지이건 언어이건 모두 언어의 형식 속에서 만들어지기 때문에 바르트는 신화 분석은 무엇보다 언어학적 분석임을 강조한다. 앞서 우리는 '말(馬)'이라는 기호가 시니피앙과 시니피에의 결합에 의해 만들어진 기호임을 보았는데, 바르트는 여기서 한걸음 더 나아가, 기호는 단순한 의미가 아니라 '충만한 의미'가 될 때 신화가 된다고 주장한다. 예컨대 경영자가 "'말'처럼 달려갑시다"라고 사원들에게 강조할 때 말은 사원들의 '헌신적인 봉사'를 상징하는 신화가 되는 것이다. 말이 '헌신적인 봉사'를 의미하는 이차적 기호로 변화하는 것을 언어학에서는 함축의미라 칭한다는 것을 앞에서 보았다. 즉, 신화란 이렇게 특정한 방식으로 의미화된 이차적 언어를 지칭하는 것이다. 바르트는 이를 '신화에 의한 대상언어의 점령'이라 표현하며, 다음과 같이 도식화한다.

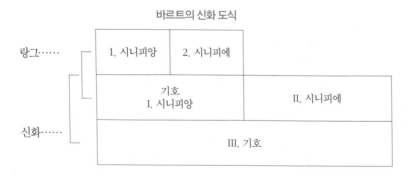

바르트의 신화 도식

우리는 신화의 한 예로 다음의 사진을 비교해보고자 한다. 국토해양부
에서 홍보하고 있는 4대강 살리기 사업의 홍보 이미지로, 과거 및 현재의
한강의 모습과 4대강 사업 후의 미래의 한강의 모습을 비교하여 제시하고
있는 이 사진은 황폐하고 지저분한 현재의 모습과 세련된 첨단의 시설물
을 포함한 미래 한강의 모습을 대비시키고 있다. 4대강 사업의 성격을 둘
러싼 사회적 논쟁은 아직도 치열하게 진행 중이기에 그 시시비비는 차치
하고라도, 적어도 현재의 모습과 미래의 가공의 이미지를 극명하게 대비시
킴으로써 자연스럽게 그 사업의 정당성을 점령해버리는 이러한 책략은 전
형적인 신화라 할 수 있다. 이 이미지들은 과거와 미래, 낡은 것과 새로운
것, 전통적인 것과 현대적인 것의 대립적인 이미지를 재현하고, '자연스럽
게' 후자의 이미지에 대한 선호를 유도하고 있다.

🍎 한강의 과거, 현재 그리고 미래

국토해양부 홈페이지에서 캡처.

결국 신화는 무엇을 숨기는 것이 아니라 드러내는 것이며, 단지 그것을 왜곡할 뿐이다. 이 왜곡은 바로 역사의 자연화이며 이렇게 만들어진 신화는 과도한 정당성을 부여받은 파롤인 것이다. 이는 달리 표현하면 중립적 언어, 혹은 언어의 순수함을 훔치는 것으로 신화는 '도난당한 언어'이다. 바르트는 이러한 신화학을 통해 대중문화가 갖고 있는 거짓 자명성과 소시민적 이데올로기의 가면을 벗겨내고자 했다. 어쩌면 문화연구가 가져야 되는 긴장도 이와 같이 자명해 보이는 현상의 이면을 날카롭게 캐묻는 일일 것이다.

롤랑 바르트(1915-1980)
프랑스 구조주의 철학자이자 기호학자, 비평가인 롤랑 바르트는 다재다능한 인물이었다. 프랑스 구조주의 운동의 일원으로서 강단 비평과 투쟁하였으며, 권위적인 글쓰기를 부정한 일탈의 기호학자이기도 했다. 그의 작업은 또한 현실 사회에 대한 비판, 즉 부르주아 사회의 징후학을 지향하였으며, 그 대표적인 성과가 바로 『신화학』(1957)이다. 기호학자로서의 바르트는 특히 '의미작용의 기호학'을 발전시킨 인물로 평가되기도 한다.

5. 문화연구에서 언어 분석의 의의

우리는 이 장에서 언어와 문화 혹은 문화연구가 어떻게 긴밀하게 얽혀 있는지를 몇 가지 주제를 중심으로 살펴보았다. 언어학과 기호학 연구의 발전, 그리고 이러한 연구가 다른 학문들과 접목되어 일어난 접근법의 커다란 전환을 일컬어 '기호학적 전환'이라 칭하기도 한다. 그만큼 언어에 대한 연구는 타 학문들, 특히 문화연구의 발전에 크게 기여하였고, 새로운 인식 태도를 형성하였다. 그런 점에서 언어에 대한 연구는 문화연구의 가장 핵심에 놓여 있는 것이라 할 수 있다.

언어 현상은 단순히 사회적 사실의 반영을 넘어, 적극적으로 사회 현실을 정의하고 구성한다. 즉, 언어 현상이란 실천을 통해 현실을 재해석하고 규정하며 형성해내는 하나의 구성적 힘인 것이다. 우리는 이것을 쉽게 일상에서 확인할 수 있다. 예컨대 2009년에 있었던 용산 세입자들의 터전 지키기 운동은 보수적 언론들을 통해 '폭력 시위'로 규정되었고 그나마 중립적인 의미에서 표현되어서 겨우 '용산 참사'로 정의되었을 뿐이다. 이런 언어적 정의로 인해 용산 사건은 그 본질이 묻혀버린 채 단순히 비극적이고 폭력적인 사건이 되어버렸다. 이 경우 용산 사건을 '폭력 시위'로 표현하느냐, 혹은 '생존권 투쟁'으로 표현하느냐 하는 것은 매우 중요한 사회적 실천이 되는 것이다. 이렇게 언어적 표현을 둘러싼 투쟁을 일컬어 앞서 보았듯이 의미화 실천 혹은 의미화 투쟁으로 지칭하기도 한다. 이렇듯 언어 현상은 단순한 전달 혹은 소통, 표현의 문제를 훨씬 넘어서는 것이다.

문화이론에서 언어 분석이 보여준 가장 큰 기여는 문화를 단지 다양성의 차원에서 바라보는 다원주의적 입장을 비판하고, 문화가 권력과 지배, 이데올로기의 문제임을 보여주었다는 점에 있다. 언어가, 또 문화가 그러하듯 우리의 일상에 공기처럼 스며 있는 이 자연스러움들이 실은 의도되고 조작된 권력작용과 이데올로기라는 인식은 문화를 보다 비판적이고 적극적으로 재구성해야 한다는 실천적 당위성을 제시해준다.

언어는 상당히 관습적으로 사용되기 때문에 그 자체로 보수적인 성격을 지닐 때가 많다. 우리는 문법적으로 정당하고 보다 세련된 언어 사용을 추구한다. 그럼으로써 은어나 속어, 인터넷 언어 등의 언어적 일탈, 추상화 수준이 낮은 직설적 용법, 문법적으로 잘못된 언어 사용을 비난하거나 거부한다. 하지만 이렇게 관습적으로 언어의 용법을 준수하는 것은 곧 언어가 매개하는 사회적 질서를 승인하는 것이기도 하다. 예컨대 연장자에게는 존댓말을, 나이가 어린 사람에게는 반말을 사용하는 것은 연령에 근거하여 만들어지는 권위적 위계관계, 나아가 충효와 같은 전통적 관념을 수용하는 것까지 포함할 수 있다. 또한 바르트가 신화라는 개념으로 비판했듯이, 자연스러움 속에 녹아 있는 이데올로기는 사실을 왜곡하고 잘못된 관념을 전파하기도 한다. 그래서 결국 언어 분석은 곧 비판적 문화연구와 연결되며 또 그것을 지향해야만 하는 것이다.

신화는 역사를 박탈한다

만약 객관적으로 볼 때 우리의 사회가 신화적 의미작용의 특권화된 장이라 할 수 있다면, 그것은 형식적인 측면에서 신화가 우리 사회의 본질이라 할 수 있는 이데올로기적 전도에 가장 적당한 도구이기 때문이다. 인간이 벌이는 모든 수준의 의사소통 안에서, 신화는 반자연을 의사자연으로 전도시킨다.

세계가 신화에 제공하는 것은 현실이다. 이 현실은 다시 거슬러 올라가기에 아무리 멀다 해도 인간이 사용하거나 생산하는 방식에 의해서 규정된 역사적인 현실이다. 이제 신화가 세계에 되돌려 주는 것은 이 현실에 대한 자연스러운 이미지이다. 그리고 부르주아 이데올로기의 본질이 부르주아의 탈명명화인 것처럼, 신화는 사물이 지닌 역사적인 성질이 점차 사라짐으로써 완성된다. 신화 속에서 만들어진 것이라는 사물들의 기억이 사라진다. 이제 세계는 인간적 행위들의 변증법적 관계로서 언어화된다. 즉, 신화에 의해 세계는 본질들의 조화로운 일람표가 된다. 신화의 마법적인 속임수에 의해 현실은 뒤집어지고, 역사가 사라지고, 자연이 들어와 앉았다. 이제 사물은 인간적인 의미를 상실하고 인간적인 무의미를 의미하게 되었다. 결국 신화의 기능은 현실을 사라지게 만드는 것이다. 이것은 말 그대로 끝없는 유출, 출혈, 증발이며 한마디로 말해서, 감지할 수 있는 부재이다. (롤랑 바르트, 정현 옮김, 『신화론』, 현대미학사, 1995)

담론의 권력작용

어떤 사회에서든 담론의 생산을 통제하고, 선별하고, 조직화하고 나아가 재분배하는 일련의 과정들이 존재한다. ……

가장 분명하면서도 또한 가장 친숙한 것은 금지이다. 우리가 모든 것에 대해 말할 수 있는 권리가 없다는 것, 즉 우리가 어느 상황에서나, 누구나 그리고 무엇에 관해서나 말할 수는 없다는 것을 우리는 잘 알고 있다. 대상에 있어서의 금기, 상황에 있어서의 관례, 말하는 주체에 있어서의 특권적인 또는 배타적인 권리. 우리는 이들에게서 끊임없이 수정되는 복잡한 그물을 형성함으로써 서로 교차하는, 서로를 강화해주는, 또는 서로 상보적으로 작용하는 세 유형의 금지들의 놀이를 볼 수 있다. ……

우리의 사회에는 배제의 다른 원리가 존재한다. 그것은 분할과 배척이다. 나는 이성과 광기의 대립을 생각하고 있다. 중세 말 이래로 광인은 그의 담론이 다른 사람들의 담론처럼 통용되지 못하는 그러한 사람이었다. 그의 말은, 진리가도 중요성도 가지지 못함으로써, 정당한 것으로 입증되지 못함으로써, 스스로의 행위나 계약을 하자 없는 것으로 만들지 못함으로써, 나아가 종교적 의식에도 참석하지 못함으로써, 무효화되었다. …… 어쨌든 배제되는 경우이든 이성에 의해 특별 취급을 받는 경우이든, 그것은 엄밀한 의미에서는 실존하지 않았다. 사람들이 광인의 광기를 인지한 것은 그의 말들을 통해서였다. 그의 말들은 분할이 시행되는 장소 자체였다. ……

이들과 나란히 배제의 세 번째 체계로서 진위의 대립을 고려하는 것은 위험하게 보일지도 모른다. 처음부터 자의적인 또는 적어도 역사적 우발성들을 둘러싸고 조직화되는 분할들, 수정 가능할 뿐만 아니라 계속적으로 변화하는 분할들, 강제하는 그리고 수정을 가하는 제도들의 모든 체계들에 의해 밑받침되는 분할들, 제약 없이는 그리고 적어도 부분적인 폭력 없이는 실행되지 못하는 분할들과 진리의 구속력을 나란히 병치하는 것은 불합리하게 보일 것이다. …… 그러나 다른 인식론적 층위에 위치할 경우, 우리의 담론들을 통해 우리 역사의 많은 세기들을 통과해 온 이 진리에의 의지는 무엇이었던가, 그리고 여전히 무엇인가, 또는 매우 일반적인 형태에서 이 지식에의 의지를 지배하는 분할의 유형은 무엇인가와 같은 물음을 제기한다면, 우리에게 나타나는 것은 배제의 체계화 같은 무엇(역사적인, 수정 가능한, 제도적으로 강제된 체계)이리라. (미셸 푸코, 이정우 옮김, 『담론의 질서』, 새길, 1993)

1. 바르트는 왜 현대 사회의 대중문화를 '신화'라고 명명하는지 생각해 보자. 또한 사물의 역사성이 사라지고 자연화될 때 어떤 결과를 낳게 되는지 생각해보자.

2. 담론 생산을 통제, 선별, 조직화, 재분배하는 권력작용은 어떻게 이루어지는지 신문이나 방송 보도의 사례를 통해 분석해보자.

3. 우리가 일상생활에서 사용하는 언어의 관습을 반성적으로 검토해보자. 특정 지역이나 집단, 지위나 인물을 과다 옹호하거나 혹은 비하하지는 않는지 생각해보자.

데이비드 맥렐런, 구승회 옮김,『이데올로기』, 이후, 2002.

롤랑 바르트, 정현 옮김,『신화론』, 현대미학사, 1995.

미셸 푸코, 이규현 외 옮김,『성의 역사』(1-3), 나남, 2004.

미셸 푸코, 이정우 옮김,『담론의 질서』, 새길, 1993.

박해광,『계급, 문화, 언어』, 한울아카데미, 2003.

올리비에 르불, 홍재성·권오룡 옮김,『언어와 이데올로기』, 역사비평사,
    1994.

임영호 엮고 옮김,『스튜어트 홀의 문화 이론』, 한나래, 1996.

페르디낭 드 소쉬르, 최승언 옮김,『일반언어학강의』, 민음사, 2006.

프랑수아 도스, 이봉지·송기정 외 옮김,『구조주의의 역사』(1-4), 동문
    선, 1998-2003.

피에르 부르디외, 정일준 옮김,『상징폭력과 문화재생산』, 새물결, 1997.

제 15 강

지배와 저항의 문화정치

채오병

이 장에서는 정치과정에서 문화가 수행하는 다양한 역할을 개관한다. 우선 문화와 정치의 관련성에 대한 몇 가지 한국 사회의 예시로부터 정치적 현상에 대해 문화분석이 중요한 역할을 수행할 수 있음을 보인다. 다음으로 문화와 정치의 관련성에 대한 기초적 이론 및 개념적 절차로서, 문화에 권력이 관계함으로써 발생하는 이데올로기와 헤게모니 개념을 이해한다. 이러한 문화와 정치에 관한 기본적 이해를 바탕으로 하여, 우리는 시점을 미시에서 거시로 이동시키면서 문화가 정치과정으로서의 지배와 저항에서 수행하는 역할을 네 가지 차원에서 고찰할 것이다. 일상생활에서의 지배와 저항, 자본주의 계급지배와 저항, 국가와 문화, 그리고 제국과 문화가 그것으로, 우리는 다양한 개념과 이론, 그리고 사례를 통해 이 네 차원에서 공통적으로 발견되는 정치와 문화의 긴밀한 관련성을 이해할 것이다.

== 키워드 ==

문화, 정치, 이데올로기, 헤게모니, 지배, 저항, 자본주의, 국가, 국가효과, 국가성, 국가형성, 제국, 오리엔탈리즘

1. 정치생활과 문화

정치, 경제, 사회, 문화…… 각종 매체를 통해 쉽게 접할 수 있는 이러한 분류는 우리에게 매우 친숙하다. 이러한 구분이 함축하는 바는 정치와 문화가 별개의 영역으로 존재한다는 것이다. 그리고 이러한 구분에서 문화의 영역은 흔히 정치, 경제, 사회적 활동 영역과 구분되는 소비와 여가, 그리고 (대중)예술의 영역으로 이해된다. 이러한 구분은 그 이상을 전달하기도 한다. 정치 혹은 경제의 영역은 흔히 인간의 삶에서 더 근본적이고 중요하며, 문화의 영역은 부차적인 것으로 여겨지곤 한다. 또한 전자의 영역이 견고하게 구성되어 있다면, 후자의 영역은 보다 가변적이며 부드러운 것으로 받아들여지기도 한다. 이러한 상식적이고 편의적인 구분은 문화의 영역을 대단히 협소하게 만들뿐더러, 문화가 정치적 영역과 맺는 밀접한 관련성을 호도할 수 있다.

이러한 구분을 쉽게 의심해볼 수 있는 한 가지 예를 들어보자. 2000년대에 접어들어 한국 사회는 사회적이고 정치적인 쟁점에 대해 집합적인 요구를 표현하는 집회방식에서 중요한 변화를 경험하였다. 그 변화란 기존의 경직되고 전투적이며 제한된 참여자의 집회에서 보다 개방적이고 평화적이며 다양한 사람들이 참여하는 촛불집회로의 이행이었다. 촛불집회에서는 2002년의 '효순 미선 사건'과 2003년의 대통령 탄핵 문제, 그리고 2008년의 미국 쇠고기 수입 문제 등 다양한 이슈들이 거론되었다. 촛불집회에서는 또한 다양한 행사와 새로운 풍경이 발견되었다. 시민의 자발적 참여에 기초한 자유발언대와 여러 공연이 펼쳐진 촛불문화제, 그리고 집회상황을 실시간으로 전달하는 인터넷 생중계 등이 그것이다.

이슈와 행사내용의 다양성에도 불구하고 촛불집회에는 하나의 공통점이 존재한다. 수많은 집회 참여자들이 촛불을 드는 이유는 무엇인가? 촛불이 의미하는 바는 무엇이며, 촛불로써 사람들은 무엇을 전달하려 하는가? 이 질문들에 답은 참여한 사람들마다 다를 수 있다. 자신의 견해와 요구를 평화적 방법으로 전달하려는 것일 수도, 촛불을 통해 참여자들의 연대감을 확인하려는 것일 수도, 촛불을 통해 사회적 양심과 자신이 갖는 견해의 순수성을 표현하려는 것일 수도 있다. 중요한 것은 촛불집회가 이미 정치적이면서도 문화적이라는 공통점이다. 그것은 자신의 주장을 그 누구에게 표현한다는 점에서 정치적이며, 그 주장이 갖는 가치를 촛불이라는 상징을 통해 행동으로 의미화한다는 점에서 문화적이다. 만일 우리가 문화의 개념을 가치와 의미, 그리고 실천으로 보다 넓게 이해한다면 문화와 정치의 관련성은 보다 긴밀해질 뿐 아니라, 문화가 정치현상에 대해 보다 근본적인 구성적 역할을 수행한다는 것을 알 수 있게 된다.

이 장에서는 문화와 정치의 관련성을 다음과 같이 살펴볼 것이다. 우선 기본적 논의로서 문화, 이데올로기, 헤게모니 개념을 정치와의 관련성을 중심으로 검토한다. 다음으로 우리는 시각을 미시에서 거시로 이동시키면서 문화가 정치과정으로서의 지배와 저항에서 수행하는 역할을 이해

할 것이다. 일상생활의 지배와 저항, 자본주의와 계급, 국가와 국가형성, 제
국의 네 수준이 그것이다.

2. 문화, 이데올로기, 헤게모니

문화와 정치

문화와 정치의 관련성을 보다 근본적인 관점에서 접근하기 위해, 우선
문화의 의미에서 출발하기로 하자. 일단 우리는 문화를 포괄적으로 정의
할 것이다. 이 장에서 문화란 소비와 여가의 영역적 의미라기보다는 기호
와 상징, 그리고 기호와 상징을 통한 실천으로 정의될 것이다. 기호와 상징
은 마치 공기처럼 우리의 일상생활 영위에서 불가결하다. 우리의 외부세계
에 대한 인식은 언어와 이미지와 같은 기호와 상징을 통해 가능하며, 우
리의 사회적 실천은 다시 그 인식에 의해 인도된다. 일상생활의 매순간마
다 기호와 상징이 사용된다는 사실은 문화와 정치를 서로 다른 영역으로
여기는 편의적 구분이 타당하지 않다는 것을 의미한다. 우리는 대통령의
자질을 토론하는 정치생활에서도, 물건 값을 흥정하는 경제생활에서도,
그리고 친구집단과 교류하는 사회생활에서도 기호와 상징을 사용한다. 예
컨대 우리는 최근 고등어가 많이 잡힌다는 정보(정보는 기호로 이루어진 지
식이다)를 접하고 고등어 값이 쌀 것이라는 예상을 하며 경제행위를 한다.
문화는 이처럼 인간을 사회적 존재로서 가능케 하는 근본적 차원에 자리
잡고 있는 것이다.
　그렇다면 문화가 다른 영역과 맺는 특징과 구분되는, 문화와 정치가 맺
는 관계의 특징은 무엇일까? 모든 문화가 정치적인 것은 아니다. 예컨대

삼계탕을 가정에서 요리하는 방법, 즉 레시피는 기호로 구성된 일련의 정보로 구성되어 있지만 그것 자체가 정치적이지는 않다. 이 요리법에 인간들 사이의 지배, 종속, 혹은 관리의 내용이 담겨 있지 않기 때문이다. 우리는 문화와 정치가 맺는 관계의 특징을 정치의 특성으로부터 유추해볼 수 있다. 정치는 무엇보다 권력의 문제와 관계한다. 권력을 통한 지배와 종속, 그리고 저항은 근본적으로 정치현상을 특징짓는다. 따라서 문화에 권력이 개입할 때 그 문화는 정치화된다고 할 수 있다. 많은 문화사회학적 연구들은 일테면 '정치문화', '저항문화', '투표문화' 등에서처럼 문화 개념을 직접 정치현상의 분석에 적용한다. 또한 각 연구에서 사용되는 문화 개념의 의미는 연구자에 따라 상이하다. 우리는 이러한 다양한 학문적 논의들에 대해 개방적인 자세를 취할 필요가 있지만, 문화와 정치의 관련성을 중심으로 한 최소한의 개념적 정리는 필요하다.

이데올로기와 헤게모니

그렇다면 보다 구체적으로 권력은 문화에 어떻게 개입하며 어떠한 양상으로 나타나는가? 우리는 문화와 정치의 관련성을 크게 이데올로기와 헤게모니의 두 수준에서 관찰할 것이다. 문화에 권력이 개입할 때 이데올로기와 헤게모니가 발생하기 때문이다. 이데올로기와 헤게모니는 그 밀접한 관련성에도 불구하고 서로 구분되는 수준에서 이해될 수 있다.

먼저 이데올로기란 무엇일까? 우리가 이데올로기라는 용어를 사용하고 그것을 쉽게 접하면서도 막상 그 정확한 의미에 대해 막연하다면, 그 이유는 우선 이데올로기의 다양한 용례에서 찾을 수 있다. 테리 이글턴의 조사에 따르면, 인문사회과학에서 이데올로기에 대한 용법은 16가지가 넘는다. 본 장에서는 이러한 다양한 용례들을 일일이 검토하지 않을 것이다.

대신 본 장에서는 특정 이론에 편향되지 않은 포괄적 정의로서, 이데올로기를 행위자가 사회현상을 해석하는 틀이자 행위의 준거가 되는 '세계관'으로 이해한다. 이 정의는 우리가 이 책의 14장에서 살펴본 스튜어트 홀의 이데올로기에 대한 정의와도 대체적으로 부합한다. 세계관은 담론적으로 표현되는, 현실에 대해 상대적으로 논리적 일관성을 갖춘 특정한 견해이다. 사람들은 다양한 세계관을 갖고 있으며 상이한 세계관의 집단들은 흔히 갈등관계에 놓일 것이다. 어떤 세계관은 사회현실을 바람직한 것으로 이해하며, 따라서 기존의 사회질서를 보호하려 할 것이다. 또한 어떤 세계관은 현실을 바람직하지 않은 것으로, 따라서 개선될 필요가 있는 것으로 인식할 것이다. 전자는 지배 이데올로기에, 그리고 후자는 저항 이데올로기에 가까울 것이다.

한편 헤게모니 개념 역시 사회과학 안에서 다양하게 사용되어왔다. 그것은 국제정치의 용어로서 '주도권'을 의미하기도 하고, '게임의 규칙'을 의미하기도 하며, 이탈리아 마르크스주의자 안토니오 그람시가 사용한 것처럼 '지적·도덕적 지도력'을 의미하기도 한다. 서로 다른 정의임에도 불구하고 여기에는 이데올로기와 구분되는 공통된 특징이 발견된다. 그것은 동의이다. 국제정치에서 '주도권'의 행사는 그 권력을 행사하는 국가에 대한 다른 국가들의 암묵적 동의를 전제한다(세계관으로서의 이데올로기 개념은 타자의 동의를 반드시 요구하지는 않는다). 예컨대 미국과 같이 헤게모니를 행사하는 특정 국가는 '자유'와 '인권'의 문화적 기호를 환기시키며 다른 특정 국가에 대한 정치적 개입을 정당화한다. 이러한 자유와 인권의 문화적 기호들 혹은 이에 기반한 담론은 그 자체로서 게임의 규칙과 주도권의 원천이 된다. 특정 국가의 주도권 행사에 찬성하지 않는 다른 국가는 '자유'와 '인권'의 담론 틀 내에서 특정 국가의 행위-예를 들어, 미국의 이라크 침공과 관타나모에서의 고문-에 대해 문제를 제기할 수 있지만, 이미 헤게모니로서, 즉 게임의 규칙으로 작동하는 자유와 인권의 담론 틀 자체에 대한 동의를 철회하는 것은 매우 어렵다. 한편 그람시의 헤게모니 개념은 동의에 자발성의 차원을 더한다. 지배계급의 피지배계급에 대한 지배가 지배계급의 강제가 아닌 피지배계급의 자발적 동의에 기초할 때 지배계급의 헤게모니가 관철된다고 이야기할 수 있는 것이다. 이러한 자발적 동의는 피지배계급이 지배계급의 지적·도덕적 자원을 '당연'하고 '상식적'인 것으로 받아들일 때 가능하다. 우리가 특정 관념을 당연하고 상식적인 것으로, 따라서 자연적인 것으로 인식할수록, 그것을 의문시할 가능성은 줄어들 것이다. 헤게모니적 지배는 저항 담론의 간섭이 상대적으로 적은, 자발적 동의에 기초한 지배이다.

결국 이데올로기가 상대적으로 완전한 동의가 성취되지 않은, 마찰과 갈등을 수반하는 권력작용의 상태를 지칭한다면, 헤게모니는 동의에 기초한 권력작용이다. 이 차이점을 염두에 두며 보다 자세히 이 두 가지를 비교해보자. 이데올로기와 헤게모니는 문화적 현상으로서 특정 문화적 기호와 상징의 실천 및 작용의 결과이다. 이데올로기적 지배와 헤게모니적 지배가 분석적으로 구분되는 한, 그것을 구성하는 기호와 실천 역시 구분될 것이다. 이데올로기적 기호와 헤게모니적 기호가 구분된다면, 그 구분의 기준은 그 기호의 깊고 얕음의 정도이다. 기호의 깊고 얕음이란 무엇일까? 기호의 깊이는 그 기호에 대한 행위자의 의식 정도에 따라 달라진다. 선과 악, 성과 속, 문명과 야만, 문화와 자연, 이성과 감성, 흑과 백 등 일련의 이항대립은 어쩌면 우리에게 매우 익숙한 구분이며, 세계를 이해하는 매우 간편하고 자연스러운 인식적 도구가 된다. 우리는 이러한 이항대립을 흔히 접하고 사용하지만 그러한 이항대립 자체의 진위 여부를 의심하는 경우는 드물다. 다시 말하여 이러한 이항대립들은 우리의 의식 내면에 깊이 존재하는 것이다. 이러한 이항대립의 상당수는 직간접적으로 권력의 문제와 관련된다. 문명과 야만의 구분은 제국주의와 식민주의의 시대에 서구의 비서구에 대한 정치적 지배에 사용되었다. 예를 들어, 프랑스 식민주의의 유명한 슬로건인 '문명화의 임무'는 프랑스의 식민주의적 팽창을 정당화하는 문화적 도구로 활용되었다. 흑과 백의 구분은 흑백사진의 경우에서처럼 권력의 문제와 무관할 수도 있지만, 흑인과 백인의 구분에서 종종 함의되는 것처럼 인종적 위계를 의미하기도 한다. 성과 속의 구분 역시 흥미롭다. 세계를 성스러운 영역과 세속적 영역으로 나누는 인간의 분류 성향은 일찍이 뒤르케임의 저서 『종교적 생활의 원초적 형태』에서 중요한 주제로 논의되었다. 최근 뒤르케임의 통찰을 이어받은 문화사회학적 연구에서는 이러한 성과 속의 구분이 주요 정치사건을 해석하는 인식의 틀임을 지적하고 있다. 이렇게 의식의 내면 깊이 존재하면서 권력과 관계하는 기호는 헤게모니적 기호라고 부를 수 있다.

한편 이데올로기 관념은 의식의 표층에서 얕게 존재한다. 특정 관념이 얕게 존재한다는 것은 우리가 그것들에 대해 매우 의식적임을 의미한다. 우리는 텔레비전과 신문, 인터넷 매체 등을 통해 대통령의 특정 사안에 대한 견해나 정부의 정책, 그리고 특정 정당의 특색을 쉽게 파악할 수 있으며, 가까운 사람들과 이것들을 주제로 논쟁을 벌이기도 한다. 논쟁의 목적은 자신의 견해를 상대방에게 설득함과 동시에 상대방의 견해를 포기하게 하려는 데 있다. 사람들은 특정 견해에 대해 매우 의식적이기에 담론적 쟁투 혹은 논쟁이 발생하며, 또한 역으로 담론적으로 표현되는 특정 관념은 매우 논쟁적이기에 사람들은 그것을 선명히 지각한다. 이데올로기적 관념은 그 자체로 논박의 대상으로 흔히 노출되기 때문에, 깊은 수준에서 존재하는 헤게모니적 관념에 비하여 그 지속성은 짧다고 할 수 있다. 가까운 예로, 주기적으로 치러지는 대통령 선거와 국회의원 선거에서는 서로 다른 이념들이 충돌하며, 선거 결과 승자와 패자가 갈리게 된다.

그러나 한 이념의 다른 이념에 대한 승리는 영속적이지 못하다. 흔히 발생하는 선거를 통한 정권교체는 특정 정당이 추구하는 이념이 언제나 지배 이데올로기일 수는 없음을 의미한다.

사람들은 이데올로기로써 무엇을 하고자 하는가? 그것은 자신이 갖고 있는 세계관을 현실세계에 실현하고자 함이다. 그렇기 때문에 사람들은 자신의 견해를 선전하고, 상대방을 설득하며, 더 나아가 사람들을 동원하고 정당과 같은 조직을 통해 권력을 쟁취하려 한다. 이데올로기는 항상 '재잘거려야' 하는데, 왜냐하면 이데올로기적 지배란 불완전하여 끊임없이 설득해야 하기 때문이다. 그렇기 때문에 이데올로기는 항상 그것을 지지하거나 그것에 저항하는 행위자와 연루되어 있다. 반면 헤게모니의 경우, 그것이 완벽히 실현된 상태라면, 더 이상 행위자의 활동이 필요치 않을 것이다. 왜냐하면 모두가 헤게모니적 관념을 당연시한다면, 그것을 담론적으로 표현하여 설득하거나 그것에 저항할 이유가 없기 때문이다. 완벽한 헤게모니적 지배는 언어가 필요 없는 상태이다. 따라서 특정 행위자의 의식적 개입 없이도, 이미 완성된 헤게모니는 잘 작동한다. 헤게모니는 비행위자적인 것이다. 그러나 이러한 이데올로기와 헤게모니의 구분은 어디까지나 개념적으로 가능하며, 현실에서 양자는 단절적이기보다는 연속성 속에서 정도의 차이로 존재한다고 보는 것이 타당하다.

또한 이데올로기와 헤게모니는 역사적으로, 그리고 같은 시공간 내에서, 계층적으로 상대화된다. 역사적으로 특정 시기의 이데올로기적 지배는 시간의 흐름과 함께 헤게모니화되기도 하며, 헤게모니적 지배는 어떤 역사적 계기 내지 사건에 의해 이데올로기적 지배로 전환되기도 한다. 성차별의 예를 들어보자. 조선 시대에 남성의 여성에 대한 우월한 지위는 유교적 원리에 의해 정당화되었으며, 조선 후기 성리학적 지배질서가 공고화되면서 점차 당연시되었다. 남성의 여성에 대한 헤게모니적 지배는 개항

후 평등주의적 이념의 도입과 함께 도전받게 되었다. 당연시되던 남성의 여성에 대한 우월함의 관념이 도전을 받게 되면서, 이제 남성은 적극적으로 남성의 여성에 대한 우월함을 설득해야 할 필요성이 대두하였다. 헤게모니가 이데올로기로 전환된 것이다. 종래의 헤게모니적 지배는 이제 그 지배를 적극적으로 옹호해야 하는 남성의 지배 이데올로기와, 그것에 도전하는 여성의 저항 이데올로기로 분할된 것이다. 이 성차별의 인식은 이렇게 역사적으로 차이를 보일 뿐 아니라, 동일한 사회 내에서 집단별로 차이를 보이기도 한다. 한국 사회에서 어떤 집단은 남녀 성차별을 당연하게 생각하며, 그것을 위반하는 어떤 행위-이를테면 여성 흡연-에 대해서도

독사(doxa), 정통(orthodoxy), 이단(heterodoxy)

우리는 우리가 갖고 있는 관념이 외부세계, 즉 우리를 둘러싼 환경과 일치한다면 그 환경을 매우 자명한 것으로 간주한다. 이 경우, 자명하기 때문에 우리는 외부세계에 대해 왈가왈부하지 않는다. 그러나 만약 우리가 갖고 있는 상식이나 관념이 외부세계와 일치하지 않을 경우 우리는 혼란을 겪거나 의문을 제기하게 된다. 더욱이 이 상황에 권력의 요소가 관련되어 있을 경우 문제는 더 심각해진다. 예를 들어 우리가 상식적으로 인지하고 있는 정의의 관념과 현실세계의 불평등이 합치하지 않을 경우, 우리는 현실에 대해 문제를 제기하게 된다. 부르디외(1977)에 따르면, 우리의 관념과 외부세계가 거의 완벽히 일치할 때 독사를 경험한다. 우리는 일상생활에서 자명하거나 당연한 것에 대해서는 이야기하지 않는다. 따라서 독사의 영역은 논의되지 않는, 담론화되지 않은 세계이다. 완벽한 지배란 독사에서처럼 그 지배가 자명하여, 누구도 그것을 논의하지 않는 상태를 의미한다. 그러나 어떠한 이유로 관념과 외부세계의 일치상태가 삐걱거릴 경우, 사람들은 그 괴리를 의식하게 되고 문제시하게 된다. 지배적 관념은 이제 자신을 방어해야 한다. 즉, 독사가 정통으로 전환되는 것이다. 정통은 자신의 지배관념으로서의 지위를 방어하기 위해 그 정당성을 적극적으로 설득해야 하므로 담론의 세계에 들어선다. 한편, 이러한 괴리의 상황에서 기존의 지배적 관념체계 혹은 분류체계를 새로운 관념체계로 대체하려는 움직임이 발생할 수 있다. 이러한 대안적 관념체계를 부르디외는 이단이라 부른다. 이단 역시 기존의 관념체계를 공격하고 자신의 관념체계의 정당성을 설득시켜야 하므로 담론적 성격을 띠게 될 것이다. 부르디외의 독사, 정통, 이단의 구분은 우리가 이 장에서 논의하고 있는 헤게모니, 지배 이데올로기, 저항 이데올로기의 구분과 유사하다.

단호한 입장을 보일 것이다. 반면 어떤 집단은 그러한 행위에 대한 비난이 양성평등의 원칙에 위반되며 전근대적 선입견일 뿐이라고 주장할 것이다.

참고로 지금까지 논의한 이데올로기와 헤게모니는 사회학자 피에르 부르디외의 논의와도 일맥상통한다. 그는 권력의 문제에 대해 이야기하면서, 일련의 종교적 은유로서 권력과 지배와 저항의 양상을 묘사한다. 그 주요 은유들은 독사, 정통, 이단으로 구성된다.

지금까지 우리는 문화와 정치의 관련성을 개념적으로 검토하였다. 그렇다면 현실적으로 문화와 정치의 관련성은 어떻게 드러나는가? 정치적 현상, 보다 구체적으로 말하여 지배와 동의, 그리고 저항은 현실적으로 어떻게 문화와 관련을 맺을까? 일상생활의 미시적 과정에서부터 혁명과 같은 거시적 현상에 이르기까지 문화가 지배 및 저항과 직간접적으로 맺는 관련성을 미시적 일상과 거시적 자본주의 사회와 국가, 그리고 글로벌한 제국의 네 수준에서 검토해보자.

3. 일상생활의 지배와 저항

정치, 권력, 지배와 저항, 그리고 이데올로기와 헤게모니라는 단어는 우리가 관심을 갖는 사회학적 주제일 수 있지만 우리의 일상생활과는 거리가 먼 듯 보인다. 그러나 이러한 상식적 견해와 달리 이 모든 단어들은 우리의 일상적 삶을 이해하는 데 많은 기여를 할 수 있다. 아마 이 점을 가장 간명하게 드러내는 표현은 '개인적인 것이 정치적이다'라는 문구일 것이다. 우리는 일상생활을 영위하면서, 우리의 삶과는 무관한 듯 보이는 거창한 정치적 구호와 사회운동을 여러 미디어를 통해 접하곤 한다. 그러나 그러한 현상을 다시 한 번 생각해볼 때, 개인의 경험과 무관한 거시적 정치현상과 사회운동이 과연 존재할 수 있을까? 분명한 점은, 모든 정치현상과 사회운동이라는 것이 개인적 차원에서의 문제가 집합적으로 경험되고 의제화됨으로써 출현하게 되었다는 것이다.

'개인적인 것이 정치적이다'라는 표현이 여성운동 진영에서 처음 제기되었다는 점에서, 일상을 관통하는 지배와 저항이 문화와 어떻게 관련되어 있는지를 보여주는 예로 젠더 불평등의 문제를 들어보자. 남녀 사이의 일상적 관계에서 흔히 관찰되는 여러 차원에서의 불평등은 그것에 권력관계가 중첩되어 있다는 점에서 정치적이다. 여기에서 문화는 이러한 불평등한 관계를 낳고, 이데올로기적으로 정당화하거나 헤게모니적으로 당연화시킴으로써 그 관계를 유지시키는 역할을 수행한다. 예컨대 한국 사회의 젊은 남녀 관계에서 자주 사용되는 '지켜준다'라는 표현은 여성에 대한 남성의 시각을 은연중에 반영하고 있다. 많은 경우 여성을 보호의 대상으로 여기는 것은 여성을 주체성과 독립성을 상실한 통제 내지 소유의 대상으로 여기고 있음을 의미한다. 평등해 보이는 일상적 남녀관계는 이렇듯 정치적일 수 있는데, 그것은 사실 사회적으로 깊이 뿌리내린 가부장적 남녀 성역할 스테레오타입이라는 헤게모니적 관념의 표현인 것이다. 여전히 한국 사회에서는 텔레비전과 같은 미디어 매체에서 여성 배우자의 남성 배우자에 대한 '내조'가 통상적이거나 심지어 자연스러운 부부관계의 모습으로 표현된다. 그러나 예전만큼 그것을 당연하거나 바람직한 관계상으로 받아들이는 사람들은 줄어드는 추세이다. 현모양처의 관념이 예전에는 보다 헤게모니적이었다면, 이제 그것을 옹호하는 사람들은 현모양처론의 타당성을 선전해야 하는 입장에 처해 있다. 보다 헤게모니적이었던 관념이 지배 이데올로기화한 셈인데, 주지되다시피 그것이 가능해진 것은 여성주의적 저항 이데올로기의 지속적 분투 때문이었다.

젠더 문제와 관련하여, 기존의 헤게모니적 관념이 이데올로기화하는 것에 멈추지 않고, 그 이데올로기가 도전받고, 그에 기초한 제도가 폐지되는 사례도 존재한다. 현모양처론과 마찬가지로, 식민지 시대에 기원하여 2008년 1월 폐지된 호주제는 전통 한국에서는 존재하지 않았던, 식민지 시대 여성에 대한 가부장적 통제를 위한 '발명된 전통'으로 탄생했다. 페미니즘 진영(저항 이데올로기)의 노력으로, 해방 후 당연시되었던 남성 호주의 관념은 지배 이데올로기화되어 도전받기 시작하였고, 결과적으로 그에 기초한 제도가 양성평등의 원리에 어긋난다는 취지로 폐지되기에 이른 것이다. 미시적 일상생활에서의 문화와 정치의 밀접한 관련성은 비단 젠더의 문제에 국한되지 않을 것이다. 예컨대 일상생활에서 부모와 자식의 관계, 사제 관계, 세대 관계 역시 유사한 방식으로 분석될 수 있을 것이다.

발명된 전통

'발명된 전통' 혹은 '전통의 발명' 개념은 영국의 역사학자 에릭 홉스봄과 그의 동료들이 저서 『만들어진 전통』(2004)에서 처음 제시하였다. 우리는 일상생활에서 여러 이미지와 담론, 그리고 실천을 통해 소위 전통이라는 것에 쉽게 접할 수 있다. '전통문화'라는 용어가 전달하듯, 전통은 우리 고유의 문화로 흔히 인식된다. 그러나 홉스봄에 따르면 이들 중 상당수는 본래적 의미에서의 전통에 해당하는 것이 아닌 발명된 것들이다. 과거 본래의 전통을 영위했던 사람들은 전통을 전통으로 인식하지 않았다. 단지 전통은 상대적으로 변하지 않는, 관습이자 매우 실용적인, 일상생활의 맥락에 매몰된 노하우로서 존재하였다. 그에 반해 발명된 전통은 특정한 정치적 목적을 위해 날조된 것이다. 다시 말해 정치적이지 않았던 일상생활의 문화가 이데올로기화된 것이다. 그것은 과거에 존재했던 본래적인 맥락을 벗어나 의례화되고 형식화된다. 예를 들어 많은 관광객이 감상하는 덕수궁의 근위병 교대식이 수행하는 현재의 기능은 과거의 그것과 매우 다르다. 과거에 그것이 존재했다면, 그것은 보여주기 위해 존재하는 것이 아닌, 왕궁수호라는 기능을 완수하기 위해 존재했을 것이며, 따라서 현재 우리가 보는 것보다 훨씬 덜 의례적이며 덜 형식적이었을 것이다. 현재 우리가 관찰하는 근위병 교대식은 왕궁수호와는 무관하다. 그것은 한국의 고유한 전통이라는 민족주의적 감성을 환기시키기 위해, 그리고 관광수익을 위해 새로이 각색된 것이다.

일상생활에서의 지배와 저항, 그리고 문화의 문제에 대한 논의는 사회학자 앤서니 기든스가 제시한 '해방의 정치'와 '삶의 정치'의 구분을 통해서도 이해될 수 있다. 일상적 삶 속에는 여러 정치적 불평등과 억압의 문제가 존재한다. 일상의 여러 공간에서 행사되는 신체적이고 언어적인 폭력, 자유로운 직업선택의 제한, 임금차별, 교육기회의 제한, 의료권의 제한, 성적 취향에 대한 억압, 소수자 문화에 대한 무시, 환경 파괴의 문제 등이 그것이다. 이러한 다양한 일상의 문제들은 다양하게 이데올로기화되고 헤게모니화된 관념들에 의해 유지되는데, 그러한 관념들에 도전함으로써 일상의 문제를 개선하려는 시도가 해방의 정치와 삶의 정치이다. 해방의 정치란 불평등한 '삶의 기회'의 문제와 관련된 것으로서, 위계화된 지배의 문제를 개선하고자 한다. 대표적으로 임금차별과 가정폭력에 대한 저항은 위계화된 계급과 젠더질서를 개선하려는 노력이다. 삶의 정치란 '삶의 방식'과 관련된 것으로서, 자아정체성에 기초한 선택을 통해 자아실현을 달성하고자 하는 욕구에서 비롯한다. 예를 들어, 방사능 위험으로부터 안전

이 포스터는 제2차 세계대전 중 미국의 군수공장에서 일하는 여성을 그리고 있다. 이 여성은 가사 대신 남성의 일을 대신하고 있다는 점에서, 여성의 직업선택의 자유와 정체성 정치를 상징하는 아이콘이 되었다.

한 환경에서 살 권리와 성적 취향의 인정에 대한 요구는 지배의 문제와는 직접적 관련성이 없지만, 자신이 추구하는 삶의 방식을 실현하고자 하는 노력인 것이다.

일상생활에서 해방의 정치와 삶의 정치의 계기는 종종 중첩되며, 이 두 가지는 분리할 수 없을 정도로 긴밀히 연관되어 있기도 하다. 예를 들어, 여성의 직업 선택의 자유에 대한 요구는 종래 여성에게 가사 혹은 직종 분리를 통한 남성 위주의 성역할 스테레오타입에 대한 저항이자 자아정체감에 기초하여 자신의 욕구를 실현시키고자 하는 요구라는 점에서 해방의 정치이자 삶의 정치이다. 우리의 일상생활은 이렇듯 문화를 통해 지배와 저항, 그리고 해방의 정치와 삶의 정치가 공존하는 공간인 것이다.

4. 자본주의 계급지배와 저항

일상생활을 떠나 한 사회라는 보다 거시적 수준에서 문화와 정치의 관계를 앞서 소개한 이데올로기와 헤게모니의 개념으로 이해하고자 한 대표적인 시도로 우리는 마르크스주의적 접근을 꼽을 수 있다. 자본주의는 임금노동에 기초한 경제체제이다. 카를 마르크스가 이미 지적한 것처럼 자본주의의 주된 생산관계인 임금노동은 경제적 불평등을 야기한다. 피고용인은 고용인으로부터 착취당하는 관계에 놓여 있으며 그것이 바로 자본주의의 생산력 발전과 물질적 번영이라는 의문의 자물쇠를 풀 열쇠라는 것이다. 마르크스주의의 이론 틀 내부에서 무수히 제기된 질문은 다음과 같은 것이다. 왜 자본주의 사회에서 노동자는 착취당함에도 불구하고 자본주의 체제에 순응하는가?

마르크스의 여러 저작에서 20세기 초 게오르그 루카치의 기념비적 저서 『역사와 계급의식』에 이르기까지, 이 질문에 대한 답은 상대적으로 간단했다. 마르크스주의의 유물론적 관점에 따르면, 경제적 생산관계와 생산력의 조합으로 구성되는 사회의 하부구조가 법, 정치, 문화, 예술 등으로 이루어진 사회의 상부구조를 조건 짓는다. 이 구절을 달리 표현한다면, 자본주의적 생산양식에서 생활하는 모든 사람들은 자본주의적 생산양식의 지배계급이 갖고 있는 의식에 지배당한다는 것이다. 자본주의 사회에서 살아가는 인구의 상당수가 노동자라면, 이들이 갖게 되는 의식은 상대적으로 소수이지만 지배계급인 자본가의 의식에 포섭 당한다는 것이다. 즉, 노동자는 자신의 객관적 계급이익과 거리가 먼, 자본가 계급의 이익을 정당화하는 의식에 사로잡혀 있게 되는 셈이므로, 이들이 갖고 있는 의식은 '허위의식'인 셈이다. 예를 들어, 이 시각에 따르면, 한국 사회에서 신자유주의가 설파하는 세계화와 경쟁논리는 사회 전체의 균등한 경제적 성과의 배분이란 결과로 이어지기보다는 수입분배의 불균등을 통한 계급 양극화로 귀결되지만, 계급 양극화의 피해자들인 많은 노동자들과 빈곤층은 여전히 신자유주의 이념에 동조하는 정치적 행위(예를 들어, 투표)를 한다. 즉, 이들은 자신들의 객관적 이익에 반하는 허위의식에 사로잡혀 있는 것이다.

이러한 인식은 이후 많은 비판을 야기했는데, 그중 핵심적인 것은 노동자와 빈곤층, 즉 피지배계급을 독자적인 판단능력을 결여한 피동적 대중으로 파악함으로써 이들을 계도의 대상으로 여기는 엘리트주의적 발상이라는 것이었다. 또한 이러한 시각은 문화(의식)의 영역을 물질적 조건의 수동적 반영으로만 파악하는 경제결정론의 단순논리에 머물러 있었다. 마르크스주의적 시각을 견지하면서도, 문화의 자율성에 주목하여 보다 세련된 이론을 전개시킨 이는 그람시였다. 그에 따르면 자본주의적 질서의 유지는 국가에 의한 강제력과 함께 피지배계급의 자발적 동의에 의해 가능하다. 이 중 후자에 의존하는 것이 보다 더 효율적이며 효과적인 지배를 가능케 한다. 피지배계급이 자발적으로 동의하는 이유는 바로 지배계급이 갖고 있는 헤게모니 때문이다. 그람시에게 헤게모니란 지적·도덕적 지도력으로서, 그것은 국가가 아닌 시민사회 내부에서 성취된다. 시민사회 내에서 지배계급은 피지배계급에 비해 훨씬 많은 지식과 종교와 윤리적 자원을 갖고 있으며, 이를 설득력 있게 언어적으로 표현할 능력도 갖고 있다. 예를 들어, 신자유주의를 지배계급의 헤게모니적 이념이라고 가정해보자. 신자유주의가 설파하는 자유시장과 경쟁의 논리는 매우 설득력 있게 제시된다. 감세를 통해 부유층이 보다 많은 투자와 소비를 하게 될 것이고, 사회 전반의 경제적 활성화와 고용 창출로 이어지게 될 것이다. 경쟁은 비록 그 과정에서 도태되는 소수를 낳겠지만, 사회 전반적으로 효율성을 제고함으로써 국가경쟁력에 도움이 될 것이다. 이 논리는 더 나아가 대한민국 경제 살리기라는 윤리적 호소력까지 갖추게 된다. 이러한 담론들은 관공서와 학교, 미디어 등의 제도적 기구를 통해 널리 유포되고 전 사회적으로 공고화된다. 그 결과 경쟁논리와 같은 지배계급의 담론은 전 사회적으로 당연시되는 상식화된 관념을 구성하게 된다. 자발적 동의는 바로 그러한 피지배계급에 내면화된 상식에서 연원한다.

그람시는 이렇듯 기존 마르크스주의의 경제결정론적 편향에 맞서 문화의 자율성을, 즉 경제적 하부구조에 대한 문화적 상부구조의 자율성을 주장하였다. 그 이유는 시민사회란 지배계급의 헤게모니가 관철되는 공간이면서도, 이에 맞서는 대항 헤게모니가 구축될 수 있는 공간이기도 하기 때문이다. 그러나 대항 헤게모니의 구축이란 이미 계급지배가 관철되고 있는 상황에서 그리 쉽지 않을 것이다. 그 구축과정이란 장기간에 걸쳐 시민사회 내부에 '참호'를 파고 점차적으로 정치에 영향력을 확장해가는 '진지전'의 양상을 띨 것이다. 요컨대, 정치란 경제구조로부터 단순하게 결정되지 않는, 경제로부터 상대적으로 자율적인 문화적 요인에 의해 보다 직접적인 영향을 받는다는 것이다.

그람시의 통찰을 이어받은, 현재 왕성히 활동 중인 사회학자 스튜어트 홀은 자본주의 사회에서 문화와 정치의 긴밀한 관련성을 보다 명확히 보여주고 있다. 그에 따르면, 마르크스주의가 주장하는 경제적 하부구조가 정치적 상부구조를 조건 짓는다는 주장은 옳다. 그러나 '조건 짓는다'는 것이 곧 '결정한다'는 의미는 아니다. 경제적이고 물질적인 배경이 정치적 정체성 형성과 실천의 조건이 되는 것은 사실이지만, 그것을 직접적으로 결정하는 것은 문화이다. 즉, 경제가 정치에 영향을 주는 것은 틀림없지만, 양자 사이에는 어떠한 필연적 관련성이 존재하지 않는다. 결국 정치에는 많은 우연성이 개입하기 마련인데, 그 우연성에서 중요한 역할을 하는 것이 문화라는 것이다.

다음과 같은 가상의 예를 들어보자. 우리는 대학 졸업에 즈음하여 본격적인 '취업 시장'에 뛰어들게 된다. 각자의 능력과 준비한 정도, 그리고 취향과 운에 따라 매우 상이한 시장 경험을 하게 될 것이다. 이러한 경험과 우리들이 이 사회에 대해 갖게 되는 정치적 견해는 어떠한 관련을 맺을까? 취업문은 경제상황이 호전되지 않아 여전히 좁게 닫혀 있고, 정부의 압력과 권고에 의해 대기업 중 일부는 인턴사원제를 확대하였다. 열심히 취업준비를 한 우리는 비록 정규직은 아니지만 모 기업의 인턴사원이 되는 행운을 얻게 되었다. 그러나 기쁨도 잠시, 우리는 열심히 일했는데도 계약기간이 끝나 오직 소수만이 정규직으로 전환되는 높은 문턱을 넘지 못하였다. 많은 졸업생들이 동일한 경험을 하게 된다. 이러한 동일한 경험에 대해 사람마다 매우 상이한 의미화를 하게 된다. 졸업생 A는 자신의 불행의 원인을 자신의 스펙 탓으로 돌린다. 자신의 출신학교도 썩 내세울 만하지 않고, 영어 점수와 대학생활을 돌이켜보며 자신의 노력이 충분치 않았음을 탓한다. 능력주의에 입각한 현 사회의 취업제도에는 문제가 없으며, 오직 자신이 부족했기 때문에 정규직 취업에 실패했다는 것이다. 졸업생 B의 견해는 이와 다르다. B는 현재 사회구조상 모두가 열심히 노력한다고 해도 오직 소수만이 정규직 취업의 행운을 누리게 될 것이며, 결국 문제는 우리의 노력 여부보다는 제도에 있음을 직시한다. 이 현실은 능력주의와는 거리가 먼 것이며, 사회가 강요하는 경쟁논리만으로도 해결될 수 없다. B는 일개 소시민으로서 취업시장에 계속 문을 두드릴 생각이지만, 사회경제구조가 보다 공정한 방식으로 개선되기를 바라고 그 입장을 정치적으로 지지할 것이다.

정치적으로 볼 때 A는 상대적으로 보수적인, B는 상대적으로 진보적인 입장에 서 있다고 할 수 있다. 그런데 여기서 중요한 것은 이 두 졸업생이 동일한 시장 경험에 대해 상이한 해석을 하고 이로부터 상이한 정치적 입장을 취하고 있다는 사실이다. 이를 달리 표현하면, 물질적 조건(시장 경험)이 사회에 대한 정치적 해석을 가능케 하지만, 양자 사이에는 어떠한 필연적 관계도 없는 것이 된다. 동일한 시장 경험이 어떠한 사람에게는 보수적으로, 다른 사람에게는 진보적 관점에서 해석되는 것이다. 결국 물질적 조건과 정치적 견해의 관계가 우연적이라면, 여기에서 중요성을 갖게 되는 것이 문화이다. 시장 경험이라는 것이 정치적 견해의 형성을 위한 조건을 마련한다면, 그 형성에 결정적인 영향을 주는 것은 그 시장 경험을 의미화하는 문화적 해석 틀이다. 원재료로서의 시장 경험은 문화적 해석 틀에 의해 가공됨으로써 비로소 특정한 방식으로 이해되고 정치적 견해로 정제되는 것이다. 나에게 좀처럼 열리지 않는 취업문을 도대체 어떻게 이해해야 하는가? A와 B가 같은 경험에 대한 서로 다른 해석과 정치적 견해를 갖고 있다면, 그 이유는 이들에게 영향을 준 문화적 해석 틀이 다르기 때문이다. A의 경우 보수적 담론, B의 경우 진보적 담론이라는 문화적 해석 틀을 통해 자신의 시장 경험을 이해한 것이다. 한 사회에는 정치적 입장이 서로 다른, 경합하는 여러 문화적 해석 틀이 존재한다. 결국 현대 자본주의의 지배질서를 지지할 것인가, 혹은 그것에 대해 비판적인 입장을 취할 것인가는 문화적 영역에서 보다 설득력 있는 경험의 해석 틀을 제공하려는 헤게모니 세력과 대항 헤게모니 세력의 쟁투에 강한 영향을 받는 것이다. 마르크스주의적 관점에 동의하건 그렇지 않건, 우리는 지금까지 논의한 내용이 자본주의 사회에서 문화와 정치의 긴밀한 관련성을 보여주고 있음을 알 수 있다.

5. 문화와 국가

국가에 관한 연구는 오랜 사회학적 주제 중의 하나다. 예컨대 사회중심적 접근으로서의 마르크스주의는 국가를 사회 내의 계급관계가 반영된 제도로 이해하며, 국가중심적 시각의 베버적 접근은 국가를 권력을 추구하는 자율적인 기구이자 행위자로 이해한다. 이 두 접근에서 문화는 부차적 역할만을 수행할 뿐이었다. 예를 들어, 마르크스주의적 국가이론에서 문화는 적극적인 역할을 부여받지 못한다. 이데올로기로서의 문화는 그 사회 내 생산관계의 피동적 반영으로서, 부르주아 계급지배를 국가를 통해 정당화하는 역할을 담당한다. 베버적 접근에서 근대국가는 무엇보다 '합리적' 조직으로 이해되며, 따라서 문화가 담당하는 역할 공간은 매우 협소한 것으로 여겨진다.

이러한 기존의 시각과 대조적으로, 최근 부상하고 있는 국가에 대한 문화적 접근은 국가 영역에서 문화가 수행하는 적극적 역할을 부각시킴과 동시에, 실체로서의 국가 개념을 재고할 것을 요청하고 있다. 국가에 대한 사회중심적 접근과 국가중심적 접근은 국가의 속성에 대한 입장의 차이에도 불구하고 국가를 하나의 응집체로 파악하며, 더 나아가 국가와 (시민)사회의 구분을 전제하고 있다. 비단 이 이론들뿐 아니라 많은 정치사회학적 논의들은 국가와 시민사회의 영역 구분을 당연시한다. 이 절에서 소개하는 국가에 대한 구성주의적인 문화적 접근은 이러한 가정에 도전한다. 국가와 시민사회의 구분은 객관적으로 존재하는 것이 아니라 문화적으로 구성되는 것이며, 또한 국가 자체도 문화적으로 구성된다는 입장을 피력한다. 이 절에서는 국가효과와 국가성 및 국가형성의 개념을 중심으로 국가에 대한 문화적 구성주의에 접근한다. 물론 여기에서 소개되는 개념들은 국가에 대한 다양한 문화적 접근들을 모두 포괄하지는 않는다.

국가효과

사회학자 필립 아브람스가 여러분들에게 다음과 같은 과제를 던진다. "자, 우리는 이제부터 국가를 공부할 것이니까 여러분들은 내일까지 국가를 관찰해 오세요." 과제를 부여받은 우리는 지금부터 국가를 관찰하고 그 국가에 대한 보고서를 제출해야 한다. 이 순간 우리는 당황하게 된다. 국가를 관찰하기 위하여 어디로 갈 것인가? 국가는 매우 친숙한 용어임에도 불구하고, 그 용어의 막연함을 이제야 깨닫게 된다. 국가를 실제로 관찰하기 위해 어디로 갈 것인가? 청와대로 갈 것인가, 정부종합청사로 갈 것인가, 아니면 국회로 갈 것인가? 각각은 국가기관임이 분명하지만 그 자체로서 국가로 간주하기에는 부족함이 없지 않다. 아브람스가 이 질문을 던짐으로써 환기시키고자 하는 바는 우리가 하나의 실체로서 믿고 있는 그런 국가는 사실 존재하지 않는다는 것이다. 그는 사회학적 연구대상으로서의 국가에 대해 다음과 같이 언급한다. 종교를 연구하는 사회학자는 종교와 관련된 사회적 현상을 연구한다고 해서 특정 신의 존재를 반드시 믿을 필요는 없다. 마찬가지로 국가에 대해 연구하는 사회학자가 국가의 존재를 반드시 믿을 필요는 없다는 것이다.

아브람스의 주장은 매우 급진적이다. 정말로 국가란 존재하지 않는 것인가? 행정부나 기타 국가 기관은 분명 존재할 것이다. 그러나 단일하고 집합적이며 권위 있는 '행위자' 혹은 '실체'로서의 국가는 존재하지 않는다는 것이다. 그럼에도 불구하고 보통 사람들은 국가의 존재를 무의식적으로 가정한다. 국가에 대한 문화적 접근의 관심은 바로 여기에 있다. 실제로 그렇게 존재하지 않는 국가에 대해 사람들은 왜 존재한다고 믿으며, 그 관념에 따라 행동하는 것일까?

이제 우리는 국가효과라는 개념에 대해 이야기할 차례가 되었다. 국가효과, 즉 국가의 효과는 문화적 효과로서, 국가가 스스로 드러내는 독립적 실체로서의 현시성을 의미한다. 아브람스의 문제의식을 이어받은 티모시 미첼은 이 개념을 제안함으로써, 국가라는 범주가 어떻게 문화적으로 구성되는가를 보여주고자 한다. 우리의 일상생활에서, 그리고 많은 사회과학적 담론에서 국가와 (시민)사회의 구분은 당연한 것으로 받아들여진다. 이 구분은 정말 타당한 것인가? 양자 사이의 경계는 정말 뚜렷한 것일까? 다음의 예시적 물음들은 우리가 당연하게 생각하는 국가와 사회의 구분이 실제로 그렇지 않음을 시사한다. 우리가 살고 있는 아파트 앞에 있는 동사무소와 파출소는 국가의 한 부분인가 아닌가? 이윤을 추구하는 LH와 같은 국영기업은 국가에 속하는가, 아니면 사회에 속하는가? 전남대와 경북대와 같은 국립대학교는 국가 영역에 포함되는가, 아니면 사회 영역에 포함되는가? 우리가 갖고 있는 국가와 사회라는 인식틀로 이러한 질문들에 명확한 답을 제시하기가 매우 곤란하다는 점을 곧 깨닫게 될 것이다. 즉, 국가와 사회의 경계는 우리의 상식과 달리 불분명하다는 것이다.

그렇다면 왜 우리는 이러한 상식 혹은 믿음을 갖게 된 것일까? 미첼의 국가효과에 대한 논의는 이론적으로 미셸 푸코의 작업들에 의존하고 있다. 미셸 푸코는 『감시와 처벌』과 『성의 역사 1』 등 일련의 작업들을 통해, 어떻게 사회적 현실이 담론적으로 구성되는지를 선구적으로 보여주었다. 그 통찰을 이어받아 미첼은 다양한 문화적 작업을 통해 어떻게 국가가 사실 그렇지 않음에도 불구하고 사회와 구분되는 독립적 실체로 구성되는지 관찰한다. 구체적 정책과 관련한 정부 부처 간 이견과 갈등에서 볼 수 있듯이 국가 엘리트와 기관들은 실제로 응집적이지 않을 수 있는데, 그럼에도 불구하고 우리가 실체로서의 국가의 독립성과 자율성에 대한 관념을 갖는 이유는 국가기관과 국가 엘리트에 의한 다양한 문화적 작업 때문이다. 문화적 작업으로서, 국가의 독립성과 신성함을 드러내줄 수 있는 여러 가지 이야기들과 시각적 이미지와 상징, 그리고 의례 등이 고안되고 선전된다. 예를 들어, 국가의 신성함을 드러내기 위해 황금색의 봉황 문양은 청와대에서만 사용될 수 있으며, 정부 당국자들은 국가기관의 독립성과 권위를 드러내기 위한 다양한 상징을 사용한다. 매년 국가 명의로 특정 인물들에게 선별적으로 수여되는 훈장과 표창은 은연중에 그것을 수여하는 추상적 국가의 존재를 드러낸다. 주기적으로 반복되는 국가의례 역시 그것에 참여하고 관찰하는 사람들로 하여금 국가의 존재를 각인시키는 효과를 불러일으킨다. 예컨대, 매년 텔레비전을 통해 전국에 중계되는 현충일 행사와 개천절 행사, 삼일절 행사 등은 그 주체가 국가임을 암시한다. 결국 국가효과의 개념은, 국가란 객관적으로 실재하며 사회로부터 독립되고 사회에 대해 자율적인 실체이기 이전에, 문화적으로 구성되는 존재임을 시사한다.

국가성과 국가형성

국가에 대한 모든 문화사회학적 접근이 국가라는 '범주' 자체에 대해서 의문을 제기하는 것은 아니다. 대신 많은 사회학자들은 국가형성에서 문화가 수행하는 구성적 역할에 주목한다. 구성적 역할이 구체적으로 무엇인지 이해하기 위해, 우선 '국가성'에 대해 언급할 필요가 있다. 우리는 사회마다 국가의 의미가 동일할 것이라는 가정을 해볼 수 있지만, 사실은 그렇지 않다. 일찍이 정치학자 네틀은 우리가 국가를 이해할 때 이것을 '상수'가 아닌 '변수'로 취급해야 함을 주장한 바 있는데, 그에 따르면 국가라는 것은 역사적·사회적 맥락에 따라 그 의미가 다양하다는 것이다. 예컨대, 어떤 사회에서는 국가와 정부를 동일시하며, 다른 사회에서는 국가와 정부를 별개의 것으로 간주한다. 어떤 사회에서 국가는 자율적 행위의 영역으로 이해되지만, 다른 사회에서는 그렇지 않다. 또한 연방제를 채택하고 있는 미국 사회의 'state'에 대한 이해와 한국 사회의 '국가'의 의미는 다르다. 이렇듯 국가의 성격, 즉 국가성은 사회마다 다른데, 그 다름은 각 사회가 독특하게 갖고 있는 역사, 지식, 그리고 문화적 전통의 상이함에서 기인하는 것이다.

국가라는 것이 고정되어 불변하는 실체, 즉 상수가 아니며, 각 사회마다 독특한 국가성을 갖는다는 것은, 사회들마다 국가가 형성되어온 경로가 상이할 수 있음을 의미한다. 국가형성은 정적인 개념이 아니라 동적인 개념이다. 사회적 행위자의 정체성이 고정되어 있는 것이 아니고 끊임없이 변화하듯이, 국가 역시 어떠한 완성된 상태란 존재할 수 없으며 지속적인 변화과정에 있다는 것이다. 국가형성에서 경제와 계급, 국제관계, 그리고 정치적 논리 등이 수행하는 역할이 매우 중요하다면, 문화가 수행하는 역할 역시 간과될 수 없다. 한국의 사례를 예로 들어보기로 하자. 역사적으로 한반도에는 다양한 형태의 국가가 존재했다. 근대 이전의 국가는 현대 국민국가와 그 성격을 달리했다. 예컨대, 조선시대에 사용된 국가 개념은 주로 왕실을 의미했다. 개항 후 이 국가 개념은 이전과는 다른 의미를 획득하게 된다. 이제 일본의 번역을 통한 서구의 국가 개념이 소개되면서 근대적 용어로 변모하게 되었다. 한국에 소개된 근대적 국가개념은 국가/시민사회의 구분에 기초한 영미적 자유주의 국가가 아닌 독일 국가학에 기원을 둔 권력의 주체이자 공동체로서의 국가였다. 이러한 국가 개념의 수용은 현재에도 그 흔적이 뚜렷이 남아 있다. 예를 들어, 현대 한국 사회에서 '국가대표'에서의 국가와 '국가조직'에서의 국가는 그 의미가 다르다. 전자가 공동체로서의 국가를 의미한다면 후자는 권력을 행사하는 기관으로서의 국가를 의미한다.

　이어 식민지 시대의 국가, 즉 식민국가는 '국민 없는 국가'로서 일본 식민주의의 문화적 모순을 반영했다. 문화적 모순이란 강제적 통치기구로서 식민국가가 등장하였지만, 식민 통치를 유지하기 위해 한국인에게 정치참여를 허용할 수 없는 모순을 의미한다. 해방 후 비로소 처음으로 등장한 근대 국민국가는 어떻게 성립한 것일까? 20세기 중반 식민통치로부터 해방된 사회에서 그 사회가 추구해야 할 정치적 모델은 서구의 국민국가에서 찾아졌다. 입헌주의와 정부 조직, 그리고 의회정치의 제도는 자연적으로 주어진 것이 아니라 당시 전 지구적으로 유통되던 국민국가라는 지배적 정치모델을 한국 정치 엘리트들이 선택한 결과였다. 1950년대에서 1980년대에 이르기까지의 정치과정과 권위주의적 국가에도 문화적 요인이 큰 영향을 미쳤다. 정치 지도자들은 민족주의라는 문화적 담론을 동원과 체제의 정당화에 활용하였던 것이다. 1980년대 중반 이후 한국의 정치 민주화 역시 문화적 과정이었다. 권위주의 국가에 대한 저항 담론으로서 민주주의 담론과 사회주의 담론, 그리고 민중 담론은 이후 전개되는 정치과정에서 국가기구를 민주화시키는 중요한 역할을 수행하였던 것이다. 또한 1990년대 후반에 시작되어 2000년대에 가속화된, 공기업 매각과 정부부처 통합, 그리고 규제완화를 통한 작은 정부의 표방은 1980년대 이래 전 세계적으로 맹위를 떨친 신자유주의 이념을 받아들인 결과였다. 이렇듯 한국에서 국가의 성격은 지속적으로 변해왔으며, 그 과정에서 문화적 요인이 큰 역할을 해왔음을 알 수 있다.

6. 제국과 민족주의

마지막으로 우리는 글로벌한 수준에서도 문화와 정치의 긴밀한 관련성을 관찰할 수 있다. 제국주의와 식민주의, 그리고 민족주의는 한국 사회의 역사 및 현실과 매우 밀접한 관련을 맺고 있다. 한국은 19세기 말 재편되기 시작한 전 지구적인 제국적 질서 속에서 서구적 근대문물을 수용하기 시작하였으며, 이어 일본의 식민지배를 경험하였고, 그 과정에서 저항적 민족주의를 발전시켜왔다. 또한 한국은 해방 후 미국 중심으로 재편된 세계질서에 편입되었다. 따라서 1세기 남짓한 한국인들의 근대적 삶은 제국적 질서 속에서 영위되었다고 해도 과언이 아니다. 제국주의와 식민주의는 제국이 취할 수 있는 두 가지 형태이다. 식민주의가 지배국의 피지배국에 대한 주권의 찬탈과 조선총독부와 같은 식민국가의 운영에 의해 성립된다면, 제국주의는 주권의 찬탈 없이 정치적인 '영향권'의 구축을 통해 유지된다. 식민주의와 제국주의적 지배는 그 지배형태에서 차이를 보여주고 있지만, 여기에는 동일한 문화와 권력의 문제가 내재해 있다.

식민주의는 외부인의 강제적 주권찬탈에 의한 통치이며, 식민주의자와 피식민지인 사이의 인종적이거나 문화적 차별에 근거하여 통치한다는 점에서 정당성을 결여하고 있다. 일본의 한국에 대한 식민통치도 예외 없이 정당성을 결여한 지배였다. 따라서 의병항쟁과 삼일운동을 포함한 다양한 형태의 저항이 식민통치에 도전하였다. 이러한 도전에 대한 효과적인 식민권력의 대응은 무엇일까? 식민권력이 정당성의 문제를 해결하기 위해 사용한 방법은 경찰을 동원한 강제력의 행사만은 아니었다. 식민권력은 피지배민으로부터의 동의를 이끌어내기 위해 문화적 수단을 활용하였다. 식민주의에서 지배의 정당화는 전형적으로 식민주의자와 피식민지인에 대한 '차이의 지배'에 의존한다. 식민지배자와 피식민지인 사이에는 '인종'적 혹은 '문명'적 차이가 존재하기 때문에 양자에 대한 차별은 정당하다는 것이다. 영국과 프랑스의 식민지배 수사인 '백인의 부담'과 '문명화의 임무'는 이러한 식민지배자와 피식민지인 사이의 문화적 차이를 통해 차별에 기초한 식민지배를 정당화하고자 하였다. 식민지 조선에서도 마찬가지였다. 조선총독부의 조선인에 대한 차별에 기초한 식민지배는 '일본인'과 '조

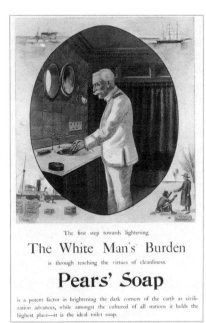

The first step towards lightening

The White Man's Burden

is through teaching the virtues of cleanliness.

Pears' Soap

is a potent factor in brightening the dark corners of the earth as civilization advances, while amongst the cultured of all nations it holds the highest place—it is the ideal toilet soap.

이 그림은 1890년대의 비누광고이다. 선실 화장실에서 손을 씻는 백인을 배경으로 해외탐험과 해외무역, 그리고 흑인 원주민을 계몽하는 백인의 삽화가 배치되어 있다. 하단에는 '백인의 부담을 시작하는 첫걸음은 청결의 미덕을 가르치는 것으로부터'라는 광고문구가 적혀 있다.

선인' 사이의 '문명적 차이'를 그 정당성의 근거로 활용하였던 것이다. 일본 식민통치자들이 말한바 일본의 조선에 대한 통치지향, 즉 조선을 일본화해 조선인을 일본인과 동등하게 대우하는 동화주의는 현실적으로 일본인과 조선인 간의 '민도'의 차이 때문에 점진적으로 실현되어야 했다. 식민지배의 정당화 수단이 인종적 차이이건 문명적 차이이건, 그것들이 문화적 수사였다는 점에서 공통점이 존재한다.

　이렇듯 식민주의에는 지배자의 피지배민에 대한 독특한 문화적 시선이 내재한다. 이러한 시선은 에드워드 사이드에 따르면 오리엔탈리즘이라 불리는 것으로서, 전형적으로 서구인의 비서구인에 대한 문화적 선입견에 근거한다. 이 선입견은 '서양'과 '동양'의 이원대립을 중심으로 다시 일련의 세부 이항대립으로서 구성된다. 예를 들어, 서구가 합리성, 이성, 솔직함, 부지런함, 청결함, 어른, 남성 등으로 재현된다면 동양은 비합리성, 감성, 거짓 혹은 간교함, 게으름, 불결함, 아이, 여성 등으로 재현되는 것이다. 사이드에 따르면, 오리엔탈리즘은 다시 서구와 동양의 차이가 특정 정치적 지배에 직접적으로 이용될 수 있는 '명시적 오리엔탈리즘'과, 거의 무의식의 상태로 내재하여 우리의 사고 전반을 지배하는 '잠재적 오리엔탈리즘'으로 구분된다. 또한 오리엔탈리즘은 서구인의 비서구인에 대한 선입견임에도 불구하고, 흔히 비서구인들에게 내재화된다. 서구적 가치를 기준으로 하여 자신을 둘러싼 사회적 환경을 열등한 것으로 바라보는 입장이 바로 내재화된 오리엔탈리즘인 것이다.

　이러한 문화적 현상으로서의 오리엔탈리즘은 정치적 현상으로서의 식민주의뿐 아니라 제국주의에 대한 이해에도 도움을 준다. 이미 언급한 것처럼, 제국주의는 가능하다면 평화로운 영향권의 구축을 통해 그 지배력을 유지하려고 하며, 불가피할 경우에 정치적이고 군사적인 수단을 사용한다. 그렇다면 영향권은 어떻게 구축되는가? 영향권은 특정 제국 주도의 세계질서하에 있는 피지배국의 협력과 동의에 의해 유지된다. 협력과 동의를 통한 영향권의 구축이야말로 제국이 가장 효율적인 방식으로 지배를 유지할 수 있는 방법일 것이다. 피지배국으로부터의 협력과 동의에는 그렇게 하지 않을 경우 받게 되는 정치·경제·군사적 제재에 대한 두려움이 작용할 수 있다. 그러나 이에 못지않게 중요한 것은 문화의 역할이다. 명시적이고 잠재적인 오리엔탈리즘은 학문과 예술과 같은 고급문화에서 영화와 음악과 같은 대중문화에 이르기까지 제국문화의 우월함을 드러내며, 이는 제국적 영향력에 대한 자발적 동의와 협력, 그리고 이를 통한 제국의 문화적 헤게모니의 재생산에 기여한다.

그러나 식민주의와 제국주의가 헤게모니를 획득하기란 결코 쉽지 않다. 오히려 제국적 지배는 흔히 지배국과 피지배국 사이의 이데올로기적 대립을 수반하였다. 20세기 초부터 현재에 이르기까지 비서구 사회에서 등장한 민족주의는 서구의 제국적 영향력 행사에 대한 이데올로기적 반발로서의 성격을 띠어왔다. 민족주의는 문화적이면서도 정치적인 현상이다. 그것이 문화적인 이유는 그것이 민족이라는 문화적 상상을 통해 현대 사회의 매우 중요한 집합적 정체성의 하나를 구성하기 때문이며, 그것이 정치적인 이유는 경우에 따라 내가 직접 만나본 적이 없는 '우리 민족'을 위해 목숨을 버릴 만큼 강력한 정치적 동원력을 갖고 있기 때문이다. 이러한 저항적 민족주의는 흔히 서구에 대한 비서구의 반감을 드러내는, 특정 지역의 인종·종교·종족적 정체성에 기초한 근본주의 혹은 전통주의적 경향을 보이기도 한다. 비서구 세계의 서구에 대한 이러한 반감 어린 시각을 옥시덴탈리즘이라 칭하는데, 이것 역시 오리엔탈리즘이 이미 설정해놓은 서구와 비서구의 이원론에 의거한다는 점에서, 그것이 아무리 저항적 성격을 갖는다 하더라도 오리엔탈리즘의 문화적 헤게모니를 넘어섰다고 보기는 어렵다.

권력과 국가효과

[국가]효과란 근대 국가가 개발한 중요한 권력의 기술(푸코가 훈육이라 부르는 것)이다. 이 훈육적 권력은 현대 국가를 이해하는 데에 두 가지 실마리를 제공한다. 하나는, 권력이 외부가 아닌 내부로부터 작동한다는 점이다. 그것은 명령체계나 폭력과 같은 외부적 제약이 아니라, 특별한 과정이나 부분의 내부에서 움직이며, 효율과 정교함을 증진하는 것이다. 또하나는, 바로 이 방법으로 현대 국가가 사회의 여타 부분으로부터 떨어져 있는 기구처럼 보이게 한다는 점이다. 예컨대, 군대의 새로운 훈련방법(즉, 공간의 분할, 신체의 규칙적 분배, 정확한 타이밍, 동작의 조절, 끝없는 반복 등)은 절도 있는 군인을 양성하는 것뿐 아니라, 군대기구를 부분의 합보다 무언가 크게 보이게(혹은 이 기구를 사회로부터 따로 떨어져 있게) 한다. 그런즉 국가는 실제의 구조로서가 아니라, 그런 구조가 존재하는 것으로 보이는 '강력한 형이상학적 효과'로서 연구될 수 있는 것이다. (한석정, 『만주국 건국의 재해석: 괴뢰국의 국가효과 1932-1936』, 동아대학교 출판부, 2007, 47-48쪽)

헤게모니와 오리엔탈리즘

그람시는 시민사회와 정치사회 사이에 효과적인 분석상의 구분을 설정했다. 그는 시민사회 쪽은 학교, 가족, 조합과 같이 자유의지에 의한 (적어도 이성적이고 비강제적인) 가입 및 귀속관계로 구성되며, 정치사회 쪽은 직접적인 지배를 정치적인 역할로 삼는 국가제도(군대, 경찰, 중앙관료제)로

구성된다고 했다. 물론 문화의 기능을 인정할 수 있는 것은 시민사회에서
이다. 시민사회에서 사상과 제도 그리고 타인의 영향력은 지배를 통해서
가 아니라 그람시가 말한 동의를 통하여 작용한다. 나아가 전체주의적이
지 아니한 사회라면 어디에서도 (어떤 사상이 다른 사상보다도 커다란 영향
력을 갖는 것과 같은 의미에서) 어떤 문화형태가 다른 문화형태에 비하여 단
연코 우월한 것이다. 이러한 문화적 주도권의 형태는 그람시에 의해, 공업
화된 서양사회의 문화생활을 이해함에 필수적인 개념인 '헤게모니'로서
인정된 것이다. 오리엔탈리즘에 대하여 지금까지 설명해온 지속성과 힘을
부여하는 것이 바로 헤게모니이며, 더욱 정확하게 말하자면 문화적 헤게
모니가 작용한 결과인 것이다. …… 사실상 유럽문화의 중요한 구성요소
야말로 바로 유럽문화를 문화 안팎에서 헤게모니적인 것으로 만들고 있
다고 말할 수 있다. 곧 유럽이 아닌 모든 민족과 문화를 능가하는 것으로
서 스스로를 인식하는 유럽인의 유럽관이 바로 그것이다. 나아가 유럽인
의 동양관이 갖는 헤게모니라는 것이 있다. 그것은 동양인의 후진성에 대
한 유럽인의 우월성을 계속 주장하며, 더욱 자율적으로 더욱 회의적으로
모든 현상을 생각하고자 하는 인물이 상이한 견해를 취할 수 있는 가능
성을 없애버리는 것이 보통이다. (에드워드 사이드, 박홍규 옮김, 『오리엔탈리
즘』, 교보문고, 1991, 23-24쪽)

1. 2008년 출범한 국가브랜드위원회는 국가의 품격 높이기를 목표로
   설정하였다. 아울러 정부 부처마다 제각각인 상징 이미지의 통합을
   추진하였다. 정부부처의 상징을 조사해보고, 상징 통합이 가져오는
   국가효과에 대해 논의해보자.

2. '글로벌'과 '글로벌리제이션'은 수년간 한국 사회의 문화적 신드롬이

었다. 글로벌리제이션은 제국과 정치의 문제와 관련해 어떻게 논의될 수 있을까?

──────────── 읽 을 거 리 ────────────

미셸 푸코, 이규현 옮김, 『성의 역사 1』, 나남, 2004.

스튜어트 홀, 임영호 옮김, 『스튜어트 홀의 문화이론』, 한나래, 1996.

앤소니 기든스, 권기돈 옮김, 『현대성과 자아정체성』, 새물결, 2010.

양현아, "한국의 호주제도: 식민지 유산 속에 숨 쉬는 호주제도", 「여성과 사회」 10, 1999, 214-237쪽.

에드워드 사이드, 박홍규 옮김, 『오리엔탈리즘』, 교보문고, 1991.

에릭 홉스봄, 박지향 옮김, 『만들어진 전통』, 휴머니스트, 2004.

채오병, "민족형식과 민족주의: 제국문화와 반식민문화의 상동성", 「한국사회학」 41-4, 2007, 1-32쪽.

테리 이글턴, 여홍상 옮김, 『이데올로기 개론』, 한신문화사, 1995.

안토니오 그람시, 이상훈 옮김, 『그람시의 옥중수고』, 거름, 1999.

한석정, 『만주국 건국의 재해석: 괴뢰국의 국가효과 1932-1936』, 동아대학교 출판부, 2007.

선물의 논리와 힘

박정호

선물 교환은 상거래에서 일어나는 등가 교환의 논리를 따르지 않는다. 선물로 맺어진 사회관계는 사고파는 매매가 아닌 주고받고 답례하는 호혜적 행위들로 이루어진다. 이 장에서는 먼저 선물의 호혜성이 무사무욕과 자기이해, 자발성과 의무가 뒤얽힌 복잡한 메커니즘에 의해 추동된다는 사실을 배운다. 다음으로 선물 교환은 평화로운 계약이 아닌 사회적 인정을 둘러싼 갈등을 동반한다는 점과 선물을 타인에게 주는 것은 곧 자신의 일부를 타인에게 양도하는 행위임을 되짚어본다. 끝으로 선물의 논리가 현대 사회 속에서 어떻게 적용되는지 알아보기 위해 가상공간과 인간 신체라는 두 가지 사례를 다룬다. 구체적으로 가상공간에서 무상 선물의 힘이 프리미엄 마케팅 전략을 내세우는 시장 친화적 논리와 새로운 사회계약을 지향하는 반시장적 운동 두 편에서 모두 활용되고 있음을 소개한다. 그리고 인간의 신체 조직인 장기가 죽음과 삶의 교환을 주도하는 선물로서 이해될 수 있는 근거를 제시한다. 그럼으로써 이익 추구만을 인간 행위의 주된 동기로 파악하는 공리주의적 관점에 대해 선물의 사회학이 어떤 견해를 제시할 수 있는지 탐색한다.

═ 키워드 ═

선물, 무사무욕, 자기이해, 포틀래치, 인정투쟁, 선물의 혼, 가상공간, 공짜 경제, 프리미엄, 장기기증

1. 선물의 패러독스

데일 카네기의 『친구를 만들고 사람들을 설득하는 법』(1936)은 대인관계 컨설팅 분야에서 길이 남을 만한 걸작으로 알려져 있다. 이 책에서 카네기는 좋은 인간관계가 그 어떤 전문 지식보다 경제적 성공에 훨씬 더 많이 기여한다고 주장한다. 그가 인용했던 대부호 록펠러의 말을 들어보자. "사람을 다루는 능력도 설탕이나 커피와 마찬가지로 사고파는 상품이라네. 나라면 이 세상 그 어떤 것보다도 그 능력을 사는 데 더 많은 값을 치르겠네." 카네기도 록펠러처럼 인간관계술을 세간의 흔해빠진 처세가 아니라 고소득을 약속하고 인생을 행복으로 이끄는 값비싼 능력으로 간주한다. 사실 카네기의 실용적인 지침서 덕분에 기쁨을 맛본 사람들의 이야기는 한둘이 아니다. 314명의 종업원을 거느렸던 어느 사업가의 일화도 그중 하나다. 이 사업가는 평소 종업원들을 함부로 힐책하고 괴롭혔던 악명 높은 인물이었다. 그런데 카네기의 강연을 듣고 난 후 그는 과거와는 전혀 다른 사람으로 다시 태어난다. 314명의 적은 314명의 친구가 되었고,

충성심과 팀워크 정신이 넘쳐흐른 그의 회사는 막대한 수익을 거두게 된다. 도대체 카네기는 어떤 비법을 알려주었을까? 놀랍게도 그것은 매우 평범한 규칙이었다. "사업에서 큰 수익을 얻고 싶으면 종업원들을 '진심으로' 대하고 호의를 베풀어라!" "종업원들이 성실하게 일하는 모습을 보고 싶으면 그들이 '진심으로' 인정받는다고 느끼게 하라!" 타인을 진심으로 대하고 호의를 베푸는 것은 대단한 비용이 드는 일이 아니다. 그런데 이 별것 아닌 일이 수천 달러의 경제적 이익으로 다시 되돌아온다. 우연의 일치인지는 몰라도 관심과 이익은 영어에서 모두 interest로 표현된다. 타인에 대한 진정한 관심(interest)이 대번에 높은 이익(interest)을 불러오는 마법과 같은 효과를 낳은 것이다. 이 효과를 부채질한 힘은 '호의는 호의를 낳고 선행에는 반드시 보상이 따른다'는 단순한 원칙에서 나온다. 이렇듯 카네기는 냉혹한 이익의 세계에서 살아남고 행복을 느끼고 싶으면, 무엇보다도 우정과 감사의 의무를 창출하는 선물의 세계로 들어가라고 조언했던 것이다.

그런데 '이득을 노린 선물'이라고 하면 좋은 어감을 주지 않는다. 거기에는 순수와 불순이 공존하는 묘한 불편함이 있는 탓이다. 자기 이익을 위해 타인을 배려하는 행위 속에는 사심 없는 동기보다는 음침한 기운이 짙게 깔려 있다. 무엇보다도 사업가와 종업원의 비대칭적 관계에서 일어나는 환대나 호의는 종업원을 순종적 인간으로 만들려는 술책에 불과해 보인다. 카네기의 이야기는 마치 티 없이 깨끗하게 보이는 선물을 주면 언젠가 은전의 축복에 흠뻑 빠질 수 있다는 식으로만 들린다. 카네기 역시 이점을 잘 알고 있었다. 그래서 그는 진짜 선물에는 진심이, 가짜 선물에는 아첨이 담겨 있다고 말한다. 게다가 사람들은 진짜 선물과 가짜 선물을 구별하는 데 능숙하다. 따라서 성공하기 위해서라면, 아첨꾼과 같은 대인관계의 달인이 되기보다는, 타인을 진심으로 대하는 태도로 일관해야 한다. 그런데 카네기가 조목조목 설명하는 인간관계의 비법 속에는 선물의 패러독스가 깊게 뿌리내리고 있다. 이익을 얻기 '위한' 선물은 반드시 이익에 '반(反)하는' 선물로 나타나야 한다는 역설이 바로 그것이다.

우리의 상식에 비추어보면, 선물이란 대가를 바라지 않고 자발적으로 주었을 때만 '진짜' 선물의 자격을 갖추는 것 같다. 그런데 그렇게 주어진 선물에는 으레 답례 선물이 뒤따른다. 우리가 원하지 않았더라도 모든 선물은 받는 이에게 답례의 의무를 지우기 마련이다. 대가 없이 주었는데 대가가 돌아온다면, 답례 선물은 우리가 애초에 품었던 사심 없는 동기의 순수함을 무색하게 만드는 것은 아닐까? 마치 나의 이해타산이 선물의 이데아이며 무사무욕한 감정은 그 그림자에 불과하다는 듯이 말이다. 답례를 받아들이자니 나의 진심 어린 호의가 헐겁게 보일 수 있고, 거절하자니 상대방을 불쾌하게 만들 수 있다. 이런 문제를 풀어가려 하면 꼬리에 꼬리를 무는 심연으로 빠져들게 된다. 과연 진짜 선물과 가짜 선물을 선명히 분간해주는 유일한 기준이 있기나 한 것일까? 어쨌든 확실한 것은 선물의 진위 여부와는 상관없이 이 세상에 문자 그대로 '공짜' 선물이란 없다는 사실이다.

2. 선물의 호혜적 성격

선물은 두 가지 상반된 측면을 갖고 있다. 선물은 사리사욕 없는 무상(無償)의 차원을 지닌다. 이것은 선물에 대한 가장 보편적이며 자연적인 정의이다. 그러나 선물에 새겨진 그 순수한 동기는 받는 이에게 답례해야 한다는 의무를 품도록 조장한다. 선물은 한쪽에서 다른 한쪽으로만 흘러가지 않는다. 불가피하게 그것은 일방성이 아닌 호혜성을 바탕으로 성립한다. 우리가 짐짓 아무 대가도 바라지 않고 주는 듯한 선물을 수상쩍게 바라보는 이유는 바로 이 호혜적인 주고받기의 순환에서 기인한다. 무상의 선물을 쓸모 있다고 여기는 처세나 값싼 선물로 값비싼 경제적 이윤을 남기려는 태도 역시 이 호혜성을 교묘하게 응용하는 수완에 해당한다.

일찍이 프랑스의 사회학자 마르셀 모스는 자신의 저작 『증여론』(1924)에서 선물의 호혜적 성격을 상세히 규명한 바 있다. 모스에 따르면 선물 교환은 단 하나의 의도나 감정만을 실어 나르지 않는다. 거기에는 무사무욕한 감정과 이해타산적인 계산이 얽혀 있고, 자발적인 것과 의무적인 것이 어깨를 나란히 하고 있다. 전적으로 사심 없는 선물도, 전적으로 자기이익을 노린 선물도 존재하지 않는다. 온전히 순수한 동기만을 품은 선물을 꿈꾸는 것은 이 사회가 자기이해만을 추구하는 사람들로 꽉 차 있다는 망상의 반작용에 불과하다. 선물은 특정한 교환 회로를 따라 이동하면서 이해타산과 사심 없음, 자발성과 의무 사이의 불협화음이 만드는 다양한 변주들을 실현한다.

선물은 친밀한 사람들 사이에서만 주고받던 물품에 국한되지 않는다. 모스는 개인들뿐만 아니라 사회와 개인들, 계층들, 남성과 여성, 성인과 아이, 살아 있는 사람과 죽은 사람, 신성한 존재와 세속의 인간들 사이에서도 다양한 형태의 재화와 생산물이 순환한다는 점에 주목한다. 실제로 선물의 흐름은 사회 도처에서 다양한 형태로 발견된다. 전쟁에서 공을 세운 병사에게 하사(下賜)되는 선물은 말 그대로 위에서 아래로 흐르며, 구애의 꽃다발은 남성에게서 여성으로 옮겨지고, 신부대금, 결혼 지참금, 혼수, 예물, 예단 등은 결혼 당사자들의 가족들 사이를 오고 간다. 장례식장에서는 문상객의 부조와 상주가 베푸는 음식의 순환이 일어나고, 자식들에게 양도되는 상속 재산의 주인은 훗날 혼령이 되어 자신을 위한 제사상의 음식을 요구한다. 가톨릭 신도들은 영성체를 통해 그리스도의 상징적인 몸을 받고 성직자와 교회를 위한 헌금을 바친다. 칼뱅은 신이 인간에게 베푸는 선물이 무엇이냐를 놓고 가톨릭의 사제들과 논쟁을 벌이기도 했다. 신의 선물을 받기로 예정된 사람들과 그렇지 못한 사람들을 딱 잘라 구분하는 칼뱅의 예정설에서 막스 베버는—여러모로 선물의 정신과는 상반된—축적과 절약을 지향하는 자본주의 정신의 연원을 찾기도 했다. 선한 의도뿐만 아니라 모욕과 복수까지도 선물의 형태로 주고받는 사이클 속에 들어간다. '그동안 많이 받았으니 언젠가 되갚아주겠다!'는 말이 보여주듯이 주고받고 답례하는 선물 양식은 복수의 격한 심정까지도 실어 나른다. 선물은 때로 영원히 '주어진 것'으로 굳어지기도 한다. 카스트나 폐쇄된 계급들로 구성된 사회에서 사람들은 각자의 지위와 특권의 몫을 '갖고' 태어나는데, 이 사회는 어떤 불변의 질서를 운명의 배분을 결정 짓는 초월적인 증여자로 간주했다. 이런 점에서 평등주의 원칙의 사회는 '주어진' 운명이라는 숙명론적인 선물에서 노력과 능력에 따른 세속적인 보상으로 이행하는 길고 긴 역사를 담고 있다.

선물과 인정투쟁

선물의 호혜성은 사회의 모든 영역에서 사람들 사이의 관계를 촘촘하게 교차시킨다. 선물을 통해 인간은 자신이 발 디딘 세계에서 자기 존재를 표출하는 방식을 배우고 그것을 완성해나간다. 그런데 선물의 호혜성은 서로를 후하게 대접하려는 사람들만을 위한 것이 아니었다. 선물의 오랜 역사의 관점에서 살펴보면, 오히려 서로 간의 파괴적인 경쟁의 에너지가 선물 주고받기의 관행을 더 강력하게 추동했다는 사실이 드러난다. 선물은 친근한 인간관계를 지향하는 사적인 지출에 머무르지 않고 상대를 이기기 위한 광적인 열망을 공공연하게 표현했다. 경쟁적인 선물 교환은 사회의 강력한 응집력을 가능하게 해준 매개체였다. 인간사의 씨줄과 날줄은 사람들 사이의 평화로운 계약으로 부드럽게 짜이기는커녕, 소란스럽고 격렬한 선물 교환의 긴장으로 팽팽하게 당겨졌다. 선물의 본질은 이타적인 마음을 전달하는 지혜로운 통로보다는 무모한 소비와 광기 어린 재물 파괴를 둘러싼 경쟁 속에 놓였다. 이렇게 선물이 사회적 관계를 긴장 상태로 몰고 갔다는 사실은 북아메리카 원주민들의 선물 관행인 포틀래치에 잘 나타나 있다.

포틀래치

캐나다 서부 해안에 거주하는 인디언 부족들은 장례식이나 결혼식 또는 추장의 대관식과 같은 중요한 의례가 있을 때 인근의 부족들을 초청하여 포틀래치(potlatch)라고 부르는, 광적일 정도의 낭비와 무절제한 소비가 이루어지는 성대한 잔치를 여는 관습을 가지고 있다. 주최자는 손님들에게 음식을 풍족하게 제공하고 생선기름, 동물가죽, 담요 등을 선물로 줄 뿐만 아니라, 때로는 담요를 불태우거나 그 사회에서 가장 소중한 재산으로 여기는 구리판을 파괴하기도 한다. 누가 더 잔치를 성대하게 열고 많은 선물을 주며 얼마나 재산을 쓰느냐를 둘러싸고 부족들 간에 치열한 경쟁이 벌어진다. (오명석, "문화로 풀어보는 경제", 한국문화인류학회, 『처음 만나는 문화인류학』, 일조각, 2009, 138쪽)

포틀래치는 누가 가장 씀씀이가 헤픈 자인가를 두고 경쟁하는 선물 교환의 한 형태이다. 한 집단의 대표자가 다른 집단의 대표자 앞에서 엄청난 양의 부를 선사하거나 파괴한다. 이렇게 남김없이 주거나 파괴하게 되면 받는 사람의 자존심은 꺾이게 된다. 재산을 거리낌 없이 주거나 상대방의 면전에서 파괴하는 용기는 타인을 능가하는 사회적 명성으로 번역된다. 따라서 받은 사람 역시 자기 차례가 되면 더 큰 양의 재화를 선물하거나 파괴해야만 한다. 이 의무를 이행하지 못하면 자신은 열등한 자라고 스스로 인정하는 꼴이 된다. 그러나 일단 답례가 행해지면 최초의 증여자가 수증자가 되고 그가 애초에 행사했던 권위와 위세를 상대편에게 넘겨주게 된다.

결국 주는 것은 지배하는 것이며, 되도록 어떠한 답례도 불가능할 정도로 줌으로써 수증자를 복속시키는 것이다. 답례 선물은 이러한 행위에 대한 호전적인 응답이다. 이렇듯 선물로 맺어진 친교의 이면에는 경쟁을 통해 상대방을 압도하겠다는 힘의 의지가 도사리고 있다. 축적이 아닌 소비, 심지어 파괴가 주도하는 이 선물 교환은 재산의 숨통을 끊고 그것을 기꺼이 포기해야만 얻을 수 있는 명예와 권위를 목적으로 삼는다. 현기증 나는 재산 탕진의 향연에 의해 집단생활의 에너지는 절정에 이르고 집단 구성원들의 유대감은 더욱 강력해진다. 중요한 점은 포틀래치는 재산을 '가지고' 다투는 것이지 그것을 '위해서' 경쟁하는 것은 아니라는 사실이다. 포틀래치는 대항과 경쟁의 원리를 기반으로 삼는 사회적 삶의 적나라한 모습을 보여준다. 따라서 선물의 '호혜성'은 순전히 자유로운 의사에 기초한 두 당사자 간의 합의를 통해 형성되는 '계약' 관념의 연장선 위에서 사고될 수 없다. 그것은 답례를 원하지 않는, 때로는 답례 자체를 불가능하게 만들어버리는 선물을 통해 서로 대립하는 적대자들이 벌이는 '인정투쟁'의 맥락에서 고찰해야 한다.

선물의 순환에 내재된 인정투쟁은, 선물 주고받기가 인간의 즉흥적인 윤리적 행위를 넘어 인간 사회를 팽팽한 긴장 관계 속에서 직조하는 어떤 원칙이었음을 보여준다. 수령자에게 모멸감을 안겨다주며 그에게 증여자의 선물에 응답하도록 강요하는 힘은 우리와 상관없는 낯선 이국의 제도가 아니다. 사람들 사이의 격렬한 움직임이 무뎌지고 조용한 계산으로 바삐 돌아가는 사회 속에서도 아연실색하게 하는 과다한 선물 교환은 빈번하게 관찰된다. 4억짜리 예물시계가 주어지면 수십억을 호가하는 아파트로 답례하는 호화판 결혼식의 주인공들은 평범한 사람들의 재화 축적 욕망을 몽롱하게 만든다. 이들의 재화는 축적의 법규를 무시하면서 순식간에 탕진되기도 한다. 그러나 이들이 벌이는 소비의 대향연은 오직 자신들만을 위한 것이다. 북미 인디언의 포틀래치와는 달리 이러한 과시 소비는 사회적 결속을 목적으로 삼지 않는다. 그것은 자신의 명성을 극치로 치닫게 하려는 사적인 욕망에만 무게를 더할 뿐이다.

선물의 혼

우리가 선물에 각별한 관심을 쏟는 이유는 선물 안에는 그것을 준 사람의 흔적이 새겨져 있기 때문이다. 선물은 주는 이의 자취를 담아 그것을 타인에게 전달한다. 부모님이 남겨주신 유품 속에는 부모님의 영혼이 각인되어 있기에, 우리는 그 유품을 볼 때마다 부모님의 얼굴과 사랑을 떠올리면서 옛 추억에 몰입하게 된다. 부패한 선물로 일컬어지는 뇌물에도 그것을 준 사람의 의도가 새겨져 있다. 뇌물은 그 제공자의 음험한 흔적을 고스란히 담고 있어서, 그것을 받은 사람은 제공자에게 곧장 결박당하고 강요된 답례의 의무에 시달리게 된다. 그리고 마침내 제공자의 도덕성까지도 수령자에게 그대로 옮겨져 당사자 모두는 도덕적으로 타락한 인간으로 서로 결합하게 된다. 선의의 선물이든 악의의 선물이든 모든 선물은 주는 이의 영적 본질을 담고 있다. 주어진 것은 그것을 준 사람의 혼을 간직하고 있기 때문에 증여자는 증여된 것과 분리되지 않는다. 물건을 주면서 사람들은 그 자신을 주게 되며, 마찬가지로 어떤 사람에게서 무엇인가를 받는 것은 그의 정신적인 본질을 받는 것이다. 선물로 교환된 사물들은 의인화되고, 이렇게 의인화된 사물에 의해 인간들의 관계 자체가 강하게 인격화된다.

선물의 혼이라는 주제는 인간사의 위태로운 사태를 우리에게 말해준다. 무언가를 주는 존재는 자신을 위험한 지경에 내모는 존재이다. 왜냐하면 그는 선물 안으로 자신을 부어 넣고 타인에게 주면서 양도 불가능한 자신을 기꺼이 양도했기 때문이다. 이렇게 증여자는 무언가를 주면서 수증자에게 자신의 일부를 떼어 준다. 그리고 자신의 일부를 받아들인 수증자의 응답을 초조하게 기다린다. 이렇게 양도된 증여자의 혼은 수증자에게도 커다란 부담이 된다. 주어진 선물에 구현된 이 혼을 다시 그 주인에게 돌려주지 않는 한 수증자는 영원한 부채의 멍에를 써야 하기 때문이다. 따라서 선물로 이루어진 호혜성은 각자가 자신의 일부를 다른 곳에 내놓아야 하고, 또한 각자는 타인의 일부를 자기 안으로 받아들여야 한다는 원칙에 따라 형성된다. 선물은 주는 자와 받는 자 모두에게 '인격의 양도'라는 위험을 감수하라고 요구한다. 그런데 바로 이 위험 덕분에 사회적 관계는 비로소 인격적인 가치를 지니게 된다. 인간의 정신적 유대를 보장해주는 것, 그것은 바로 인격의 양도와 순환을 가능하게 해주는 선물인 셈이다.

3. 선물 논리의 두 가지 사례

선물은 갖가지 상충된 해석을 허용하는 복잡한 사회적 사실이다. 선물을 매개로 형성되는 관계망은 상급자와 하급자, 같은 신분의 사람들, 혈연관계로 맺어진 사람들은 물론, 신과 인간, 자연세계와 인간세계와 같은 초월적이며 추상적인 범위까지도 포괄할 정도로 매우 광범위하게 확장된다. 또한 선물의 관계망은 온정과 사랑, 명예와 지배욕, 의무와 자유가 얽힌 복잡한 인간사를 반영한다. 이렇듯 선물에 침전된 인간의 체험 자체는 항상 복합적이며 동시에 모순된 상황을 드러낸다. 그렇기 때문에 선물의 관념은 오늘날 찬양과 비난, 희망과 의구심의 대상으로 번갈아가며 등장한다. 선물은 어떠한 보답도 요구하지 않는 순수한 관대함으로 체험되었다가 곧이어 그 관대함 속에 감추어져 있을지 모르는 이기적 계산에 쉽게 연루된다. 그것은 순수한 소비와 파괴를 주도하는 명예로운 정신에 연관되었다가 소박하고 정감 어린 윤리적 행위로 한정되기도 한다. 또한 그것은 자발적인 상호헌신의 기초로 여겨졌다가 강요된 자기희생이라는 해악으로 경험되기도 한다. 따라서 선물은 약(藥)이며 동시에 독(毒)이다. 선물에 대한 단 하나의 해석을 모색할 수 없는 이유는 바로 이러한 선물 행위 자체의 양가성에 기인한다.

현대 사회에서 벌어지는 선물의 힘 역시 인간 행위의 상호보충적인 동기인 자기이익과 무사무욕의 두 축을 향해 뻗어나가고 있다. 여기서는 매우 이질적인 두 세계에서 일어나는 선물의 힘과 논리를 살펴보고자 한다. 먼저, 인간들이 서로 접촉할 여지가 없는 세계, 물질도 중력도 없는 가상공간의 세계에서 일어나는 선물의 논리를 탐구해보자. 그리고 가상공간과는 정반대의 세계, 한 사람의 몸에 다른 사람의 장기를 옮겨 심으면서 인간을 가장 직접적으로 접촉시키는 장기기증의 세계에서는 선물의 정신이 어떻게 계승되고 있는지 검토해보자.

가상공간에서의 선물 논리
:공짜 선물 마케팅에서 새로운 사회계약까지

경제학은 우리가 원하는 재화나 서비스를 얻기 위해서는 무엇인가를 반드시 포기해야 한다고 가르쳐왔다. 우리의 욕망에 비해 그 욕망을 충족시켜줄 물질적 자원은 턱없이 부족하다는 말이다. 이런 관점에서 보면 세상을 지배하는 원리는 풍요가 아니라 희소성에 근거를 둔 것처럼 여겨진다. 무언가를 원한다면 손을 벌리지 말고 호주머니를 털어라! 노벨 경제학상을 수상한 밀턴 프리드먼 역시 "이 세상에 공짜 점심은 없다"고 단언한다. 친구가 베푼 점심 한 끼에서 정부의 무료 공공 서비스 정책까지, 세상에 펼쳐진 공짜 퍼레이드 앞에서 무상의 대가가 무엇인지 꼼꼼하게 따져봐야 한다는 주장이다. 게다가 희소성의 원리는 도덕의 원리로도 군림하고 있다. 이 땅에서 쓰고 베풀 자원이 모자란 마당에, 공짜 선물로 생계의 대부분을 얻는 일은 거의 모든 사람들에게 수치스럽고 부도덕한 행위로 여겨진다. 따라서 희소성의 원리는 자연스럽게 선물이 작용하는 범위와 그 영향력을 제한하려는 방향으로 기울어진다. 선물은 강하게 통제되거나 아니면 허용된 한계 내에서 묵인될 수 있는 불필요한 잉여에 불과하다. 만일 그것이 모든 실제 생활에 두루 퍼지게 되면 해로운 정열이나 악습 혹은 사회적 광기를 낳을 수 있다는 듯이 말이다.

비록 희소성과 같은 말들이 재화교환과 시장의 영역에서 잘 유통되는 듯하지만, 그곳을 실제로 지배하는 보편적인 관용어는 선물의 언어로 구축되어 있다. 사실 오늘날 우리가 알고 있는 희소성의 경제는 풍요와 무상의 이미지를 듬뿍 담은 선물의 논리 없이 성장할 수 없었다. 공짜를 맛본다는 희열은 경제 밖이 아니라 경제 안에서 폭발적으로 증가해왔다. 공짜 선물이 주는 즐거움을 상품 구매로 연결시키려는 다양한 상업 전략을 떠올려보자. 1903년 킹 질레트가 일회용 면도기를 발명했을 때, 그는 껌, 커피, 차, 향료 등에 면도기를 공짜 선물 패키지로 끼워 제공했다. 사업은 대성공을 거두었다. 이와 유사한 공짜 전략이 얼마만큼 성장해왔는가는 잘 알려져 있다. 무언가를 사면 공짜로 끼워 주는 것보다는 무언가를 공짜로 주고 어떤 것을 끼워 파는 전략이 더 확실한 성공을 보장한다. 프린터를 공짜로 주고 토너를 파는 편이 그 두 개를 모두 파는 것보다 낫다. 사무실에 커피 메이커를 무상으로 설치해주고 커피 봉지를 팔아야 수지가 맞다. 비디오 게임 콘솔을 공짜나 다름없는 낮은 가격에 공급하고 게임 프로그램을 팔아야 지속적으로 이윤을 챙길 수 있다. 무상 선물의 논리가 상업

세계에 불청객같이 끼어든 것일까? 오히려 상업 세계가 선물을 향해 돌아서야만 한다는 강박증에 시달리고 있는 것은 아닐까? 오늘날 시장이 직면하고 있는 공식은 상품이 선물 옆에 기생하도록 무상의 차원을 전면에 내세우고 상업적 이익은 일단 뒷전으로 미뤄야 한다는 것이다. 물론 이런 마케팅은 선물의 힘을 상업적으로 모방한 위선이며 허식임에 틀림없다. 그것의 목적은 사람들을 공짜에 눈멀게 한 후 특정 상품을 소비하도록 만드는 중독적인 습관을 일으키는 데 있다. 그러나 어찌되었든 분명한 것은 상업적 이익 자체 역시 선물의 힘을 비켜갈 수 없다는 점이다. 선물의 정신에 호소하는 마케팅은 경제적 이익을 확보하는 것만이 진정한 관심사인 경우에도 겉으로는 그렇지 않은 것처럼 행동할 필요가 있다는 것을 보여준다.

선물의 힘이 예상과는 달리 지상의 경제적 성장을 약속했다면, 가상공간은 애초부터 공짜 선물의 논리를 모태로 삼아 태어났다. 인터넷의 대표적 구호 'Free'는 무상과 자유라는 두 가지 의미를 동시에 가진다. 가상네트워크의 관계 속으로 '자유롭게' 그리고 '무상으로' 접근할 수 있는 권리는 새로운 문화적 요구로 확고히 자리 잡았다. 물론 공짜와 자유는 구분돼야 마땅하지만, 가상공간의 지반 자체가 사거나 팔리는 재화가 아님은 분명한 사실이다. 그것은 만인에 의한 만인을 위한 선물처럼 제시되는, 무상으로 '주어진' 공간이다. 놀라운 점은 지리적 공간에 위치했던 시장이 가상공간의 새로운 선물 논리에 의해 점점 더 조건 지어지고 있다는 사실이다. 인터넷 공간을 떠돌고 있는 막대한 양의 공짜 콘텐츠는 선물의 무상성이 이룩한 놀라운 성과이다. 전통적 시장은 도처에서 쇠퇴하고 있고, 소유되고 계산되고 팔릴 수 있었던 재화가 콘텐츠라는 이름을 달고 가상공간 속으로 빨려 들어가고 있다. 모든 것이 디지털의 비트 세계에 흡수된 후 공짜 선물로 튀어나온다. 이 세상에 공짜란 없다고 주장했던 희소성의 원리가 풍요로운 공짜 경제 앞에서 시들어간다. 그래서 어떤 이는 공짜 경제를 피할 수 없다면 차라리 상업 전략을 대대적으로 수정하라고 권하기도 한다. 가상공간의 프리이코노믹스(free-economics)에 대응하려면 프리미엄(freemium) 전략을 내세울 수밖에 없다. 95퍼센트의 범용 서비스는 공짜로 제공하되 나머지 5퍼센트는 차별화되고 개인화된 서비스로 소수에게 비싸게 팔아 수지타산을 맞추라는 얘기다. 어도비(Adobe)의 PDF 리더, 웹 콘텐츠는 무료로 제공하고 인쇄 콘텐츠는 유료로 판매하는 구글의 북서치, 30일 동안 무료통화 서비스를 제공하고 그 후에 유료로 전환하는 세일즈포스, 데모용 소프트웨어는 무료로 완전판은 유료로 공급하는 비디오게임 등은 모두 프리미엄 전략을 응용하고 있다.

시장의 망이 무상 증여의 논리를 새로운 마케팅 전략의 일환으로 응용했다면, 일부 인터넷 사용자들은 정반대로 이 논리를 시장 원칙의 무력화에 사용하려고 한다. 이들은 가상공간을 문화의 상업화에 저항하기 위한

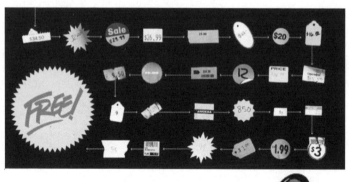

위쪽은 프리미엄 마케팅 모델을 선전하는 사이트의 로고이고, 아래쪽은 중고물품 나눔 사이트인 프리사이클의 로고이다. 양쪽 모두 '프리'라는 개념을 함축한 선물의 이미지를 사용하고 있으나 그 속에 새겨진 의미는 서로 다르다.

자유의 발판으로 자리매김하고자 애쓰고 있다. 이 노력의 한가운데에서 선물의 논리가 활발하게 권장된다. 마오리족은 무언가를 소유한 사람은 그것을 선물의 형태로 사회 전체에 순환시켜야만 이름값을 올릴 수 있다는 관념을 가지고 있었다. 소유하거나 파는 인간은 선물로 내놓는 인간에 비해 열등한 존재로 취급받았다. 현대의 수많은 인터넷 사용자들도 마오리족과 비슷한 생각을 품고 있다. 이 생각의 저변에는 무엇보다도 저작권의 정의 자체를 둘러싼 깊은 성찰이 흐르고 있다. 이들에 따르면, 저작권은 사물을 소유한 후에 마음대로 팔 수 있는 상업적 권리가 아니라, 무엇인가를 무상으로 제공해줄 때 획득되는 명예 같은 것이다. 가상공간에서 카피라이트(copyright)를 취득한 자는 자신이 혼이 담긴 재화에 타인이 무제한적으로 접근하도록 허용해야 할 의무를 안고 있다. 이 의무에 대한 상환은 영예로 되돌아온다. 타인에게 '합법적 절도'의 권리를 '주는' 것이 바로 카피라이트의 진정한 의의인 셈이다.

정보와 지식이 점차로 디지털 방식으로 구현되면서 가상공간 자체를 장악하려는 시장과 국가권력의 움직임도 점차로 확산되고 있다. 이에 맞서 가상공간을 탈시장화하고 탈권력화려는 저항도 만만치 않게 일어나고 있다. 이 저항 운동은 사회적 교환의 망을 선물 주고받기의 회로로 간주하면서, 자발적이며 무상으로 이루어지는 정보와 지식의 교환이 새로운 유토피아를 건설할 것이라고 확신한다. 인터넷 초창기였던 1996년, 존 페리 발로우가 발표한 '사이버스페이스 독립선언문'은 희소성의 경제적 원리와 그것에 기대어 사는 모든 권력에 대한 강렬한 저항을 다음과 같이 표현한다.

산업세계의 정권들, 너 살덩이와 쇳덩어리의 지겨운 괴물아. 나는 마음의 새 고향 사이버스페이스에서 왔노라. 미래의 이름으로

너 과거의 망령에게 명하노니 우리를 건드리지 마라. 너희는 환영받지 못한다. 네게는 우리의 영토를 통치할 권한이 없다. 우리는 우리가 뽑은 정부가 없을 뿐 아니라 그것의 필요성도 느끼지 않는다. 그래서 자유가 명하는 대로 네게 말하겠노라. 우리가 건설하고 있는 전 지구적인 사회공간은 네가 우리에게 덮어씌우려는 독재와는 무관한 것이다. 너는 우리를 지배할 도덕적 권리도 없고 우리가 무서워할 만한 강제적인 방법도 갖고 있지 못하다. 정부는 시민의 동의에서 자신의 정당한 권력을 얻는다. 너희는 우리의 동의를 얻지도 않았고 부름 받지도 않았다. 우리가 너희를 언제 초청했느냐? 너희는 우리에 대해서도 우리의 세계에 대해서도 전혀 모른다. 사이버스페이스는 너희의 관할권 바깥에 있다. …… 너희는 우리에게 문제가 있으니 너희가 개입해서 문제를 풀어야 한다고 주장한다. 너희는 우리 구역에 침범하기 위한 구실로 이런 주장을 사용한다. 하지만 그런 문제는 존재하지 않는다. 진정으로 갈등이 있는 곳, 문제가 있는 곳이 있다면 우리가 그것을 찾아내어 우리의 방법으로 그것을 밝히겠다. 우리는 스스로 우리 자신의 사회 계약을 만들고 있다. 이러한 집행은 너희의 세계가 아니라 우리 세계의 조건에 따라 생겨날 것이다. 우리 세계는 너희의 세계와 다르다. …… 우리의 세계에서는 인간의 마음이 만들 수 있는 모든 것이 복제되고 아무런 비용 없이 무한히 배분될 수 있다. 이러한 사고가 전 지구적으로 퍼지는 것은 너희의 공장과는 아무 상관이 없다. 날로 늘어가는 적대적이고 식민지적인 조치들은 자유를 사랑하고 스스로 결단했던 자율적인 우리의 선조처럼 우리에게 먼 곳에서 온 제복의 권위를 거부하도록 만든다. 비록 우리의 육체는 너희의 지배를 받아들이지만 이제 너희의 지배에 견딜 수 있는 우리의 가상

주체를 선언해야 한다. 우리는 우리 자신을 지구 전체로 퍼뜨려 아무도 우리의 생각을 추적하지 못하도록 할 것이다. 우리는 사이버 스페이스에서 마음의 문명을 건설할 것이다. 그것은 너희 정부가 이전에 만든 것보다 더 인간적이고 공정한 세상이 될 것이다.

사이버스페이스 독립선언문은 가상공간을 자유롭게 접근할 수 있고 자기조절이 가능하며 모든 상업적 논리와 국가의 규제로부터 독립된 사회적 교환의 망으로 제시한다. 풍요로운 비트의 세계는 국가나 시장에 의한 사회계약이 아닌 증여 원리에 뿌리내린 사회계약으로 실현될 수 있다는 주장이다. 여기서 꿈꾸는 것은 풍요의 경제를 넘어선 풍요의 사회이다. 이 새로운 사회계약의 실험이 가상공간을 유토피아로 만들 수 있을지는 의문이다. 그런데 정작 중요한 논점은 유토피아를 상상할 때 등장하기 마련인 선물의 논리에 맞춰져야 한다. 오늘날 가상공간의 선물 논리는 비공리적인 인간 본성에 대한 관념, 새로운 사회 기초와 계약, 인간들 사이의 우애와 평화를 향하고 있다. 무엇인가 무료로 순환되고 배분되어야 공정한 세상이 찾아온다는 발상은 결코 헛된 망상이 아니다. 위키피디아에 자발적으로 지식을 쏟아붓는 인터넷 유저들, 무료 재활용과 나눔 운동인 프리사이클 네트워크에 참여하는 사람들이 보여주듯이, 오래된 증여의 윤리는 가상공간 속에서도 서서히 부활하고 있다. 물론 자신의 상업 사이트나 블로그를 남들에게 알리기 위해 인터넷상에 지식을 쏟아부을 수 있다. 또한 쓰다 남은 물건들을 버려야 하는 수고를 덜기 위해서 프리사이클에 접속할 수도 있다. 그러나 이러한 자기이익의 관점만 가지고는 수많은 사람들의 참여 의지를 온전히 측정할 수 없다. 타인들에게 무언가를 선물하는 기쁨, 미적 창작물의 관대한 분배, 정보와 지식 그리고 재화를 제한 없이 기꺼이 공유하는 즐거움이 공정한 사회를 만든다는 인식이 자기이익의 유혹을 넘어 가상공간 속에 퍼지고 있다.

사후 장기기증

2005년 예닌 서안지구, 이스라엘 군의 총탄이 열한 살 팔레스타인 소년 아메드의 몸을 관통했다. 아메드의 아버지는 고뇌 끝에 사랑하는 아들의 장기를 6명의 이스라엘 어린이들에게 기증하기로 결심한다. 곧이어 전 세계 매스컴은 아랍인의 장기가 유태인의 몸속에 이식됐다는 사실을 대대적으로 보도한다. 1년이 지난 후 그는 죽은 아들의 살아 있는 자취를 확인하기 위해 이스라엘 아이들의 가정을 일일이 방문한다. 그러나 이 방문은 난관에 부딪히고 만다. 팔레스타인과 이스라엘의 오랜 적대 관계가 이 애정 어린 방문을 팽팽한 긴장 상태로 몰고 갔기 때문이다. 아메드의

아메드의 이야기는 〈예닌의 심장〉이라는 타이틀을 달고 다큐멘터리 영화로 제작되었다. 사진은 영화 속의 한 장면에 나온 아메드와 그의 아버지이다.

죽음 덕분에 딸을 살릴 수 있었던 어느 이스라엘 가정은 팔레스타인에 대한 정치적·인종적 편견을 노골적으로 드러낸다. 그러나 아메드의 아버지는 단호하게 말한다. 유대인이든 아랍인이든 모두 똑같은 인간이다! 그는 아들의 장기가 낡은 정치적 이해관계의 벽을 무너뜨리고 사람들에게 화해와 평화를 가져다주기를 원했던 것이다.

살아 있는 사람들 사이에서 오고 가는 물건만이 선물이 되는 것은 아니다. 이 실화는 인간의 신체 기관 역시 일종의 선물로 취급될 수 있음을 보여준다. 아메드의 몸에서 빼낸 장기는 이스라엘 어린이들의 새로운 삶을 약속해준 고귀한 선물이다.

그런데 장기기증에는 무언가 복잡한 문제가 얽혀 있다. 인간의 장기는 박애주의적인 기부나 의례적인 기념 선물과 같은 차원에 있지 않다. 특히 사후 장기기증의 경우, 기증자는 내게 다가와 호의를 베푸는 친밀한 타인이 아니라 불행하게 세상을 등진 낯선 개인이다. 장기 이식 센터에서 일어나는 에피소드를 다룬 미국 TV 드라마 〈쓰리 리버스〉의 한 대사를 살펴보자. 심장 전문의 앤디는 살아갈 시간이 얼마 남지 않은 환자 브랜든에게 "오늘이라도 심장이 나타날 수 있다는 생각을 가지세요"라고 말한다. 이렇듯 어느 누군가의 뜻하지 않은 비극에 힘입어 나의 생명이 연장되는 축복이 찾아오게 된다. 그런데 이 축복에 대한 답례 선물은 불가능하다. 이미 죽은 이에게 무슨 수로 답례할 수 있겠는가. 되찾은 생명에 적절히 상응하는 물질적 보상이 가능한 법인가? 따라서 장기기증은 수혜자에게 죄책감과 부채감을 동시에 안겨다준다. 누군가의 죽음이 임박할 것이라는 기대감과 이식된 장기에 대한 답례는 불가능하다는 사실은 '받아야 하지만 되돌려줄 수는 없다'는 비대칭적 교환의 성격을 극명하게 보여준다. 그런데 이 비대칭성에 의존해야만 죽음과 삶을 맞바꾸는 장기기증이 실현된다.

장기는 낯선 사람들 사이를 오가는 물건이 아니다. 장기기증은 내 안에 죽은 타인의 흔적을 옮겨와 그와 더불어 살아가게끔 해주는 마술과도 같다. 장기를 받은 사람은 단순히 신체 기관만 받는 것이 아니라, 그 속에 상징적으로 머무는 기증자의 영혼까지도 함께 받는다. 선물이 인간의 혼을 사물 속으로 이전시키듯이, 장기 역시 망자의 혼을 담고 있다. 장기가 선물로 이해되기 때문에, 죽은 이가 또 다른 생명으로 이어진다는 관념이 가능하다. 교통사고로 숨진 아들의 각막 덕분에 세상의 빛을 보게 된 환자로부터 감사 편지를 받은 어느 어머니는 '아들이 내게 편지를 보냈'고 기뻐한다. 총기 사건으로 숨진 크리스티나의 장기가 보스턴의 어느 소녀에게 이식되었다는 소식을 들은 아버지는 '장기이식을 받은 소녀를 껴안아주고 싶다'고 말한다.

그런데 이식 수혜자도 장기에 담긴 망자의 혼을 기쁘게만 받아들일까? 사실 장기에 '뒤섞여' 내 안으로 들어오는 타인을 적극적으로 환대하기란 매우 힘든 일이다. 이식된 장기는 수혜자의 정체성을 흔들어놓을 수 있다. 여성의 콩팥을 이식받은 남성은 자신의 생물학적 정체성이 상실되었을까 염려하고, 췌장을 이식받은 사람은 이 장기의 원래 주인이 범죄인이었을지도 모른다고 근심하기도 한다. 이식된 장기는 수혜자의 자기 동일성을 뒤흔드는 침입자처럼 인식된다. 이식 후 나타나는 조직 거부 반응 역시 수혜자가 힘겹게 이겨내야 할 타인의 수용 과정을 잔혹하게 보여준다. 이식된 장기는 수혜자의 것이 아니므로 면역세포의 공격 대상이 된다. 이에 따라 수혜자의 몸은 나와 너의 치열한 격전지가 되어 각종 신체 거부 반응에 휩싸이게 된다. 이를 예방하기 위해 수혜자는 평생토록 면역억제제를 복용해야 한다. 수술 직후에는 수혜자의 세포가 이식된 장기를 빠르게 파괴하려는 급성거부가, 6개월 이후부터는 이식된 장기 스스로 천천히 제 기능을 상실하는 만성거부가 일어난다. 장기와 함께 내 안으로 옮겨지는 타인은 쉽게 맞이하기 힘든 존재이자 언젠가 내 곁을 떠나야 할 존재이다.

이 타인을 당분간만이라도 온전한 상태로 붙잡아두기 위해서는 약물에 의존하는 수밖에 없다. 수혜자가 치러야 할 모진 대가는 이뿐만이 아니다. 대부분의 장기 수혜자는 이식된 장기가 제 기능을 완전히 멈췄을 때 죽음을 맞이한다. 고인의 혼이 더 이상 내 안에 머무르기를 거부했을 때, 나역시 되찾은 삶을 마감해야 한다. 이렇게 이식된 장기의 타자성은 나를 완전히 지배한다. 나를 살린 장기, 그것은 독이 든 선물이다. 이 독성은 결국 완전하게 동화되기 어려운 타인의 현존을 나타낸다.

장기가 살기 위해 삼켜야만 하는 독에 다름 아니라면, 어떻게 그것을 중화시킬 수 있을까? 이 질문을 바탕으로 인간의 장기를 의학-기술적 질료나 경제적 상품으로 간주하려는 담론들을 고찰해보자.

의학계의 해부학적 지식은 신체 조직을 영혼이 제거된 물질로 규정함으로써 장기가 '의인화'될 수 있는 모든 가능성을 차단한다. 여기서 인간의 의학적 죽음은 장기와 그 소유자를 완전히 떼어놓는 절대적 기준으로 작용한다. 이 기준에 따라 장기는 죽은 타인의 자취가 담긴 선물이라기보다는 적출해서 이식할 수 있는 순수한 사물처럼 취급된다. 심장을 펌프로 신장을 필터로 묘사하는 기계적 메타포가 의학계에서 빈번하게 쓰이는 이유도 바로 이 때문이다. 더 나아가 의학적 담론은 장기 수혜자가 체험할 수 있는 무한한 부채감을 '적출 이식 업무에 관한 비밀 유지' 혹은 '장기기증자의 익명성 유지'를 통해 해소하려고 한다. 이처럼 의학적 지식은 장기를 인격이 제거된 물질로 축소하고 장기기증의 의미를 '인격적 결속'이 아닌 '생물학적 이식'으로 치환한다.

국가정책과 시장의 공리주의적 담론은 장기의 '수요와 공급 불균형' 상태에 주목하고 그것을 해결하려는 여러 방안들을 제시하고 있다. 국가는 인간 장기의 체계적인 수집과 관리 그리고 분배의 형평성을 위해 장기를 국가가 관리해야 할 일종의 희귀재로 취급한다. 국가가 주도적으로 관리해야 할 장기가 제때에 공급되지 않고 땅속에 묻히는 일은 피해야 한다. 따라서 국가정책은 장기기증을 시민이라면 마땅히 수행해야 할 공적 의무로 해석한다. 운전면허증에 장기기증 희망의사를 표시하는 방안을 추진하고 있는 KONOS(국립장기이식관리센터)의 정책에는 다음의 두 가지 의미가 담겨 있다. 운전면허증은 주민등록증과 동일한 공적인 '자기 증명'의 효력을 지니며, '급작스럽게' 닥치는 교통사고로 인한 사망은 기증 의사 확인과 장기 적출에 걸리는 시간을 단축시킨다. 일부 지방자치단체 역시 국가의 보조 아래 기증의 자발성을 추동하고자 각종 장기기증 유인책을 활성화하고 있다. 예컨대, 김해시 의회의 경우 장기기증 등록을 약속한 시민에게 보건소 진료비 본인부담액 면제, 수로왕릉과 김해천문대 입장료 면제, 공영주차장 요금 50퍼센트 감면 등 다양한 인센티브를 주는 시행규칙을 마련하기도 했다. 이렇게 국가 주도의 '장기기증 희망자 모집 수행 방안'은 모든 시민을 '잠재적인' 뇌사자로 간주한다. 반면 시장 메커니즘을 지지하는 일부 공리주의적 담론들은 장기의 공식적인 상품화 정책을 통해 투명한 장기 시장을 확보해야 한다는 견해를 확산시키고 있다. 장기를 개인의 자유로운 의사에 따라 사고 팔릴 수 있는 상품으로 만들게 되면, 수요 공급 불균형 상태가 해소됨과 동시에 불투명한 거래 방식인 불법 장기매매도 방지할 수 있다는 주장이다. 이 담론은 장기를 사적 효용을 지니는 경제적인 희소재로 간주한다. 장기의 보존만큼이나 그 지출도 장려해야 한다. 장기의 상품적 가치를 외면하며 장기 소비를 경계하는 사회습관은 배척돼야 한다. 빈곤한 처지에 놓여 있다면 삶을 유지할 수 있는 범위에서 장기를 자유롭게 팔아라! 장기 구매욕은 삶을 연장하려고 하는 자연스러운 욕구이니 죄악시해서는 안 된다! 이렇게 장기 상품화를 지지하는 태도는 모든 증여 실천에 내재된 '무사무욕'한 인간 정서를 무화시키

의학계, 국가정책, 시장 담론의 차별적인 장기기증에 대한 관점

	의학계 담론	국가정책 담론	시장 담론
장기의 지위	기계적 신체 기관	국가 관리의 희귀재	시장의 희소재
장기기증자	익명의 의학적 사망자	잠재적 기증자인 시민	장기 판매자
장기기증 활성화 방안	의료 기술 발전, 의료 센터의 확충	시민의 의무 강조, 인센티브 활성화	장기의 상품화, 투명한 장기시장

고, 증여 자체의 성격을 '이해관심'의 산물로만 바라보려고 한다.

1992년 국내 최초로 다장기를 기증한 고 양희찬 상병은 5명의 이식 대기자에게 새 삶을 선사했다. 군은 기금을 모아 양 상병의 어머니에게 전달했다. 하지만 어머니는 이 돈을 한사코 거부하며 '아들의 사랑이 헛되이 보이지 않게 해달라'고 부탁했다. 인간의 장기를 상징적 의미와 도덕적 가치가 없는 신체 조직으로 볼 수 있을까? 인간은 자신의 삶이 허락하는 범위에서 장기를 마음껏 내다 팔 수 있는 존재로 전락할 수 있을까? 우리는 왜 여전히 장기를 대가를 바라지 않는 고귀한 선물로 해석하려고 할까? 이러한 문제의 심층에는 감각적인 실체인 장기를 여전히 초감각적인 타인의 자취가 새겨진 것으로 이해하고 있는 문화적 프레임이 자리 잡고 있다.

장기 기증자와 수혜자는 사자(死者)와 생자(生者)의 관계를 맺게 되므로 일반적인 선물 교환과는 달리 호혜성의 논리를 성립시키지 못한다. 더욱이 장기는 기증자의 자발적인 의지로 선사되지 않는다. 장기기증에 동의하는 자는 이미 사망 판정을 받은 기증자가 아니라 그의 유족이기 때문이다. 장기기증은 사랑하는 이의 죽음이 초래한 비탄을 참아내고 인간애의 실현을 위해 그의 장기 적출에 동의한다는 유족의 결단에서 시작된다. 고인의 몸에 칼을 대는 참담한 시련을 이겨내야만 비로소 장기는 한 줌의 흙으로 되돌아가지 않고 타인의 몸에 들어갈 선물이 된다. 이 시련을 극복하면 유족은 인간애를 실현했다는 도덕적 보상을 받는다. 장기 수

혜자 역시 장기를 수용한 대가로 살아 있는 동안 또 다른 타인을 위해 헌신적인 삶을 살아야 한다는 채무를 지기도 한다. 일부 장기 수혜자들은 자신의 장기도 누군가에게 기증하겠다고 말한다. 선물의 형태로 장기는 이식에 이식을 거듭하면서 익명의 존재들 사이의 관계를 계속 열어놓는다. 이렇게 답례하는 길이 열리게 되면 살아남은 자로서 수혜자가 짊어져야 할 부채감과 죄의식은 긍정적인 빚으로 전환될 수 있다.

박정호는 사후 장기기증을 다룬 논문에서 어느 장기 수혜자의 수기를 통해 죽은 타인의 선물이 남긴 빚을 긍정적으로 수용하는 방식에 주목한다. 이 수기의 주인공인 박○○ 씨(51세)는 대구에서 뇌사판정을 받은 23세 여성의 신장을 성공적으로 이식받았다. 그리고 수술 이틀 후의 상황을 다음과 같이 서술한다.

수술 받은 지 이틀 후 밤에 나는 아주 이상한 경험을 하게 된다. 평생 동안 경험해보지 않은 어떤 영상이 불쑥 떠오르기도 하고, 가슴을 짓누르는 분노감, 슬픔, 허무함 등등…… '어쩌면 어제 느꼈던 그 슬픔, 분노, 허무함 등의 감정이 스물세 살짜리 대구 아가씨의 심정은 아닐까? 꿈도 많고 하고 싶은 일도 많을 꽃다운 나이의 젊은 아가씨가 무슨 사연으로 뇌사자가 됐는지는 몰라도 갑자기 생을 마감하게 되었다면 어떤 느낌일까? 나 같으면? 이름도 모르고 성도 모른다. 단지 스물세 살의 대구 아가씨의 일부가, 아니 전부인 영혼이 나의 몸속으로 들어와 있다. 슬픔, 허무, 분노감을 잔뜩 짊어진 채로. 나는 조용히 기도를 드린다. 아주 절실하고 간절하게……' 내가 당신에게 약속할 수 있는 것은 내 몸으로 들어온 '신장', 아니 당신의 영혼을 욕되게 하지 않겠다는 것입니다. 나를 통해서 당신의 꿈과 이상을 펼쳐 보였으면 좋겠습니다. 우리 힘을 합하여 이 세상에 빛과 소금이 되도록 최선의 노력을 경주한다면 어떻겠습니까? 노여움과 슬픔과 분노를 거두시고 나와 함께 당신의 꿈을 이 땅에 실현해봅시다. 평안히 영면하시고, 당신의 영혼을 내 몸에서 무럭무럭 자라게 할 생각은 없으신가요?

박 씨는 스물세 살 대구 아가씨의 영혼이 자신의 몸 안에 들어와 있다고 생각하면서, 낯선 그녀와 상상의 대화를 시도한다. 그리고 기꺼이 그녀의 영혼과 더불어 살아갈 것을 다짐한다. 박 씨는 그녀의 혼이 담긴 선물에 어떻게 답례해야 하는지 알고 있다. 그녀의 영혼을 욕되게 하지 않고 이 세상에 빛과 소금이 되도록 최선의 노력을 경주하는 것, 그것이 바로 그가 진 부채를 해소하는 길이다. 하지만 자발적으로 이루어지지 않은 죽음 때문에, 23세 여성의 영혼은 박 씨의 몸 안에서 슬픔, 허무, 분노의 격렬한 감정을 표현한다. 죽어야 했던 이유를 납득하지 못하는 그녀에게 박 씨의 몸은 결코 편안한 안식처가 아니다. 그러나 박 씨는 그녀를 자신의 삶을 마친 후 다시 만나 화해할 수 있는 친밀한 존재로 묘사한다. 이는 23세 낯선 여성의 환영을 적극적으로 수용하고 환대하기 위해, 신체 거부 반응을 일으키는 자신에게 엄중한 경고를 내리는 서술에서도 증명된다. 여기서 박 씨는 그녀를 자신의 젊은 누이동생과 동일시하기에 이른다.

내 몸 안에 있는 모든 세포들과 장기들은 들어라. 최근에 내 몸으로 들어온 젊은 '신장'은 적군이 아니다. 늙고 병든 우리들에게 생기를 주기 위해 파견된 지원군이자 응원군이다. 오해 없기를 바란다. 늙은 오빠들을 즐겁게 하기 위해 젊은 누이동생이 우리를 찾아온 것이다. 만약에 너희들이 나의 명령을 어기고 '젊은 누이동생'에게 조금이라도 위해를 가한다면 내가 너희를 결단코 가만두지 않을 것이다.

부정적 부채를 긍정적 빚으로 전환하는 이 상상적 해결책을 통해, 박 씨는 덧없이 죽은 한 여성을 자신의 누이로 받아들인다. 익명의 두 개인 이 장기를 매개로 삼아 상상적으로 확대된 가족 구성원으로 다시 태어난 다. 장기가 죽은 이와 산 이의 결속을 가능하게 해주는 시멘트 역할을 수 행한다. 장기를 받음으로써 발생하는 답례의 의무는 불가능하더라도, 장 기기증은 익명적 인간관계를 상상의 친족관계로 전환시키면서 기증자와 수혜자 모두의 생명을 연장시킨다. 이렇듯 생명과 삶의 선물인 장기는 인 간관계의 새로운 확대 방식을 통해 해명될 수 있다.

4. 선물의 사회학의 의의와 전망

선물은 타인으로 팽창하고자 하는 인간의 힘을 대변하고 자축한다. 선 물은 주는 이의 호의 혹은 그 속에 감춰진 악의를 고스란히 간직해서 타 인에게 전달한다. 따라서 선물을 받자마자 나는 내 안으로 팽창해 들어오 려는 타인을 받아들이게 된다. 그것은 은총일 수도 있고, 짊어지기 힘겨운 것일 수도 있다. 그것은 나를 살릴 수도 있고 죽일 수도 있다. 선물에 담 긴 증여자의 본질이 무엇이든 간에 모든 선물은 일정한 답례 선물을 요구 한다. 그리고 답례를 통해 이번에는 나의 본질이 처음의 증여자에게 흘러 들어간다. 사물들이 제공되고 되갚아지는 순환 체계를 통해 인간은 서로 를 끌어당기고 밀쳐내면서 다양한 사회관계를 만들어낸다.

선물 안에서 이기심과 이타심, 사리사욕과 무사무욕, 자발성과 의무 중 어느 것이 더 중요한가 하는 문제는 아무런 의미가 없다. 서로 배타적인 의도와 감정들이 상호보완적으로 선물 안에 결합하면서 사람들 사이의 관계를 다양하게 직조한다. 타락한 선물, 너그러운 선물, 사치스러운 선물, 소박한 선물 등 어떤 사례의 선물이든 주고받은 사람들에게 구속력을 발휘하고 일정한 호혜성을 창출하도록 강요한다. 선물의 호혜성은 상업적 매매의 호혜성으로 환원되지 않는다. 비록 선물과 매매의 경계가 혼란스러운 경우가 흔하더라도, 인간의 행위를 추동하는 동기는 경제적 이해관계만 따르는 것은 아니다. 바로 이 점에서 선물의 사회학이 지닌 강력한 의의가 도출될 수 있다. 잘 알려진 것처럼, 합리적인 개인들의 이기적 행위를 표준적인 인간 행동유형으로 제시하는 경제학적 분석 작업은 사회과학의 공리주의적 패러다임을 구성하는 데 지대한 영향력을 끼쳐왔다. 이 패러다임은 인간 행위에 내포된 충동과 의도를 이익극대화 전략을 지향하는 합리적 계산 가능성이라는 기준으로만 식별하려고 한다. 그 결과 인간 행위의 다차원적 성격이 보여주는 역동성을 옹호하고 개념화하는 데 실패하고 있다. 선물의 사회학은 이러한 공리주의적 편향을 교정할 수 있는 계기를 마련해준다.

사회적 관계의 기초적인 형성 방식은 경제적 매매의 논리에만 의존하지 않는다. 오히려 주고받고 답례하면서 발생하는 사람들의 교류와 결속력이 사회관계의 진정한 근원이 될 수 있다. 오늘날 자유로운 이득 추구를 보장해야 공정한 사회가 찾아온다는 공리주의적 사회관은 도처에서 한계에 부딪히고 있다. 인간은 복잡한 계산기만 주머니에 넣고 다니는 호모 에코노미쿠스가 아니다. 선물의 역사는 비정한 공리적 타산만을 좇는 일차원적 인간이 아닌, 이익과 무상, 사리사욕과 관대함 사이에서 균형을 모색하고 갈등하는 인간을 있는 그대로 보여준다.

과잉 에너지 소비와 사회의 생존

우리는 끊임없는 생산과 축적만이 미래의 궁핍을 면하는 유일한 길이며 사회 성장의 필수적인 조건이라고 생각한다. 그런데 조르주 바타이유는 '아낌없는 소모'와 '공허한 탕진'이야말로 인류의 생존과 사회의 존속을 보장하는 유일한 길이라고 주장한다. 왜냐하면 생산과 축적에 여념이 없는 사회는 비만에 빠지게 되고 결국 자신의 과잉 성장 에너지를 파괴적으로 써버릴 수 있기 때문이다. 바타이유에 따르면, 제1, 2차 세계대전은 산업 경제의 놀라운 성장이 낳은 잉여를 대규모 징집과 동원, 무자비한 학살과 파괴로 해소했던 인류사의 비극이다. 바타이유는 '비생산적 소비'와 '헛된 낭비'만이 이러한 과잉 에너지의 비극적 해소를 미연에 방지할 수 있다고 판단한다. 잉여를 헛되게 탕진하는 축제와 도박, 초과 자원을 기꺼이 남에게 선사하는 증여, 전력을 다해 에너지를 소진하는 스포츠, 경제적 효용을 고려하지 않는 기념물 건축 등은 모두 생산과 축적의 논리를 위반하는 유쾌하고 지혜로운 소모 행위이다. 바타이유는 이러한 '비생산적 소모'가 인류의 생존을 위한 필수불가결한 사회적 미덕이라고 간주한다. (조르주 바타이유, 조한경 옮김, 『저주의 몫』, 문학동네, 2000에서 재구성)

유한계급의 과시 소비와 명예

유한계급 남성은 최소한 생계유지와 육체적인 편의에 필요한 것보다 훨씬 많은 용역과 재화를 소비할 뿐 아니라 그런 소비생활을 통해서 그는 자신이 소비하는 재화의 질에 관한 전문가적 소양도 구비하게 된다. 그는 음식, 음료, 술이나 흥분제, 주택, 용역, 장식품, 의복, 무기나 장비, 오락, 부적, 우상이나 신물(神物) 등을 최고급으로 자유롭게 소비한다. …… 좀 더 훌륭한 재화를 소비하는 것은 부의 증거이기 때문에 명예로운 일이 된다. 반면에 양적으로나 질적으로 기준에 미달하는 소비는 열등함과 결함의 징표가 된다. …… 그는 이제 단순히 강인함, 기지, 용맹성을 갖춘 성공적이고 공격적인 남성에 머물지 않는다. 그는 무능하게 보이지 않기 위하여 물건을 고르는 감식안도 길러야 한다. 그것은 그가 당장 소비할 재화들 중에서 고급품과 저급품을 정확하게 구별해내기 위해 의무적으로 함양해야 할 자질이기 때문이다. 그리하여 그는 이제 다양한 풍미를 지닌 고급음식, 주요 음료나 장신구, 멋진 의복이나 주택, 무기, 오락, 춤꾼, 그리고 술이나 흥분제 따위에 관한 일종의 전문가가 되어버린다. (토르스타인 베블런, 김성균 옮김, 『유한계급론』, 우물이 있는 집, 2005, 92-93쪽)

1. 바타이유는 쌓아올린 것을 고의로 무너뜨리지 않는 한 사회는 파국을 면할 수 없을 것이라고 주장한다. 축적된 부의 잉여를 헛되이 파괴하는 선물의 힘이 사회 전체의 생존을 좌우할 수 있다는 바타이유의 견해는 어떤 점에서 타당한지 생각해보자.

2. 한가롭게 사는 유한계급의 과시적 소비와 북아메리카 원주민들의 포틀래치 관습의 재화 소비는 어떤 점에서 유사하고 다른지 생각해보자.

니콜라스 틸니, 김명철 옮김, 『트랜스플란트: 장기이식의 모든 것』, 청년
　의사, 2009.

마르셀 모스, 이상률 옮김, 『증여론』, 한길사, 2000.

박정호, "마르셀 모스의 증여론: 증여의 사회학적 본질과 기능, 그리고
　호혜성의 원리에 대하여", 「문화와 사회」 7(2), 2009, 7-49쪽.

박정호, "사후 장기기증: 증여와 희생제의의 관점에서", 「한국사회학」
　45(2), 2011, 203-231쪽.

조르주 바타이유, 조한경 옮김, 『저주의 몫』, 문학동네, 2000.

최종렬, "무조건적 소모의 사회: '바다이야기'를 중심으로", 「사회이론」
　31(1), 2007, 167-216쪽.

크리스 앤더슨, 정준희 옮김, 『프리: 비트 경제와 공짜 가격이 만드는 혁
　명적 미래』, 랜덤하우스코리아, 2009.

토르스타인 베블런, 김성균 옮김, 『유한계급론』, 우물이 있는 집, 2005.

제6부
민족주의,
세계화와 다문화

문화는 어떻게 권력효과를 낳는가?

정일준

이 장에서는 문화와 권력의 관계를 살펴본다. 문화와 권력은 어떤 관계인가? 문화 없는 권력 또는 권력 없는 문화를 상상할 수 있는가? 첫째, 소프트파워 개념을 중심으로 권력과 문화의 관계를 국제관계에서 살펴보고자 한다. 이어서 한미관계에서 작동하는 미국의 소프트파워를 역사적으로 고찰한다. 둘째, 여전히 한반도에서 강력한 영향력을 가지고 있는 민족주의에 대해 성찰하고자 한다. 이를 위해 민족국가, 민족주의, 그리고 민족의 관계를 국제정치 이론과 한국 역사의 맥락에서 살펴본다. 셋째, 문화와 권력의 관계를 문화의 정치경제학이라는 차원에서 다룬다. 문화가 어떻게 주체를 생산하며 이 과정이 지배와 어떻게 연결되어 있는지 살펴본다. 그리고 끝으로 문화가 곧바로 권력이 되는 현재의 추세에 대한 감수성을 키우기 위해 무엇을 할까 고민해본다. 문화정치를 핵심 개념으로 삼아 생산양식, 지배양식, 생활양식 그리고 주체양식과의 관계에서 문화의 위상을 점검하고자 한다.

┌ 키워드 ┐

문화, 권력, 소프트파워, 민족주의, 주체양식, 지구화, 개인화, 이마골로기

1. 적 만들기, 친구 만들기의 문화정치
: 군사력, 경제력, 그리고 소프트파워

소프트 파워란 무엇인가?

2010년 한국 외교통상부는 『문화외교 매뉴얼』이라는 책자 8쪽에서 다음과 같은 그림을 제시하고 있다. 1980년대까지 외교는 정무·안보의 단일 축으로 구성되었다. 1990년대 외교는 정무·안보 및 경제·통상의 양대

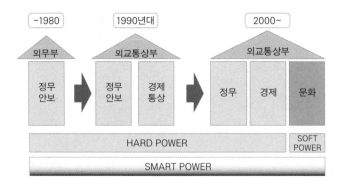

축으로 구성되었다. 그런데 2000년대 들어 외교는 정무, 경제, 문화의 3대 축으로 분화되었다. 이는 소프트파워가 중요하게 대두하면서 문화가 새로운 축으로 부상했기 때문이다. 외교통상부는 '문화=소프트파워'라고 등치시키고 있다. 소프트파워는 '강제나 보상'보다 '사람의 마음을 사로잡아' 원하는 것을 얻어내는 능력으로 정의된다.

나아가 20세기 하드파워와 21세기 소프트파워를 적절히 배합하여 국익을 극대화하고자 하는 개념으로 '스마트파워'를 제시하고 있다. 다음 그림은 소프트파워의 자원 중 하나로 문화를 자리매김하고 있다.

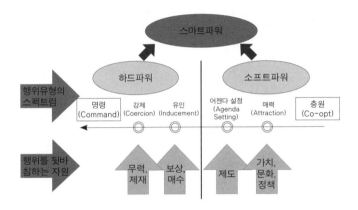

마키아벨리는 군주들에게 "사랑받기보다는 두려움의 대상이 되는 것이 더 중요하다"고 충고했다. 그렇지만 오늘날은 호감과 함께 두려움의 대상도 되는 것이 최상이다. 사람의 마음을 사로잡는 일은 예나 지금이나 중요하다. 지구정보화 시대이자 개인화 시대인 현대에는 더더욱 그러하다.

권력이란 무엇인가?

권력은 체험하기는 쉬워도 명백하게 보여주거나 계량하기는 어렵다. 광의의 권력은 어떤 일을 이뤄내는 능력이다. 즉, 원하는 결과를 얻을 수 있는 능력이다. 나아가서 권력은 타인의 행동에 영향을 미쳐서 어떤 일이 이뤄지게 만드는 능력을 의미하기도 한다. 종합하면, 권력이란 타인의 행동에 영향을 미쳐 자신이 원하는 결과를 얻는 능력을 말한다. 그런데 타인의 행동에 영향을 미치는 방법에는 여러 가지가 있다. 조금 전 살펴본 두 번째 그림에서 보는 바와 같이 위협으로 타인을 강제할 수도 있고, 보상으로 유인할 수도 있다. 아니면 상대방을 꾀어서 자신이 원하는 바를 그들도 원하게끔 만들 수도 있다. 국제정치 상황에서 군사력 사용이나 경제 제재 등의 위협을 통해 타국의 입장을 변화시킬 수도 있지만 주요한 지구적 의제를 설정하거나 다른 나라의 호감을 사는 것도 그에 못지않게 중요하다. 이처럼 자국이 원하는 바를 다른 나라들도 바라게끔 만드는 것이 소프트파워인데 여기서 문화의 역할이 매우 중요하다.

다음 그림은 권력을 다른 개념들과 구분하기 위한 시도이다.

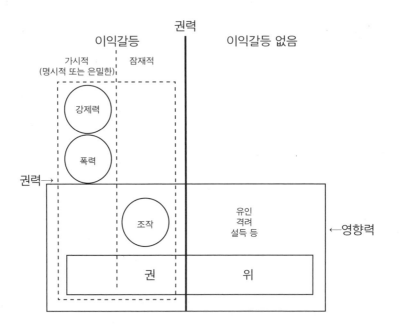

이 그림에서 권력은 제재의 개입 여부에 따라 영향력의 한 형태가 될 수도 있고 그렇지 않을 수도 있다. 권위도 이익갈등의 존재 여부에 따라 권력의 한 형태가 될 수도 있고 되지 않을 수도 있다. 소프트파워는 이익갈등의 존재에 대한 인식을 저해함으로써 국가 간 권력행사를 자연스럽게 치장한다.

권력의 3가지 형태

	행위	주요 수단	정부의 정책
군사력	강제, 억지력, 보호	위협, 군사력 행사	강압적 외교, 전쟁, 동맹
경제력	유인, 강제	보상, 제재	원조, 매수, 제재
소프트 파워	매력, 의제 설정	가치, 문화, 정책, 제도	일반 외교, 쌍무적·다변적 외교

한 국가는 국제무대에서 모범을 보임으로써 매력을 끌 수도 있지만 이는 다소 수동적인 접근이다. 각국은 매력을 창출하여 소프트파워를 산출하고자 매우 적극적으로 행동한다. 공공외교, 방송, 인적 교류 프로그램, 원조 등 다양한 프로그램을 통해 각국은 소프트 파워를 만들어낸다. 소프트파워는 직접 또는 간접으로 효과를 발생시킨다. 다음 그림은 소프트파워가 어떻게 목표대상에 영향을 끼치는지를 보여준다.

소프트파워의 직접/간접 인과모형

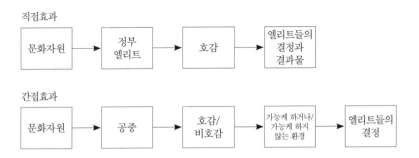

한미관계와 미국의 소프트파워

해방 이후 지금까지의 한미관계에서 모든 사태 전개가 미국이 사전에 예측하고 준비했던 바대로 진행되었던 것은 아니다. 그렇지만 미국이 예상하고 대응 가능한 범위를 넘어서 한국의 정치변동이나 사회변동이 급진화된 순간은 찾아보기 힘들다. 미국은 한순간도 한국 사회가 통치 불가능한 사태로 치닫도록 방치하지 않았던 셈이다.

국제관계에서 권력유형

		권력효과가 생산되는 사회관계의 구체성	
		직접적, 구체적	간접적, 산만함
권력이 작용하는 사회관계의 종류	기존 행위자 간 상호작용	강제권력	제도권력
	새로운 행위자의 사회적 구성	구조권력	생산권력

위의 표는 권력이 작동하는 통로가 기존 행위자들의 상호작용을 통해 이루어지는지 아니면 행위자들 자체를 형성하는 사회적 구성 과정을 통해서인지를 한 축으로 하고, 권력이 작동하는 사회관계가 직접 또는 간접인지에 따라 국제관계에서 권력 유형을 네 가지로 분류한 것이다. 첫째, 강제권력은 정부 대 정부 간에 직접적으로 압력을 행사하는 경우이다. 따라서 미국의 개입은 내정간섭이라 비판받기 쉽다. 둘째, 미국은 군사력이나 외교력 또는 경제력을 통해 직접 개입하기보다 다양한 국제기구나 NGO 등을 통해 간접적 영향력을 행사하기도 한다. 이를 제도권력이라 부른다. 셋째, 기존 정부에 대한 직접적·간접적 영향력보다 정부에 비판적인 정치세력이나 사회세력을 인정함으로써 학생과 시민 등 아래로부터의 저항세력에게 힘을 실어주기도 한다. 이는 구조권력을 행사한 것으로 볼

수 있다. 넷째, 특정 정부와의 마찰이나 일시적인 긴장관계에도 불구하고 미국은 중장기적으로 자국의 국익을 관철시킨다. 이는 광범위한 사회세력의 호감을 살 수 있었기 때문이다. 이는 생산권력으로 볼 수 있다.

변형의 차원

	군사	정치	경제	문화 (주체형성)
1950년대	제도화 1: 군대	제도화 2: (민간) 엘리트	원조경제	GI문화
1960년대	과대성장한 군	군의 정치개입	경제성장	군대문화
1970년대	자주국방	일인독재 제도화 (유신체제)	군수산업화 (부국강병)	사회의 병영화
1980년대	신냉전	권력승계 제도화	구조조정 1 (경제자유화)	사회의 자유화
1990년대	탈냉전	정권교체 제도화	구조조정 2 (산업지구화)	문화의 지구화
2000년대	협력적 자주국방	다두제 제도화	구조조정 3 (금융지구화)	일상생활의 지구화

위의 그림은 한국 사회의 미국식 변형을 나타낸다. 한미관계를 군사동맹이나 양국 권력엘리트들의 관계로 환원시킬 수 없다. 미국이 한국을 자신의 영향력 안에 붙들어두기 위해서 주로 사용하는 것이 바로 소프트파워이다. 한국은 군사적으로뿐만 아니라 정치, 경제, 사회, 문화 등 모든 영역에 걸쳐 총체적으로 미국화되었다.

제2차 세계대전에서 일본을 패퇴시킨 미국은 1945년 남한을 점령하고 3년간 미군정을 실시했다. 이 기간 동안 미국식 아이디어와 제도를 이식했다. 미군정은 대한민국 정부가 정식으로 수립되기도 전에 한국군과 대학체제를 만들었다. 억압적 국가기구인 군대와 이데올로기적 국가기구인 대학제도가 미국인에 의해 미국식으로 만들어진 것이다. 대한민국의 초대 대통령은, 나중에 28대 미국 대통령(1913–1921)이 된 프린스턴 대학의 우드로 윌슨 교수 밑에서 국제정치를 전공하여 박사학위를 받은 이승만이 선출되었다. 미국인들은 이승만 대통령을 '프린스턴 출신'이라고 불렀다. 한국인들은 이승만 대통령을 '이 박사'라고 불렀다. 한국에서 미국 박사학위가 학력뿐 아니라 권력과 부 그리고 명예를 나타내는 문화자본으로 자리매김한 것은 이때부터이다.

미국 군사고문에 의해 지도받은 한국군은 한국전쟁을 겪으면서 여타 사회 부문에 비해 과잉 성장했다. 냉전의 성격이 군사력 중심의 구형냉전에서 경제력 중심의 신형냉전으로 이행한 1960년대부터 한국군의 정치개입이 시작된다. 이후 권위주의 정권 아래서 급속한 경제성장을 이루지만 다른 한편으로는 상명하복의 군대문화가 전 사회적으로 확산된다. 지금까지 군 내부에서 근절되지 않고 있는 군대문화는 원래 일본식 군사문화의 잔재이다. 1970년대 들어 미국은 베트남전에서 패하고 '아시아는 아시아인의 손으로' 지키라는 불개입 정책으로 돌아선다. 이 시기 한국의 박정희 대통령은 군사적으로 한미동맹보다 자주국방을 강조한다. 정치적으로는 미국식 자유민주주의 제도를 부정하고 유신체제라는 일인독재 체제를 수립한다. 경제적으로도 자본주의적인 국제 분업보다는 부국강병을 내건 군수산업화를 추진한다. 또 전 사회를 병영처럼 조직하여 군사동원 체제로 재편하고자 시도한다.

1980년대 들어 한국 사회는 모든 차원에 걸쳐 미국화가 심화된다. 이 시기는 광주학살로 시작되어 한미관계가 긴장되었다. 그렇지만 전 지구적으로는 미국과 소련 사이에 신냉전이 전개되었다. 군사적 고려를 우선한 미국의 레이건 대통령은 전두환 대통령을 미국에 국빈 초청하여 5공화국에 정당성을 부여했다. 광주항쟁을 무력으로 진압하는 과정에서 미국의 태도를 둘러싸고 해방 후 최초로 대중적인 반미감정이 시민사회에서 발생했다. 5공화국을 수립한 핵심 인물인 전두환 장군과 노태우 장군은 정규 육군사관학교 1기라 할 수 있는 11기 출신이었다. 사관학교 시절부터 미국식 교육을 받았다. 이들의 세계관은 일본 육사에서 교육받았던 박정희와는 달랐다. 몸에 익은 일본식 관행과 바깥에서 부과된 미국식 제도 사이에서 갈등하던 박정희와는 달리 이들은 처음부터 미국식 아이디어와 제도의 자식들이었다. 전두환 대통령은 신자유주의적인 경제정책을 펼쳐 경제자유화를 시작했다. 정치적으로는 민주정의당을 창당하여 집권여당을 통한 권력승계의 제도화를 추진했다. 야간 통행금지를 폐지하고, 중고등학교 교복을 없앴으며, 대학입시에서 본고사를 폐지하는 한편 졸업정원제를 도입하여 대학입학정원을 한꺼번에 30퍼센트 늘렸다. 문화적으로 '3S'라 불리는 영화(Screen), 스포츠(Sports), 섹스(Sex)를 장려했다. 컬러텔레비전과 VTR의 보급으로 책자나 그림으로만 보던 미국식 포르노산업이 영상으로 범람하고, 프로야구를 비롯한 미국식 프로스포츠가 시작되고 TV를 통해 중계되었다. 1980년대 말 밖으로는 냉전체제가 해체되고 안으로는 민주화가 진전되었다. 1990년대 들어 탈냉전이 전개되고 정권교체가 제도화되며 산업구조가 지구화되자 바야흐로 '문화의 시대'가 도래했다. 30년 만의 민간정권인 김영삼 대통령의 문민정부에서는 내적으로는 군사정권 잔재 청산과 아울러 외적으로는 급속한 세계화 정책을 추진했다. 이로 말미암아 1997년 말 금융위기가 닥치고 IMF 구제금융을 받는 지경에 이르렀다. 김대중 대통령의 국민의 정부는 북한과의 관계를 일정 부분 정상화하고 남북관계를 안정시켰다. 그렇지만 구조조정을 거치면서 신자유주의가 전면화하는 계기를 맞았다. 체제 수준에서의 금융지구화와 더불어 일상생활의 지구화가 심화되면서 탈민족적인 주체형식이 대두했다.

2. 우리는 '누구'인가 또는 누가 '우리'인가?:
   민족주의와 그 이후

오랫동안 우리는 '우리'를 당연시했다. '우리'는 가족이자 친족이고, 동향이거나 동문이자, 궁극적으로는 민족이었다. 인식론상으로 '우리'를 의문시하지 못했던 것은 존재론상으로 우리가 같은 민족공동체의 일원이라고 교육받고 이를 받아들였기 때문이다. 이제 지구화와 개인화의 급속한 진전으로 민족의 신화는 해체되고 있다. 그렇지만 정치적 동원이데올로기로서의 민족주의는 여전히 수그러들 줄 모른다. 독도와 역사 교과서를 둘러싼 일본과의 분쟁, 동북공정을 둘러싼 중국과의 논쟁, 그리고 기지 문제나 무역을 둘러싼 미국과의 마찰은 민족주의가 한국 시민의 가슴속에 열정으로 살아 있음을 보여준다.

근대 이래로 한민족(韓民族)은 혈연공동체이자 지연공동체로 인식되었다. 그렇지만 민족이야말로 근대에 발명된 문화공동체이다. 근대로 접어들면서 민족주의의 고양을 통해 민족국가(또는 국민국가)를 형성하지 못한 나라들은 서구 제국의 식민지로 전락했다. 근대 초입에 일본제국주의의 식민지로 전락한 이래 분단된 민족국가로 남아 있는 남한과 북한에 민족과 민족주의는 무시할 수 없는 정치적 상징자본이다.

국제정치에서 바라본 민족국가, 민족주의, 그리고 민족

다음 그림은 국제관계 이론에서 바라본 민족주의의 역사적 형태이다. 제1 유형은 서유럽과 미국의 경우이다. 전근대에 민족이 없다가 근대 국민국가 수립과 더불어 민족주의가 형성된 경우이다. 민족주의는 국가가 주조하여 위로부터 부과되었다. 처음부터 제국을 지향했기 때문에 다인

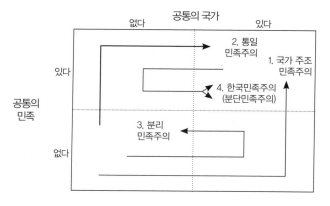

국제관계이론에서 파악한 민족주의의 역사적 형태

종과 다문화를 포용했다. 따라서 민족국가보다는 국민국가라는 개념이 더 적합하고, 민족에 존재론적인 지위를 부여하지 않았다. 제2 유형은 독일과 이탈리아의 경우이다. 근대 국민국가 수립과 더불어 과거의 문화민족 재생을 표방하며 위로부터 민족주의를 전파했다. 이들이 민족사회주의를 내걸고 파시즘 체제로 이행하여 전쟁과 학살을 일으켰기 때문에 서구 사회과학계와 시민사회에서는 민족주의 일반을 악으로 보고 대체로 혐오한다. 제3 유형은 동유럽과 기타 지역에서 나타난다. 냉전 이후 과거의 국민국가 질서에서 민족 단위로 분리 독립하려는 움직임을 반영한다. 제4 유형은 한국의 경우이다. 신라가 삼국을 통일한 7세기부터 통일된 민족국가를 이뤘다가 근대 초기 식민지로 전락했다. 독립과 더불어 미국과 소련에 의해 남북한으로 분할 점령된 후 각각 국민국가를 수립했다. 통일 지향 민족주의라는 점에서 다른 지역의 민족주의와 구별되는 독특한 유형이다.

한국 역사에서 바라본 민족, 민족주의 그리고 민족국가

한국은 1945년 이전에는 일본 제국주의의 침략을 받아 한 세대가 넘게 식민 지배를 받았기 때문에 민족 문제가 가장 중요한 과제였다. 또한 1945년 이후에는 민족해방에도 불구하고 민족이 남한과 북한이라는 두 국민국가에 의해 분단되어 두 세대가 넘게 지속되기 때문에 민족 문제가 여전히 가장 중요한 과제 중 하나로 남아 있다. 민족은 본질적으로 넓은 의미의 문화공동체의 특성과 생활공동체의 성격을 가진 인간 집단이다. 민족 형성의 요소들에는 객관적 요소와 주관적 요소가 있다. 전자로는 언어의 공동, 지역의 공동, 혈연의 공동, 문화의 공동, 정치의 공동, 경제의 공동, 역사의 공동 등이 있다. 후자로는 민족의식을 들 수 있다. 민족 형성에 들어가는 8가지 구성요소들에 의해 하나의 민족이 형성되는 것은 반드시 근대에 이르러 국민국가의 형성 및 자본주의의 성립과 궤를 같이하는 것은 아니다. 인류 역사에서 문명의 역사가 매우 오래되고 고대나 중세에 이미 중앙집권적 통일국가를 세운 지역에서는 이미 전근대 시대에 민족이 형성되었다. 서구 사회학 이론에서 주장하는 바와는 달리 민족 형성 유형에는 적어도 다음과 같은 다섯 가지 유형을 제시할 수 있다.

민족형성 유형론

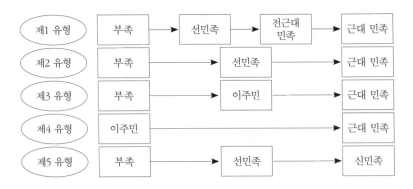

제1 유형은 고대나 중세에 중앙집권적 통일국가를 장기간 이루었던 주로 아시아의 여러 민족들, 아랍의 민족들과 아프리카의 에티오피아 민족

에 적용되는 유형이다. 한국 민족은 이 유형에 속한다. 이 유형에서 민족은 전근대 시대에 전근대 민족으로서 형성된다.

제2 유형은 고대에 분권적 도시국가와 중세에 지방분권적 봉건사회를 장기간 경험했던 지역에 적용되는 유형이다. 주로 유럽의 민족들이 이 유형에 속한다. 이 유형은 종래 서구 사회학이론에서 일반이론으로 정립하여 보급했던 유형이다. 이 유형에서 민족은 근대국민국가 및 근대자본주의의 성립의 결과로 그에 궤도를 같이하여 근대에 형성된다고 볼 수 있다.

제3 유형은 근대 초기에 이주민들이 다른 대륙으로 이동하여 원주민 부족들과 여러 정도로 결합하면서 근대 민족을 형성한 유형이다. 주로 중앙아메리카와 남아메리카의 민족들이 이 유형에 속한다. 이 유형에서 이주민들은 원주민 부족들을 소멸시키지 않고 다양한 형태로 결합하여 새로운 형태의 근대 민족을 형성한 것이 특징이다.

제4 유형은 근대 초기에 이주민들이 다른 대륙으로 이동하여 원주민 부족들을 학살하거나 구축해서 사실상 대부분 소멸시켜버리고 이주민만으로써 새로이 분화된 근대 민족을 형성한 유형이다. 주로 미국, 캐나다, 오스트레일리아, 뉴질랜드, 남아프리카공화국의 백인 등이 이 유형에 속한다. 이 유형에서는 원주민 부족들을 소멸시키거나 구축하여 원주민과 결합하지 않고 이주민들만으로 근대 민족을 형성하는 것이 특징이다. 따라서 이 유형은 역사적으로 진화된 민족이라기보다도 본질적으로 다른 지역의 민족으로부터 분화되어 형성된 근대 민족의 특성을 지닌다고 볼 수 있다.

제5 유형은 제2차 세계대전 종전 때까지 부족이나 선(先)민족의 상태에 있다가 종전 후에 새로이 부족들이나 선민족들을 통합하여 신(新)민족을 형성하고 있는 유형이다. 주로 에티오피아 이외의 사하라 이남 아프리카에 사는 신민족들과 남태평양의 섬들에 사는 신생독립국가들의 주민이

이 유형에 속한다. 이 유형은 현재 민족의 구성요소들을 정책적으로 만들어가면서 새로이 신민족을 형성하는 도중에 있는 것이 특징이라고 할 수 있다.

한국에서 민족 형성과 민족국가 형성 그리고 민족주의의 고양은 서구의 여러 나라들이나 여타 지역의 경로와 다르다. 과거 일제 식민지 시기에 민족주의는 안으로는 양반 신분제를 뛰어넘고 밖으로는 빼앗긴 주권을 되찾아 근대 민족국가로 나아가는 강력한 사회변동의 동력이었다. 해방 직후 미국과 소련이 남북한을 군사적으로 분할점령한 조건 위에서 분단정권이 수립되었다. 한국전쟁을 겪으면서 통일민족주의는 좌절했다. 무력에 의한 통일 시도는 막대한 인적·물적 손실을 남긴 채 실패로 돌아갔다. 이후 자유민주주의적 정치질서 아래서 자본주의적 발전노선을 택한 남한과 수령제 정치체제 아래서 사회주의적 발전노선을 택한 북한 사이의 적대적 공생이 이어졌다. 정치공동체를 회복하지 못한 상황에서 남한과 북한의 정통성 경쟁은 민족문화를 둘러싸고 전개되었다.

거시 민족주의의 대두?
: 다문화주의에 반대하는 민족 보수주의 또는 우파 과격주의

2011년 7월 22일 노르웨이에서 참사가 일어났다. 수도 오슬로 정부청사 부근에서 폭탄테러가 발생해 7명이 숨졌다. 이어서 오슬로에서 30킬로미터 떨어진 우토야 섬에서 열린 집권 노동당 청소년 캠프장에서 85명이 총기에 의해 살해되었다. 범인은 안데르스 베링 브레이빅이라는 노르웨이인이다. 그는 범행 직전 1,500쪽에 달하는 「2083: 유럽 독립선언」을 발표했다. 이 선언은 얼핏 보기에 우익 이데올로기를 대변하고 있는 것처럼 보이지만, 백인 우월주의, 극단적 민족주의, 기독교 근본주의와는 다르다. 기독교판 알카에다에 가깝다. 알카에다가 이슬람 입장에서 서방에 전쟁을 선포했다면 브레이빅은 정반대인 셈이다. 양자 모두 십자군전쟁까지 소급되는 서양문명과 이슬람 사이의 문명전쟁을 치르고 있다고 생각한다. 양자 모두 유럽이나 무슬림 공동체 같은 초국적 실체를 위해 싸운다고 생각한다. 또한 양자 모두 자신들의 투쟁이 생존을 위한 방어전이라고 규정한다. 양자 모두 자국 정부를 외부의 적과 내통했다고 증오한다. 양자 모두 자신들을 순교자로 묘사한다. 양자 모두 가부장제의 퇴조와 여성해방을 탄식한다. 양자 모두 동일한 이데올로기를 표현하고 있다. 즉, 민족주의의 변형으로서 '서양'이나 '범이슬람주의'같이 공통의 정체성에 의해 일군의 국가들이 뭉친 거시 민족주의를 내세운다.

브레이빅은 새로운 문명전쟁 독트린을 제시한다. 그는 노르딕 유전자형이 사라져버릴까 두려워하기는 하지만, 인종적 순수성이 주요 관심사는 아니다. 유럽에 있는 무슬림을 죽이려 하기보다 쫓아내고자 한다. 또한 유대인이나 아시아인에 대해서는 개의치 않는다. 자신의 인종적 계보를 매우 자랑스러워하지만, 노르웨이 민족주의자는 아니다. 그의 독립선언은 노르웨이 독립선언이 아니라 유럽 전체를 대상으로 한다. 그는 기독교인은 맞지만 스스로 자신이 지나치게 종교적이지는 않은 '문화적 기독교인'이라고 고백한다. 브레이빅의 목적은 '서유럽의 이슬람화' 흐름을 역전시키는 것이다. 그는 자기 자신을 '이슬람 제국주의'에 대항하여 방어전을 치르는 병사로 인식한다. 무슬림들이 높은 출산율과 유럽 엘리트들이 옹호하는 다문화주의 독트린을 무기 삼아 유럽을 식민지로 만들고 있다고 주장한다. 그가 보기에 이슬람은 유럽 문명에 대한 존재론적 위협이며, 이에 대해서는 어떠한 비용을 무릅쓰고라도 맞서야 한다. 가장 좋은 방법은, 다문화주의와 정치적 올바름(political correctness)을 지지하는 유럽의 정치 엘리트와 지식인들, 즉 그가 '문화마르크스주의자들'이라 부르는 이들에 대항하여 전쟁을 치르는 일이다. 왜냐하면 바로 그들이 유럽의 식민화를 허락한 배신자들이기 때문이다. 그는 무슬림들을 죽이지 않았다. 노동당 출신 총리 집무실이 있는 정부청사를 테러했고, 노동당 청소년 캠프에 참여한 노동당 당원들을 쏴 죽였다. 그는 자기가 보기에 유럽이 이슬람에 의해 침략당하는 것을 용인하는 국가권력, 즉 집권 여당을 향해 테러를 감행한 것이다.

브레이빅의 행동은 매우 예외적이지만 그의 반이슬람 견해는 그렇지 않다. 그의 사상은 최근에 활발한 반지하드를 표방하는 뉴라이트 집단의 견해와 매우 유사하다. 그렇지만 다문화주의와 이민에 대한 비판은 유럽의 극우파만 주장하는 것이 아니다. 유럽에는 반이슬람 정서가 광범위하게 퍼져 있다. 영국 수상 데이비드 캐머런이나 독일 총리 앙겔라 메르켈, 프랑스 대통령 니콜라 사르코지 같은 주류 보수주의 정치가들도 공감한다.

세계화로 인해 전 지구적으로 이민이 일어나고 단위 국가사회는 다문화사회로 변모하고 있다. 브레이빅이 단일 문화의 모범 사례로 제시한 한국 사회도 다문화사회로 이행하고 있다. 노르웨이에서와 같은 참극이 한국에서 벌어지지 않게 해야 한다. 그러려면 문화적 차이가 정치적 차별이나 사회적 배제로 이어지지 않도록 다문화교육이 필요하다. 대부분의 위협과 폭력은 사회 바깥에서 비롯된 것이 아니다. 사회 내부에서 비롯된다. 우리는 낯선 사람이나 외국인이 위협을 가져온다고 상상한다. 그렇지만 국가 간 전쟁이나 분쟁보다 내전이나 사회 내부의 분쟁이 점점 더 대세를 이루고 치명적인 싸움이 되고 있다. 우리 내부에서 괴물을 키우지 않기 위한 각고의 노력이 필요하다.

3. 문화와 권력의 관계는 무엇인가?
   : 문화의 정치경제학을 위하여

문화는 사회관계 속에서 존재한다. 문화는 국가나 자본 또는 막강한 사회세력에 의해 만들어진다. 문화가 일단 하나의 사물이나 사건으로서 우리 앞에 나타나게 되면 실제적인 권력을 획득한다. 정치세력, 경제세력, 사회세력이 문화를 만들어내기 때문에 문화는 권력의 원천인 동시에 지배의 근원이 된다. 문화는 끊임없이 움직이는 유체인 동시에 움직임이 정지되어 있는 고체이다. 문화는 끊임없이 변화하는 사회관계인 동시에 사회적으로 생산된 사물이기도 하다. 주체 형성 과정은 이데올로기 층위보다는 더욱 심층적인 문화 층위에서 벌어진다. 문화를 문제 삼는 것은 문화 층위에서 주체가 형성되기 때문이다.

문화와 주체화 과정

주체화 과정을 통해 주체가 형성된다. 이 주체화 과정은 문화적 규정성에 의한 주체 형식의 부과 과정이다. 문화 속에서 우리는 너무나 자유롭기 때문에 문화가 억압하는 것을 알 수 없다. 주체화된 개인은 자기가 스스로 주체인 것처럼 느끼도록 하는 주체 형식이 외부로부터 부과된 것임을 파악하지 못하고 자신이 자기 행위의 주체인 것 같은 착각에 빠진다.

따라서 주체 형식 속의 주체는 상상 속에서만 성찰적이며, 이 주체 형식을 생산시키는 층위에서 볼 때는 전혀 비성찰적이다. 문화생산 과정에 대해 성찰할 수 없는 한, 우리는 생산물의 물신성에 포획당한 주체 형식의 담지자일 뿐이다. 우리는 문화 속에서 '주체'로서 너무나 자유롭다. 그렇지만 우리가 문화 밖으로 나가려 할 때 사회로부터 제재를 당한다. 문화 속에서는 결코 행할 수 없는 것, 말할 수 없는 것이 있다. 이러한 터부를 둘러싸고 우리는 스스로를 감시한다.

문화는 의미를 부여하고 가치를 평가하여 인간들과 사물들을 분류한다. 친족 호칭이나 선후배 간의 호칭 등 멀고 가까운 것, 친하고 친하지 않은 것, 상종할 수 있는 것과 없는 것, 높은 것과 낮은 것, 좋은 것과 나쁜 것, 선한 것과 악한 것, 성과 속, 위험한 것과 안전한 것, 아름다운 것과 추한 것 등등의 분류는 철저하게 문화적이다. 이러한 가치평가적 분류에 입각하여 우리의 처세술이 달라진다. 농락할 것, 모욕할 것, 무시할 것, 소외시킬 것, 배제할 것, 존중할 것 등등. 개인이 세상을 살아가면서 느끼는 모든 슬픔과 기쁨, 죄책감과 만족감, 고통과 절망, 희망과 환희, 양심의 가책과 정의감 등의 감정들은 모두 문화의 효과들이다. 이 감정들은 가치평가적 분류체계 안에서 부정적 가치로부터 벗어나고 긍정적 가치를 획득하고자 하는 인정투쟁의 파생물이다. 이 분류체계 안에서 긍정적 가치평가를 획득하지 못했을 경우, 긍정적 가치평가를 획득한 자들과의 상호관계에서의 여러 가지 관계유형에 따라, 공격욕, 파괴욕, 좌절감, 분노, 열등의식, 수치심, 치욕감 등이 나타나기도 하고, 그 반대의 경우 우월의식, 자기과시, 자만심, 박탈에 대한 공포, 강박증, 무시와 멸시의 감정 등 여러 감정들이 나타나기도 한다. 결국 삶에서 대부분의 문제들과 고통들은 이 가치평가적 분류체계의 복합적 그물망 속에서 한 개인이 차지하고 있는 위치와 이 그물망에 대해 한 개인이 취하는 입장에서 비롯된다. 따라서 인간의 모든 고통과 기쁨은 결국 문화적 고통과 기쁨이다.

이처럼 문화는 가치평가적 분류체계이다. 문화는 존재와 비존재를 가른다. 이 분류체계 내에 분류되지 않는 것은 사람들의 머릿속에 존재하지 않는다. 이처럼 문화에 의해 분류된 것은 의미를 부여받고 통제당한다. 의미부여는 긍정적·부정적 가치평가를 내포하고 있기 때문에 통제이다. 그동안 분류되지 않던 것, 즉 존재하지 않던 것이 새롭게 분류체계에 포섭된다는 것은 새롭게 통제되기 시작한다는 것을 뜻한다. 문화는 분류이며, 분류는 가치평가이고, 가치평가는 통제에 이른다. 모든 학생들 나아가 모든 교수들과 대학들을 세계적인 대학서열에 맞춰 분류하고자 하는 시도가 좋은 예이다.

한 개인이 문화 안에서 특정한 위치를 점하고 있는 이상, 그는 문화 내부에 있는 셈이다. 또한 이는 문화에 의해 부과된 주체형식 속에서 살고 있다는 말이기도 하다. 문화 내부에서 자신이 점하고 있는 위치를 보수하려는 한, 개인은 필연적으로 지배주체가 된다. 예컨대, 한국 문화 속에서 대졸자라는 위치, 또는 명문대학교 졸업자라는 위치에는 특정한 특권이 상응하고 있다. 명문대학교 출신자가 자신의 위치에 상응하는 특권을 자신의 무의식에서까지도 완전히 거부하지 않는 한, 그는 문화 내부에서 자신의 위치에 상응하는 특권을 유지하려는 지배 주체인 것이다. 지배 주체인 사람들은 결코 지배에 저항하지 않으며, 단지 지배 과잉에만 저항하면서 문화에 의해 승인된 정의감을 만끽한다. 이런 자들은 기실 문화 바깥으로 나오려는 자들에 대한 가장 핵심적인 비판자들이다. 스스로 '정의로운 자들'은 지배합리성을 대변하는, 문화의 진정한 대표자이다. 문화는 새로운 지배합리성을 위해 재조직된다. 새로운 지배합리성에 적합하지 않은 요소들은 제거되고 잊혀지며, 그 자리를 새로운 요소가 메운다. 그러나 기존의 대부분의 요소들은 새로운 조직원리에 따라 전위된다. 예컨대 농업

사회를 바탕으로 하는 유교의 충효사상은 자본주의적 산업사회에서 국가권력과 자본권력에 봉사하는 이데올로기로 바뀐다.

지배와 문화

지배란 인간들을 지배자와 피지배자로 구분지어 차별하는 것이고, 피지배자로 하여금 지배당하는 것을 자명한 것으로 받아들이게 하는 과정이다. 하나의 지배양식은 지배의 코드인 문화 속의 특정한 위치에 각각의 계급들을 할당하고, 정치, 이데올로기, 그리고 폭력이라는 세 가지 근본적 수단을 이용하여, 지배계급의 응집성과 피지배계급의 예속을 생산하고 재생산한다. 지배에 스스로 예속되는 이러한 과정은 자신의 자아를 지배의 코드 내의 특정한 위치에 정체화하고 이 위치에 귀속된 술어들을 자명한 것으로 받아들이게 되는 과정이다. 주체와 타자의 관계는 항상 담론에 의해서 매개된다. 욕망의 주체의 자아는 타자의 담론을 내면화하면서, 타자의 말에 자기 자신을 동일시하면서 형성된다. 타자와 주체는 이리하여 뫼비우스의 띠와 같이 안과 밖이 없는 하나의 공간을 구성하게 된다. 욕망의 주체는 타자로부터 사랑받기 위하여, 즉 타자의 욕망을 획득하기 위하여, 타자의 담론을 내면화한다. 자아는 타자의 담론을 내면화하여 형성된 것이기 때문에, 정체성(자아)은 개인적 정체성(문화 속에서의 나의 위치)이기도 하다. 사회적으로 구성되는 정체성은 사회적 차별성을 내포한다. 욕망의 주체가 내면화하는 담론은 결코 일반적 타자의 담론이 아니라 특정한 타자의 담론이다. 특정한 타자는 특정한 담론을 통해 욕망의 주체를 특정한 위치에 자리매김한다. 특정한 타자가 특정한 담론을 행하는 것은 이처럼 특정한 담론을 행할 수밖에 없게 가치평가적 분류체계로서의 문화 안에 그의 위치의 술어가 정해져 있기 때문이다. 욕망의 주체가 특정한 위치에 자리잡게 된다는 것은 다른 위치와는 차별되는 특정한 위치에 자리잡는다는 뜻이다. 결국 정체성, 즉 자아는 차별과 분리에 의해 강화된다. 나아가 타자의 담론은 욕망의 주체를 특정한 위치에 정박시킬 뿐만 아니라 필연적으로 '우리'를 생산한다. '우리'라는 범주는 '우리'와 구분되는 '그들'을 가정함으로써 가능해진다.

위치와 위치의 차별적 관계 속에서 담론이 결정된다. 이때 위치와 위치의 차별적 관계는 가치평가적 분류체계로서의 문화에 의해 결정되는 것이므로 담론의 주체는 결국 문화이다. 지배장치들을 통해서 개인들은 문화의 특정한 위치에 자신들을 정박하게 되고 이러한 정체성에 입각한 차별화를 행함으로써 스스로를 지배 주체로 만든다. 이러한 정체화 과정은 문화가 '자아의 무의식'을 구성하는 과정이다. 정체성과 차별성은 담론의 흐름 속에서 상호인정 의례를 통해 확인, 재생산 또는 변화한다. 지배양식은 문화의 바깥 공간으로 밀려난 '구조화시키는 구조'가 문화의 내공간으로 침투할 수 있는 틈새들을 정치, 이데올로기, 폭력이라는 지배수단을 이용하여 봉합한다. 자본주의적 계급분화의 지배양식에 의한 규정성을 실현하는 가장 핵심적인 지배 장치는 학교이다. 그렇지만 가치평가적 분류체계로서의 문화를 개인의 '자아의 무의식'에 각인시키는 역할을 하는 핵심적 지배 장치는 가족이다. 특정 지역 출신 친구와 사귀지 말라거나 적은 평수의 아파트에 거주하는 친구와 아는 체하지 말라는 부모의 담론은 아이의 계급의식 발달에 결정적인 영향을 끼친다. 억압과 이에 따른 지배에 의해 삶의 공간은 보이는 공간과 보이지 않는 공간으로 나뉜다. 보이는 공간은 구조화된 구조에 상응하고, 보이지 않는 공간은 구조화시키는 구조에 상응한다. 구조화된 구조는 생산물이며, 구조화시키는 구조는 생산 또는 생산과정의 구조이다. 구조화된 구조가 재생산되기 위해서는 구조화시키는 구조가 감춰져야 된다. 구조화된 구조를 체계화하는 것이 바로 문화이다.

문화와 권력의 관계

문화와 권력의 관계에 대해서는 다음과 같은 세 가지 입장을 구분할 수 있다.

첫째, 문화와 권력은 별개이다. 문화인, 예술인이 간혹 권력에 참여하는 일이 있다. 참여정부 시절 이창동 감독이 문화부장관을 지낸 바 있고, 이명박 정부에서 탤런트 유인촌이 문화체육관광부 장관을 지내기도 했다. 또 연극인 출신 최종원이 국회의원에 당선되기도 했다. 이처럼 문화계 인사가 정치권력에 관여하는 경우는 국내외에서 비일비재하다. 그렇지만 그것은 개인의 선택이나 취향일 뿐 문화계와 정계는 내밀한 관계가 없다는 것이다. 과거 권위주의 정권 시절의 '3S' 정책처럼 권력이 문화를 이용하는 경우는 있어도 이는 어디까지나 외적인 관계로, 단지 이따금씩 관계를 맺는 데 불과하다는 주장이다.

둘째, 권력은 문화를 통해 관철된다. 권력자는 세뇌교육을 통해 진리를 생산함으로써 국민을 형성하고 그들을 정권에 복종케 한다는 것이다. 독일 히틀러의 나치 시절이나 소련의 스탈린 시대가 대표적이다. 현대의 지구정보화 시대에도 정도의 차이는 있을망정 어느 나라에서나 정권에 편파적인 방송이 이루어진다. 대부분의 정권이 방송장악을 시도하거나 방송과 우호적인 관계를 정립하려고 애쓴다. 또 각국 정부는 문화외교를 통해 자국의 국익을 아래로부터 정당화하고 관철시키고자 노력한다. 여기서 문화는 권력형성과 권력행사에 핵심적인 수단이자 통로이다.

셋째, 문화는 권력이다. 앞의 두 입장에서 문화와 권력의 관계가 정도의 차이라고 한다면 여기서 문화와 권력의 관계는 역전된다. 권력이 문화를 가끔씩 이용하거나 또는 지속적으로 관리한다는 차원을 넘어서 문화가 권력으로 전면화하는 것이다. 이를 '이데올로그에서 이마골로그로'라고 정의할 수 있을지 모른다. TV 아나운서나 연예인, 베스트셀러 작가, 또는 여러 직종 출신으로 대중매체를 통해 유명인이 된 후 정치인이 되거나 사회적으로 영향력 있는 활동가가 되는 경우가 자주 눈에 띈다. 과거 권력의 이미지가 무겁고, 어둡고, 멀고, 힘든 그 무엇이었다면 현재 권력의 이미지는 사뭇 다르다. 경쾌하고, 가깝고, 친밀하고, 쉬워 보인다. 정치인의 이미지는 유명 연예인의 이미지와 별반 다르지 않다. 전체로서의 국민이나 국익보다, 개인으로서의 나와 '우리' 집단의 이익을 대변해줄 누군가를 찾는다.

4. 문화정치, 무엇을 할까?
  : 생활양식, 지배양식 그리고 주체양식

일상이란 무엇이며 위기란 무엇인가? 누가 '일상'과 '위기'를 선언하는가? 왜 우리는 어떤 현실은 실존한다고 믿으면서 어떤 현실은 존재하는데도 불구하고 매 순간 잊어버리고 사는가?

도대체 "이것이 현실이다!"라고 규정할 수 있는 힘은 어디서 오는 것일까? 세계가 분화, 전문화되어감에 따라 우리의 경험 또한 분절된다. 우리가 직접적으로 대하는 사람들이나 일들을 제외하면 우리는 매개된 경험을 살아간다. 천안함 침몰, 연평도 포격, 일본의 지진과 쓰나미 같은 사건을 우리는 오직 TV 화면을 통해, 동영상으로 또는 신문지면을 통해 사진으로 접할 뿐이다. 누가 이들 현상의 진실성을 묻는가? "직접 내 눈으로 보아야 믿겠다" 또는 "내가 겪어보지 않은 일은 하나도 인정할 수 없다"와 같은 태도는 거의 없다. 요컨대 우리는 남들이 우리에게 전해주는 지식과 정보로 우리의 삶의 세계와 의미세계를 매순간 구성한다. 실제를 열어 보이며 동시에 가리는 언론이야말로 권력이다. 권력은 사회구조와 사건들을 만들어낼 뿐 아니라 주체 자체를 생산한다.

일상성과 문화

일상생활의 방식, 사회적 의미의 생산과 관리, 그리고 권력과 재화를 배분하는 모든 과정이 문화정치이다. 우리는 결코 직접적으로 현실과 만날 수 없다. 우리와 현실 사이에는 항상 상징적 층위가 개입한다. 즉, 인간은 상징적인 것의 매개를 통해서만 현실에 가 닿을 수 있다. 우리는 일상성 속에서 자신을 둘러싸고 있는 '타인들'이 하는 말을 그대로 받아들이고 '인간들의 말' 속에서만 생각할 수 있다. 하나의 닫혀 있는 세계로서의 '인간들이 말하기'에 포획된 존재인 것이다. 우리는 일상성 속에서 '인간들의 공공성' 속에서 자신을 잃어버리고 있는 존재이다. 따라서 인간 존재는 결코 자신의 일상성의 주체일 수 없으니 이는 '인간들'이 일상성 속에서의 자신의 삶과 생각을 대신해주고 있기 때문이다. 우리는 우리 자신에 대해 이방인이다. 그리고 "나는 생각한다"라는 언표는 실제로는 순전히 상상적인 것이다. 왜냐하면 누군가가 우리를 대신해서 생각해주기 때문이다. 이때 '누군가'가 억압된 무의식이 아닐 경우, 우리는 이 '누군가'를 타자의 매개에 의해 자기화된 상징질서라 할 수 있다. 이 '누군가'가 곧 문화이다. "내가 생각하는 것이 아니라 문화가 내 속에서 생각한다." '내'가 생각한다고 할 때 사실상은 문화가 나를 대신하여 생각해주는 것이므로 나는 존재하지 않는 것이다. 따라서 "내가 존재하지 않을 때 나는 생각하고, 내가 생각할 때 나는 존재하지 않는다."

우리는 문화에 값을 매김으로써 문화를 자본의 논리에 따라 규정한다. 이때 문화에 값을 매기는 행위야말로 권력이다. 사회 각 부문에서 소통을 이야기한다. 문제는 "누구의 언어로 이야기하느냐?"이다. 집을 두 채 이상 가진 사람은 왜 정부가 부동산 시장을 시장자율에 맡기지 않느냐고 하면서 정부 개입에 반대한다. 반면 집을 한 채도 가지지 못하고 장래 구입하고자 하는 시민은 정부가 적극 개입해서 부동산시장을 안정시켜주기 바란다. 전자는 사유재산권과 시장의 균형회복 능력에 기댄다. 후자는 온 국민이 행복하게 살 권리와 무엇보다도 주거권을 주장한다. 정부는 과연 누구의 말을 얼마나 들어주어야 하는가?

지구 시대다. 인터넷에 접속하면 대부분의 지식과 정보가 영어로 떠돈다. 모든 한국인이 영어를 배워야 할까? 아니면 지식과 정보를 한글로 번역해주기를 정부나 기타 시장기제에 요구해야 할까? 한국인, 중국인, 일본인이 모이면 과연 어느 나라 말로 소통해야 할까? 인구로 보면 중국말로 하는 게 적절하다. 경제력으로 보면 일본말로 못할 이유도 없다. 우리 입장에서는 다른 아시아 국가의 국민들이 한국말을 많이 배웠으면 한다. 옳고 그르고, 바람직스럽고 그렇지 않고를 떠나 현실에서는 대부분 영어로 소통한다. 영어라는 소통 형식은 곧 권력이다. 일제의 동화정책에 의해 한국말과 글을 빼앗길 뻔한 경험을 가진 한국인들은 모든 국민이 영어를 해야 한다는 현실이 못마땅하다. 공교육에서 영어교육을 책임지지 못하는 동안 사교육시장이 기하급수적으로 팽창했다. 이제 영어구사능력은 권력이 되었다. 포함과 배제를 나누는 선을 사회적으로 생산하는 과정이 문화이다. 이렇게 보면 문화는 자본이자 권력이다.

문화전쟁, 어떻게 살아남을 것인가?

사회관계, 제도 그리고 공간의 의미와 구조를 둘러싸고 지금도 문화전쟁이 진행 중이다. 사회관계는 남성과 여성, 동성애자와 이성애자, 부모와 자식, 자본가와 노동자, 교수·교사와 학생 등을 포함한다. 제도는 미디어를 비롯한 문화산업, 전 지구적인 경제기구, 대항 사회운동 등을 가리킨다. 또 공간에는 특정한 경관(청계천, 디자인 서울 등), 대형 백화점이나 대형마트, 그리고 텔레비전 방송국 같은 다양한 공간이 있다. 문화전쟁이라는 개념은 과장이나 레토릭이 아니다. 문화전쟁이라는 개념은 우리들로 하여금 문화를 형성 중에 있는 존재로 이해할 수 있게 해준다. 문화생산에 권력이 개입한다면 문화이용에는 주체가 연루된다. 문화전쟁은 문화적 정체성을 대상이나 수단으로 하는 투쟁이다. 즉, 정체성의 형식과 내용을 결정하고 이에 대하여 일정한 지위를 부여하는 데 필요한 권력을 차지하기 위한 전투인 것이다. 한 개인의 일상적 삶이 전 지구화라는 정치경제 변화에 가속적으로 노출되기 때문에 오랫동안 유지해온 정체성의 안정성과 확실성은 점점 더 약화된다. 전 지구화에 따른 정치경제 구조의 급격한 구조조정은 동시에 문화의 격렬한 구조개편을 동반한다.

민족의 존재론적 지위는 당연하지 않다. 현실로 존재하는 것은 국가와 다양한 인종집단일 따름이다. 비판적 사회과학의 입장에서는 민족이란 지배장치들이 만들어낸 이데올로기일 뿐이며, 이 이데올로기를 통해 사회구성체 간의 분열을 심화하여 자본주의 사회구성체 내의 계급지배를 은폐한다고 본다. 그렇지만 현대 국가는 민주주의 국가로서의 성격도 지니고 있다. 민주주의 국가는 시민성을 매개로 사회를 국가에 내재화한다. 시민성이란 경제 영역에서의 모순들을 정치적 수단을 통해서 완화, 지연시키는 능력이다. 자본주의는 시민사회를 통해 경제 영역의 모순들을 정치적으로 부단히 완화시키면서 연명한다. 민족이 지배 장치에 의해 생산된 이데올로기로서의 성격을 지니는 반면, 시민사회는 국가에 의해 설치된 지배 장치이다.

한국은 지난 반세기 동안 자본주의 산업화를 통해 자본주의적 생산양

식과 지배양식으로 이행했다. 또 지난 한 세대에 걸쳐 신자유주의적 생활
양식과 주체양식으로 전환했다. 정치는 결코 자기 자신의 주체일 수 없다.
자본주의 생산양식과 자유주의 지배양식이 바로 정치의 주체다. 하나의
지배양식이 정립되어 있는 사회구성체에서 정치란 기존의 지배양식을 변
화시키지 않고 사회집단들 간의 이해갈등을 해소하고자 노력하는 것이다.
여기서 정치란 바로 통치기예이다. 따라서 정치에 대해 말한다는 것은 곧
지배계급의 입장을 취한다는 것을 말한다. 우리가 정치를 말하면서 제일
먼저 잊어버리는 점이 바로 지배자와 비피지배자 간의 관계를 은폐하면서
지배를 재생산하는 것이다. 여기서 문화의 역할은 결정적이다. 문화에 대
한 정치가 그 어느 때보다 필요하다. 문화가 권력이고, 권력은 문화를 통
해 관철되기 때문이다.

민족독립과 세계평화

모든 사상도 가고 신앙도 변한다. 그러나 혈통적인 민족만은 영원히 성쇠흥망의 공동 운명의 인연에 얽힌 한 몸으로 이 땅 위에 남는 것이다. 세계 인류가 네요 내요 없이 한 집이 되어 사는 것은 좋은 일이요, 인류의 최고요 최후인 희망이요 이상이다. 그러나 이것은 멀고 먼 장래에 바랄 것이요 현실의 일은 아니다. 사해동포(四海同胞)의 크고 아름다운 목표를 향하여 인류가 향상하고 전진하는 노력을 하는 것은 좋은 일이요 마땅히 할 일이나, 이것도 현실을 떠나서는 안 되는 일이니, 현실의 진리는 민족마다 최선의 국가를 이루어 최선의 문화를 낳아 길러서 다른 민족과 서로 바꾸고 서로 돕는 일이다. 이것이 내가 믿고 있는 민주주의요, 이것이 인류의 현 단계에서는 가장 확실한 진리다. 그러므로 우리 민족으로서 하여야 할 최고의 임무는, 첫째로 남의 절제도 아니 받고 남에게 의뢰도 아니 하는 완전한 자주독립의 나라를 세우는 일이다. 이것이 없이는 우리 민족의 생활을 보장할 수 없을뿐더러, 우리 민족의 정신력을 자유로 발휘하여 빛나는 문화를 세울 수가 없기 때문이다. 이렇게 완전 자주독립의 국가를 세운 뒤에는, 둘째로 이 지구상의 인류가 진정한 평화와 복락을 누릴 수 있는 사상을 낳아 그것을 먼저 우리나라에 실현하는 것이다. 나는 오늘날 인류의 문화가 불완전함을 안다. 나라마다 안으로는 정치상·경제상·사회상으로 불평등·불합리가 있고, 밖으로 국제적으로는 나라와 나라의, 민족과 민족의 시기·알력·침략, 그리고 그 침략에 대한 보복으로 작고 큰 전쟁이 그칠 사이가 없어서, 많은 생명과 재물을 희생하고도 좋은 일이 오는 것이 아니라 인심의 불안과 도덕의 타락은 갈수록 더하니, 이래 가지고는 전쟁이 그칠 날이 없어 인류는 마침내 멸망하고 말 것이다.

그러므로 인류 세계에는 새로운 생활원리의 발견과 실천이 필요하게 되었다. 이야말로 우리 민족이 담당한 천직이라고 믿는다. 이러하므로 우리 민족의 독립이란 결코 삼천리 삼천만의 일이 아니라 진실로 세계 전체의 운명에 관한 일이요, 그러므로 우리나라가 독립을 위하여 일하는 것이 곧 인류를 위하여 일하는 것이다.

만일 우리의 오늘날 형편이 초라한 것을 보고 자굴지심(自屈之心)을 발하여, 우리가 세우는 나라가 그처럼 위대한 일을 할 것을 의심한다면 그것은 스스로 모욕하는 일이다. 우리 민족의 지나간 역사가 빛나지 아니함이 아니나 그것은 아직 서곡이었다. 우리가 주연배우로 세계 역사의 무대에 나서는 것은 오늘 이후다. 삼천만의 우리 민족이 옛날의 그리스 민족이나 로마 민족이 한 일을 못한다고 생각할 수 있겠는가. **내가 원하는 우리 민족의 사업은 결코 세계를 무력으로 정복하거나 경제력으로 지배하려는 것이 아니다. 오직 사랑의 문화, 평화의 문화로 우리 스스로 잘살고 인류 전체가 의좋게 즐겁게 살도록 하는 일을 하자는 것이다**(강조 필자). (김구, "나의 소원", 『백범일지』, 돌베개, 2005, 425-426쪽)

이데올로기에서 이마골로기로

소설가인 밀란 쿤데라는 이데올로기의 시대가 지나고 이마골로기의 시대가 열렸다고 말한다. 정치인은 기자 손에 달렸다. 기자들은 그들에게 돈을 지불하는 이들에게 달렸다. 그들에게 돈을 지불하는 이들이란 곧 광고를 위해 신문 지면이나 방송 시간을 사는 광고 에이전시들이다. 이들이 바로 이마골로기이다. 광고 에이전시들, 정부 수반들의 커뮤니케이션 고문들, 신형 자동차나 헬스장 설비를 기획하는 디자이너들, 유행 창조자들과 유명 패션 디자이너들, 미용사들, 신체 아름다움의 규범을 결정짓는 쇼 비즈계의 스타들 등이 이마골로기의 모든 분과이다. 이마골로기가 만들어내는 현실은 이데올로기보다 강하다. 이마골로기가 이데올로기를 능가한 것은 바로 그런 의미에서다. 여론조사는 이마골로기 권력의 완벽한 도구다. 이 권력이 대중과 완벽한 조화를 이루며 살 수 있는 것은 여론조사 덕분이다. 이마골로그는 사람들에게 질문공세를 퍼붓는다. 현실이라는 것이 오늘날에는 사람들이 별로 찾지 않는, 그래서 사람들이 별로 좋아하지 않는다고도 할 수 있는 그런 땅이 되어버렸으므로, 여론조사는 일종의 상급현실처럼 되어버렸다. 여론조사가 곧 진실이 되어버린 것이다. 여론조사는 진실의 창출, 더군다나 역사상 가장 민주적인 진실의 창출을 사명으로 하는 영구적인 국회 같다. 이마골로그들의 권력은 이 진실의 국회와 대립 상황에 처하는 일이 결코 없을 것이기에, 영원히 진실 안에서 살 것이다. 그렇기에 쿤데라는 인간적인 모든 것은 소멸한다는 사실을 알면서도, 과연 어떤 힘이 이 권력을 깨뜨릴 수 있을지 상상이 되지 않는다고 말한다. 이데올로기들은 역사에 속하지만, 이마골로기의 통치는 역사가 끝나는 곳에서 시작된다. (밀란 쿤데라, 김병욱 옮김, 『불멸』, 민음사, 2010에서 재구성)

1. 상해임시정부 주석 백범 김구 선생은 평생을 독립운동에 헌신했다. 『백범일지』에 실린 '나의 소원'이라는 글에서 그는 문화국가론을 제창했다. 김구가 파악한 민족과 국가, 그리고 문화의 관계는 무엇인가?

2. 쿤데라는 이마골로기를 어떻게 정의하고 있는가? 또 이마골로기가 이데올로기를 능가했다는 것을 어떻게 논증하고 있는가?

김덕호 외, 『아메리카나이제이션: 해방 이후 한국에서의 미국화』, 푸른
　　역사, 2008.

돈 미첼, 류제헌 외 옮김, 『문화정치 문화전쟁』, 살림, 2011.

성공회대 동아시아연구소 엮음, 『냉전 아시아의 문화풍경 1:
　　1940~1950년대』, 현실문화연구, 2008.

성공회대 동아시아연구소 엮음, 『냉전 아시아의 문화풍경 2:
　　1960~1970년대』, 현실문화연구, 2009.

신용하 엮음, 『민족이론』, 문학과 지성사, 1985.

이종영, 『지배양식과 주체형식』, 백의, 1994.

조지프 나이, 홍수원 옮김, 『소프트파워』, 세종연구원, 2004.

지그문트 바우만, 정일준 옮김, 『쓰레기가 되는 삶들』, 새물결, 2008.

피에르 부르디외, 정일준 옮김, 『상징폭력과 문화재생산』, 새물결, 1997.

제 18 강

문화적 세계화의 형성

김종영

세계화는 시공간과 사회적 상호관계를 변화시키고 새롭게 재구성하는 거대한 힘이다. 세계화는 정치, 경제, 문화 영역의 변화와 흐름에 다양한 영향을 미치는데, 이 장에서는 문화적 세계화가 어떻게 우리 일상생활과 정체성 형성과 연관되는지를 고찰해볼 것이다. 구체적인 사례를 통해서 문화적 세계화가 어떻게 다양한 방식으로 나타나는지를 보여주고, 이를 문화적 세계화의 세 가지 패러다임(충돌, 수렴, 혼종)으로 일반화하여 설명할 것이다. 문화적 세계화는 이 세 가지 패러다임을 동시에 모두 포함하고 있음을 숙지할 필요가 있다. 또한 문화적 세계화는 '우리가 누구이며 어떻게 삶을 이끌어나가야 하는가'라는 정체성의 변형 및 형성과도 관계되는데, 특히 코스모폴리타니즘과 민족주의와의 관계는 중요하다. 이 장에서는 문화적 세계화가 권력, 이해관계, 정체성, 유희 등을 동반한 복잡하고 다차원적인 현상임을 설명할 것이다.

키워드

세계화, 문명의 충돌, 수렴, 혼종, 정체성, 코스모폴리타니즘, 한류

1. 세계화란 무엇인가?

　세계화는 논쟁적이고 정치적인 개념이다. 각자의 관점에서 다른 정의를 내린다는 점에서 논쟁적이고, 정치적 입장에 따라 세계화에 대한 찬반이 갈린다는 점에서 정치적이다. 경제학에서는 글로벌 기업과 자본주의, 정치학에서는 국제관계, 글로벌 시민사회, 글로벌 기구, 인류학에서는 문화의 글로벌 흐름, 생태학에서는 글로벌 위험과 지구환경에 초점을 맞춘다. 따라서 각 학문 영역의 관점에 따라서 세계화가 다르게 정의되는데, 예를 들어 경제학에서는 세계화를 '국가를 뛰어넘는 경제적 조건과 정책의 유사성'으로, 사회학에서는 '세계의 축소와 세계를 하나의 전체로서 인식하게 되는 것'으로, 역사학과 인류학에서는 '전 지구적인 연결이 점차적으로 일어나는 긴 역사적 과정' 등으로 정의된다. 세계화를 지지하는 신자유주의자들에게 세계화가 보다 많은 생산성과 자유를 가져다주는 필요불가결의 과정인 반면 신자유주의 비판자들에게 세계화는 세계의 불평등, 환경오염, 제국주의의 팽창을 초래하는 악으로 규정된다.

세계화에 대한 논쟁점들이 있는 반면 공통적으로 동의하는 부분도 있다. 우선 최근의 세계화가 기술의 진보, 특히 1970년대 이후 전자정보기술의 발달과 통신, 유동, 이동의 혁명과 연관되어 있다는 사실이다. 또한 세계화가 역내화(regionalization)와 동반하여 발생한다는 사실이다. 즉, 유럽 내, 아시아 내, 아메리카 내 등의 지역 안에서의 활발한 교류와 연결과 같이한다는 점이다. 세계화가 국가의 새로운 재구성과 관계되는 동시에 불균등한 과정이라는 것은 동의하는 점들이다. 하지만 세계화가 단지 경제적 현상인지, 긴 역사적 과정인지 아니면 최근의 현상인지, 신자유주의적 자본주의인지, 아니면 단지 레토릭에 불과한지에 대해서는 의견이 분분하다.

우선 세계화가 단지 수사나 환상인지 아니면 사실인지에 대해 논할 필요가 있다. 세계화에 대한 세 가지 기본입장은 하이퍼 세계주의(hyperglobalist thesis), 울트라 회의주의(ultra-sceptical thesis), 변형주의(transformationalist thesis)로 나누어볼 수 있다. 하이퍼 세계주의는 세계는 국경이 없어지고 전통적인 국가는 무의미해지며 인간은 새로운 역사적 단계에 접어든다는 견해이다. 이 관점은 세계경제는 탈국가화되었으며 하나의 경제적 단위가 되었다고 주장한다. 주로 신자유주의자들에게 지지받고 있는 이 관점은, 세계경제체제에서 생존하기 위해서는 기존의 국가와 사회체제에서 탈피하여 상품, 지식, 노동의 자유로운 이동을 촉진시켜야 한다고 주장한다. 울트라 회의주의자들은 현재 경험하고 있는 세계화 논의는 과도하게 과장되어 있으며 하나의 신화에 불과하다고 주장한다. 예를 들어 자유무역의 비율을 보았을 경우 19세기 후반이 현재보다 더 활발했다고 주장한다. 세계화 대신 이들은 역내화가 현재 급격하게 증가하고 있으며 이것은 세계화와는 반대되는 추세라는 것이다. 다른 한편 세계화는 여러 문화와 경제 간의 교류를 함의하는데, 실제로 일어나는 현상은 서구화라고 강조한다. 마지막으로 변형주의는 하이퍼 세계주의와 울트라 회의주의의 세계화에 대한 극단주의적 해석을 비판하고, 세계화는 긴 역사적인 과정이지만 현재의 세계화는 이전에 겪지 못한 새로운 역사적 현상이라고 말한다. 또한 각 국가나 지역의 문화는 하나의 단일한 과정으로 통합되지 않고 세계화의 영향에 따라 다양하게 변형된다고 주장한다. 즉, 국가, 개인, 기업, 공동체들은 다양한 세계화의 압력 속에서 생존을 위해 자신들의 활동을 재조직화해 나간다고 주장한다. 이 변형주의의 주장은 학계에서 가장 많이 그리고 널리 받아들여지고 있어 이 글에서는 이 관점을 채택한다.

그렇다면 세계화는 어떻게 정의할 수 있는가? 세계화를 정의하기 위해 우선 세계화와 유사한 개념들과의 차이점을 알 필요가 있다. 첫째, 국제화(internationalization)는 세계화보다 훨씬 오랫동안 사용되어왔고 종종 세계화와 혼용되어 쓰인다. 국제화라는 말은 국가 간의 경계를 넘어서는 교환과 상호의존을 의미하는 말로 여전히 국가를 사고의 중심에 둔다. 글로벌 시민사회, 다국적 기업, 글로벌 문화 등과 같은 개념은 탈국가적 속성을 가지고 있기 때문에 국제화는 세계화와 다른 개념이다. 자유화(liberalization)의 개념은 신자유주의자들에게 지지받는 개념으로, 개방적이고 국경 없는 세계경제를 성취하기 위해서 국가가 부과한 규제들을 철폐하는 과정을 말한다. 세계화의 중요한 부분이 경제와 자본주의임에는 틀림없지만 정치적·문화적 영역들을 포괄하기 때문에 자유화와는 다르다. 보편화(universalization)는 지구의 지역적인 속성을 뛰어넘어 공통적으로 경험하는 인간 문명의 과정을 의미하는 말로 다양성, 불균질성, 공간성을 강조하는 세계화와는 다르다. 마지막으로 서구화(Westernization)는 서구의 사회구조, 조직, 문화가 전 세계적으로 지배적으로 된다는 의미에서 다방향, 다중심적인 세계화와는 구별된다.

다른 개념들과의 차별성을 바탕으로 세계화는 다음과 같이 정의할 수 있을 것이다. 세계화는 사회관계와 교류의 공간적인 재조직이 일어나는 객관적이고 경험적인 실재인 동시에 각 행위자들(국가, 기업, 공동체, 조직, 개인)이 글로벌 구조와 관계의 변화를 의식하고 자신의 사회조직과 관계를 바꾸어나가는 과정이라고 볼 수 있다. 여기서 세계화는 하나의 단일하고 통합된 과정이 아니라 여러 과정들이 복합적으로 작동하여 발생하는 다양한 다발들의 커다란 흐름으로 보아야 할 것이다. 즉, 세계화는 경제적 ·정치적·문화적 요소들의 다양한 상호연결과 흐름을 의미하며, 하나의 단일한 요소(예를 들어 자본주의나 경제, 또는 정치)가 다른 것들을 결정짓는 것이 아니다. 이러한 관점은 서구주의나 자유화가 가진 개념의 단일중심주의를 배격하고 다중심주의를 수용한다. 하지만 다중심주의라고 해도 이들 간의 관계는 많은 경우 위계적이거나 불균등하다. 또한 세계화는 역사적으로 긴 과정에서 발생했으며 근래에 들어서는 글로벌 연결과 교류가 보다 광범위해지고 강도 높게 진행되고 있다.

　　세계화는 다시 시공간적 차원들과 조직적 차원들로 나누어볼 수 있다. 시공간적으로 (1) 글로벌 네트워크들의 범위 (2) 글로벌 연결의 강도 (3) 글로벌 흐름의 속도 (4) 글로벌 연결의 영향으로 분류할 수 있다. 과거의 세계화가 이 네 가지 차원들의 느슨하고 덜 체계적이고 단발적인 경우였다면 현재의 세계화는 이 네 가지 차원들의 급격한 증가라 할 수 있다. 마누엘 카스텔의 분석은 정보통신혁명으로 인한 인터넷, 교통, 통신의 발달로 글로벌 네트워크, 연결, 흐름의 급격한 증가와 영향을 경험적으로 잘 보여주고 있다. 조직적으로는 (1) 세계화의 인프라 (2) 글로벌 네트워크와 권력의 제도화 (3) 글로벌 위계의 패턴 (4) 글로벌 상호작용의 지배적인 방식으로 나누어볼 수 있다. 이런 조직화의 양상은 세계화가 연결되어 있으되 위계적이며 불균등하다는 사실을 잘 말해준다. 세계화의 인프라는 인공위성, 해저 케이블, 항만과 공항, 비행기, 컴퓨터, 기업, 대학, 국가의 조직 등을 말하며 이러한 인프라도 북미, 유럽, 동아시아를 중심으로 이루어져왔다. 하지만 최근에는 러시아와 브라질, 인도와 같은 지역까지 광범위하게 구축되고 있다. 글로벌 네트워크와 권력은 서구를 중심으로 하고 동아시아가 그 헤게모니에 도전하고 있으며 나머지 지역들은 대체로 주변적인 입지에서 참여하고 있다고 볼 수 있다. 이러한 현상은 글로벌 위계의 패턴과 글로벌 상호작용의 지배적인 방식을 낳는다. 하지만 이러한 위계와 상호작용도 하나의 단일하고 지배적인 방식을 가지고 있는 것이 아니라 영역별, 주체별로 다양하고 이질적으로 발생한다. 따라서 세계화는 여러 다양한 요소들(시공간과 조직적인 차원들) 속에서 복합적이고 역동적으로 발생하는 공간적 재조직의 과정이다. 이것은 글로벌 연결과 상호작용의 급격한 증가를 가져오는 동시에 권력과 위계를 동반하는 다차원적이며 분절적이며 상호 교차하는 복잡다단한 과정이라고 할 수 있다.

2. 문화적 세계화의 역사

세계화와 문화의 관계는 어떻게 파악할 수 있을까? 세계화가 긴 역사적 과정이며 글로벌 연결과 만남을 통한 사회관계와 공간의 재조직화라면, 문화는 인간의 삶의 방식으로, 세계화를 통해 기존의 문화가 다른 문화를 만났을 때 구성원이 새롭게 문화를 만들고 재조직되는 양상을 보인다. 따라서 문화적 세계화란 글로벌 연결 속에서의 문화의 변화와 재구성을 의미한다. 문화적 세계화에서 몇 가지 주의할 특징들은 다음과 같다. 우선 문화적 세계화가 홀로 일어나는 것이 아니라 세계화의 다른 측면들, 정치적·경제적·기술적 측면들과 동반하여 발생한다는 것이다. 정치적 지배의 목적으로 기독교가 전파되었고 경제적 이익을 위해 할리우드 영화와 미국 드라마가 소비되듯이 문화는 세계화의 다른 측면들과 엮여 있다. 따라서 문화적 세계화의 역사를 논할 때에도 여러 정치적·경제적 측면들과 함께 논할 수밖에 없다. 또한 문화적 세계화는 분명 문화의 이동과 재적응을 강조하기 때문에 기존의 문화 개념이 가진 상대적인 안정성과 집단의 고유성 개념과 충돌한다. 이러한 개념적 어려움을 피하기 위해 문화는 과정으로 이해되어야 하며, 문화가 변화는 하되 시간을 거치면서 사회 집단 속에서 안정성을 되찾는 구조를 가지게 된다.

문화적 세계화의 역사적 구획화(periodization)는 여러 관점마다 다를 수 있지만 여기서는 근대화 이전(초기 문명부터 1500년 이전), 근대화 시기(1500-1945년), 최근의 세계화(1945-현재)로 나눈다. 앞 절에서 정의하였듯이 글로벌 연결의 강도, 범위, 속도, 영향력은 과거에 제한적이었으며 시간의 흐름에 따라 이것이 항상 균질하게 증가한 것은 아니다. 글로벌 연결은 연속성과 불연속성을 동시에 가지고 있다. 예를 들어 연속성을 보면, 종교의 세계화의 경우 기독교의 전파는 2,000년 전까지 올라가고 비서구로의 전파는 근대 시기에 일어났으며 현재에도 세계 각지로 전파되고 있다. 불연속성의 경우, 1990년대엔 공산권이 몰락하고 인터넷이 본격적으로 등장했는데, 이런 의미에서 최근의 세계화에서도 불연속을 경험하게 된다.

근대화 이전의 문화적 세계화에서 가장 중요한 부분은 아마 종교와 초기 제국들의 문화적 영향력일 것이다. 비록 제한적이지만 1500년 이전 기독교, 이슬람교, 불교, 유대교, 힌두교는 세계종교로서의 영향력을 확대했으며 각국의 이러한 종교들은 수용되는 과정에서 토착종교와의 충돌을 경험하게 된다. 이 시기의 종교의 세계화 과정은 여러 문화에 투영되어 있는데, 이슬람식 교회와 건축이 스페인에 정착했다거나, 중국의 소설 『서유기』는 인도에서의 불경 수입을 바탕으로 했다거나, 초기 유럽 대학들의 설립(볼로냐 대학, 파리 대학, 옥스퍼드 대학)이 기독교의 영향을 받았다거나 하는 무수한 예들을 발견할 수 있다. 다른 한편으로 초기의 제국들은 자신들이 가진 힘을 바탕으로 문화적 세계화의 힘을 발휘하게 되는 중요한 행위자였다. 대표적으로 로마제국은 법, 건축양식, 기독교, 스포츠, 언어, 예술 등의 문화양식들을 전 유럽, 중동, 북아프리카에 전파하였다. 중국제국과 중국문명은 종이, 화약, 인쇄, 나침반이라는, 인류문명의 발전에 결정적으로 기여한 발명품들을 이 시기에 만들어 전파했다. 중국 의학과 문자 또한 여러 아시아 문화권에 퍼졌다. 이 시기의 교역은 동서양 문화를 전파하고 이어주는 중요한 가교 역할을 했다. 해상과 육상의 실크로드는 중국, 인도, 아랍 세계와 로마를 이어주었고, 이를 통해 다른 문화에서 수입된 상품들이 교환되고 소비되었다.

근대화 시기의 문화적 세계화는 자본주의의 출현, 국민국가의 탄생, 유럽의 제국주의, 산업화 등의 구조변화와 맞물리면서 이전과는 질적으로 다른 양상을 보이게 된다. 먼저 계몽주의, 민주주의, 사회주의와 같은 보편적인 가치체계가 세계적으로 퍼지게 되고 인간과 사회에 대한 보편적인 사고방식이 뿌리내리게 된다. 보편적인 세계관을 실현시키기 위해 세계적인 연대가 일어나게 되는데, 예를 들어 세계노동운동 조직인 제1차 인터내셔널(1864-1872), 제2차 인터내셔널(1889-1914), 코민테른(1919-1943)은 이 시기에 만들어졌다. 문화교류는 여러 가지 기술적 혁신에 의해 재촉되는데 커뮤니케이션 기술로는 전신(1837), 전화(1876), 라디오(1899) 등이 발명되어 전 세계로 퍼져나갔다. 이민과 여행은 더욱 가속화되었는데 유럽의 인구가 아메리카, 오스트레일리아, 아프리카로 이동했을 뿐만 아니라 5,000만의 중국과 인도 사람들도 이들 지역으로 이주하였다. 이러한 이민자들이 도착국가로 자신들의 문화를 가지고 감에 따라 자연스럽게 다문화주의가 형성되었다. 1851년에는 최초의 세계박람회가 영국에서 열려 세계의 다양한 문화를 경험할 수 있는 계기를 만들었고 1896년에는 아테네에서 첫 올림픽이 열렸다. 이 시기에는 처음으로 글로벌 상품들이 나오는데 19세기 말에 코카콜라는 미국뿐만 아니라 영국, 캐나다, 쿠바, 멕시코에서 판매되었고, 미국 대중문화의 일부로 각인되고 소비되었다. 1909년까지 코카콜라는 27개국에서 판매되었고 다른 글로벌 대중문화 상품이 뒤이어 만들어지기 시작했다.

최근 들어 학자들은 이 시기 제국주의와 문화에 대한 영향을 조명하기 시작했다. 기독교는 식민지 건설의 종교로, 영어와 프랑스어는 식민지 경영을 위한 언어로 사용되었다. 또한 이 시기에 세계의 여러 문화유적들이 서구에 의해서 약탈되어 박물관에 전시되었다. 예를 들어 대영박물관에 있는 이집트관의 미라와 각종 조각들, 프랑스 국립도서관의 직지심경과 왕오천축국전 등 제국주의 시기 약탈되어 전시되고 있는 문화재들은 이루 헤아릴 수 없을 정도다. 제국주의의 확장 속에 유럽의 기행문, 소설, 민속지, 학술지 등은 아시아, 아프리카, 중동을 열등한 문화로 표상하고 서구가 계몽해야 할 대상으로 묘사하였다. 최근 식민주의와 탈식민주의는 1945년 이후 아시아와 아프리카 등의 국가들이 정치적인 독립은 쟁취하였지만 여전히 서구의 문화적 지배가 존재하며, 이것들이 일상생활과 문화의 영역에서 어떻게 끊임없이 재생산되는지를 분석하고 비판하고 있다. 제국주의의 서구문화 전파와 비서구문화의 폄하는 세계화 속에서 글로벌 지배방식과 위계의 패턴이 어떻게 실현되는지를 잘 보여준다.

1945년부터 현재까지 최근의 세계화 시기에는 글로벌 연결과 상호작용의 폭발적인 증가를 경험하게 된다. 기술적 진보로 1962년 첫 번째 인공위성을 쏘아 올렸고, 1963년 국가 간의 직접적인 국제통화가 실현되었다. 1960년대 말에는 광케이블이 해저로 깔렸으며, 1998년에 이르러 8억

5,000만 개의 전화라인이 연결되었다. 1969년 미국에서 처음 개발된 인터넷은 2004년에는 10억 명의 사용자를 가지게 되었다. 국가 간 여행은 보다 광범위하게 이루어졌다. 1996년에는 비행기 여행객의 수가 4억 명에 달했고, 2000년 세계적으로 사람들이 국경을 넘는 횟수는 1일 200만 번을 상회했다. 다양한 글로벌 국제기구가 만들어졌을 뿐 아니라 현재는 2만 개가 넘는 글로벌 NGO가 존재한다. 이와 더불어 글로벌 의식이 급격하게 팽창하게 되는데 맥루한은 1960년대에 글로벌 빌리지 개념을 제시하고 환경주의자들은 가이아 가설을 설파하여 지구가 하나의 생명 공동체임을 강조하였다. 일상에서 가장 흔하게 접하는 외국 문화는 주로 케이블 텔레비전, 인터넷 신문 등 미디어를 통한 것이다. 최근의 세계화는 1990년대 공산권이 무너지고 인터넷이 대중적으로 사용되면서 다시 한번 질적 도약을 한다. 현재 우리가 경험하고 있는 문화적 세계화는 헤아릴 수 없는데 다음 절에서는 그중 몇 개의 예를 통해 문화적 세계화가 어떤 방식으로 일어나는지에 대해 논할 것이다.

3. 문화적 세계화의 예들

이 절에서는 문화적 세계화의 구체적인 예들을 통해서 문화적 세계화가 구현되는 방식을 살펴볼 것이다. 다섯 가지의 예는 한국과 연관된 경우들로서, 이 다양한 예들은 문화적 세계화가 하나의 논리와 작동방식이 아니라 다중적인 논리와 작동방식, 다중심적인 권력관계와 역사성을 가진다는 것을 보여주기 위해 제시되었다.

태권도(혼종, 비서구→서구)

뉴욕 맨해튼의 고담 태권도장에서 홍콩 출신의 곽 사부와 코네티컷 주 출신의 사디나스 사부가 뉴욕 시민들과 아이들에게 태권도를 가르친다. 백인, 흑인, 아시아인 등 인종도 다양하다. 남성뿐만 아니라 여성들도 섞여서 진지하게 태권도를 연마한다. 오전 11시 40분부터 밤 9시까지 모든 수업스케줄이 짜여 있고 주말에도 직장인들을 가르친다. 도장에는 성조기와 태극기가 걸려 있고 사무실에는 서예가 걸려 있다. 이것은 뉴욕 시 태권도장의 전형적인 모습이며 이곳은 뉴욕 시의 수십 개의 태권도장 중 하나에 불과하다. 미국에만 태권도 유단자가 18만 명에 이르고 태권도를 배우는 이는 더 많다. 미국뿐 아니라 캐나다, 독일, 오스트레일리아, 멕시코, 중국, 대만 등 태권도는 전 세계적으로 뻗어나가 있으며 한국을 포함하여 태권도 인구는 전 세계 3,900만 명에 이른다. 전 세계 태권도장에서는 태극기와 한글, 한국말을 경험할 수 있다. 한국 문화 중 가장 세계화된 것은 아마도 태권도일 것이다.

아이러니하게도 민족무예라고 알고 있는 태권도라는 말은 1955년 이전에는 아예 존재하지 않았다. 1954년 9월 이승만은 제1군단 창설 4주년 기념식에 참석하게 되는데 그때 당수도 연무 시범을 참관하면서 "택견이구면"이라는 말을 하였다. 옆에 있던 최홍희 장군은 이에 힌트를 얻어 태권도라는 말을 제시하였고 이후 한국에 태권도를 뿌리내리고 더 나아가 국제태권도연맹을 창설하게 된다. 당수도는 가라데의 다른 말로 이후 태권도는 가라데로부터의 차별성을 획득하기 위해 무수한 노력을 하게 된다. 가라데가 손기술에 많이 의존한다면 태권도는 손기술에 덧붙여 발기술을 대대적으로 결합시켰다. 무예기술적인 면의 혁신과 스포츠 외교의 역량을 바탕으로 태권도는 2000년 시드니 올림픽에서 정식 종목으로 채택되었으며 계속해서 그 영향력을 확대하고 있다.

힙합(혼종, 비서구→서구)

헐렁한 바지와 후드 티, 메이저리그 모자와 액세서리를 한 젊은이들. 한국의 어떤 캠퍼스를 가도 볼 수 있는 낯익은 광경이다. NB, DD 등 서울의 홍대 클럽에서는 디제이의 힙합 뮤직에 맞추어 클러버들이 밤새 몸을 흔든다. 세계 4대 비보이 배틀 중 하나인 독일의 배틀 오브 더 이어(Battle of the Year)에서 한국의 라스트 포 원 팀이 우승했다는 소식이 들린다. 여세를 몰아 비보이 공연이 한국 곳곳에서 열리고 브레이크 댄스를 배우는 것이 청소년들 사이의 열풍이 되었다. 빅뱅, 지누션, 에픽 하이, 다이나믹 듀오, 드렁큰 타이거, 리쌍, 부가킹즈 등 힙합 그룹의 노래들은 가요 프로그램의 1위를 차지할 뿐만 아니라 한국 음악의 주류가 되었다. 15년 전만 해도 힙합이라는 단어가 생소했던 한국에서 이제 힙합은 젊은이들의 문화와 한국 음악을 이해하는 데 빠질 수 없는 중요한 부분이 되었다.

이러한 광경은 한국뿐 아니라 일본, 동남아시아, 유럽, 남미, 아프리카에서 흔히 찾아볼 수 있는 모습이다. 1970년 뉴욕 브롱크스에서 흑인들과 히스패닉계들의 하위문화의 일부였던 힙합이 이제는 글로벌 문화의 상징이 되었다. 힙합은 각 지역마다 토착화가 진행되었다. 영어로 발음되는 빠른 속도의 랩이 한국말에서도 가능한지 의문을 가진 사람들이 많았다. 하지만 플로우(flow)와 라임(rhyme)의 혁신이 한국 힙합그룹들에 의해 이루어져 현란한 한국적 랩이 탄생하였다. 가사는 한국적 정서가 잘 반영되고 독창적인 발전을 하게 되었다. 비보이들은 자신들이 개발한 독창적인 춤동작으로 세계 무대를 누비고 있다.

영어와 유학(수렴)

2008년 20조 9,000억 원으로 추정되는 초중고 사교육비 중 으뜸을 차지하는 분야는 단연 영어다. 대학에 와서 수학 학원을 다니는 학생은 없지만 영어 학원을 다니는 학생은 대다수다. 영어를 좀 더 친밀하게 배우기 위해 해외 연수도 간다. 미국 A대학의 랭귀지 코스에 등록한 학생 중 한국인이 70퍼센트 이상이다. 한국 학생들은 "여기 미국 맞어?" 하며 이런 현상을 이해하지 못한다. 랭귀지 코스를 마치면 한국에 돌아가 취직을 위해 토익이나 토플을 공부한다. 취직을 해도 승진을 위해 영어 공부를 한다. 승진을 하고 결혼을 해도 아이를 낳으면 어릴 때부터 영어공부를 시키기 위해 영어 테이프를 사거나 책을 산다. 영어는 한국인에게 요람에서 무덤까지 가지고 가는 일상적인 것이자 대부분은 끝끝내 '정복'하지 못하고 마음속 한구석을 괴롭히는 그 무엇이다.

최근 수도권 주요 대학의 사회과학계열 교수임용 통계를 보면 70-80퍼센트가 미국 유학파다. 대학은 영어강좌를 늘리려고 하고 그 임무를 미국 유학파 교수에게 부여한다. 미국 유학파이건 아니건 재계약을 하고 승진을 하려면 대부분의 교수들은 영어논문을 써야 한다. 미국 유학파이건 아니건 수업의 많은 교재들은 영어 번역본이 아니면 원서이다. 수업 교재가 미국 교재가 아니더라도 강의실에서 배우는 대다수의 이론과 방법론은 미국에서 개발되었다. 학생들은 온몸으로 학문의 중심이 미국임을 체득한다.

선교(충돌)

2007년 7월 13일 샘물교회 단기선교 팀은 아프가니스탄에서 선교와 봉사를 하기 위해 인천국제공항을 출발하여 수도 카불에 도착하였다. 현지 칸다하르에서 23명의 한국인들은 선교와 봉사활동을 하고 나서 칸다하르-카불 간 고속도로에서 탈레반의 무장괴한에 의해 7월 19일 납치되었다. 탈레반은 이슬람 원리주의자들로 1980년대부터 무장저항운동을 펼쳐오다 1996년 마침내 권력을 획득한 집단이다. 9·11 테러 이후 오사마 빈 라덴과의 연결 때문에 미국으로부터 공격을 받고 권력을 잃고 흩어졌으나 미국에 대항해 지역 곳곳에서 무장 게릴라 투쟁을 수행하고 있다.

한국인 인질범 23명을 두고 초기 협상이 진행되었으나 실패로 돌아가자 탈레반은 7월 25일 배형규 목사를 살해하고 이어 7월 31일 심성민 씨를 살해하였다. 협상에 대한 아프간 정부의 소극적 자세와 미국 정부의 대테러 정책(인질범들과의 협상 거부)으로 인해 한국 정부는 직접 탈레반과 협상을 하게 된다. 한국 정부는 탈레반과의 협상을 통해 인질들을 위해 거액의 몸값을 지불했을 뿐 아니라 2007년 말까지 아프간에서 한국군 철수, 아프가니스탄에서의 NGO 및 기독교 단체의 선교활동 중지, 파키스탄에서의 선교활동 중지를 약속하였다. 이렇게 해서 41일간의 아프간 인질 사태는 8월 30일 막을 내리게 되었다. 한국 내에서는 외교통상부의 여행 자제를 뿌리치고 선교활동을 떠난 샘물교회와 기독교에 대한 비판이 일어났고 인질범들과의 직접 협상과 거액의 몸값 지불에 대한 정책적인 비판도 일어났다.

한의학(혼종+수렴+충돌)

한의학은 해방 이후 양의학과 끊임없는 충돌 속에서 성장해왔다. 1990년대의 한약분쟁뿐만 아니라 다양한 종류의 법적·정치적 분쟁이 한의학과 양의학 사이에서 일어났다. 이와 동시에 지난 20년 동안 한의학을 과학과 양의학에 접목시키려는 노력도 계속되었다. 한의학의 메카인 경희대에서는 한의학 실험을 위한 다양한 종류의 실험실이 있다. 전통적으로 임상의학의 분과였던 한의학이 근래에는 실험실에서 한약과 침의 효과를 증명하려 시도하고 있다. 한의학 연구자들은 한의학을 실험으로 증명해야 된다는 쪽과 한의학 본래의 임상절차에 의해서 실행되어야 한다는 쪽으로 나뉘어 갈등하고 있다. 한의학 연구자들은 과학 언어를 사용하여 해외학술지에 연구 성과를 출판하여 한의학의 우수성을 알리려고 한다. 반대파들은 이러한 과정이 한의학을 서구 과학의 헤게모니에 복속시킨다고 주장한다. 임상에서 한의학은 다른 의료기술들을 받아들임으로써 혼종화되고 있다. 최근 각광받는 한방에서의 피부미용과 비만치료는 한방치료와 양방치료, 피부기술 등과 함께 섞여서 만들어졌다. 경희의료원에서는 한의사와 양의사가 동시에 환자를 보기도 하고 엑스레이나 MRI를 동원하여 한방환자를 검진하기도 한다.

4. 문화적 세계화에 대한 세 가지 패러다임

충돌 패러다임

새뮤얼 헌팅턴의 『문명의 충돌』은 1990년대 초 탈냉전 시대에서 가장 큰 갈등은 문명 간의 갈등과 충돌에서 비롯될 것이라고 예상했다. 그는 여러 문명의 충돌 중 가장 큰 것은 서구 문명과 이슬람 문명의 충돌, 서구 문명과 아시아 문명의 충돌이라고 보았다. 그러면서 서구는 보편적인 문명으로, 이슬람과 아시아는 특수한 문명으로 치부하여 기존의 이분법적 사고방식을 재현하였다. 9·11 테러 이후 헌팅턴의 책은 더욱 유명해졌으며 일반인들에게 설득력 있는 관점으로 제시되었다. 이슬람은 비합리적이고 테러가 난무하는 것으로, 지역주의와 종교적 원리주의로 치부되었다. 반대로 이슬람에서 서구는 침략자로 인식되었고 서구 문화는 이슬람 문화를 식민화하기 위한 도구로 이해되었다.

세계화는 분명 다양한 충돌과 갈등을 동반한다. 앞서 문화적 세계화의 예에서 보았듯이 한국의 기독교 선교사들이 탈레반의 무장 세력에 납치되었던 사건은 두 명이 죽고 아프가니스탄과 파키스탄에서 선교활동을 하지 않을 것을 약속하고 막을 내렸다. 문화 간의 충돌은 다양한 측면과 예에서 드러난다. 2009년 8월에 싱가포르의 모델 출신 여성 슈카르노는 말레이시아에서 공개적으로 맥주를 마셨다는 이유로 말레이시아 법정에서 곤장 6대와 벌금 5,000링키트를 판결 받았다. 16년 전 1993년 싱가포르에서는 마이클 페이라는 미국 청소년이 차량에 스프레이 칠을 하고 유리창을 깬 혐의로 태형(곤장)을 선고받았다. 이에 미국의 「뉴욕타임스」는 태형은 야만적인 법집행이라며 비난하였고, 미국 당국이 압력을 행사했지만 싱가포르 당국은 1994년 4월에 태형을 집행하였다. 이 사건은 외신들에 의해 문화충돌의 대표적인 예로 묘사되었다. 지난 2001년 11월 6일, FIFA는 월드컵을 앞두고 한국에 개고기 판매 중지를 촉구하였다. 프랑스 언론은 이 뉴스를 대대적으로 보도하였고 프랑스 여배우 브리지트 바르도가 주도적으로 한국의 개고기 음식 문화를 비판하며 캠페인을 이끌었다. 11월 16일 당시 서울 시장이었던 고건은 FIFA의 요구를 수용하지 않기로 했다. 같은 해 12월 13일 홍콩의 「파 이스턴 이코노믹 리뷰」는 보신탕을 도덕적으로 잘못된 것으로 따지는 것은 부당하다는 논평을 실어 한국 측의 입장을 두둔했다. 다음 날 12월 14일 「뉴욕타임스」는 한국의 보신탕 문화를 크게 다루었다.

문화적 세계화에 대한 충돌 패러다임은 몇 가지 논리적·경험적 모순

을 가지고 있다. 우선 각 문화의 고유성과 독특성을 강조하여 문화상대
주의적 견해를 가진다. 각 문화는 불가공약의 본질을 가지고 있으며 서로
분리되고 공유할 수 없는 것으로 이해된다. 이러한 문화관은 지역 문화를
존중하고 그 정당성을 인정하는 장점이 있으나 자문화 중심주의에 빠질
염려가 있고 문화적 보수주의로 귀결되어 다른 문화를 배척하는 약점을
지닌다. 경험적으로 한 문화가 고유한 속성을 가지고 영속된다는 가정은
이후의 문화혼종론자들에게 많은 비판을 받았다. 문화는 항상 움직이고
열려 있으며 지역화하는 경향이 있다. 예를 들어, 영어라는 언어는 독일어,
프랑스어, 라틴어의 영향을 받아 만들어진 근대어이다. 스튜어트 홀은 영
국에 차 플랜테이션이 전무함을 강조하면서 영국인들의 문화적 상징인 차
마시기가 철저히 글로벌한 교류 속에서 이루어졌다고 말한다. 한국 힙합
의 예에서 보았듯이 랩 뮤직은 한국적 라임과 가사, 세미 힙합 패션, 브레
이크 댄서의 독창성 등 한국적 토착화에 성공하였다. 이처럼 문화는 움직
이며 유연하고 부분적으로 다른 문화에 적응 가능하며 개방적이다.

충돌 패러다임은 헌팅턴의 예에서 보듯이 정치적 보수주의와 안보 이
데올로기에 기반한 경우가 많다. 미국은 글로벌 헤게모니를 계속 장악하
기 위해 끊임없이 적을 필요로 하며 그 상대는 이슬람과 아시아, 특히 중
국이다. 미국과 서구는 근대성과 합리성의 상징이며 이슬람과 아시아는
비근대성과 비합리성의 상징으로 묘사된다. 따라서 이슬람과 아시아는 여
전히 계몽되어야 할 야만적인 대상이고 서구는 이들을 계몽시킬 주체로
서 역사의 짐을 떠안는다. 최근의 다양한 근대 논의는 근대성과 합리성은
지역마다 문화마다 존재하며 서구의 근대성만이 유일한 것이 아님을 역설
한다. 충돌 패러다임의 정치적 보수주의는 편협한 세계관의 반영이며 보
다 포용적인 관점이 요구된다.

수렴 패러다임

수렴 패러다임은 세계화의 반대자들에게 가장 흔한 비판의 타깃이다. 수렴 패러다임을 가장 잘 대변하는 말들이 서구화, 미국화, 맥도날드화 등이다. 세계 어디를 가든 할리우드 영화를 보고 맥도날드 햄버거를 먹으며 영어 간판을 사용하고 청바지를 입고 다니는 사람을 목격할 수 있다. 영어는 세계 공용어로 자리 잡았으며 미국의 중산층 문화는 전 세계 사람들이 갈망하는 로망이다. 서구 문화 또는 미국 문화의 주요 전파자는 할리우드, 맥도날드나 코카콜라 같은 다국적 기업들과 전 세계의 문화담론과 지식담론을 생산하는 미국의 글로벌 미디어 그룹, 출판사, 대학들이다. 한편으로 이들은 광고를 통해 미국 문화상품의 세련됨과 우월함을 전파하고, 값싸고 대중적으로 문화상품을 즐길 수 있도록 생산을 혁신한다. 다른 한편으로 방송과 출판물을 통해 끊임없이 미국적 문화관과 세계관을 퍼뜨린다.

한국뿐만 아니라 세계 수십 개 국가에서 미국 드라마와 리얼리티 TV 쇼가 인터넷과 TV를 통해 일상적으로 소비된다. 〈프리즌 브레이크〉, 〈그레이 아나토미〉, 〈명탐정 몽크〉, 〈콜드 케이스〉, 〈프렌즈〉, 〈히어로즈〉 등의 미국 드라마는 전 세계에서 시청자들을 확보하고 있다. 〈백만장자 퀴즈 쇼〉, 〈아메리칸 아이돌〉, 〈아메리카스 넥스트 탑모델〉 같은 리얼리티 쇼들은 전 세계적으로 시청될 뿐만 아니라 각국에서 새롭게 각색되어 만들어지기도 한다. CNN, BBC 월드, CNBC가 케이블 TV에서 방영되고, 할리우드 영화를 보는 것은 전 세계인들의 일상이 되었다. 거기에다 미국프로야구(MLB), 미국프로농구(NBA), 미식축구(NFL), 영국프리미어리그(EPL) 등의 경기는 TV나 인터넷으로 시청이 가능하며 전 세계적으로 많은 팬들을 확보하고 있다. 이런 대중문화뿐만 아니라 지식인들과 고급문화를 다루는 매체들도 미국이나 서구중심적이다. 세계의 개발도상국 학생들은 미국이나 유럽으로 유학을 가며 그곳의 지식을 자신의 나라로 전파한다. 음악과 미술 소비의 글로벌 흐름에서도 단연 서구가 지배적이다. 이러한 문화 흐름에서 지배적으로 사용되고 소비되는 언어는 영어이며 영어 배우기 열풍은 한국뿐 아니라 전 세계적인 현상이다. 각 국가의 엘리트들은 영어를 할 줄 알아야 하며 영어는 사회적으로 성공하고 출세하기 위한 중요한 문화자본이 되었다. 한국 사회만큼 이 사실을 잘 보여주는 곳은 아마 없을 것이다.

문화적 세계화는 곧 서구 문화 특히 미국 문화로의 수렴을 의미하는가? 많은 비판자들은 미국 문화의 영향력을 인정하나 이것이 지나치게 과장되었다고 비판한다. 비서구 특히 아시아에서 생산된 문화나 문화상품이 세계적인 영향력을 가지는 경우도 많음을 주지할 필요가 있다. 미국 인류학자인 앤 앨리슨은 일본의 포켓몬이 전 세계를 강타한 사실에 주목한다. 일본은 포켓몬 이전에 이미 애니메이션과 게임문화에서 세계시장을 장악하고 있었고 한국에서는 특히나 친근하다. 고전적인 〈세일러문〉, 〈아톰〉, 〈미래소년 코난〉, 〈은하철도 999〉, 〈에반게리온〉, 〈드래곤볼〉부터 시작하여 근래에 케이블 만화를 장악하고 있는 〈도라에몽〉, 〈개구리 중사 케로로〉, 〈아따맘마〉, 〈원피스〉, 〈이누야샤〉, 미야자키 하야오 감독의 애니메이션 등은 한국에서 널리 소비되고 있다. 일본의 성인 망가와 포르노 역시 한국 성인 인터넷 시장의 빼놓을 수 없는 아이템이다. 그럼 한국 문화의 세계화는 어떠한가? 태권도의 예에서 보듯이 전 세계 태권도 인구는 6,000만이다. 태권도는 한류 이전에 한국 문화를 전 세계에 알린 가장 중요한 문화적 자산일 것이다. 한국 드라마와 한국 영화는 일본, 중국, 대만, 싱가포르와 동남아시아 국가에서 큰 인기가 있으며 고정적인 팬클럽을 확보하고 있다. 최근에 드라마 〈주몽〉이 아프가니스탄에서 큰 인기를 얻고 송일국의 인기가 치솟자 그가 직접 아프가니스탄을 방문하기도 했다. 동아시아에서도 큰 인기를 얻었지만 아시아를 넘어 드라마 〈대장금〉은 이란 국영방송에서 무려 90퍼센트의 시청률을 기록하고 짐바브웨와 탄자니아에서도 큰 인기를 얻고 있다. 이 드라마는 프랑스, 헝가리, 러시아 등 유럽 권에서도 방영되었다.

문화수렴주의는 문화의 중심, 특히 미국의 영향력을 강조하고 다른 문화들을 주변으로 취급하며 이 둘의 권력관계 속에서 일방적인 문화의 흐름으로 문화적 세계화를 이해한다. 하지만 위의 예에서 보았듯이 수렴 패러다임은 첫째, 비서구 문화의 글로벌 흐름을 경시하는 경향이 있으며, 둘째, 서구 문화가 비서구 문화권에 전파되었을 때도 나름대로의 지역화 과정을 거친다는 점을 간과한다. 이는 혼종 패러다임이 강조하듯이 모든 문화는 서로 섞여서 독특한 문화를 다양한 방식으로 생산해낸다는 점을 보지 못하는 것이다.

혼종 패러다임

혼종은 본질주의 세계관과 문화관을 비판하며 등장한 개념적 무기이다. 본질주의가 가진 정치적 보수주의와 자민족 중심주의는 그 정치공동체와 문화공동체가 가진 단일성과 순수함에 기반을 두고 있다. 한민족의 단일성과 우수성은 같은 핏줄과 문화에 기반하여 다른 나라의 문화와 충돌과 갈등 속에서도 그 고유성을 유지하여왔다는 사실이라는 관점이 본질주의 문화관의 예라고 할 수 있다. 충돌 패러다임과 수렴 패러다임이 공히 이러한 본질주의적 문화관에 기반하고 있으며 타 문화에 의한 지배를 기본적으로 거부한다고 할 수 있다.

혼종 패러다임을 이해하기 위해 태권도만큼 좋은 예는 없을 것이다. 김용옥은 1991년 태권도의 기원이 가라데와 연관이 있다고 주장했는데 이에 태권도계는 한국 고유의 무술을 한국인들이 가장 싫어하는 나라인 일본과 연관시켜 태권도의 순수성을 훼손했다는 혐의로 김용옥을 거세게 비판하였다. 앞서 설명했듯이 태권도는 한국 문화 중 가장 세계화되어 있는 것 중 하나이지만 태권도라는 말 자체는 1955년에 처음 공식적으로 만들어졌다. 김용옥은 태권도가 많은 동작들이 가라데에서 왔지만 가라데와 달리 발차기 기술을 덧붙였으며 경기규칙을 혁신시킨 근대의 산물이라고 주장하였다. 이에 더 나아가 그는 가라데의 역사적 기원을 오키나와에서 찾는데 가라데가 생길 무렵의 오키나와는 일본이 아닌 중국과 일본 사이에 낀 작은 섬에 불과했다. 즉, 일본의 가라데는 당수도라고도 하여 당나라(즉, 중국) 무술에서 영향을 받았으며 일본에 복속된 다음 이 무술이 일본 전역으로 퍼졌다는 것이다. 그리고 식민지 조선에서도 가라데가 들어왔으며 태권도의 초기 창시자들 중 상당수가 가라데 연마자였다는 것이다. 이렇게 볼 때 태권도라는 것이 특정한 국가나 문화의 산물이라기보다는 일본, 중국, 한국 간의 교류를 통해 만들어진 하나의 혼종이라는 것이 김용옥의 주장이다. 한 문화를 특정한 지역과 사람들의 순수한 계보로 귀착시킬 때 본질주의적 문화관이 생기고 충돌과 배척이 일어난다는 것이 혼종 패러다임의 관점이다. 따라서 혼종 패러다임은 타 문화의 배격과 충돌보다는 포용과 창조적인 재구성을 강조한다.

혼종문화는 세계 어디에서나 발견될 수 있는 흔한 것이다. 햄버거는 독일에 연원을 두고 있으나 미국식 조직방식과 경영방식을 만나 맥도날드와 같은 브랜드가 만들어졌다. 한국의 부대찌개는 미군들이 먹다 남은 햄이나 치즈를 가공해서 만든 식품이다. 일상생활에서 사용하는 영어단어는 이미 한국어의 일부로 들어왔고 한국어의 일부는 태권도 경기에서 세계 공용어로 사용된다. 영어 자체가 독일어와 프랑스어에서 강력한 영향을 받았다는 것은 이미 언급하였다. 그 외에도 혼종문화의 예는 무수히 많다.

문화의 혼종은 표면적으로만 일어나지 않고 보다 구조적으로도 일어난다. 이러한 구조적 혼종은 시간적 차원, 공간적 차원, 조직적 차원으로 나누어볼 수 있다. 시간적으로 현재 사회는 전근대적 시간성(premodern temporality), 근대적 시간성(modern temporality), 탈근대적 시간성(postmodern temporality)이 섞여 있다. 한의학에서는 고전을 읽으며 그것을 해석하는(전통적 시간성) 동시에 실험실에서 실험을 통해 한약과 침의 효능을 증명한다. 또한 인터넷으로 한의학 지식에 접근할 수 있으며 일반인 스스로 수지침을 놓기도 하며, 미용과 비만치료에 사용되기도 한다. 이는 전통적 치료방식과 표준적 진료방식에서 벗어나 탈근대적 시간성을 지니는 혼종이라고 말할 수 있다. 한국의 근대는 일본의 유산, 해방 이후 미국의 유산, 그리고 한국 자체의 유산이 섞여 있는, 그야말로 다른 시간성들이 겹치고 충돌하며 혼합하여 태어났다. 한국의 일상생활은 여러 측면에서 이러한 탈통시성이 잘 드러난다. 즉, 하나의 시간성만으로 이해할 수 없을 만큼 혼종적이다. 공간성의 혼종성은 보다 더 선명하게 드러난다. 광화문 거리에서 우리는 조선시대의 건축물인 경복궁과 동시에 높이 치솟은 빌딩숲을 만난다. 풍수에 기반한 공간설계와 현대기술에 기반한 공간설계가 '통일성 없이' 나란히 배열된다. 길가에는 일본식 식당, 서양식 식당, 한국식 식당들이 공존한다. 마지막으로 혼종적 조직의 다양한 형태들을 발견할 수 있다. 한의과 대학은 근대적 학습방식으로 조직되고 한방병원의 진료는 전통적인 사진과 현대적인 병원 인프라에 기반한다. 교과서는 한자, 한글, 영어가 섞여 있으며 내용들도 한의학, 양의학, 과학 내용들이 뒤섞여 있다. 한의학은 근대적 의사면허 제도에 따르는 동시에 진료에서는 구술로 개인적인 사제관계를 통해 배우는 부분도 상당하다. 혼종적 조직방식은 한 가지 고정된 방식을 따르는 것이 아니라 행위자, 맥락,

문화적 자원에 따라 다양하게 만들어진다.

5. 문화적 세계화와 정체성

인기그룹 2PM의 재범은 2005년 미국 소셜 네트워킹 사이트인 마이스페이스에 친구와 주고받은 메시지가 원인이 되어 2009년 9월 2PM에서 탈퇴했다. 미국 교포 2세였던 재범이 남긴 메시지의 내용 중 일부가 한국과 한국인이 싫다는 것이었고, 이에 분노한 한국 네티즌의 비난이 거세지면서 재범은 자신의 집인 미국 시애틀로 돌아갔다. 네티즌들은 댓글에서 재범이 한국인이 아니라 사실 미국인이며, 한국은 돈을 벌기 위해 온 나라에 불과하다고 생각한다며 그를 비판했다. 이중국적을 가진 한국계 미국 골프 선수 크리스티나 김(한국 이름 김초롱)은 2004년 한일여자골프 선수권 대회의 한국 대표로 선발되었다. 이보다 얼마 전 그녀는 미국 대표가 되기를 원하며 좋아하는 선수가 미국 피겨 스케이팅 선수인 안톤 오노(2002년 미국 솔트레이크시티 동계올림픽 쇼트트랙 경기 결승에서 김동성과의 마찰로 빚은 일명 '할리우드 액션' 논란의 주인공)라고 밝혔다. 한국 네티즌들은 한국골프협회와 김초롱을 비난하며 그녀의 한국 대표 선발을 철회하라고 요구했다. 김초롱은 울면서 기자회견을 했고 자신은 한시도 한국인임을 잊어버린 적이 없다고 말했다. 비판적인 여론이 수그러들었고 그녀는 결국 한국 대표로 그 대회에 나가게 되었다. 6개월 후 크리스티나 김은 미국-유럽 여자 골프팀의 대항전인 솔하임컵에 미국 대표팀 자격으로 출전하였다. 그녀는 성조기를 골프화와 팔뚝에 붙이고 페이스페인팅을 하였는데 한국 네티즌들은 그런 그녀의 모습을 공격했다. 한국말도 할 줄 모르고 한국인과 미국인 사이를 오가며 자신의 이익을 위해 행동하는 기회주의자로 낙인을 찍었다. 2PM의 재범과 한국계 미국인 골프선수인 김초롱만이 아니다. 그보다 일찍 군대 문제로 한국 국적을 포기한 가수 유승준은 한국민들의 반대뿐 아니라 정부의 반대에 막혀 입국조차 거부되었다. 반면 어머니가 한국인인 미국 피츠버그 스틸러스의 하인스 워드는 2006년 팀의 우승 이후 한국의 새로운 스포츠 스타로 부상했다. 그와 그의 어머니는 한국을 방문하여 대통령을 만나고 방송매체에 출연하여 혼혈아들의 우상으로 떠올랐다.

문화적 세계화로 인한 정체성 문제는 최근 한국에서 이슈가 되고 있다. 위에서 언급한 대중문화의 스타들뿐만 아니라 최근 세계화로 인한 다문화주의 등을 통해 한국인들은 정체성의 혼란과 재구성을 시도하고 있다. 2009년 6월 기준 외국인 숫자가 110만 명에 이르고 농촌 주민은 3분의 1 정도가 외국인과 결혼하고 있으며(주로 한국 남성과 동남아 여성의 결혼) 국내 혼혈인구는 2006년 기준 3만 5,000만 명 정도이며 계속 증가하는 추세이다. 2009년 기준 한국에 유학을 온 외국인 학생은 6만 5,000명에 이르고 대학 캠퍼스에서 외국인 학생들이 외국말로 말하는 모습을 일상적으로 만날 수 있다. 서울에서는 여러 종류의 외국인 마을(거주)이나 커뮤니티(문화)를 찾아볼 수 있다. 구로구 가리봉동의 조선족 마을, 서초구 서래의 프랑스인 마을, 용산구 이촌동의 일본인 마을, 용산구 이태원의 이슬람 커뮤니티 등 다양한 형태의 소수족 마을을 흔히 발견할 수 있다. 이들이 가지는 문화(언어, 음식, 생활습관 등)는 한국의 주류문화 속에 여러 가지 형태로 정착, 공유, 변형된다.

정체성은 내(또는 우리)가 누구이며 어디에 속해 있고 타자를 어떻게 정의하느냐는 문제이다. 또한 정체성은 공동체 속에서 내가 어떤 권리와 책임감을 갖느냐와 연결되고 그 공동체와 정서적인 연대를 이룬다. 문화적 세계화는 특히 민족적 정체성의 변형과 연결된다. 세계화는 기존의 국민국가가 가지던 정체성의 독점을 뒤흔들어놓는 동시에 보다 보편적인 코스모폴리탄 정체성을 형성하는 계기로 작동하기도 한다. 하지만 이러한 그림은 사태를 너무 단순하게 만든다. 앞서의 예들과 마찬가지로 문화적 세계화는 갈등, 타협, 혼종을 동시에 수반하며 새로운 정체성을 만들기를 압박한다. 분명한 점은 문화적 세계화는 기존에 보지 못한 다양하고 혼종적인 정체성을 낳는다는 것이다. 세계화 속에서 하이픈화된 정체성(hypenated identity)은 새로운 가능성을 가질 뿐 아니라 새로운 갈등과 위계를 만들어내는 복잡한 양상을 띤다. 예를 들어 한국계 미국인(Korean-American) 골프선수 김초롱의 이중의 문화적 정체성은 한국 국민들 사이에서 정체성 논란을 불러 일으켰는데 이 경우 한국 내에서는 그녀의 혼성적 정체성이 부정적인 것으로 인식되었다. 반면 또 다른 한국계 미국인인 하인스 워드의 포기하지 않는 정신은 '한국인' 어머니의 부지런함과 자식 사랑과 연결되었고 별로 해준 것이 없는 한국 사회에서 혼혈아들의 이상으로 자리 잡음으로써 긍정적인 인물로 표상되었다. 하지만 좀 더 일상적인 차원으로 들어가면 한국 내에서 혼혈아들은 피부색이 다르고 어머니가 외국인이기에 한국말과 문화의 습득이 느려 학교와 직장에서 차별받는 존재이다. 같은 한국인이지만 보통의 한국인보다 열등한 시민으로 취급된다. 조선족들의 경우 국적은 중국이지만 한국말을 할 줄 안다는 점에서 문화적 정체성은 한국인이다. 하지만 이들은 주로 일용직이나 조건이 그리 좋지 못한 주변적인 직업에 종사하며, 그들의 언어, 패션, 취향은 종종 열등한 것으로 인식되어, 한국 내에서 차별받는 문화적 정체성을 가진다. 이처럼 문화적 세계화는 한국인이라는 정체성의 다원화를 가져다줄 뿐만 아니라 이 속에서의 융합, 갈등, 위계화를 동시에 동반한다.

민족적 정체성은 종종 편협한 것으로 취급되고 코스모폴리타니즘과 대별되어 이해되기도 한다. 코스모폴리타니즘은 종종 세계와 타 문화에 대해 많은 것을 알고 세계시민의식을 가지며 민족적 편견을 벗어나 있는 것으로 이해된다. 하지만 학자들마다 코스모폴리타니즘을 다르게 정의하고 세계시민의식이라는 추상적인 말도 일상생활에서 그렇게 와 닿지 않는다. 실제로 행해지는 코스모폴리타니즘은 다양하다. 일반적으로 사용되고 행해지는 코스모폴리타니즘은 해외여행, 영어 사용, 전문가 문화, 비즈니스를 주도하는 사람들의 세계 등 엘리트들이 향유하는 문화와 연결된다. 예이츠는 이를 '편협한 코스모폴리타니즘'이라고 정의하는데 이러한 형태의 코스모폴리타니즘은 종종 민족주의 정체성이 강한 사람들이 코스모폴리타니즘을 비판하는 요건이 된다. 이와 대별되는 '일상적인 코스모폴리타니즘'은 우리가 미디어를 통해서 다른 나라들의 소식과 문화를 접하며, 여러 음악을 듣고, 직장이나 학교에서 외국인을 만나게 되는, 보다 친근하며 일상적인 코스모폴리타니즘의 형태를 지닌다. 하지만 이러한 코스모폴리탄적인 만남이 반드시 조화로운 하모니를 이루는 것은 아니며 지역의 사람들은 특정한 외국인이나 외국문화를 차별하기도 하는 반면 존경하거나 흠모하기도 한다. 즉, 실제에서 일어나는 코스모폴리타니즘은 이념적 세계시민의식보다는 더 복잡하고 다양하며 권력관계를 수반한 현상이다. 현재 한국의 문화지형에서 가장 중요한 지점 중 하나는 한국인들의 문화적 정체성과 코스모폴리타니즘의 관계이다. 한국인이라는 문화적 정체성은 코스모폴리타니즘과 과연 양립 가능한가? 이것은 우리에게 열린 질문이며 앞으로 우리가 대답해야 할 질문이다.

6. 다양한 문화적 세계화

문화적 세계화는 통일되고 거대한 하나의 흐름이 아니다. 문화적 세계화의 세 가지 패러다임, 즉 충돌, 수렴, 혼종 패러다임은 문화적 세계화를 마치 하나의 거대한 흐름처럼 묘사하고 있다. 하지만 충돌, 수렴, 혼종은 따로 존재하는 것이 아니라 동시에, 그리고 분야와 상황에 따라 복잡하고 다양한 조합으로 존재한다. 즉, 이들 세 가지 패러다임 모두 문화적 세계화에서 나타나는 양상 중 하나의 단면을 보여줄 뿐 실제로 우리는 이들 모두를 경험하고 있다. 충돌 패러다임은 문화적 혼종과 조화로운 소통을 보지 못하고, 수렴 패러다임은 단일 중심에서 주변으로의 문화의 이동을 해석해 다중심적이고 불규칙적인 문화의 흐름을 보지 못한다. 문화의 흐름은 서구에서 비서구로만 가는 것이 아니다. 태권도, 포켓몬, 한의학 등에서 보듯 비서구에서 서구로 흐르기도 한다. 혼종 패러다임은 문화적 세계화의 다양성과 창조성을 파악하되 문화들 사이의 위계와 권력관계를 잘 보지 못한다. 즉, 문화적 세계화는 다양하고 이질적인 분야, 흐름, 영향력이 통일되지 않은 채 서로 복잡하게 연결되어 있다. 문화적 세계화는 아파두라이가 말하듯이 다중심적이고 불규칙적이고 유동적이다.

문화적 세계화는 정체성에 대한 새로운 도전을 불러오고 이의 재구성을 요구한다. 특히 민족정체성은 도전받게 되었으며, 다양한 종류의 혼종적 정체성이 기존 정체성의 경계를 흐리게 하고 복잡하게 만든다. 국가와 문화 간의 권력관계가 여전히 작동하고 각 민족과 인종이 가진 문화적 자원이 유용하기 때문에 민족 정체성은 여전히 유효하다. 하지만 편협한 민족적 정체성은 타 문화에 대한 편견과 충돌을 유발하며 타 문화가 지닌 다른 풍요로움을 접하지 못하게 만든다. 이에 코스모폴리타니즘은 새로운 정체성의 형성이라는 측면에서 중요한 기여를 한다. 하지만 코스모폴

리타니즘은 하나의 세계에 살고 있다는 단일하고 공통된 보편적 시민의
식이라기보다는 실생활의 영역에서 계층, 지역, 성에 따라 다른 형식으로
나타난다. 또한 코스모폴리타니즘은 정치, 경제, 문화가 상호 연결되어 의
존하여 살고 있는 현대인들에게는 안으로의 의식일 뿐만 아니라 밖에서
부과된 힘이다. 즉, 코스모폴리타니즘 없이 우리는 공존할 수 없는 시대에
와 있다. 문화적 세계화는 우리가 누구인지, 어디에 속해 있는지, 또 앞으
로 어떻게 살 것인지에 대한 대답을 요구하는 우리 시대의 중요한 사회현
상이자 문제이다.

  학위의 글로벌 연결, 생산, 유통이라는 배경하에 미국 유학 현상은 '글로벌 대학의 위계 속에서 글로벌 문화자본의 추구'이다. 첫째, 대학의 순위는 한 국가를 뛰어넘어 글로벌하게 이루어지며 이는 학위가치의 불평등한 생산과 유통과 관계된다. 최근 영국의 「더 타임스」와 상해교통대학(上海交通大學)이 각각 세계 대학 순위를 발표함으로써 각국 정부와 대학, 학계 구성원들의 이목을 집중시켰다. 그러나 이러한 대학 순위를 발표하기 이전에도 미국 유학을 결정한 학생들은 글로벌 대학의 위계를 명백히 인지하고 있었으며 이러한 인지가 그들의 유학 결정에 영향을 주었다. 글로벌 대학 순위에서 미국, 유럽, 일본 등 선진국의 대학들이 상위를 차지하며 개발도상국과 저발전국들의 대학은 글로벌 대학 순위의 중위와 하위를 차지한다. 해외 유학에서 송출국은 주로 개발도상국과 저발전국이며 유입국은 선진국인데 이러한 현상은 통계에서 확실하게 나타난다. 따라서 글로벌 문화자본은 이러한 대학의 글로벌 우열 구조와 학문적 위계 속에서 파악되어야만 할 것이다. 둘째, 글로벌 문화자본 개념은 제도화된 학위, 취향, 지식과 같이 문화적 능력인 동시에 문화적 배제에 사용되는 문화적 자원이자 신호가 한 사회와 국가의 영역을 뛰어넘어 글로벌하게 생산되고 유통됨을 뜻한다. 한국 대학에서의 학문에 대한 경험은 자연스럽게 학문의 중심이 미국임을 인지하게 만드는데 이는 미국 유학을 이끄는 중요한 요인이 된다. 다른 한편 한국 학벌체제의 폐쇄성, 한국 대학문화의 비민주성, 학교와 교실에서 교수와의 일상적인 상호 작용 속에서 학생들의 학문적 열정은 사그라지게 되고 이것들은 학생들이 한국 대학체제 밖으로 눈을 돌리는 요인으로 작동한다.

  미국 유학은 '한국이라는 우물'을 넘어 큰 세계와 다른 나라 사람들과 조우하는 것이며, 이러한 만남을 통해서 친구를 만들고 세계를 경험하는 하나의 여정으로 이해되고 있었다. 유학생들은 교육과 학위 취득을 통해서 전문가로 성장하고, 국가적 경계를 뛰어넘어 세계인들과 사귀고 경쟁하고자 하는 욕망의 실현을 꿈꾼다. 그들은 한국에서 공부하면 이러한 코스모폴리탄 엘리트가 되기 어렵다고 판단한다. 글로벌 영역에서 전문가로 활동하기 위해서는 당연히 영어로 의사소통을 해야 한다고 말한다. 미국 유학을 통한 문화자본으로서의 학위와 영어도 중요하지만 배움과 연구의 경험을 통해 전문가 네트워크에 끼이는 것도 중요하다고 유학생들은 말한다. 과학과 학문의 발전은 컨퍼런스, 편지, 이메일 등과 같은 지식의 상호 교류와 축적에 의해서 이루어진다. 적어도 글로벌 지식 영역에서 전문가로 활동하기 위해서는 유명한 학자들과의 친분과 교류가 중요하다. 미국 유학은 이러한 전문가 집단에 끼이는 데 좋은 기회를 제공해주며 이러한 네트워크의 형성도 미국 유학의 중요한 이유라고 유학생들을 밝힌다. 미국 유학을 통해 문화자본을 얻을 뿐만 아니라 유명한 학자와 우수한 연구 전문가 집단에 끼임으로써 글로벌 사회자본을 획득하는 것도 유학의 중요한 이유라고 많은 유학생들은 말한다. 그들에게 학위, 영어, 전문가 네트워크를 얻는 것은 통국가적 엘리트(transnational elite)가 되기 위한 길임을 의미한다. 면접한 유학생들의 장래 포부를 물었을 때 모두 다 교수, 연구원, 국제기구의 직원과 같은 전문직을 꿈꾸고 있었다. '어떤' 전문가를 꿈꾸는지에 대해서는, 여러 나라의 사람들과 경쟁하고 어울리는 데 뒤떨어짐이 없는 사람이 되기를 원한다고 말했다. 미국 유학은 한국이란 변방의 나라에서 코스모폴리탄 엘리트가 되기 위해 치러야 하는 하나의 의례임을 이들은 말한다. (김종영, "글로벌 문화자본의 추구: 미국 유학 동기에 대한 심층면접분석", 「한국사회학」 42(6), 2008, 68–105쪽에서 일부를 선별, 발췌해 재구성함)

1. 한국에서 미국 유학은 엘리트가 되기 위한 하나의 필수코스로 자리 잡고 있다. 미국 학위와 영어는 한국에서 문화적 능력과 배제를 통한 미국 중심의 문화지배와 연관이 있는가? 다른 한편 학벌이 낮은 학생이나 대학에서 소외된 여성은 미국 유학이 자신의 학벌이나 지위를 높일 수 있는 기회가 된다. 그렇다면 미국 유학과 글로벌 교육 체제는 한국 대학의 학벌주의, 성차별주의, 비민주주의를 깨뜨릴 수 있는 해방적인 힘으로도 작동하는가?

2. 태권도는 한국의 '전통' 무예로 여겨져왔다. 하지만 최근의 사료들은 태권도가 근대에 만들어진 산물이고 특히 일본 무예인 가라데에 영향을 받았음을 드러낸다. 다른 한편 태권도는 한국문화의 세계화를 가장 잘 보여준 예이다. 태권도의 예를 통해 어떻게 문화적 세계화의 충돌, 수렴, 혼종의 측면들을 동시에 설명할 수 있을까?

김용옥,『태권도철학의 구성원리』, 통나무, 1990.

김종영, "글로벌 문화자본의 추구: 미국 유학 동기에 대한 심층면접분석",「한국사회학」 42(6), 2008, 68-105쪽.

박이문·장미진 외,『세계화 시대의 문화와 관광』, 경덕출판사, 2007.

새뮤얼 헌팅턴, 이희재 옮김,『문명의 충돌』, 김영사, 1997.

윤지관 엮음,『영어, 내 마음의 식민주의』, 당대, 2007.

이숙종·장훈 엮음,『세계화 제2막: 한국형 세계화의 새 구상』, 동아시아연구원, 2010.

최바울,『이슬람 국제운동과 글로벌지하드』, 펴내기, 2011.

최혜실,『한류문화와 동북아 공동체』, 집문당, 2010.

하름 데 블레이, 황근하 옮김,『공간의 힘: 지리학, 운명, 세계화의 울퉁불퉁한 풍경』, 천지인, 2009.

제 19 강
국제이주와 다문화사회

엄한진

국제이주의 양상이 변화함에 따라 종족적 다원성이 심화되고 그에 대한 대응으로 문명담론이 부상하고 다문화주의 정책과 같은 새로운 사회통합 방안이 제시되었다. 다양한 수준에서 나타나는 인종주의 현상 역시 그 결과 중하나이다. 이 장에서는 다민족, 다문화 조건의 계기가 된 국제이주의 역사와사회적 결과를 살펴보고 인종, 시민권, 문화적 다양성, 종족적 소수자, 사회통합, 다문화주의, 공화주의 등 관련 개념을 학습한다. 일찍이 이민현상을 경험한 이민 선진국들이 시도한 이주민 통합방식을 살펴보고 전 지구적으로 확산된 바 있는 다문화주의의 내용과 한계에 대해 검토한다. 이를 통해 최근 이주노동자와 결혼이주 여성의 대량 유입을 계기로 한국 사회도 경험하기 시작한 다문화 상황에 대한 이해를 높이고자 한다. 외국의 사례, 그리고 한국 사회에서의 종족적 소수자의 경험을 중심으로 서로 다른 종족 간의 공존의 해법을 모색해본다.

키워드

문명, 문화접변, 동화, 문화적 다양성, 국제이주, 이민, 사회통합, 다문화주의,
공화주의, 인종주의, 종족적 소수자

1. 다문화시대의 주요 장면들

[사례 ① 결혼이민자들의 다문화 카페]

결혼이민으로 한국에 온 여성들의 한국 거주 기간이 길어지면
서 사회생활을 하려는 사람들이 늘고 있다. 이에 부응해 정부와 다
양한 지원기관들이 이들의 취업역량을 강화하거나 취업 또는 창업
을 지원하는 프로그램을 확대하고 있다. 초기에는 소수가 언어적
소양을 활용해 통번역의 일을 한다거나 단순노동을 하는 정도였지
만 최근에는 전문기술을 습득한다거나 공동으로 창업을 추진하는
등 다채로운 시도들이 나타나고 있다. 그중에서도 다문화카페가
결혼이민자들의 조건에 적합한 방법으로 각광받고 있다. 최근 가평
에 문을 연 다문화카페 '아하'의 경우를 보면 필리핀, 태국, 베트남,
중국 국적을 가진 5명의 결혼이민자들이 바리스타 교육을 받고 교
대로 근무하고 있다. 커피와 함께 천연비누도 함께 판매하는데 관

* 이 장의 많은 부분이 엄한진의 『다문화사회론』(2011)을 토대로 서술되었다.

련 자격증을 딴 일본 및 중국 출신 결혼이민자가 비누를 제작해 공급하고 있다. 또한 이 지역의 특산물인 잣을 활용하는 차원에서 잣죽도 판매하고 있다.

위 사례는 이제 한국에 거주하는 결혼이민자들의 상황이 한국어를 배우고 결혼생활에 적응하는 단계를 넘어서 직업세계에 참여하는 단계에 이르렀음을 보여준다. 이와 함께 정부의 지원 역시 이들의 직업적 능력을 제고하는 보다 적극적인 형태를 띠고 있다. 이러한 변화는 결혼이민자의 한국 거주기간이 늘어나면서 나타나는 자연스런 현상이다. 그러나 이는 또한 이들이 결혼을 목적으로 한국에 오게 되었지만 한국 여성과 마찬가지로 사회생활에 대한 관심과 능력을 가지고 있음을 보여주는 것이다. 결혼이민자들의 한국 사회 통합이 가정이나 직장에 국한된 것은 아니다. 마을 부녀회, 다문화가족지원센터, 복지시설, 여성단체 등 시민사회의 다양한 공간에의 참여도 활발해지고 있다. 결혼 후 일정 조건을 충족시킨 후 취득하는 국적이 한국의 국민이 된다는 것을 의미한다면 지역과 직장에의 참여는 한국의 시민이 되는 과정이다. 이렇게 결혼이민자들이 한국 사회의 온전한 구성원이 되어가고 있다. 불과 몇 년 만에 우리 주변의 모습이 종족적으로 다원적이 된 것이다.

[사례② 마호메트 만평 사건]
2005년 9월 30일 덴마크 보수일간지 「율란트-포스텐」에 이슬람을 창시한 예언자 마호메트를 테러리스트로 풍자한 그림 등 12장의 만평이 게재되었다. 처음에는 덴마크 내에서만 문제가 되었다가 2005년 12월경 중동 등 여러 지역으로 확산되었다. 이렇게 만평문제가 세계적인 사안이 되자 2006년 1월 10일 노르웨이의 한

일간지 「매거지넷」이 12장 그림 전체를 게재하였고 주로 언론 간 연대 차원에서 프랑스, 독일, 스위스 등 여러 유럽 국가들에서 신문 게재가 이어졌다. 아랍 등 이슬람 국가들에서도 만평이 유럽처럼 몇몇 언론에 게재되었었다. 만평 사건이 세계적인 문제로 비화한 후에는 예상되었던 대로 각지에서 이슬람 신자들의 격한 대응이 잇따랐고 그 과정에서 아프가니스탄 등지에서 10여 명의 사망자가 발생하였다.

'마호메트 만평 사건'은 유럽에서 표현의 자유와 특정 종교 및 종족에 대한 '증오담론'에 대한 논의를 촉발시킨 계기가 되었다. 드레퓌스 사건에 비견할 만큼 유럽사회를 둘로 갈라놓은 이 사건에 대한 논의의 주요 쟁점은 첫째, '표현의 자유가 남용되었는가'에 관한 것이었다. 유럽에서 소수종교인 이슬람에 대한 유럽 언론의 신중하지 못한 태도, 특히 유대교와 관련된 사례에 대한 보도와의 형평성 차이가 제기되었다. 결국 2007년 대법원에서 만평의 게재가 고의성 없고 표현의 자유의 한계를 넘지 않았다며 해당 언론사는 무죄판결을 받았다. 무슬림 전체가 아닌 일부 극단적 세력을 비판하기 위한 것으로, 특정 종교에 대한 모독은 아니라는 것이었다. 또 다른 주요 쟁점은 '다문화 사회에서 종족적·문화적 차이를 어떻게 다룰 것인가?'라는, 보다 근본적인 차원의 것이었다. 이 사례의 경우에는 '증오담론'이 표현의 자유, 언론의 자유의 차원에서 용인될 수 있다는 견해도 많았지만 명백하게 특정 개인이나 그룹을 해롭게 하려는 '증오담론'은 표현의 자유와 양립 불가능한 것이다.

상반되는 분위기를 전해주는 위 두 사례에서 우리는 세계화 시대의 보편적 현상인 다문화사회의 양상과 문제점을 엿볼 수 있었다. 이 장에서는 다문화사회의 현실과 쟁점을 종합적으로 이해하기 위해 다문화적 상황의 계기가 된 국제이주의 역사와 사회적 결과를 살펴본다. 이와 함께 동화, 문화적 다양성, 종족적 소수자, 사회통합, 다문화주의 등 관련 개념을 다룬다. 또한 자신과 사회의 주체로서 종족적 소수자의 전망을 모색한다. 이와 함께 최근 한국 사회의 다문화 현상을 세계의 인종적 질서에 대한 이해, 종족적 타자와의 공존의 실험, 그리고 한국 사회에 대한 성찰의 계기로 접근한다.

2. 문명론과 문화적 다양성

문명론

탈냉전 이후 미국 사회의 대표적인 지성 프란시스 후쿠야마의 '역사의 종말'론에 따르면 인권, 시장경제, 현대 기술, 대의민주주의, 시민권, 문화 다원주의, 정교분리, 관용 등을 의미하는 서구의 자유주의가 최종적으로 승리하였고 이제 인류문명의 발전이 최고에 다다랐다. 또 다른 지성 새뮤얼 헌팅턴의 '문명의 충돌'론은 후쿠야마의 견해 대부분을 수용하지만 서구의 승리가 아니라 문명 간 충돌이 현실임을 주장하였다. 등장할 당시 큰 논란을 야기했던 이 이론은 2001년 9·11 테러와 대테러전쟁을 계기로 다시 부상했다. 학계에서 헌팅턴의 이론은 허술한 논리로 비판을 받았지만 실제 세계는 그의 진단을 입증이라도 하듯이 종족, 종교, 문명 간 갈등과 전쟁으로 얼룩지고 있다.

물론 중동, 동유럽, 아프리카 등지에서의 갈등이 문화나 문명 간 갈등에서 기인한 것인지에 대해서는 이견이 많다. 또한 불변의 문명을 염두에 둔 문명전쟁론이 오류임이 지적되기도 한다. 즉, 문명은 역동적이며 변화

무쌍한 특성을 지니므로 한순간에 지나지 않은 문명 간의 관계를 경직되고 불변하는 모습으로 파악하고 문명 전쟁을 논한다는 것은 근본적으로 오류라는 것이다.

문화적 다양성

서로 다른 문화권 간의 갈등만큼이나 문화 간 교류 및 상호작용도 현시대를 특징짓는 현상이다. 이를 배경으로 문화다양성 담론, 문명 간 대화론이 헌팅턴의 '문화의 충돌' 테제와 대척점을 이루고 있다. '문화적 다양성' 개념은 어디에서나 들을 수 있고 누구나 아는, 현 세계에서 가장 많이 확산된 개념이다. 문화적 다양성 개념이 만장일치의 지지를 이끌어낼 수 있었던 것은 무엇보다도 세계화가 문화적 획일성, 표준화를 야기할 것이라는 두려움 때문이었다. 이러한 두려움이 역사상 처음은 아니다. 프랑스대혁명과 나폴레옹전쟁은 독일 등 발전이 뒤늦었던 나라들에게 모든 것을 하나로 통일하는 보편주의의 확산으로 여겨졌다. 독일 낭만주의는 바로 이 보편적 힘에 대한 두려움의 표현이었다.

역설적으로 지금은, 비록 사르코지의 집권으로 다소 변화가 있지만, 미국이 주도하는 신자유주의와 대테러전쟁에 프랑스가 '문화다양성협약'이나 전쟁에 대한 신중한 태도로 맞서고 있는 형국이다. 과거 독일이나 러시아가 영국과 프랑스의 패권주의에 맞서 서구 이외 지역의 이해를 대변하던 것과 유사하다고 볼 수 있다.

유럽 제국주의 시대에 '다양성'이라는 개념은 야생적이고 부정적이고 잔인함을 의미했다. 19세기 말에 시작된 '만국박람회'와 '식민지박람회'의 개최를 통해 영국과 프랑스는 아프리카 주민들을 통제하고 길들이기 위한 목적으로 아프리카 종족들의 일람표를 작성하기도 하였다.

그런데 문화적 다양성 개념은 사실은 크게 차이가 나고 서로 모순되기도 하는 다양한 현실과 견해들을 뭉뚱그리는, 그럼으로써 현실의 모순을 무마하는 역할을 하기도 한다. 또한 7-8개로 구분된 문명권이 상호 독립적이며 내부적으로 동질적이며 불변하는 것이라는 전제에서 출발하는 문명충돌론과 마찬가지로 2001년 당시 유엔을 필두로 부상한 '문명 간 대화'론 역시 이러한 문명관을 공유하고 있다는 비판도 있다.

민주주의와 문화적 다양성

현대 사회에서 이민 문제가 비중 있는 사회 문제가 되면서 이민 논의 역시 사회적 논의의 중요한 일부가 되었다. 그중에서도 민주주의와 문화적 다양성의 관계는 대표적인 논의 주제이며 잘 알려져 있듯이 프랑스 등 유럽 무슬림 여성의 히잡 착용 문제가 대표적인 사례이다. 1989년 9월 18일 프랑스 우아지 지방 크레이 중학교에서 여학생 세 명이 수업시간에 히잡을 착용했다는 이유로 퇴학당하는 사건이 발생하였다. 사건 초기에 학부모들에게 보낸 편지에서 학교장은 히잡이 학교의 정상적인 운영을 저해하는 종교적 표현이라고 설명했다. "우리의 목표는 자신의 종교나 문화를 과도하게 외적으로 드러내는 것을 제한하는 것이다. 나는 그들에게 우리 학교의 정교분리적 성격을 존중하도록 하는 메시지를 전달하고자 한다." 그러나 히잡 착용 여학생의 부모는 이를 받아들이지 않았고 결국 이 학생들은 퇴학을 당하게 되었다. 일부 시민단체나 정당들은 이 조치를 인종주의에 의한 것으로 비난하였다. 결국 세 여학생은 이들의 부모와 학교 측의 타협으로 1989년 10월 9일 다시 학교를 다닐 수 있게 되었다. 그러나 이들은 학교 내에서는 히잡 착용을 하지 않게 되었다. 이 사건 자체는 종결되었지만 히잡 문제는 이후 지속적인 사회 이슈가 되었다. 이 사안에 대해 프랑스 사회는 정교분리주의와 여성해방을 강조하는 진영과 신앙의 자유와 반인종주의를 강조하는 진영으로 나뉘었다.

이 사안이 재부상한 것은 2003년이다. 특히 2003년 2월 미국이 이라크를 침략하면서 무슬림 이민자들의 통합 문제가 중요하게 제기되었다. 직접적인 계기는 2003년 4월 19일 당시 내무장관이었던 사르코지가 프랑스 이슬람조직연합(UOIF) 연례회의에 참석해 앞으로 신분증 사진 촬영 시 히잡을 벗고 찍는 것을 의무화해야 한다고 한 발언이었다. 결국 2004

'국공립 초중등학교에서의 공화주의 원리의 적용에 관한 법' 의회 제안서

…… 우리 공통의 가치를 습득하고 전파하는 가장 중요한 공간이자 공화주의 사상이 뿌리를 내리게 하는 매우 유력한 수단인 학교에서의 정교분리주의 원리의 재천명은 오늘 필수불가결한 것으로 보인다. 학교는 기회의 평등, 가치와 지식의 습득에서의 평등, 남녀평등, 모든 수업, 특히 체육 등 신체를 사용하는 수업에서 남학생과 여학생이 함께 참여하는 것을 보장하기 위해 정교분리주의에 대한 공격으로부터 보호되어야 한다. 이러한 시도가 정교분리주의의 경계를 이동시키는 것을 의미하는 것은 아니다. 학교를 종교적 사실을 무시하는 획일적이고 익명적인 공간으로 만드는 것도 아니다. 교사와 교육기관의 지도자들이 오래전부터 우리의 직업적 관행과 일상적 실천 속에 있는 명확한 규칙을 지키면서 그들의 사명을 동요 없이 수행하게끔 하는 것이다. 당연히 국공립 초중등학교 학생들이 자신의 신앙을 실천할 자유가 있더라도 그것은 공화국에 속하는 학교의 정교분리주의에 대한 존중 속에 행해져야 한다. 학생들의 양심의 자유의 존중, 모든 종교에 대한 동등한 존중을 보장하는 것은 바로 학교의 중립성인 것이다. 바로 이러한 이유로 대통령은 최근 행한 연설에서 국공립 초중등학교에서 노골적으로 자신의 종교를 드러내는 상징물이나 의복의 착용이 철저히 금지되기를 희망했다.

이상의 내용이 '국공립 초중등학교에서의 공화주의 원리의 적용에 관한 법' 초안의 의미이다. 이 법안은 교육법 내에 L.141-5-1 조항을 신설하는 것인데 이 조항의 내용은 국공립학교에서 노골적인 종교적 표현, 즉 그것의 착용이 즉각적으로 그가 속한 종교를 식별할 수 있게 하는 상징물이나 의복의 착용을 금지하는 것이다. 무슬림들의 히잡, 유대인들의 키파 또는 명백히 지나치게 큰 규모의 십자가와 같은 상징물들은 국공립학교 내에서는 존재할 수 없다. 대신에 특정 소속된 종교가 잘 드러나지 않는 상징들은 당연히 착용이 가능할 것이다. ……

[www.assemblée-nationale.fr/12/projets/pl1378.asp (No.1378-Projet de loi relatif à l'application du principe de laïcité dans les écoles, collèges et lycées publics)]

년 3월 15일 '국공립 초중등학교에서의 공화주의 원리의 적용에 관한 법'
이 도입되었다. 이 법안은 교육법 내에 국공립학교에서 노골적인 종교적
표현, 즉 그것의 착용이 즉각적으로 그가 속한 종교를 식별할 수 있게 하
는 상징물이나 의복의 착용을 금지하는 조항을 신설하는 것이었다. 무슬
림들의 히잡, 유대인들의 키파 또는 명백히 지나치게 큰 규모의 십자가와
같은 상징물들은 국공립학교 내에서는 존재할 수 없고 다만 특정 소속된
종교가 잘 드러나지 않는 상징들에 한해서 착용이 허용된 것이다.

3. 문화접변, 동화, 인종주의

새로운 이민

다른 문화에 대한 평가나 문화 간 관계에 대한 견해는 다양하지만 문
화적 다원성이 심화되고 있다는 현실 진단에는 대부분 동의하고 있다. 세
계화는 소위 '문화의 세계화'를 통해 많은 사회에서 문화적 다원성을 심
화시켰는데 그 중요한 계기 중 하나는 국제이주의 활성화였다. 양적인 면
에서 세계화 시대의 이민이 이전 시기에 비해 크게 달라진 것은 아니었
다. 사회주의권 붕괴, 지역분쟁의 격화, 세계적 차원의 양극화의 심화 등으
로 인해 다른 나라로 이주하고자 하는 사람들은 늘었지만 주요 이주 희망
지역인 유럽과 북미 국가들의 이민규제정책으로 인해 세계인구 중 이민이
차지하는 비율은 크게 늘지 않았다.

비록 많은 나라에서 이주 인구의 폭증, 특히 무슬림 이민의 인구학적
위협을 호소하고 있지만 태어난 나라를 떠나 살고 있는 사람은 전 세계
인구의 3퍼센트인 1억 5,000만 명에 불과하다. 역사적으로 보더라도 수치

자체가 최근에 급격하게 커진 것은 아니다. 그럼에도 불구하고 이 시기 국제이주가 문화적 다원성을 심화시키게 된 것은 이주경로와 이주민의 출신 지역이 다양해지는 새로운 양상 때문이다. 근대 이후의 이민은 신대륙 정복, 식민지 경험과 같은 정치적 요인이나 지리적 근접성과 같은 요인이 중요했고, 영국의 인도인, 프랑스의 이탈리아인이나 북아프리카인, 일본의 한국인이 그 대표적인 사례였다. 따라서 독일의 알바니아인, 이탈리아의 필리핀인, 프랑스의 인도인, 호주의 베트남인은 이러한 고전적인 이민에서는 볼 수 없었던 현상이다. 그리고 한국의 동남아시아인 역시 이러한 '새로운 이민'의 한 양상인 것이다.

문화접변과 동화

'새로운 이민' 현상은 많은 지역에서 사회의 인종적 구성을 변화시켰고 문화의 다원성을 심화시켰다. 이러한 배경에서 문화접변, 동화, 사회통합, 편견, 인종주의 등에 대한 논의가 새롭게 주목받고 있다. 한국 사회에서는 다문화주의, 다문화정책 등 '다문화' 개념을 중심으로 논의가 전개되고 있지만 논의 내용의 대부분은 고전적인 주제들에 관한 것이다.

'문화접변'은 19세기 미국의 인류학자들에 의해 사용되기 시작했고 문화주의 학파에 의해 대중화된 개념이다. 서로 다른 민족이 만나게 되는 계기는 다양하다. 식민지 정복, 군사적 점령, 다양한 종족집단이 포함되는 결과를 초래하는 국가 경계선 재설정, 국제교역, 선교활동, 저발전국가에 대한 기술원조, 원주민 강제이주, 이민을 받아들이는 나라의 종족적 다양성을 증대시키는 결과를 가져오는 자발적 이민 등이 대표적 형태이다. 예를 들어 미국의 경우에는 마지막 두 가지가 가장 중요한 현상이었다. 아메리카 인디언의 강제이주와 동화정책, 그리고 4,100만 명이 넘는 사람들이

유럽을 비롯해 아메리카 대륙 내부에서 그리고 동양에서 온 대량이민 현상이 아메리카 대륙에서의 '민족들의 만남'을 만들었다. 사회학자들과 문화인류학자들은 이러한 종족적 '만남'의 과정과 결과를 '동화'나 '문화접변'과 같은 개념을 통해 묘사했다. 때때로 이 두 개념은 동일한 현상을 의미하기도 했지만 사회학자들은 동화를, 인류학자들은 문화접변을 선호했다.

'문화접변'에 대한 권위 있는 정의는 1930년대 중반에 미국의 사회과학연구위원회가 설치한 문화접변 소위원회에서 제공되었다. 이 정의에 따르면 문화접변은 서로 다른 문화를 가진 개인들로 이루어진 집단들이 지속적인 직접 접촉의 상황에 놓여 한쪽이나 양쪽 모두의 본래 문화형태에 의미 있는 변화가 초래되는 현상들을 포함한다.

'동화'에 대해서는 일찍이 사회학자인 로버트 파크와 어니스트 버제스가 영향력 있는 정의를 내놓았다. 이들에 따르면 동화는 어떤 개인이나 집단이 다른 개인이나 집단의 기억, 감정, 태도를 획득하며 다른 이들의 경험과 역사를 공유함으로써 그들과 함께 공통의 문화적 삶에 통합되는 것을 의미한다.

고든의 동화론

고든이 제시한 동화의 7단계를 보면 첫 번째 단계는 종교를 제외한 언어, 의복, 음악 등의 주류 문화를 채택하는 단계이고, 두 번째 단계는 제일 중요한 단계로 소수민족이 사회단체, 친목단체, 공적기관, 마을공동체, 친구, 가족관계에 진입하는 단계이며, 고든은 이 단계에 도달하면 나머지 단계의 동화는 자연스럽게 이어진다고 생각했다. 세 번째 단계는 주류민족에서 배우자를 선택하는 것, 네 번째는 주류사회의 가치, 상징을 자기 것으로 여기는 단계로 이때부터 출신사회가 아니라 새로이 정착한 사회의 성원으로 여기게 된다. 다섯 번째 단계는 소수민족에 대한 적대감, 혐오증이 사라지는 단계이며 여섯 번째는 차별이 사라지는 단계이며 일곱 번째는 '시민적 동화'라는 최종의 단계이다. (Milton M. Gordon, *Assimilation in American Life*, New York: Oxford University Press, 1964, pp.70-71)

인종주의

외국에서의 정착을 어렵게 하는 가장 큰 장애물은 인종주의일 것이다. 인종주의를 구분하는 방식에는 생물학적 성격의 고전적 인종주의와 문화적 차이를 강조하는 신인종주의의 구분 이외에도 보편주의적 인종주의와 차이를 강조하는 인종주의, 착취적 인종주의와 '절멸(extermination)'의 인종주의 간의 구분 등이 있다. 차이에 대한 증오를 특징으로 하는 '보편주의적 인종주의'가 정체성을 부정하고 다양성과 차이를 가치와 권리로 인정하지 않는다면 '차이를 강조하는 인종주의'는 '단일한 인류'라는 보편주의의 관념을 부정하고 외형상의 차이 또는 문화적 차이를 절대시·신성시한다. 그리고 문화 간 소통불가능성을 강조한다. 또한 '착취적 인종주의'가 유럽 식민주의, 근대의 노예제적 지배를 정당화하는 기능을 가진 이데올로기적 인종주의라면 '절멸의 인종주의'는 나치즘과 같이 인종 학살 계획을 가지는 인종주의이다.

인종주의는 또한 다양한 형태로 존재한다. 1960년대 초 미국의 흑인 민권운동을 촉발시킨, 흑인용, 백인용으로 좌석이 분리되어 있는 시내버스의 경우와 같은 제도적 차원의 인종주의, 대학 입학이나 취직, 식당이나 공공기관에서의 차별과 같은 관행적 차원의 인종주의가 있다. 이외에도 주변 사람들의 시선이나 편견과 같은 일상적 차원의 인종주의 등이 있다. 인종주의는 종족적 소수자들을 가리키는 용어에도 존재한다. 특정 용어의 선택은 이민에 대한 특정 인식을 반영하는 측면이 있다. 그리고 편견이 반영된 용어는 이민에 대한 부정적 이미지를 강화시킨다.

4. 이주민 사회통합 모델

이주민들은 편견과 차별, 언어문제, 경제문제, 문화적 차이 등으로 인해 주류사회 통합에 어려움을 겪게 된다. 이러한 문제는 국가와 이중적으로 연관되어 있다. 국가의 정책은 통합을 어렵게 하는 장애물이자 통합을 촉진시키는 역할을 한다. 복지국가 유형론과 유사한 방식으로 이민정책 및 통합모델의 유형화가 있어왔다. 유형화는 주로 일시적인 이주노동자(를 상정하는 모델) 대 영구적인 이민(을 상정하는 모델), 혈통주의(에 입각한 모델) 대 출생지주의(에 입각한 모델), 소수민족(으로 존속시키려는 모델) 대 동화(를 추구하는 모델)와 같은 기준에 입각한 것이다.

홀리필드는 (1) 일시적인 이민 모델(독일), (2) 동화 모델(프랑스), (3) 소수민족 모델(영국)이라는 세 유형을 제시하고, 캐슬즈는 (1) 차이에 입각한 배제 모델(독일, 남유럽), (2) 동화주의 모델(영국, 프랑스, 네덜란드), (3) 다원주의 모델(미국, 캐나다, 호주 등 비유럽국가)로 분류한다. 이민 문제에 관한 명시적인 모델이 있는 나라와 그렇지 않은 나라, 즉 2000년대 이전 독일과 같이 반영구적인 이민의 존재 자체를 상정하지 않아 명시적인 이민 모델이나 정책이 없는 나라들이 있다. 헤게모니 국가로서의 경험이 있는 개방적 전통의 네덜란드와 영국은 오랫동안 다문화주의적 성격이 강한 통합 모델을 추구하고 있으며, 대혁명의 나라 프랑스는 여전히 공화주의 모델이 강하게 나타난다.

캐슬즈는 소수민족에 대한 각국의 대응방식을 다음 세 가지 유형으로 구분한다.

① 차별적 배제의 모델

차별적 배제는 '종족적 민족주의'에 입각한 민족 관념을 가지고 있는 국가들에서 주로 나타나는 현상이다. 지배적인 종족집단은 이민자와 그 후손들을 자국의 구성원으로 받아들이기를 꺼려한다. 이러한 태도는 '가족합류이민'을 제한하고 안정적인 체류조건을 부여하기를 꺼려하는 것과 같은 '배제적인' 이민정책, 엄격한 귀화조건, 자국은 이민의 나라가 아니라는 관념 등으로 표현된다. '차별적'이라는 표현은 이민자들을 사회의 특정 영역, 특히 노동시장에 국한시키고 복지, 시민권, 정치참여 등에서는 배제하는 것을 의미한다. 독일, 스위스, 오스트리아 등이 이 유형의 전형적 사례라고 할 수 있다.

② 동화주의 모델

동화는 이민자들을 적응이라는 일방적인 과정을 통해 한 사회에 통합시키는 정책으로 정의될 수 있다. 이 관념에 따르면 이민자들은 그들 고유의 언어적·문화적·사회적 특성을 포기하고 주류사회의 성원들과 차이가 나지 않게 되어야 한다. 이 경우 국가의 역할은 이 적응 과정을 보다 손쉽게 하는 조건들을 만들어주는 것이다. 주류사회의 언어를 사용하도록 권하고 이민자들을 대상으로 주류사회의 언어와 문화 등을 교육하는 학교에 다니게끔 하는 것이 그 예가 될 수 있다.

③ 다문화 모델

마지막 유형은 '다문화주의' 또는 '다원주의'이다. 이 유형에 따르면 이민자들은 그들의 다양성을 포기하지 않으면서 사회의 모든 영역에서 지배 집단과 동등한 권리를 누려야 한다. 이 유형에는 두 가지 하위유형이 있다. 미국이 그 전형적인 사례인 자유방임 모델에서는 문화적 차이와 종족 공동체의 존재가 용인되지만 그렇다고 국가가 종족 문화의 유지를 위해 지원하는 것은 아니다. 다른 하위 유형은 정부정책으로서의 다문화주

의인데 캐나다, 호주, 스웨덴이 대표적인 사례이다. 이 경우에 다문화주의
는 다수 집단이 종족적 소수집단의 문화적 차이를 받아들이고 이와 동시
에 국가가 이 소수자들의 동등한 권리를 보증하는 적극적인 역할을 수행
하는 것을 의미한다.

5. 다문화주의의 성공과 한계

다문화주의의 전 지구적 확산

최근 사회통합 모델에 대한 논의의 중심에 있는 것은 단연 다문화주의
이다. 그리고 그 배경에는 '새로운 이민'의 부상과 그로 인한 이민집단 구
성의 다양화 현상이 있었다. 다문화주의는 캐나다를 시작으로 1970년대
부터 영미권 사회 소수민족 통합의 주된 논리로 자리를 잡았다. 최근에는
영미권에서 시작된 다문화주의가 전통적인 방식, 즉 국민국가의 틀을 중
시하는 공존방식을 추구해온 유럽대륙에도 영향을 미치게 된다.

다문화주의는 소수집단의 문화적 차이에 대한 절대적 존중, 소수문화
에 집단적 차원의 권리를 부여한다는 원칙에 기반하고 있다. 다문화주의
의 원조 격인 캐나다의 경우에는 1970년대 초 영국과 프랑스 출신자들
간의 '이중문화주의'에서 비유럽 출신자들을 포함시키는 '다문화주의'로
의 전환이 주창되었다. 1971년부터 트뤼도 정부 시절에 등장한 본격적인
다문화주의 정책은 기존의 동화정책을 수정하고, 캐나다인들이 문화다양
성을 받아들이도록 계몽하고 동시에 캐나다 사회에 보다 온전하게 통합되
는 것도 장려하는 것이었다. 이러한 역사적 전환의 배경에는 1967년 비유
럽사회로부터의 이민에 대한 장벽 철폐조치가 있었다. 이는 비유럽 출신

이민자들의 급증 현상, 그리고 그 결과 외모와 문화에서 확연히 차이가 나는 사람들과의 공존의 문제가 제기된 것이다. 이에 대한 처방으로 제시된 다문화정책은 소위 '인정의 정치'라고 불린 일련의 정책들을 동반하였다. 전통춤 경연대회 등 소수 종족집단의 전통문화 지원, 종족공동체 육성 등이 대표적인 예이다.

다문화주의가 종족적 소수자에 대한 특정 정책이나 통합모델을 의미하지만 단순히 종족이나 문화가 다른 다수의 집단들이 공존하는 사회의 유형을 가리키기도 한다. 심지어 이 두 가지 용법이 복합적으로 작용해서 종족적·문화적 공존을 위해 취해지는 모든 정책을 의미하기도 한다. 이 경우에는 사회를 구성하는 다양한 집단들의 특수한 조건이나 이해관계보다 사회 구성원이면 누구나 지켜야 하는 원칙과 사회 전체의 이익을 강조하는 공화주의도 다문화주의의 한 방식으로 간주된다.

다문화주의 이론

이념적 측면에서 다문화주의는 동등한 권리와 개인의 자유를 핵심으로 하는 자유주의의 대안으로 등장하였다. 비록 그 자신은 자유주의를 여전히 고수하지만 킴리카의 논의는 다문화주의가 태동한 배경을 잘 보여준다. 그의 다문화주의 논의는 현실에서 자유주의가 드러낸 한계에 대한 비판에서 시작되었다. 미국의 경우 제2차 세계대전 이후 자유주의자들은 교회와 국가의 분리에 기초한 종교적 관용이 출신 종족에 따른 차이를 다룰 수 있는 논리도 제공한다고 생각해왔다. 이들의 견해에 따르면, 종교와 마찬가지로 종족적 정체성도 개인의 사적 영역에 속하는 문제이지, 국가의 관심사는 아니다. 국가는 사람들이 자신이 속한 종족집단 고유의 문화를 표현할 수 있는 자유를 반대하지 않지만 그렇다고 이러한 표현을 장려하거나 지원하지도 말아야 한다는 것이다.

그러면서 킴리카는 국가의 중립성이나 보편적 인권 개념 등에 기반을 둔 자유주의적 방식이 종족적·문화적 소수집단에 연관된 중요한 문제들을 해결할 수 없는 한계를 지니고 있다고 지적하였다. 예를 들어 언론의 자유는 적절한 언어정책이 어떤 것이어야 하는지 우리에게 말해주지 않는다. 투표권은 정치적 경계가 어떻게 획정되어야 하는지 또는 중앙정부와 지방정부 사이의 권한의 배분이 어떤 사안에 대해 어느 정도로 이루어져야 하는지를 우리에게 말해주지 않는다. 이동의 자유와 같은 자유주의의 원리는 적절한 이민 및 귀화 정책이 무엇인지를 우리에게 말해주지 않는다. 이러한 문제들은 통상적인 다수결 원칙에 맡겨져왔다. 그 결과 문화적 소수집단이 불이익을 받게 되고 이로 인해 종족 간 갈등이 심화되었다는 것이 그의 주장이다.

한국과 캐나다에서 열리는 대표적인 다문화축제의 포스터. 정부나 민간단체가 참여하는 문화행사 활성화는 종족공동체 육성, 소수 언어 지원 등과 함께 다문화주의 정책의 대표적 사례이다.

그러면서 이러한 문제들을 공정하게 해결하기 위해서 전통적인 인권 원칙들을 소수자집단권리 이론으로 보완할 필요성을 제기한다. 다문화사회에서는 독립적인 개인으로서 부여받는 보편적 권리와 더불어 집단의 고유한 특성을 반영하여 부여하는 소수자집단의 권리가 설정되어야 한다고 주장한다. 그리고 이에 해당하는 권리를 세 가지로 구분한다.

① 연방제 등의 방식을 통해 소수민족에게 권력을 위임하는 자치권 (self-government rights).
② 종족이나 종교와 연관된 문화적 실천에 대한 재정 지원과 법적 보호와 같은 다종족 권리(polyethnic rights).
③ 의회에서의 의석을 보장해주는 등 소수 민족이 그들이 속해 있는 국가의 정치에 참여할 수 있는 기회를 부여하는 특별 대표권(special representation rights).

다문화주의에 대한 비판

그런데 이러한 다문화주의가 실제 소수민족의 사회통합에 효과적인 방안인지에 대한 논란도 만만치 않다. 다문화주의는 영국, 스웨덴, 네덜란드 등의 경험이 보여주듯이 차이의 강조를 통해 주류 사회와의 융합을 저지하고 소수민족집단의 사회적 성격의 문제를 인종적 차원의 문제로 만들거나(영국), 통합이 주류사회에의 통합이 아닌 이민자가 속한 종족집단에의 통합이 되기도 하는(스웨덴) 한계를 나타냈다. 일반적으로 모범적 사례로 평가받고 있는 스웨덴의 사회통합 모델 역시 스웨덴 사회에의 통합보다는 출신 문화에의 통합을 의미하고 출신 민족에 따른 공간적 분리가 확연하게 존재한다. 잘 통합된 스웨덴의 터키 출신자는 여전히 터키인이면서 스웨덴인인 것이다. 이러한 점을 근거로 다문화주의가 그것이 표방했던 인종주의나 종족 간 불평등 해소에 기존 모델들보다 더 나을 것이 없다는 비판이 제기되는 것이다.

최근 호주 다문화주의에 대한 비판이 제기되었던 주된 배경 역시 다문화주의를 채택한 상황에서도 종족 간의 구조적 불평등이 지속되는 현실이었다. '인정'의 측면에서는 상당한 진전을 보이나 '재분배'의 영역에서는 답보 상태를 보이는, 즉 두 측면의 불균등한 발전이 비판의 근거였다. 심지어 다문화주의가 태동한 캐나다에서도 비판이 제기되었다. 가장 강력한 비판은 캐나다의 다문화주의 정책이 역설적으로 소수민족 통합을 저해하는 소수민족의 종족성 중시 전략이었다는 지적이었다. 캐나다의 예는 차이가 중요한 요소가 되고, 이렇게 부각된 차이에 대한 다른 종족집단이나 주류사회의 반감이 커지고, 이런 식으로 사회 문제가 종족 문제로 변형되어 사회통합력을 약화시키는 '발칸화'의 측면을 전형적으로 보여준다. 닐 비손다스는 캐나다의 경우조차 다문화주의 정책은 정신적 게토화를 낳았다고 지적한다. 1994년에 출간되어 큰 반향을 일으킨 『환상을 팔기』에서 트리니다드 토바고 출신의 캐나다 시나리오 작가 겸 소설가인 그는 다문화주의를 신사적이고 은밀한 방식의 아파르트헤이트라고 비판한다. 즉, 종족집단들은 언제나 그들의 종족적 특수성을 보존할 것이라는 스테레오타입에 의존함으로써 다문화주의는 이미 둘로 갈라진 나라를 더 쪼개는 결과 이외에 어떤 것도 산출하지 못했다는 것이다.

6. 한국의 종족적 소수자의 역사
: 화교에서 결혼이주 여성까지

현행법상 이주노동자는 고용허가제를 통해 입국가능하다. 우리나라와 양해각서를 맺은 몽골, 베트남, 필리핀 등 15개 국가가 대상이다. 연간 4만 명 규모의 외국인이 새로 들어온다. 체류기간은 최대 4년 10개월까지다. 5년을 일하면 영주권을 줘야 하기 때문에 정부가 더는 허용을 하지 않고 있다. 이러한 구조적 제약 속에서 다양한 불행이 잇따르고 있다. 주기적으로 이루어지는 미등록 체류자 단속과정에서 벌어지는 사고나 외국인 노동자들에게 한국을 떠나야 하는 것을 의미하는 해고 때문에 감행하는 자살사건 등은 이제 익숙한 현실이 되었다. 28명의 사상자를 낸 2007년 여수 외국인보호소 화재사건은 인권의 사각지대에 놓인 미등록 체류자들의 비참한 현실을 적나라하게 보여주었다.

결혼이주 여성 역시 지대한 사회적 관심과 지원에도 불구하고 부적절한 입국과정에서부터 시작되는 불행은 이후 가정폭력이나 이혼 등으로 이어지고 있다. 2010년 7월 정신장애가 있던 남편에 의해 베트남 신부가 살해된 사건은 국제결혼 자체에 대한 근본적인 문제제기가 이루어지는 계기가 되었다. 다문화가정 자녀들의 학교 적응 문제도 시간이 지남에 따라 점차 심각해지고 있다. 개인에 따라 차이는 있지만 심각한 언어문제와 인종차별로 인해 상당수의 학생들이 학업을 중도에 포기하고 있다.

종족적 소수자의 이러한 현실이 최근 갑자기 생겨난 것은 아니다. 중국 등 아시아 출신 노동이민을 받아들이기 시작한 지도 이미 20년이 지났고 그보다 더 이전에 화교와 혼혈인들이 있었다. 한국 현대사와 함께해온 이들의 경험을 살펴보는 것은 최근의 다문화 열풍을 1세기 이상 진행되어온 종족적 소수자들과의 공존의 역사 속에서 평가할 수 있게 한다.

본격적인 노동이민의 유입과 결혼이민 현상이 나타나기 이전까지의 종족적 소수자의 역사는 극단적 배제로 특징지을 수 있다. 화교, 기지촌 여성과 그들의 자녀에 대한 극단적 차별과 멸시, 그리고 일반 사회로부터의 공간적 추방이 그 배제의 기제들이었다. 한국 거주 화교는 직업의 자유, 소유권과 같은 시민권이 극단적으로 제한된 상징적인 집단이며 기지촌 여성과 그들의 자녀는 비이성, 악마로 간주되어 사회에서 격리된 서구의 근대 초기 광인의 역사를 연상하게 하는 또 다른 극단을 보여준다. 이들은 푸코가 이야기하는 17세기 광인들처럼 사람들의 의식으로부터도 추방되었다. 그리고 이러한 극단적인 배제에 대한 대응은 극단적인 것일 수밖에 없었다. 미국행이 인간으로 살 수 있었던 유일한 희망이었던 기지촌 여성, 대부분이 해외입양의 길을 떠난 그들의 자녀들, 한국으로부터의 재이주를 선택할 수밖에 없었던 화교들의 선택이 그것이었다. 그렇지 않으면 자신들을 인간으로 보지 않는 주류사회의 시각을 내재화한 자포자기의 삶, 자살이나 마약 등 극단적 선택만이 그들에게 가능한 것이었다.

한국 사회의 갖가지 제약과 차별, 그리고 변화하는 경제적 조건에 대한 적응 실패는 화교의 재이주를 초래했다. 1970년대에 접어들면서 미국, 호주, 대만, 일본 등지로 재이주를 모색하는 화교가 급속하게 증가했고 그 결과 화교 인구는 1972년을 고비로 감소 추세로 돌아섰다. 1960년대 말 2,000명 이상에 달하던 학생이 지금은 500여 명에 불과하게 된 한성화교 소학교의 경우가 화교사회의 쇠퇴를 잘 보여준다. 소위 '기지촌 여성'들 역시 '정상적인' 한국 사회에는 이들을 위한 자리가 없었다. 이들은 기지촌을 벗어날 수 없었고 이러한 사회로부터의 추방에 대한 다른 방식의 대응은 자신들을 원하지 않는 한국 사회로부터의 탈주였다. 실제 1950-1989년에 10만 명에 가까운 한국 '전쟁신부' 또는 '군인 아내'들이 미합중국으로 이민을 떠났다. 인종주의가 신체적 차이를 빌미로 한 차별의 체계라는 점에서 혼혈인들은 인종주의의 전형적 대상이었다. 이들에 대한 주류사회의 태도는 유럽 사회 내부의 광인이나 동성애자, 또는 신대륙의 원주민들에 대한 백인들의 태도와 크게 다르지 않았다. 이에 대한 대응 역시 도피, 자살, 이민 등 극단적인 것일 수밖에 없었다.

과거에 비해 종족적으로 더 이질적인 최근의 이주민들에 대해 한국 사회가 보이고 있는 관용적인 태도는 종족적 소수자에 대한 극단적인 배제를 보여온 그간의 경험을 고려할 때 당연한 것이 아니며 그만큼 설명이 필요하다. 결혼이주 여성에 대한 호의적인 태도는, 미등록 노동자를 포함할 때 전체 외국인의 과반수 이상을 차지하고 있고 이주의 역사도 상대적으로 오래된 이주노동자에 대한 정부와 국민의 극도의 무관심과 극단적인 대조를 이룬다. 한편 종족적 소수자가 포함된 모든 다문화가정이 정책적 배려의 대상인 것은 아니다. 결혼이민에 따라 구성된 경우, 한국인 남성이 포함된 가정만이 정책이나 일반인의 관심의 대상에 포함된다. 그에 못지않은 어려움을 겪고 있는 한국인 여성과 남성 이주민의 결혼이나 이주민 간의 결혼으로 구성된 가족에 대한 사회의 관심은 극히 미미한 것이 현실이다.

문화는 생명체이다. 그것은 지속적으로 변화하는 살아 있는, 숨쉬는, 다면적인 존재이다. 문화는 매일 달라지며 결코 어제나 오늘이나 동일한 것이 아니다. 정체는 불가능하다. 그 내부로부터 성장하지 못하는 문화는 불가피하게 자신이 아니게 된다. 결국 '민속'으로 전락하게 된다. 문화는 다양한 방식으로 주조되는 복합적인 존재이다. 차보다는 커피, 와인보다는 맥주, 책보다는 영화, 다큐멘터리보다는 시트콤, 보호무역보다는 자유무역, 모험정신보다는 고립주의에 대한 선호, 협상을 통한 변화나 무력을 통한 변화에 대한 선호. 이 어떤 것도 자신이 속한 사회에 의해 결정되는 필연적인 것이 아니다. 문화는 사소한 것들에서 평가되어야 한다. 민중의 숨결 하나하나가 고려되어야 한다. 그렇지 않으면 민중과 그들의 풍부한 역사는 몇몇 공통분모들로 축소된다. 스테레오타입이 그것이다.

다문화주의 정책의 어떤 다른 결과도 내가 '문화의 단순화'라고 부르는 것만큼 역설적인 것도 없다. 캐나다 다문화주의의 공식적인 모습은 화려하고 매력적이다. 그것은 캐나다 전역에서 개최되는 '종족' 축제에서 열정적으로 그 모습을 드러낸다. 예를 들어 토론토의 '축제장소'에서는 다양한 종족집단이 교회나 종족단체에서 공간을 빌려서 '여권'을 구입해야만 입장이 허용되는 자신들의 '민속관'을 만든다. 입구에서 여권에 '비자' 도장을 받아 입장이 허용되면 당신은 신세계의 돈으로 구세계의 음식을 먹게 된다. 그리고 '전통공예품'과 '유적' 모형을 빠르게 구경하고 나면 전통의상을 입은 선남선녀들이 보여주는 전통음악(종종 밀밭에서의 사랑에 대한)과 전통춤(종종 추수에 관한)이 펼쳐지는 '문화' 쇼를 관람하게 된다. 이 민속관에는 충분한 양의 전통이 있다. 쇼가 끝나고 나면 캐나다의 문화적 다양성을 보여주는 또 다른 종족의 민속관으로 이동하게 된다. 이것은 일종의 여행이다. "2시면 이번에는 키예프다"라는 식의 세계일주인 셈이다. 이 하루의 여행이 끝나면 여러분은 플로리다 주 디즈니랜드에 있는 정글 여행의 캐나다 판을 경험했다는 부끄러움을 느끼더라도 용서될 수 있다. 이것은 슬픈 스펙터클이다. 정글일주이다.

이러한 접근방식 저변에 깔려 있는 것은 문화를 상품으로 생각하는 관념이다. 전시될 수 있고 상연될 수 있고 감동을 주고 구매되고 그리고 잊혀지는 것. 그것은 문화의 저급화, 장난감과 모조품으로 전락한 문화를 상징한다. 무대에서 공연된 전통춤은 민중의 문화생활이 아니라 맥락에서 유리된, 관음증을 만족시키기 위해 주조되고 포장된 문화인 것이다. (Neil Bissoondath, *Selling Illusions: The Cult of Multiculturalism in Canada*, Toronto: Penguin, 1994, pp.81–83)

1. 한국문화 또는 한국인의 문화란 무엇인가? 이런 것이 존재하기는 하는가? 한국에 거주하는 외국인들의 문화에 대해서도 동일한 질문을 던져보자.

2. 한국 거주 외국인들과 관련된 문화정책에는 어떤 것이 있으며 그것은 이들의 한국 사회 적응이나 토박이들과의 공존에 어떤 역할을 하고 있는가?

박경태, 『소수자와 한국사회』, 후마니타스, 2008.

박단 엮음, 『현대 서양사회와 이주민』, 한성대학교출판부, 2009.

서경식, 임성모·이규수 옮김, 『난민과 국민 사이』, 돌베개, 2006.

엄한진, 『다문화사회론』, 소화, 2011.

오경석 외, 『한국에서의 다문화주의: 현실과 쟁점』, 한울, 2007.

웬디 브라운, 이승철 옮김, 『관용: 다문화제국의 새로운 통치전략』, 갈무
　리, 2010.

윌 킴리카, 장동진 외 옮김, 『다문화주의 시민권』, 동명사, 2010.

이창래, 정영목 옮김, 『영원한 이방인』, 나무와 숲, 2003.

피터 스토커, 김보영 옮김, 『국제이주』, 이소출판사, 2004.

Neil Bissoondath, *Selling Illusions: The Cult of Multicultural-
　ism in Canada*, Toronto: Penguin, 1994.

인물

모스, 마르셀(Marcel Mauss) 453, 478
미즈, 마리아(Maria Mies) 368-371
미첼, 티모시(Timothy Mitchell) 438, 439

ㅂ
바르트, 롤랑(Roland Barthes) 284, 406-
413, 415, 416
박선웅 15, 42, 43, 70
박정호 449, 472, 478
박창호 153, 174-176
박해광 387, 416
버거, 피터(Peter L. Berger) 179, 200-202,
204, 208
번스타인, 바실(Basil Bernstein) 393, 396
베버, 막스(Max Weber) 5, 15, 17, 25-33, 39,
43, 46, 216, 226, 246, 265, 290, 291,
297, 316, 320, 436, 454
베블런, 소스타인(Thorstein Bunde Veblen)
320, 477
베커, 하워드(Howard Becker) 94, 95, 100,
333
벡, 울리히(Ulrich Beck) 282, 283
벤야민, 발터(Walter Benjamin) 111, 112,
117, 126-128, 215, 239, 248, 264
볼드윈, 일레인(Elaine Baldwin) 351, 353
볼로시뇨프, 발렌틴 니콜라예비치(V. N.
Volosnov) 402
부르디외, 피에르(Pierre Bourdieu) 7, 247,
301, 303, 307-321, 324-326, 358, 364,
399, 400, 416, 426, 427, 511
브라이도티, 로지(Rosi Braidotti) 375, 376,
383

ㅅ
사르트르, 장 폴(Jean-Paul Sartre) 207,
208

사이드, 에드워드(Edward Said) 444, 447,
448
서동진 284, 297
세넷, 리처드(Richard Sennett) 281
세르토, 미셸 드(Michel de Certeau) 286,
297
셰익스피어, 윌리엄(William Shakespeare)
183
소쉬르, 페르디낭 드(Ferdinand de
Saussure) 389-392, 399, 405, 416
소자, 에드워드(Edward Soja) 247, 264
쉴러, 허버트 어빙(Herbert Irving Schiller)
112
쉴링, 크리스(Chris Shilling) 358, 359, 383
스토리, 존(John Story) 84, 102
시게티, 조지프(Joseph Szigeti) 101

ㅇ
아널드, 매튜(Matthew Arnold) 109, 110
아도르노, 테오도르 비젠그룬트(Theodor
Wiesengrund Adorno) 111, 112, 128
아렌트, 한나(Hannah Arendt) 368-371
아브람스, 필립(Philip Abrams) 437, 438
알렉산더, 빅토리아(Victoria Alexander) 77-
79, 86, 102
양종회 86, 100, 102
양현아 448
엄한진 545, 546, 569
에런라이크, 바버라(Barbara Ehrenreich)
292, 295, 297
워즈워스, 윌리엄(William Wordsworth) 21,
22, 109
윈프리, 오프라(Oprah Winfrey) 292, 296,
297
윌리스, 폴(Paul Willis) 334-336
윌리엄스, 레이먼드(Raymond Williams) 77

주제어

박선웅(louistek@chol.com) 연세대학교 사회학과를 졸업하고, UCLA에서 석·박사학위를 받았으며, 현재 한국교원대학교 일반사회교육과에 재직 중이다. 관심 분야는 문화사회학, 시민사회, 사회이론이며, 최근에는 다문화교육과 시민사회의 담론 구조를 연구 중이다. 주요 저서와 논문으로 『중산층의 정체성과 소비문화』(공저, 2001), 『청소년의 하위문화와 정체성』(공저, 2002), 『사회적 삶의 의미: 문화사회학』(역서, 2007), "제프리 알렉산더의 문화사회학"(2008), "의례와 사회운동: 6월항쟁의 연행, 집합열광과 연대"(2007) 등이 있다.

최종렬(jrchoi@kmu.ac.kr) 연세대학교 사회학과를 졸업하고, 미국 네바다대학에서 사회학 석·박사학위를 받고 현재 계명대학교 사회학과에 재직하고 있다. 관심 분야는 문화사회학, 사회/문화이론, 질적 방법론이다. 『사회학의 문화적 전환: 과학에서 미학으로, 되살아난 고전사회학』(2009), 『뒤르케임주의 문화사회학: 이론과 방법론』(2007), *Postmodern American Sociology: A Response to Aesthetics Challenge* (2004) 등의 저·역서가 있다.

김은하 이화여자대학교 사회학과를 졸업하고 같은 대학에서 박사학위를 받았으며 현재 고려대학교 한국사회연구소 연구교수로 있다. 평소 대학에서 축적된 사회학 지식을 대학 밖 사회 현장의 경험과 소통시키는 데 힘써왔다. 사회학에서 주요 관심 분야는 예술, 문화, 아동, 여성, 가족 등이다. 대학 밖에서는 어린이책의 소개와 비평, 강연과 시민문화운동을 하고 있다. 저서로는 『우리 아이, 책날개를 달아주자』(2000), 공역서로 『문화 이론』(2008)과 『예술사회학』(2010)이 있다.

강윤주(artkang@khcu.ac.kr) 이화여자대학교 국문학과를 졸업하고 독일로 건너가 사회학을 공부했으며 현재 경희사이버대학교 문화예술경영학과에 재직 중이다. 잡지사 「샘이깊은물」 기자, KBS, SBS 방송작가, 서울환경영화제 선임 프로그래머와 같은 다양한 현장 경험을 바탕으로 하여 관객 연구 및 축제 기획과 같은 실질적 강의 및 대중문화 분석이나 예술사회학 분야 강의와 연구도 게을리 하지 않고 있다. 저서로는 『한국의 예술소비자』(2008, 공저), 『축제와 문화콘텐츠』(2006, 공저)가 있다.

노명우(mwnho@ajou.ac.kr) 베를린 자유대학에서 사회학 박사학위를 받았으며, 현재 아주대학교 사회과학부 사회학 전공교수로 재직 중이다. 프랑크푸르트학파의 비판이론과 버밍햄 학파의 문화연구로부터 영향을 받았다. 비판이론과 문화연구를 결합하는 데 관심이 있으며, 중요 연구 키워드는 모더니티, 미디어, 도시와 공간, 시각문화 등이다.

박창호(bskypark@hanmail.net) 영국 헐 대학에서 사회학 박사학위를 받았으며 현재 숭실대학교 정보사회학과 교수로 재직 중이다. 대표 논문으로 "소비주의 사회와 인터넷 소비문화의 지형", "뒤르케임 사회인식론과 사이버 공간의 이해" 등이 있으며, 저서로 『사이버 공간의 사회학』 등이 있다. 인터넷 미디어와 사이버 공간에 대한 사회학적 관심을 지속적으로 보이며 이를 연구주제로 삼고 있다.

김광기(ingan1113@hanmail.net) 성균관대학교 사회학과를 거쳐 미국 보스턴 대학교에서 사회학 박사학위를 받았다. 현재는 경북대학교 일반사회교육과 교수로 재직 중이다. 전공은 사회학이론, 종교사회학, 지식사회학, 근대성, 현상학 등이다. 지은 책으로 *Order and Agency in Modernity: Talcott Parsons, Erving Goffman, and Harold Garfinkel* (2002), 『뒤르켐 & 베버: 사회는 무엇으로 사는가?』(2007), 『대한민국은 도덕적인가?』(2009, 공저), 『우리가 아는 미국은 없다』(2011) 등이 있다.

김무경(mookyung@sogang.ac.kr) 서강대학교 경제학과를 졸업하고 프랑스 파리 5대학에서 사회학 박사학위를 받았으며, 현재 서강대학교 사회학과 교수로 재직 중이다. 주요 저서 및 논문으로 『자연회귀의 사회학: 미셸 마페졸리』(2007), "상상력과 사회"(2007) 등이 있다. 관심 영역은 상상력의 사회학, 일상생활의 사회학 등이다. 최근에는 '이미지의 문명'을 동반할 '신화방법론'의 정립 및 적용에 몰두하고 있다.

김홍중(slimciga@hanmail.net) 서울대학교 사회학과를 졸업하고 같은 대학에서 석사학위를 받았으며, 파리의 사회과학고등연구원(EHESS)에서 박사학위를 받았다. 현재 서울대학교 사회학과 조교수로 있다. 사회학에서 주요 관심 분야는 사회 이론과 문화이다. 저서로는 『마음의 사회학』(2009)이 있다.

전상진(sachun@sogang.ac.kr) 독일 빌레펠트 대학에서 사회학 박사학위를 받았다. 현재 서강대학교 사회학과 부교수로 재직 중이며, 관심 영역은 문화사회학, 교육사회학, 세대사회학 등이다. 최근에는 '자기계발'과 '음모론', '교육의 경멸'과 같은 사회·문화현상에서 나타나는 독특한 '책임 귀인'의 규칙들을 각각 밝히고 이것이 연결되는 '오묘한' 기제를 연구하고 있다.

최샛별(choseta@ewha.ac.kr) 이화여자대학교 사회학과를 졸업하고 예일 대학에서 사회학 석·박사학위를 받았으며, 현재 이화여자대학교 사회학과 부교수로 있다. 주요 논문으로는 "상류계층 공고화에 있어서의 상류계층 여성과 문화자본"(2002), "한국 사회에 문화자본은 존재하는가"(2006) 등이 있다. 주요 저서는 『만화! 문화사회학적 읽기』(2009, 공저), 번역서로는 『문화분석』(2009), 『현대문화론』(2004), 『문화사회학으로의 초대』(2004)와 그 외의 다수의 공역서와 공저가 있다.

윤명희(hludens1201@hanmail.net) 부산대학교 사회학과에서 박사학위를 받았으며 국가청소년위원회 및 보건복지가족부의 전문위원과 이화여자대학교 이화인문과학원 연구교수 등을 역임하고 현재 서강대학교 공공정책대학원 외래교수로 있다. 관심 분야는 미디어문화, 일상생활사회학, 청소년 및 세대사회학 등이며 최근의 연구논문으로 "PC방의 네트워크 일상풍경"(2011), "네트워크시대 하위문화의 애매한 경계, 그리고 흐름"(2010), "디지털공간의 스펙터클과 산책자"(2009), "청소년과 디지털 참여"(2009) 등이 있다.

이수안(suan@ewha.ac.kr) 독일 프랑크푸르트 대학에서 사회학으로 박사학위를 받았다. 현재 이화여자대학교 이화인문과학원 교수로 재직 중이다. 관심 분야는 젠더문화이론, 문화사회학이며 '한국 사회의 문화풍경'에 대한 연구프로젝트를 진행하고 있다. 문화혼종화 과정에서 행위주체의 수행성 연구와 다양한 문화양식의 혼종화에 대한 현상학적 연구를 진행 기획 중이다. 주요 저서로는 『영상문화와 젠더 이미지』(2011), 『후기근대의 페미니즘 담론』(2004), 주요 논문으로 "대중문화 연예상품에서 문화적·사회적 자본의 동원 메커니즘"(2010) 등이 있다.

박해광(letant@jnu.ac.kr) 연세대학교에서 사회학 박사학위를 받았다. 현재 전남대학교 사회학과 부교수로 재직 중이다. 주요 관심사는 문화이론, 담론이론, 정보사회론 등이다. 최근의 주요한 관심은 지역 문화와 다문화주의이다. 저서로는 『계급, 문화, 언어』(2003), 『정보사회와 문화』(2006), 『과학기술과 사회』(2008) 등이 있다.

채오병(obchae@kookmin.ac.kr) 연세대학교 사회학과를 졸업하고 동대학원에서 석사학위를, 그리고 미시간 대학에서 박사학위를 받았으며, 현재 국민대학교 사회학과에 재직 중이다. 관심 분야는 비교-역사사회학, 문화사회학, 동아시아 근대성, 그리고 근대 식민주의이며, 특히 문화사회학적 연구 관심은 문화의 전 지구적 전파와 수용이다. 주요 저서와 논문으로 *Sociology and Empire* (공저, 근간), "민족형식과 민족주의: 제국 문화와 반식민문화의 상동성"(2007) 등이 있다.

박정호(laruse71@naver.com) 서강대학교 화학과와 사회학과를 졸업하고 프랑스 파리 10대학에서 사회학 박사학위를 받았으며, 현재 대구대학교 사회학과에 재직하고 있다. 관심 분야는 문화사회학, 종교사회학, 고전사회학 이론이다. "마르셀 모스의 증여론: 증여의 사회학적 본질과 기능 그리고 호혜성의 원리에 대하여"(2009), "L'idee de distance optimum chez Georg Simmel et les formes ludiques de la vie sociale" (2010), "사후 장기기증: 증여와 희생제의의 관점에서"(2011) 등의 논문이 있다.

정일준(ijchung@korea.ac.kr) 서울대학교 사회학과를 졸업하고 같은 대학에서 박사학위를 받았다. 하버드 대학 옌칭연구소 방문연구원, 워싱턴 대학 방문교수, 아주대 국제학부 교수를 거쳐 현재 고려대학교 사회학과 교수로 있다. 저서로는 『한국 공공사회학의 전망』(공저, 2010), 『갈등하는 동맹: 한미관계 60년』(공저, 2010), 『아메리카나이제이션: 해방 이후 한국에서의 미국화』(공저, 2008), 역서로는 『쓰레기가 되는 삶들』(2008),

『적이 사라진 민주주의』(2000), 『자유를 향한 참을 수 없는 열망: 푸코-하버마스 논쟁 재론』(1999) 등이 있다.

김종영(jykim24@khu.ac.kr) 서강대 사회학과를 졸업하고 일리노이 주립대학에서 석·박사학위를 받았으며 현재 경희대학교 사회학과에 재직 중이다. 관심 분야는 지식사회학, 문화사회학, 질적방법론, 세계화와 근대성이며 최근에는 글로벌화와 지식권력의 관계를 탐구 중이다. 주요 논문으로는 "Aspiration for Global Cultural Capital in the Stratified Realm of Global Higher Education"(2011), "Public Feeling for Science: The Hwang Affair and Hwang Supporters"(2009) 등이 있다.

엄한진(eom3597@hallym.ac.kr) 서울대 사회학과에서 학부를 마치고 프랑스 파리 3대학에서 프랑스 이민자 사회운동을 주제로 DEA 학위를, 파리 8대학에서 북아프리카의 이슬람주의에 관한 연구로 박사학위를 받았다. 현재 한림대학교 사회학과에 재직 중이며 프랑스 이민 문제, 아랍의 이슬람주의, 한국 사회의 인종문제에 관한 연구를 하고 있다. 저서로는 『다문화사회론』(2011)이 있다.

문화사회학

펴낸날   초판 1쇄   2012년 2월 10일
           초판 6쇄   2020년 4월 10일

기 획   박선웅 · 최종렬 · 김은하 · 최샛별
지은이   한국문화사회학회
펴낸이   심만수
펴낸곳   (주)살림출판사
출판등록 1989년 11월 1일 제9-210호

주소   경기도 파주시 광인사길 30
전화   031-955-1350   팩스 031-624-1356
홈페이지 http://www.sallimbooks.com
이메일   book@sallimbooks.com

ISBN   978-89-522-1645-8 93330